2022

北京门头沟年鉴

BEIJING MEN TOUGOU NIANJIAN

北京市门头沟区档案史志馆
北京市门头沟区地方志编纂委员会 编

UNITY PRESS
團結出版社

图书在版编目（CIP）数据

2022 北京门头沟年鉴 / 门头沟区档案史志馆，门头沟区地方志编纂委员会编 . -- 北京 : 团结出版社，2022.12

ISBN 978-7-5126-9831-4

Ⅰ . ① 2… Ⅱ . ①门… ②门… Ⅲ . ①门头沟区－2022－年鉴 Ⅳ . ① Z521.3

中国版本图书馆 CIP 数据核字 (2022) 第 213658 号

书　名：2022 北京门头沟年鉴

出　版：团结出版社
（北京市东城区东皇城根南街 84 号　邮编：100006）
电　话：（010） 65228880 65244790
网　址：http://www.tjpress.com
E-mail：65244790@163.com
经　销：全国新华书店
印　刷：北京市鑫山源印刷有限公司
装　订：北京华彩益立印刷设计有限公司

开　本：185mm×260mm　　16 开
字　数：960 千字
印　张：33.5 印张
版　次：2022 年 12 月第 1 版
印　次：2022 年 12 月第 1 次印刷

书　号：978-7-5126-9831-4
定　价：118.00 元

北京市门头沟区地方志编纂委员会

《北京门头沟年鉴》编辑部

主　　编：曹子扬　陈军胜

常务主编：张慧军

副 主 编：王丙华

编　　委：付向东　冯智逵　马春雨

《北京门头沟年鉴》评审专家

艾永贵　石建山　任全礼　杨德林　张广来

徐贺成　韩春鸣　潘会楼

编 辑 说 明

一、《北京门头沟年鉴》是一部综合性资料性工具书，在中共门头沟区委和区人民政府的领导下，由北京市门头沟区地方志编纂委员会、门头沟区档案史志馆主办，《北京门头沟年鉴》编辑部编纂。

二、本卷年鉴以马克思列宁主义、毛泽东思想、邓小平理论、“三个代表”重要思想、科学发展观、习近平新时代中国特色社会主义思想为指导，遵循实事求是的原则，科学、客观地反映实际情况。

三、本年鉴从2002年开始，逐年编纂出版，本卷为第21卷。当年出版的年鉴全面记述上一年度门头沟区在各条战线、各个方面所发展的重要事件和新的情况，为领导决策提供可靠的参考信息，为各行各业提供有价值的资料，为各方面人士了解门头沟、研究门头沟提供最新的信息。

四、本年鉴以出版年份为卷次名称。本卷反映的是2021年1月1日至12月31日期间的情况，此期间事项一般直书月、日，不再书写年份。

五、本年鉴采用文章和条目两种体裁，以条目体为主，分为中国共产党门头沟区委员会、门头沟区人民代表大会、门头沟区人民政府、政协北京市门头沟区委员会、纪检监察、民主党派、人民团体、法治、军事、经济管理、农业与农村、工业科技信息化、商贸服务业、金融、交通邮电、旅游、生态环境、城乡规划与建设、城乡管理、应急管理、教育、文化、卫生健康、体育、社会工作、社会生活、人物荣誉、街道镇、统计资料29个类目。类目下设分目，分目下设条目。

六、本年鉴辑录的特载、专文均以文件形式年份为准。

七、本卷年鉴收有门头沟区党、政、军、各民主党派、团体、街道、镇、部分企业负责人名录，以及驻区部分单位负责人名录。所列均以2021年内任职为限，其中有任免情况的分别予以注明。

八、庆祝中国共产党成立100周年活动，简称“庆祝建党100周年活动”“庆祝建党百年活动”。创建全国文明城区，简称“创城”。

九、本年鉴所选文章和条目，均由各部门、各单位确定专人负责撰写或提供，并经主要负责人审核，统计资料由区统计局提供。照片由各单位、区融媒体中心、区摄影家协会提供。

十、本年鉴配有双重检索系统：书前刊有详细目录，书后附有索引。

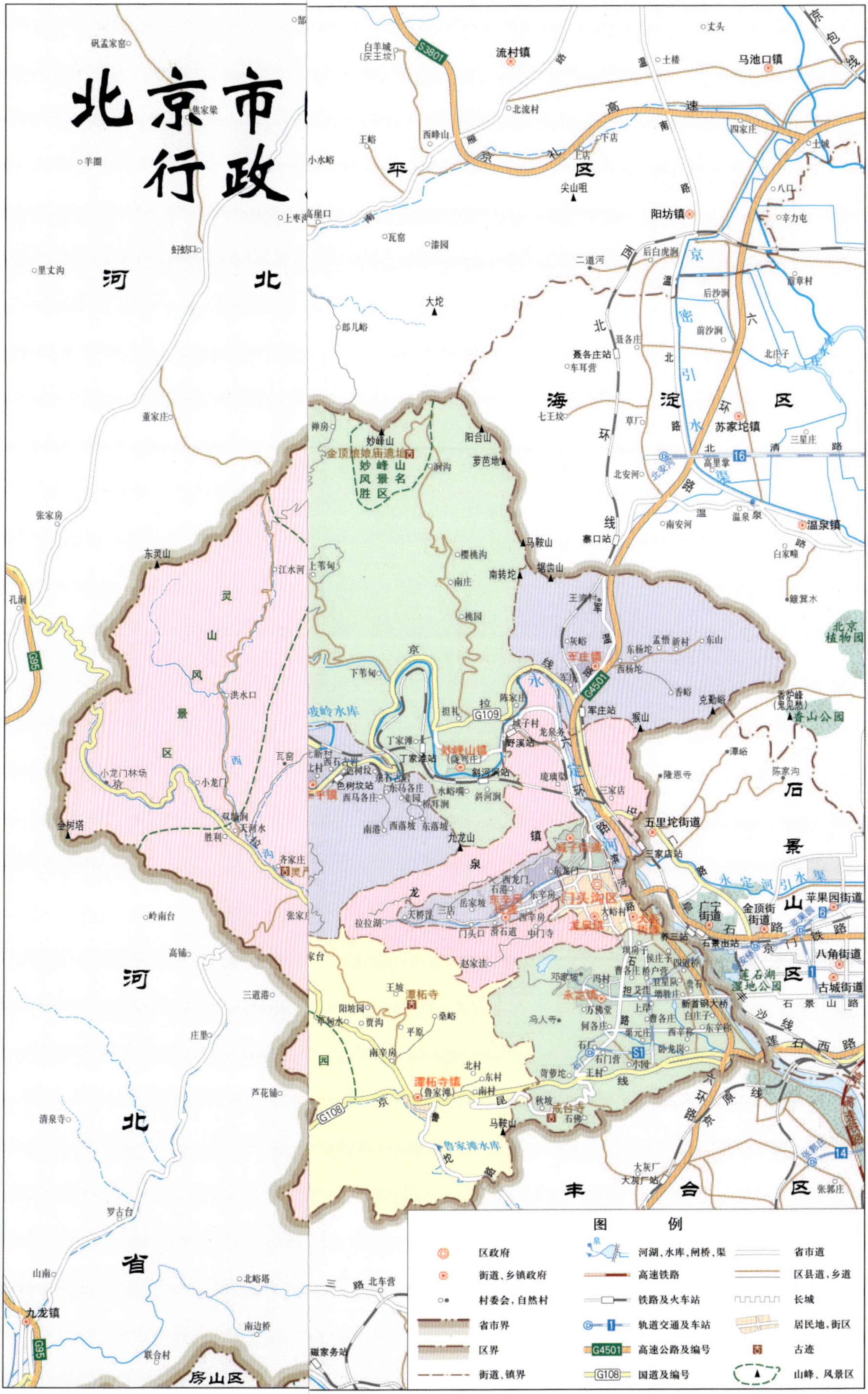

审图号：京S（2021）033号

资料截至日期：2019　北京市测绘设计研究院

6 月 28 日，区委书记张力兵为全区党员干部宣讲党课（区融媒体中心　供图）

2021 年，国道 109 新线高速公路项目工程总包部第五工区党支部在京西山区中共第一党支部纪念馆开展主题党日活动（《京西时报　供图》）

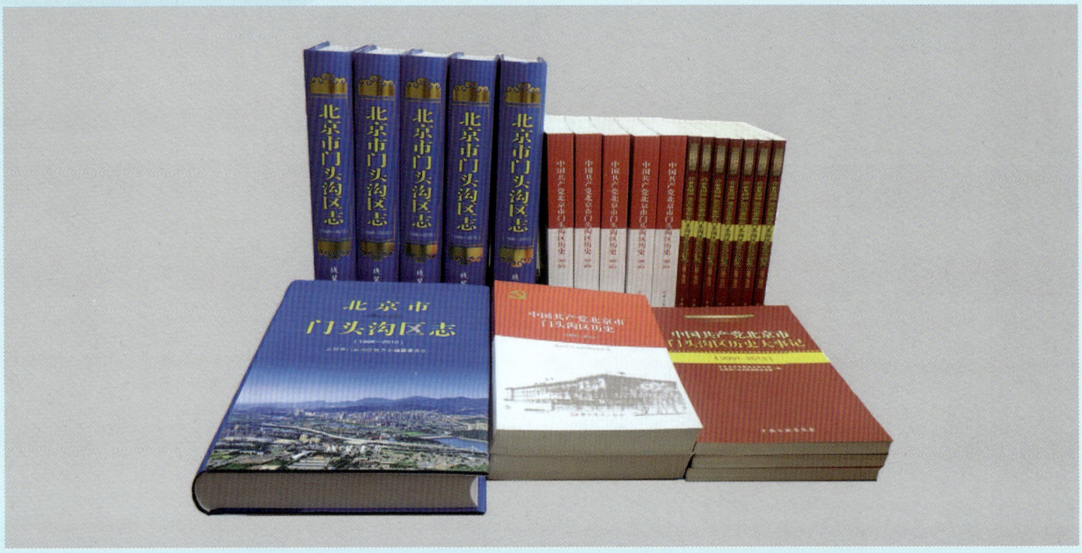

7 月 23 日，《北京市门头沟区志（1996—2010）》《中国共产党北京市门头沟区历史（1920—2012）》《中国共产党北京市门头沟区历史大事记（2001—2013）》出版发行（区档案史志馆　供图）

2021 年，门头沟区开展采访斋堂川地区 150 余名老党员活动，图为上延安的亲历者接受采访（区文联　供图）

5 月 18 日，区委党史学习教育重点剧目《京西火种》展演（区融媒体中心　供图）

6 月 11 日，区直机关系统“学党史 铭初心 争做两山理论守护人”知识竞赛举行决赛（《京西时报》 供图）

4 月 19 日，区委党校教师以评书的表演形式为区消防部队官兵宣讲党史（区消防支队　供图）

5 月 25 日，区档案史志馆干部为利德衡党支部、利德衡绿创空间非公联合党支部党员宣讲党史（《京西时报》 供图）

6 月 18 日，区档案史志馆举办“红色宛平——庆祝中国共产党成立 100 周年”专题展（《京西时报》 供图）

2021 年，小学生到永定河文化博物馆参观“平西抗日斗争史”陈列展（永定河文化博物馆　供图）

3月，塔河村民为参观挺进军司令部塔河旧址的游客作讲解（《京西时报》 供图）

3月，少先队员在宛平县人民抗日战争为国牺牲烈士纪念碑前参加祭扫活动(《京西时报》 供图)

6 月，雁翅镇田庄村星火玫瑰谷百米红色长廊（《京西时报》 供图）

6 月，游客在平西情报联络站体验摩斯电码收发情报（《京西时报》 供图）

5月，城子街道龙门新区四区开展“我为群众办实事”实践活动，修补破损的楼体外墙保温层（《京西时报》 供图）

8月，区医疗保险事务管理中心基金征缴部推进“小小窗口，满满服务”窗口建设（《京西时报》 供图）

10月14日，国务院港澳办机关党委与法城村党支部联合开展结对共建暨“我为群众办实事”主题党日活动（斋堂镇政府 供图）

经济社会发展

5月，人工智能科普体验交流活动在中关村京西人工智能科技园举办（《京西时报》 供图）

10月1日，金融街·融悦汇开业（区融媒体中心 供图）

11月15日，北京恒合信业技术股份有限公司在北京证券交易所敲钟上市（中关村科技园区门头沟园管理委员会 供图）

4月，区公路分局夜间对门城主要大街存在道路病害的路面进行集中修复，图为石担路施工现场（《京西时报》 供图）

8月，龙泉镇东南街社区民生议事厅召开安装电动自行车充电桩议事协商会（区民政局　供图）

8月，门头沟区启动社区供水管网改造工程，图为大峪街道龙山一区社区施工现场（《京西时报》 供图）

7月，门头沟山区首组快递柜在王平镇投入使用（《京西时报》 供图）

8月，门头沟区在物美综合超市双峪环岛店开展沉浸式“直播带岗”进企业活动（《京西时报》 供图）

12月29日，门头沟区首批“哈啰出行”共享单车在永定镇投放（《京西时报》 供图）

文化活动

4月，龙泉镇中门寺村委会和中门家园社区联合举办“不负春光 邂逅诗意中门寺生态园”活动（《京西时报》 供图）

5月27日，《燕歌戏·鼓》演出现场（区文化馆 供图）

12月，新桥路中学和军庄中学学生在永定楼前参加“迎冬奥·一起向未来”拍摄活动（《京西时报》 供图）

新冠肺炎疫情防控

1月，区市场监管局在餐饮单位检查冷链食品新冠肺炎疫情防控工作（《京西时报》 供图）

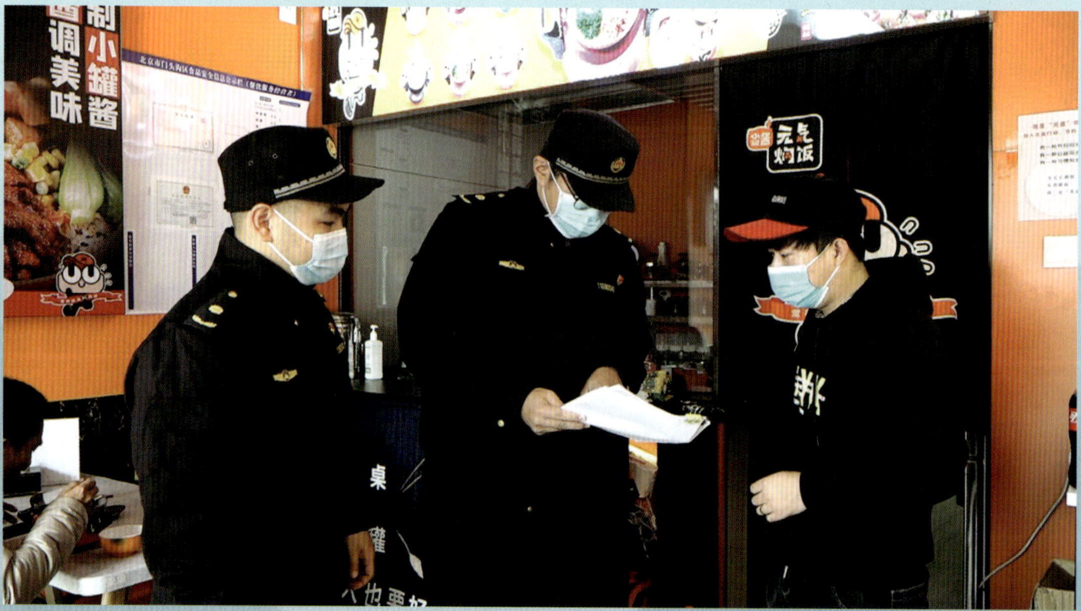

10月，区城管执法局在中昂时代广场检查“三类场所”新冠肺炎疫情防控工作(《京西时报》 供图)

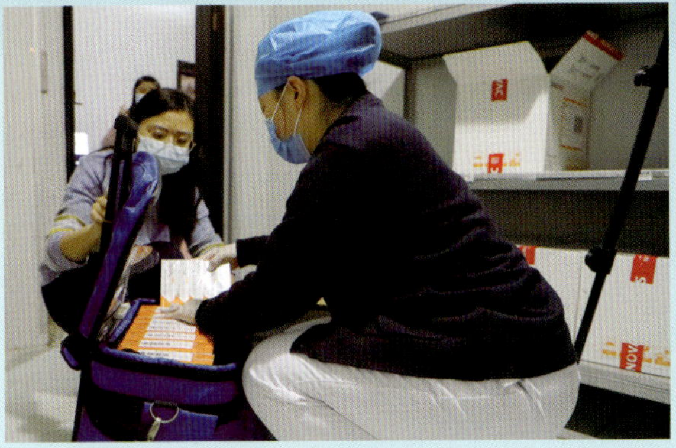

2月，城子街道新冠病毒疫苗接种点的工作人员到区疾病预防控制中心领取疫苗（《京西时报》 供图）

3月，东辛房街道工作人员为已全员接种新冠病毒疫苗的家庭张贴“防疫安辛”标识牌（《京西时报》 供图）

3月，龙泉镇城子村为老年人接种新冠病毒疫苗配备接送专车（《京西时报》 供图）

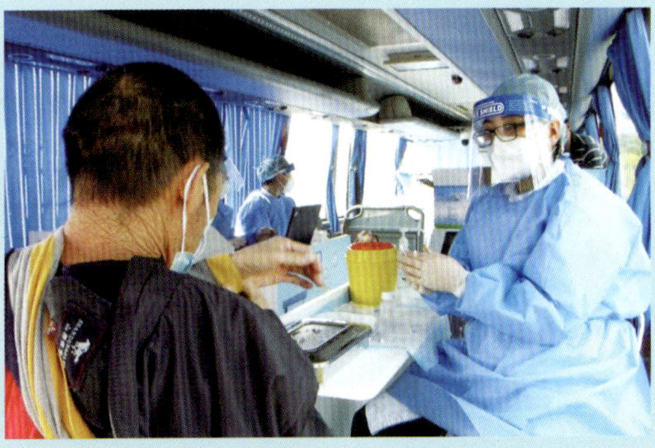

4月7日，门头沟区首辆新冠病毒疫苗流动接种车正式投入使用（《京西时报》 供图）

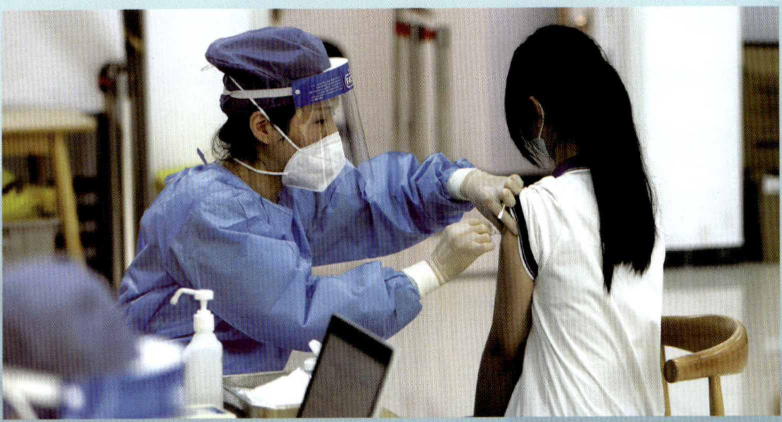

7月21日，门头沟区启动12岁至17岁人群新冠病毒疫苗接种工作（《京西时报》 供图）

8 月，鑫源市场商户参加新冠肺炎病毒核酸检测（《京西时报》 供图）

8 月，顾客通过北京健康宝扫码登记并检测体温后进入双峪农副产品批发市场（《京西时报》 供图）

2 月，公共文明引导员在新桥大街公交车站值守（《京西时报》 供图）

4 月，少年儿童参加潭柘寺镇垃圾分类互动游戏（《京西时报》 供图）

创建全国文明城区

8 月，剧场东街路边形似“门”字的“讲文明 树新风”宣传栏（区融媒体中心　供图）

9 月，志愿者在城子街道龙门新区三区社区服务站绘制“创城”宣传画（《京西时报》 供图）

8月，区公安分局交通支队开展“冲刺大干五十天，创城为民争首善”行动，图为在双峪路与石担路交叉口整治交通秩序（《京西时报》 供图）

8月，斋堂镇青龙涧村通过设置党员卫生区域发挥党员模范带头作用（《京西时报》 供图）

2021 年，门头沟区积极治理大气污染，图为蓝天下的永定镇冯村（赵明利　摄）

2021 年，区水务局推进城市河湖周边绿化美化，图为中门寺沟灌木景色（《京西时报》 供图）

9月，5座院落挂牌“门头沟老宅院”，图为坐落于妙峰山镇水峪嘴村的古道山居（《京西时报》 供图）

2021年，门头沟加快推进农村绿化美化，图为韭园村（《京西时报》 供图）

7 月，“门头沟小院”文创冰淇淋上市销售（《京西时报》 供图）

9 月，门头沟区太子墓苹果、泗家水红头香椿、妙峰咯吱入选“北京优农”产品品牌目录，图为雁翅镇太子墓村果农采摘苹果（《京西时报》 供图）

4月，门头沟区精品民宿“五一”假期预定火热，图为妙峰山镇岭角村“灵溪诺雅”民宿（《京西时报》 供图）

9月，中国国际服务贸易交易会门头沟“小院喊你来串门”展区（区融媒体中心 供图）

4 月，市民在义务植树点参加植树活动（《京西时报》 供图）

7 月，戒台寺景区采用“原树嫁接 + 异树嫁接”的措施抢救一级古油松（《京西时报》 供图）

10月，永定河秋季补水工作启动，图为永定河九河沟段（《京西时报》 供图）

12月，国道 109 新线高速公路项目龙王沟 2 号大桥完成梁板架设（《京西时报》 供图）

2021 年，妙峰山镇岭角村完成险村改造（《京西时报》 供图）

2021 年，门头沟区推进废弃矿山修复，图为矿山修复后的清水花谷（赵明利　摄）

目　　录

区情概述

特　载

专　文

大事记

中国共产党门头沟区委员会

重要会议和活动

组织工作

宣传工作

统战工作

政策研究

机构编制

网络安全与信息化

综合考评工作

老干部工作

区直机关工委工作

党　校

党史研究

门头沟区人民代表大会

综　述

重要会议

换届选举工作

各专委会工作

门头沟区人民政府

综　述

重要会议和活动

检查与调研

综合政务服务

外事及港澳事务

信访工作

机关事务管理

信息化城市服务管理

政协北京市门头沟区委员会

重要会议

委员活动

协商议政

专门委员会

纪检监察

综　述

重要会议

监督检查

执纪审查

民主党派

中国国民党革命委员会门头沟区工作委员会

中国民主同盟北京市门头沟区工作委员会

中国民主建国会北京市门头沟区工作委员会

中国民主促进会北京市门头沟区工作委员会

中国农工民主党北京市门头沟区工作委员会

中国致公党北京市门头沟区支部委员会

九三学社门头沟支社

人民团体

总工会

共青团

妇女联合会

科学技术协会

工商业联合会

法　治

政法委与综治

法治政府建设

公　安

检　察

法　院

司法行政

军 事

人民武装部

人民防空

经济管理

经济社会法治与综合调控

财　政

税　务

审　计

统　计

市场监督管理

国有资产监督管理

农业与农村

综　述

美丽乡村建设

种植业

养殖业

农村经济管理

工业　科技　信息化

工　业

科技工作

信息化

中关村科技园区门头沟园

商贸　服务业

综　述

商业流通

消费促进

粮食储备

外资外贸

商贸企业选介

京门良实

供销合作社

金　融

综　述

工商银行

建设银行

农村商业银行

财产保险

人寿保险

交通　邮电

公路建设

运输管理

邮　政

电　信

旅　游

综　述

工程建设

住房保障

房屋管理

城乡管理

市政管理

城管执法

园林绿化

水　务

公用事业

气　象

环境卫生

应急管理

综　述

安全生产监督管理

应急救援

消　防

防震减灾

教　育

综　述

学前教育

基础教育

职业教育

特殊教育

社区教育与成人教育

督导评估

文 化

综 述

非遗保护与传承

文化活动

文物保护与利用

文化市场管理

文化创意产业

公共文化设施

融媒体建设

档　案

地方志

卫生健康

综　述

新冠肺炎疫情防控

医疗服务

妇幼保健

老龄健康

疾病预防

卫生监督

医院选介

区医院

龙泉医院

体　育

综　述

竞技体育

群众体育

冰雪运动

社会工作

综　述

精神文明建设

社区建设与管理

社会生活

民　政

老龄事业

人力资源和社会保障

民族宗教事务

退役军人事务

残疾人事业

红十字事业

人物　荣誉

街道　镇

大峪街道

城子街道

东辛房街道

大台街道

潭柘寺镇

永定镇

龙泉镇

军庄镇

雁翅镇

斋堂镇

清水镇

妙峰山镇

王平镇

统计资料

附　录

索　引

区情概述

基本地情

门头沟区地处北京西部山区，是具有悠久历史文化和优良革命传统的老区。约距今一万年前后，新石器时代早期的"东胡林人"就在此繁衍生息。同期，在沿河城地区的小东宫村和斋堂镇的柏峪村，也发现了这个历史时期人类生活所留下的石斧、石凿等新石器的遗迹。表明当时在区境内已有一定数量的人类群落居住。商周时，区境属幽州。燕昭王二十九年(公元前283)设上谷、渔阳、右北平、辽西、辽东五郡，今区境分属上谷、渔阳二郡。此后，区境的隶属行政建制屡经变迁，直至1958年5月，京西矿区撤销，定名为门头沟区至今。门头沟区现辖9个镇、4个街道办事处。9个镇分别是：潭柘寺镇、永定镇、龙泉镇、军庄镇、雁翅镇、斋堂镇、清水镇、妙峰山镇、王平镇。4个街道办事处分别是：大峪街道办事处、东辛房街道办事处、城子街道办事处、大台街道办事处。

门头沟区位于北京城区西部，东经115°25′00″～116°10′07″，北纬39°48′34″～40°10′37″之间。东西长约62公里，南北宽约34公里，总面积1447.85平方公里。其东部与海淀区、石景山区为邻，南部与房山区、丰台区相连，西部与河北省涿鹿县、涞水县交界，北部与昌平区、河北省怀来县接壤。属太行山余脉，地势险要"东望都邑，西走塞上而通大漠"，自古为兵家必争之地。

门头沟新城位于长安街西延长线上，总规划面积114.63平方公里（其中主建设区87平方公里）。新城有北京首条中低速磁浮线路S1线以及快速公交4号线、336路、941路等近30条公交线路，交通四通八达。

门头沟区地处华北平原向蒙古高原过渡地带，地势西北高，东南低。地形骨架形成于中生代的燕山运动。西部山地是北京西山的核心部分，山体高大，层峦叠嶂。境内北京市最高峰东灵山海拔2303米，有"京都第一峰"之称，次高峰百花山，海拔1991米。另有髽鬏山、妙峰山等山峰。

流经境内的河流分属3个水系，其中属海河水系的永定河流域面积最大，为1368.03平方公里；属大清河水系的白沟河流域的面积次之，为73.2平方公里；属北运河水系的流域面积最小，仅为13.82平方公里。永定河是全区最大的过境河流，河道长100余公里。清水河是永定河官厅山峡最大支流，为境内第二大河，河道全长28公里。

门头沟区属中纬度大陆性季风气候，春季干旱多风，夏季炎热多雨，秋季凉爽湿润，冬季寒冷干燥。西部山区与东部平原气候呈明显差异。年平均气温11.6℃，1月最冷，平均气温为-4.6℃，极端最低气温-22.9℃；7月最热，平均气温为25.4℃。2021年，全年平均气温13.4℃，降水量1184.8毫米。

门头沟区的土壤属地带性褐土，分为山地草甸、山地棕壤、褐土等3大类，8个亚类，93个土种，其中分布面积较广的有山地棕壤、山地淋溶褐土、碳酸盐褐土。

门头沟区境内植被属于暖温带落叶、阔叶林类型，仅在深山区有残存的次生桦、杨林，一般林地均为灌木林或杂木混交林，森林覆盖率在40%—60%之间。灵山、黄草梁等山顶地区，因气候寒冷，多为草坡，以白草为主。

门头沟区地层主要由震旦亚界的蓟县系和青白口系，下古生界的寒武系、石炭系、二迭系，上古生界的侏罗系和第四纪的马栏组、百花山冰期堆积所构成。经过漫长的地质变迁，境内形成了多种类型的矿床，现已探明的有：煤炭、石灰岩、玄武岩、辉绿岩、陶粒页岩、耐水粘土、大理石、花岗石、叶腊石、白云岩、硅石、白花玉、紫页岩、石棉、冰洲石、天然石板、铜、锌、铝、铁、金、银等等。其中以煤、石灰石储量大，分布广。

2021年，全区常住人口39.6万人，同比增加0.8万人。全区户籍人口总户数124557户，总人数257440人，其中非农业人口216686人，农业人口40754人。

门头沟区是北京市文物大区，文物资源丰富，种类全、价值大。截至2021年底，全区登记在册不可移动文物共556项，占全市14.5%，数量位列全市第一。其中全国重点文物保护单位5项，市级文物保护单位15项，区级文物保护单位65项。红色革命文物有八路军冀热察挺进军司令部旧址、宛平县人民抗日战争为国牺牲烈士纪念碑、邓宋支队会师地旧址、“京西第一党支部”田庄村第一党支部等。

门头沟区传统村落数量较多、保护较为完好，截至2021年底，门头沟区共有中国传统村落12个，占北京市总数的54.5%，包括龙泉镇琉璃渠村、三家店村，斋堂镇川底下村、黄岭西村、灵水村、马栏村、沿河城村、西胡林村，大台街道千军台村，雁翅镇碣石村、苇子水村，王平镇东石古岩村。其中，中国历史文化名村3个，占全市总数的60%，包括斋堂镇川底下村、灵水村和龙泉镇琉璃渠村；共有市级传统村落14个，占全市总数的31.8%，包括12个中国传统村落以及清水镇张家庄村、燕家台村2个村。传统村落拥有丰富的历史遗存，其中全国重点文保单位2处、市级文保单位5处、区级文物保护单位13处以及未核定为文物保护单位的不可移动文物90处，文物数量约占全区总量的20%。

永定河是北京的母亲河，横贯门头沟全境，孕育了历史悠久、底蕴深厚的永定河文化。古村古道文化、民间民俗文化、宗教寺庙文化、红色历史文化、生态山水文化、京西煤业文化，构成门头沟丰富的文化宝藏，成为西山永定河文化带的重要组成部分。作为门头沟地区丰厚文化遗产的重要组成部分，非物质文化遗产呈现出种类丰富、地域特色鲜明的特点。截至2021年底，门头沟区共计拥有非物质文化遗产项目75项，其中包含国家级非遗5项（京西太平鼓、琉璃烧制技艺、妙峰山庙会、千军台庄户幡会、潭柘紫石砚雕刻技艺），市级非遗10项（龙泉务童子大鼓会、京西幡乐、柏峪燕歌戏、苇子水秧歌戏、西斋堂梆子戏、淤白蹦蹦戏、潭柘寺传说、京西黄芩茶加工技艺、裴氏正筋术、孟氏刺络疗法），区级非遗60项（爨底下酱肉制作技艺、京白梨栽培技术、样式雷烫样技艺等），涉及民间文学、传统舞蹈、传统音乐、曲艺、传统戏剧、传统技艺、传统医药、民俗等门类。门头沟区共有国家级非遗项目代表性传承人2人，市级7人，区级59人。

门头沟区国家AAAA级景区共4个，包括：潭柘寺景区、戒台寺景区、八奇洞景区、谷山村景区。国家AAA级景区共10个，包括：妙峰山景区、百花山景区、爨柏景区、神泉峡景区、双龙峡景区、京西古道景区、灵水景区、黄芩仙谷、聚灵峡（灵山古道）景区、马栏旅游景区。

2021年经济和社会发展情况

2021年，门头沟区牢牢把握新版城市总体规划的定位要求，紧扣蔡奇书记来门头沟区调研的最新指示精神，统筹新冠肺炎疫情防控和经济社会发展，妥善应对境外疫情扩散、国内零星散发病例和局部暴发疫情的并行挑战，全区经济社会秩序稳步恢复，生态功能持续夯实，民生保障体系更加完善，发展韧性不断增强，质量效益进一步提高，基本完成年初确定的各项任务指标。区域经济在快速探底后呈现恢复性向好态势，全区实现地区生产总值（GDP）268.8亿元，按不变价计算同比增长7.9%。其中，第一产业实现增加值1.7亿元，同比下降21.4%；第二产业实现增加值72.4亿元，同比增长7.7%；第三产业实现增加值194.7亿元，同比增长8.4%。三次产业结构为0.6:26.9:72.4。完成公共财政预算收入31亿元，同比下降3.3%。税收收入完成22亿元，同比下降10.4%。区级政府性基金预算收入完成29.4亿元，同比下降29.8%。完成公共财政预算支出100.7亿元，同比下降5.8%。完成全社会固定资产投资（不含农户）同比增长7%。全区规模以上工业企业实现产值54.8亿元，同比增长0.4%。都市型工业实现产值1.3亿元，同比下降20.2%。现代制造业实现产值43.2亿元，同比下降0.8%。高新技术产业实现产值51.1亿元，同比增长 2.4%。规模以上工业企业实现现价销售产值 54.8 亿元，同比增长 0.4%。完成城镇投资同比增长 8.6%，其中，房地产开发投资同比下降 16.6%。全区金融机构存款余额达到 873 亿元，同比末增长 5.2%。全区金融机构贷款余额 278.9 亿元，同比末增长 0.2%。全区有资质的建筑业企业实现建筑业总产值 138.2 亿元，同比增长 5.9%。全区完成房地产开发投资额 75.7 亿元，同比下降 16.6%。全区实现社会消费品零售额（产业在地口径）113 亿元，同比增长 11.6%。主要景区收入完成 1.1 亿元，同比增长 68%；实际利用外资完成 7613 万美元，同比增长 80.4%，经济基本盘不断稳固。

坚持"五子"（即建设国际科技创新中心、"两区"建设、数字经济、以供给侧结构性改革引领和创造新需求、深入推动以疏解北京非首都功能为"牛鼻子"的京津冀协同发展）联动，强化重大项目带动，持续筑牢发展根基。高精尖产业之基开始形成，中关村京西人工智能创新中心、奥咨达医疗器械 3C 产业（国家级）孵化中心积极推进，5G+8K 超高清视频转播基地成功落户。首都西部生态之基持续夯实，永定河综合治理和生态修复项目完成工程周边土地流转并顺利开工，"大保护"理念践行更加深入。基础设施承载力不断增强，国道 109 新线高速征地拆迁基本结束，项目实现全线开工，完成投资超过 60 亿元。

抢抓政策机遇，深度融入北京发展大格局，京西产业转型升级示范区建设步伐加快，2021 年全国示范区年度评估中获"优秀"等次，获国家发展改革委"2020 年推进老工业基地调整改造和产业转型升级工作成效明显地市（区）"通报表扬。"一线四矿"文旅康养休闲区"2+20+99"规划实施范围基本稳定，梳理完成 48 个总投资约 143 亿元的项目清单。"两区"建设纵深推进，入库项目 74 个，落地 35 项。

深入研究"园区—城区—山区"发展定位，论证"小门城"与"大山区"的发展关系，差异化、特色化发展格局初步明晰。园区：聚焦细分产业领域要素集聚，致力于头部企业引入和龙头项目落地，专精特新产业初步形成聚集态势，全年园区地均产出率增长 20.5%、劳均产出率增长 14.6%，均好于中关村示范区总体水平。城区：立足新城 114.63 平方公里的发展空间（其中主建设区 87 平方公里），对标多点新城发展机遇，谋求差异化、特色化发展权益，在京西打造首都经济社会发展"新增长极"。山区：聚力门头沟小院 + 田园综合体点状布局，"一河一线"连点成片，逐步形成绿水青山绵延相连、精品民宿镶嵌其间、特色载体辐射成片的文旅产业发展格局。全年观光休闲农业与乡村旅游收入 7250 万元，同比增长 50%；其中精品民宿收入 2780 万元，同比增长 60%。

聚焦"七有""五性"，全力推进民生保障，持续增进民生福祉，城乡居民可支配收入 63940 元，同比增长 7.7%，收入继续在远郊区领跑；城镇登记失业率降至 2.98%，是十五年来历史最低；社会保险实现应保尽保，6621 项医疗服务项目纳入医保报销范围。棚改和保障房项目扎实推进，累计筹集建设各类政策性住房 49642 套，民生保障更加坚实。重大民生项目相继落地，育园小学取得立项批复，档案馆新馆开工建设，新城 20 街区养老、文体中心主体完工。

坚持以"守护好绿水青山，筑牢首都西部生态屏障"为立区之本，划定生态保护红线约 455 平方公里，占全区总面积的 31.4%。率先开展 GEP 核算与生态产品价值实现机制研究，为全市建立生态产品市场交易机制积极探索经验。稳步推动国家森林城市创建，36 项考核指标自评均已达标，实施新一轮百万亩造林 6933.33 公顷，完成市级下达任务的 612%，累计造林绿化面积居全市第二。大力实施废弃矿山修复工程，近五年累计治理面积达到 141.97 公顷。

坚持污染治理不松劲，紧抠"0.1 微克"治理 PM2.5，截至 10 月 31 日，PM2.5 浓度为 32 微克 / 立方米，较 2016 年初下降 52.9%。坚决打好碧水保卫战，持续落实"河长制"，全区 86 条小流域中有 57 条建成生态清洁小流域，4 个地表水考核断面水质稳定达标。坚决打好净土保卫战，土壤环境质量保持优良，全区无受污染耕地，土地安全利用率、污染地块安全利用率均为 100%。

积极推动"双碳"行动，与国内外先进城市、地区和知名专家学者对接交流，探索"碳中和"实施路径，初步形成"碳减排""碳中和"研究报告。以生态产品价值实现为核心，积极推进"碳汇"试点建设。研究制定《门头沟区节能降耗专项工作方案》，举办节能宣传周活动，完成 15 家重点用能单位的监督检查，督促企业完成二氧化碳排放报告提交、配额履约，开展碳排放控制专项行动，全年二氧化碳排放降幅达到市级要求，能源消耗总量和单耗下降率均优于生态涵养区总体水平。

持续深化“七边三化四美”行动，农村人居环境整治工作成绩在全市名列前茅，获评全国农村生活污水治理示范区、全国村庄清洁行动先进县；清水镇、梁家庄村获评全国乡村治理示范乡镇、示范村。启动“一村一貌、乡村营造”村庄风貌管控提升行动，首批58个美丽乡村创建村全部通过市级考核验收。争取到中央和市级3.9亿元资金，推进煤改清洁能源，全区剩余2万余户居民告别千年烧煤史。着力提升城市绿化空间，人均绿地面积提高到63.8平方米，居生态涵养区第一；公园绿地500米服务半径覆盖率提高到89.58%，排名全市第二。

聚焦产业细分领域，突出项目引领带动，产业培育由“铺摊子”到“上台阶”。“三大细分”领域产业要素加速集聚，与百度、华为、普洛斯等头部企业签署战略合作协议；聚合医疗器械产业链上下游企业，实现知名药企奥咨达北区总部落户门头沟园，与华润医疗、海尔生物等企业初步达成落户意向。纵深推进“一线四矿”，政企联动摸排底数，高标启动全球国际方案征集，高效完成平台公司组建，加速推进门大线等核心项目前期手续。千军台矿国家级安全生产事故预控与应急处置技术实验实训和科普基地具备营业条件。“门头沟小院”品牌持续构建，出台民宿政策3.0版本，推动精品民宿快速发展，全区建成小院76家，覆盖51个村，盘活闲置农宅300余处，总体接待能力超2000人，11家精品民宿纳入我市首批党政机关定点会议（培训）服务场所。

坚持创新引领发展，积极吸引集聚创新发展要素，研发投入占GDP的比重超过1.3%，技术合同成交额达到31.2亿元。创新动能持续增强，全区高新技术企业475家，其中专精特新中小企业23家，专精特新“小巨人”企业6家；全力推动企业上市，零点有数登录创业板，恒合信业成为北交所首批上市公司。创新引领作用发挥明显，中关村门头沟园在示范区分园创新发展考核综合排名中连续位列生态涵养区首位，全年园区规模以上高新技术企业实现总收入500亿元，同比增长20.5%。

坚持以供给侧结构性改革为主线不动摇，经济质量效益稳步提升，2020年度全市高质量发展综合绩效评价得分72.66，生态涵养区排名第二。能源消耗总量控制在63万吨标准煤以内，万元GDP能耗下降率预计可超额完成市级任务目标。产业结构持续优化，第三产业占比70%左右，二产中高端制造业呈现回升势头。全面落实中小微企业帮扶政策，减税降费8956.1万元，落实各类补贴资金6500万元，持续降低企业运营成本。金融存贷款余额达1164.5亿元，同比增长5%，金融体系服务实体经济能力日益增强。

探索城乡结合部建设新思路，全力构建“山上、山下”交相辉映的乡村振兴新格局，为全市推动城乡结合部实现现代化初步摸索出一条新路径。巩固脱低同乡村振兴有效衔接，实施社会救助应扶尽扶，投入财政资金460余万元，对24个低收入产业项目进行再扶持，全区239户边缘户413人年度收入全部上线。持续做强集体经济，妙峰山玫瑰酥饼、咯吱，王平韭园酱菜获评首批北京市乡村特色美食；“灵山绿产”“拇指姑娘”等6项特色农产品列入“北京优农”品牌目录。

坚持将接诉即办作为解决群众“急难愁盼”问题重要抓手，以“每月一题”破解了房屋登记、修缮等多项民生热点问题，“万人诉求比”“基数诉求比”同比大幅下降。打响五十天创城冲刺攻坚战，实现首都文明示范区和全国文明城市提名城区“双达标”。疏解整治促提升有序落实，15项任务中完成11项，3项任务持续开展，1项任务（征拆收尾任务）全力推进。精细化推动垃圾分类，市级任务目标完成率、宣传覆盖率、居民知晓率均达到100%。深入落实物业管理条例，物业“三率”在全市率先实现100%。

国道109新线高速公路快速推进，双大路二期竣工通车。西苑路扩宽、银盛路项目完成市级入库评估，石龙路、金沙街、玉带街等道路建设进展顺利。市郊铁路（京门-门大线）前期工作扎实开展，纳入市级市郊铁路三年行动计划，门大线列入2022年区级重点工程。军庄供水干线取得项目建议书批复，门城水厂主体工程建设完工。潭柘寺110千伏变电站竣工发电，斋堂110千伏变电站开工建设。

坚持“外防输入、内防反弹”，强化“三级”联防联控，加强中高风险地区及境外进京人员闭环管理，有效阻断京外关联疫情在门头沟区蔓延。截至11月29日，全区连续531天无新增确诊病例。联动推进疫苗接种提速扩面，年内门头沟区接种新冠疫苗第1剂331372人，接种率99.46%；第2剂318654人，全程接种率95.64%；加强免疫累计接种199013人，加强免疫完成率82.68%。持续提升区级疫情转运能力，共转运各类重点人员近2000人次，未出现延误救治或交叉感染的情况。

全力推进民生建设，提升公共服务水平。推动阜外医院二期建设，区精神病医院迁建工程取得“多规合一”初审意见，医疗资源供应不断提升。谋划推进黑山小学、东辛房小学、永定实验小学前期工作，推动景山学校中学部主体结构完工。档案馆新馆建设项目开工，永定河文化博物馆新馆确定选址，政务服务中心实现主体结构封顶，镇街文化中心和村居文化室建有率提升至100%，多种形式丰富居民文化生活。截至2021年年底，全区共有幼儿园42所；初中阶段学校11所，其中高中阶段学校7所，普通高中6所；职业高中1所；村居文化室255个；医疗卫生机构272个，其中医院12个。

纵深推进营商环境改革，营造公平竞争环境，构建亲清新型政商关系。2020年营商环境“问题导向”评价全市排名第三，生态涵养区排名第一；市级营商环境4.0政策部署改革任务8月底全部完成。与石景山区确定首批809个政务服务事项“跨区通办”，与昆明宜良县试行57个事项“跨省办理”。持续做优“服务包”，深化企业服务工作，区级领导走访服务企业200家次，办理人才引进23个，协调子女入学8个，解决保障性住房10套。302家服务包企业形成一般公共预算收入11.85亿元，同比增长17.61%。

紧抓疏解非首都功能“牛鼻子”，积极构建协同发展大格局。持续做好“三个地区”对口支援合作，完成2020年北京市扶贫支援考核迎检工作，继续取得“好”的等次。深度推动与西城区结对协作，八中京西校区招收本部2个寄宿班共80人，有序推动核心区教育功能转移承接；实现基层医疗卫生机构结对协作全覆盖，2家西城企业迁入中关村门头沟园。强化与石景山区联动发展，实行联合招商，服贸会期间开展科创智能、医药健康和数字视听等主导产业重点项目推介活动；门矿医院与北京康复医院建立对口支援关系，共同提升公共服务效能。

紧抓北京高位推进“两区”建设、打造改革开放“北京样板”的重大历史机遇，深度融入“两区”建设。开展系列“走出去”推介，累计招引外资企业15个，合同外资额达6008万美元。华为“产业生态苗圃”“一线四矿”等一系列项目纳入全市项目库。研究印发《门头沟区加快推进北京国际消费中心城市培育建设实施方案》，初步明确“一核两圈三地”消费空间布局，探索建立多产业融合发展国际消费中心城市微中心体系。核心平台促双业融合，依托精雕智造创新中心打造“中关村精雕智造创新中心”创新服务平台，平台累计客户192家，累计吸纳会员401家。

对标“七有”“五性”持续增进民生福祉，多措并举提高城镇就业，城镇登记失业人员就业率54.3%，同比上升24.3%。完善“三边四级”养老服务体系，累计建成运营养老床位2244张，养老机构医疗服务覆盖率达到100%。强化社会帮扶救助，开展医疗救助4770人次，资金支出979.75万元。全力推动棚户区改造工程，累计交付使用52026套，解决108栋回迁楼屋顶漏雨问题，不断满足人民对美好生活的向往。

特载

坚定践行“两山”理论 奋力谱写“绿水青山门头沟”高质量发展新篇章

——金晖同志在区第十三次党代会上的报告

（2021 年 12 月 8 日）

现在，我代表中共北京市门头沟区第十二届委员会向大会报告工作，请予以审议。

一、过去五年的工作回顾

区第十二次党代会以来的五年，是门头沟区发展历史上不平凡的五年。区委坚持以习近平新时代中国特色社会主义思想为指导，深入贯彻中央、市委决策部署，坚持以首都发展为统领，把保障首都西部生态安全作为首要任务，传承红色基因，强化党建引领，团结带领全区广大党员干部群众全力建设“绿水青山门头沟”，圆满完成全面建成小康社会各项任务，为迈向新征程奠定了坚实基础。

五年来，我们坚定政治站位，推动生态涵养功能持续提升。落实新版北京城市总规赋予的功能定位，编制完成分区规划，率先开展乡村振兴集体产业用地规划试点，有效遏制部分镇村“大开发”的冲动；完成大棚房、违建别墅等清理整治，拆除违法建设 329.27 万平方米，腾退土地 417.22 公顷，在全市率先成功创建“9041”标准基本无违建区；疏解一般制造业企业 9 家，实现区域内煤矿全部关停。坚持把永定河综合治理和生态修复作为水生态环境建设“一号工程”，完成工程周边土地流转和地上物腾退，配合做好生态补水，使永定河再现碧水长流壮观景象。积极创建国家森林城市，完成新一轮百万亩造林 10.4 万亩、京津风沙源治理 20.9 万亩，全区森林覆盖率达到 48.08%，比 2016 年提高 4.8 个百分点，创森 36 项指标经自评均已达标。积极开展废弃矿山生态环境修复治理项目，五年来累计治理面积 141.97 公顷。坚决打好蓝天保卫战，PM2.5 平均浓度大幅下降，空气质量显著改善。成功摘得“绿水青山就是金山银山”实践创新基地和国家生态文明建设示范区称号，率先开展“两山”理论实践基地和最美“两山”理论守护人选树工作。持续推动农村人居环境整治，整治工作成绩在全市名列前茅，获评全国农村生活污水治理示范区、全国村庄清洁行动先进县。

五年来，我们坚持走绿色发展之路，推动产业转型初见成效。成功纳入京西产业转型升级示范区，与一批“高精尖”头部企业积极开展战略合作，实现中关村人工智能科技园先导园开园，培育专精特新企业 19 家，近两年来门头沟园在中关村分园创新发展考核中位居生态涵养区首位。落实区级领导、职能部门包企联络等机制，出台高质量发展“门十条”等促进创新创业政策，营商环境持续优化。强化国有资产监管，完成82家国有企业改革。与京能集团协同打造“一线四矿”文旅康养休闲区，编制完成交通接驳、文旅资源规划及景观提升方案，梳理形成48个重点项目。打响“门头沟小院”精品民宿品牌，盘活闲置农宅300余处，11家精品民宿纳入全市首批党政机关定点会议（培训）服务场所。深入挖掘利用特色文旅资源，发布18条红色旅游精品线路，出台《老宅院保护管理办法》和保护利用方案，与金隅集团、故宫博物院、市文物局共建琉璃文化创意产业园，推进新型集体林场建设，整合门头沟区及对口支援地区300多种农产品打响“灵山绿产”品牌，促进文旅产业发展，获评国家全域旅游示范区。

五年来，我们坚守为民服务宗旨，推动人民群众获得感持续增强。坚持把接诉即办作为破解民生问题的重要抓手，累计办理群众诉求27万余件。打响创建全国文明城区攻坚战，成功实现三年创建首都文明示范区和全国文明城区提名城区“双达标”目标。接续推进棚改工程，累计建成各类配套设施18.23万平方米。持续推进城乡基础设施建设，S1线、新首钢大桥、长安街西延线等重大交通设施投入使用，国道109新线高速公路建设顺利推进，京门-门大线建设纳入市“十四五”规划，门城水厂实现主体完工。持续优化公共服务，门头沟体育文化中心等惠民工程加快推进，成功引入北京八中、清华附中等优质教育资源，顺利通过国家卫生区和慢性病综合防控示范区复审，基本实现养老服务全覆盖，推动城镇登记失业率降至2.98%。取得低收入精准帮扶攻坚战全面胜利，低收入农户提前一年实现脱低目标。着力办好两个“关键小事”，在城区创新“分类驿站+流动收集”模式，在农村推广“垃圾不落地+上门收集”做法，成功创建50个市级示范小区（村），物业管理提前两年实现“三率”100%目标。圆满完成新中国成立70周年、中国共产党成立100周年等重大活动服务保障任务，有力应对新冠肺炎疫情，取得疫情防控重大战略成果，完成各镇街综合治理平台建设，深入开展政法队伍教育整顿，推动扫黑除恶专项斗争取得显著成效，持续加强各领域安全管理，全区未发生较大以上安全生产事故。

五年来，我们坚决压实管党治党责任，推动全面从严治党不断向纵深发展。深入学习贯彻习近平新时代中国特色社会主义思想，不断增强“四个意识”、坚定“四个自信”、做到“两个维护”，牢记“看北京首先要从政治上看”，严格执行向市委请示报告重大事项制度。深入开展“两学一做”学习教育、“不忘初心、牢记使命”主题教育，扎实推进党史学习教育；落实各级理论学习中心组学习制度，“马克思主义读书会”做法被中宣部确定为宣传思想文化工作典型案例；细化意识形态考评细则，把牢意识形态工作主动权。打造“红色门头沟”党建实践品牌，构建基层党建“1+7”制度体系，创新党支部“体检”、党建督导暗访等机制，持续推动基层党组织标准化规范化建设。严格落实新时期好干部标准，完善干部选任规范化体系，高标准抓好区、镇、村（社区）三级换届，创新综合考评模式，着力建设“五型”领导班子、培养“五好”领导干部。实现区委巡察全覆盖，推动监督向基层延伸，强化接诉即办、创城、低收入精准帮扶、扫黑除恶等重点领域的监督执纪问责，驰而不息纠治“四风”，保持反腐惩恶高压态势，深化纪检监察体制改革，着力营造风清气正的政治生态。

区委带头落实全面从严治党主体责任，加强区委常委会自身建设，充分发挥总揽全局、协调各方作用，支持区人大履行宪法和法律赋予的职责，支持区政府高效开展工作，支持区政协有效发挥专门协商机构作用，支持区法院、区检察院严格执法、公正司法，积极构建大统战工作格局，深化北京市各民主党派支持门头沟区发展“8+1”行动，成功实现全国双拥模范城“四连冠”，注重发挥工青妇等群团组织作用，凝心聚力当好“两山”理论守护人。

同志们，过去五年的发展成绩来之不易，离不开习近平新时代中国特色社会主义思想的指导，离不开市委的坚强领导和历届区委打下的良好基础，离不开社会各界的广泛参与、大力支持，离不开广大党员干部群众的锐意进取、拼搏奉献。在此，我代表十二届区委，向全区广大党员干部群众，向各民主党派、人民团体、社会各界和驻区部队，向所有关心、支持、参与门头沟区发展建设的同志们、朋友们，表示衷心感谢和崇高敬意！

总结过去五年的工作，我们主要有四点体会：一是必须始终坚持党的全面领导，切实把党的领导优势转化为调动各方积极性、凝心聚力促发展的优势，坚定不移推动中央、市委决策部署在门头沟落地生根。二是必须严格落实新版北京城市总规赋予的功能定位，坚持生态立区，努力探索生态环境保护与经济发展协同共进的创新之路。三是必须自觉打破“一亩三分地”思维定式，着力破除在站位、视野、思维上的局限，更加自觉地把地区发展融入首都发展、京津冀协同发展大局。四是必须扛牢全面从严治党主体责任，打造一支忠诚干净担当的高素质干部队伍，教育引导党员干部继承革命老区光荣传统，增强攻坚克难的韧劲，提高创新创造的能力，提升“功成不必在我”的境界，以新作为展现新担当。

过去五年，门头沟区的发展取得了一定成绩，但也面临不少问题和挑战：一是贯彻“两山”理论仍有差距，部分党员干部坚持走绿色发展之路的定力和耐心还不够足；二是高质量发展路径还不清晰，发展动能转换还不到位，“高精尖”产业基础薄弱，财源建设艰难；三是城乡基础设施和公共服务短板依然明显，地区综合承载力亟待提升；四是群众的急难愁盼问题还比较多，接诉即办、创城的抓手作用还不够明显，城乡精细化治理水平有待提升；五是基层党建仍需加强，部分基层党组织还存在党建工作弱化、组织生活不严等问题，区域化党建在聚合力、促发展中的作用发挥得还不充分。以上问题和挑战，我们必须敢于面对，认真加以解决。

二、今后五年的指导思想和奋斗目标

当前，世界正经历百年未有之大变局，给中华民族伟大复兴带来重大机遇，伟大祖国正向着全面建成社会主义现代化强国的第二个百年奋斗目标阔步前进。以习近平同志为核心的党中央立足新发展阶段、贯彻新发展理念、构建新发展格局、推动高质量发展，做出促进经济社会发展全面绿色转型、建设美丽中国等重大部署。市委坚持以首都发展为统领，将推进生态涵养区生态保护和绿色发展摆在更加突出的位置，持续树牢“不让保护生态环境的吃亏”的鲜明导向，从推动京西产业转型升级示范区建设、打造“一线四矿”文旅康养休闲区等方面，给予门头沟区高位支持和政策倾斜。这为我们更好落实生态涵养功能定位、推动高质量发展，创造了难得机遇，营造了有利环境。

与此同时，门头沟区发展也面临“五个更加迫切”的新要求：一是围绕服务“四个中心”功能建设、提高“四个服务”水平，坚持生态立区，高质量推动区域特色化、差异化发展的要求更加迫切；二是抢抓“五子”联动机遇，积极争取各类支持政策落地，加速新旧动能转换的要求更加迫切；三是面对新老问题叠加、发展不确定性增多的客观现实，防范化解各类风险、守牢安全发展底线的要求更加迫切；四是锚定共同富裕，处理好“小门城”与“大山区”的关系，统筹城乡发展的要求更加迫切；五是适应北京超大城市治理特点，提升城乡精细化治理水平的要求更加迫切。

可以说，未来五年，我们必将面临更大历史机遇、肩负更大历史使命，必须树立强烈的责任感、使命感、紧迫感，在加强生态涵养功能建设、推动地区高质量发展中练好内功，在融入京津冀协同发展大局、下好“五子”联动先手棋中向东借力，以“四个一”的历史奉献为激励，继承发扬“讲奉献、争第一”的门头沟精神，守好绿色固本底，开放发展聚资源，形成“紫气东来门头沟”新态势，蹚出经济社会转型发展新路子。

今后五年全区工作的指导思想是：高举中国特色社会主义伟大旗帜，深入贯彻党的十九大和十九届二中、三中、四中、五中、六中全会精神，坚持以马克思列宁主义、毛泽东思想、邓小平理论、“三个代表”重要思想、科学发展观、习近平新时代中国特色社会主义思想为指导，全面贯彻党的基本理论、基本路线、基本方略，深入学习习近平生态文明思想和习近平总书记对北京重要讲话精神，贯彻新发展理念，融入新发展格局，坚定以首都发展为统领，坚持生态立区、文化兴区、科技强区，筑牢首都西部生态屏障，培育绿色发展新动能，推动门头沟新城与山区协同发展，探索促进共同富裕的有效路径，奋力谱写“绿水青山门头沟”高质量发展新篇章，推动“两山”理论在门头沟落地生根、形成生动实践。

今后五年的奋斗目标是：

——生态建设取得新成效。生态保育和生态治理能力显著增强，生态环境质量进一步提升，生态保护机制更加健全，探索生态产品价值实现机制取得初步成果，生态文明理念深入人心，首都西部生态屏障更加牢固。

——高质量发展迈出新步伐。全面推动京西产业转型升级示范区建设，中关村门头沟园有机融入中关村创新生态，长安街西延线专精特新产业集群初具规模；永定河文旅体验产业带初步形成，科技赋能文商旅农融合的体验产业加速培育，带动山区共同富裕的能力明显提升，探索山地经济特色发展之路初见成效。

——民生福祉达到新水平。以接诉即办、创城为抓手的城乡精细化治理体系更趋完善，回应群众“七有”“五性”需求的能力持续提升，公共服务、基础设施与中心城区的差距显著缩小，居民收入增长和经济增长基本同步，群众获得感、幸福感、安全感进一步提升。

——党的建设水平实现新提升。全面从严治党主体责任持续压实，党的领导全面加强，各级党组织的号召力、凝聚力和战斗力进一步增强，全区党员干部的能力素质持续提升，党风廉政建设和反腐败斗争不断引向深入。

同志们，未来五年是充满希望的五年、是催人奋进的五年，只要我们团结一致、坚定信心，就一定能够在昂扬奋斗中夺取新胜利、创造新辉煌！

三、今后五年的主要任务

今后五年，我们必须自觉服从首都发展的需要，坚定不移落实区域功能定位，强化科学统筹，突出工作重点，扎实做好以下工作。

（一）守住好山好水好生态，持续提升生态环境质量

坚定落实新版北京城市总规赋予的生态涵养功能定位，按照分区规划部署，以首善标准履行好守山护林保水应尽之责，增强绿水青山的生态效益、经济效益、社会效益。

坚持谋定后动，确保“一张蓝图绘到底”。充分发挥新版北京城市总规和分区规划对地区发展的战略引领和刚性约束作用，坚持有所为、有所不为，高质量完成新城控规和镇域规划编制，以生态环境承载能力和国土空间开发适宜性评价为重点，深化完善乡村地区规划体系，促进各级各类规划衔接协调，加快构建生态友好型国土空间保护开发新格局。

强化理水治山、护蓝增绿，塑造全域绿色生态新空间。聚力打造永定河生态走廊，协同推动永定河综合治理和生态修复，配合做好常态化生态补水；推进生态清洁小流域和湿地公园建设，推动沿河村庄地质灾害隐患和泥石流沟治理，加大门城湖及周边重点水域环境综合整治力度，提升农村生活污水处理效能，确保清水出沟入河。引入社会资本，持续推进废弃矿山治理。深入推进大气污染防治，坚持PM2.5和臭氧污染协同治理、减污降碳协同增效，强化精细治尘，加快推进煤改清洁能源工程。高水平完成国家森林城市创建任务，持续推进百万亩造林、京津风沙源治理，实施森林提质工程，持续提高森林覆盖率，推广高碳汇树种，提升林木碳汇能力，打造大尺度绿色生态空间。

推动构建跨区域联动的生态环境监管体系，加大自然保护地和生态保护红线监管力度，强化科技赋能，推动灵山、百花山等重点区域生物多样性保护，严厉打击环境违法行为。积极创建国家环境保护模范城市，以更高标准、更严举措提升生态建设水平。

（二）加快培育高质量发展新动能，建设绿色发展聚宝盆

紧抓京西产业转型升级示范区政策机遇，以长安街西延线和永定河生态走廊为重点，保持定力守生态，跨域统筹谋发展，探索生态涵养区经济高质量发展新路径。

聚力打造长安街西延线专精特新产业集群，着力在全市“五子”联动中找准定位，构建首都西部发展新的增长极。紧跟北京建设国际科技创新中心步伐，以中关村门头沟园为全区科技创新主阵地，深化与头部企业战略合作，做强人工智能、数字视听、医疗器械等细分行业，促进企业科技成果就地转化。把握“两区”建设机遇，找准地区资源禀赋与“两区”政策的最佳结合点，更好推动开放发展。紧抓全球数字经济标杆城市建设契机，探索建设服务人工智能产业发展的公共算力基础设施，搭建数字经济示范应用场景，加快数字经济赋能传统产业升级。坚持以供给侧结构性改革引领和创造新需求，依托长安街西延线区位优势，打造首都西部城市消费新地标，高起点规划建设门头沟新城商圈，提升特色商业街区品质，探索发展首店经济，增加消费有效供给。融入京津冀协同发展大局，在更大范围集聚优质资源、谋划产业转型，努力在京津冀产业体系中形成特色优势。

聚力打造永定河文旅体验产业带，以高品质文旅产业支撑生态保护、文化传承，带动集体经

济发展，促进农民增收致富。坚持“小而精”方向，以永定河、109高速、108国道为主干，以旅游集散中心为支撑，串联沟域、景区、古村落等重要节点，促进文商旅农融合发展，打造一批特色鲜明的主题旅游线路，整体塑造“绿水青山门头沟”旅游品牌，增强山区发展的内生动力。打造“一线四矿”、琉璃文化创意产业园等标志性文旅项目，实施潭柘寺、戒台寺、妙峰山等传统景区提升工程，探索“门头沟小院”精品民宿可持续发展、带动农民增收模式，以“一沟一特色”“一村一产业”为抓手，融合“灵山绿产”等特色资源，促进乡村旅游提档升级。完善旅游配套设施，更好支撑文旅体验产业发展。

（三）着力提升城乡建设品质，打造宜居宜业宜游的人居环境

坚持规划引领、生态优先，统筹推动城乡建设集约发展、绿色发展、融合发展，加快补齐基础设施和服务配套短板，全面提升城乡建设品质。

深化落实门头沟新城发展定位，着力打造首都西部独具生态特色的滨水新城。坚持生态特色，构建门头沟新城“一山环绕、一水映城”的生态城市格局，推行绿色建筑标准，探索发展零碳建筑。坚持减量发展，强化资源约束，科学把控发展时序，严格控制城市规模，加强城市体检评估，以“零容忍”态度严控新生违建。坚持风貌保护，加强对建筑高度、城市天际线、第五立面、城市色彩的管控，塑造城市特色风貌。坚持文化驱动，将先进文化理念融入城市建设，塑造高品质城市空间，构建“文在城中、以文化城、文城一体”的整体城市意象。坚持建管并重，开展城市更新行动，探索社会资本参与老旧小区改造的实现机制，持续开展“工程质量建设月”等行动，深化疏解整治促提升专项行动，统筹利用腾退空间，改善人居环境。

实施乡村建设行动，提升美丽乡村建设内涵。深入研究城乡结合部、浅山区、深山区的村庄发展特点，坚持分类施策，严防大拆大建，探索建立村庄渐进式有机更新的可持续发展模式，统筹实现生态保护、产业发展、民生保障、历史文化传承等多元目标。完善文物保护机制，推动中国历史文化名村、北京市传统村落整体保护与活化利用。用好《村庄民宅风貌设计导则》，落实《农村宅基地及建房管理办法》、《老宅院保护管理办法》和保护利用方案，保留京西传统村落特色。持续推动农村“清脏、治乱、增绿、控污”，统筹抓好永定河、109高速、“一线四矿”沿线及潭柘寺等景区周边环境整治和绿化美化，继续实施“百村示范、千村整治”工程，深化厕所革命、污水治理和村庄清洁行动，以良好人居环境促进乡村振兴。

着眼提升城市运行保障能力，全力推动基础设施建设。积极保障109高速工程，推动108国道三期、双大路三期等项目建设，同步完善沿线市政交通、公共服务、旅游服务等配套设施；积极争取市级支持，加快推进京门-门大线建设；加强S1线、长安街西延线、中关村门头沟园等重点区域周边道路配套建设，提高路网微循环能力。完善供水安全保障体系，提升污水收集处理和再生水利用水平，加快建设天然气输配站，努力实现门头沟新城和浅山区天然气供应全覆盖。优化电网结构，推进220千伏变电站等电力基础设施建设。

（四）始终把群众的事放在心坎上，让老区人民过上好日子

坚持以人民为中心的发展思想，紧扣群众“七有”“五性”需求，加强普惠性、基础性、兜底性民生建设，解决好群众身边的操心事、烦心事、揪心事。

着力完善公共服务体系，持续增进民生福祉。高标准推动棚改收尾攻坚，完善配套设施建设，确保群众顺利回迁。落实教育优先发展战略，坚持立德树人，强化五育并举，高标准落实“双减”工作任务，持续推进名校办分校、集团化办学，推动义务教育优质均衡发展，积极引入高等院校，提升地区教育质量。聚焦打造“健康门头沟”，加快引入三甲医院分院，推动区属二级医院向三级医院升级，持续完善基层医疗卫生机构配置；瞄准疫情防控暴露出的公共卫生应急体系短板，加强院前急救能力建设，完善应急物资保障体系，做优做强区疾控中心。实施就业优先政策，千方百计稳定和扩大就业。完善社会保障体系，健全分层分类社会救助体系。落实居家养老服务条例，推进养老服务可持续发展。支持品牌连锁企业建设便民商业综合体，推动便民商业设施连锁化、品牌化发展，满足群众多元消费需求。以建设公共文化服务体系示范区为目标，建立多元化公共文化服务供给机制，增强群众文化获得感。紧抓冬奥契机，广泛开展全民健身运动，开

发时尚前卫的体育消费模式，推动门头沟体育文化中心等重大设施建成使用，满足群众多样化体育健身需求。

发挥接诉即办和创城的抓手作用，持续提升民生服务水平。认真落实《北京市接诉即办工作条例》，完善接诉即办领导体系和工作机制，加强接诉即办队伍专业化、规范化建设，持续提升“响应率”“解决率”“满意率”，强化未诉先办、主动治理。坚持创城为民、创城惠民，落实市委“立足首善、示范全国”的创建要求，积极倡导绿色环保生活方式，一体推进文明行为促进条例落实及爱国卫生运动，持续打响“门头沟热心人”品牌，力争2023年实现全国文明城区创建目标，努力让地区文明程度与生态涵养要求、高质量发展需求相匹配、相促进。完善垃圾分类收运处理体系，推动垃圾分类成为社会新时尚。实施物业管理提升专项行动，提高物业管理服务水平。

（五）提升精细化治理能力，全力构建共建共治共享的社会治理格局

坚持党对基层治理的全面领导，坚持以人民为中心，落实全周期管理理念，持续夯实基层治理基础，不断增强治理效能。

加强社会治理创新，推动治理重心向基层下移。完善党组织统一领导、政府依法履责、各类组织积极协同、群众广泛参与的基层治理体系，发挥群团组织、社会组织、街巷长、小巷管家等多元治理主体作用，构建网格化管理、精细化服务、信息化支撑、开放共享的基层综合治理平台。以赋权、下沉、增效为重点，深化镇街管理体制改革，强化属地责任和相应职权。深化乡村治理体系建设，依托村民会议、村民议事会、村民监事会等形式，广泛开展基层民主协商，加大农村普法和法律服务力度，修订完善村规民约，着力构建党组织领导的自治、法治、德治相结合的乡村治理机制。

提升依法治区水平，建设平安门头沟。强化与石景山区联动，全力服务保障北京冬奥会、冬残奥会。坚持疫情防控“外防输入、内防反弹”不放松，压实“四方责任”，完善常态化防控机制，打牢专群结合、群防群控基础。巩固政法队伍教育整顿成果，深化法治领域改革创新，推动扫黑除恶工作常态化、法治化；创新实践新时代“枫桥经验”，加强矛盾纠纷排查化解，防范各类风险隐患，健全平安建设工作体系。抓好安全生产、防火防汛、地质灾害治理等工作，推进食品药品、生产、交通等领域安全管理，提升应急管理能力，守好首都西大门。

强化科技赋能，探索以数字技术为支撑的社会治理新路子。加强智慧城市顶层设计，系统梳理整合全区各领域数据资源，构建区级城市管理和社会治理大数据平台，建立大数据共建共享机制。建设统一开放的大数据应用体系，促进信息化手段在环境保护、城市运行、政务服务、公共安全、基层治理等领域创新应用。发挥政府在大数据应用中的示范作用，创新城市管理和社会治理机制，提高地区科学化、精细化、智能化管理水平。

（六）坚持全面深化改革，增强地区发展活力

坚定不移落实中央、市委重大改革部署，强化改革思维和创新意识，扭住关键领域，调动各方积极性，勇于先行先试，以改革破解发展面临的问题，为推动地区高质量发展汇聚强大的创新驱动力。

深化生态环境保护机制建设，以最严格的制度守护绿水青山。创新构建林长制、河长制、田长制“三长联动、一巡三查”机制，聚焦“打造天蓝地绿水净京津冀”大局，健全与周边地区生态环境联建联防联治机制、与永定河上下游水污染协同治理机制；完善责任追究、生态环境损害赔偿、考核评价等生态环境保护约束机制，不断健全区域环境治理工作体系。围绕探索“绿水青山”向“金山银山”的转化路径，开展生态产品价值实现机制的实践研究，积极争取生态资源权益交易试点政策，主动融入全市“碳中和”行动，努力打造生态文明建设引领区。

创新支撑地区转型发展的体制机制，增强发展源动力。推动构建门头沟新城与中心城区有机融合的政策体系，发挥京西产业转型升级示范区、新首钢高端产业综合服务区等政策叠加效应，动态完善引资、引智、引技相结合的创新举措，持续优化营商环境。深化中关村门头沟园体制机制改革，完善企业服务体系，健全商务服务和公共服务配套，增强园区在全区产业转型中的引领作用。深入实施国企改革三年行动，推动国资国企布局优化、结构调整、企业重组，深化国有资本经营机制改革，提升国有企业经营效益。

健全城乡融合发展机制，促进共同富裕。推动点状供地改革成果运用，探索更多符合门头沟

区实际的以城带乡机制，增强门头沟新城在交通、产业、公共服务等方面对山区的带动作用；依托生态、文化等资源优势，精耕细作推动山区发展，更好服务门头沟新城乃至首都战略发展大局。深化农村集体经济改革，用好农村集体产权制度改革成果，大力培育农民合作社等农业经营主体；做大做强文旅产业平台，提高市场化运营水平，壮大农村集体经济，增强山区经济韧性；促进巩固低收入精准帮扶成果同乡村振兴有效衔接，让农民有更多获得感。

四、传承革命老区红色基因，扛牢全面从严治党主体责任

深入贯彻全面从严治党方针，传承“永远跟党走”的红色基因，以永远在路上的坚定执着，推动全面从严治党向纵深发展，为地区高质量发展提供坚强保障。

（一）持续加强政治建设

牢记“看北京首先要从政治上看”，教育引导全区党员干部增强“四个意识”、坚定“四个自信”、做到“两个维护”，始终胸怀“两个大局”、牢记“国之大者”，不断提高政治判断力、政治领悟力、政治执行力。严肃党内政治生活，落实加强党的政治建设任务分工，贯彻民主集中制，认真执行“三重一大”事项决策等工作规则。不折不扣落实中央、市委决策部署，持续在贯彻新版北京城市总规、落实区域功能定位中把牢政治方向、站稳政治立场、提高政治能力，把党的全面领导落实到全区经济社会发展各领域各方面。

（二）持续加强宣传思想文化工作

坚持用习近平新时代中国特色社会主义思想武装头脑、指导实践、推动工作，发挥“马克思主义读书会”品牌辐射作用，着力构建专家讲理论、干部讲政策、百姓讲故事的理论宣传体系。旗帜鲜明坚持党管意识形态，确保意识形态领域绝对安全。持续唱响主旋律、传播正能量，打造数字化融媒体宣传矩阵，推动社会主义核心价值观融入绿色发展和百姓生活。深化党史学习教育成果运用，以党的百年历程为主线，加强对门头沟区党史资源的系统性梳理、精准化提炼、关联性研究，留住红色记忆。大力宣传崔显芳等英雄模范的感人事迹，全方位、多角度讲好老区人民传承红色基因、守护绿水青山的“门头沟故事”。落实全国文化中心建设任务，推动西山永定河文化带、长城文化带建设项目落地，加快建设永定河文化博物馆。办好永定河文化节、国际山地徒步大会等活动，打造标志性宣传品牌，持续提升“绿水青山门头沟”影响力。

（三）持续建强基层党组织

以提升组织力为重点，突出政治功能，巩固“红色门头沟”党建品牌实践成果，统筹提升基层党建工作质量，探索区域化党建新路径。引领农村基层党组织在实施乡村建设行动、发展文旅体验产业、壮大农村集体经济、深化乡村治理中发挥战斗堡垒作用，为推动乡村振兴提供坚强组织保障。推动社区党建在创城、接诉即办、办好两个“关键小事”等方面发挥凝心聚力作用。抓好机关党的建设，强化干部作风建设，带动机关整体工作效能提升。强化学校、公立医院党建工作，切实将党的建设融入教育教学、医院治理各环节。发挥国企党组织在优化公司治理结构、服务生产经营中的作用，确保国企党建组织落实、干部到位、职责明确、监督严格。精准把握“两新”组织规律特点，增强“两新”组织党建工作针对性、有效性，引领“两新”组织更好服务全区发展大局。

（四）持续锻造高素质干部队伍

坚持德才兼备、事业为上，落实新时期好干部标准和市委“四个不让”要求，强化“讲担当、重实绩”的选人用人导向，注重在基层一线和急难险重岗位培养锻炼、选拔使用干部，着力培养干部专业能力、专业精神，选优配强领导班子，打造适应地区高质量发展的干部队伍。优化干部选任机制，实施优秀年轻干部储备培养行动和梯次培养工程。坚持严管厚爱结合，加强对干部的关心关爱，持续完善综合考评机制，开展“五型”领导班子和“五好”领导干部评定工作，加强经常性政治“体检”，从严管理监督干部。坚持党管人才原则，深化“京西聚智计划”，围绕专精特新产业发展，强化人才引进与储备，打造高品质人才发展生态。

（五）持续推动全面从严治党向纵深发展

充分发挥全面从严治党引领保障作用，紧紧扭住责任制这个“牛鼻子”，严格落实党中央关于加强对“一把手”和领导班子监督的意见，高质量推进区委巡察工作。坚持标本兼治，一体推进不敢腐、不能腐、不想腐，聚焦棚户区改造、农村集体“三资”等重点领域和领导干部“关键少数”，强化监督执纪问责，持之以恒落实中央八项规定精神和市委实施意见，进一步推动监督向基层延伸。深入开展警示教育和好家风、好规矩教育，筑牢拒腐防变的思想防线，锻造忠诚干净担当的京西铁军。

持续发挥区委总揽全局、协调各方作用，支持区人大及其常委会依法行使职权，发挥人大监督作用，形成共谋发展的合力；支持区政府依法行政，加强法治政府建设；加强党对协商民主建设的领导，确保区政协工作协商有据、监督有力、议政有方；支持区法院、区检察院依法、独立、公正行使职权；做好新形势下的统战工作，充分发挥各民主党派、工商联、无党派人士作用；调动工青妇等群团组织积极性，凝聚各方力量推动地区发展。抓好党管武装工作，依托“京西讲武堂”深化全民国防教育，促进军民融合发展，争创全国双拥模范城“五连冠”。

让我们更加紧密地团结在以习近平同志为核心的党中央周围，高举中国特色社会主义伟大旗帜，在市委的坚强领导下，携手同心，开拓进取，坚定扛牢“两山”理论守护人职责，奋力谱写“绿水青山门头沟”高质量发展新篇章，以优异成绩迎接党的二十大胜利召开。

政府工作报告

——2021年1月7日在北京市门头沟区第十六届人民代表大会第七次会议上

北京市门头沟区区长　付兆庚

各位代表：

现在，我代表门头沟区人民政府，向大会报告政府工作，请予审议。

一、“十三五”时期经济社会发展回顾

“十三五”时期，是门头沟区发展历史上极不平凡、具有里程碑意义的五年。在市委市政府的坚强领导下，在区委的直接领导下，在区人大、区政协和社会各界的监督支持下，我们立足区域功能定位和绿色高质量发展目标，深入践行“两山”理论，全面推进地区各项事业发展，顺利完成了“十三五”规划主要目标任务，决胜全面建成小康社会取得决定性成就。

——过去五年，我们坚决扛起生态文明大旗，首都西部生态屏障作用愈发彰显。到“十三五”末，全区森林覆盖率达47.8%，较“十二五”末提高6个百分点。PM2.5年均浓度降低至32微克/立方米，降幅超过58%。永定河再现碧水长流壮观景象，重要水功能区水质达标率保持100%，生态涵养功能有效提升。

——过去五年，我们积极培育发展新动能，绿色高质量发展之路越走越宽。经济结构持续优化，第三产业占地区生产总值比重超过70%，较“十二五”末提高近20个百分点。全区预计完成技术合同成交额26亿元，较2015年增长43倍。中关村门头沟园规模以上高新技术企业总收入年均增速超过20%，科技创新发展支撑不断增强。

——过去五年，我们坚持规划统筹引领，城乡融合发展实现质的飞跃。率先完成分区规划编制，圆满完成农村人居环境整治三年行动任务，文明城区创建连续三年取得优异成绩。S1线实现通车，长安街西延线全线贯通，国道109新线高速公路正式开工建设，地区发展质效明显提升。

——过去五年，我们一心为民谋福祉，人民群众新期待不断得到满足。自棚改攻坚战打响以来，累计交付使用45145套棚改安置房，实现3.17万户群众搬迁上楼。教育资源布局进一步优化，城乡居民人均可支配收入年均增速7.1%，居民人均期望寿命较“十二五”末提高0.35岁，基本养老保险实现应保尽保，连续举办永定河文化节、北京国际山地徒步大会，提前完成脱低任务，群众获得感进一步增强。

总体来看，“十三五”时期全区综合实力显著提升，主要目标任务完成情况良好，地区各项事业蓬勃发展。但是，我们也清醒认识到，全区发展还面临着一些突出困难和挑战：一是生态保护与涵养任务依然艰巨，生态涵养区的压轴作用还未充分发挥；二是经济发展后劲与动力依然不足，新产业新动能培育壮大尚需时间；三是民生领域短板与弱项依然突出，基础设施、公共服务等领域仍存在不平衡不充分问题；四是今后一个时期发展具有诸多不确定因素，外部环境错综复杂，经济下行压力依然存在，特别是突如其来的新冠肺炎疫情，给门头沟区未来发展带来更多不确定性。面对新矛盾、新挑战，我们必须坚定不移贯彻新发展理念，增强机遇意识、风险意识，勇于开顶风船，善于化危为机，以“讲奉献、争第一”的门头沟精神，奋力当好“两山”理论守护人！

二、“十四五”时期主要目标和任务

“十四五”时期，是门头沟区围绕落实生态涵养区功能定位，深化打造“红色门头沟”党建品牌和“绿水青山门头沟”城市品牌，着力构建“一园四区一小院”绿色发展新格局的关键时期。区委十二届十一次全会确定了“十四五”时期全区发展的指导思想和基本要求，为我们今后一个时期发展指明了方向。瞄准二〇三五年与首都一道率先基本实现社会主义现代化的目标，我们将全面落实以首都发展为统领的要求，适应新发展阶段，贯彻新发展理念，融入新发展格局，今后五年努力实现以下目标：

——生态涵养取得新成效。“绿水青山门头沟”建设取得重大进展，国家森林城市创建成果更加巩固，污染防治攻坚战成效明显，生态保育和生态治理能力显著增强，在落实绿色北京战略上走在全市前列。

——绿色发展迈出新步伐。京西产业转型升级示范区取得实质性进展，对接“两区”建设取得阶段性成果，“一园四区一小院”绿色发展新格局基本形成。

——城乡融合开拓新局面。规划实施体系战略引领和刚性约束作用充分彰显，城乡空间布局持续优化，新型城镇化加快推进，实现减量集约发展目标。市政基础设施更加完善，城市承载能力切实提高。

——社会文明程度实现新进步。社会主义核心价值观深入人心，人民思想道德素质、科学文化素质等明显提高，集全区之力向创建全国文明城区终极目标发起总攻，公共文化服务体系和文化产业体系更加健全。

——民生福祉达到新水平。棚改工程高质量完成，居民收入增长和经济增长基本同步，实现巩固拓展低收入精准帮扶成果同乡村振兴有效衔接，公共服务体系更加健全。

——基层治理效能得到新提升。“吹哨报到”“接诉即办”工作机制更加完善，生活垃圾分类成为新时尚，物业管理水平显著提升，平安门头沟建设深入推进，突发公共事件应急能力显著增强。

“十四五”时期经济社会发展的主要任务：一是着力优化城乡空间布局，高效能保障绿色发展；二是着力守住好山好水好生态，高站位打造北京后花园；三是着力推动产业转型升级，高质量培育发展新动能；四是着力践行文明首善标准，高层次打造特色文化品牌；五是着力提高城市承载能力，高品质构建现代化基础设施体系；六是着力保障改善民生，高效率回应人民美好生活向往。

三、2020年工作回顾

过去一年，在疫情和经济下行压力双重影响下，全区上下齐心协力、攻坚克难、苦干实干、砥砺前行，保持了经济社会平稳有序发展。预计实现地区生产总值253亿元，增速实现转正。地方级一般公共预算收入55.96亿元，超额完成市级目标任务；区级一般公共预算收入32.03亿元，同比下降4.8%，增速好于全市总体水平。全社会固定资产投资150亿元，同比增长11%；其中建安投资88亿元，同比增长1.6%，增速均高于全市平均水平。社会消费品零售额101.3亿元，同比下降7.5%，企稳回升后增速处于全市前列。全体居民人均可支配收入达到55000元，同比增长2.4%，收入绝对值在生态涵养区排名第一。

（一）砥砺奋进促转型、谋升级，聚焦高质量发展锻造新引擎

中关村门头沟园引领带动作用明显。园区中关村高新技术企业达到333家、“双高新”企业

191家。北京光环新网科技股份有限公司等8家企业入围2020北京民营企业“1+4”百强榜单，北京芯盾时代科技公司荣登“新基建产业独角兽百强榜”，北京竞业达数码科技公司登录深圳中小板A股市场。实施18家老旧厂房改造，打造科创智能产业发展载体。中关村（京西）人工智能园先导园投入运营，企业入驻率达80%。石龙三期主体结构完工，石龙五期部分地块具备入市条件。建成科技企业孵化器11个，德山生物医药孵化器获批国家备案众创空间。成立中关村精雕智造科技创新中心，创新发展考核综合排名位列生态涵养区第一。

“四区”建设扎实稳步推进。“一线四矿”文旅康养休闲区建设顺利启动。建立“一组六专班”工作机制，初步确定“一线四驿站、一心六组团”空间布局。新首钢协作配套区建设加快推进。以新首钢滨河地区作为京西产业转型升级示范区的核心支撑，有序推进33项市区两级任务。医药健康产业集聚区建设明显提速。推进阜外西山园区二期建设，着力引进优质医疗资源，提升地区医药科研水平。“军庄龙泉”科技文创产业集聚区建设稳步实施。与故宫博物院、金隅集团合作，打造琉璃文化创意产业园区，推动军庄创意设计产业集聚区、金隅文化创意产业园等联动发展。

“门头沟小院”品牌全面系统塑造。“门头沟小院+”项目覆盖范围增至41个村，地区精品民宿迅速拓展至57家，其中21家在全市率先完成“一照两证一系统”手续，创艺乡居等4家民宿达到旅游民宿国家级“五星”标准，实现出品便是精品。推出“10+1+N”精品民宿扶持政策2.0版和田园综合体实施方案，13个“门头沟小院+”田园综合体项目稳步推进。与北京同仁堂集团、北京演艺集团、北京电影学院合作，形成“门头沟小院+”康养、文化、演艺等模式，打造“一民宿一摄影师”品牌。成功举办两届北京精品民宿发展论坛暨“门头沟小院”推介活动，“门头沟小院”精品民宿影响力显著增强。

（二）坚定不移守绿色、优环境，狠抓生态涵养取得新成效

污染防治更加有力。坚持“抠0.1微克”治理PM2.5，全年PM2.5平均浓度为32微克/立方米，位列全市第4。聚焦柴油货车、扬尘和挥发性有机物等主要污染源，开展扬尘污染治理等专项行动，降尘量达到市级要求。全面落实“河长制”，推进水环境治理三年行动，黑河沟被评为“2020年度北京市优美河湖”。推动永定河山峡段综合治理及生态修复工程，土地腾退工作全面完成。强化土壤污染风险管理，全区土壤安全利用率达到100%。顺利完成迎接第二轮中央生态环境保护督察工作，督察组交办的62件群众信访件全部办结或阶段性办结。

绿色基底不断夯实。全力推进国家森林城市创建工作，36项指标已达标28项。完成新一轮百万亩造林绿化工程9900亩、留白增绿82.17亩、战略留白523亩，京津风沙源治理二期工程困难立地造林1500亩、封山育林15.1万亩，国家级公益林管护项目抚育中幼林1.6万亩，废弃矿山生态环境修复7.78公顷。百花山保护区特有的2株野葡萄开花结果，被国家林业和草原局列为国家一级保护植物，填补了北京市国家一级保护野生植物空白。

环境品质持续提升。率先出台文明村居综合考评奖励办法，将农村人居环境整治月度核查与创城同步考核。实施“社区环境、背街小巷、乱停车、城乡结合部”四大专项整治，圆满完成首都文明办年度测评迎检任务。启动“黄土不露天”专项整治行动，绿化硬化面积达38万平方米。完成S1线门头沟段城市景观提升工程，启动六环路门头沟段沿线景观提升一期工程。试点开展村庄整体风貌提升行动，58个第一批美丽乡村创建村全部通过市级考核验收，完成9个市级挂账城乡结合部村庄环境整治工作。获得2019年全国村庄清洁行动先进县称号，成为全市唯一受国务院办公厅通报表彰的农村人居环境整治激励县。

（三）统筹谋划夯基础、促振兴，城乡规划建设跑出新速度

减量提质发展有效落实。编制完成新城控制性详细规划街区指引，压茬推进27个街区控规编制工作，镇域国土空间规划编制取得初步成果。在全市率先开展乡村振兴集体建设用地实施规划改革试点。整合低效存量建设用地，超额完成年度减量任务。完成“疏解整治促提升”专项行动市级任务，治理“开墙打洞”等6项任务提前完成，治理违法建设等4项任务超额完成。主动开展“疏整促”任务落实情况“回头看”，对过去四年实施的13类专项任务10456个点位自查整改，确保治理成果长效常态。

地区承载能力稳步提升。国道109新线高速公路建设加快推进，市郊铁路（京门—门大线）纳入全市“十四五”规划，双大路二期主体工程基本完工。石龙路等3条城市主次干路有序推进，雅安路等15条城市道路开放通车。门城水厂主体工程加快实施，村镇供水保障工程（一期）顺利完工。稳步实施鲁家山垃圾焚烧厂余热供热工程，石门营供热厂增容改造工作有序推进。“三供一业”老旧配电设施改造、斋堂和潭柘寺110千伏输变电工程加快实施。景山学校门头沟校区中学部主体结构封顶，新城20街区机构养老设施工程进场施工，区精神病专科医院迁建工程取得“多规合一”初审意见。体育文化中心和政务服务中心项目实现主体结构封顶，永定河文化博物馆新馆建设确定选址。

乡村振兴战略纵深推进。成功创建15个市级“乡村振兴示范村”。6个村搬迁工程实现收尾，在8个村（地区）实施取暖煤改电。农村地区生活污水处理设施覆盖率达99.2%，被评为全市唯一的全国农村生活污水治理示范区。出台“村地区管”实施意见，完成83个村农村土地承包经营权确权登记颁证。8个市级扶持壮大集体经济试点村全部完成增收任务，2个林下经济试点村完成种植任务。高质量打赢低收入精准帮扶攻坚战，46个产业帮扶项目全部完工，全区低收入劳动力就业率97%，低收入帮扶基金累计救助金额2657.29万元、惠及5.68万人次。预计全区低收入农户人均可支配收入1.8万元，增长18%，增速在全市排名前列。

（四）问题导向重服务、惠民生，突出精细化治理迈出新步伐

基层社会治理能力全面增强。建立“七有”“五性”指标监测台账，深化“吹哨报到”工作。建立接诉即办“周通报、月点评”机制，解决率和满意率稳步提升。提前谋划2021年社区（村）“两委”换届工作，加强社区（村）基层政权建设。支持工会、共青团、妇联等群团组织开展工作。完善三级退役军人服务保障体系，巩固全国双拥模范区创建成果，扎实做好国防动员、兵役征集等工作。全面开展安全生产专项整治三年行动，扎实做好森林防火和防汛工作。推动平安门头沟建设，完善扫黑除恶长效机制，全力维护社会和谐稳定。

人民群众身边“小事”办出实效。落实党建引领物业管理条例，制定物业管理提升三年行动计划，成立119个物业管理委员会、47个业主委员会，物业“三率”在全市率先实现100%。开展垃圾分类专项执法百日行动，全区生活垃圾“两增一减”明显。大力推广“垃圾不落地”收运模式，131个村实现定时定点上门收集。完成垃圾楼标准化改造24个，开展“撤桶并站”行动，全区桶站减量53%，桶站达标率排在全市前列。分类推进“厕所革命”，完成94座公厕、386户农村户厕改造任务，农村无害化卫生户厕覆盖率达到100%。

社会保障与公共服务不断健全。全区城乡劳动力实现就业5434人，城镇登记失业率控制在3.23%。新建3家社区养老服务驿站和幸福晚年驿站，开展养老机构服务质量专项提升行动。在全市率先启动无障碍环境建设，470个点位全部整改到位。基本建成各类政策性住房10418套，8681套完成入住。与清华大学附属中学签署合作筹建潭柘寺学校协议，幼儿园普惠率达到100%，居全市第一。社区首诊比重持续提高，重点人群家庭医生服务签约率达95.89%。全区镇街、村居文化设施实现100%全覆盖，新建全民健身运动场地8片。建设提升基本便民商业网点78个，城镇社区八项基本便民服务功能覆盖率达到100%。成功创建北京市食品安全示范区。

（五）蹄疾步稳深改革、促发展，政府服务效能实现新提升

重点领域改革成果丰硕。制定“两区”建设系列工作方案，完成政策创新、空间资源、目标企业3项清单，征集确定32个示范项目。制定“五新”政策落实推进工作实施方案，形成工作推进、学习、议事、督查4项机制。大力优化营商环境，推动政务服务“一网一门一次”改革，实现千余事项“不见面办理”，推进告知承诺制、备查制审批制度落地。全年完成简易低风险项目建筑许可26项。实施石龙经济开发区管理体制调整。完成各镇街综合行政执法队伍调整组建，向镇街下放431项行政执法职权。开展协管员队伍管理体制改革，完成16支城市协管员队伍下沉。推动区属国有资本运营平台建设。理顺潭柘寺、戒台寺、妙峰山景区管理体制。

开展财源建设成效显著。制定财源建设方面系列文件，建立拟迁出企业信息预警挽留等工作机制。落实区领导及部门、属地联系走访企业制

度，累计送出127个“服务包”。围绕精准招商、产业培育、精准服务，出台“门十条”新政。大力发展非公经济，支持民营企业发展壮大。加快推进土地上市，共入市成交3宗，回笼资金39.4亿元。建立健全政府性债务应急处置、动态监测等机制，从严落实过“紧日子”要求，压缩一般性支出及非必要、非重点支出，财政收支保持平稳运行。

推进协同发展成绩突出。深化结对协作，围绕绿色发展、脱低增收等七个方面，与西城区扎实开展对接交流，4项结对协作重点实事基本完成。举办西城企业与门头沟精品民宿项目对接会，年内签约民宿14家。深化对口扶贫协作，拨付区级、镇街级帮扶资金1305万元，完成36个区级扶贫支援项目建设。引导17家京企在受援地投资11亿元。与5个扶贫支援合作地区共建“区域品牌联盟”，动员社会各界采购扶贫产品1.28亿元，带动6300余名建档立卡贫困群众受益。

政府自身建设全面加强。自觉接受区人大、区政协和社会各界监督，定期向区人大报告工作、向区政协通报情况，累计办理人大建议75件、政协提案95件，办复率100%。支持人民法院、检察院开展工作。推动政务信息公开全清单管理，累计梳理业务事项1774类，公开信息1.6万余条。加强重大决策合法性审核，推进法治政府示范项目建设，初步建成实体、网络、热线三级联动的公共法律服务体系。建立健全经济责任审计全覆盖机制。加强政府系统党建工作，推动“1179”工程和全面从严治党“六六工程”落实，推进主题教育“四个一”制度成果落地。深入贯彻落实中央八项规定精神，保持纠治“四风”力度。持续整治文山会海，完成会议文件压缩2%的任务目标。

（六）众志成城抗疫情、促达产，经济社会运行保持平稳有序

疫情防控取得重大战略成果。在全市率先开展“敲门行动”，率先实行社区（村）全封闭管理，率先打响“千人战疫”。新发地疫情发生后，率先推出突发病例快速响应处置、镇街突发疫情核酸检测应急预案、重点领域常态化防疫检测三项机制，迅速组建三级联动核酸检测体系，新建方舱核酸检测实验室3个、区域核酸检测基地1个，累计检测31.47万人次，实现“应检尽检、愿检尽检”。截至目前，全区确诊病例5个（其中4例在敲门行动中筛查出，另1例为外区院感病例），病例数远低于全市平均水平。在门头沟区定点医院治疗的确诊病例住院9天后治愈出院，明显低于全市病例平均住院时间，没有发生医务人员感染和医院交叉感染事件。

复工达产取得积极明显成效。率先提出商务楼宇“五长六账三书一证九查”经验，持续强化对工地、“三类场所”、工业企业的联合执法检查，保障复工场所及人员安全。研究出台8项扶持政策，累计为719家中小微企业减免租金3100万余元，提供贷款354笔共6.6亿元。制定促进消费提档升级工作要点，发动60余家餐饮购物企业参与政企联发消费券，开展“嗨购门头沟”消费季活动，举办北京首场区级领导出镜带货直播，经济社会秩序加快恢复。

各位代表，过去一年，我们全面落实习近平总书记关于统筹推进疫情防控和经济社会发展工作系列重要讲话精神，坚决贯彻市委市政府重大决策部署和区委工作要求，瞄准“五个之城”建设，矢志打造“绿水青山门头沟”城市品牌，主动应对各种风险挑战，最大程度降低疫情带来的不利影响，全力以赴抓疫情防控、抓复工达产、抓财源建设、抓招商引资、抓投资消费，迎难而上、奋力拼搏，经济社会发展取得了来之不易的成绩，获得了一系列“金字招牌”。成功创建国家生态文明建设示范区、国家全域旅游示范区，正式获批全市首个“9041”标准“基本无违建区”，成功摘得全国双拥模范城“四连冠”，在2020年全市文明城区测评中综合得分第一，地区经济社会发展取得了重大成就。这些成绩的取得，是市委市政府和区委坚强领导的结果，是区人大、区政协监督支持的结果，是全区人民团结奋斗的结果。在此，我代表门头沟区人民政府，向在各个岗位上奉献智慧和力量的全区人民，向给予政府工作大力支持的人大代表，向驻区部队官兵、中央市属单位及社会各界人士致以最崇高的敬意！向所有参与、关心和支持门头沟区发展的同志们、朋友们表示最衷心的感谢！

四、2021年主要任务

2021年是中国共产党成立100周年，是实施“十四五”规划开局之年，做好全年工作意义重大。党的十九大和历次全会提出的一系列新思想、新举措，为我们全方位推进各项事业发展提供了根本遵循；北京市第十二次党代会和历次全

会确定的首都发展重点任务，以及蔡奇书记和陈吉宁市长调研门头沟区指示精神，为我们在更大格局中谋划发展指明了方向；区委十二届十二次全会为我们在新的起点上推动高质量发展明确了目标任务。我们必须在服务新时代的大局中找准定位，坚持系统观念，运用系统方法抓改革、谋创新、促发展，努力把中央、市委市政府和区委的战略部署转化为推动地区发展的实际行动，为“十四五”开好局、起好步奠定坚实基础。

2021年政府工作的总体要求是：坚持以习近平新时代中国特色社会主义思想为指导，认真贯彻中央、市委决策部署，落实市委书记蔡奇同志2018年以来七次调研门头沟区指示精神，坚定“一个方向”、坚持“两个原则”、打造“两个品牌”、建设“五个之城”、推进“三四三六”工程、构建“一园四区一小院”绿色发展新格局，坚定不移贯彻新发展理念，全面落实以首都发展为统领的要求，紧抓北京高位推进“两区”建设、打造改革开放“北京样板”的重大历史机遇，落实生态涵养区功能定位，在率先构建新发展格局北京行动中找准定位，高标启航，以“讲奉献、争第一”的门头沟精神，当好“两山”理论守护人，以优异成绩迎接中国共产党成立100周年。

综合考虑各方面因素，2021年全区经济社会发展的主要预期目标是：地区生产总值增长5%以上，地方级一般公共预算收入、区级一般公共预算收入分别增长2%，全体居民人均可支配收入增长与经济增长基本同步，社会消费品零售额完成市级下达任务目标，城镇登记失业率控制在5%以内，常住人口规模、细颗粒物浓度等各项指标任务达到市级要求。

（一）凝心聚力抓好产业动能转换，致力打造经济发展新格局

加快推进中关村门头沟园创新发展。积极推动园区企业瞄准“卡脖子技术”提升创新竞争力，支持中关村精雕智造科技创新中心围绕优势领域精耕细作。以夏禾科技、芯盾时代为头部企业，分别筹建有机发光产业国际科技创新中心和鑫盾国际数字金融安全创新中心。积极谋划长安街西延线区域空间载体建设规划，加强园区服务和空间承载力建设，力争石龙三期竣工投入使用，加快推进石龙五期中关村（京西）人工智能科技园建设。加强存量土地盘活利用，继续实施一批老旧厂房改造。创新打造一批新业态新模式新场景，形成创新驱动发展强大引擎。

聚力推进“四区”协调发展。加快打造“一线四矿”文旅康养休闲区。提前统筹基础设施、环境提升、景观打造等工作，借力“门头沟小院+”田园综合体建设成果，推动“精品民宿+一线四矿”融合发展。加快打造新首钢协作配套区。加强新首钢国际人才社区建设，紧抓2022年冬奥会和冬残奥会契机探索发展体育运动等产业。加快打造医药健康产业集聚区。高标准建设门头沟区新医院，依托新建医疗卫生资源及阜外西山园区，积极布局医药健康产业发展带。加快打造“军庄龙泉”科技文创产业集聚区。推动琉璃文化创意产业园落地，引入高校落户军庄，打造科技、文创、琉璃文化特色交融的创新创业产业集聚区。

持续推进“门头沟小院”绿色发展。进一步梳理整合条件成熟的村落资源，吸引更多优质社会资本参与精品民宿建设落地。持续开展“门头沟小院”评星创优擂台赛、设计大赛等活动，力争打造一批国家级星级民宿项目。加快推动现有精品民宿合法申办“一照两证一系统”，鼓励引导民宿规范运营、健康发展。探索建立丰富的“门头沟小院+”田园综合体体系，在全市乃至全国打响“门头沟小院”精品民宿品牌。

（二）坚持不懈抓好保护与治理，大力推进区域生态环境建设

坚决落实污染防治行动计划。继续坚持“抠0.1微克”治理PM2.5，聚焦移动源、生活源、工业源、扬尘源，深入开展专项执法行动。针对京浪岛、永定河文化广场等重点区域，持续加强扬尘治理管控。全面落实“河长制”，持续开展“清河行动”，推进入河排口溯源。继续实施永定河山峡段综合治理与生态修复等工程，新开工59平方公里小流域治理工程。严格管控建设用地环境风险，开展农业面源污染防控，落实污染地块联动监管机制，确保污染地块安全再利用。

全力扩容绿色生态空间。巩固“两山”实践创新基地和国家生态文明建设示范区创建成果。全力争创国家森林城市，积极推行“林长制”。推进实施6640亩新一轮百万亩造林、3万亩京津风沙源治理二期工程。加快推进矿山修复进度。持续做好“留白增绿”，计划实施“战略留白”675亩。新建1.39万平方米公园绿地，启动20.68万平方米公园绿地前期工作。继续实施东辛称C西地块及高家园代征绿地等建设工程，进一步提高

全区公园绿地500米服务半径覆盖率。

深入开展全国文明城区创建。坚持将创城作为推进城乡综合治理的总抓手，持续巩固“基本无违建区”创建成果，不折不扣落实好市级新一轮“疏解整治促提升”专项行动各项任务，统筹推动门城地区和农村公厕达标改造任务，整治提升6条背街小巷，完成冬奥赛区六环路门头沟段景观提升一期工程。对照创城指标，坚持问题导向、聚焦民生热点，用好文明社区、文明农村“两考合一”机制，高标准推进各项创建任务落实落细，力争实现首都文明示范区和全国文明城区提名城区“双达标”。

（三）持之以恒抓好城乡融合发展，强力实施乡村振兴战略

坚持推动规划统筹引领。扎实推进新城街区控规及镇域国土空间规划编制工作。深入研究浅山区及其与平原区接壤区域的新农村建设模式，统筹城乡建设用地管理，严格落实减量任务，严控山区建设规模。加强宅基地管理，盘活集体建设用地，合理分配建设用地和建筑规模指标，优先支持精品民宿、集体产业等项目发展。统筹谋划全区乡村振兴集体建设用地实施建设，持续优化农村集体建设用地项目审批流程。抓好规自领域问题整改，坚决防范涉地乱象和涉地腐败，杜绝违法用地、违法建设行为。

加快推进重点工程建设。全年计划安排重点工程85项。推动国道109新线高速公路建设主线工程全面进场施工，全力推进市郊铁路、市区联络线道路工程前期工作，重点实施石龙路等4条城市主次干路工程，实现双大路二期完工通车。完成门城水厂主体建设及村镇供水保障工程（二期），推进军庄供水干线工程建设。实施潭柘寺镇、斋堂镇、清水镇110千伏输变电站工程。全力推进保障房建设，着力解决黑山、石泉砖厂A地块项目供地。推动景山学校门头沟校区新建项目、新城20街区机构养老设施项目及档案馆新馆建设项目主体工程实施，加快育园小学新建工程、区精神病专科医院迁建工程及环卫综合服务中心项目前期手续办理。

深入落实乡村振兴战略。扎实开展乡村建设行动，持续抓好15个市级示范村“一村一策”建设，打造一批“门头沟小院+”田园综合体试点村。引进推广高附加值特色农产品新品种，提升农产品价值链。持续开展乡村风貌管控提升，全面推进第二批、第三批美丽乡村建设，实施美丽庭院创建。持续深化农村人居环境整治，围绕“七边三化四美”及时清理村庄周边区域。加强农村闲置资源盘活利用和规范管理，重点扶持31个村实现村级集体经济收入稳步提升，做大做强农村集体经济。巩固拓展低收入帮扶成果，做好与乡村振兴的有效衔接。

（四）驰而不息抓好民生保障和改善，倾力提升人民群众生活品质

继续完善社会保障体系。毫不松懈抓好常态化疫情防控，强化进口冷链食品监管，按照市级统一部署做好疫苗接种工作。加强区疾病预防控制中心建设，进一步提高疫情分析和公共卫生服务指导能力。开展“五个一批”岗位专项行动，全面提高全区就业工作水平。贯彻落实机关事业单位养老保险制度改革政策，不断提升社保经办便利度。做好2021年无障碍环境改造工作。推进养老服务设施建设和养老机构服务质量标准化，加快镇级养老机构公办民营改革。持续实施农村4类重点对象和低收入群众危房改造，加快推进入住满5年保障房项目不动产登记相关工作。

不断增强公共服务供给。优化基础教育资源配置，新增学前教育学位270个，积极申报北京市冰雪运动特色学校。巩固国家卫生区创建成果，全域启动国家卫生镇、北京市卫生街道创建工作。与西城区试点开展结对医院简易转诊，建设2个中医药健康文化体验馆，加快调整完善永定镇社区卫生服务资源布局。探索公共文化服务配送机制，完善线上文化资源“服务点单”模式。科学配建体育设施，适时开展北京国际山地徒步大会、冰雪活动进社区等群众体育活动，继续举办永定河文化节。加速便民商业网点建设，不断提高生活性服务业水平。

（五）一以贯之抓好改革与创新，奋力开创和谐稳定发展新局面

着力积聚改革创新发展动能。紧紧围绕北京“两区”建设，完善区级建设方案及配套政策，加快布局一批重大项目，引进一批示范企业，支持江泰保险经纪股份有限公司搭建北京国际外资企业和项目综合服务平台。积极落实“五新”政策，培育壮大新业态新模式。把“过紧日子”落到实处，做好“过苦日子”的准备，不断完善财源建设体系，做好长期财源项目储备。重点推进棚改地块上市，尽快实现资金回笼。稳固涵养存

量税源，实施“三抓三早”计划，落实好“服务管家”制度。组建京外企业和央企招商专班，梯次承接西城区溢出部分适宜功能。持续优化营商环境，深化“放管服”改革，推进“一网通办”，全面推动政务服务规范化、标准化、便利化。

着力提升基层治理服务水平。聚焦“七有”要求“五性”需求，完善“吹哨报到”工作机制，推动“接诉即办”向“未诉先办”转变。高标准完成社区（村）“两委”换届选举工作，支持工青妇等人民团体积极发挥作用。落实物业管理条例三年行动计划，稳固物业“三率”成果，推动物管会向业委会过渡。探索推进农村物业化管理模式。进一步提高厨余垃圾分出率，促进其他垃圾减量，努力实现全品类垃圾收运体系信息化建设，完成垃圾分类示范区、农村垃圾分类和资源化利用示范区创建验收工作。启动新一轮全国双拥模范城创建，发挥三级退役军人服务保障体系作用，加强国防后备力量建设。深入开展城市安全隐患治理三年行动，全面完成第一次全国自然灾害综合风险普查，全力做好防汛及森林防火工作，提升消防综合应急救援能力，快速妥善处置各类突发事件。推动平安建设专项任务落实，深化“雪亮工程”和“智慧平安小区”建设。建立健全扫黑除恶长效机制，集中整治重点地区突出问题，全力维护地区安全稳定。

着力深化政府自身改革建设。依法接受区人大及其常委会的法律监督和工作监督，自觉接受区政协民主监督，认真听取各民主党派、工商联、无党派人士和人民团体的意见。积极支持人民法院、检察院依法履职。加强行政规范性文件合法性审核及备案工作，全面推进政府信息与政务公开，指导更多单位机构建立公职律师机制。稳步推进事业单位改革，完善区级综合行政执法机构设置。深入实施国企改革三年行动，促进非公经济健康发展。推进审计监督全覆盖，加大重点领域和关键环节反腐力度。强化“红色门头沟”党建引领，驰而不息抓好党风廉政建设。精简压缩会议文件，进一步减少督查检查事项，坚决纠正痕迹管理倾向。持续开展扶贫支援合作，确保现有结对关系不变、投入力度不减、工作标准不降。

各位代表，新使命重任在肩，新蓝图令人振奋。让我们更加紧密地团结在以习近平同志为核心的党中央周围，在市委市政府和区委的坚强领导下，在区人大的监督支持下，凝聚全区人民的智慧和力量，求真务实、锐意进取，为全面建设“绿水青山门头沟”而努力奋斗！

政府工作报告

——2021 年 12 月 15 日在北京市门头沟区第十七届人民代表大会第一次会议上

北京市门头沟区代区长　喻华锋

各位委员：

现在，我代表门头沟区人民政府，向委员通报政府工作，请各位委员提出意见建议。

一、过去五年工作回顾

过去五年，是极不平凡的五年。面对错综复杂的国际环境、艰巨重大的改革发展任务以及突如其来的新冠肺炎疫情，区政府坚持以首都发展为统领，立足新版北京城市总规赋予的“三大功能”，在市委、市政府和区委的正确领导下，在区政协的监督支持下，坚持生态优先、绿色发展，较好完成了“十三五”各项任务，实现了“十四五”良好开局，全区经济社会发展取得重大成就。

——过去五年，我们坚守功能定位，生态大

旗越扛越牢。成功获评“绿水青山就是金山银山”实践创新基地和国家生态文明建设示范区，国家森林城市创建自评达标。生态环境状况指数（EI）连续五年持续提升，突破性实现由“良”创“优”。PM2.5 累计浓度比 2016 年下降 50% 以上，动态达到国家二级标准。预计 2021 年全区能源消费总量控制在 63 万吨标准煤以内，比 2016 年下降 3.85% 以上，能耗总量保持全市最低水平；单位 GDP 能耗 0.23 吨标煤 / 万元，比 2016 年下降 20.34%，年均下降 4.07%。

——过去五年，我们坚定产业转型，绿色高质量发展之路越走越宽。彻底结束千年采煤史，传统资源型产业全面退出，经济转型由“破”向“立”。预计 2021 年完成地区生产总值 276 亿元，比 2016 年增长 28.5%，年均增速 5.1%；一般公共预算收入 31 亿元，比 2016 年增长 11.6%，年均增速 2.2%；建安投资占全社会固定资产投资比重由 30% 提升至 58.4%，投资结构不断优化；社会消费品零售额 109 亿元，比 2016 年增长 22.6%，年均增速 4.2%、高于全市水平。

——过去五年，我们坚持规划引领，城市承载基础越夯越实。严格落实“三个严禁”，率先完成分区规划，创建全市首个“9041”标准基本无违建区，实现规划引领约束下减量提质发展。国道 109 新线高速公路工程主线 11 个工区全部开工，长安街西延线、新首钢大桥、S1 线建成通车。

——过去五年，我们致力民生改善，人民群众获得感越来越强。圆满完成全面建成小康社会各项任务，人均 GDP 等指标居生态涵养区前列。预计 2021 年全体居民人均可支配收入突破 6 万元，收入绝对值居生态涵养区最高水平，比 2016 年增长 42%。棚户区改造取得突破性进展，自建安置房项目工程完成建设并交付。农村人居环境整治工作成绩在全市名列前茅，获得 2019 年全国村庄清洁行动先进县、受国务院办公厅通报表彰的农村人居环境整治激励县称号。推进平安门头沟建设，全区未发生较大以上安全生产事故，首都西部安全屏障有效筑牢。

（一）矢志不移守定位、护底色，生态屏障更加坚实

生态保护大格局初步构建。落实生态文明建设责任制，建立“1+9+N”生态文明组织架构。率先开展生态产品价值实现机制研究。率先建立生态涵养发展指数评价体系和生态环境损害赔偿机制。开展国有自然资源资产清查试点工作。划定占全区总面积 31.4% 的生态保护红线。在国土空间规划中合并限制建设区和生态控制区，率先实现从“两线三区”到“一线两区”战略转变。与河北及本市周边区县签订区域联合执法合作协议。创新开展“两山”理论实践基地和最美“两山”理论守护人选树工作。

绿色生态本底不断夯实。实施新一轮百万亩造林 10.4 万亩，完成市级任务的 612%，居全市第二。实施京津风沙源治理 20.9 万亩，森林健康经营林木抚育 43.7 万亩。全区林地面积达 13.7 万公顷，比 2016 年增长 1.7%。森林覆盖率 48.08%，林木绿化率 72.75%，分别提高 4.8 和 5.5 个百分点。绿地面积达 2194.86 公顷，人均绿地面积提高到 63.8 平方米，居生态涵养区第一。城市公园增加至 35 个。建成区公园绿地 500 米服务半径覆盖率提高到 89.58%，人均公园绿地面积 30.03 平方米，居全市第二。实施废弃矿山生态环境修复治理项目，累计治理面积 141.97 公顷。坚决做好灵山生态恢复保护。

污染防治攻坚战初战告捷。污染减排提前超额完成，四项主要污染物浓度实现历史同期最低水平，优良天数明显增加。成功创建国家水生态文明试点城市。永定河综合治理和生态修复工程取得实质性成效，生态补水助力地下水位大幅提升，永定河再现碧水长流壮观景象。率先实施河长制，四个市级地表水考核断面和区级集中式生活饮用水水质稳定达标。建成生态清洁小流域 57 条，治理面积 1000 余平方公里。全区河湖绿化景观面积达 270 万平方米，龙泉湾、门城湖、黑河沟被评为北京市年度优美河湖。全区无受污染耕地，土地安全利用率、污染地块安全利用率均为 100%。污染防治攻坚战成效考核 2019 年、2020 年连续两年优秀。

（二）全力以赴调结构、促升级，发展动能更加集聚

京西产业转型升级示范区建设步伐加快。示范区范围扩大到 22.9 平方公里，获得国家发展改革委“2020 年推进老工业基地调整改造和产业转型升级工作成效明显地市（区）”通报表扬，在 2021 年全国示范区年度评估中被评为“优秀”等级。门头沟园规模以上高新技术企业总收入年均增速超 20%，近两年在中关村各分园创新发展考核综合排名中居生态涵养区首位；“一线四矿”文

旅康养休闲区“2+20+99”规划实施范围基本稳定，梳理完成48个项目清单、总投资约143亿元；新首钢滨河地区（长安街以北）街区控规成为新控规要求下全市首个获批控规；阜外医院西山院区一期建设完成，二期、三期加速推进；棚改七平方公里基本完成拆迁，加快存量资源盘活和产业导入工作。

产业细分领域不断聚焦。全区高新技术企业475家，专精特新中小企业23家，其中市级“小巨人”企业6家、国家级“小巨人”企业3家，国家级和市级“小巨人”企业数量均在生态涵养区位列第二。恒合信业公司成为北京地区首家在北交所上市的企业。与百度、华为、普洛斯等头部企业签署全面战略合作协议，中关村京西人工智能创新中心、中央广播电视总台“5G+8K”超高清示范园、国际医疗器械服务领域头部企业奥咨达北区总部成功落户。创建国家全域旅游示范区，完成八大景区组团专项规划。梳理西山永定河文化带、长城文化带市区级重点项目8大类别39项，已完成15项。持续举办永定河文化节和北京国际山地徒步大会，发布18条红色旅游精品线路。成功打响“门头沟小院”精品民宿品牌，连续举办5届精品民宿推介会，全区“小院”达76家、覆盖51个村，盘活闲置农宅300余处，11家精品民宿纳入全市首批党政机关定点会议（培训）服务场所。

开放合作水平明显提升。深度融入北京“两区”建设，入库项目74个，已落地35个；核发全市首个“全程网办”电子审图低风险建设工程规划许可电子证照，入选市“两区”建设改革创新案例。着力优化营商环境，出台“高精尖19条”“门十条”等创新创业政策，在全市率先启动政务服务大厅综合窗口建设，创新推出“上门办、不见面办”“证照联办”“无障碍专区”等便利化服务，政务服务专项指标连续两年在全市营商环境评价中位居前列。紧抓跨区合作契机，与西城区设立8亿元乡村振兴绿色产业发展专项资金；与石景山区签订合作发展框架协议，推动19项具体任务，试行809个政务服务事项“跨区通办”。

（三）统筹协调夯基础、提质量，城乡融合更加充分

全区规划体系日趋完善。行政区划调整正式启动，27个街区控规和8个镇街规划形成阶段性成果，138个美丽乡村村庄规划（简本）及实施方案获批。率先开展乡村振兴集体产业用地实施规划试点，成为《北京市生态涵养区生态保护和绿色发展条例》价值案例。2018—2020年城乡建设用地减量354.23公顷，提前完成2035年管控目标。率先出台《村庄民宅风貌设计导则》，制定《老宅院保护管理办法》和保护利用方案。出台《美丽乡村规划数据库标准》，实现责任规划师镇街全覆盖。

综合承载能力大幅提升。打通一批联络线、断头路，市政道路增加40条、82.8公里，新城形成“四横两纵”干路网格局。双大路二期、108国道二期通车，市郊铁路（京门—门大线）纳入市、区“十四五”规划。城子水厂升级改造完成，门城水厂主体完工。建设镇级再生水厂9座、农村污水处理设施160座，成为全国农村生活污水治理示范区。实施农村地区安全饮水改造项目，100余个村供水条件优化升级。建成4座110千伏变电站，“三供一业”老旧配电设施改造加快实施。电网架构更加稳定，地区供电可靠率99.98%。全区燃气气化率71.99%，场站及管网工程完成率72.92%。鲁家山垃圾焚烧厂余热供热工程、石门营热源厂增容改造工作稳步推进。改造40个老旧社区供热管网，实现新城清洁能源集中供暖全覆盖。

乡村振兴战略纵深落实。打造5个全国“一村一品”示范村、5个中国美丽休闲乡村、3个全国乡村旅游重点村，创建15个市级“乡村振兴示范村”，第一批58个美丽乡村创建村通过市级考核验收。基本实现农村地区公厕户厕达标改造、污水处理设施、生活垃圾“不落地”全覆盖。实施63个村、1.6万户煤改清洁能源工程，完成29个村山区农民搬迁。有序流转农村承包土地经营权，累计成交产权交易项目70个。“灵山绿产”及5个特色农产品品牌纳入“北京优农”品牌体系。打赢低收入精准帮扶攻坚战，45个低收入村、4414户8848人如期脱低，连续3年市级绩效考评成绩名列前茅。对口帮扶协作涿鹿县、武川县、察右后旗、堆龙德庆区、神农架林区，实施项目99个、安排资金4370万元，助力7.3万名贫困群众全部脱贫。

（四）勠力同心强治理、谋实事，民生保障更加厚实

文明创建取得显著成果。把创城作为城乡治理总抓手，创新开展创城“比学赶超”擂台赛，

率先推出文明社区、文明农村“两考合一”机制，每年拿出3000余万元资金实行“月奖励”。打造“门头沟热心人”群众性文明创建组织品牌，持续开展“门头沟点赞”大拇指行动。荣获首都级文明村镇、文明社区、文明单位、文明家庭、文明校园173家，全国级文明先进17家。2019年、2020年连续两年总成绩全市第一，实现首都文明示范区和全国文明城市提名城区“双达标”。

基层社会治理更加精细。接诉即办“降量提质”，压实“每月一题”专项治理，“万人诉求比”“基数诉求比”同比大幅下降。垃圾分类“两增一减”明显，创建142个市区级示范村居，形成“城区驿站流转、农村上门收集”特色模式。推动物管会向业委会转化，建立“红色大管家”物业企业联盟，提前两年实现物业管理“三率”100%。新增停车泊位1.1万个，10条主要道路实现路侧停车泊位电子收费。推进23条背街小巷环境整治，“疏整促”10456个点位完成整治提升。699条街巷实现街巷长、小巷管家全覆盖。清水镇和洪水口村、梁家庄村获评全国乡村治理示范乡镇、示范村。实现“全国双拥模范城”四连冠。

社会保障工作不断健全。城镇登记失业率降至2.98%。建立2.1万户困难家庭精准帮扶台账，社会救助标准“十连增”。完成1650个点位无障碍环境建设，为1342户残疾人进行家庭无障碍改造。超额完成9000套房屋历史遗留“办证难”年度任务。建设筹集各类政策性住房18445套，竣工各类政策性住房31197套。完成农宅改造496户，新建翻建抗震节能型农宅3807户。建立“三边四级”养老服务体系，新城20街区机构养老设施主体完工，建成镇街养老照料中心9个、社区养老服务驿站26个，养老机构医疗服务覆盖率100%。社会保险实现应保尽保，6621项医疗服务项目纳入医保报销范围。

公共服务水平持续提升。与西城区携手开拓北京八中教育模式，大峪一小新建综合楼投入使用，育园小学新建工程进行初步设计概算评审，清华附中潭柘寺学校正式开学。高考一本率近五年增长一倍多，普惠性幼儿园覆盖率居全市第一。通过“国家卫生区”复审，成为第三批全国健康促进示范区。精神病专科医院迁建工程取得“多规合一”初审意见及选址意见书。增加4个急救站，院前急救呼叫满足率由84%提高至97%。镇街文化中心和村居文化室建有率达100%。修建室外运动场地53片。档案馆新馆开工建设，体育文化中心、政务服务中心主体结构封顶。行政建制村公交通达覆盖率100%。建设基本便民商业网点288个，八项基本便民商业服务功能城镇社区覆盖率100%。

（五）一以贯之防风险、保平安，政府效能更加优化

疫情防控和经济社会发展统筹推进。持续打好疫情防控阻击战，率先启动“敲门行动”，打响“千人战役”。建设67个核酸检测采样点，累计检测100余万人次，集中管理密接、次密接、高风险人员1300余人次，疫情防控取得重大战略成果。高位推动疫苗接种，全人群接种率超过97%。积极构建疫情防控常态化下的经济社会运行秩序，第一时间出台纾困惠企政策，举办“嗨购门头沟”“New购门头沟”等活动，率先运用新电商平台助力复工复产。

开源节流做强财政保障。出台财源建设方面系列文件，建立“一表一方案、三单一机制”。区领导带头走访服务企业，强化税源服务管理，着力稳存量、引回迁、拓增量，累计招引企业3800余家。结合发展需求，全力推进土地上市。压减一般性支出及非必要、非重点支出，累计审减资金13.5亿元，存量资金盘活率每年均达90%以上。健全政府性债务应急处置、动态监测机制。强化政府投资审计管理，265个审计项目节约财政资金12.23亿元。

城市运行保持和谐稳定。开展安全生产专项整治三年行动，全区安全生产亿元GDP死亡率由3.17%下降至1.59%，连续5年荣获北京市安全生产先进区。坚持防火、防汛两手抓，开展消防隐患集中清查整治等专项行动，创新完善分区域气象精细化预报预警模式，成功应对“6.18”石岩沟山洪、妙峰山镇3.6级地震等自然灾害。基本完成城市人防工程体系建设。成功创建“北京市食品安全示范区”。严厉打击黑恶势力违法犯罪，破获涉黑涉恶因素类案件82起。加强“诉源治理”体系建设，全区信访秩序趋稳向好。圆满完成新中国成立70周年、中国共产党成立100周年等重大活动安保维稳任务。

重点领域改革成果突出。顺利完成党政机构改革，深化街道、乡镇改革，对事业单位进行系统优化、功能再造。调整组建区级10个领域、

基层13个镇街及2个特殊地区综合行政执法机构，向镇街下放433项行政执法职权。开展协管员队伍管理体制改革，岗位精简46.9%。编制32个政府部门和13个镇街的1205项权力清单，政府权力依法规范运行。推进简政放权，清理非行政许可审批事项139项、区级自设证明22项、中介服务事项206项。完成82家国有企业改革。

政府自身建设不断加强。全面强化政府党组自身建设，压实全面从严治党主体责任。2021年在区政府党组和区政府系统开展“学党史抓落实”大讨论，落实“蹲下身子搞调研、长效机制补短板”行动，持续为基层减负，清理挂牌1800余块、表格45项。推进法治政府建设，加强依法行政，以区政府网站、政务新媒体为主要载体全面推进政务公开。自觉接受监督，定期向人大报告、向政协通报工作，累计办理人大代表议案建议465件、政协提案563件，办复率达100%。坚定支持人民法院、检察院开展工作，全力支持区纪委区监委开展专项整治。积极支持工会、共青团、妇联等群团组织开展工作，妇女儿童、民族宗教等各项事业全面进步。

各位委员，过去五年，门头沟区全力推动区域功能、发展方式、管理方式转变，生态功能持续夯实，城市环境更为宜居，民生福祉不断改善，地区各项事业呈现蓬勃发展良好态势。这些成绩的取得，是市委、市政府和区委正确领导的结果，是区政协大力支持的结果，是全区人民团结奋斗的结果。在此，我代表区政府向奋战在各条战线上的广大干部群众，向给予政府工作大力支持的政协委员，向驻区部队官兵和中央、市属单位，致以最崇高的敬意！向所有参与、关心和支持门头沟发展的同志们、朋友们，表示最衷心的感谢！

在总结成绩的同时，我们也清醒地看到，全区前进道路上还面临着不少问题和不足：生态环境依然脆弱，污染防治攻坚战成效还不够稳固，地区生态环境建设品质与大国首都底色的标准相比仍存在差距；经济总量小、基础弱，税源不稳、结构不优、特色产业匮乏等形势短时间难以扭转，在践行“两山”理论上仍需进一步探索；公共服务及市政基础设施欠账较多，践行减量集约发展任重道远，统筹城乡发展的要求更加迫切，还需进一步处理好“山”与“城”的关系；基层社会治理体系和治理能力现代化水平有待进一步提升，接诉即办工作仍需持续发力，服务“七有”要求“五性”需求的能力还需增强。这些问题和不足将时刻警醒和鞭策我们，防范化解各类风险挑战，在攻克一个又一个难关的过程中不断创造新的业绩。

二、未来五年政府工作主要目标任务

未来五年，是政府工作抢抓外部机遇、释放内部潜能的关键五年，是致力于转型和提升、创新驱动高质量发展、精益求精立新局的关键时期，更是我们厚积薄发、重新起步、大有可为的二次创业期。党中央围绕绿色发展作出系列部署，市委市政府旗帜鲜明提出“不让保护生态环境的吃亏”的导向，将为门头沟区营造新环境；首都持续深化“四个中心”功能建设将为门头沟区带来新机遇，特别是在“五子”联动的牵引下，用好“两区”建设政策，将极大推动门头沟区在同一起跑线上实现快速起步、弯道超越。京西产业转型升级示范区、新首钢高端产业综合服务区、革命老区、国家全域旅游示范区等政策支持将为门头沟区赢得新优势；借力“紫气东来门头沟”之势，对接中心城区功能疏解外溢，将为门头沟区加强与中心城区协作联动注入新动能。同时，门头沟区拥有城区的位置、郊区的成本、新区的机遇、景区的环境和老区的热情，区位交通优势、发展空间优势、比较成本优势、生态环境优势、干部队伍优势等发展优势加速凸显。我们要紧密围绕区委提出的“五个更加迫切”新要求，充分认识到未来五年发展的极端重要性，坚定信心、乘势而上、只争朝夕，继续以壮士断腕的决心和勇气，做好产业转型后半篇文章，齐心协力推动地区实现高质量发展。

按照区第十三次党代会确定的今后五年发展指导思想：高举中国特色社会主义伟大旗帜，深入贯彻党的十九大和十九届二中、三中、四中、五中、六中全会精神，坚持以马克思列宁主义、毛泽东思想、邓小平理论、“三个代表”重要思想、科学发展观、习近平新时代中国特色社会主义思想为指导，全面贯彻党的基本理论、基本路线、基本方略，深入学习习近平生态文明思想和习近平总书记对北京重要讲话精神，贯彻新发展理念，融入新发展格局，坚定以首都发展为统领，坚持生态立区、文化兴区、科技强区，筑牢首都西部生态屏障，培育绿色发展新动能，推动门头沟新城与山区协同发展，探索促进共同富裕的有效路径，奋力谱写“绿水青山门头沟”高质量发展新篇章，推动“两山”理论在门头沟落地生根、形成生动实践。遵循这一指导思想，今后五年政府工作的主要任务是：

——紧抓生态提升期，坚定不移推进生态环境更加优化。深入落实《北京市生态涵养区生态保护和绿色发展条例》，以首善标准守住好山好水好生态，生态环境率先根本好转，首都西部生态屏障更加牢固，生态产品价值实现机制改革稳步实施，“绿水青山就是金山银山”实践创新基地、国家生态文明建设示范区、国家森林城市和国家环境保护模范城市创建成果不断巩固，生态文明理念深入人心。坚持谋定后动，加快构建生态友好型国土空间保护开发新格局，国土空间规划体系战略引领和刚性约束不断增强，城乡建设用地规模保持下降趋势。强化理水治山、护蓝增绿，塑造全域绿色生态新空间。地表水、地下水水质稳中向好，饮用水水源水质稳定达标。永定河综合治理和生态修复工程完工，废弃矿山“销账归零”。减污降碳协同增效，空气质量继续改善，重污染天气基本消除。单位地区生产总值能耗、用水总量和二氧化碳排放降幅均达到市级要求。灵山、百花山生物多样性更加丰富。到“十四五”末，全区森林覆盖率达到50.3%，建成区公园绿地500米服务半径覆盖率不低于90%。

——紧抓转型突破期，坚定不移推进产业格局加速重构。深度融入北京市“五子”联动建设，京西产业转型升级示范区建设取得实质性进展，新首钢滨河地区成为首都西部综合服务区建设重要承载地，更好融入全市数字经济标杆城市建设大局。打造长安街西延线专精特新产业集群，专精特新企业达到50家以上，上市公司数量不少于20家，中关村门头沟园高新技术企业年总收入力争达到800亿元，“专精特新门头沟”产业品牌初步确立。地区生产总值年均增速稳定在5%，房地产业占地区生产总值比重下降至10%以下、税收占公共预算财政收入比重下降至30%以下。区域投资发展环境实现根本性变化，分领域产业支持政策体系基本完善，协同发展格局基本形成，真正成为营商环境新高地。在新城地区突出高质量发展，布局“3+2”产业结构：“3”即聚焦人工智能、超高清数字视听、心血管领域医疗器械三大产业细分领域，实现企业高度集聚，初步建成中关村京西人工智能创新中心、国家数字视听产业基地、国际心血管领域医疗器械产业高地和创新高地，总收入达到400亿元以上；“2”即打造新首钢大桥临近地区总部经济带、发展高品质商务和生活服务业，总部型企业数量达到50家以上，构建“一核两圈三地”消费空间布局，龙泉国际休闲娱乐主题街区、高端滨水商务休闲区启动建设，不少于2家四星级以上酒店建成开业，成为北京国际消费中心城市重要承载区之一，社会消费品零售总额年均增速完成市级下达任务目标。在山区坚持绿色发展，积极探索山地经济新途径，打造永定河文旅体验产业带：构建“一线四矿”、永定河、国道109新线高速公路“三线纵深”，深山—中部—浅山“三点互动”，生态+民宿、生态+文旅、生态+农业等“多业融合”的精品文旅体验网；持续办好永定河文化节，擦亮北京国际山地徒步大会品牌；“一线四矿”文旅康养休闲区成为老工矿区转型典范，“门头沟小院+”田园综合体体系建设更加成熟，将门头沟打造成为国际山地旅游目的地、国际山地运动打卡地、京津冀微度假首选地；旅游接待人次、综合收入年均增速保持在5%左右，到“十四五”末，旅游年综合总收入超过20亿元，旅游年接待量超过300万人次。

——紧抓发展加速期，坚定不移推进城乡建设一体化发展。统筹推动城乡建设集约发展、绿色发展、融合发展，基础设施优质化和公共服务均等化程度显著提高，城乡建设品质全面提升。实施城市更新行动，打造首都西部独具生态特色的滨水新城。新型基础设施加速布局，智慧城市建设迈出新步伐。集“快旅慢游”交通网络、文旅集散咨询服务体系、引导标识系统为一体的全域旅游基础设施更加完善。更深层次融入全国文化中心建设，在西山永定河文化带、长城文化带建设中走在全市前列，有效提升城市文化品位。实施乡村建设行动，强化传统村落保护和文物保护。提升城市运行保障能力，山区“三横五纵”、新城“七横三纵”路网格局基本形成，开展石龙路东延、莲石湖西路东延、河滩路东延前期研究及R1、M6西延规划研究，“京门线”稳步推进，“门大线”、国道109新线高速公路建成通车。有效提升涉及8个镇、58个村、8000余户的供水保障能力。新建变电站8座。推进石门营热源厂增容改造项目，增设3台58兆瓦供热锅炉，增加300万平方米供热能力。实现门头沟新城和浅山区天然气供应全覆盖。用好中央和市级资金支持3.9亿元，实施北方地区冬季清洁取暖项目，完成剩余2.7万户煤改清洁能源工作，彻底结束地区“千年用煤史”。

——紧抓民生改善期，坚定不移推进治理效能大幅提升。加强普惠性、基础性、兜底性民生建设，“七有”“五性”监测评价指数达到市级要求。居民人均可支配收入年均增速与经济增长基本同步。瞄准共同富裕，实现农村居民人均可支配收入同比增速快于城镇居民，城乡居民收入比进一步缩小。棚户区改造全面收官，完成29个老旧小区综合整治。增加教育医疗投入，引进高等院校和三甲医院落地，实现基础教育设施千人用地面积有所增长，每千常住人口注册护士数达到全市平均水平。体育文化中心全面竣工，永定河文化博物馆投入使用，殡仪馆完成迁建。城乡精细化治理体系更加完善，力争实现创建全国文明城区总目标，充分发挥接诉即办连民心、促治理作用，实现对报到部门、吹哨镇街双考评。生活垃圾分类成为新风尚，物业服务满意度达到85%以上，新投入使用停车泊位1.25万个，打造绿色交通示范区。安全发展底线更加牢固，治理地质灾害突出隐患53个，防范化解重大风险体制机制不断健全，突发公共事件指挥决策体系更加完善、应急能力显著增强，每万名常住人口疾控力量配比、单位地区生产总值生产安全事故死亡率均达到市级要求，平安门头沟建设跃上新台阶。在法治中国首善之区建设中名列前茅。争创“全国双拥模范城”五连冠。

三、2022年政府工作计划

2022年是党的二十大召开之年，也是门头沟区全面推进转型发展至为关键的一年，做好全年各项工作，意义十分重大。2022年全区经济社会发展的预期目标是：地区生产总值增长5%以上，一般公共预算收入增长3%，全社会固定资产投资、社会消费品零售额完成市级下达任务目标，全体居民人均可支配收入与地区生产总值保持同步增长，城镇登记失业率控制在5%以内，完成市政府下达的各项工作目标任务。

（一）生态立区、绿色发展，塑造生态环境新优势

持续完善生态建设制度体系。深化生态环境保护目标考核机制，构建以规划管控、责任追究等为保障的生态环境综合治理制度体系。强化生态环境分区管控，动态更新“三线一单”成果，加强建设项目准入、污染源监管、生态环境质量改善的联动管理。落实河长制、林长制、田长制“三长联动、一巡三查”机制。健全市场化、多元化生态保护补偿机制，推进生态资源产权制度建设。探索生态产品价值实现机制。深化区域联建联防联治，建立永定河跨界水环境生态补偿机制。巩固“一示范一基地”创建成果，继续开展区级“两山”理论实践基地和最美“两山”理论守护人选树活动。

着力扩容绿色生态空间。启动“中国生态文明奖”申报和国家环境保护模范城市创建，通过国家森林城市考评验收。实施森林提质工程，全面完成新一轮百万亩造林、京津风沙源治理二期、代征绿地等项目，加大浅山区、百花山和灵山生态保护力度，推动百花山保护区4A级景区创建。稳步推进废弃矿山生态修复治理。统筹抓好长安街西延线、S1线、108和109国道、六环路等线性空间绿化和景观优化，实施“一线四矿”铁路沿线通道绿化项目及环境整治一期工程，着力构建森林景观生态服务与休闲游憩体系。

深入推进污染防治攻坚。高标准打好“三大保卫战”。深化“抠0.1微克”行动，力争PM 2.5浓度、重污染天数“双降”。建设大气环境精细化管理平台，聚焦“四重一微”，持续加强挥发性有机物、扬尘等污染源治理。开展二氧化碳排放控制专项行动，着手碳汇试点研究，打造“双碳”示范区。加大水资源、水环境、水生态保护力度，持续开展“清河”“清四乱”，巩固小微水体治理成果，统筹推进永定河流域综合治理和西峰寺沟上游综合治理。坚持农用地、建设用地、未利用地“三地”齐抓共管，保持土壤环境安全。

（二）科技驱动、突出特色，构建产业发展新格局

聚力打造专精特新产业集群。“寸土寸金”打造中关村门头沟园，推进人工智能产业园建设，与百度、华为、普洛斯深度合作，加快打造中关村京西人工智能创新中心，新引进人工智能企业不少于30家，培养一批专精特新、“小巨人”和细分领域“隐形冠军”企业。围绕存量市场主体头部企业，建好中关村精雕智造创新中心，支持夏禾科技、零点有数等搭建产业孵化培育平台和加速器，推动上下游产业链项目快速集聚。跟进江泰保险、遨博（智能）上市准备工作，支持

芯盾时代登陆科创板。启动中央广播电视总台“5G+8K”超高清示范园建设，加快项目孵化落地。支持奥咨达北区总部项目完成融资，推动阜外医院首批重点医疗器械科研创新成果转化，启动“医创汇”产业孵化器和医疗器械3C科研创新转化中心筹建工作，推动医疗器械产业集聚力不断提升。

加速培育文旅体验特色产业。加快“一线四矿”文旅康养休闲区建设，在门头沟新城、王平、斋堂谋划打造旅游集散中心。加强待利用闲置老村地块及老宅院保护盘活利用，吸引社会资本培育旅游休闲业态。确保金隅琉璃文化创意产业园改造工程年内完工。探索“门头沟小院”精品民宿可持续发展、带动农民增收模式，开发市民菜园等乡村休闲体验业态，持续打造京西古道等3条市级休闲农业精品线路，争创一批国家级和市级美丽休闲乡村，提升一批精品休闲农业园区。引进“三夫户外”等优质体育专业企业，加速形成户外运动产业集聚效应。

全面激发开放创新活力。高位推进“两区”建设，全面落实重点项目“一库四机制”，加大项目挖潜力度，提升地区服务业扩大开放水平。围绕国际消费中心城市建设，高标准谋划建设龙泉国际休闲娱乐主题街区，推进永定镇中骏城市综合体项目，探索数字消费新趋势和沉浸体验新场景。加快新首钢大桥临近地区总部经济带建设，加大对央企二级和三级子公司、京外企业、行业头部企业、知名公司的招引力度。与西城区深化合作，落实产业、教育、医疗、文旅等领域项目清单，依托双方各自优势开展合作招商。与石景山区协同推进基础设施建设、生态环境保护、产业融合发展。积极与海淀区在智能制造、人工智能等高精尖产业领域开展协作。

持续优化提升营商环境。强化制度创新在创新驱动引领中的作用，构建现代化产业发展体系，梳理构造“1+6+N”产业发展政策矩阵，激发市场主体活力。进一步完善事中事后监管，真正落实“有求必应、无事不扰”要求。千方百计降低企业成本，落实创业首次贷款贴息政策，降低中小微企业融资成本。优化一网通办、智能网办、智能自助等服务，推进数字政务服务建设，实现审批规范化、服务标准化、公开透明化。深入实施国企改革三年行动，发挥区属国企对产业发展的促进作用，打造国有资本运营平台，组建北京绿金山投资运营公司。支持非公有制经济健康发展。创新招商引资奖励激励机制，打造产业发展论坛、峰会及创新大赛的京西品牌。完善园区商务配套，为高端人才提供住房、工作居住证、子女入学等方面支持。持续落实“服务管家”和“服务包”机制，构建京西创业的营商环境新高地。

（三）规划引领、提升品质，推动区域协调新发展

始终坚持减量提质增效。推进新城街区控规及镇域国土空间规划编制报审工作，有序实施行政区划调整。开展新一轮“疏解整治促提升”专项行动，确保新生违法用地和违法建设动态“零增长”。实施城市更新行动，积极引进社会资本参与老旧小区和老旧厂房改造。开展高压架空线入地整合规划研究。探索建立村庄渐进式有机更新可持续发展模式，推动点状供地等改革成果运用。抓好规自领域问题专项整改，坚决防范涉地乱象和涉地腐败。依法依规开展耕地占补平衡，完成农村乱占耕地建房问题整改。

全力加速重点工程建设。全年计划安排重点工程87项，投资规模431.5亿元。有序推进国道109新线高速公路工程，力争市郊铁路“门大线”年内开工，加快推进西苑路、银盛路等主次干网项目前期手续办理。推动永定镇集体土地租赁房、阜外医院西山院区等市政配套项目落地。加快军庄镇供水干线及配套工程、斋堂联村供水厂升级改造工程建设。实施石龙路电力隧道等多项电力工程，实现清水110千伏变电站、梁桥220千伏变电站年内开工。稳步推进景山学校建设，加快殡仪馆和精神病专科医院等迁建工程前期手续办理。全力保障档案馆新建工程、区政务服务中心等项目进度，确保体育文化中心完工。实现鲁家山垃圾焚烧厂余热供热工程（四期）顺利开工。重点做好安置房及保障性住房安全监管，积极开展“工程质量建设月”等行动。

深入实施乡村振兴战略。有序开展浅山区和城乡结合部村庄乡村建设行动试点工作，推进农村住房质量提升。确保第三批40个村美丽乡村创建通过市级验收、14个传统村落保护发展规划完成市级审查，选树一批“美丽庭院”。常态化推进农村人居环境整治，统筹落实好厕所、污水、垃圾治理长效管护机制。科学推进农村地区冬季清洁取暖改造，健全清洁取暖设备后期长效运行服务机制。稳步实施山区农民搬迁。抓好“村地

区管”机制落实，持续开展房地一体的宅基地、集体建设用地确权登记试点工作。推进农村“三资”规范运行，深化农村产权制度改革，壮大集体经济。稳步推进现有经济薄弱村消除任务，持续促进农民增收。认真落实“三个保持”“四个不摘”要求，助力支援合作地区群众长期稳定受益。

（四）优化服务、改善民生，实现治理水平新提升

全力创建全国文明城区。持续开展文明创建宣传，形成齐抓共管、同创共建的创城工作体系。坚持常态创城、全域覆盖，巩固好建成区创建成果，以城带乡推动农村地区创建水平同步提升。深入选树基层文明创建特色品牌，培育一批具有影响力的文明创建典型。统筹实施“六大创建工程”，确保在中央文明办年度测评中取得优异成绩，全力冲刺2023年全国文明城区总桂冠。

不断增强基层治理能力。认真落实《北京市接诉即办工作条例》，瞄准“降量提质”，完善区级接诉即办“每月一题”机制，积极探索“未诉先办、主动治理”，力争“三率”稳步提升。持续开展物业管理提升专项行动，实施物业服务“解扣”计划，将反复整改不到位的物业企业列入负面清单。持续提升全区垃圾分类处理能力，加快撤桶并站进度，推广“驿站＋流动收集”模式，实现居民自主分类准确率90%目标。建立“热线＋网格”模式，实现区级网格巡查监督全覆盖。实施支路以下道路停车改革，建成一批公共停车场。稳步解决历史遗留“办证难”问题。确保永定镇治理类街乡镇整治提升专项计划项目年内开工。高标准推进新一轮双拥创建工作。支持工会、共青团、妇联等人民团体发挥作用。

逐步完善公共服务体系。深化与东城区、西城区的教育合作，开展人才交流、双轨教研。引进北师大高端资源，推动集团化协同发展，培育一批优质本土学校。深化校外培训机构治理，提升学校教育教学质量，打赢“双减”攻坚战。打造“健康门头沟”，进一步提高家庭医生签约服务水平，支持区医院教学楼规划建设及区中医医院完成三级中医院建设，做优做强区疾控中心，推动永定镇社区卫生服务中心（北院区）落地。完善“五个一”公共文化服务配送体系，加大数字文化资源供给，建成沿河城长城陈列馆，启动永定河文化博物馆建设。适时开展北京国际山地徒步大会、冰雪活动进社区等群众体育活动。

持续提升社会保障水平。实施“八个一批”促就业举措，推动城乡劳动力就业参保，确保就业局势总体稳定。做强居家和社区养老服务，规范区级养老服务指导中心，加强镇街养老照料中心和社区养老服务驿站、老年餐桌建设，加快新城20街区和清水镇、妙峰山镇养老机构公建民营，探索“物业＋养老”服务模式。持续提升无障碍改造水平。推动社会救助审批权限下放镇街，推进儿童福利保护机构、流浪乞讨人员救助机构建设。做好棚改和保障性住房建设工程，加快3个回购安置房项目建设，确保百姓尽早安置上楼。全力解决安置房项目集体土地征地和划拨等历史遗留问题。积极推进永定镇集体租赁住房一期、二期及鑫华源共有产权房建设。推动三家店村综合改造项目顺利实施。

（五）防范风险、深化改革，开创政府工作新局面

多措并举防范财政风险。坚持稳存量、拓增量，不断完善财源体系建设，持续加大财源建设力度，推动财政收入平稳增长。树牢“过紧日子”“过苦日子”思想，进一步压缩非急需、非刚性支出。规范库款资金管理，兜牢“三保”底线。严控预算成本，深化事前—事中—事后绩效管理。严格执行结余资金收回机制，完善直达资金监控机制。积极争取中央及市级资金倾斜支持，持续加大资金盘活力度。加强政府债务风险预警和研判，有序化解债务，实现防风险与稳增长长期均衡。开展滞留户清理“破冰攻坚行动”，加快棚改拆迁收尾，推进土地入市，尽快回笼资金。

全力维护地区安全稳定。慎终如始做好常态化疫情防控，全面做好流调溯源、院感防控、物资保障、疫苗接种等工作，筑牢全区疫情安全防线。完善突发事件应急指挥决策体系，不断压实安全生产责任制，加大执法检查和违法违规行为处罚力度。围绕液化石油气、校园安全、城市运行等重点行业领域，持续开展隐患排查治理。扎实做好森林防火和防汛抗旱工作，强化森林火灾风险隐患日常巡查和治理，做好防汛应对准备。实施积水点治理工程，有效改善三家店、石担路等部分点位汛期积水问题。推动扫黑除恶专项斗争制度化、法治化、常态化运行。健全完善多元矛盾调处化解机制，推动落实疑难信访源头化解、属地稳控、综合治理。以深化“雪亮工程”和“智

慧平安小区”建设为牵动，着力提升平安门头沟建设水平。以冬奥会、党的二十大安保维稳工作为统领，全力维护良好社会治安秩序。

着力深化政府自身建设。落实全面从严治党主体责任，驰而不息抓好政府系统纠治“四风”和党风廉政建设。依法接受区人大及其常委会的法律监督和工作监督，自觉接受区政协民主监督，认真听取各民主党派、工商联、无党派人士和人民团体的意见。积极支持人民法院、检察院依法履职。加强法治政府建设，健全依法行政制度体系，深入落实行政执法“三项制度”，全力创建全国法治政府示范区、全国及北京市民主法治示范村（社区）。深化预算执行、领导干部经济责任和惠民资金项目审计，不断提升审计监督效能。推进中关村门头沟园管理体制机制改革。以赋权、下沉、增效为重点，深化镇街管理体制改革。完善“三考合一、一核三评”综合考评体系，激励干部担当作为。持续开展“转作风、抓落实、争一流”专题活动，不断提升政府系统凝聚力和执行力。

各位委员，未来五年是加快推进门头沟区转型发展的重要战略机遇期，形势催人奋进，发展时不我待！让我们紧密团结在以习近平同志为核心的党中央周围，在市委、市政府和区委的正确领导下，在区政协的大力支持下，同心协力、守正创新，苦干实干、奋力拼搏，全力创造“绿水青山门头沟”新辉煌！

北京市门头沟区人民代表大会常务委员会工作报告

——2021年1月8日在北京市门头沟区第十六届人民代表大会第七次会议上

门头沟区人大常委会主任　陈国才

各位代表：

受北京市门头沟区第十六届人民代表大会常务委员会委托，我向大会报告工作，请予审议。

一、2020年工作回顾

2020年，我们共同经历了新冠疫情给经济社会发展和生产生活带来的巨大冲击和严峻考验。区人大常委会在区委的坚强领导下，全面贯彻落实中央、市委、区委决策部署，抓住统筹推进疫情防控和经济社会发展这条主线，聚力打造“红色门头沟”党建品牌和“绿水青山门头沟”城市品牌，依法履行法定职责，服务发展大局，关注民生福祉，加强自身建设，为全区打赢疫情防控阻击战，奋力推动高质量绿色发展，当好“两山”理论守护人做出了积极贡献。

全年共组织召开常委会会议7次，主任会议8次。依法开展执法检查5项，听取、审议专项工作报告27项，提出审议意见4件；开展专项视察和代表集中视察2次；撰写专题调研报告5篇；依法对批准年度预算调整方案、2020年新增地方政府债务限额和加强生态环境保护等事项作出决议、决定7项；依法补选市人大代表1名、区人大代表6名，任免国家机关工作人员353人次，高质量完成了区十六届人大第六次会议确定的各项工作任务。

（一）关于新冠疫情防控工作

面对突如其来的新冠疫情，区人大常委会坚决贯彻习近平总书记关于疫情防控的重要讲话和指示精神，落实市委、区委的统一部署，及时应对，积极作为，助力疫情防控各项工作落实，维护社会稳定。

一是强化党的领导，严格落实疫情防控措施。常委会党组充分发挥领导核心作用，坚决落实中央、市委、区委关于疫情防控的各项决策部署，迅速建立突发事件应急处置工作机制并进行桌面推演，确保常委会机关疫情防控工作稳妥有序开展。常委会领导从春节开始，放弃节假日休息，“四不两直”前后130余次深入军庄镇、永定镇、斋堂镇、大峪街道、东辛房街道等镇街检查指导疫情防控和复工复产工作。充分发挥党组织的战斗堡垒作用，机关党支部发出倡议书，防控力量下沉一线，助力基层防控疫情，全体干部职工在坚持社区“双报到”的同时，前后有26组、484人次，深入大峪街道双峪社区24小时值守，展现了京西铁军的政治担当。

二是强化统筹推进，积极落实疫情防控任务。认真贯彻执行市人大常委会作出的有关疫情防控决定，支持区政府依法采取各项措施防控疫情；强化公民法治意识，引导全社会依法共同参与和支持疫情防控工作。结合疫情防控形势需要，及时调整人大工作方向，确定疫情防控优先，各项议题分类推进的工作思路，加强对疫情防控和复工复产的监督。

三是强化担当作为，充分发挥人大代表带头作用。团结带领620余名市、区、镇三级人大代表充分发挥密切联系群众优势，以高度的政治自觉，冲锋在前，发挥模范带头作用，迅速投入疫情防控总体战、阻击战，切实扛起政治责任，展现新时代人大代表的新担当新作为，形成了融入大局、服务大局、同心抗疫、共促发展的良好局面，为统筹推进疫情防控和经济社会发展贡献了人大力量。作为门头沟区人大代表认真履职、积极投身疫情防控工作的典型，区人大代表肖清海、镇人大代表宋孟杰荣膺北京市抗击新冠肺炎疫情先进个人。

（二）关于监督工作

2020年是“十三五”规划收官之年、决战决胜脱贫攻坚之年和全面建成小康社会之年，也是迎接建党100周年的关键一年，受疫情影响，各项工作时间紧，任务重，压力也非常大。常委会紧紧围绕统筹推进疫情防控和经济社会发展主线，创新工作方式、改进工作模式，采取控制会议活动规模，变集中会议为视频会议，综合运用书面汇报、议题融合等方式开展视察检查和监督履职工作，积极推动“一府一委两院”克服疫情冲击影响，做好“六稳”工作，落实“六保”任务，提振地区经济，努力完成年度各项目标任务。

一是围绕编制“十四五”规划广泛汇集民意。审查批准国民经济和社会发展规划是人大的法定职责，也是贯彻全面依法治国基本方略的必然要求。“十四五”规划是衔接“两个一百年”奋斗目标的重要五年规划，也是门头沟区奋力开创高质量发展、高品质生活、高水平治理新局面的重要五年规划。常委会在深入学习贯彻党的十九届五中全会精神和习近平总书记对北京提出的新任务、新要求以及市委、区委全会重要部署的基础上，聚焦“十四五”时期经济社会发展中具有全局性和长远性影响的重大问题、制约改革发展的难点问题、人民群众关心的热点问题，特别是“十三五”时期门头沟区经济社会发展尚未解决的瓶颈问题、短板问题，充分发挥人大密切联系群众的优势和特点，采取听取阶段性汇报、召开座谈会、实地调研、初步审查等方式，集民意、聚民智，推动区政府在百年未有之大变局的宏观背景下谋划地区未来发展，主动适应新发展格局，高起点编制“十四五”规划，使规划更加符合门头沟区高质量绿色发展实际，更加顺应人民意愿符合人民期盼，为区人民代表大会审查批准规划纲要奠定坚实基础。

二是努力推动高质量发展。在加强对疫情形势下全市和地区经济发展态势的分析把握基础上，推动地区经济克服疫情影响，尽早企稳向好。审议批准区政府2019年财政决算；听取上半年计划和预算执行情况报告、审计查出问题整改落实情况报告，批准调整年度预算和2020年重点工程部分项目任务目标，联合区人大各专委会对2021年计划和预算（草案）编制情况进行初步审查。要求区政府在疫后经济恢复中寻找和巩固地区发展比较优势；积极培育涵养税源，推动财政收入可持续增长；完善预算管理，提升财政资金使用绩效；在确保地区经济平稳运行的基础上，推动经济社会实现高质量绿色发展。围绕促进门头沟区国有资产优化布局、调整结构、实现资产保值增值和做好政府性债务风险管控等工作，听取、审议企业国有资产管理情况报告、国有资产管理综合报告和政府性债务管理情况报告，审议批准2020年度新增地方政府债务限额。建议区政府进一步建立健全企业国有资产管理的考核激励机制，切实提高企业国有资产运营效率效益；着力提升偿债能力，守住政府债务风险底线，做好风险防范和化解工作。

三是持续推进绿色协调发展。坚持绿水青山就是金山银山发展理念，立足生态涵养区功能定位，不断加强生态环境保护工作监督。配合市人大常委会立法安排，对《北京市生态涵养区生态保护和绿色发展条例》的制定进行先期调研并就其草案征求意见，凝聚共识；监督农村生活污水处理工作完成情况，审议区政府2019年度环境保护目标完成情况报告；成立执法检查组，对六环路军庄出口机动车联合执法、区住建委房建工地视频监控、原大峪化工厂棚改施工工地扬尘、非道路移动机械管控以及餐饮油烟、企业污染排放和门城地区裸露地面等情况进行深入检查，依法促进《北京市大气污染防治条例》在门头沟区的贯彻实施，助力打好蓝天保卫战。要求区政府紧密结合乡村振兴、美丽乡村建设，巩固农村污水治理成果，尽快建立农村生活污水处理设施运行维护管理长效机制；强化精细化治理，进一步压实大气污染防治责任，加大执法力度，打好污染防治攻坚战，加快推进生态环境治理体系和治理能力现代化。常委会在前期综合开展各项监督推进工作的基础上，着力巩固国家生态文明建设示范区创建成果、全面促进全区生态文明建设，作出《关于全面加强生态环境保护，聚力打造“绿水青山门头沟”的决定》，依法促进区委《关于加快“绿水青山门头沟”建设的实施意见》和《门头沟区生态环境保护工作职责分工规定》落到实处，推动创造良好生态环境，为全区绿色发展打牢坚实基础。

四是推进“七有”“五性”民生事业发展。坚持人民至上、以人民为中心的发展思想，把民生工作摆在更加突出的位置，积极推进“六稳”“六保”工作落实。检查区政府“七有”“五性”民生需求推进情况和常委会2019年对农村精准帮扶工作作出审议意见的落实情况，组织部分代表围绕主动探索打造“门头沟小院+”田园综合体，提供生活垃圾“在家分类、上门回收”精准服务，推行“帮扶企业+村集体+农户”帮扶模式所取得的脱贫攻坚成绩到清水镇洪水口村和梁家庄村进行视察。推动区政府坚决走好绿色发展、生态富民之路，紧扣打造“精品经济、精品旅游、精品小镇”，聚力“门头沟小院+”田园综合体建设，推动精品民宿和特色种植业不断向前发展；持续深化“六个一”帮扶机制，巩固结对帮扶、产业帮扶成果，确保如期打好打赢脱贫攻坚战，并进一步做好精准常态帮扶，提升乡村善治水平，全面推进门头沟区乡村振兴再上新台阶。视察三家店粮库棚改安置房项目、3751冯村南街项目工地。要求区政府继续做好复工达产工作，在确保质量的前提下，努力将因疫情耽搁的工期抢回来，做到“八小”便民服务设施同步进社区、地下车库同步启用、物业管理同步实施、垃圾分类同步落实，有效提升社区服务水平。持续关注教育、卫生和“一老一小”等各项社会事业发展，听取校园安全、妇幼卫生健康、养老服务和机动车停车管理工作报告，配合市人大常委会调研门头沟区学前教育三年规划落实情况，开展反对餐饮浪费立法调研。促进区政府结合疫情防控进一步加强校园安全建设，加快妇幼健康服务机构规范化建设，构建多方位养老服务体系，着力解决居民停车难问题，不断提高居民文明素养，形成“精治共治法治”局面，推动中央、市委提出的“七有”“五性”民生保障要求有效落实，努力让人民群众的获得感成色更足、幸福感更可持续、安全感更有保障。

五是着力推进地区法治建设。深入贯彻落实习近平法治思想，努力推动“一府一委两院”依法行政、依法监察、公正司法，促进全区法治环境持续优化。听取区法院服务保障乡村振兴、参与基层社会治理工作报告。建议区法院牢固树立“三治”理念，传承“枫桥经验”，优化基层治理，直面疫情“大考”依法严厉打击疫情防控期间各项犯罪行为。听取区检察院刑事检察工作报告。建议区检察院持续推进执法司法制约监督体系改革，积极参与社会治理，保障疫情防控和经济社会发展大局。按照“有件必备、有备必审、有错必纠”的要求，依法深入推进规范性文件备案审查工作，对13件政府文件进行备案审查，主任会议听取年度备案审查工作报告。重视群众诉求，受理群众来信来访35件次、16人次，依法防范风险、化解矛盾、维护权益。

六是积极开展市、区人大履职联动。落实市人大常委会部署，成立工作专班，对野生动物保护法、全国人大常委会相关决定和北京市街道办事处条例的实施情况开展联动执法检查；组织市、区、镇三级人大代表聚焦生活垃圾管理条例、物业管理条例在“身边、周边、路边”的实施情况开展执法检查，深入实地调查研究，坚持以解决问题为导向，推动区政府全面加快发现问题的及时整改。依法保障相关法律法规在门头沟区的贯彻执行，促进门头沟区不断加强和创新社会治理，实现基层治理能力现代化，提升城市治理水平。

（三）关于代表工作

常委会坚持疫情防控期间服务代表不断线，保障代表履职不断档，积极在发挥代表主体作用方面担当作为。

一是强化代表履职服务保障。完善代表之家、代表联络站建设，从加强代表密切联系群众、认真依法履职管理的规范化、制度化、程序化建设出发，研究制定《人大代表履职报告与登记管理办法（试行）》《市、区、镇三级人大代表联系制度（试行）》。适应疫情防控工作形势需要，组织代表开展线上时政和履职培训，促进基层代表狠抓工作落实、增强忧患意识、提高工作本领。

二是广泛开展代表履职活动。积极组织3720多人次三级代表参加市人大常委会部署的“万名代表下基层”线上线下立法调研和执法检查活动，倾听、征求群众意见，三级代表活动参与率达到100%；组织149名代表开展联系选民活动，通过电话访问、问卷调查、微信调研等多种形式联系选民和群众1092人次，听取收集群众提出的意见和建议，形成闭会期间代表建议20件；102名代表提交了履职报告，总结履职经验、查找不足，促进代表进一步履行好职责。

三是着力推进代表意见和建议有效落实。始终将代表满意、群众认可作为办好意见建议的第一标准，加大督办力度。代表在区十六届人大六次会议期间提出的57件意见建议，已经解决、正在解决的23件，做好解释说明的32件，原则参考的2件；代表在闭会期间提出的20件意见建议，已经解决、正在解决的14件，做好解释说明的4件，原则参考的2件，办理工作质效稳步提升。

四是联系指导基层人大工作。依法作出补选镇人大代表的决定。组织召开镇人大主席工作会，指导各镇人大在做好疫情防控工作的前提下，不断创新代表培训和履职形式，依法有序推进基层人大工作。

（四）关于自身建设工作

常委会在精准开展疫情防控的同时，积极建立和疫情防控、复工达产相适应的工作秩序，进一步压紧压实责任，抓好年度各项工作的落实，做到疫情防控和人大工作两手抓、两促进，实现战疫、发展“两不误”。

一是坚持党的全面领导。坚持把党的全面领导贯穿人大工作全过程、各方面，自觉维护区委总揽全局、协调各方的领导地位。第一时间传达学习区委全会、区委常委会会议等重要会议精神，始终做到与区委在思想上同心、目标上同向、行动上同步。认真落实重大事项向区委请示报告制度，有效履行法定职责，确保党的主张通过法定程序成为全区人民共同意愿，保证中央、市委和区委重大决策在人大工作中得到有效落实。

二是认真完成区委部署的工作任务。以“红色门头沟”党建为引领，把人大工作放在全区发展大局中去谋划和推进。主动融入疫情防控、创城攻坚、脱贫攻坚、污染防治、防洪防汛、国庆值守等重点工作履职尽责；联系走访区属重点企业，做好“五进农村”帮扶对接；坚持开展“创城有我、党员先行”“爱国卫生·党员在行动”和“我参与、我奉献、我快乐”创城主题党日志愿服务活动，220多人次党员干部参与路段包干巡查、垃圾分类值守工作，带头践行绿色生活、文明出行、遵守秩序等文明行为，为事关门头沟区发展的全局性、长期性工作贡献人大力量。

三是加强作风建设。认真贯彻落实全面从严治党各项规定，形成一级抓一级、层层抓落实的党建工作格局。把党风廉政教育与机关学习论坛相结合，组织全体党员干部认真学习中央、市委和区委反腐倡廉会议及文件精神，保持反腐倡廉常抓不懈，警钟长鸣。坚持把反腐倡廉教育融入干部培养、选拔、管理和使用全过程，增强机关党员干部自警自律意识。抓住“不忘初心、牢记使命”主题教育发现的问题，把“改”字贯穿始终，在实践中认真做好整改落实。坚持强化法治意识，组织机关干部认真参加市委、区委组织的线上培训和网络视频课堂，利用机关“当代马克思主义读书会”集中学习新颁布《民法典》和北京市街道办事处条例、生活垃圾管理条例、物业管理条例和文明行为促进条例等，做到先学先用、真学真用，推动相关法律法规在门头沟区得到更快更好的实施。

四是加强组织机构建设，结合区人大社会建设委员会的设立和职级并行工作的落实，统筹常委会工作机构人员力量，保障常委会、专委会各项工作高效有序运转。以正确的选人用人导向，加大干部培养、选拔、交流、任用力度，把政治上靠得住、作风上过得硬、群众信得过的干部选拔上来，进一步营造了机关风清气正的良好氛围，激发了人大干部干事创业的活力和动力。

各位代表，同志们，一年来，区人大常委会各项工作所取得的成绩，是区委高度重视、坚强领导的结果，是全体区人大代表、常委会组成人员、各专委会和机关工作人员辛勤工作的结果，是“一府一委两院”密切配合的结果，是镇人大、人大街工委协同努力的结果，是全区各界大力支持的结果。在此，我谨代表区人大常委会，向各位代表和所有关心支持人大工作的同志们、朋友们，致以崇高的敬意和衷心的感谢！

回顾过去一年的工作，我们也清醒地认识到，与宪法和法律的要求相比，与人大代表和人民群众的期望相比，我们的工作还有一定差距。主要表现在：监督工作精准性、实效性有待进一步增强；代表作用有待进一步发挥；自身建设有待进一步提升等等。对此，我们将虚心听取各方意见，自觉接受人大代表和人民群众的监督，积极采取有效措施，认真加以改进提高。

二、2021 年主要任务

2021 年是中国共产党建党 100 周年，是“十四五”规划开局之年，同时，也是本届人大及其常委会的届末之年。我们将把抗击疫情所凝聚起来的强大正能量转化为推动经济社会高质量发展的持久动力，以法治思维助推打赢疫情防控和经济社会发展两场硬仗。做好全年工作的总体要求是：深入学习习近平法治思想，贯彻落实党的十九届五中全会精神，市委十二届十五次、十六次全会和区委十二届十一次、十二次全会精神，在区委的坚强领导下，坚持党的领导、人民当家作主、依法治国有机统一，牢记初心使命，依法履职尽责，以更大的作为服务改革发展、促进民生改善，以更实的举措推进法治建设、强化人大监督，以更强的担当发挥代表作用、加强自身建设，为高水平构建“一园四区一小院”绿色发展新格局，筑牢首都西部生态屏障，实现“十四五”高标启航贡献人大智慧和力量。

（一）围绕中心服务大局，全力助推经济社会高质量发展

常委会高度关注疫情冲击、国际环境不确定性给经济社会发展带来的诸多影响，将切实把履行人大及其常委会职责与当前发展形势结合起来，发扬京西铁军的优良作风，以“红色门头沟党建”为引领，有效发挥人大法治保障和监督推动作用，依法促进常态化疫情防控工作的落实和“绿水青山门头沟”城市品牌建设，努力推动全区经济社会实现高质量绿色发展。

围绕推动经济社会发展，审议区政府 2020 年决算和审计工作、国有资产管理、农村“三资”管理和年度预算调整的报告，听取上半年计划和预算执行、地方政府债务管理和审计查出问题整改落实情况的报告，初步审查区政府 2022 年计划和预算（草案）编制情况，将人大预算审查监督重点向支出预算和政策拓展，促进区政府落实新发展理念，高质量培育发展新动能，推动地区经济克服疫情等多方面因素影响，做到稳中有进。

围绕加强生态环境建设，审议区政府 2020 年环境状况和环境保护目标完成情况报告，视察门头沟区“万亩造林”情况，听取造林绿化工作报告，对门头沟区实施《北京市生活垃圾管理条例》情况进行执法检查，督办 2020 年常委会就《北京市大气污染防治条例》执法检查作出审议意见的落实情况，坚持生态立区，着力守住好山好水好生态，推进全区生态文明建设。

围绕完善民生保障，审议区政府加强公共卫生应急管理体系建设情况报告，听取师资队伍建设情况、退役军人安置情况报告，视察公共文化设施建设、棚户区改造建设工作进展情况，对门头沟区农村产业结构调整和宗教工作开展专题调研，时刻把百姓的健康安危冷暖挂在心上，着力推动解决人民群众的操心事、烦心事、揪心事，增进民生福祉，促进以人民为中心的发展思想全面落实。

围绕持续加强地区法治建设，审议区政府“七五”普法工作完成情况和“八五”普法规划起草情况报告，听取区法院“三维五向”重大敏感案件管理机制工作情况报告、区检察院法律监督工作情况报告，依法对门头沟区村、居“两委”换届选举工作进行法律监督，扎实做好规范性文件备案审查和信访工作，进一步强化法治观念，大力推进法治社会建设，加强全民普法教育，增强尊崇法治、敬畏法律、自觉尊法学法守法用法意识，促进依法行政、公正司法，维护公平正义，在发挥职能作用中彰显人大制度优势。

围绕发挥三级代表职能作用，积极落实市人大常委会工作部署，持续开展市、区人大监督履职联动工作，更好地反映群众诉求，形成人大监督工作合力，有效推进首都“四个中心”建设。

（二）紧扣代表机关属性，更好发挥人大代表主体作用

常委会将以更高政治站位支持和保障代表依法履职，不断完善制度机制、搭建和拓展代表履职载体，总结代表工作经验，在建好、管好、用好代表之家、代表联络站，做好三级代表进家、进站工作的同时，充分发挥代表履职管理平台、人大网站等线上履职媒介作用，继续探索新时代代表联系群众的新途径、新方法。以提高办结率和满意率为目标，进一步创新代表建议办理机制，强化督办工作，实行重点督办和联合督查相结合，努力推动代表建议办理工作落到实处、见到实效。更加密切与镇人大、人大街工委的全方位联系，加强纵向工作指导与横向业务交流，深化上下协同联动，进一步强化全区人大工作“一盘棋”的整体效应。

（三）锤炼强化政治担当，不断提升依法履职能力水平

常委会以坚持和依靠党的领导为根本原则，践行初心使命，持续改进作风，在常态化疫情防控形势下，扛起责任，扎实做好人大各项工作。全面加强常委会党的建设，充分发挥党组在人大工作中把方向、管大局、保落实的关键作用。切实做好意识形态工作，对标信念过硬、政治过硬、责任过硬、能力过硬、作风过硬要求，努力打造忠诚干净担当的人大干部队伍。坚持问题导向，善于运用底线思维、系统思维、创新思维和法治思维，蹲下身子搞调研，聚焦经济社会和民生发展中的痛点和难点问题，推动解决人民群众最关心、最直接、最现实的利益问题。按照市人大和区委的统一部署，严密组织，科学安排，圆满完成区、镇人大代表换届选举工作，推动新时代人民代表大会制度与时俱进。

各位代表，同志们，在“两个一百年”奋斗目标历史交汇点上，党的十九届五中全会开启了全面建设社会主义现代化国家的新征程，让我们更加紧密地团结在以习近平同志为核心的党中央周围，在区委的坚强领导下，深刻理解和把握构建新发展格局的战略构想，坚定贯彻新发展理念，发挥“红色门头沟”党建品牌优势，以“讲奉献、争第一”的首善追求，锐意进取，扎实工作，为高标准持续保持当好“两山”理论守护人追求，开启全面建设“绿水青山门头沟”新征程作出新的更大贡献！

北京市门头沟区人民代表大会常务委员会工作报告

——2021年12月16日北京市门头沟区第十七届人民代表大会第一次会议

门头沟区人大常委会主任　张维刚

各位代表：

我受区十六届人大常委会委托，向大会报告工作，请予审议。

一、过去五年工作回顾

门头沟区第十六届人大常委会履职以来，始终坚持以习近平新时代中国特色社会主义思想为指导，深刻领会习近平总书记关于坚持和完善人民代表大会制度的重要思想，在中共门头沟区委的坚强领导下，深入学习贯彻党的十九大和十九届二中、三中、四中、五中、六中全会精神，认真学习贯彻中央人大工作会议精神，坚持党的领导、人民当家作主、依法治国有机统一，紧紧围绕区委决策部署，以奋发有为的精神状态和求真务实的工作作风认真履行宪法和法律赋予的职

责，各项工作取得了新成效，较好地完成了区十六届人大历次会议确定的各项任务。

五年来，常委会认真履行法定职责，依法组织召开人民代表大会7次，常委会会议43次，主任会议60次。履行监督权，听取和审议“一府一委两院”专项工作报告126项，提出审议意见21件，对10部法律和地方性法规的实施开展执法检查，对17项经济社会发展工作进行视察，对26个项目开展专题调研；履行重大事项决定权，就加强生态环境保护、推进创建全国文明城区、开展“八五”普法教育以及批准分区规划、财政预决算和新增政府性债务等重大事项，做出决议决定46项；履行人事任免权，坚持党管干部原则，依法任免国家机关工作人员664人次，为进一步促进全区经济社会高质量发展、推动全区民主法治建设、实现民生改善作出了积极贡献。

在区委的正确领导下，在全区各相关单位的大力支持和通力配合下，区人大常委会坚持党的领导，充分发扬民主，严格依法办事，圆满完成了新一届区、镇人大代表换届选举的组织实施工作，选举产生门头沟区第十七届人民代表大会代表195名，新一届镇人大代表499名，为召开新一届区、镇人民代表大会提供了组织保证。

（一）*加强党的领导，政治方向更加坚定*

五年来，区人大常委会始终坚持突出“政治机关”属性，旗帜鲜明讲政治，增强“四个意识”、坚定“四个自信”、做到“两个维护”，坚持把党的全面领导贯穿人大工作全过程各方面，确保人大工作始终沿着正确政治方向前进。

始终坚持党的全面领导不动摇。常委会牢记“看北京首先从政治上看”，自觉把思想和行动统一到贯彻落实区委当好“两山”理论守护人的决策部署上，通过法定程序将区委的决策部署转化为全区人民的共同意愿和自觉行动，始终做到与区委思想上同心、目标上同向、工作上同步。严格执行重大事项请示报告制度，就常委会重点工作安排、重要制度制定和重要活动开展向区委请示报告36次。协助区委组织召开第五次人大工作会议，积极落实会议精神，加强和改进新时代全区人大工作。

始终坚持思想理论武装不放松。常委会高度重视思想理论武装，不断加强机关思想理论建设，坚持以习近平新时代中国特色社会主义思想为指导，深入学习贯彻习近平法治思想、习近平生态文明思想、习近平总书记关于坚持和完善人民代表大会制度的重要思想和习近平总书记在中央人大工作会议上的重要讲话精神，增强用新时代党的创新理论武装头脑、指导实践的政治自觉、思想自觉、行动自觉，增强“四个意识”、坚定“四个自信”、做到“两个维护”。扎实开展“不忘初心、牢记使命”主题教育，深入推进党史学习教育，把初心使命转化为当好“两山”理论守护人的行动自觉；深刻感悟思想伟力，持续提高常委会和机关全体党员干部政治判断力、政治领悟力、政治执行力。常委会建立机关学习论坛平台，创建“当代马克思主义读书会”学习品牌。五年来，共组织常委会党组理论学习中心组学习66次，机关学习论坛90期，“当代马克思主义读书会”33期，党组成员讲党课24次。

始终坚持落实全面从严治党主体责任不懈怠。切实加强常委会党组建设，进一步压实全面从严治党主体责任，完善党组制度建设，认真落实“三重一大”决策制度、党组工作条例和党内政治生活制度，坚持民主集中制，不断提高常委会党组依法决策、民主决策、科学决策水平。不断强化机关党建工作，打造“红色聚力”机关党建实践品牌。自觉把全面从严治党和党风廉政建设要求融入人大日常工作中，坚持党的建设与业务工作同步推进，形成一级抓一级、层层抓落实的党建工作格局。持之以恒推进正风肃纪，树立清正廉洁、务实高效的地方国家权力机关形象。

（二）*强化服务大局，增强监督实效更加有力*

五年来，常委会始终把市委、区委的决策部署作为确定人大工作目标和依法履职的依据和行动方向，把主动融入和服务发展大局作为履职的出发点，把改善民生、增进人民福祉作为落脚点，努力增强监督实效。立足生态涵养功能定位，监督促进区政府完成《门头沟区国民经济和社会发展第十三个五年规划纲要》，全力建设“绿水青山门头沟”，促进全区经济社会高质量发展。

主动作为，统筹重点工作有深度。一是围绕发展大局统筹谋划工作。主动融入服务首都“四个中心”和“两区”建设、保护生态环境、促进产业转型发展、实施乡村振兴战略、创建全国文明城区、落实“接诉即办”等中心工作，抓好疫情防控、脱贫攻坚、污染防治等重点工作，统筹确定常委会重点监督议题，科学谋划工作方案。二是抓住重点有效监督促进。深入委办局、镇街、村社区和基层一线，开展广泛深入的调查研究，找准议政督政的结合点和着力点，认真履行监督权、重大事项决定权和人事任免权，积极建言献策、监督促进，做到寓支持于监督之中。

主动监督，推动绿色高质量发展有实效。一是促进生态文明建设，不断加强对生态环境保护的持续监督。认真践行习近平生态文明思想，贯彻《环保法》，落实《北京市生态涵养区生态保护和绿色发展条例》，依法作出《关于全面加强生态环境保护，聚力打造“绿水青山门头沟”的决定》，不断加大生态保护监督力度，推动生态保护大格局的形成。持续开展环境状况和环境保护目标完成情况监督，加大城市环境综合治理和农村人居环境整治监督力度，促进区政府严守生态保护红线，积极创建国家森林城市，加强永定河山峡段综合治理及生态修复，落实“清洁空气行动计划”，打赢蓝天保卫战、碧水攻坚战和净土保卫战，不断夯实绿色生态本底，全区生态环境治理体系和治理能力现代化建设取得了新进展。二是立足人大法定职责，不断加强对法定事项的依法监督。围绕服务首都发展，高度关注全区经济社会绿色转型发展和构建新发展格局的思路、措施。抓住全区经济运行、财政预算、政府性债务管理、中关村门头沟园建设等法定审议事项和重点工作，加大审议监督力度。监督推动区政府集聚发展动能，加快京西产业转型示范区建设，高质量编制《门头沟区国民经济和社会发展第十四个五年规划和二〇三五年远景目标纲要》，努力推动全区经济社会高质量发展。建立人大预算联网监督系统，加强对区级预算全口径审查监督；将国有资产管理列为常规监督议题，加大对国有资产管理的监督力度；贯彻落实全国人大、市人大相关文件和工作要求，组织开展并深化对地方政府性债务的审查监督，促进政府防范和化解系统风险。三是坚持保护与发展并重，不断加强对绿色转型发展的重点监督。始终坚持“绿水青山就是金山银山”发展理念，立足发挥门头沟区自然资源禀赋和深厚文化底蕴优势，深入“一线四矿”（即：“一线”是指门大线，是门头沟到大台的运煤铁路；“四矿”是指王平、木城涧、大台和千军台煤矿。“一线四矿”已写入北京市、门头沟区两级“十四五”规划，有望成为未来京西地区转型发展的标志性项目和重要引擎。“一线四矿”及周边区域将培育特色文旅健康、休闲度假产业集群，通过生态修复、景观提升、工业遗存保护与转型利用，把昔日的能源重工业基地打造成山水交融、青绿交织、工业遗存与自然生态交相辉映的文旅康养休闲度假区。）开展调研、视察，推动区政府抓住“一线四矿”建设机遇，促进带动沿线及周边区域的产业转型、环境提升和民生改善。紧扣纵深落实乡村振兴战略履行监督职责，推动促进“点状供地”新模式的建立和推广，为乡村振兴和转型发展提供空间支撑。推动落实《北京历史文化名城保护条例》，围绕西山永定河文化带、长城文化带建设和古村落保护开展调研和监督，促进区政府按照“六四一”模式（即：是门头沟区委提出的文化保护传承模式。“六”是门头沟区独特的生态山水、红色历史、民间民俗、古村古道、宗教寺庙、京西煤业“六大文化”；“四”是挖掘细化每类文化点位的“四要素”，即坐标、规制、历史文脉、传承方案；“一”是将每类文化点位的“四要素”落在一张图和一个村的规划上，着力走好文化保护传承的“多规合一”新路。）走好分区规划实施与文化保护传承相统筹的“多规合一”新路，大力推动文游、农游、体游深度融合，助力经济社会绿色转型发展。

主动服务，推进创建全国文明城区有力度。一是依法监督促进“创城”工作有序开展。坚决落实区委创建全国文明城区重大决策，依法作出《推进全国文明城区创建工作的决定》《深入推进誓夺全国文明城区三年冲刺行动的决议》，为创建全国文明城区提供支持和保障。二是坚定不移推动“创城”三年冲刺行动。紧紧围绕区委“创城”工作总体部署，认真履行督导职责，统筹推进“创城”工作。坚持开展“创城”督导“七点行动”，实地调研、现场督导推进问题整改。开展“誓夺全国文明城区三年冲刺，人大代表在行动”活动，影响带动广大群众投身“创城”活动，常委会机关开展系列主题党日志愿服务，为“创城”贡献人大力量。

主动发力，促进社会治理水平提升有作为。一是坚持人民至上，不断加强社会事业发展监督。坚持以人民为中心的发展思想，把保障和改善民生工作摆在更加突出的位置，推动“七有”（即：北京市委提出要坚持以人民为中心的发展思想，在满足人民群众对生活“便利性、宜居性、安全性、公正性、多样性”方面的需求上下功夫。）“五性”（即：北京市委提出要坚持以人民为中心的发展思想，在满足人民群众对生活“便利性、宜居性、安全性、公正性、多样性”方面的需求上下功夫。）等民生保障要求有效落实。抓住群众最关心和社会最关注的公共资源优化配置、完善城市基础设施等社会事业发展难点问题加大监督力度，努力促进问题解决落实到位；办好“关键小事”，依法推进《北京市生活垃圾管理条例》《北京市物业管理条例》落实落细；深化精准扶贫帮扶机制，积极参与并持续监督推进精准扶贫工作，支持区政府全力打赢脱贫攻坚战。依法推进新型冠状病毒肺炎疫情防控常态化工作有效落实，监督推进公共卫生应急管理体系建设，号召并带领三级人大代表迅速投入疫情防控总体战、阻击战。二是推进依法治区，不断加强法治社会建设监督。深入贯彻习近平法治思想，落实区委《关于加强新时代法治建设的实施方案》，深化依法治区实践。将法治政府建设情况列为常规议题，监督促进区政府依法行政。加强法律实施监督，自觉维护法治统一，对《北京市生态涵养区生态保护和绿色发展条例》《北京市大气污染防治条例》《北京市文明行为促进条例》等10项地方性法规开展执法检查；围绕《北京市接诉即办工作条例》的制定协助市人大常委会做好立法调研，深入基层召开专题座谈会听取三级人大代表意见和建议，归纳提出意见建议72条，《北京市接诉即办工作条例》出台后，积极推动支持区政府及相关部门和基层单位组织实施落实，努力推动提升基层治理体系和治理能力现代化水平。持续加强规范性文件备案审查工作，根据《北京市人大常委会规范性文件备案审查工作规程》的修订情况，对《区人大常委会规范性文件备案审查办法》进行了修订，推进门头沟区规范性文件备案审查工作深入深化。依法监督促进“七五”普法规划有效实施，深入开展专题调研、依法作出决议，推动“八五”普法规划高质量编制和实施，扎实促进全民学法、懂法、守法、用法，不断提升公民法治意识、法治素养。三是维护和谐稳定，不断加强安全发展监督。落实《监察法》和监察体制改革要求，任命监察委员会组成人员，按照市人大常委会统一部署，审议监察委员会专项工作报告，为深化反腐败工作提供法治保障。积极推进以司法责任制为核心的司法体制改革，听取区法院、区检察院专项工作报告，促进“两院”全面落实司法责任制综合配套改革，推动促进“两院”司法为民、公正司法、服务大局，切实维护公平正义。密切联系群众，重视群众诉求，受理群众来信来访175件（次），依法促进矛盾化解，维护公民合法权益。

（三）强化履职保障，发挥代表作用更加有效

五年来，常委会始终注重突出“代表机关”属性，从强化履职意识入手，完善代表工作机制、强化服务保障，激发代表履职热情，发挥代表作用更加充分。

搭建履职平台，代表履职活力进一步激发。一是加强培训，代表履职能力不断提高。适应新时代发展和新型冠状病毒肺炎疫情防控需要，完善代表学习培训制度，采取线上线下、集中分散、专题课堂、以会代训等多种方式对1500余人次代表进行广泛深入的专业培训教育，代表履职能力和水平得到进一步提高。二是规范管理，密切代表与群众的联系。贯彻落实市委、区委第五次人大工作会议关于实现代表履职阵地全覆盖要求，完善14个代表之家、99个代表联络站建设，制定《关于进一步加强人大代表之家、人大代表联络站建设和工作的实施意见》，家、站建设制度化、规范化水平全面提升，人大代表的桥梁纽带作用得到更好发挥。制定《人大代表履职报告与登记管理办法（试行）》《市、区、镇三级人大代表联系制度（试行）》，开发“门头沟区人大代表履职服务系统”，代表履职管理规范化、制度化、程序化建设不断加强。五年来，共有2600余人次代表接待选民14000余人次。三是搭建平台，代表监督作用有效发挥。将代表工作与常委会依法行使职权紧密结合，深化代表对常委会工作的参与，邀请代表参加常委会和专委会检查、视察，列席常委会会议，充分吸纳基层代表意见建议，有效发挥监督作用；拓展代表知情知政的广度深度，组织部分代表参加区委区政府重要会议和活动、旁听“两院”庭审，发挥代表参与管理地方事务和社会事务作用；组织35名三级代表参加新中国成立七十周年国庆方队和建党一百周年庆祝观礼重大政治活动，展现了门头沟区人大代表风采。五年来，共有2900余人次代表参加闭会期间履职活动。积极组织三级代表参加“万名代表下基层”线上线下立法调研和执法检查活动。五年来，共有4400余人次三级代表参加活动，提出意见建议150余条。

强化意见建议办理，为民代言作用进一步彰显。始终将办理代表批评、意见和建议作为支持

代表行使职权的重要内容，将代表满意、群众认可作为第一标准，在推动解决问题上下功夫。健全常委会领导牵头督办、工作机构分类督办、代表联络室统筹督办工作机制，促进代表建议办理质量的提高，推动了一批群众关心关注问题的解决落实。五年来，共办理代表意见建议484件，代表满意率84.9%，办结率逐年提升。

促进市代表履职，服务保障进一步加强。按照市人大常委会要求，认真组织市人大代表门头沟团活动，安排闭会期间代表联组和小组活动，为市人大代表高效履职提供了良好保障。邀请市代表参加区人大常委会视察、调研活动，围绕服务首都发展大局、促进门头沟区“绿水青山门头沟”建设实际，向市人代会提出议案和意见建议81件。

（四）完善制度机制，机关自身建设更加扎实

五年来，常委会积极适应新时代人大工作面临的新形势新要求，把强化作风建设、服务发展大局、增强履职能力和服务保障水平放在重要位置，高质量推进常委会机关自身建设，夯实人大工作基础。

作风建设不断强化。制定并认真执行常委会党组落实中央八项规定实施办法，坚决反对和纠正“四风”。始终把调查研究作为做好人大工作的基本功，围绕区委中心工作、常委会监督议题和群众关注的重点难点问题，深入基层调查研究，切实把群众诉求、基层困难及时反映上来，并推动解决。

队伍建设不断优化。进一步加强常委会机关干部队伍建设，注意培养年轻干部和专业干部，推进干部交流，机关工作力量进一步充实。干部队伍知识和专业经历结构进一步优化，常委会机关工作活力得到进一步增强；坚持强化思想武装、纪律意识、廉洁意识，常委会机关干部整体素质有了较大提升。

制度建设不断完善。积极探索新时代人大工作方式方法，健全常委会工作机制，完善常委会机关工作程序，制定、修订《区人大常委会议事规则》《区人大常委会关于讨论决定重大事项的规定》，制定《门头沟区预算审查监督办法》等13项规章制度，常委会工作制度更加健全，机关工作逐步规范。

专门委员会工作不断提升。重视发挥区人大各专门委员会作用。制定《区人大专门委员会工作规则》，规范专门委员会履职方式、工作程序；加强对专门委员会工作领导，支持专门委员会依法行使职权；各专门委员会围绕常委会工作要点，结合自身职责，认真组织实施，有力保证了常委会各项重点工作的顺利开展。

指导基层工作不断深入。加强对人大街道工委的领导和对镇人大工作的指导，修订《关于加强和改进镇人大工作的指导意见》《区人大常委会街道工作委员会工作通则》，规范镇街人大组织建设、工作程序。坚持业务指导、工作联系、法律监督相结合，指导镇人大依法依规开展人大代表换届选举，开好人民代表大会、依法有效履行职责。

各位代表，区十六届人大常委会五年来各项工作成绩的取得是区委正确领导的结果，是全体人大代表、常委会组成人员和人大机关工作人员辛勤工作的结果，是“一府一委两院”、区政协、各镇党委和镇人大、各人大街道工委大力支持和积极配合的结果，也是社会各界和广大人民群众关心支持的结果。在此，我代表区十六届人大常委会，向所有关心、支持区人大工作的各级领导、各级人大代表、各部门、各单位、社会各界人士和全区人民表示衷心的感谢和诚挚的敬意！

同时，我们也清醒地认识到常委会工作存在的问题和不足，主要表现在：履行全面从严治党主体责任制度化建设还需要加强；在创新监督方式、综合运用法定刚性监督手段方面还需要进一步探索和深化；人大代表的履职渠道有待拓宽，在发挥人大代表作用助力全区转型发展、绿色发展方面还需要进一步强化；在常委会机关服务保障工作规范化、科学化方面还有待进一步提高；常委会自身建设和干部队伍建设仍需要加强。这些问题，要继续引起重视，并在以后的工作中认真加以研究解决。

二、主要工作体会

各位代表，回顾五年来的工作实践，我们深切体会到，做好常委会各项工作，必须做到“五个始终坚持”：

一是必须始终自觉坚持党的全面领导，把牢政治方向。坚持在区委统一领导下开展工作，自觉服从服务于区委中心工作，把区委决策部署贯彻到人大工作的全过程各方面。二是必须始终坚持人民至上，推进民生改善。坚持畅通民意渠道，推进民生改善，确保人民赋予的权力真正用来实

现好维护好发展好人民群众的根本利益。三是必须始终坚持依法监督，增强监督实效。围绕全区改革发展稳定的重点工作和人民群众关心的热点难点问题履行监督职权，切实增强监督工作的针对性、持续性和有效性，做到寓支持于监督之中。四是必须始终坚持服务大局，促进地区发展。要立足生态涵养功能定位，紧扣高质量发展主题，监督推动生态环境保护、经济社会发展和民生问题改善，当好“两山”理论守护人。五是必须始终坚持探索创新，加强自身建设。坚持用新发展理念谋划工作、强化落实，不断适应新时代的发展要求和人民群众的热切期盼，创新和改进工作方式，提高人大工作水平。

三、今后五年工作建议

今后五年，新一届区人大常委会要坚持以习近平新时代中国特色社会主义思想为指引，深入学习贯彻习近平法治思想、习近平总书记关于坚持和完善人民代表大会制度的重要思想和习近平总书记在中央人大工作会议上的重要讲话精神，坚持党的领导、人民当家作主、依法治国有机统一，坚持人民至上，坚持发挥人民代表大会制度优势，发展和完善全过程人民民主。坚定以服务首都发展为统领，坚定“绿水青山就是金山银山”的绿色发展方向，坚持生态立区、文化兴区、科技强区，坚持“党建统领、融入大局、依法监督、改善民生、注重实效、提升水平”的总体工作思路，以“党建统领更加有力，服务大局更加主动，依法监督更加务实，改善民生更加聚焦，调研建议更加深入，代表作用发挥更加彰显”为工作目标，以“六个围绕”为工作重点，不断加强“四个机关”（即：习近平总书记在中央人大工作会议上的重要讲话中强调，“各级人大及其常委会要不断提高政治判断力、政治领悟力、政治执行力，全面加强自身建设，成为自觉坚持中国共产党领导的政治机关、保证人民当家作主的国家权力机关、全面担负宪法法律赋予的各项职责的工作机关、始终同人民群众保持密切联系的代表机关。”）建设，以新担当新作为奋力开创区人大工作新局面。

（一）围绕全面从严治党强化党建

坚决贯彻“看北京首先从政治上看”的要求，始终坚持党的全面领导这一最高政治原则，增强“四个意识”、坚定“四个自信”、做到“两个维护”，始终胸怀“两个大局”、牢记“国之大者”，坚持重大事项向区委请示报告制度，紧紧围绕全区工作大局履职尽责，切实做到区委工作重心在哪里，人大工作就跟进到哪里、力量就汇聚到哪里、作用就发挥到哪里。坚持全面从严治党，严格落实“一岗双责”，强化机关党建工作，持续打造“红色聚力”机关党建实践品牌。

（二）围绕发展大局建言献策

全面落实市委、区委决策部署，深入落实蔡奇书记到门头沟区调研时的重要讲话精神，立足生态涵养功能定位，围绕守住好山好水好生态，筑牢首都西部生态屏障，紧抓京西产业转型示范区政策机遇，深度融入全市“五子”联动（即：北京市委提出要坚持以人民为中心的发展思想，在满足人民群众对生活“便利性、宜居性、安全性、公正性、多样性”方面的需求上下功夫。）建设，培育绿色发展新动能等重要工作，深入开展调查研究，充分发挥人大代表作用，积极建言献策，当好“两山”理论守护人，为推动全区经济社会高质量发展贡献人大力量。

（三）围绕监督事项依法履职

坚持首善标准，聚焦市委、区委重大决策部署，聚焦人民群众所思所盼所愿，实行正确监督、有效监督、依法监督。协助市人大做好立法调研。围绕地方性法规的实施主动开展执法检查，着力推动、监督落实《北京市生态涵养区生态保护和绿色发展条例》。依法履行法定职责，监督推动初步确立“专精特新门头沟”产业品牌，推动深入实施乡村振兴战略，推动深化社会治理和城市管理水平提升。在促进问题解决、增强监督实效上下功夫，使调研视察更加深入、审议议题更加严格、依法监督更加有力。

（四）围绕改善民生紧盯落实

始终坚持人民至上，不断发展全过程人民民主，加强同人大代表和人民群众的密切联系，更好地接地气、察民情、聚民智、惠民生。紧紧围绕“七有”“五性”民生保障工作，以监督促进《北京市接诉即办工作条例》实施和督导全国文明城区创建工作为切入点，推动持续改善民生、解决民生问题。

（五）围绕依法治区推动深化

进一步促进全面依法治区水平不断提升，着力推动“平安门头沟”建设。以听取审议专项报告为抓手，促进依法行政和法治政府建设，深化对公正司法的监督；以开展执法检查为着力点，保证宪法法律法规在门头沟区得到遵守和执行；以推动“八五”普法规划落实为重点，进一步提升公共法律服务水平，增强全社会法治意识、法律素养；以法律法规学习为重点，不断增强常委会依法履职能力，努力把人大制度优势转化为治理效能，促进全区社会治理体系和治理能力现代化建设。

（六）围绕自身建设提升能力

以加强“四个机关”建设为主线强化自身建设。坚持以政治建设为统领，持续打造“红色聚力”机关党建实践品牌，加强政治机关建设；依法正确行使权力，不断提升国家权力机关的履职能力；深入研究和把握新时代人大工作新特点新要求，完善工作机制，提升机关制度化规范化工作水平，在全面履行法定职责中加强工作机关建设；不断改进和拓展联系群众、为民服务的方式和渠道，突出代表机关特点。积极支持区人大专门委员会依法履职，有效发挥职能作用。继续加强对基层人大工作的联系和指导，共同推进全区人大工作创新发展。

四、2022 年工作任务建议

2022 年是新一届区人大常委会履职的开局之年，区人大常委会要在区委的坚强领导下，全面贯彻落实党的十九届六中全会精神、习近平总书记在中央人大工作会议上的重要讲话精神和市委第六次人大工作会议精神，用“六个必须坚持”和“六项重要任务”统筹部署人大工作，在深刻理解内涵、准确把握实质、切实推动工作上下功夫，坚定不移立足新发展阶段、贯彻新发展理念、融入新发展格局，坚持党的全面领导，坚持人民至上，坚持积极发展全过程人民民主，扎实推进“四个机关”建设，在主动服务发展大局上有新作为，在加强依法监督促进上有新成效，在密切联系群众上有新形象，在夯实履职基础上有新举措，充分展现新一届区人大工作开局新气象。

（一）增强监督履职实效

紧紧围绕区委决策部署、政府工作重点、群众关心的热点难点、社会关切的焦点痛点，实行正确监督、有效监督、依法监督，努力增强监督实效。

一是强化生态环境保护监督。对《北京市生态涵养区生态保护和绿色发展条例》落实情况开展监督，审议 2021 年环境状况和环境保护目标完成情况报告，听取“一线四矿”文旅康养休闲区建设情况报告，视察永定河山峡段环境综合治理，跟踪 2021 年常委会就《北京市生活垃圾管理条例》实施情况作出审议意见的整改落实情况，促进门头沟区生态环境质量持续改善。

二是提高推动经济社会高质量发展监督质量。着力维护规划的严肃性和权威性，审议《门头沟分区规划（国土空间规划）（2017 年 -2035 年）》实施情况报告。强化经济运行及财政监督，审议 2021 年区级决算、审计工作和 2021 年国有资产管理情况报告，听取审计查出问题整改落实情况报告；听取 2022 年上半年国民经济和社会发展计划和预算执行情况报告，审议 2022 年预算调整情况报告；对 2023 年计划和预算（草案）编制情况进行初审，不断提高财政资金使用效益和预算管理水平。听取 2022 年地方政府性债务管理情况报告，加强对政府债务“借、用、管、还”各环节全过程监督。积极推进地区发展，组织区人大代表视察中关村门头沟园区建设发展、“一线四矿”工作推进、109 高速公路建设、科技创新和科技成果推广应用情况。听取文物资源资产管理工作报告。

三是加强对推进乡村振兴工作的监督。审议生态旅游发展情况报告，听取农产品质量安全及动植物防疫体系建设情况报告，视察门头沟小院、特色农产品生产基地持续发展情况，跟踪农村“三资”管理工作整改落实情况，专题调研农村产业结构调整情况，推动文旅农林深度融合、乡村振兴战略更好落实落地。

四是突出提高人民生活品质监督。跟踪检查区政府落实区人大常委会关于公共卫生应急管理体系建设审议意见情况，对医疗资源布局、公共卫生应急管理体系建设工作开展专题调研，听取医疗保障基金管理情况报告；专题调研优化教育资源布局情况，听取落实“双减”工作情况报告；听取棚户区改造建设工作报告，专题调研社区青年汇建设工作，着力推进事关群众生活的民生事业发展。

五是持续推进依法治区工作监督。听取法治政府建设情况报告；开展《北京市接诉即办工作条例》执法检查，协助市人大常委会做好地方性法规的立法调研和论证工作；就“八五”普法规划的落实开展专题调研。听取规范性文件备案审查年度工作报告，根据《北京市各级人大常委会规范性文件备案审查条例》的修订，继续修改完善《区人大常委会规范性文件备案审查办法》。听取区法院“四统一、三规范”（即 4 类主体的权责统一，包括员额法官、院局长、执行指挥中心、专业法官会议这4类主体；“三规范”即提高3个事项的规范性，即执行案件、事项、财物这3个事项。）执行监督管理机制工作报告，听取区检察院全面优化检察履职促进区域社会治理现代化工作报告。

（二）提高代表工作质量

加强培训提高代表能力素质。针对换届后新代表较多的实际情况，采取集中培训、经验交流、以会代训等多种形式，强化代表意识，提高代表政治素质和履职能力。用好代表之家、代表联络站。发挥代表家、站在收集民情、反映民意、集中民智方面的独特优势，强化三级代表联动作用。提高代表意见建议办理质量。加强对代表提出议案和意见建议的培训指导，落实分工督办、重点督办、跟踪督办等工作措施，努力推动代表建议办理工作落到实处、见到实效。

（三）强化自身建设

扎实推进“四个机关”建设。以党建为引领，统筹常委会机关各项工作，完善学习机制，探索通过常委会组成人员读书班等多种形式强化理论武装；持续巩固党史学习教育成果，传承“永远跟党走”红色基因；着力提升常委会和专门委员会工作能力和工作水平。梳理健全常委会和机关工作制度，完善工作机制，提升机关工作制度化、规范化水平。围绕全区发展重点选好课题，深入调查研究，提出改进意见。加强与市人大常委会工作衔接联动，加强与兄弟区特别是生态涵养区的人大工作横向交流。加强对镇街人大工作的联系指导，密切与镇人大、人大街道工委的工作联系。

各位代表，新时代的发展催人奋进，人民的厚望重于泰山！在新的历史起点上，我们肩负的责任重大，使命光荣。让我们更加紧密地团结在以习近平同志为核心的党中央周围，高举中国特色社会主义伟大旗帜，在中共北京市委和门头沟区委的坚强领导下，紧紧依靠全区人民，以更加坚定的决心、更加振奋的精神、更加务实的作风，同心同德抢抓机遇、群策群力加快发展、和衷共济共促和谐，进一步开创门头沟区人大工作新局面，为推动“两山”理论在门头沟区落地生根、奋力谱写“绿水青山门头沟”高质量发展新篇章，为全区经济社会发展取得更大成就，为全区人民生活更加幸福美好而努力奋斗！

政协北京市门头沟区第十届委员会常务委员会工作报告

——2021年1月5日在政协北京市门头沟区第十届委员会第五次会议上

门头沟区政协主席　张　永

各位委员：

我受政协门头沟区第十届委员会常务委员会委托，向大会报告工作，请予审议。

一、2020年工作回顾

2020年是全面建成小康社会决胜之年、实施“十三五”规划收官之年、脱贫攻坚决战之年。一年来，在中共门头沟区委坚强领导和北京市政协有力指导下，区十届政协及其常委会团结带领参加政协各党派团体和各界委员，坚持以习近平新时代中国特色社会主义思想为指导，深入贯彻中共中央政协工作会议精神，落实中共北京市委、中共门头沟区委第五次政协工作会议要求，发挥专门协商机构作用，认真履行政治协商、民主监督、参政议政职能，更好凝聚共识，为打赢疫情防控人民战争、总体战、阻击战，助力全区经济社会发展贡献了智慧和力量。

一年来，累计提出政协提案115件，召开政协常委会会议6次，其中召开议政性常委会会议3次，开展专题协商、对口协商、界别协商、提案办理协商15项，组织视察考察50余次，形成协商意见6篇、调研报告6篇、大会发言43篇、社情民意信息17篇，编发政协信息56期，领导指示批示31次，较为圆满地完成了政协2020年协商工作计划和区政协十届四次全会确定的工作任务。

（一）发挥政协制度优势，贡献政协“战疫”力量

面对突如其来的新冠肺炎疫情，在区委坚强领导下，区政协坚决响应中央“疫情就是命令、防控就是责任”的战斗号令，认真落实市委书记蔡奇同志“要跑在疫情前头”的要求，充分发挥人民政协在区域治理体系和应对重大突发事件中的重要作用，把人民政协制度优势凝结成“战疫”力量。

一是迅速响应全员行动。按照区委“统一防控、高标落实、统筹推进、协同配合、尽职尽责”的防控原则，迅速成立防控领导小组，制定防控工作方案，带领政协各参加单位和广大委员投入疫情防控人民战争、总体战、阻击战。及时召开政协常委会会议传达学习总书记系列重要讲话精神和中央、市区委防疫工作部署，广泛凝聚“战疫”政治共识。发出《同心协力坚决打赢疫情防控阻击战》《筑牢“五个之心”，聚焦“五个之城”，落实“五个之行”》倡议，政协各参加单位和广大委员，以奋战一线、基层值守、志愿服务、公益捐赠、文艺鼓劲等多种形式积极响应，形成了政协“战疫”强大声势。

二是同心“战疫”成效显著。在疫情防控工作中，政协各参加单位和广大委员各尽其职、各显其能。医药卫生界委员舍小家顾大家，奋战在疫情防控最前线，生动诠释了“讲奉献、争第一”的门头沟精神。广大委员第一时间主动捐款捐物、下沉一线值守、宣传防控知识，带头投身疫情防控和复工达产工作。中共党员委员和机关全体党员干部，积极响应“千人战疫”行动，牢牢守护首都西大门。各民主党派深入开展“8+1”行动，宗教团体、非公企业慷慨解囊，累计捐赠现金、物资达一千多万元，有力支援了防控工作。区工商联会员企业响应号召，在做好防疫同时，抓紧复工复产，积极履行社会责任。各民主党派成员、无党派代表人士积极抗击疫情，其中民建会员李志辉充分发挥企业优势，24小时不停产，为北京、湖北等12省市口罩生产厂家平价供应300多吨高效熔喷口罩滤布，及时、有力地支持了全国防疫抗疫工作，国务院应对新冠病毒联防联控机制医疗物资保障组特别致信表示感谢。区政协及时收录委员“战疫”故事，形成10万余字《疫起 一起》“战疫”专刊，并以“网、端、媒、微”等多种形式广泛宣传，用正能量团结群众、鼓舞士气。区委书记张力兵同志对区政协各参加单位和广大委员在“战疫”中所作贡献给予高度评价。

三是建言献策助力发展。开展疫情防控和复工达产专项提案和社情民意信息征集工作。广大委员围绕科学防控、小微企业融资、复工复产复学等积极发声，其中，民建门头沟区工委反映的《关于顺势打造互联网工作生活新环境的建议》被市政协采纳，并以单篇形式报送全国政协，在更高层面发挥建言资政作用。围绕做好“六稳”工作、落实“六保”任务开展调研座谈、“云端”建言，助力社会和谐稳定。迅速落实区委招商引资工作部署，发出《积极招商引资 凝聚发展合力》倡议，努力为高质量绿色发展汇政协之智，聚各方之力。

（二）强化思想政治引领，政治自觉实现新提升

人民政协是政治组织，旗帜鲜明讲政治是人民政协的根本要求。一年来，区政协着力打造具有共同思想政治基础、共同目标追求、共同根本利益的政治共同体，为加强和改进政协工作打下坚实基础。

一是思想政治基础更加牢固。坚持习近平新时代中国特色社会主义思想学习座谈制度。加强“书香政协”建设，开展主题为“读书明理凝共识 多读善读促履职”网络读书活动，组织全体委员重点围绕《习近平谈治国理政》（第三卷）开展学习交流，引领广大委员深刻领会创新理论的精神实质和丰富内涵，切实打牢增强“四个意识”、坚定“四个自信”、做到“两个维护”的思想根基。把学习贯彻中共十九届五中全会精神作为重大政治任务，通过政协常委会、政协学习报告厅、政协移动议政平台等多种形式深入学习，引领广大委员胸怀大局、提高站位，切实把思想

和行动统一到全会精神上来。持续贯彻落实中共十九届四中全会、中央政协工作会议精神，通过主席会议带头学、常委会议专题学、专委会议集中学、政协机关重点学，引领广大委员和机关干部深化对发挥人民政协专门协商机构作用的认识，切实增强当好政协制度参与者、实践者、推动者的使命感和责任感。坚持把学习创新理论同学习中共党史、新中国史和统一战线史、人民政协史结合起来，同发挥视察调研、协商议政活动的思想政治引领作用结合起来，切实通过学思践悟涵养政治定力，提高履职能力，推动政协工作。

二是政协党的建设更加坚实。全力推进"红色门头沟"党建"1179"工程。严格执行重大事项请示报告制度，认真组织落实政协2020年协商工作计划，切实将区委决策部署贯彻到政协工作的全过程和各方面。邀请区委书记张力兵同志出席年初政协第一次常委会会议，通过讲党课作讲话提要求，引领广大委员勠力同心绘好绿水青山图、当好"两山"理论守护人。推进政协党的组织和工作"全覆盖"，引领广大委员深入讲好"四个一"门头沟故事，弘扬好"讲奉献、争第一"门头沟精神，回答好"门头沟四问"，确保党的领导在政协组织的全面贯彻、充分落实。在全会期间发挥临时党组织作用，严格履行教育、管理、监督党员委员职责，引领委员团结协作、凝聚共识。委员中的共产党员认真落实联系党外委员制度，用自己模范行动团结凝聚、影响带动广大委员履职尽责。区政协党的建设实践—《抓党建固根本 聚合力促履职》作为市政协系统党建范例，在"北京市区政协工作经验交流会"上进行了经验交流。

三是凝聚共识实效更加突出。迅速传达学习市委十二届十四次、十五次全会和区委十二届十次、十一次全会精神，特别是结合学习贯彻中共十九届五中全会精神，引领委员深刻认识北京市、门头沟区在"十三五"期间取得的历史性成就，深刻理解制定"十四五"规划和二〇三五年远景目标建议的重大意义，不断增强为国履职、为民尽责的思想和行动自觉。坚持听取区政府领导班子每季度经济社会发展情况通报，通过知情明政，不断凝聚发展共识。围绕政协2020年协商工作计划、"六城联创"、棚户区改造、国道109新线高速公路建设等重点工作开展视察调研，通过亲身感受区委区政府在推进改革发展中取得的成绩，不断坚定发展共识。广大委员在"战疫"、"创城"、垃圾分类等工作中，深入基层、深入群众，自觉协助区委区政府协调关系、化解矛盾、理顺情绪、凝聚人心，努力为经济社会发展汇聚强大力量。

（三）发挥专门协商机构作用，协商议政取得新成效

专门协商机构综合承载政协性质定位，清晰标定了新时代人民政协在党和国家事业中的地位和作用。一年来，区政协克服疫情影响，紧紧围绕区委区政府中心工作开展协商议政，着力以协成事、以商求同，努力把协商民主成果转化为区域治理效能。

一是紧扣重点建言献策。落实区委确定的践行"两山"理论、打造"红色门头沟"党建品牌和"绿水青山门头沟"城市品牌等重大部署，紧扣"打造'门头沟小院+'"开展广泛调研，召开议政性常委会会议深入协商，区委书记张力兵同志及区委区政府主管领导出席会议，与区政协各参加单位、政协常委、课题组成员及委员进行协商互动，四方面25条意见建议为构建门头沟区"一园四区一小院"绿色发展新格局提供了参考；区委常委会专题研究《关于打造"门头沟小院+"强力推进乡村振兴》协商意见，对采纳的相关建议形成任务清单进行推进。认真落实市政协主席吉林同志调研指示精神，按照张力兵书记要求，组成工作专班，

围绕"毛泽东同志黄安坨批示的历史贡献与现实意义""如何为农民提供优质高效技术服务"深入调研，向区委区政府报送"将'门头沟小院+'纳入政府采购目录""提升'门头沟小院'接待标准实现服务统一"等社情民意信息。围绕《北京市生态涵养区生态保护与绿色发展条例》草案试拟稿开展座谈研讨，为把绿水青山蕴含的生态价值、京西特色历史蕴含的文化价值转化为金山银山提出30条具体建议。开展"推动文化旅游康养产业发展打造大台木城涧文旅体验康养休闲区"专题协商，张力兵书记、付兆庚区长对相关协商意见作出批示，翔实的调研材料被京能集团作为深入挖掘煤业文化的重要史料，当地办事处也将其作为机关干部的学习资料，强力助推"一线四矿"文旅康养休闲区建设。开展"利用我区地域优势打造研学基地"界别协商，努力为破解旅游"淡旺季困局"立论建言。深化"同心创城·同步践行"主题实践活动，围绕"创城攻坚工作"开展专题协商，组织广大委员积极反映社

情民意、参与创城监督、争当“门头沟热心人”，在人人创城背景下打造了政协方阵，展现了委员风采，贡献了政协智慧。

二是聚焦热点协商议政。围绕区“十四五”规划科学编制深入研讨，在优先发展农业农村、提升旅游基础设施建设水平、创新生态修复体制机制、完善中关村门头沟科技园建设等方面提出意见建议。围绕区政府工作报告、每季度经济社会发展情况开展全体会议、议政性常委会协商，在加强生态文明建设、培育经济发展新动能、提升精细化治理能力、实现乡村振兴、保障和改善民生等方面形成50余条协商意见供区政府参考。围绕“我区公益诉讼实施情况”开展对口协商，提出优化信息共享有效拓宽线索来源、建立会签制度明确行政机关责任等建议。深入民进市委、东城教委、区教委等部门调研景山学校京西实验学校建设情况，就运行管理机制、配套设施建设、学科建设及师资培养进行深入研讨。按照张力兵书记要求，迅速组织相关人员就行政区划调整中部分街道命名工作开展调研论证，报送专题协商意见供区委区政府决策参考。围绕“整合门头沟区检测资源提高检测机构专业化水平”“加大对摩托车电瓶车违法违规整治力度”“采取分类措施降低路侧停车电子收费”“加强医患对接进一步提高弱势群体医疗水平”开展提案办理协商，及时反映百姓需求，积极化解社会矛盾。政协常委会会议专题听取全区党风廉政建设情况、纪检监察工作情况、重点工程进展情况通报，80余人次应邀参加区委区政府座谈、测评、政务公开日等活动，努力协助区委区政府改进工作、增进团结、凝心聚力。

三是围绕难点献计出力。紧扣“精准帮扶工作”，就项目落地、科技帮扶、龙头企业带动等方面加强监督性跟踪调研；各界别委员发挥自身优势，通过项目帮扶、捐资助困、招商引智等多种方式，助力实现全面建成小康社会。助推《北京市生活垃圾管理条例》落实，积极响应市政协“五千委员齐参与 助力分类新时尚”专项民主监督号召，制定活动方案，发出《全体委员齐参与一岗四责聚合力》倡议；广大委员争做垃圾分类的示范员、宣传员、参谋员、监督员，自发成立8支“垃圾分类志愿服务队”，组建“桶站宣传指导队”，开展“守桶行动”“绿水青山门头沟，垃圾分类‘益’起来”主题志愿活动，努力引领垃圾分类新时尚。围绕《北京市物业管理条例》《北京市街道办事处条例》的落实开展专题协商、对口协商，付兆庚区长对相关协商意见作出批示，要求相关部门研究落实，努力助推城市精治共治法治水平提升。

（四）加强政协自身建设，履职水平迈上新台阶

人民政协处于凝心聚力、决策咨询、协商民主、国家治理第一线，是党和国家一线工作的重要组成部分。一年来，区政协主动适应新形势新要求，以改革思维、创新理念、务实举措，加强自身建设，努力为政协工作提质增效提供保障。

一是充分发挥统战职能彰显履职优势。坚持新型政党制度，与区委统战部联合组织召开“打造门头沟小院+”专题议政性常委会会议，很好地完成了政协协商与政党协商的有效衔接。在纪念“五一口号”发布72周年之际，发出“维护核心、不忘初心、服务中心、固守圆心、永葆真心”倡议，筑牢各民主党派、工商联和广大无党派人士团结奋进的共同思想政治基础。深入推进联合调研、走访联系、协商座谈等工作，推动各党派团体、各族各界人士实现思想上的共同进步。坚持秘书长会议制度，积极支持参加政协各党派深入开展“8+1”行动，努力为政协各参加单位、各界委员在政协协商平台议政建言提供服务保障。在春节、教师节等重要时间节点，开展慰问、走访等活动，充分发挥政协组织与社会各界的桥梁纽带作用。

二是努力提升履职实效展现政协特色。坚持把调查研究作为基础性工作加以推进，做到“不调研不议政”。各联合调研组紧紧围绕政协2020年协商工作计划和政协2020年协商工作安排开展调研，努力做到“身入”“心至”；发挥政协智库作用，聘请专家参与协商工作全过程，努力使调研成果有高度、有深度、有力度。发挥政协文史存史、资政、团结、育人作用，编辑出版《门头沟文史第二十九辑》；落实区委指示要求，向非工联合党支部红色书屋捐助文史书籍50余种400余册；多名区政协文史专家受邀在北京电视台、北京广播电台、门头沟融媒讲述京西“六大文化”，用实际行动擦亮京西文化名片。发挥提案工作全局性、经常性、基础性作用，共交办提案115件，办复率100%；围绕区委区政府中心工作，高质量编制提案选题参考题目，努力使提案

提、办、督的过程，成为宣传政策、解疑释惑、化解矛盾、形成共识的过程。进一步加强工作联动，主动接受北京市政协工作指导，以首善标准完成市政协相关工作。

三是加强制度机制建设夯实履职基础。落实深化党和国家机构改革的决策部署，优化专委会设置，增设农业和农村委员会。研究制定《关于加强委员联系群众工作的实施意见》，逐步在街镇党群活动中心、市委统战部“8+1”活动实践教育基地、“科技小院”“同心卫生室”“名医工作室”建立委员联系群众工作室、工作站。研究制定《优秀提案评选暂行办法》，修订完善《关于开展政协协商的基本规程》《政协委员履职工作简则》等制度，政协工作制度化、规范化、程序化建设得到进一步加强。落实《关于加强政协委员队伍建设的意见》《政协委员履职量化记分办法（试行）》相关要求，不断提高为委员履职服务与管理水平。政协机关认真落实“不忘初心、牢记使命”三年行动计划，建立完善“马克思主义读书会”“双周学习微课堂”学习制度，不断筑牢机关干部理论根基。机关党员深入潭柘寺桑峪村结对帮扶，通过优化整合社会力量，助推村级集体经济发展，实现“扶上马送一程”共赴“小康”的目标。加强党风廉政建设，支持区纪委区监委联合派驻纪检监察组开展工作。坚持“二十字”干部队伍建设总原则，践行“四个当先，一个当头”要求，努力打造一支信念过硬、政治过硬、责任过硬、能力过硬、作风过硬的机关干部队伍。

各位委员，过去一年的成绩，是中共门头沟区委坚强领导、市政协关怀指导、区人大和区政府大力支持的结果，是区政协各参加单位和全体政协委员团结合作、忠实履职的结果，是全区人民、社会各界高度关注、热情支持的结果。在此，我代表政协常委会向为人民政协事业发展付出辛勤劳动、作出无私奉献的各位委员，向所有重视、关心和支持政协工作的各级领导、各界人士、全区人民，表示崇高的敬意和衷心的感谢！

在肯定成绩的同时，我们也清醒地认识到工作中的不足：对人民政协在国家治理体系中重要作用的认识需进一步深化，党的工作“全覆盖”实践需进一步深入，专门协商机构工作制度机制建设需进一步完善，凝聚共识方式方法需进一步探索。在今后的工作中，必须坚持问题导向，认真研究加以解决。

二、固本强基　开拓创新

中共中央十九届五中全会站在“两个一百年”历史交汇点上，对开启全面建设社会主义现代化国家新征程作出了战略决策；会议审议通过的《中共中央关于制定国民经济和社会发展第十四个五年规划和二〇三五年远景目标的建议》，为实现第二个百年奋斗目标和中华民族伟大复兴的中国梦提供了战略指引。中共北京市委十二届十五次全会立足首都城市定位，提出率先基本实现社会主义现代化、建设国际一流和谐宜居之都的宏伟目标。中共门头沟区委十二届十一次全会紧紧围绕落实生态涵养区功能定位，准确把握地区新发展阶段的新特征新要求，前瞻十五年，干好这五年，绘好全区绿色发展新蓝图，彰显“红色门头沟”党建品牌优势，开启全面建设“绿水青山门头沟”新征程。这为新时代加强和改进区政协工作指明了方向，我们要深刻领会中央、市委、区委对新发展阶段人民政协工作的要求，坚持和完善中国共产党领导的多党合作和政治协商制度，加强人民政协专门协商机构建设，发挥社会主义协商民主独特优势，不断提高建言资政和凝聚共识水平，推动人民政协工作实现高质量发展，为实现“十四五”规划和二〇三五年远景目标贡献政协智慧和力量。

（一）*坚守初心，把毫不动摇坚持中国共产党的领导作为根本政治原则。*接受和拥护中国共产党的领导，是人民政协成立的共识和初心，是必须恪守的政治原则。我们要把党的领导落实到强化理论武装、开展履职活动、推进团结合作、健全制度机制、加强队伍建设等各方面，体现到政协事业发展的全过程各环节。提高政协党的建设水平，发挥政协党组织在工作中的政治领导力、思想引领力、群众组织力、社会号召力。自觉在区委领导下主动负责、协调一致地开展工作，努力把党的主张转化为社会各界的广泛共识和自觉行动，使政协更好成为党对各项工作领导的重要阵地。

（二）*高举旗帜，把坚持和发展中国特色社会主义作为巩固共同思想政治基础的主轴。*坚持和发展中国特色社会主义是改革开放以来中国共产党全部理论和实践的主题，也是习近平新时代中国特色社会主义思想的核心要义。人民政协融团结和民主于一身，集协商、监督、参与、合作于一体，充分体现了中国特色社会主义制度的鲜明特点。我们要高举中国特色社会主义伟大旗帜，引领政协各参加单位和各族各界人士思想向此集聚，人心向此凝聚，力量向此汇聚。更好发挥专门协商机构作用，紧紧把握基层政协主要工作是协商，主要工作方式是搭台，工作主旨是双向发力等要求，聚焦区委区政府工作的重点、群众生产生活的难点、社会治理的焦点，务实灵活地开展协商活动，努力以协商有效凝心、以凝心实现聚力，把政协制度优势更好转化为区域治理效能。

（三）强化责任，把服务实现“第二个百年”奋斗目标和全区绿色高质量发展作为工作主线。我们要胸怀“两个大局”，自觉投身凝心聚力、协商民主、议政建言、区域治理第一线，加强履职能力建设，着力提高政治把握能力、调查研究能力、联系群众能力、合作共事能力。增强工作实效，努力提高议政建言的前瞻性、精准性，提升凝聚共识的针对性、有效性，更好地为全区绿色发展、高质量发展聚人心、添助力、增合力。

（四）汇聚力量，把加强思想政治引领、广泛凝聚共识作为履职工作的中心环节。当前，改革发展稳定任务之重前所未有，矛盾风险挑战之多前所未有，多元思想文化交流交融交锋前所未有，加强思想政治引领、广泛凝聚共识尤为重要。人民政协作为最广泛的爱国统一战线组织，肩负着统一思想、凝聚共识的责任。我们要把共同目标作为动力源和方向标，求同存异、聚同化异，为地区发展凝聚最大政治共识。聚焦地区发展各项任务，把凝聚共识融入视察考察、调查研究、协商议政各项活动，在建言成果、思想收获上一体设计、一体落实。广泛联系和动员各界群众，协助区委区政府做好协调关系、理顺情绪、化解矛盾工作，努力为与首都一道率先基本实现社会主义现代化找到最大公约数、画出最大同心圆、形成强大向心力。

三、2021 年主要工作

2021 年是“十四五”开好局、起好步的关键一年，是中国共产党建党 100 周年，是门头沟区政协成立 40 周年，做好全年工作意义十分重大。我们必须服从服务全市、全区改革发展大局，在中共门头沟区委坚强领导下，坚持以习近平新时代中国特色社会主义思想为指导，全面贯彻中共十九大和十九届二中、三中、四中、五中全会精神及中央经济工作会议精神，持续贯彻中共中央、中共北京市委、中共门头沟区委政协工作会议部署，深入落实市委十二届十五次、十六次全会和区委十二届十一次、十二次全会要求，坚持发扬民主和增进团结相互贯通、建言资政和凝聚共识双向发力，发挥专门协商机构作用，广泛团结政协各参加单位和广大政协委员，紧扣区委区政府中心工作履职尽责、凝心聚力，同心共谱“绿水青山门头沟”建设新篇章。

（一）加强引领，共同思想政治基础实现再巩固。坚持和完善习近平新时代中国特色社会主义思想学习座谈会制度，及时学习贯彻习近平总书记最新重要讲话和指示批示精神，进一步筑牢团结奋斗的共同思想政治基础。综合运用常委读书班、委员读书班、网络读书活动、学习报告厅、政协移动议政平台等形式，深刻理解中央、市委、区委决策部署，引领广大委员胸怀大局提高站位。坚持“红色门头沟”党建引领，充分发挥区政协党组、专委会分党组、党员委员履职党小组作用，推动政协党建工作和业务工作深度融合、相互促进。开展建党一百周年纪念活动，教育广大党员委员和机关干部坚定共产主义远大理想和中国特色社会主义共同理想，不忘初心、牢记使命。开展区政协成立 40 周年纪念活动，引领区政协各参加单位和广大委员继续以奋斗者姿态，倾情付出、忠实履职。坚持在中共门头沟区委领导下开展工作，严格执行重大事项请示报告制度，切实把区委决策部署贯彻落实到政协工作的全过程和各方面，自觉做到党政工作推进到哪里，政协工作就跟进到哪里，智慧和力量就凝聚到哪里。

（二）围绕中心，协商议政质量实现再提升。认真组织实施政协 2021 年协商工作计划。围绕“科学实施‘十四五’规划”和做好“六稳”工作、落实“六保”任务等重点工作召开专题议政性常委会会议。围绕加快构建“一园四区一小院”绿色发展新格局、推进“三四三六”工程召开专题协商会议。围绕加强城乡基础设施建设、提升城乡公共治理精细化管理水平、优先发展农业农村、推进西山永定河文化带保护传承利用等开展对口协商。支持各专委会开展灵活多样的界别协商、提案办理协商，完善网络议政、远程协商，提升协商议政质量和实效。组织委员积极参政议政，紧紧围绕党政所思和群众所盼，通过视察、考察、提案、反映社情民意信息等方式建言献策。

（三）双向发力，凝聚共识工作实现再加强。贯彻落实建言资政和凝聚共识双向发力的要求，把调查研究、视察考察、协商履职与学习教育、宣传引导结合起来，通过日常履职工作听取意见、增信释疑、汇聚共识。创新凝聚共识载体，组织委员用好自身影响力和制度机制赋予的话语权，对中央和市委、区委重要决策部署开展宣讲解读，更好凝聚各界共识。开展“五一口号”发布73周年纪念活动，支持参加政协各民主党派开展好“8+1”行动，强化政治共同体建设。加强与区属各民主党派、工商联和各界别群众的联系，畅通党外知识分子、非公有制经济人士、新的社会阶层人士意愿诉求表达渠道。落实好《关于加强委员联系群众工作的实施意见》，发挥委员联系群众工作室、工作站作用，有的放矢做好宣传政策、理顺情绪、增进团结工作，建好区委区政府与群众之间的连心桥。

（四）优化制度机制，履职能力实现再提高。加强政协协商与政党协商制度的有效衔接，支持各民主党派以本党派名义在政协发表意见、提出建议。完善“不调研不议政”工作机制，创新调研组织方式，加强调研论证，提升调研实效。进一步完善协商会议组织机制，对协商的参加范围、基本程序、交流方式等进行规范。推动政协协商走进基层、贴近群众，组织政协委员、基层群众和有关方面开展面对面小型协商，从群众关心的小事小情入手，做好化解分歧、凝聚人心工作。发挥好专委会在政协工作中的基础性作用，推动专委会工作更加活跃、更加深入。主动接受市政协的指导，就一些共同问题开展联合调研、协商议政。

（五）加强队伍建设，责任担当实现再强化。引领委员旗帜鲜明讲政治，做到懂政协、会协商、善议政，守纪律、讲规矩、重品行，以立场坚定、模范履职的实际行动践行责任委员要求。加强委员履职服务管理，落实好委员履职工作简则，推进履职信息动态管理，创新委员履职方式方法。巩固深化“不忘初心、牢记使命”主题教育成果，加强政协机关政治建设，加大对机关干部教育管理力度，驰而不息正风肃纪，努力建设让党放心、让人民满意的模范机关。

各位委员，顺应时代要求、担当时代使命，是每一位政协人义不容辞的责任。让我们更加紧密地团结在以习近平同志为核心的中共中央周围，在中共门头沟区委的坚强领导下，讲奉献、争第一，戮力同心共绘绿水青山新蓝图，坚定当好“两山”理论守护人！

政协北京市门头沟区
第十届委员会常务委员会工作报告

——2021年12月11日在政协北京市门头沟区第十一届委员会第一次会议上

门头沟区政协主席　张　永

各位委员：

我受政协门头沟区第十届委员会常务委员会委托，向大会报告过去五年工作，对十一届区政协工作提出建议，请予审议。

一、五年工作回顾

政协门头沟区第十届委员会任期的五年，是全区经济社会发展极不平凡的五年。面对严峻复杂的形势任务、前所未有的风险挑战，中共门头沟区委坚持以习近平新时代中国特色社会主义思想为指引，勇于历史担当，保持战略定力，驾驭复杂局面，引领改革发展，全区各项事业取得显著成就，激励全区人民意气风发踏上新征程。十届区政协在中共门头沟区委的坚强领导，北京市政协的有力指导，区人大、区政府的大力支持下，以习近平新时代加强和改进人民政协工作的重要思想为指导，高举爱国主义、中国特色社会主义旗帜，坚持团结民主两大主题，紧紧围绕区委区政府中心工作，以饱满的政治热情，创新的工作方式、追求首善的工作标准，认真履行政治协商、民主监督、参政议政职能，更好凝聚共识，开拓了政协工作新局面。

五年来，我们强化思想政治引领，广泛凝聚共识实现新加强。人民政协是政治组织，旗帜鲜明讲政治是人民政协的根本要求。十届区政协着力打造具有共同思想政治基础、共同目标追求、共同根本利益的政治共同体，努力为全区绿色发展、高质量发展聚人心、添助力、增合力。

共同思想政治基础更加巩固。组织委员学习研讨达百余次，有近5000人次参加，进一步筑牢增强“四个意识”、坚定“四个自信”、做到“两个维护”的思想根基。深入学习中共十九大精神，召开常委会专题学习中共十九届二中、三中、四中、五中、六中全会精神，结合实际贯彻落实。坚持习近平新时代中国特色社会主义思想学习座谈会制度，认真研学《习近平谈治国理政》三卷本，及时跟进学习习近平总书记“七一”等重要讲话精神。深入开展习近平总书记关于加强和改进人民政协工作的重要思想学习研讨工作，明确人民政协新时代的新方位新使命。在政协学习报告厅、政协常委读书班、委员读书班、政协信息和学习参考中更加注重加强党的重要会议精神和重大决策部署的传达学习。持续开展“读书明理凝共识 多读善读促履职”网络读书活动，深入开展“中共党史、新中国史、改革开放史、社会主义发展史”学习教育，努力以学习深化思想认同，用理论引导身体力行。坚持邀请区委书记出席每年政协第一次常委会会议，通过讲党课作讲话提要求，加强思想政治引领，引导广大委员勠力同心绘好绿水青山图、当好“两山”理论守护人。

凝心聚力实效更加突出。紧抓重大事件节点开展思想政治引领，围绕纪念改革开放40周年，庆祝新中国成立70周年、人民政协成立70周年，中国共产党建党100周年，门头沟区政协成立40周年，开展主题为《我的祖国、我的政协》《团结在光辉的旗帜下》等系列活动，引领广大委员深入了解中国波澜壮阔的发展历程、感天动地的辉煌成就、弥足珍贵的经验启示，更加坚定中国共产党领导的政治决心。持续开展纪念“五一口号”发布植绿、长走等活动，引领参加政协各党派团体和广大委员进一步深化对中国新型政党制度的认识，不断巩固“不忘合作初心，继续携手前行”的思想政治基础。持续开展“同心创城·同步践行”主题实践活动，努力在人人创城背景下打造政协方阵，尽展委员风采，贡献政协智慧。面对抗击新冠肺炎疫情这一“国之大者”，发起“疫起，一起”同心战疫行动，发出《同心协力坚决打赢疫情防控阻击战》《积极招商引资 凝聚发展合力》倡议，组织参加政协各党派、团体、工商联和各界委员火线集结，编队“政协方阵”，参与“千人战疫”，战斗在病患救治、基层防控、物资保障、稳企稳岗第一线；特别是政协委员、民建会员李志辉充分发挥企业优势，在全国物资极为紧缺的情况下，24小时不停产，为北京、湖北等12省市口罩生产厂家平价供应300多吨高效熔喷口罩滤布，及时、有力地支持了全国防疫抗疫工作，国务院应对新冠病毒联防联控机制医疗物资保障组特别致信表示感谢。区政协及时编辑10万余字的《疫起 一起》“战疫”专刊，生动展现了广大委员为国履职、为民尽责的家国情怀。

政协党的建设更加坚实。深入贯彻中共中央、中共北京市委党的建设工作会议和相关文件精神。召开历史上第一次政协党的建设工作会议，坚持以“红色门头沟”党建为引领，创建“政协红色履职先锋”党建品牌。搭建政协党组、专委会分党组、党员委员履职党小组党建工作链，实现了党的组织对党员委员的全覆盖，确保了政协党建和政协履职紧密结合、相互促进。严格执行专委会分党组成员联系界别党员委员、党员委员联系党外委员“双联系”机制，构建专委会工作和界别工作“双促进”机制，实现了党的工作对政协委员的全覆盖，确保了党的领导在政协组织的全面贯彻、充分落实。在全会、外出调研考察期间发挥临时党组织作用，严格履行教育、管理、监督党员职责，引导委员遵守纪律、团结协作，更好履职。委员中的共产党员按照“作学习、履职、为民、纪律先锋”的要求，用模范行动团结凝聚、影响带动广大委员，为绘好绿水青山图汇聚了强大力量。区政协党建工作的实践探索被北京市政协作为典型推广，相关经验收录于市政协出版发行的《新时代政协工作的探索实践》一书。

五年来，我们发挥专门协商机构作用，协商议政实现新作为。

专门协商机构综合承载政协性质定位，清晰标定了新时代人民政协在党和国家事业中的地位和作用。十届区政协紧紧围绕区委区政府中心工作开展协商活动98项，形成协商意见35篇，大会发言101篇；深入群众开展调研座谈388次，形成调研报告50篇，领导批示49次，着力以协成事、以商求同，努力把协商民主成果转化为区域治理效能。

围绕中心议政建言有高度。落实区委确定的践行“两山”理论、打造“红色门头沟”党建品牌和“绿水青山门头沟”城市品牌等重大部署，通过全体会议、议政性常委会会议、专题协商、对口协商、界别协商、提案办理等协商形式，紧扣门头沟区“十三五”规划实施、“十四五”规划编制、区域功能定位落实、“多规合一”试点、打赢“三大攻坚战”、创建全国文明城区、构建“一园四区一小院”绿色发展新格局、推进“两区建设”、助力国道109新线高速路建设、推进城市和农村管理从粗放型向精细化转变、保障和改善民生等方面开展协商议政，形成意见建议近千条。全力以赴建言绿色发展，开展“关于我区浅山区及城乡接合部乡村绿色发展新路径”专题协商，区委书记金晖同志对上报的协商意见作出批示；抓住“门头沟小院+”这个“两山”理论转化关键，开展协商调研，反映的“将门头沟精品民宿纳入会议定点范围试点工作”等建议被市财政局采纳，报送的“小院主张”，得到区委常委会高度重视，多数建议纳入决策之中，为构建绿色发展新格局贡献了政协智慧、力量。区政协探索的政协协商的基本规程及完整的工作机制，被全国政协刊物《理论研究》及市政协刊物《北京观察》刊发。

明确重点民主监督有力度。准确把握“协助党和政府解决问题、改进工作、增进团结、凝心聚力”这一监督目的和“围绕党和国家重大方针政策和重要决策部署的贯彻落实情况开展监督”这一着力点。按照开展监督有计划、有题目、有载体、有成效的要求，将低收入精准帮扶工作落实情况作为监督议题列入政协年度协商工作计划，并在“十三五”期间持续开展民主监督；把重点工程推进、为民办实事落实、提案办理情况及党风廉政建设主体责任落实情况作为常委会例行监督内容；把助推“三大攻坚战”“三件大事”落实、推进医药分开综合改革、“两个关键小事”落实等工作作为持续监督内容，组织政协各参加单位、广大委员以调研视察、提出意见建议等方式进行协商式监督。探索以民主监督小组形式对“七五”普法工作落实、“八五”普法工作开展、民族宗教事务落实情况进行专项监督。向区司法机关和政府有关行政执法部门推荐41名特约监督员，近500人次应邀参加区委区政府座谈、测评、政务公开日等活动，努力协助区委区政府改进工作、增进团结、凝心聚力。区政协民主监督工作实践受邀在市政协常委会上进行议政发言，提倡的主要观点被市政协的《北京观察》《政协研究》、全国政协干部培训中心刊物《培训与交流》和全国性报刊《人民政协报》刊发。

聚焦民生参政议政有广度。结合人民群众对“便利性、宜居性、多样性、公正性、安全性”美好生活的需要，紧扣棚改“一号民生工程”、社区化养老服务体系建设、现代服务业发展、创造更多就业机会、校园周边环境治理、食品安全等事关百姓切身利益的实际问题开展调研协商，及时反映百姓需求，积极化解社会矛盾。搭建委员联系群众工作站、工作室，持续开展“委员基层日”活动，引领委员访民情、察民意、聚民智，从基层总结上来一批饱含群众关切的日常提案和社情民意，努力推动社会热点难点问题的有效解决和惠民政策的贯彻落实。重视社情民意信息的收集和报送，努力从多渠道及时了解反映人民群众利益诉求，报送的《决胜小康路上不能让深山区群众掉队》《在京西打造冬奥会景观廊道》《将北京浅山区建设提档升级为“北京湾生态带”建设》等多篇社情民意信息，得到市区领导批示及相关部门重视，发挥了社情民意信息“短平快”“直通车”作用。

五年来，我们夯实政协基础性工作，履职水平迈上新台阶。人民政协处于凝心聚力、决策咨询、协商民主、国家治理第一线，是党和国家一线工作的重要组成部分。十届区政协主动适应新形势新要求，以改革思维、创新理念、务实举措，加强自身建设，努力为政协工作提质增效提供坚强保障。

发挥统战功能履职优势更加彰显。坚持新型政党制度，与区委统战部联合组织召开“打造精品民宿”“打造门头沟小院+”等议政性常委会会议，很好地完成了政协协商与政党协商的有效衔接。深入推进联合调研、走访联系、协商座谈等工作，推动各党派团体、各界人士实现思想上的共同进步。坚持秘书长会议制度，积极支持参加政协各党派深入开展“8+1”行动。在春节、教师节等重要时间节点，开展慰问、走访等活动，充分发挥政协组织与社会各界的桥梁纽带作用。进一步加强工作联动，主动接受北京市政协工作指导。积极同市内外兄弟政协开展业务研讨、文史交流，互帮互促、共同提高。依托政协书画院，开展“传承永定河文化书画艺术联展”“文化进万家”“乡情乡韵传统村落写生作品展”等联谊活动，通过丰富的艺术作品传播门头沟故事。建立政协文史撰稿员、政协工作联络员、社情民意信息员队伍，努力为全区绿色发展、高质量发展找到最大公约数，画出最大同心圆。

突出政协特色履职实效更加显著。坚持把调查研究作为基础性工作加以推进，做到“不调研不议政”；各联合调研组紧紧围绕政协年度协商工作计划和政协协商工作安排开展调研，努力做到“身入”“心至”；发挥政协智库作用，聘请专家参与协商工作全过程，努力使调研成果有高度、有深度、有力度。发挥提案工作全局性、经常性、基础性作用，共交办提案665件，办复率100%；围绕区委区政府中心工作，编制提案选题参考题目，努力使提案提、办、督的过程，成为宣传政策、解疑释惑、化解矛盾、形成共识的过程。发挥政协文史“存史、资政、团结、育人”作用，编辑出版的《门头沟文史》一至二十七辑被中国政协文史馆永久收藏，《门头沟文史》二十六至三十辑、《京西医药文化》《京西渡口与桥梁》等京西系列丛书被市政协文史苑保管展示，努力擦亮京西文化名片；协助区委做足“红色”文章，组建专班参与全区红色文化资源梳理，形成万余字《门头沟百处红色资源一览表》专题补充意见，编辑出版《京西红色印迹》，努力讲好门头沟故事；召开“长城文化丛书——门头沟篇”总结研讨会，向区档案馆、图书馆、教育党校赠送长城文化丛书《长城踞北——门头沟卷》，为域内长城文化带建设提供重要参考；深入开展行政区划调整调研，有力推进社会精细化治理；进行“打造大台木城涧文旅体验康养休闲区”专题协商，强力助推“一线四矿”文旅康养休闲区建设。

注重制度建设履职基础更加牢固。注重加强对政协工作的顶层设计，依据政协章程，结合履职实践，制定或修订了《政协门头沟区委员会常务委员会工作规则》《关于加强委员联系群众工作的实施意见》等28项政协工作制度，《关于加强政协机关党组织建设的意见》《门头沟区政协机关工作管理制度》等21项政协机关办公制度，完善了覆盖会议组织、经常性工作、自身建设的制度体系，推进了工作的制度化、规范化、程序化。落实深化党和国家机构改革的决策部署，优化专委会设置，增设农业和农村委员会。加强委员队伍建设，始终带着感情和责任做好委员服务管理工作，不断提高委员的政治把握能力、调查研究能力、联系群众能力、合作共事能力，努力建设一支“懂政协、会协商、善议政”，“守纪律、讲规矩、重品行”的委员队伍。政协机关不断巩固党的群众路线教育实践活动、“三严三实”专题教育、“两学一做”学习教育和“不忘初心、牢记使命”主题教育成果，深入开展“党史学习教育”。建立完善“马克思主义读书会”“双周学习微课堂”等学习制度，筑牢机关干部理论根基。加强党风廉政建设，支持区纪委区监委联合派驻纪检监察组开展工作。坚持“团结统一、红色传承、向善尊贤、三严三实、互勉包容”干部队伍建设总原则，践行“四个当先，一个当头”要求，努力打造一支信念、政治、责任、能力、作风过硬的机关干部队伍。

各位委员，人民政协是具有中国特色的制度安排，是国家治理体系的重要组成部分。实践证明，这一制度设计科学、运行有效、充满魅力，彰显中国智慧，具有强大生命力。回顾过去五年的奋斗历程，我们深刻体会到，做好政协工作：

——必须毫不动摇坚持中国共产党的领导，这是根本保证。要坚决维护以习近平同志为核心的中共中央权威和集中统一领导，坚决贯彻落实中共中央大政方针和中共北京市委、中共门头沟区委的决策部署，确保政协工作正确的政治方向。

——必须准确把握人民政协的性质定位，这是工作基石。要坚持团结和民主两大主题，把协商民主贯穿政治协商、民主监督、参政议政全过程，把加强思想政治引领，广泛凝聚共识作为工作的中心环节，努力为全区改革发展稳定找到最大公约数，画出最大同心圆。

——必须始终坚持围绕中心、服务大局，这是重要原则。要胸怀“两个大局”，自觉提高站位，谋划工作要围绕大局来思考，推动工作要围绕大局来进行，检验工作要用服务大局成效来衡量，始终与区委区政府站在一起、想在一起、干在一起。

——必须自觉做到人民政协为人民，这是履职宗旨。要自觉践行以人民为中心的思想，时刻把群众的安危冷暖放在心上，多做雪中送炭、扶贫济困的工作，多做春风化雨、解疑释惑的工作，让人民群众感到委员就在身边，政协离自己很近。

——必须推进改革创新，这是发展动力。要始终保持锐意进取的精神面貌， false 推动政协工作守正创新、更加开放、更具活力。

——必须充分发挥委员主体作用，这是重要保障。要激发广大委员的积极性主动性创造性，使政协委员愿进政协门、乐做政协人、爱干政协事，为委员履职创造条件，让每位委员干事有舞台、建言有渠道、工作有作为。

这些认识和体会，是参加政协各单位、广大政协委员和政协工作者积极探索、勇于实践的成果，来之不易，我们要倍加珍惜，在今后的工作中发扬光大。

各位委员，五年来的成绩，是中共门头沟区委坚强领导、市政协关怀指导、区人大和区政府大力支持的结果，是区政协各参加单位和全体政协委员团结合作、忠实履职的结果，是全区人民、社会各界高度关注、鼎力支持的结果。在此，我代表十届区政协常委会向为人民政协事业发展付出辛勤劳动、作出无私奉献的各位委员，向所有重视、关心和支持政协工作的各级领导、各界人士、全区人民，表示崇高的敬意和衷心的感谢！

在总结成绩的同时，我们也清醒地认识到工作中的不足：对人民政协在国家治理体系中重要作用的认识需进一步加强，党的工作“全覆盖”实践需进一步深入，协商、监督水平和成效需进一步提高，调查研究工作需进一步提升等。在今后的工作中，必须坚持问题导向，认真研究加以解决。

二、对今后工作的建议

今后五年是全面落实“十四五”规划的重要时期，更是全面建设社会主义现代化强国的重要阶段，做好十一届区政协工作意义重大。区政协要深入贯彻中共十九大及历次全会精神，以服务“十四五”规划实施为主线，围绕中共北京市委、中共门头沟区委的决策部署，把握新发展阶段、贯彻新发展理念、融入新发展格局，充分发挥专门协商机构作用，坚持发扬民主和增进团结相互贯通、建言资政和凝聚共识双向发力，为谱写“绿水青山门头沟”高质量发展新篇章贡献智慧和力量。

（一）发挥政治优势，坚定不移推进党对政协工作的全面领导。与首都一起率先实现社会主义现代化的蓝图越宏伟，高质量建设“绿水青山门头沟”的任务越艰巨，越要发挥党领导的政治优势。要努力把政协组织建设成为坚持和加强党对各项工作领导的重要阵地、用党的创新理论团结教育引导各界代表人士的重要平台、在共同思想政治基础上化解矛盾和凝聚共识的重要渠道。旗帜鲜明讲政治，不断提高政治判断力、政治领悟力、政治执行力，在事关道路、制度、旗帜、方向等根本问题上同以习近平同志为核心的党中央保持高度一致。进一步发挥政协党组把方向、管大局、保落实的领导作用，以党的政治建设为统领推进政协党的各项建设，以思想政治建设为引领推进人民政协政治共同体建设。更好发挥协商民主这一实现党的领导重要方式的作用，通过政协协商的制度实践，把中共中央、中共北京市委、中共门头沟区委决策部署，转化为政协各党派团体和各界人士的广泛共识和自觉行动。

（二）把握性质定位，充分发挥专门协商机构在区域治理体系中的作用。深入贯彻落实中共中央、中共北京市委、中共门头沟区委政协工作会议精神，深刻把握专门协商机构的制度优势。要引导区政协各参加单位和各界人士通过深刻理解70多年来我国社会主义政治制度的成功实践，深刻理解2020年以来抗击新冠肺炎疫情、决战脱贫攻坚、应对重大风险挑战的奋斗历程，从中体悟社会主义协商民主的优越性。准确把握人民政协集协商、监督、参与、合作于一体的优势，把协商民主建设作为政协工作的主责主业，贯穿于政协履职的各环节，落实到政协工作的各方面。充分释放专门协商机构的潜能，运用人民政协同心同向的政治优势、凝心聚力的团结优势、平等协商的民主优势、人才荟萃的智力优势、协调关系的功能优势、联系广泛的界别优势，不断丰富有事好商量、众人的事情由众人商量的制度化实践，增强服务全区发展改革的实效。

（三）聚焦国之大者，把贯彻党的决策部署落实到政协履职全过程。习近平总书记强调，人民政协要坚持议大事、抓大事。要围绕立足新发展阶段、贯彻新发展理念、构建新发展格局、推动高质量发展开展协商议政。践行以人民为中心的发展思想，围绕解决发展不平衡不充分问题和群众急难愁盼问题深入调研，着力提出有价值的意见建议，努力把实现人民共同富裕取得更明显的实质性进展等决策部署，落实到政协具体的履职工作中。牢牢扭住“十四五”发展总目标，把助力实现目标作为看家本领、看家责任、看家任务，为守好绿色固根本、开放发展聚资源、形成“紫气东来门头沟”新态势、蹚出经济社会转型发展新路径献计出力。

（四）扭住中心环节，广泛凝聚建设绿水青山门头沟的正能量。深刻认识“两个大局”下全区面临的新形势、新挑战，越是面对复杂情况，越是面临风险挑战，就越需要政协牢牢把握最广泛爱国统一战线这一本质属性。把握加强思想政治引领、广泛凝聚共识这一政协履职中心环节，正确处理一致性和多样性关系，及时了解统一战线内部思想动态，把在一些敏感点、风险点、关切点上强化思想政治引领同经常性思想政治工作结合起来，求同存异、聚同化异，推动各党派团体各界代表人士实现思想上的共同进步。坚持把凝聚共识融入视察考察、调查研究、协商议政等各项活动，在建言成果和思想收获上一体设计、一体落实，通过加强学习明共识、协商交流聚共识，团结-批评-团结增共识，把全区各界人士更加紧密地团结在区委周围，为坚定践行“两山”理论，高质量建设“绿水青山门头沟”汇聚磅礴力量。

三、加强委员队伍建设 树立新形象 担当新使命

进入新征程，全区的发展与首都的使命更加紧密地联系在一起。为推进全区改革发展广泛凝聚共识、汇聚力量，政协组织责任重大，政协委员使命光荣。要贯彻落实新时代关于加强委员队伍建设的要求，把委员队伍建设作为强基固本之举，建设一支政治素养高、履职能力强、作风形象好的委员队伍，为不断开创政协工作新局面打下坚实基础。

（一）着力加强政治建设，努力提高政治素养。要落实“看北京首先从政治上看”的要求，把旗帜鲜明讲政治作为委员队伍建设的根本要求。人民政协是庄严的政治组织，作为首都政协组织的成员，要切实提高政治站位，牢固树立“四个意识”，坚定“四个自信”，做到“两个维护”。把增进思想政治共识作为重大政治任务，自觉运用科学理论分析判断形势、研究解决问题，自觉抵制和反对一切违背、损害和削弱共同思想政治基础的言行。面对经济社会转型发展中具体问题的不同看法和意见，通过多种形式的协商讨论，积极引导群众看主流、看本质、看趋势，做到增进一致而不强求一律、尊重差异而不扩大分歧、包容多样而不弱化主导，自觉协助区委区政府多做协调关系、化解矛盾、理顺情绪、凝聚人心的工作。委员中的中共党员要以更高标准、更严要求提高思想政治素质，严守政治纪律和政治规矩，切实发挥好表率和带头作用。

（二）着力加强能力建设，不断提高履职水平。要按照“懂政协、会协商、善议政”的要求，全面提高履职能力。学习政协章程，准确把握政协的性质定位、职能作用和重要原则，深刻理解政协不是权力机构，不是决策机构，也不是协商主体，而是各民主党派和各界人士发扬民主、协商议政、团结合作的重要平台，把握协商履职方位。坚持协商理念，互相尊重、平等议事，提倡热烈而不对立的讨论，开展真诚而不敷衍的交流，鼓励尖锐而不极端的批评，“不打棍子、不扣帽子、不抓辫子”，在协商讨论中找到解决问题的最大公约数。深入开展调查研究，反映真实情况，发表真知灼见，做到言之有据、言之有理、言之有物，建言建在需要时、议政议到点子上、监督监在关键处。

（三）着力加强作风建设，始终保持良好形象。要按照“守纪律、讲规矩、重品行”的要求，切实加强作风建设。遵守国家宪法法律，遵守政协章程和各项决议，廉洁自律，不碰法律红线。遵守委员履职工作规则，正确处理本职工作与履行职责的关系，不得利用委员身份谋取个人、小集团和特定关系人的利益，主动接受各方面监督，正身正己、由己及人。自觉践行社会主义核心价值观，加强道德修养、增强道德力量、守住道德底线，努力做到行为世范。政协委员是各党派团体和各界的代表人士，要切实增强群众观念和大局意识，坚持以服务全区发展为重，以民生关切为念，自觉把责任使命扛在肩上，把群众冷暖放在心上，做有温度、有责任感的政协委员。

各位委员，使命呼唤担当，实干成就梦想！让我们更加紧密地团结在以习近平同志为核心的中共中央周围，在中共门头沟区委的坚强领导下，同心同德，比肩奋斗，以建言资政和凝聚共识的积极成果，当好“两山”理论守护人，共谱“绿水青山门头沟”高质量发展新篇章！

专 文

门头沟区国民经济和社会发展第十四个五年规划和二〇三五年远景目标纲要

2021 年 4 月

序言

“十四五”时期是我国全面建成小康社会、实现第一个百年

奋斗目标之后，乘势而上开启全面建设社会主义现代化国家新征程、向第二个百年奋斗目标进军的第一个五年，是北京市立足首都城市战略定位、建设国际一流的和谐宜居之都的关键时期，也是门头沟区围绕落实生态涵养区功能定位，传承“四个一”奉献光荣传统，发挥“红色门头沟”党建品牌优势，全面建设“绿水青山门头沟”，着力构建“一园四区一小院”绿色发展新格局，以更加一流业绩当好“两山”理论守护人的关键时期。

《北京市门头沟区国民经济和社会发展第十四个五年规划和二〇三五年远景目标纲要》是门头沟区落实国家和北京市部署，践行“绿水青山就是金山银山”理念的总体谋划，是区委区政府带领全区人民，保持生态涵养区战略定力，高水平建成绿水青山的生态之城、宜居宜业的幸福之城、底蕴深厚的魅力之城、向善尊贤的人文之城、有序包容的和谐之城的指导性文件。

本规划主要依托《中共中央关于制定国民经济和社会发展第十四个五年规划和二〇三五年远景目标的建议》《中共北京市委关于制定国民经济和社会发展第十四个五年规划和二〇三五年远景目标的建议》《北京城市总体规划（2016 年 -2035 年）》《关于推动生态涵养区生态保护和绿色发展的实施意见》《中共门头沟区委关于制定国民经济和社会发展第十四个五年规划和二〇三五年远景目标的建议》《门头沟分区规划(国土空间规划（) 年 -2035 年)》等文件编制。

规划实施年限为2021-2025年，展望2035年。

第一篇 翻开历史新篇章，誓做“两山”理论守护人

第一章 发展基础

“十三五”时期是门头沟区彻底告别千年采煤史、弘扬“一盆火”奉献的五年，是门头沟区坚定传承红色基因、继承“一腔血”奉献的五年，是门头沟区实现北京老能源建材基地关停转型、转换“一桶金”奉献的五年，是门头沟区矢志聚力绿色发展和生态富民目标、坚定“一片绿”奉

献的五年。全区在中央和北京市委市政府的坚强领导下，牢固树立“绿水青山就是金山银山”的理念，以“讲奉献、争第一”的门头沟精神，践行“绿色发展、生态富民、弘扬文化、文明首善、团结稳定”的区域发展总原则，地区经济和社会发展取得新成就。

深化绿色发展，生态涵养功能有效提升。“十三五”时期，门头沟区坚持生态立区，抑制开发冲动，遏制大拆大建，保持战略定力，出台《关于“红色门头沟”党建引领绿色发展的实施意见》《关于加快“绿水青山门头沟”建设的实施意见》，跻身国家生态环境部“绿水青山就是金山银山”实践创新基地和第四批国家生态文明建设示范区行列。以创建国家森林城市为目标，滚动实施新一轮百万亩造林绿化等系列工程，到“十三五”末，全区森林覆盖率达47.8%，较“十二五”末提高6个百分点；国家可持续发展实验区建设持续推进，PM2.5年均浓度降低至32微克/立方米，较“十二五”末下降58%，永定河再现碧水长流壮观景象，生态涵养功能有效提升。推进减量提质发展，实施《门头沟区分区规划（国土空间规划）（2017年-2035年）》（简称《分区规划》），完成全市首个区级乡村振兴集体建设用地实施规划编制。

践行生态富民，地区发展实现绿色转型。“十三五”时期，门头沟区综合经济保持平稳增长，经济结构持续优化，第三产业占地区生产总值比重超过70%，较“十二五”末提高近20个百分点，单位地区生产总值能耗降幅、水耗降幅和二氧化碳排放降幅均达到市级要求，纳入国家发展改革委确定的京西产业转型升级示范区。以文旅体验、科创智能、医药健康为主导方向的绿色高质量产业体系加速培育，全区完成技术合同成交额31.2亿元，较“十二五”末增长52倍，中关村门头沟园规模以上高新技术企业总收入年均增速超过20%；推出“门头沟小院”精品民宿、“灵山绿产”绿色产品、“绿水青山门头沟”旅游三个区域品牌；北京地铁S1线开通，新首钢大桥通车，长安街西延线全线贯通。坚持以人民为中心的发展思想，紧扣“七有”“五性”需求，自棚改攻坚战打响以来，累计交付使用45145套棚改安置房，实现3.17万户群众搬迁上楼；教育资源布局进一步优化，城乡居民人均可支配收入年均增速7.1%；居民人均期望寿命较“十二五”末提高0.35岁，基本养老保险实现应保尽保，完成低收入村脱低目标；对口协作和支援河北省涿鹿县、内蒙古自治区武川县和察右后旗、湖北省神农架林区和西藏自治区拉萨市堆龙德庆区。

大力弘扬文化，地区文化软实力持续增强。“十三五”时期，门头沟区积极服务全国文化中心建设，紧抓西山永定河文化带和长城文化带建设契机，强化京西历史文脉传承，获评国家文旅部第二批国家全域旅游示范区。美丽乡村建设不断深化，全区入选2019年全国村庄清洁行动先进县、全国农村生活污水治理示范区，成为国务院办公厅通报的“开展农村人居环境整治成效明显的地方”；建成洪水口村、炭厂村等一批精品旅游村，全区14个村获评“中国传统村落”，15个村成功创建市级“乡村振兴示范村”；精细化指导村庄规划及住宅院落建设，出台《门头沟区村庄民宅风貌设计导则》和《村民手册》，多个村庄规划成果荣获市级表彰。深入诠释“六大文化”内涵、讲好门头沟故事，连续举办永定河文化节、北京国际山地徒步大会、东胡林人论坛，推出大型人文地理纪录片《永定河》等一批原创作品。

建设文明首善，各项改革举措协同推进。“十三五”时期，门头沟区以创建全国文明城区为总抓手，聚力争创首都文明示范区和全国文明城区提名城区，打响“门头沟点赞”大拇指行动、“门头沟热心人”志愿服务等品牌，搭建区、镇（街）、村（社区）三级“比学赶超”擂台赛等激励平台，大力宣传社会主义核心价值观。落实京津冀协同发展战略，牢牢抓住疏解非首都功能这个“牛鼻子”，深入实施疏解整治促提升专项行动，严格执行新增产业禁止和限制目录，成功创建全市首个“9041”标准的基本无违建城区。携手西城区开展生态涵养区与平原区结对协作，共同设立乡村振兴绿色产业发展专项资金，推进人才交流。优化地区营商环境，推动政府职能转变，建设服务型政府，出台《门头沟区关于进一步构建高精尖产业结构促进高质量绿色发展的若干措施》，形成招商引资新优势，构建企业全生命周期服务体系。分秒必争推进“两区”建设，成立区委区政府双牵头领导小组，推进新基建、新场景、新消费、新开放、新服务“五新”政策落地。

保障团结稳定，发展与安全统筹兼顾。“十三五”时期，门头沟区坚持“红色门头沟”党建引领，众志成城完成新中国成立70周年庆祝活动等重大活动服务保障任务，抗击新冠肺炎疫情，摘得全国双拥模范城“四连冠”。落实党建引领“吹哨报到”和“接诉即办”，完成各类热线向12345市民服务热线平台整合，率先出台《关于坚持“红色门头沟”党建引领基层社会治理深化“接诉即办，办好‘小事’”工作的实施意见》，推广党组织引领“办事处、居委会、业委会、物业服务企业”多方共治模式。社会治理能力持续增强，落实北京市物业管理和生活垃圾两个条例，全区基本实现垃圾分类全覆盖；建立健全社区志愿者登记注册和时间储备服务激励机制，农村基层民主政治建设全面推进。全力保障人民生命安全和社会稳定，北京市食品安全示范区创建基本完成；推进安全生产检查制度化体系化建设，未发生较大以上安全生产事故；强化防灾减灾体系建设，形成“一人一案、一事一档、一山一哨”机制；“平安门头沟”建设持续深化，建设9镇4街综合治理平台，“雪亮工程”建设持续推进。

总体来看，在中央和市委市政府的坚强领导下，“十三五”时期门头沟区深入践行“两山”理论，勠力同心打造“红色门头沟”党建品牌和“绿水青山门头沟”城市品牌，当好“两山”理论守护人，全区综合实力显著提升，主要目标任务完成情况良好，地区各项事业蓬勃发展，将与全市一道率先全面建成小康社会，为率先基本实现社会主义现代化、开启门头沟区建设新篇章奠定坚实基础。

第二章 基本形势

放眼全球，当前和今后一段时期，世界百年未有之大变局进入加速演变期，和平与发展仍然是时代主题，新一轮科技革命和产业变革深入发展，国际力量对比深刻调整，人类命运共同体理念深入人心，同时，国际形势的不稳定性不确定性明显增加，国际环境日趋错综复杂。

从国内看，我国进入新发展阶段，坚持稳中求进工作总基调，以推动高质量发展为主题，以深化供给侧结构性改革为主线，以改革创新为根本动力，以满足人民日益增长的美好生活需求为根本目的，统筹发展和安全，加快建设现代化经济体系，加快构建以国内大循环为主体、国际国内双循环相互促进的新发展格局，推进国家治理体系和治理能力现代化，同时发展不平衡不充分问题仍然突出，重点领域关键环节改革任务仍然艰巨。

从北京看，首都北京与党和国家的历史使命联系更加紧密，“四个中心”功能全面优化提升，京津冀协同发展战略取得重大标志性进展，统筹推进疫情防控和经济社会发展，人均地区生产总值居全国各省市区首位，国家服务业扩大开放综合示范区和以科技创新、服务业开放、数字经济为主要特征的自由贸易试验区加速建设（简称“两区”建设），发展信心依然坚定。同时必须看到，首都北京发展人口资源环境矛盾依然突出，推动动力变革、引领科技创新、破解“大城市病”等方面依然存在能力短板。

门头沟区置身世界百年未有之大变局，投身国家新发展阶段，立身首都北京建设，拥有多重优势条件和机遇叠加：

市委市政府牢固树立“不让保护生态环境的吃亏”的鲜明导向，出台生态涵养区系列支持政策，市人大加快推动《北京市生态涵养区生态保护和绿色发展条例》立法，为探索推动绿色高质量发展提供坚强后盾。地处西山永定河文化带和长城文化带交汇处，成功纳入京西产业转型升级示范区和全域旅游示范区，国道109新线高速公路、市郊铁路“京门—门大线”“一线四矿”文旅康养休闲区等重大基础设施和公共服务设施建设陆续启动，为激发区位优势、激活内生动力提供有力支撑。“十三五”时期特别是2018年以来，新版北京城市总规赋予地区首都西部重点生态保育及区域生态治理协作区、首都西部综合服务区、京西特色历史文化旅游休闲区三大功能定位，生态涵养区战略定力进一步筑牢，全区认真贯彻习近平生态文明思想，践行“绿水青山就是金山银山”理念，为下一步全区聚力打造“一园四区一小院”绿色发展新格局，坚定了信心，凝聚了共识。广大党员干部群众传承红色革命基因，发扬“四个一”奉献光荣传统和“讲奉献、争第一”的门头沟精神，坚定历史自信、区域自信、时代自信、担当自信，为攻坚克难全面建设“绿水青山门头沟”奠定了坚实基础。

同时也必须看到，在突发新冠肺炎疫情给未来带来更多不利因素和不确定性的背景下，今后一个时期门头沟区自身发展还面临困难和挑战：

地区生态环境建设品质与大国首都底色的标准相比仍有差距，面对太行山脉自然禀赋的局限和矿业退出后生态修复的挑战，发挥生态涵养区压轴作用的能力存在短板；城乡空间布局仍需进一步优化，践行减量集约发展和推进新型城镇化的能力存在短板；地区经济总量小、经济基础依然薄弱，税源不稳、结构不优的问题仍然突出，拓展“绿水青山”向“金山银山”转化路径的能力存在短板；弘扬京西“六大文化”的文化自觉、文化自信不足，培育特色化、多样化文化业态和文旅产业项目的能力存在短板；路网密度、市政公共服务设施与城区相比仍有差距，支撑经济社会转型发展的基础设施“硬件”存在短板；城市和农村综合治理水平较现代化标准仍有差距，支撑绿色发展和生态富民的“软件”存在短板；服务民生“七有”“五性”需求仍有差距，践行以人民为中心发展理念、不断增进民生福祉的能力存在短板。

总之，“十四五”时期是门头沟区实现新的更大发展的关键时期，全区要更加自觉地站在服务首都城市战略定位全局的高度，用好“红色门头沟”党建这把“金钥匙”，擦亮“绿水青山门头沟”这张“金名片”，在顺应新形势中准确识变、科学应变、主动求变，在直面新挑战中把握时机、抓住新机、赢得先机。

第三章　发展思路

高举中国特色社会主义伟大旗帜，深入贯彻党的十九大和十九届二中、三中、四中、五中全会精神，坚持以马克思列宁主义、毛泽东思想、邓小平理论、“三个代表”重要思想、科学发展观、习近平新时代中国特色社会主义思想为指导，全面贯彻党的基本理论、基本路线、基本方略，深入贯彻习近平总书记对北京重要讲话精神，统筹推进“五位一体”总体布局，协调推进“四个全面”战略布局，坚定不移贯彻新发展理念，坚持稳中求进工作总基调，深度融入人文北京、科技北京、绿色北京建设，全面落实以首都发展为统领的要求，紧抓北京高位推动“两区”建设、打造改革开放“北京样板”的重大历史机遇，以推动高质量发展为主题，以深化供给侧结构性改革为主线，以改革创新为根本动力，以满足人民日益增长的美好生活需要为根本目的，在率先构建新发展格局的北京行动中找准定位，探索门头沟区高质量发展有效途径。

坚定“一个方向”，即坚持以习近平新时代生态文明思想为指导，践行“绿水青山就是金山银山”理念，坚决扛起生态文明建设大旗，当好“两山”理论守护人。

坚持“两个原则”，即坚持“绿色发展、生态富民、弘扬文化、文明首善、团结稳定”的区域发展总原则和“团结统一、红色传承、向善尊贤、三严三实、互勉包容”的干部队伍建设原则。

打造“两个品牌”，即打造“红色门头沟”党建品牌和“绿水青山门头沟”城市品牌。

建设“五个之城”，即将门头沟区建设成绿水青山的生态之城、宜居宜业的幸福之城、底蕴深厚的魅力之城、向善尊贤的人文之城、有序包容的和谐之城。

推进“三四三六”工程，第一个“三”即打赢棚户区改造、污染防治、乡村建设行动“三大攻坚战”；“四”即办好疏解整治促提升专项行动，建设京西产业转型升级示范区，实施集体经济薄弱村、低收入边缘户和返低风险户帮扶，完善新城控规、镇域国土空间规划、乡村规划和乡村振兴集体建设用地实施规划及专项规划在内的国土空间规划体系“四件大事”；第二个“三”即培育文旅体验、科创智能、医药健康“三大产业”；“六”即以创建全国文明城区为总抓手，推进国家森林城市、国家环境保护模范城市等创建工作，持续巩固北京市食品安全示范区、国家卫生区复审成果，争创全国双拥模范城“五连冠”。

构建“一园四区一小院”绿色发展新格局，“一园”即中关村门头沟园，“四区”即加快打造“一线四矿”文旅康养休闲区、新首钢协作配套区、医药健康产业集聚区、“军庄龙泉”科技文创产业集聚区；“一小院”即“十四五”期间，在100个村实现村村有“门头沟小院”精品民宿，高质量建设“绿水青山门头沟”，当好“两山”理论守护人，为与首都一道率先基本实现社会主义现代化开好局、起好步。

第四章　基本原则

推动“十四五”时期全区经济社会发展，严格落实坚持以首都发展为统领的要求，更加突出创新发展，更加突出开放发展，更加突出区域协调发展，更加突出绿色发展，更加突出以人民为中心的发展，更加突出安全发展，把握好以下基本原则：

——始终坚持党的全面领导。坚持把党的领导贯穿“绿水青山门头沟”建设全过程，用好“红色门头沟”党建这把“金钥匙”，凝聚并带领全区党员干部群众传承红色基因，弘扬“四个一”奉献，激发红色斗志，以“讲奉献、争第一”的门头沟精神，全力确保国家和市级部署在门头沟落地生根。

——始终坚持生态立区。坚持把守好绿水青山作为最大政绩，耐得住寂寞、保持住定力、守得住绿色，突出林成片、水相连，不断扩大生态环境容量，持续打好污染防治攻坚战，提升生态系统质量和稳定性，筑牢首都西部生态屏障。

——始终坚持绿色发展。坚定践行“两山”理论，落实新发展理念，紧扣打造“精品经济、精品旅游、精品小镇”，培育壮大文旅体验、科创智能、医药健康“三大产业”，全面实施乡村振兴战略，持续以改革创新为绿色发展赋能加力，落实区级乡村振兴集体建设用地实施规划，助推集体经济绿色发展、生态富民，努力把“绿水青山”蕴含的生态产品价值转化为“金山银山”。

——始终坚持以人民为中心。坚持共同富裕方向，聚焦“七有”“五性”需求，推动绿色发展与改善民生有机结合，深化接诉即办、主动治理，着力解决群众的操心事、烦心事、揪心事，增进民生福祉，不断满足人民对美好生活的向往。

——始终坚持系统观念。更加主动服务“四个中心”功能建设、提高“四个服务”水平，自觉融入京津冀协同发展大局，有效推进城乡融合发展，着力统筹发展和安全，固根基、扬优势、补短板、强弱项，注重防范化解重大风险挑战，实现发展质量、结构、规模、速度、效益、安全相统一。

第五章 主要目标

二〇三五年远景目标：到2035年，“绿水青山门头沟”品牌形象更具魅力，地区生态涵养功能更加强化，门头沟区率先成为宜居宜业宜游的生态发展示范区、展现北京历史文化和美丽自然山水的典范区，与首都一道率先基本实现社会主义现代化。

——生态环境质量持续实现高标准提升，为青山绿水蓝天的大国首都底色不断增光添彩，首都西部生态安全屏障更加牢固，“绿水青山就是金山银山”实践创新基地和国家生态文明建设示范区的引领带动作用充分彰显，高水平建成“绿水青山的生态之城”。

——经济社会实现高质量发展，京西产业转型升级示范区建设取得重大成果，高精尖产业结构基本建成，基本公共服务实现均等化，高水平建成“宜居宜业的幸福之城”。

——文化发展实现更深层次融入全国文化中心建设，在西山永定河文化带、长城文化带建设中走在全市前列，京西特色历史文化软实力显著增强，高水平建成“底蕴深厚的魅力之城”。

——社会文明程度实现更大提升，在努力实现创建全国文明城区基础上，成为全市乃至全国文明城区的领跑者，高水平建成“向善尊贤的人文之城”。

——公共安全保障能力实现全面提升，安全发展的底线更加牢固，平安门头沟建设跃上新台阶，与现代化发展相适应的社会治理格局基本形成，高水平建成“有序包容的和谐之城”。

“十四五”时期全区经济社会发展主要目标：对接国家和北京市关于“十四五”时期经济社会发展的部署要求，锚定二〇三五年远景目标，立足门头沟区实际，前瞻十五年，干好这五年，努力实现以下目标：

到2025年，生态质量显著提升，人居环境更为宜居，产业结构深度转型，创新活力明显增强，民生品质持续优化，基层治理更加高效，城市文明整体跃升，全面推动“绿水青山门头沟”再展新形象。

——生态涵养取得新成效。绿色发展理念深入人心，“绿水青山门头沟”建设取得重大进展，国家森林城市创建成果更加巩固，森林覆盖率达到50.3%，污染防治攻坚战成效明显，生态保育和生态治理能力显著增强，率先争创国家环境保护模范城市，在落实绿色北京战略上走在全市前列。

——城乡融合开拓新局面。规划实施体系战略引领和刚性约束作用充分彰显，城乡空间布局持续优化，推动以人为核心的新型城镇化，积极投身全国特色小镇发展建设，实现减量集约发展目标，城乡融合发展取得重大进展。

——绿色发展迈出新步伐。京西产业转型升级示范区取得实质性进展，对接“两区”建设取得阶段性成果，“一园四区一小院”绿色发展新格局基本形成，中关村门头沟园深度融入北京建设国际科技创新中心大局，“一线四矿”文旅康养休闲区成为老工业基地转型的典范，新首钢协作配套区成为首都西部综合服务区建设的重要承载地，医药健康产业集聚区建设取得重大进展，“军庄龙泉”科技文创产业集聚区建设初具成效，“门头沟小院+”田园综合体体系建设更加成熟，乡村振兴战略全面推进，城乡结合部及浅山区乡村振兴新路径持续拓展，地区生产总值年均增速稳定在5%，完成高速发展向高质量发展的关键切换。

——社会文明程度和文化自信得到新提升。社会主义核心价值观深入人心，人民思想道德素质、科学文化素质和身心健康素质明显提高，“绿水青山门头沟”城市品牌创建体系更具内涵，集全区之力向创建全国文明城区终极目标发起总攻，公共文化体育服务体系和文旅体验产业体系更加健全，京西特色历史文化魅力更加彰显，市民素质和城市文明程度明显提高。

——基础设施得到新改善。全区路网格局加快完善，干线公路网密度达到22公里/百平方公里，市郊铁路网加快构建，市政基础设施更加完善，探索新型基础设施建设，创新应用场景，智慧城市建设步伐加快，现代化基础设施体系持续完善，城市承载能力切实提高。

——社会治理效能得到新提升。在法治中国首善之区建设中名列前茅，社会治理总体效能持续增强，基层治理水平大幅提升，“吹哨报到”“接诉即办”工作机制更加完善，生活垃圾分类成为新时尚，物业管理水平显著提升，平安门头沟建设深入推进，防范化解重大风险体制机制不断健全，突发公共事件应急能力显著增强，发展安全保障更加有力。

——民生福祉达到新水平。坚持就业优先战略，全体居民可支配收入年均增速和地区生产总值年均增速实现基本同步，棚改工程高质量完成，区域教育质量显著提升，医疗卫生和养老事业不断进步，公共服务体系全方位健全，集体经济薄弱村、低收入边缘户和返低风险户帮扶持续深化，同乡村振兴实现有效衔接。（见下页图表）

第二篇　守住好山好水好生态，高站位打造北京后花园

坚持人与自然和谐共生，落实绿色北京战略，以创建国家森林城市、国家环境保护模范城市为牵引，打造“绿水青山相映、小桥流水人家”的京西特色生态走廊，为青山绿水蓝天的大国首都底色增光添彩。

第一章　推动生态空间增容提质，系统保护山水林田湖草

将山水林田湖草作为一个完整的陆域生态系统，实施全面保护修复，整体优化生态功能，打造蓝绿交织的生命共同体，到2025年生态环境状况指数（EI）保良创优，到2035年达到优级。

一、推进国土绿色行动

大尺度增加生态空间。高标准创建国家森林城市，推进新一轮百万亩造林，开展京津风沙源治理工程，不断加强宜林荒山的建设，大力实施人工造林、封山育林、中幼林抚育、低质低效林改造，完善植绿护绿机制，全面落实林长制。到2025年森林覆盖率提高到50.3%，到2035年提升至55.12%。增加城市绿色空间，实施平原造林绿化行动、森林健康经营和抚育工程，营造尺度多样、类型丰富的公园绿地系统，到2025年建成区公园绿地500米服务半径覆盖率达91%，到2035年提升至95%。

构建梯次绿色空间格局。形成深山区、浅山区、平原新城地区梯次绿色空间格局，建设深山生态保育区，位于深山区的清水镇、斋堂镇和雁翅镇重点开展森林抚育、低效林改造、河道生态修复、流域综合生态治理、自然保护区和风景名胜区建设、生态多样性保护等工作；建设浅山生态修复区，位于浅山区的大台街道、王平镇、妙峰山镇、军庄镇和潭柘寺镇，做好建设管控、整治腾退、村庄环境治理提升和各类土地综合整治、生态修复工作，推进浅山区绿色发展；平原新城地区加快平原生态修复和织补，逐步实现“山水相拥”“十字绿轴”“五带多园”生态布局。

推进重点区域及生态廊道节点建设。持续推进百花山国家自然保护区、天门山国家森林公园、二帝山森林公园、南石洋大峡谷森林公园等重点区域及生态廊道节点建设，构筑城市外围绿色生态屏，不断提升对环首都国家公园体系的支撑力。统筹抓好长安街西延线、S1线、108和109国道、六环路、永定河及“一线四矿”沿线等线性空间绿化、景观优化，力求“不墨而画”效果，提升城市公园绿地建设水平，着力构建功能完备的森林景观生态服务与休闲游憩体系。探索优化生态

专栏一 门头沟区“十四五”时期经济社会发展主要指标

<table>
<tr><th>序号</th><th>分类</th><th colspan="2">指 标</th><th>单位</th><th>2025年目标</th><th>指标类型</th></tr>
<tr><td>1</td><td rowspan="5">生态涵养</td><td colspan="2">生态环境状况指数（EI）</td><td>—</td><td>保良创优（优为75）</td><td>约束性</td></tr>
<tr><td>2</td><td colspan="2">森林覆盖率</td><td>%</td><td>50.3</td><td>约束性</td></tr>
<tr><td>3</td><td colspan="2">建成区公园绿地500米服务半径覆盖率</td><td>%</td><td>91</td><td>约束性</td></tr>
<tr><td>4</td><td colspan="2">细颗粒物（PM2.5）年均浓度</td><td>微克/立方米</td><td>达到市级要求</td><td>约束性</td></tr>
<tr><td>5</td><td colspan="2">地表水质量达到或优于Ⅲ类水体比例</td><td>%</td><td>达到市级要求</td><td>约束性</td></tr>
<tr><td>6</td><td rowspan="6">减量集约</td><td colspan="2">常住人口规模</td><td>万人</td><td>达到市级要求</td><td>约束性</td></tr>
<tr><td>7</td><td colspan="2">城乡建设用地规模</td><td>平方公里</td><td>保持下降趋势</td><td>约束性</td></tr>
<tr><td>8</td><td colspan="2">生产生活用水总量</td><td>万立方米</td><td>达到市级要求</td><td>约束性</td></tr>
<tr><td>9</td><td colspan="2">单位地区生产总值能耗降幅</td><td>%</td><td>达到市级要求</td><td>约束性</td></tr>
<tr><td>10</td><td colspan="2">单位地区生产总值水耗降幅</td><td>%</td><td>达到市级要求</td><td>约束性</td></tr>
<tr><td>11</td><td colspan="2">单位地区生产总值二氧化碳排放降幅</td><td>%</td><td>达到市级要求</td><td>约束性</td></tr>
<tr><td>12</td><td rowspan="5">高质量发展</td><td colspan="2">全社会研究与试验发展经费支出占地区生产总值的比重</td><td>%</td><td>达到市级要求</td><td>预期性</td></tr>
<tr><td>13</td><td colspan="2">技术合同成交额</td><td>亿元</td><td>达到市级要求</td><td>预期性</td></tr>
<tr><td>14</td><td colspan="2">中关村门头沟园地均产出率</td><td>亿元/平方公里</td><td>达到中关村前列水平</td><td>预期性</td></tr>
<tr><td>15</td><td colspan="2">中关村门头沟园劳均产出率</td><td>万元/人</td><td>达到中关村平均水平</td><td>预期性</td></tr>
<tr><td>16</td><td colspan="2">地区生产总值年均增速</td><td>%</td><td>5</td><td>预期性</td></tr>
<tr><td>17</td><td rowspan="4">弘扬文化</td><td colspan="2">精品民宿游客年均增长率</td><td>%</td><td>保持增长</td><td>预期性</td></tr>
<tr><td>18</td><td colspan="2">精品民宿收入增长率</td><td>%</td><td>保持增长</td><td>预期性</td></tr>
<tr><td>19</td><td colspan="2">人均公共文化服务设施建筑面积</td><td>平方米</td><td>0.4</td><td>预期性</td></tr>
<tr><td>20</td><td colspan="2">人均公共体育用地面积</td><td>平方米</td><td>0.4</td><td>预期性</td></tr>
<tr><td>21</td><td rowspan="3">基础设施</td><td colspan="2">集中建设区道路网密度</td><td>公里/平方公里</td><td>6.5</td><td>预期性</td></tr>
<tr><td>22</td><td colspan="2">干线公路网密度</td><td>公里/百平方公里</td><td>22</td><td>预期性</td></tr>
<tr><td>23</td><td colspan="2">天然气气化率</td><td>%</td><td>77</td><td>预期性</td></tr>
<tr><td>24</td><td rowspan="5">公共治理</td><td colspan="2">生活垃圾回收利用率</td><td>%</td><td>37.5</td><td>约束性</td></tr>
<tr><td>25</td><td colspan="2">单位地区生产总值生产安全事故死亡率</td><td>人/百亿元</td><td>达到市级要求</td><td>约束性</td></tr>
<tr><td>26</td><td rowspan="2">食品药品安全监测抽查合格率</td><td>食品安全抽检合格率</td><td>%</td><td>≥98.5</td><td>约束性</td></tr>
<tr><td>27</td><td>药品抽验合格率</td><td>%</td><td>≥99</td><td>约束性</td></tr>
<tr><td>28</td><td colspan="2">每万名常住人口疾控力量配比</td><td>人</td><td>达到市级要求</td><td>预期性</td></tr>
<tr><td>29</td><td rowspan="5">民生保障</td><td colspan="2">“七有”“五性”监测评价指数</td><td>—</td><td>达到市级要求</td><td>预期性</td></tr>
<tr><td>30</td><td colspan="2">城镇登记失业率</td><td>%</td><td><5</td><td>预期性</td></tr>
<tr><td>31</td><td colspan="2">全体居民可支配收入年均增速</td><td>%</td><td>5左右</td><td>预期性</td></tr>
<tr><td>32</td><td colspan="2">每千常住人口养老床位数</td><td>张</td><td>7</td><td>预期性</td></tr>
<tr><td>33</td><td colspan="2">每千常住人口执业（助理）医师数</td><td>人</td><td>达到市级要求</td><td>预期性</td></tr>
</table>

综合建设，试点组建新型集体林场，集成农林水建设项目，实现生态综合建设。

推进重点区域生态修复。加强浅山区建设管控和整治腾退，有效提高林地规模。推进泥石流多发区、矿山治理恢复区等重点地区综合整治和生态修复，实施永定河山峡段综合治理与修复工程、京津风沙源小流域综合治理等生态治理修复项目，提升废弃矿山修复率、土地复垦率和绿化覆盖率，恢复山体基本生态功能。

强化生物多样性保护。制定生物多样性保护规划，加强对珍稀濒危野生动植物的重点保护和严格管理，开展百花山国家级自然保护区生物多样性调查、监测及生态修复工程，生物多样性指数持续提升。强化百花山 - 东灵山 - 龙门涧 - 黄草梁生物多样性保护地建设，确保保护面积不减少、保护强度不降低、保护性质不改变，完善野生保护动物监测网络体系，提升科技支撑能力。

二、提升河湖水系生态功能

持续改善河湖流域廊道生态。实施河湖生态工程，加强河湖岸线保护，推动滨河滨湖地带生态建设。完善永定河和清水河生态廊道，逐步恢复永定河横向、纵向水系的连通性，提升永定河流域地表水质量，加强山区生态清洁小流域建设，实施永定河流域治理、永定河龙泉湾二期（王平 - 陈家庄段）、永定河雁翅段及军庄段等一批生态工程，推进沿河村庄地质灾害隐患和泥石流治理。提升珍珠湖、门城湖生态品质，实施珍珠湖改造升级工程、门城湖工程。逐步恢复河湖湿地，落实分类管理，构建多样性湿地类型及生态岸线，为鸟类提供栖息地，提高水生生物多样性，研究推进王平湿地等生态项目建设。

持续提高水源安全保障能力。巩固水源地和地下水保护，强化重要饮用水水源保护区管理监控，建立水源地周边一定范围内主要污染源和污染物排放清单，实施“一水源地一档案”。持续开展区级、镇级及以下集中式饮用水水源环境状况评估，推动区级饮用水水源水质状况信息公开，进行饮水不达标设施改造，保持集中式饮水水源水质达到市级要求。

统筹推进全区海绵城市建设。构建“源头涵养 - 重点保护 - 系统缓冲 - 全面提升 - 功能改善”五个层次的梯级全区海绵总体格局，建设“一带、两片、五河”的新城海绵城市重点布局，以“水环境提升、水生态涵养、水资源严控和雨洪安全管理”为着力点，构建海绵城市智慧运营决策平台。强化防洪排涝建设，定期开展水库安全鉴定和除险加固，维护山区河道天然状态，划定河道行洪控制线，加强多级防洪保障体系建设。

三、强化农田保护管理

严格落实耕地保护制度。强化国土空间规划和用途管控，落实生态保护、基本农田、城镇开发等空间管控边界。严守永久基本农田底线，严控建设占用耕地审批，实施管控性保护和激励性保护，实现永久基本农田数量、质量、生态三位一体管护，到 2025 年实现永久基本农田保护面积达 0.53 万亩，耕地保有量达 0.76 万亩。

提升耕地土壤质量。推进土地综合整治、农田整治和高标准农田建设，加快中低产田改造，推动永久基本农田集中连片，开展耕地轮作休耕试点，促进农业生态修复。建立动态更新的农用地土壤环境质量分类清单，配套分类安全利用方案并组织实施。

第二章　促进环境保护强基固本，深入打好污染防治攻坚战

继续打好蓝天保卫战、污染防治攻坚战，紧抓环境保护不松懈，开展环境综合治理，保障首都环境安全。

一、综合推进大气环境保护

坚持大气污染综合治理。支持绿色技术创新，发展环保产业，推动重点行业生产工艺及技术智能化升级和绿色化改造。加快高排放机动车淘汰，推广新能源车。倡导绿色施工，整治面源扬尘，强化源头管控，稳步推进装配式建筑，推进工程运输车辆等移动源低排放化。坚持“抠 0.1 微克”治理 PM2.5，建立健全 PM2.5 和臭氧污染协同控制机制，聚焦机动车、生产生活、扬沙等领域，强化精细化管控，到 2025 年 PM2.5 年均浓度指标达到市级要求，至 2035 年实现持续改善。

推动生产生活绿色化。推进能源消费清洁化，推进农村煤改清洁能源，推动主要污染物排放总量持续削减。鼓励可再生能源开发利用，加快节能低碳技术研发、应用和推广，推进绿色建筑示范，开展绿色建筑认证和绿色生活创建活动。引导和鼓励居民使用低挥发性有机物（VOCs）消费品，加强餐饮、医院、干洗、实验室等废气排放管控。

二、持续开展水污染综合治理

强化城乡污水处理能力。推进城镇村污水处理设施建设，开展雨污分流改造、集中污水处理厂维护与升级改造，完善配套污水管网，增强污水处理能力与收集能力，提高污泥无害化处置水平，推进农村污水处理设施建设和农田退水生态拦截工程建设。强化垃圾渗滤液处理，优化渗滤液处理设施在线监测系统。到2025年实现全区污水处理率95%，到2035年实现进一步提升。

防控水体面源污染。落实河湖长制，构建政府与社会共治的巡查机制，严查城市垃圾违法倾倒，严控农业农药化肥使用量，加快低端养殖业退出，从源头控制污染物进入城市排水系统。强化排污口治理，继续实行排污许可证制度，基本消除劣V类国控断面和城市黑臭水体，规划建设19条生态清洁小流域。加强区域联防联控，建立京冀两地跨界断面联防联控机制，促进上下游联动，共同防治沿河城断面水质下降。到2025年保障地表水质量达到或优于Ⅲ类水体比例达到市级要求，力争到2035年达到100%。

三、防止土壤和固体废物污染

实施土壤污染源头管控。开展建设用地风险管控和在产企业重点监管单位管理，建立土壤分类清单、污染地块名录及开发利用负面清单，推动土壤治理并合理确定土地用途。开展农业面源污染防控，推进化肥农药减量化，防控固体废物污染，加强白色污染治理，布设农业废弃物回收点，到2025年基本实现“农膜”全回收，受污染耕地及污染地块安全利用率达到95%以上，到2035年持续提升。

推进土地污染监测和再利用。打好净土保卫战，保障土壤环境安全，配合优化市级防控监测网络，有序增加园林绿化用地和敏感区域土壤质量监测点位数量。加强国土空间规划、土地收储、土地利用过程中的土壤风险管控，确保到2025年再开发利用的污染地块安全利用率达到93%，到2035年持续提升。

第三章 完善生态保护体制机制，加快构建生态文明体系

巩固国家生态文明建设示范区创建成果，强化生态文明建设领导体制，着力构建以规划管控、责任追究等机制为保障的生态环境综合治理制度体系，完善生态保护配套机制，推动区域生态协同，坚决守好绿水青山。

一、严格执行生态环境保护制度

坚守生态保护红线。细化生态保护红线管理办法，开展红线勘界定标工作，红线内按禁止开发区域要求管理，严禁不符合主体功能定位的各类开发活动，严禁任意改变用途，确保到2035年全区生态红线总面积始终保持在455平方公里以上。统筹生态保护红线、林地保护绿线和河湖蓝线规划，实现多规协调。建立生态环境应急管理体系，开展生态系统保护成效监测评估。

强化生态保护责任制。深入贯彻北京市《关于推动生态涵养区生态保护和绿色发展的实施意见》，严格落实《门头沟区生态环境保护职责分工规定》《门头沟区生态环境损害赔偿制度改革工作实施方案》等文件要求，强化落实生态保护职责分工，把扩大生态环境容量、提高生态环境质量作为首要任务，强化生态环境监督执法力度，按照“环境有价，损害担责”的原则，让违反法律法规造成生态环境损害的单位或个人承担生态环境损害赔偿责任，做到应赔尽赔，着力构建以规划管控、责任追究等机制为保障的生态环境综合治理制度体系。

二、持续完善生态保护配套机制

建设基于新基建的生态环境监测体系。基于5G、云数据、人工智能、物联网感知系统，构建门头沟区新型生态环境监测体系，覆盖生态环境管理、执法、监测和风险应急全流程，综合提升生态环境保护能力。

持续完善生态补偿机制。着力构建以规划管控、责任追究等机制为保障的生态环境综合治理制度体系，健全市场化、多元化生态保护补偿机制，建立区级生态补偿专项基金，完善财政转移支付制度，推动各镇街开展自然资源调查监测评价、生态环境状况评价等，将补偿机制与考核结果挂钩，确保生态保护主体得到合理补偿，补偿水平与经济社会发展状况相适应。

推进生态资源产权制度建设。积极融入市级统一自然资源资产产权确权登记系统和权责明确的产权体系。探索构建生态产品价值实现机制，建立区域生态交易市场，推动生态资源资产化、可量化、可经营化，推进排污权、用能权、用水权、碳排放权市场化交易。强化政策保障，探索绿色金融实施路径，引导和鼓励绿色债券、绿色融资、绿色保险等绿色金融产品落地。

三、积极构建区域生态协同机制

继续完善与西城区结对协作机制。用好乡村振兴绿色产业发展专项资金，导入西城区金融和科技创新优势，助力门头沟区生态保护和环境治理，支持引导绿色产业项目落地，推动资源互惠、共同发展。

加强与周边区域的跨区域生态协同。加强与海淀区、石景山区、丰台区、房山区及河北省涿鹿县、涞水县、怀来县的跨区域生态协作，深化区域大气、水和固体废物污染等联防联控联治机制，构建多元协同治理模式，形成政府、市场和社会一体化的协作治理网络，健全协同机制，探索建立永定河跨界水环境生态补偿机制，保障跨区域生态环境治理取得实效。

第三篇　优化城乡空间布局，高效能保障绿色发展

推进以人为核心的新型城镇化，发挥规划的战略引领和刚性约束作用，坚持城乡统筹发展、产业集聚发展、职住平衡发展、减量集约发展，保持战略定力，着力构建适应高质量发展的城乡空间布局和支撑体系。

第一章　优化城乡空间结构，发挥战略引领作用

衔接《分区规划》，构建“一城、两带、三点、多脉”的城乡空间结构，坚持一张蓝图干到底，持续优化城乡空间布局，促进产城融合发展。

高质量打造门头沟新城（“一城”），着力构建“一山、一水、两轴、一带、三片区”的城市空间结构，“一山”即以新城西部浅山带为主的生态安全屏障；“一水”即以永定河为主的生态廊道与发展纽带；“两轴”即历史文化轴和创新发展轴，其中历史文化轴始于圈门地区，经东辛房地区延伸至三家店地区，创新发展轴从中关村门头沟园开始，沿长安街西延线向东与新首钢地区相连；“一带”即由新城三条主要南北向交通干道与轨道交通系统构成的区域，集中布局主要公共服务设施；“三片区”即三家店—琉璃渠片区、新城北部片区和新城南部片区。

建设永定河生态文化融合发展带与沿109国道区域协同发展带（“两带”），挖掘永定河、109国道沿线生态与历史文化资源，凸显历史文化与生态特色，提升沿线基础设施与公共服务设施配套，带动清水、斋堂、雁翅、军庄、王平、妙峰山、龙泉等沿线镇域发展，实现山区生态文化融合发展与区域协同发展。

科学发展潭柘寺镇、军庄镇、斋堂镇三个小城镇（“三点”），推进潭柘寺镇和军庄镇在产业、职住空间等方面与新城的联动，推动斋堂镇紧抓109国道新线建设机遇，挖掘自身潜力，辐射带动深山区各镇村发展。

辐射带动重要沟峪发展（“多脉”），联动以地区性道路或水系为纽带、连接镇中心区与山区村庄的重要沟峪，依托自然山水格局梳理各类文化线路，以特色沟峪为发展纽带，加强镇中心区与山区村庄的联动，促进镇村统筹协调发展。

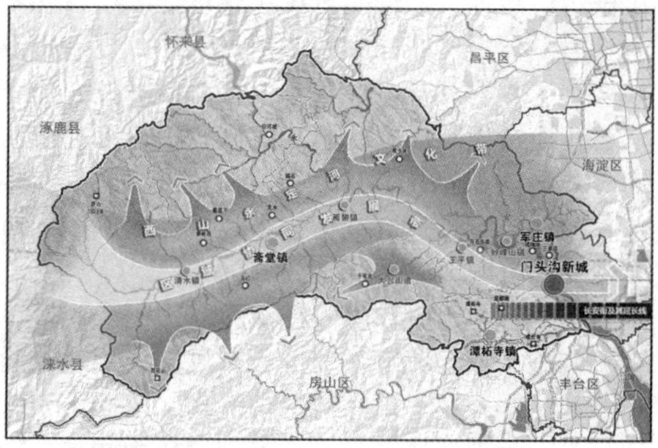

图1　“一城、两带、三点、多脉”的城乡空间结构示意图

第二章　构建现代城乡体系，坚持城乡统筹发展

立足资源环境承载能力，统筹“新城—镇—新型农村社区”现代城乡体系，逐步形成以新城为引领、精品小城镇为支撑、美丽乡村为基底的城乡统筹格局。

发挥新城龙头带动作用。按照“国际一流、产城融合、功能完备、生态宜居”的要求建设门头沟新城，科学配置空间资源，适度降低开发强度，优化城市整体风貌，完善城市综合服务功能，辐射带动全区城市功能提升。推进首都西部综合服务区建设，以行政办公、商务服务、科技创新、文旅体验为主导，完善城市综合服务功能。联动海淀山后、石景山首钢、丰台河西、房山长阳等地区，实现区域协同发展。

强化镇域空间管理。完善镇域规划体系，支撑城乡融合发展，根据新型城镇化进程，及时推动行政区划调整，各镇街提升市政基础设施和公

共服务设施水平。加强城镇分区指导，探索建立分区管控机制，规划永定镇、龙泉镇为疏解提升型城镇，加强减量增绿与提质增效、疏解与整治并举，推动城乡建设用地统筹实施；规划潭柘寺镇、军庄镇、妙峰山镇、王平镇为浅山宜居型城镇，落实市级浅山区保护规划，加强人口、用地与风貌管控，人口适度集中，保护利用好自然人文资源，建设人与自然和谐共融的宜居家园；规划雁翅镇、斋堂镇、清水镇、大台街道为山区涵养型城镇，加强生态涵养，提升公共服务保障水平，创新村庄空间再利用方式，探索生态旅游型乡村振兴模式。

围绕全国特色小镇建设布局谋篇，按照《全国特色小镇发展导则》将特色小镇谋划作为推进新型城镇化的重要抓手，规划布局若干个1-5平方公里四至范围清晰、集中连片、相对独立、生产生活生态空间比例合理的特色小镇，结合区域发展需求，主动谋划创意设计类、金融服务类、文化旅游类、体育运动类、三产融合类等各类特色小镇，争取相关政策支持。

创新农村土地集约利用。完善“村地区管”体制机制及配套措施，完善区—镇—村三级管理责任制度。落实区级乡村振兴集体建设用地实施规划，统筹运用集体建设用地快速审批流程、社会投资项目简易低风险等改革举措，有序释放农村集体建设用地潜力，保障乡村旅游、精品民宿、休闲农业、基础设施配套等需求，切实为山区发展提供物理空间支撑。聚焦从浅山到平原保留村庄的新农村建设，以宜居示范农房改造为重点，统筹村庄和农房改造规划方案，补齐基础设施和公共服务短板，优化村庄风貌、改善居住条件，精准嵌入村庄产业、提升产业链附加值，壮大农村集体经济，选定一批试点村庄，深入探索具备区域特色的浅山区和城乡结合部村庄乡村建设的具体模式，构建“山上山下交相辉映、过渡区域均衡衔接”的乡村振兴新格局。

第三章　强化全域空间管控，实现减量集约目标

严守区域空间管控约束，抑制开发冲动，切实减重减负、久久为功，以钉钉子精神服务首都核心功能建设。

严守生态安全格局。坚决守住生态保护红线、基本农田和城市开发边界，保证战略留白空间，结合区—镇—村三级规划，同步调整完善林规、水规等专项规划。统筹刚性约束与弹性引导，从严加强建设强度管控。科学统筹城乡人口、用地和建筑规模，合理安排建设空间，严控城乡建设用地规模，到2025年保持减量集约趋势，到2035年压减至70平方公里。

优化人口布局和规模。引导平原新城地区、浅山区与深山区人口合理分布。平原新城地区新增人口以吸引产业转型人口为主、浅山区及深山区转移人口为辅，加快行政区划调整，优化新城人口空间布局。浅山区新增人口以本地人口城镇化和承接深山区转移人口为主。深山区人口在保持基本稳定的基础上，略有减少，有序向平原新城地区与浅山区转移。合理稳定人口规模，确保全区常住人口总量始终达到市级要求。

持续提高水资源集约效率。加强节水用水管理，建设节水型社会，实行水资源刚性约束制度，加强农业和园林节水管理，提高工业用水效率，完善污水处理设施和再生水利用设施，加强再生水管线建设和管护，扩大再生水利用规模，确保生产生活用水总量和单位地区生产总值水耗降幅始终达到市级要求。

持续推进节能减排。进一步优化能源结构，提高应对气候变化的能力，构建绿色低碳能源体系，持续推进“煤改电”“煤改气”的后续使用服务保障工作，促进清洁能源在山区和城区的广泛应用，做好落后高耗能企业的有序退出，鼓励发展低耗能企业。降低碳排放强度，率先达到碳排放峰值，扩大林业碳汇效益，推动森林碳汇功能区建设。确保单位地区生产总值能耗降幅、单位地区生产总值二氧化碳排放降幅始终达到市级要求。

第四篇　构建绿色发展新格局，高质量培育发展新动能

加快拓宽“绿水青山”向“金山银山”转化的路径，增强内生动力，紧抓“两区”建设、京西产业转型升级示范区和“一线四矿”建设的历史机遇，构建“一园四区一小院”绿色发展新格局，坚持改革创新，提高经济质量效益和竞争力，确保“十四五”时期地区经济生产总值年均增速稳定在5%，实现经济从高速发展向高质量发展的平稳过渡。

第一章 加快“一园四区”建设，打造“门头沟小院”品牌

坚持把创新作为引领发展的第一动力，以中关村门头沟园为引擎，加速培育文旅体验、科创智能、医药健康“三大产业”，同步加快打造“一线四矿”文旅康养休闲区、新首钢协作配套区、医药健康产业集聚区、“军庄龙泉”科技文创产业集聚区。到2025年实现全社会研究与试验发展经费支出占地区生产总值的比重和技术合同成交额达到市级要求，中关村门头沟园地均产出率达到中关村前列水平、劳均产出率达到中关村平均水平。

一、形成中关村门头沟园（“一园”）创新驱动引领

发挥园区在培育发展新动能中的引擎作用。以符合“两区”建设方向和区域功能定位的各领域中关村科技创新中心、产业联盟及头部企业为主体，拓展对外开放引资新路径，打造产业链供应链高端平台。继续支持北京中关村精雕智造科技创新中心做大做优，建设精雕数字制造研究院，积极申报国家级先进制造业和现代服务业融合发展试点。以夏禾科技、芯盾时代为头部企业，分别筹建中关村有机发光产业国际科技创新中心和中关村芯盾国际数字金融安全创新中心，支持中关村硬创空间和京煤职业学校打造国际化“职业教育+工业互联网+中试智造”科创中心，推动中关村门头沟园深度融入北京国际科技创新中心大局。

提高园区空间承载能力。加快建设现有空间载体项目，持续推进石龙五期、石龙三期、政务中心建设，将中关村门头沟园打造成创新引领、要素集聚、功能完备、辐射带动效应显著的科创智能创新发展核心承载区域。创新存量土地再开发模式，持续探索老旧厂房改造项目实施路径，加速盘活存量土地和空间。先行开展人工智能产业空间运营，建立集办公、商务、休闲等功能于一体的创业先导社区。

强化服务配套建设。加快各项惠企政策落地，用足用好市“科创30条”和区“门十条”等政策，完善支持企业创新的政策机制，优化重点企业“一企一策”服务，加大企业研发投入支持力度，推动创新链产业链供应链“三链联动”，完善服务管家制度和“服务包”制度。创新招商模式，进一步精准招商择企，落实奖励政策。探索引入专业领先的战略合作伙伴和律师事务所、会计师事务所等社会化专业服务机构，补齐服务短板。提升产业金融服务水平，积极对接银行、证券交易所、证券公司、风险投资基金、私募股权基金等各类金融服务机构，丰富企业直接融资和间接融资渠道。创新人才服务体系，完善人才发展支持举措。加强知识产权的应用与保护，鼓励知识产权服务机构围绕知识产权创造、运作、品牌建设和服务运营等提供服务。

持续强化科创智能产业集聚。做好产业强链补链，发挥大企业引领支撑作用，辐射带动中关村门头沟园大中小及上下游企业协同发展，打造快速智造联盟，聚集强化产业链，推动产业链上中下游、大中小企业融通创新。锚定卡脖子领域，依托中关村门头沟园人工智能园，以智慧云测、芯盾时代等一批头部企业定向带动语音识别、生物识别、深度学习等人工智能领域核心技术突破，推进人工智能在医疗、金融、交通、安防等领域的应用研发。吸引互联网行业领先企业的人工智能事业部落地，扶持有成型产品的明星初创企业，培育有竞争力的产业方向。筹建前沿科技创新中心，推动区块链、5G等前沿业态以及优质创业团队、前沿技术实验室落地。促进传统产业转型升级，发起智能制造“强基”行动，面向高精尖产业发展需求，加快新技术在传统产业融合应用，推动科创制造、智能装备、节能环保、软件信息、新能源汽车等领域智能化发展。

培育医药健康产业应用场景。培育医工智能细分产业方向，联动医药健康产业集聚区，围绕产业链各环节培育示范应用场景，在研发环节应用云计算、大数据等技术提高医药研发效率；在生产环节应用人工智能、数字化等技术推动制造全自动化和智能化改造，提升生产效率和质量可控性；在流通环节发展电子商务；在医疗服务环节强化医疗大数据、物联网、智能终端等技术应用，创新个人健康管理平台和精准医疗运营模式。

支持科技与文旅体验产业融合发展。通过人工智能、5G、VR/AR等新技术，推动文化体育与科技深度融合，实现文旅产业提质发展，重点建设中关村（京西）人工智能文化创意产业园，加快实现市级文化产业园认定。积极推动网络直播、数字文博、沉浸式体验等新兴文化业态和模式发展，拓展一批文化与科技融合新

场景，围绕永定河文化综合体智能化发展需求，建设培育一批优质文化创意与科技创新相融合的亮点示范。

专栏二 北京中关村精雕智造科技创新中心模式

以精雕科技为核心的北京中关村精雕智造科技创新中心模式，是中关村门头沟园在全市率先探索的高精尖技术产业化新业态新模式。该模式通过头部企业与中关村能级平台的优势互补，构建数字化制造服务平台，打造京津冀地区首个数字化快速智造全生态产业链。

（一）发挥头部企业带动作用

以头部企业为核心带动门头沟园大中小及上下游企业协同发展，助力传统产业和中小企业转型升级；联合政府服务机构和社会服务机构，提供产品孵化和企业发展全流程服务，打造京西创新创业新高地，形成区域新的经济增长点。

（二）畅通高端制造产业链堵点

针对科技型企业在产品研发试制阶段存在的打样难、品质低、成本高等问题，提供快、精、全的特色制造服务，满足新技术和新产品的快速制造需求，缩短新产品研发生产周期，加速成果转化。

（三）推进新业态新模式探索发展

提炼模式可复制经验，整合门头沟园其他主导产业中具备智造能力的企业，引导网络安全领域的芯盾时代公司、显示照明新材料领域的夏禾科技公司、节能环保领域的利德衡公司等头部企业，快速推广新模式新业态，建立更多服务平台，打造快速智造联盟。

二、打造“四区”产业发展新增长极

加快打造“一线四矿”文旅康养休闲区。紧抓京门线、门大线市郊铁路建设契机，将“一线四矿”高标准建设成为京西绿色文旅产业发展的新引擎。加强与京能集团对接，深化体制机制改革，以“一线四矿”为“核”，以99平方公里辐射拓展范围为“圈”，强化“核”与“圈”的产业链接。统筹开发“一线”的火车旅游和通勤功能，打造绿水青山间的“流动民宿”，形成“一站一景点”特色风貌；统筹谋划“四矿”的历史工业遗存保护利用，突出“一矿一主题，四矿四特色”，推动文化与科技“双轮驱动”；推动“一线四矿”核心区和辐射拓展区与109国道发展带协调联动。

专栏三 “一线四矿”全市宏观战略引领项目

“一线四矿”全市宏观战略引领项目由市级专项领导小组统筹推进，门头沟区同步建立“一组六专班”保障推进落实，该项目充分调动京能、京铁和京铁投等国企的能动性，从交通运行、产业发展、社会治理、生态建设等多个维度切入，统筹推动京西矿区转型发展，强化规划、交通、文化、政策、环境、服务、产业“七大支撑”，提升周边群众和企业职工民生福祉。

“十四五”时期重点任务包括：

依托“门大线”打造兼具通勤功能的市郊旅游观光线。把握“车辆”“车站”“沿线旅游吸引物”三大重点，将“门大线”铁路打造成践行“两山”理论的生态线、穿越工业文明的时空线、复兴传统文化的活力线、促进乡村振兴的幸福线，借力“门头沟小院+”田园综合体建设成果，促进全域旅游发展和美丽乡村建设。围绕自然生态、工业文明、传统文化、红色教育、乡村振兴等主题，设计“通往新时代的列车”系列产品。

立足“一矿一主题，四矿四特色”挖掘各站点文化内涵。既错位经营，又协同发展，王平矿区深挖“后工业”文明生态景观美学，打造艺术与科技交汇、工业与时尚跨界、旅游与文化融合的主题创意园区；大台矿区借鉴德国鲁尔矿区转型模式，以矿区广场为主题，建设大台煤业矿山遗址公园，打造矿区转型发展示范小镇和沉浸式体验矿山博物馆；木城涧矿区探索以园区运营方式协同各方资源，打造文旅康养度假小镇和山地户外运动基地；千军台矿区以国家安全应急实训科普基地为基础，打造集实训科普和文化旅游为一体的安全应急教育研学营地。

推动完成矿区“三供一业”分离转移移交。加快推进原矿区企业基础设施向市政基础设施改造转化，合理规划布局商业、办公、居住、配套等设施，加快“厂区、矿区”向“社区、街区、城区”转变，提升社会治理能力，推进区域治理向信息化、智能化、网格化、精细化、标准化发展，实现共建共治共享。

持续充实“一线四矿”项目储备。促进“一线四矿”辐射拓展区周边村文旅产业培育，加强公共服务配套建设，高标准做好“一线四矿”相关规划及方案编制，谋划项目储备，分批形成有代表性、有支撑力、可落地的项目储备，为后续政策落地做好承接准备。

加快打造新首钢协作配套区。紧跟北京“两区”建设步伐，以落实新首钢三年行动计划为契机，紧抓新首钢文化、生态、产业、活力“四个复兴”机遇，积极谋划西长安街延长线区域的空间载体建设规划，加快构建新首钢滨河地区与长安街西延线跨河联动发展的高端商务集聚区。依托滨河地区强化与石景山区、首钢地区的对接和协同发展，探索产业一体化联动发展模式，将新首钢国际人才社区作为未来引领区域经济转型和创新发展的新引擎来进行统筹研究。紧抓2022年冬奥会和冬残奥会契机，积极融入国际交往中心建设，密切对接新首钢地区“体育+”产业发展方向和相关重点领域，辐射利用全域空间资源，发挥户外运动、山地特色旅游等优势，积极开展相关产品联合创新和业态合作。引入区块链、5G等前沿业态，积极培育高端服务业，承接“两区”建设试点项目，与中关村门头沟园联动，重点聚焦研发设计、智慧物流、绿色金融、节能环保、高端商务等生产性服务业，促进专业化高端化发展，推动北京国际智能绿色金融中心等项目建设。

加快打造医药健康产业集聚区。以阜外医院西山院区为核心，建设国家重大疾病防治创新品种开发及转化平台、健康大数据库、重大疾病样本库和临床医学数据示范中心，推进“互联网+”智慧医院试点。推进研究型医院建设，充分发挥阜外医院西山院区二期建设150张研究型床位的聚合作用，前瞻性谋划打造国家级新药临床试验基地高端医疗服务示范中心，形成覆盖全国各级医疗机构的远程诊疗和医学教育平台，布局贯穿医药合同研发（CRO）、合同生产（CMO）、合同销售（CSO）全产业链的生物医药外包企业平台，吸引药企总部落地，实现医药健康产业链深度整合。

加快打造“军庄龙泉”科技文创产业集聚区。围绕“文化+科技”培育新业态、新模式和新应用场景，导入中关村门头沟园科创智能技术优势，推动琉璃文化创意产业园、军庄创意设计产业集聚区、龙泉镇京西生态文化谷的联动发展，将军庄镇与龙泉镇打造成科技、时尚、琉璃文化特色交融的创新创业产业集聚区，引领京西文化创意产业特色发展。依托琉璃渠村明珠瓦厂，建设金隅文化创意产业园，在原有厂房遗址基础上改造提升为非遗主题文创园区，探索发展开放式国际琉璃文创产业，打造“琉璃四合院”等精品特色旅游项目，联动周边区域重点发展琉璃非遗体验、非遗创意设计、展览展示等相关产业。以符合区域功能定位的高校落户为切入点，建设军庄创意设计产业集聚区，重点发展创意设计及相关产业。推动龙泉镇采空棚户区地块综合利用，打造独具门头沟生态风情、文化底蕴深厚的京西生态文化谷，重点发展文化、旅游和科技相融合的新兴产业。

三、“门头沟小院”精品民宿品牌

努力在“十四五”期间谋划120个村、确保100个村建成“门头沟小院+”田园综合体，由深山区逐步向浅山区全覆盖，打造“一村一品、百花齐放”的田园综合体发展格局。

强化“门头沟小院+”田园综合体体系建设。围绕实施乡村振兴战略，坚持规模精品民宿与民俗村（户）多层次叠加融合发展，推动农业农村优先发展，实现农村集体经济与产业发展互相促进。厘清政府、属地、企业、市场责任，加强与清华大学、北京电影学院、同仁堂集团、北京演艺集团等高校名企合作，创新“门头沟小院”服务国际交往和扩大开放的模式，以国际化视野提升休闲旅游服务水平。着眼“以供给侧结构性改革引领和创造新需求”，研究首都精品民宿的发展态势和要素配置规律，坚持在“精”字上做足文章，探索“门头沟小院+六大文化、+百果山、+户外运动文化、+影视艺术、+医药康养、+文化演艺”等实践路径，提升精品民宿附加值和产业链价值，形成各类主题突出、亮彩纷呈的“门头沟小院+”田园综合体“带”和“群”。

系统强化“门头沟小院+”政策集成和联动。深化精品民宿政策集成，推广精品民宿政策集成等改革模式，瞄准地区发展重点领域和关键环节，持续深化政策集成，打捆国家、市级及区级各类政策，形成集成效应。用好区级乡村振兴集体建设用地实施规划，加快构建高效闭合的审批体系，优先为民宿项目配套兼容，加强田园综合体在电力、综合服务和交通等方面的配套建设，助推数字化、5G进民宿。借力“门头沟小院+”等创新路径，重点解决集体经济薄弱村、低收入边缘户和返低风险户的“痛点”难题，巩固低收入精准帮扶中形成的与各市级部门、市属企业和西城区建立的结对帮扶机制，在接续推进乡村振兴中扩大成果、深化友谊。

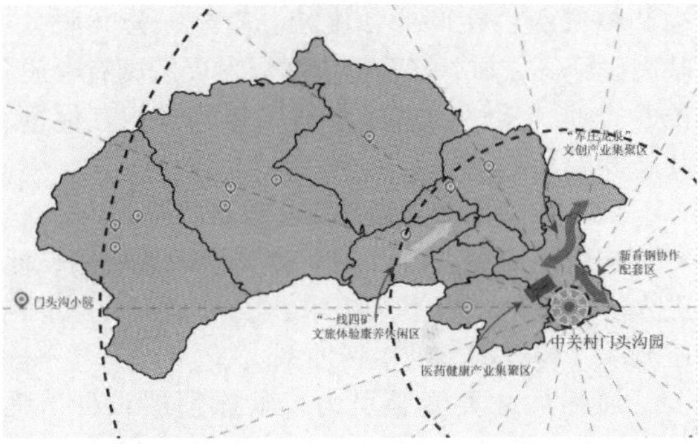

图 2 “一园四区一小院”经济发展新格局示意图

第二章　深化改革扩大开放，有效激活发展要素

一、高位推动“两区”建设

抢抓“两区”建设重大历史战略机遇，围绕科技创新、服务业扩大开放、数字经济以及京津冀协同发展，推动体制机制创新。

与全市扩大开放步伐同频共振。深刻理解国际贸易格局和规则新变化，把握数字经济视域下的全球高标准国际经贸规则内涵，释放“两区”建设重大制度红利，积极探索、主动担当构建更高水平开放型经济新体制下的区级使命，动态完善区内政策创新清单、空间资源清单、目标企业清单，积极争取引进一批 GaWC（《世界城市名册》）企业、世界 500 强企业、国际行业权威榜单企业等境内外头部企业，促进实际利用外资规模持续增长。

强化政策机制平台整合。用好“两区”建设中的“优惠政策 + 机制创新 + 重点平台项目”机制，全面落实重点项目“一库四机制”。依托“门十条”等区级优惠政策和首钢国际人才社区建设，对标国际一流创新创业生态，提升中关村门头沟园的科技创新水平，促进各类资源要素跨区域统筹，增强各类优势叠加效应。围绕数字服务贸易、科创智能和医疗健康领域，依托区内优秀电商平台以及阜外医院、精雕科技等研究型机构，形成“一平台两支点”模式，注重战略布局和机制创新相结合，完成区内资源整合。

挖掘潜力“落子”关键项目。在“稳存量”上，以精雕科技、江泰保险等行业头部企业为圆心，深挖企业所在产业的全链价值，重点加速布局精密原型结构件快速制造平台、人工智能触感实验室；在“创增量”上，依托京西产业转型升级示范区，全方位培育聚集符合区域产业定位的先进生产性服务业，培育产业链中的“隐形冠军”，在研发与设计和科技服务领域争创全市优秀服务开放案例。

对标高标准贸易规则创新服务。把握国际经贸规则发展新趋势，按照高标准国际经贸规则梳理区内资源禀赋，找准发展机遇，着力在服务外包、知识产权等领域为“两区”建设贡献“京西力量”；围绕医药健康、金融科技领域研究创建门头沟服务外包品牌；整合江泰国际平台资源，形成政府牵头、政策导引、机构合作知识产权服务体系；结合数字化手段，以精品民宿等文化旅游服务业新业态，探索数字形式的文旅内容跨境输出。

统筹谋划新业态新模式新场景。聚焦国内国际双循环，加速以科技赋能强化新基建、新场景、新消费、新开放、新服务“五新”培育，打造数字经济新优势。创新一批新业态，依托 5G、大数据、区块链等前沿技术，围绕在线教育、互联网医疗、线上办公、数字化治理、平台经济、基于新技术的无人经济、共享经济等培育新业态。培育一批新模式，发展新型消费，探索发展智慧超市、智慧商店、智慧餐厅等新零售业态，培育壮大“互联网 +”消费新模式，重点开发依托新技术的沉浸式体验式文化、旅游及夜间消费模式，打造一批网红打卡新地标，推动消费向体验化、品质化和数字化方向提档升级。积极发展“首店”“首发”经济新模式，引进国内外知名品牌旗舰店、体验店，发展原创品牌概念店、定制店。建设一批新场景，为创新应用提供更多“高含金量”场景条件，推动新型基础设施建设、数字经济技术创新、场景创新深度融合，出台推动应用场景示范应用政策、促进传统企业数字化转型政策，面向智慧城市、智慧政务、智能楼宇等领域，建设综合展现“绿水青山门头沟”的特色示范性场景，积极培育场景集成服务企业和第三方中介服务机构，开展技术集成“总包”、场景供需对接等服务，提升场景组织效率。

二、深化“放管服”优化营商环境改革

落实深化简政放权、放管结合、优化服务改革（简称“放管服”改革），持续优化市场化、法治化、国际化营商环境。

落实“放管服”改革任务。强化落实国家《优化营商环境条例》和《北京市优化营商环境条例》，推进政务服务标准化规范化便利化，深化

政务公开，落实行业协会、商会和中介机构改革，基本建立以标准化为基础的政务服务制度，构建服务型政府，更好服务市场主体；全面实行政府权责清单制度，围绕市场主体关切，坚决清除隐性壁垒，建立政府内部联合审批、数据共享、统收统分等业务系统机制，落实涉企经营许可事项清单管理；加强综合窗口“一窗通办”能力，优化审批流程，多措并举加强事中事后监管，推动审批服务从管理模式向服务模式转变，对新产业新业态实行包容审慎监管。

优化营商环境更好服务市场主体。落实“门十条”、企业“服务包”等惠企政策，强化12345市民服务热线平台服务企业功能，健全区级领导班子、区属部门联系重点企业等机制。围绕国家和北京市优化营商环境系列政策，持续推进多端智能化审批改革，优化项目立项、规划用地、工程建设、市政接入等审批环节，营造更加高效的投资建设环境；推进企业融资、政府采购等领域改革，营造更加便利的市场环境；结合“两区”建设，推动投资贸易自由化、便利化，营造更加开放的外资外贸环境；促进人才流动和灵活就业，营造更加稳定的就业环境；积极推进数字社会、数字政府建设，提升公共服务、社会治理等数字化治理水平，营造更加优质的政务环境；围绕“双随机、一公开”、信用监管等制度落地，营造更加规范的监管执法环境；深化知识产权等方面改革，营造更加公平正义的法治保障环境。

三、深化国资国企改革

落实国企改革三年行动，深化国有资本经营机制改革，进一步提升国有资本保值增值能力。

做强做优做大国有资本和国有企业。整合区属国有可经营优良资产，打造区属国有资本运营平台。做好国企兼并重组和空壳企业注销工作。加快剥离国有企业办社会职能，完成区属国有企业退休人员人社会化管理。推动一批重点项目的落地运营，实现国有资产保值增值。

推进国企改革发展。巩固完善现代企业制度，完善企业法人治理结构，规范产权管理，加强统计考核。稳步推进经营性国有资产集中统一监管，加强对企业债务风险的动态监控，将降杠杆减负债纳入企业负责人任期考核，建立风险预警、应急处置和问责机制，完善国有资产管理、监督、考核体系，创新监管制度手段，健全国资监管管控体系。积极发展混合所有制经济，围绕产业结构调整升级，在商业、旅游、养老、公共服务、基础设施等领域，打造适应区域发展的国有参股、控股企业，促进国有经济与民营经济相互促进、共同发展。

四、持续推动要素市场化改革

构建适应减量刚性约束的要素配置机制，促进人才、土地、资本、技术、数据等要素自主有序流动，建设高标准市场体系。

加强人才要素吸引力。狠抓顶层设计，强化人才战略发展支撑，进一步细化“京西聚智计划”。实施“聚才引智工程”，增强人才区域吸附力，以新首钢国际人才社区建设和西山永定河文化带、长城文化带建设为契机，强化重点人才引进，深化柔性引才引智机制，夯实战略人才储备。实施“发展助力工程”，有效激发人才创新活力，推介地区优秀人才，强化成长助力；加快培育高精尖产业，完善人才支撑发展载体。实施“人才无忧工程”，加强人才联系服务，做好“人才服务绿卡”申领发放工作。推动全民科学素质提升工作，激发人才创新活力。

推进土地要素市场化配置。推动存量工业用地转型，明确土地权属，采取多种途径分类推动更新改造。建立土地弹性出让机制，提升工业与研发用地利用效率。统筹工矿用地转型，探索国有矿山用地转型，支持生态恢复前提下的企业和农民共同增收。持续优化农村集体建设用地审批流程，探索采用农村集体建设用地入股、联营等形式与社会资本合作，推动乡村产业发展。

完善资本要素服务支撑体系。建立现代财税金融体制，搭建融资支撑体系，为企业各类股权债权融资需求和贷款融资需求提供平台服务，持续推进减税降费。设立产业发展促进基金，加强重点产业引导。防范化解金融风险，建立大数据金融监管和预警平台，持续打击非法集资等非法金融活动。

推动数据要素共享。补齐新型基础设施短板，联通市级产业大数据。加强数据的分类分层管理，加强政务数据和公共数据平台建设和管理，建设区级政务数据和公共管理数据目录。探索建立数据资源产权、交易流通、跨境传输和安全保护等基础制度和标准规范，推动区级数据资源开发利用，激活数据要素潜能。

完善技术要素保护。深入贯彻实施知识产权强国战略，加强知识产权的应用与保护，强化科技成果转化服务，促进知识资产保值增值。

第三章 全面推进乡村振兴，践行农业农村优先发展

全面实施乡村振兴战略，加快农业农村现代化，将门头沟区建设成为生态涵养区乡村振兴战略实施的试验田，力争走出一条北京生态涵养区特色化、品牌化、差异化的乡村振兴高质量发展之路。

一、提升乡村人居环境品质

系统改善乡村人居环境。突出“七边三化四美”着力点，落实北京市“清脏、治乱、增绿、控污”乡村人居环境建设任务。持续推进“厕所革命”，加快农村地区旱厕改造和水厕建设，完善农村地区公共厕所水电设施配套。加大乡村垃圾治理和污水治理力度，推进农村生活垃圾分类，推行适合乡村特点的垃圾就地分类和资源化利用。抓好村庄绿化美化工作，充分利用闲置土地组织开展植树造林、湿地恢复等活动，建设绿色生态村庄，实施乡村清洁工程，清洁家园、水源、田园。深化落实《门头沟区村庄民宅风貌设计导则》，推动村庄风貌整体管控提升。

促进乡村基础设施提升。加大农村投入力度，完善乡村路网、供水管网、污水管网、电网、互联网等基础设施建设，加快数字乡村建设，推进城乡基础设施领域服务均等化。适度高效拓展基础设施建设空间、联通完善城乡基础设施网络，因地制宜、多样化促进农村基础设施建设，健全完善农村基础设施运营管护机制，促进基础设施城乡统筹化。

二、增强农业农村产业活力

攻坚浅山区到平原区接壤地带开发的“裉节”问题。坚决不走“大拆大建”老路，探索城乡结合部创新发展新路，统筹控规详规制定，补齐基础设施和公共服务短板、因地制宜精准培育产业，广泛调动社会各方积极性强化社会治理，以“小切口”创新实现城乡过渡带美丽乡村建设和全面乡村振兴的“真破题”。

拓宽乡村生态富民多样化路径。聚力打造精品民宿集群，发挥“门头沟小院+”田园综合体节点辐射效应，充分盘活利用闲置农宅，发展精品民宿；发挥生态农业资源优势，积极发展休闲农业、农业教育、农业科普、农事体验等产业，推动体验农业与精品民宿、文化旅游联动发展；保护好传统村落，打造精品旅游路线，切实强化农村集体经济活力，促进农民增收。

大力推进生态农业。结合门头沟山地林地资源，强化坚果（核桃、杏核）和园林水果（苹果、葡萄、梨、柿子、鲜枣、樱桃）等绿色农产品和农业科技支持，提升产业链价值，依托灵山绿产体验中心等项目建设，大力发展特色高效生态农业，推进农业生产标准化，建设绿色农产品标准化示范基地，提升区域绿色品牌影响力。

创新发展林下经济。充分发挥门头沟山地、林地生态资源环境优势，实现特色林业与村民增收结合，依托斋堂镇养蜂、雁翅镇林下药材、妙峰山镇林花、军庄镇现有的食用菌种植基地等产业基础，形成林蜂、林菌、林药、林花等多种“林业+”多元化发展。

丰富乡村经济业态。强化集体经济，加快培育农民合作社、家庭农场等新型农业经营主体，发展新型农村集体经济，健全农业专业化社会化服务体系，积极创新方法，采用“触网”、直播等信息化方式拓展农产品销售渠道，拓展农民增收空间。

三、完善乡村服务体系

实现基本公共服务全覆盖。推动村庄配套公共设施升级，以“分区、分类、分级、分期”配置为总原则，构建公共服务设施体系。促进教育资源向乡村流动，提高乡村教育水平。加快村级医疗卫生服务机构建设进度，推进健康乡村建设。推动医养结合，提高村级养老服务点的服务水平，完善农村养老服务体系。提升农民就业技能，拓宽就业渠道和市场。巩固脱贫攻坚成果，抓好乡村就业困难家庭、困难人群兜底保障。增加农村公共文化体育产品和服务供给，按照有标准、有网络、有内容、有人才的要求，健全乡村公共文化体育服务体系。

建设均衡完善的旅游便民服务网络。推动打造完备的旅游住宿接待体系，加强休闲游憩环境建设，按组团合理均匀配置购物设施、娱乐设施、医疗救护设施、停车设施等旅游基础设施和公共服务设施，提升乡村商业便民设施品质和密度，实现一刻钟服务圈覆盖。

四、深化农业农村改革

促进乡村分类发展。编制乡村规划，聚焦“产业振兴、人才振兴、文化振兴、生态振兴、组织振兴”五大重点任务，实施乡村建设行动，确保

乡村既“看得见发展”，又“留得住乡愁”。推动新城地区、潭柘寺镇与军庄镇的部分村庄实现城镇化，统筹安排农民的居住、就业、社会保障等问题。强化传统村落保护，对在录的中国历史文化名村、中国传统村落、北京市传统村落、中国美丽宜居乡村进行特色提升，促进村庄整体风貌保护与文化旅游等相关产业有机结合。引导位于地质灾害区、生态保护红线及饮用水水源一级保护区等禁建类地区的村庄进行整体搬迁。结合村庄特点和发展特色，对其他村庄进行整治完善，盘活利用村庄用地，控制和引导村庄建设和更新。

促进城乡要素双向流动。健全城乡融合发展机制，推动城乡要素平等交换、双向流动，增强农村发展动力。加大农业农村发展相关人才的培养与引进，构建特色人才激励机制，积极开展高校与科研院所的合作，提高农民科技和文化素质，推动乡村人才振兴；健全农村金融服务体系，发展农业保险。

强化农村基层组织建设。持续强化农村基层党建，完善基层干部教育培养机制，不断提升基层干部队伍素质和能力；完善监督制约机制，着力解决基层权力约束不力、用权失范等问题，营造干事创业良好氛围；完善村务监督委员会工作机制，进一步推进基层民主自治。

第五篇 践行文明首善标准，高层次打造京西人文气象

弘扬社会主义核心价值观，提高社会文明程度，强化地区发展的文化支撑，推动文化体育和旅游深度融合发展，提升公共文化和体育服务供给水平，构建具有吸引力的京西特色历史文化旅游休闲区，为绿色发展注入文化内涵。

第一章 强化党建引领，加强社会主义精神文明建设

围绕举旗帜、聚民心、育新人、兴文化、展形象的使命任务，推进“红色门头沟”党建品牌建设，深化爱国主义教育，以创建全国文明城区为牵引，不断提高市民文明素质和城市文明程度。

一、加强“红色门头沟”党建引领

筑牢社会主义意识形态高地。着力弘扬社会主义核心价值观，深化新时代文明实践中心建设，发挥“马克思主义读书会”等示范引领作用，用好党性教育现场教学点、京西抗日革命根据地等红色文化传承载体，广泛开展各类宣传教育活动。推进“红色门头沟”党建“1179”工程，突出“一个统领”，贯穿“一条主线”，坚持“七个导向”，践行“九个红色担当”，凝聚思想共识。

专栏四 “红色门头沟”党建“1179”工程
第一个“1”即突出“一个统领”，就是坚持以习近平新时代中国特色社会主义思想为统领。 第二个“1”即贯穿“一条主线”，就是坚持将传承红色革命基因这条主线贯穿全区绿色发展和生态富民的全过程。 “7”即坚持“七个导向”，就是坚持以讲好“四个一”门头沟故事为增强历史自信和区域自信的导向，以“讲奉献、争第一”为统一思想和激发斗志的导向，以“二十字”区域发展总原则为践行“两山”理论和实现高质量发展的导向，以“二十字”干部队伍建设原则为培养新时代高素质干部队伍的导向，以“四个当先、一个当头”为自我约束、自我修身和自我追求的导向，以回答好“门头沟四问”为激发干部攻坚克难和敢于担当的导向，以抓好“六六工程”为落实全面从严治党、抓牢主体责任的导向。 “9”即践行“九个红色担当”，就是坚持红色党建引领强意识、保生态、铸铁军、夯基础、树美德、聚合力、促发展、保稳定、肃风纪，让“红色门头沟”党建品牌和“绿水青山门头沟”城市品牌相得益彰、大放异彩。

组织开展系列主题教育活动。加强家庭、家教、家风建设，提倡艰苦奋斗、勤俭节约，开展以劳动创造幸福为主题的宣传教育。推动理想信念教育常态化制度化，加强党史、新中国史、改革开放史、社会主义发展史教育。围绕中国共产党成立100周年等重要时间节点和重大事件，开展形式多样、各具特色的主题活动，搭建主题教育的红色课堂，传递红船精神、井冈山精神、长征精神、抗战精神、抗美援朝精神等革命精神。建设宣传阵地，将新技术运用于意识形态宣传，提升理论宣传水平，讲好门头沟故事。

加强爱国主义教育基地建设。充分挖掘重大纪念日、重大历史事件蕴含的爱国主义教育资源，抓好内容建设，改进展陈方式，打造精品陈列。

以斋堂镇马栏村冀热察挺进军司令部、雁翅镇田庄村京西第一党支部、妙峰山涧沟村平西交通联络站等红色纪念地为基础，建设京西抗日革命根据地爱国主义教育片区，到2025年市级爱国主义教育基地数量力争超过12家。

强化新时代“双拥”工作。坚持拥军优属、拥政爱民优良传统，持续巩固全国双拥模范城创建成果，完善退役军人工作体系和保障制度，服务国防和军队改革和现代化建设，统筹推进部队基础设施建设和军民融合发展。建设烈士纪念设施，加强英烈褒扬工作，推动烈士纪念设施与红色旅游线路、国防教育基地融合发展。

二、积极创建全国文明城区

紧扣“三步并做两步走，三年实现双达标，六年实现摘桂冠”的总目标不动摇，奋力争取2023年成功创建全国文明城区。

健全统筹协调推进机制。以创城为总牵引，统筹实施“六大创建工程”，一体化推进生活垃圾管理、物业管理、文明行为促进条例落实及爱国卫生运动，不断提高市民文明素质和城市文明程度。扩大文明单位创建覆盖面和影响力，引导各级各类文明单位增强“窗口”意识、树立行业新风，增强品牌示范效应，巩固提升创城成果。深化与西城区结对协作文明城区创建工作，长效常态开展各项创建工作任务。

加强社会共创共建机制。用好文明社区、文明农村“两考合一”机制，持续激发“我要创”“全民创”的热情，持续深化“门头沟点赞”大拇指行动、“门头沟热心人”志愿服务活动，鼓励基层探索。发挥党员先锋模范作用，利用“党员回社区报到”“小手拉大手”等常态化工作机制，形成多方联动、共创共建的工作局面。提升志愿服务水平，充分调动“门头沟热心人”志愿服务队、首都志愿团队、五星志愿者等社会组织力量，壮大志愿服务队伍，拓宽志愿服务领域，广泛开展志愿服务关爱行动，到2025年实名注册志愿者达到4万人，到2035年志愿精神在全区干部群众中深入人心。

第二章　延续文脉乡情，提升公共文化服务水平

深挖“六大文化”内涵，传承文脉，深入落实“人文北京”战略，在文化领域担起保障人民文化权益的责任，提升公共文化服务水平，持续改善人民文化生活品质。

一、加强历史文化保护传承与合理利用

充分挖掘门头沟区深厚的历史文化底蕴、丰富的民间艺术和建筑遗存，推动优秀传统文化创造性转化、创新性发展，将门头沟区打造成西山永定河文化带与长城文化带交汇处独特而全新的地理坐标。

深入推进两大文化带建设。加强长城文化带建设。建设沿河城—天津关—燕家台—梨元岭西关长城文化精华区，沿河城长城博物馆，发展沿河城、洪水口等4个村的长城文化建设。加强西山永定河文化带建设，打造永定河、清水河沿岸文化精华区，持续办好永定河文化节，积极推进永定河文化综合体及博物馆新馆建设，争取将东胡林人遗址列入全国重点文物保护单位，规划建设东胡林人遗址公园，加强非物质文化遗产传承保护，打造“西山永定河——北京人的精神家园”文化名片。

深入挖掘、传承、弘扬“六大文化”。以“生态山水文化、红色历史文化、民间民俗文化、古村古道文化、宗教寺庙文化、京西煤业文化”六大文化为主线，全面统筹门头沟区内历史文化遗存的整体保护和展示利用。以“六四一”为发展模式，将“六大文化”体系和“门头沟小院+”田园综合体中每个文化点位的坐标、规制、历史文脉、传承方案“四要素”统一绘制在村域发展的规划和图纸上，建设全区历史文化资源基础信息平台，实现文化保护传承和区域发展的“多规合一”。加快推进京西古道文化线路、门斋铁路文化线路及永定河国家文化公园等三条文化线路建设，构建京西特色山地古村落群，积极打造潭戒宗教寺庙、斋堂川红色革命教育基地、妙峰山—琉璃渠民俗技艺传承基地三大历史功能片区。纵深开展文脉保护传承工程，有效提升红色历史文化资源价值，积极推进门头沟区革命文物保护传承与利用工作，系统性开展区内革命文物的保护修缮工作，推进八路军冀热察挺进军司令部旧址等革命文物保护及周边环境提升，完善社会力量参与文物保护腾退利用政策机制。

二、提升公共文化服务水平

以公共文化服务示范区建设为抓手，推动公共文化服务设施覆盖身边化、服务内容品质化、供给主体多元化、服务方式智能化，建成完备、便捷、高效、优质的现代公共文化服务体系，充分满足人民群众日益增长的公共文化需求，到

2025年人均公共文化服务设施建筑面积达到0.4平方米，到2035年增长至0.45平方米。

优化公共文化设施布局。建立覆盖城乡、结构合理、功能健全、实用高效的三级公共文化服务网络，全面提升地区公共文化服务水平。启动区档案馆新馆建设，加快实施区政务服务中心、区体育文化中心新建项目；增补少年儿童图书馆、美术馆及小型图书馆，增加实体书店及智慧阅读空间，丰富文化设施类型。完善山区基层文化设施建设，保证基层公共文化设施建有率和达标率。实施文明风尚培育工程，开展全民阅读活动，完善终身学习体系，建设学习型城市。

统筹拓展公共文化服务空间。结合疏解整治腾退空间再利用，采取盘活存量、调整置换、集中利用等多种方式，打造多样化公共文化空间。探索在大型社区引入创意元素、文化力量改善社区治理，推动公共文化设施向传承展示、知识服务、创意辅导等综合功能提升。依托城市商业综合体、综合交通枢纽等建设项目，合理布局公共文化设施，增加城市公共文化空间供给。鼓励学校、企事业单位文化设施向社会开放，织密基层公共文化设施一刻钟服务圈。

提升公共文化服务效能。探索以政府购买社会服务的方式提升基层文化中心服务效能。广泛吸引市场化、专业化力量参与实体书店、博物馆等公共文化设施建设运营、文化服务供给。完善基层公共文化设施社会化和专业化管理，促进基层文化服务均等化，提升特色水平。依托国家公共文化服务体系示范项目创建，创新实施文化惠民工程，广泛开展群众性文化活动。加大山区公共文化服务配送力度，提高山区公共文化服务配送的品质和效能。

加快公共文化服务数字化建设。建好用好公共文化服务云系统，提供一站式、集成式、多媒体覆盖的智能化服务。加强5G、云计算、大数据、物联网、人工智能等新技术应用，推动公共文化服务全方位、全链条智能化升级。推进基层公共文化服务数字化建设，加大基层公共文化服务保障力度。

三、广泛开展全民健身运动

结合北京冬奥会、冬残奥会筹办，发展全民健身体育事业，回应人民群众增强体质的迫切需求。

完善公共体育设施布局。继续加快建设门头沟体育文化中心等体育设施，建设一批群众健身场地和设施。构建“区—街道（镇）—社区（村）”三级公共体育设施体系，补充建设区级体育设施，重点推进街道（镇）级、社区（村）级体育设施建设，打造一刻钟健身圈。到2025年实现人均公共体育用地面积达到0.4平方米以上，到2035年达到1平方米。

广泛开展全民健身运动。抓住北京冬奥会、冬残奥会机遇，推进青少年户外营地建设，推广足球和冰雪运动，加快标准冰场和足球场建设。强化全民健身赛事和活动谋划，通过丰富多样的健身形式调动群众体育健身积极性，营造全民健身良好氛围。

第三章　培育文旅产业，满足群众多样化品质需求

以“国家全域旅游示范区”建设为主线，坚持宜融则融、能融尽融、以文塑旅、以旅彰文，将文旅体验产业培育成为区域主导产业之一。

一、建设国家全域旅游示范区

构建“一轴、两核、四带、四区、八组团”旅游空间。延伸拓展西长安街中轴线，以109国道新线为“发展轴”，拓展京冀产业联系，形成核心带动效应，推进门头沟新城休闲旅游目的地和斋堂镇历史文化旅游目的地“两核”建设，打造京西特色文化旅游示范高地。加快建设沿永定河展开的西山永定河文化旅游带、以古商道为串联的古道文化旅游带、门头沟城区至斋堂镇的门斋铁路列车观光文化旅游带、长城文化旅游带“四带”。聚焦打造以斋堂镇为核心的古村古道文化休闲名区，协同打造北部高端民俗文旅区、南部煤业矿业文旅区与西部生态山水旅游区“四区”。升级打造潭柘寺-戒台寺-定都峰-九龙山组团、京西大峡谷-百花山-灵山组团、爨柏-灵水-黄草梁组团、妙峰山-樱桃沟-玫瑰园-神泉峡组团、珍珠湖-南石洋-碣石沟组团、清凉界-十八潭-落坡岭-北岭组团、大台矿山文化组团、京西商旅古道组团等“八大旅游景区组团”，构筑全域旅游发展大格局，争取3到5年内打造1到2个区域内具有发展标杆效应的5A级精品景区。

着力提升传统旅游景区核心竞争力，理顺潭柘寺、戒台寺、妙峰山景区的管理体制，按照现代企业制度和市场化运行机制，积极发展壮大京

西旅投公司，整合区域闲置旅游资源，盘活龙门涧、南石洋大峡谷等传统景区。围绕景区建设精品民宿，争取到2025年精品民宿游客年均增长率、精品民宿收入增长率保持增长，到2035年实现持续稳步增长。

二、打造精品旅游产品—空间—业态体系

丰富文化旅游产品供给。贯彻落实文化产业数字化战略，挖掘精品旅游产业全链条附加值，利用科技手段推动更多资源转化为旅游产品。实施游客汽车“后备箱”工程，研发具有文化内涵的实用性、便携性旅游商品，增加旅游购物收入。推进非遗文化融入生活，实施古村落与非遗整体保护，依托琉璃渠村国家级传统村落，探索传统与现代相结合的琉璃重生模式。推动影视拍摄、动漫游戏、时尚购物与旅游相结合，开发数字旅游创意产品。

拓展文化旅游新空间。围绕老旧厂房改造拓展文创新空间，打造以中关村（京西）人工智能文化创意产业园和琉璃文化创意产业园为龙头的一批文化创意产业园区，规范园区健康发展，探索形成集时尚创意、艺术创作、体育休闲等文化体验于一体的旅游新空间。

培育“文化+”新业态。实施文旅融合、文体融合战略，拓展文化和旅游产业发展空间，延伸旅游产业链条，不断培育新业态。推动文化和旅游与农业、林业、科技、体育、交通、国土融合发展，推出休闲农业、工矿旅游、体育旅游、研学旅游、中医药健康旅游、科技旅游等系列新业态旅游产品。引进或建设具有地方特色的餐饮文化街区、历史文化街区、帐篷酒店、森林木屋、自驾车营地、低空旅游、夜间旅游等特色旅游产品。以筹备北京冬奥会为契机，加强与国家体育总局、冬奥组委的合作，发挥户外运动与山区特色旅游优势，积极开展相关产品联合创新与业态合作，吸引国际游客观光游览。

三、扩大文旅品牌影响力

打造系列特色品牌节庆赛事活动。塑造特色鲜明的旅游目的地形象和一批有代表性的购物品牌，持续做强永定河文化节，办好妙峰山庙会，做强龙泉镇文化节、清水农耕饮食文化节等特色品牌；把握2022年北京冬奥会契机，结合区域特色，做强现有的国际山地徒步大会，引入国际极限运动大赛等；抓住黄金周和旅游旺季等重要时间节点，推出一系列特色的文化节庆活动，保持旅游热度。引导九镇举办特色旅游节庆活动，鼓励影响力较强、反响较好的节庆常态化举办。

塑造文旅品牌新形象。完善营销体系，编制文化和旅游宣传营销计划，推进文化和旅游宣传促销专业化、信息化、市场化。搭建营销平台，立足政府和民间两大交流营销平台，构建政府部门、行业、企业、媒体、公众等共同参与的大营销格局。整合营销内容，实施品牌营销战略，创新营销方式，探索运用“互联网+”、会展营销、主题节事营销等方式，提高全域旅游宣传营销的精准度、现代感和亲和力。

第六篇　提高城市承载能力，高品质构建现代化基础设施体系

紧扣区域经济社会发展需求，以增强基础设施综合承载能力为主线，突出整体优化、协同融合，按照统筹规划、适度超前的原则，构建系统完备、高效实用、智能绿色、安全可靠的现代化基础设施体系。

第一章　优化综合交通体系，助推城乡加速发展

坚持交通先行，以增强交通基础设施的连接性、贯通性为重点，以重大交通基础设施项目为抓手，不断织密城乡路网、优化出行方式、完善交通管理，加快形成以人为本、方便快捷、可持续发展的现代化城乡交通系统。

一、织密城乡路网结构

以打造密度适中、结构合理、布局完善的道路网系统为重点，着力提升城乡道路网的密度、畅通度和道路档次，与周边区域形成联动，到2025年集中建设区道路网密度达到6.5公里/平方公里，干线公路网密度达到22公里/百平方公里，到2035年分别达到8公里/平方公里和31公里/百平方公里。

继续完善山区“三横五纵”路网布局。按照“整体规划、远近结合、分期实施”的原则，加密西部山区公路网密度，提升门头沟区北部及南部山区居民出行的便利性。全力保障国道109新线高速公路建设，前瞻性布局沿线市政交通、公共服务、旅游服务等配套设施建设。重点推进108国道三期、双大路（斋幽路—大村）三期、军红路、吕北路（吕家村—北岭）等工程建设。强化京西矿区路网循环能力，完善大台地区与深

山地区路网接驳，缩短通勤时长。加快山区高等级公路进度，优化道路路网级配。

加快形成新城“七横三纵”路网格局。加快推进西苑路、石龙路等主干路建设升级工作，打通“三纵”主干系统。不断完善龙阳路、迎宾大街、曹各庄路、金沙街、玉带街、银华南路等次干路、支路建设，打通断头路。疏通道路“毛细血管”，打通新城内部道路微循环系统。建设河滩路东延等跨永定河并与城市核心区连接的东西交通联络线，积极推进石龙路（阜石路西延）、莲石湖西路东延的前期规划研究工作，完善新首钢地区冬奥交通疏导线建设。

挖掘铁路资源建设市郊铁路网。以市郊铁路“京门—门大线”建设为契机，持续优化平原和山区铁路交通布局。推进市郊铁路京门线工程建设，实现与地铁6号线、在建11号线、磁浮S1线的车站衔接换乘，联通中心城区、城市副中心、北京西站、北京南站等功能区。推进市郊铁路门大线工程建设，对既有大台铁路提升改造进度，激发小火车旅游潜力，服务“一线四矿”文旅康养休闲区建设，带动沿线文旅体验产业发展。

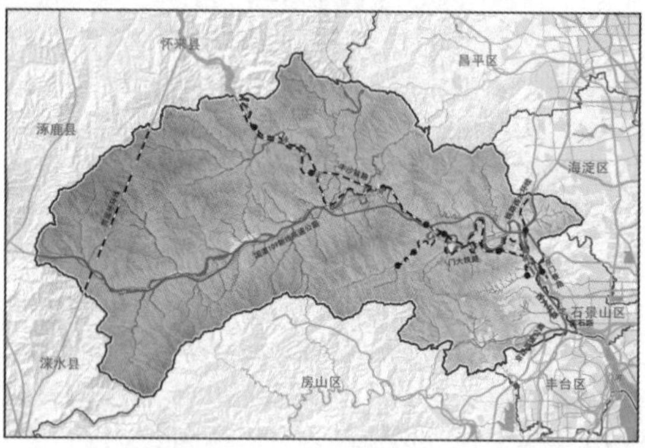

图3　重大区域交通设施与廊道分布示意图（2035年）

二、完善绿色交通体系

加快形成以公共交通体系为主、步行与自行车交通为辅的交通发展模式，鼓励倡导绿色出行。

完善多层次公共交通体系。构建层次清晰的“干—普—微”三级公交线网，开发特色旅游公交线路，加快石门营、石龙等枢纽建设，推行实时公交，提升公交服务水平。完善S1线周边路网，保障交通枢纽、轨道交通站点与中低运量车站的接驳换乘设施供给，优化接驳换乘条件和服务水平，缓解轨道交通“最后一公里”问题。

建设步行和自行车友好示范区。整合公园绿地、滨水空间和旅游资源，打造区域步行和自行车交通线路。在轨道交通车站、大型客流集散点、大型居住区、商业办公区等地区，有序发展公共自行车和共享自行车，充分发挥其在接驳换乘及短距离出行中的作用。

实现交通系统生态化。协调交通基础设施与生态保护的关系，尊重地区生态现状，从设计、规划、施工、管理等方面加强交通基础设施与周边自然山水的有机结合。落实TOD发展理念，促进土地公交良性互动发展。

三、构建良好停车秩序

坚持需求管理与供给谋划双管齐下，缓解停车难题。

严格需求管理。综合利用法律、经济、科技、行政等措施，建立分区域、差异化的拥车、用车管理策略，提高公共交通竞争优势，从源头控制小客车出行强度。

加强停车管理。科学规划、持续优化全区停车设施布局，严控总量、盘活存量、优化增量。挖潜、共享现有停车资源，审慎新建停车设施，打造区级停车资源管理平台和区级三级停车诱导系统，推动实现集约化、智能化、差异化。同时加强行业管理，全面整治不文明停车现象，实现挖潜、建设、管理、执法并举，营造良好停车环境。

第二章　完善市政设施配套，提升城乡运行保障水平

坚持绿色发展理念，围绕民生需求充分保障、资源集约高效利用，加快构建绿色环保、安全高效、布局合理、适度超前的市政设施体系，推动采空棚户区市政配套四期等一批综合市政基础设施建设。

完善城乡供水系统。落实“以水定城、以水定地、以水定人、以水定产”要求，按照用水总量控制目标进行南水北调、东水西调、地表及地下水等多水源优化配置，到2025年供水安全系数维持在1.25以上，到2035年提升至1.3以上。结合城市发展扩建斋堂镇等集中供水厂，推进军庄镇供水干线一期工程、村镇供水保障二期工程等重点项目建设。

建设污水再生水系统。坚持集中与分散相结合、截污与治污相协调、收集与处理利用相匹

配，提高污水处理水平和再生水品质。新城和镇中心区采用集中处理方式，重点推进新城再生水管线一期、二期等工程建设。村庄地区灵活采用多种处理方式，重点推进小城镇污水处理市场化建设配套管网二期等工程建设。完善雨水排除系统，从源头控制、径流调节等方面加强雨水的全过程管理，着力推进雨水管道、行泄通道、雨水调蓄区等工程建设。优化电网结构。提高电网供电能力和服务保障水平，加快补齐山区电力基础设施短板，推进 220 千伏变电站建设和 110 千伏"一镇一站"规划建设。试点开展架空线入地工程，重点推动高压线入地，精减高压线塔，释放城市发展空间，谋划布局一批电力隧道、电力管线工程项目。打造绿色智能电网，积极探索、试点建设"北斗地基增强网基站"，以信息化手段赋能传统电网，不断提升电网智能化水平。到 2025 年供电可靠率达到 99.98%，到 2035 年提升至 99.99%。

优化清洁供热体系。整合全区供热资源，重点依托 4 座燃气供热厂调整优化新城供热布局，推进军庄镇和斋堂镇燃气锅炉房等镇街重点工程建设。推广利用可再生能源，实现可再生能源供热技术突破，力争到 2025 年可再生能源供热比例提升至 3.3%。

提升天然气输配能力。加快天然气输配站建设，依托陕京三线和六环路高压 A 管线，新建王平镇和妙峰山站、军庄和卧龙岗高压 A 调站，实现平原新城地区和浅山区天然气供应全覆盖；合力布局山区镇街液化天然气供应，推进"煤改气"工程。到 2025 年天然气气化率达到 77%，到 2035 年提升至 85%。

推进城市综合管廊建设。坚持"区域统筹、需求导向、互动协调、合理可行"的原则，按照先规划、后建设的顺序，结合架空线入地、环境整治等工程建设时序，因地制宜，合理布局建设综合管廊系统。健全管线入廊、使用、监管等制度，形成入廊完备、运行顺畅、监管有力的综合管廊运行管理机制。到 2025 年综合管廊长度达到 1.5 公里，到 2035 年提升至 5 公里。

因地制宜布局垃圾处理体系。优化新城及周边地区垃圾生态处理格局，完善垃圾无害化处理及资源化利用设施布局，做好垃圾密闭站升级改造工作，新建焦家坡垃圾综合处理厂、再生资源分拣中心、环卫停车场和建筑垃圾处理设施。完善山区生活垃圾处理体系，健全"村收集、镇运转、区处理"的转运处理模式，大幅提升垃圾处理能力，建设潭柘寺镇生活垃圾转运站等一批山区垃圾处理设施，完善垃圾减量化收集系统。

第三章　布局新型基础设施，赋能智慧城市建设

立足数字化、产业化、融合化发展需求，聚焦"新网络、新要素、新应用"，高水平谋划、推进新型基础设施建设，充分赋能区域经济社会发展。

一、升级网络基础设施，夯实基础保障

高水平推进 5G 和千兆固网建设。加强 5G 基础设施建设，扩大 5G 信号覆盖区域，拓展 5G 应用场景。推进光纤互联到户工程建设，完善千兆固网接入网络，打造千兆固网智慧家居集成应用示范小区，促进千兆固网应用落地。到 2025 年基本实现新城地区 5G 信号连续覆盖，城区家庭宽带网络接入能力达到市级要求。

助力工业互联网赋能体系建设。开展工业大数据分级分类应用试点，推动人工智能、5G 等新一代信息技术和机器人等高端装备与工业互联网融合应用。

二、探索建设数据智能设施，丰富应用场景

探索建设数据中心。加快数据中心建设，围绕更好服务社会基层治理、更好支撑区域重点行业，满足大数据及人工智能应用服务等产业高端发展需求，实现数据资源要素的整合，建立区域数据高地。

打造智慧交通体系。开展交通设施改造升级，构建先进的交通信息基础设施，提高交通信息服务品质。积极推动新能源汽车应用，优化充电基础设施布局。跟踪探索自动驾驶、车路协同等车联网技术方向，积极谋划布局。

完善智慧政务服务体系。加强数字政府建设，推进一体化政务服务平台建设，完善政务网格体系，整合全区政务资源，提高政府服务效能。加快政务服务中心建设，建成基于大数据分析的政务决策体系。进一步提升政务服务科学管理水平。加快区级政府服务平台与市级平台的对接，促进政务链条的协调畅通。完善门头沟区城市大脑智能系统，构建城市大脑应用体系，推动政务数据、社会数据汇聚融合。

提升智慧管理效能。建设数字孪生城市，加快智慧城市感知层规模化、集约化建设，提高城

市感知能力和运行保障水平，对于重点监测领域实现动态信息服务全区覆盖。深化智慧校园建设模式，增加智慧社区数量，推进区生态环境新型监管体系、区智慧档案馆、智慧百花山自然保护区天空地一体化监管体系等项目落地。聚焦医疗卫生、文化教育、社区服务等民生领域，扩大便民服务智能终端覆盖范围，推进智慧残联等项目。

第七篇　强化治理能力建设，高水平构建城市治理体系

着力抓好城市治理体系和治理能力现代化，完善共建共治共享的社会治理制度，探索精细治理模式，强化依法治理，实现城市治理科学化、法治化、专业化、智能化建设。

第一章　完善城市治理机制，促进城市品质提升

积极落实京津冀协同发展战略，以疏解非首都功能为牛鼻子，落实首都城市治理重大任务，统筹城市治理与城市更新、城市协调发展的关系，服务以人为核心的新型城市化。

一、落实首都城市治理重大任务

统筹规划、政策、标准、管理、服务等措施，严格执行全市新增产业禁止限制目录，健全引导和倒逼非首都功能疏解的制度机制，扎实开展“疏解整治促提升”和城市更新两大专项行动，助力“大城市病”治理。

深化推进“疏解整治促提升”专项行动。贯彻落实《北京市人民政府关于“十四五”时期深化推进“疏解整治促提升”专项行动的实施意见》（京政法 [2021]1 号），突出提升导向、突出系统观念、突出难题解决、突出分区施策和突出共建共享。全面提升区域生态建设品质，持续结合全国文明城市、全国森林城市创建工作，系统推进永定河生态廊道提升，强化战略留白用地临时绿化。提升城市空间综合治理水平，巩固“9041”标准基本无违建城区创建成果，建立城市街面秩序维护长效机制，开展治理类街乡镇整治提升；持续开展六环路等道路沿线空间整治提升，服务冬奥和冬残奥会；强化桥下空间、施工围挡、临时建筑治理力度，实现“动态清零”。围绕京西产业转型升级示范区建设，推进腾退产业空间提质，研究疏解腾退空间统筹利用政策机制，推进解决“腾笼”易、“换鸟”难的问题。持续开展村庄环境整治，探索城乡结合部综合整治新模式。围绕群众获得感、安全感、幸福感做好精准提升，推进区域冷链物流设施建设、传统商业商圈升级、商业便民设施的综合升级，加快棚户区安置房建设和重点项目征拆建设收尾，攻坚代征代建道路和商品住宅小区配套公共服务设施移交。

实施城市更新行动。创新城市更新机制，落实城市总规、《分区规划》，探索创新存量空间资源提质增效政策机制，推动三家店综合改造项目。开展背街小巷整治提升，深入推进背街小巷环境精细化整治提升行动计划，结合棚户区改造、微循环道路建设，采用示范和推广相结合的方式，打造一批示范街巷，选择重点区域集中整治提升，切实改善居民身边环境品质。推动棚改腾退土地综合开发利用，盘活腾退土地资源。落实老旧小区改造和综合治理，形成政府主导、多方参与的治理模式，对老旧小区整治进行整体规划、专项计划，不断改善提升房屋使用条件，精准实施适老化改造、加装电梯、绿化改造，补充便民设施和停车设施。加强平房区和危旧房改造，增强房屋抗震加固和节能保温性能，确保居住安全性。推动老旧厂房、老旧商场、老旧商务楼宇更新改造。推动存量空间盘活利用，鼓励利用老旧厂房发展文化创意产业、科技创新和高精尖产业等国家和北京市支持的产业、业态，鼓励利用老旧厂房补充公共服务设施、建设新型服务消费载体等。鼓励老旧商业设施进行升级改造、调整功能、提升活力。

深化生活垃圾强制分类制度。以生活垃圾“减量化、资源化、无害化”为目标，全面推进强制垃圾分类，加强垃圾分类全链条管理，建立生活垃圾分类奖惩机制和社会志愿服务机制，加快农村地区生活垃圾分类和资源化利用示范区建设。加强危险废物、医疗废物收集处理。完善再生资源回收利用体系，引入市场化专业化力量，鼓励再生资源回收企业开展正常的市场竞争。加快生活垃圾处理设施、资源化处置设施建设，全面提升各类垃圾处理水平，确保生活垃圾回收利用率到 2025 年达到 37.5%，2035 年超过 40%。

二、持续完善城市治理机制

深化“街乡吹哨、部门报到”工作。继续深化街道管理体制改革，持续强化镇街的社会管理和公共服务职能，立足构建简约高效的基层管理体制，推动治理重心下移，推进“吹哨报到”向

社区治理深化，尽可能把资源、管理、服务放到基层，落实好明确向街乡赋权的事项，建立权责清单，加强区级统筹。进一步转变机关和干部作风，深入基层一线破解难题、推动工作。明确“吹哨”范围，规范“报到”行为，把工作抓实，务求解决问题、取得实效。

持续提升“接诉即办”效能。严格落实《关于坚持“红色门头沟”党建引领基层社会治理深化“接诉即办，办好‘小事’”工作的实施意见》，持续压实“五个亲自”“五个到位”责任，强化“首接负责”，深化未诉先办，与主动治理、依法治理、社会共治紧密结合，合理划分诉求办理的范围和边界，形成长效机制。保障“接诉即办”投诉数量稳定在合理范围，接诉响应率100%，持续提升“解决率”和“满意率”。

全面推进依法治区。推进严格执法、公正司法、全面守法，增强党员干部法治思维和依法行政能力。以全国法治政府建设示范区创建为契机，严格落实重大行政决策法定程序，提高行政执法效能，把政府工作全面纳入法治轨道。深化司法体制改革，全面落实司法责任制，加强执法司法监督制约，全面提升司法能力、司法效能和司法公信。加快法治社会建设，强化法治宣传教育，完善公共法律服务体系，形成全社会尊重法治、信仰法治、坚守法治的良好风气。

三、健全社会治理体系

完善区域化党建机制。在社区党组织的领导下，完善基层民主协商制度，推动居委会、业主委员会、物业服务企业、自管会以及社区议事协商委员会形成合力，统筹街巷长、河湖长、小巷管家、网格员四支队伍，扩大物业委员会、物业服务企业党组织覆盖，完善在职党员社区、村双报到机制，创新双报到载体，推广“红色联盟议事会”“五彩微中心”等协同治理模式，完善群众参与基层社会治理的制度化渠道，打造“党建引领、多方共治”党建品牌，高标准完成村（社区）“两委”换届工作，巩固基层党建成果，推动共建共治共享的社会治理格局的形成。

深化社区网格管理。将社区网格化管理作为城市精细化管理的基础，提高网格化运行效率，建立“四级网格”“五级管理”的网格案件指挥处理工作体系，实现网格常态化、精细化、制度化管理，到2025年城乡网格化管理体系覆盖率达到100%，并持续保持。

强化社会协同能力建设。发挥社会组织和社会企业等第三方作用，实现政府治理同社会调节、居民自治良性互动。积极引入社会力量，加快推动政府购买服务参与社区治理，在老旧小区治理中，试点引入物业服务企业和收费自管等模式，引导居民由“不交费管理差”向“交费享受服务”转变。建立物业服务企业履约考评机制，强化街道对物业服务企业的监督管理。加强平房区、老旧小区等无物业小区的管理。依托信息化手段，将智慧社区建设与大数据平台有机结合，打造社区治理、平安建设、居民服务个性化建设“一张网”，实现街道、社区、居民三级互动。

第二章 强化安全与发展统筹，建设平安门头沟

坚持“精精益求精，万万无一失”的高标准，把安全发展贯穿于经济社会发展各领域和全过程，筑牢安全屏障，保护人民生命安全，维护社会和谐稳定，确保“西部无战事”。

一、维护社会稳定和安全

完善扫黑除恶常态化机制。坚持专群结合、群防群治，加强社会治安防控体系建设。坚持“有黑必扫、有恶必除、有伞必打、有腐必反、有乱必治、除恶务尽”，健全部门协同工作机制，对重点案件重点督办、合力攻坚，坚决防范打击新型网络犯罪和跨国犯罪，保持社会和谐稳定。以“十大重点行业领域”乱点乱象整治行动为切入点，统筹推动政法机关与行业主管部门的联动治理，推动行政执法与刑事司法有机衔接，加强“三书一函”（监察建议书、司法建议书、检察建议书和公安提示函）等应用力度。

全面维护地区安全稳定。加强国家安全宣传教育，增强全民国家安全意识，巩固国家安全人民防线。服务首都政治中心功能，强化矛盾纠纷多元预防调处化解综合机制，构建源头防控、排查梳理、纠纷化解、应急处置的社会矛盾综合治理体系，完善“一人一案、一事一档、一山一哨”机制，创新实践新时代“枫桥经验”，注重日常宣传和普法活动开展，健全社会心理服务体系和危机干预机制。强化反恐防暴机制，严密防范和严厉打击敌对势力渗透、破坏、颠覆、分裂活动。深化区—镇街—村居—重点行业场所和重要单位的反恐防范职责，防范处理邪教，全面强化网络安全保障体系和能力建设。

建设智慧公安治理平台。围绕情报预警、指

挥调度、侦查办案、治安防控等一线实战需求，推动警务科技信息化建设持续升级，建设“雪亮工程”，加强基础要素动态感知，构建全方位获取、全网络汇聚、全维度整合的大数据网络，打造“平台贯通、网络联通、数据互通、系统融通”的软硬件资源体系，推动实战应用提质增效。将智慧平安小区建设与平安北京、智慧城市建设、“雪亮工程”、老旧小区综合整治、城乡结合部地区综合整治、美丽乡村建设等重点工作结合起来，实现全区智慧平安小区建设全覆盖，提升农村地区覆盖密度和识别智能化水平。

强化重点行业、重点领域风险管理。按照“谁主管、谁管理、谁牵头”原则，建立由分管区领导牵头、行业主管部门统筹负责、相关部门配合的重点行业平安建设协调机制，对行业乱象开展源头治理、系统治理，重点防范化解金融风险。

二、推进安全生产保障体系建设

加强城市安全体系和能力建设，保障经济安全和人民生命安全。

推进安全生产预防控制体系。积极落实北京市安全风险评估相关任务部署，全面评估全域安全风险情况，提高城市安全智慧化监测水平，持续推进安全生产责任制落细落实。健全安全生产监管体系，强化基层执法力量，改善基层执法工作条件，加强街乡专职安全员队伍管理，配齐配足安全生产检查人员。深入开展安全监管执法机构规范化、标准化建设，改善调查取证等执法装备，保障执法检查和应急救援用车。

强化事故风险监管。健全落实安全生产责任制，强化城市安全风险管理体系，全面梳理各种风险源、风险点，建立排查、登记数据库和信息系统，进行风险评估，编制应急预案。建立市政基础设施突发事件总体预案，加强水、电、气、热、交通等城市基础设施安全运行管理，严格落实巡查检修工作，及时排查安全隐患，最大限度减少安全事故，保障人民生命财产安全。

强化食品药品安全监管。构建科学高效的食品药品安全治理体系，提升食品药品安全治理能力，指导推动食品药品企业质量管理工作，食品安全抽检合格率始终保持在98.5%以上，药品抽验合格率始终保持在99%以上。

三、构建人防整体防护体系

人防建设与城市建设相结合。紧密结合区域功能定位，坚持人防规划与城市规划相结合、人防设施与城市基础设施相结合、战时防护与平时使用功能相结合、城市人员防护与重要经济目标防护并重，确保城市战时安全运行，实现人防设施军民兼用。促进人员防护、目标防护、专业力量、组织指挥、支撑保障体系相互完善，逐步形成与打赢信息化战争相适应的人民防空体系。

人防发展与经济发展相融合。完善区—镇—村三级人防指挥体系，加强通信警报设施建设，建立安全可靠的首都西部防空保障体系。根据城市空间结构和重要经济目标分布，合理配备各类人防设施，形成防护体系。

第三章　完善应急管理体系，建设“韧性城市”

落实国家应急管理体系建设任务，强化防灾减灾体系建设，提升城市韧性。

一、持续加强城乡应急安全体系建设

抓牢常态化疫情防控。固化抗击新冠肺炎疫情形成的好经验、好做法，保持“外防输入、内防反弹”不放松，压实“四方责任”，落实“三防”“四早”“九严格”等要求，强化镇街、村（社区）公共卫生职责，抓好突发病例快速响应处置、镇街突发疫情核酸检测应急预案、重点领域常态化防疫检测等机制的贯彻落实，加强进口冷链食品监管，增加区内医院负压病房数量，改造提升发热门诊，强化核酸检测保障能力。

完善公共卫生应急体系。对标市委市政府《关于加强首都公共卫生应急管理体系的若干意见》及三年行动计划，强化全社会公共卫生预警动员能力，完善多层级传染病疫情和突发公共卫生事件监测体系，强化监测预警、风险评估、流行病学调查、检验检测、应急处置等职能，做优做强区疾控中心，确保每万名常住人口疾控力量配比始终达到市级要求。将公共卫生应急物资保障纳入区突发事件应急物资保障体系，提升公共卫生安全应急人才及物资保障。强化急救体系承载能力，加快山区卫生急救体系建设，继续推进斋堂医院急救体系建设。

推进应急指挥中枢建设。建设门头沟区应急指挥网络，全面推动区域应急管理标准化、智能化、社会化、协同化，采用物联网、大数据等技术手段，推动全区应急信息一张图和一张网建设，布设全域感知网络，形成“感、传、知、用、管”为一体的城市综合应急指挥管理系统，构建立体应急网络。形成区级常备综合应急救援力量，针对各类灾害救援，提升“平战结合、反应灵敏、作风过硬、本领高强”的综合应急救援水平。

加强综合应急能力建设。加强城乡应急避难场所建设，在新城建设中心避难所和固定避难所，在各镇街实现固定避难所全覆盖，积极组织应急安全演练，加大应急科普实训力度，提升应急社会动员能力。完善城乡生命通道系统，规划Ⅰ、Ⅱ、Ⅲ级生命通道，在新城重点建设救灾干道、疏散主次干道。推进应急救灾物资保障体系建设，构建区—街道—村居多级应急物资装备保障模式、应急物资的政府和企业协同保障模式以及城市基层社区应急物资保障网络。

二、强化防灾减灾体系建设

综合提升防灾减灾能力。持续完善各类灾害预防和抗灾预案，把功夫下在平时，不断提高防灾、减灾、抗灾、救灾能力，发展巨灾保险。针对气象灾害、森林防火、干旱、洪涝和地质灾害等主要灾害及衍生灾害，强化灾害风险评估，识别和划定各类灾害易发区与高风险区，提升自然灾害防御工程标准。科学指导用地安全布局，划分防灾分区与新城防灾单元，有效阻止次生灾害蔓延。

优化防灾设施布局。适度提高城市防灾设施建设标准，形成分级合理的防灾空间设施网络。落实消防安全责任制，排查整治火灾隐患，加强重点场所和建筑防火，加强消防队站、消防水源等公共消防基础设施建设。加强新建建筑抗震设防，推动既有老旧建筑的抗震加固改造。开展官厅、山峡地区暴雨风险防御研究，加强位于崩塌、滑坡、泥石流等地质灾害高风险区的险村、险户的安全管控，加快江河控制性工程建设，加快病险水库除险加固，全面推进堤防和蓄滞洪区建设。

第八篇 着力保障改善民生，高效率回应人民美好生活向往

践行为人民服务的根本宗旨和以人民为中心的发展理念，围绕劳有所得、病有所医、老有所养、住有所居、弱有所扶、幼有所育、学有所教的“七有”目标和市民需求安全性、公正性、便利性、宜居性和多样性的“五性”特点，健全多层次社会保障体系，打造优质均衡可及的公共服务体系，不断增强人民获得感、幸福感、安全感。

第一章 强化就业住房教育保障，促进安居乐业

按照兜底线、织密网要求，在促进就业增收上下功夫，在提高增强住房和教育保障上求实效，多管齐下，形成合力，不断健全城乡一体化社会保障体系，确保“七有”“五性”监测评价指数始终达到市级要求。

一、保障“劳有所得”，稳定就业民生支点

促进更加充分、更高质量就业。坚持就业优先战略，统筹城乡就业支持政策，切实做好高校毕业生、城乡就业困难群体、农村转移劳动力等重点群体就业帮扶工作；扩大公益性岗位安置，帮扶残疾人、零就业家庭就业。深入实施以产业带就业行动，围绕文旅体验、医药健康、科创智能三大主导产业，鼓励创业带动就业、多渠道灵活就业和劳动技能型就业；发挥企业的载体作用，完善、落实中小企业支持政策，稳定就业岗位。优化创新创业生态，激发劳动者创新创业积极性，支持科技人员、农村转移劳动力等群体返乡入乡创业，积极推进灵活就业。健全就业公共服务体系，加强就业创业指导，健全就业信息体系、就业需求调查和失业监测预警机制。加强公共人力资源服务机构建设，吸引经营性人力资源服务机构落户，形成公共机构和经营性机构优势互补。多渠道增加城乡居民收入，实施扩大中等收入群体行动计划，确保全体居民可支配收入年均增速保持5%左右，城镇登记失业率按最新口径控制在5%以内。

持续提升社保服务水平。积极推进社保改革，全面实施全民参保计划，健全灵活就业人员社保制度，完善退役军人和灵活就业人员社保制度，持续扩大社会保险覆盖范围，发挥社会保障托底作用。积极落实参保人员各项社会保险待遇水平调整政策，让更多城乡居民共享改革发展成果。做好跨地区流动就业人员社保转移接续和权益保障。促进企业年金发展，扩大企业年金覆盖面。进一步增强社保经办服务能力，优化经办服务流程，争创全国优质社保服务窗口。加强社保基金监管，完善监管措施，提升监管手段，确保基金安全。

加强职业技能提升培训。持续实施职业技能提升行动计划，建立健全终身职业技能培训制度，不断加大培训力度，缓解结构性就业矛盾。探索建立基于互联网的职业技能培训公共服务平台，

提升技能培训信息化水平。发展特色培训，开展民宿行业职业技能培训试点。鼓励企业建设培训中心，切实发挥企业在职业技能培训中的作用。围绕“两区”建设和“五新”政策要求，顺应人工智能、移动互联网、大数据等新一代信息技术发展趋势，结合全区高精尖产业、高端民宿等发展需求，大力培育新职业、新工种，前瞻性布局新型人才队伍。

维护劳动关系和谐稳定。不断完善协调劳动关系三方机制，强化矛盾系统治理、依法治理、综合治理、源头治理。规范企业用工行为，提高劳动合同履行质量，建立劳动关系风险监测预警平台，加强矛盾风险防范。加强劳动保障监察队伍建设，加大劳动监察执法力度，深入推进“根治欠薪”工作，依法维护劳动者和企业合法权益。加大劳动争议调解力度，继续推动调解机制向基层延伸，加强案件监督检查，提高调解仲裁工作的专业化和规范化。

二、保障“住有所居”，持续提升居住品质

保障居住空间供应。坚持房子是用来住的、不是用来炒的定位，合理制定居住用地供应和住房建设计划，有效落实保障性住房和人才住房新增安排建设指标。完善土地出让收入分配机制，探索支持集体建设用地按照规划建设租赁住房。根据产业布局，适度调整居住用地供给，优化职住空间结构。构建租购并举、多元保障的住房供应体系，加强供给弹性，突出有效供给，针对不同群体的差异化住房需求，从供应总量、类型规模、套型面积、空间布局四个方面实现动态平衡，保障住房的多元化需求与多层次供应的统筹协调。

推进各类保障住房建设。坚持分散配建和集中建设相结合，新城重点布局人才共有产权房、人才公寓、人才公租房，乡镇重点布局普通公租房、集体宿舍、商品房。优先保障公租房和政策支持性住房供应规模，重点保障区内住房困难家庭、夹心层住房刚需人群以及产业园区人才的住房需求。高标准完成棚改攻坚收尾，坚持“保质量、保进度、保配套、保服务、强治理”，建设好、服务好、完成好棚户区改造任务，提升回迁居民的幸福感，加快推进龙泉镇大峪化工厂及周边地块、永定镇3751-C地块等一批棚户区改造和环境整治项目，建设三家店粮库棚改定向安置房项目。

三、保障“幼有所育、学有所教”，推进教育现代化

增强教育服务供给能力。落实教育优先发展战略，坚持立德树人、五育并举，持续优化城乡教育布局。增加学前教育资源，大力发展公办幼儿园。深化名校办分校、集团化办学、教育联盟等模式，加强小学、初中教育设施建设，探索高中多样化发展路径，加快建设景山学校门头沟校区、清华附中分校。到2025年实现基础教育设施千人用地面积达到3321平方米，到2035年增长至4000平方米。发展职业教育，推进普通教育与职业教育相结合，深化职普融通、产教融合、校企合作，探索中国特色学徒制，大力培养技术技能人才。规划建设国际学校，为在京常驻外国人才和海外优秀人才营造良好教育环境。引进符合功能定位的高等院校，实现高等教育零突破。支持和规范民办教育发展，规范校外培训机构，健全弹性离校制度。完善学校家庭社会协同育人机制，加强教师队伍建设，提升教师教书育人能力。将健康教育纳入学校教育，完善学生心理健康教育服务，促进学生身心健康发展。

促进教育优质均等发展。健全优质教育资源共享机制，在学校布局、资源配置、学校管理、教育教学等方面实施城乡一体化管理，促进教育公平，针对永定镇、东辛房街道等新建住宅小区较密集的地区，及时布局配套教育资源。加强农村学校建设，加大乡村教师支持力度，吸引优秀教师到乡村从教，提升农村教育水平。通过名校办分校、集团化办学等方式，引入国内及本市优质基础教育资源，满足群众优质教育需求。加强教育系统网络基础设施建设，探索网络教育模式，集成跨区域、跨学校的教育资源，缩小区域、校际差异。

第二章　完善医疗养老社会保障，免除后顾之忧

以人民群众最关心的问题为导向，不断提高教育、医疗、养老等公共服务供给水平，确保基本公共服务覆盖全民、兜住底线、均等享有。

一、保障“病有所医”，不断完善医疗卫生体系

优化医疗卫生服务布局。落实《关于推动生态涵养区生态保护和绿色发展的实施意见》中关于“每个生态涵养区有1所三级医院”的部署，高标准建设门头沟区新医院，力争达到三甲院区

标准，支持门头沟区医院和中医院创建三级医院。坚持中西医并重，发展中医药事业，保障中医医疗中心建设，继续实施中医健康乡村活动。引导医疗机构运用信息化、智能化技术装备，开展医学影像诊断、监护指导、手术指导、医学教育等远程医疗服务。完善基层医疗卫生机构配置，推动社区卫生服务机构标准化建设，夯实基层卫生服务能力，将卫生服务纳入社区治理服务，扩大远程诊疗覆盖范围，推动医疗资源下沉，实现全区乡镇街道动态全覆盖，支持社会力量举办非营利性医疗机构，落实家庭医生签约服务内容，完善群众家门口的公共卫生服务体系，确保每千常住人口执业（助理）医师数力争达到市级要求。

完善公共卫生体制机制。发挥区医院和京煤集团总医院的龙头带动作用，强化医联体建设，提升区域医疗服务能力，完善分级诊疗服务体系，畅通双向转诊通道。完善医疗卫生体制机制，建立分级诊疗制度，创新医防协同机制，全面深化公立医院和医药卫生体制改革。进一步规范医疗服务行为，探索推进“一类管理、二类激励”的工资绩效管理机制和薪酬增长机制。健全全民医保体系，扩大城乡居民基本医疗保险覆盖范围，健全重大疾病医疗保险和救助制度，落实异地就医结算，稳步推进长期护理保险制度，积极发展商业医疗保险。

加快“健康门头沟”建设工作。重视精神卫生和心理健康，推进门头沟区精神病专科医院迁建工程。加强妇幼健康、慢病管理、残疾康复和老年健康管理服务，加快妇幼保健院标准化建设，满足人民多样化健康管理需求。稳定公共卫生事业投入，加强公共卫生人才队伍建设，着力打造高素质医疗卫生人才队伍。深入开展爱国卫生运动，促进全民养成文明健康生活方式，提高全民健康素养。

二、保障“老有所养”，着力健全养老服务体系

健全养老服务网络。应对深度老龄化社会挑战，营造老年友好型社会氛围，继续落实《北京市养老服务设施专项规划》，全面建成“养老服务指导中心＋机构养老设施（养老照料中心）＋社区养老服务驿站”的养老服务设施网络。新城着力增加养老机构，新城周边镇街中远期承接新城部分养老服务需求，西部山区重点加强综合配套。落实《北京市居家养老服务条例》，推进养老服务驿站可持续发展，健全养老服务综合监管制度，完善养老服务纠纷预防和处置机制。到2025年实现每千常住人口养老床位数达到7张，到2035年达到9.5张。

推进医养康养融合发展。探索实行“物业服务”＋“养老服务”模式，加快建设居家社区机构相协调、医养康养相结合的养老服务体系。推进医疗机构、社区卫生服务中心与养老机构、养老服务中心等开展合作，扩大照护型服务资源，实现医养融合发展。以区域性综合养老服务中心为核心，以“幸福万年”驿站为重点，结合其他村级养老服务点及精品民宿，发展多元康养产业，发展具有生态涵养区特色的银发经济，承接健康养护和森林养老等特色项目，建设乡村养老服务示范区。

三、保障“弱有所扶”，强化全社会兜底保障

加强社会救助能力建设。健全分层分类的社会救助体系，建立区、镇街、乡、村相互衔接的社会救助工作网络，充实基层社会救助工作力量。引导社会力量积极参与公益慈善事业，健全志愿服务工作制度，倡导市民积极参与志愿服务。

加强特殊群体福利保障。扩大残疾人基本公共服务供给，增强残疾人收入保障，拓宽残疾人就业渠道，加强无障碍设施及环境建设维护，健全养护照料和康复支持体系，提高残疾人机构托养承载能力。统筹完善民政兜底服务，持续推进精神卫生福利机构、儿童福利保护机构、流浪乞讨人员救助机构、兜底性养老设施等建设。加强妇女儿童保护，保障妇女和未成年人权益，支持专业化的法律服务机构、社会组织等为妇女提供公益性法律服务和援助，强化未成年人保护和预防青少年违法犯罪工作。

持续巩固帮扶成果。针对全区集体经济薄弱村、低收入边缘户和返贫风险户，持续深化帮扶措施，保持帮扶政策的连续性和稳定性，加强动态监测，防止返贫现象发生。继续开展与河北、内蒙古、西藏、湖北等省和自治区的扶贫协作和对口支援，落实“四个不摘”要求，完善扶贫协作和支援合作长效机制，继续以首善标准助力结对受援地区巩固拓展脱贫攻坚成果，接续推进对口协作和支援地乡村振兴工作。

第三章　优化生活性服务业布局，提升生活品质

满足人民群众对生活性服务业的普遍需求，着力解决生活性服务业在供给、需求、质量等方面存在的问题，推动生活性服务业健康有序便捷发展。

一、建设均衡完善的便民服务网络

增加基本便民商业设施。引导便民商业设施合理化、层级化布局，促进便民商业服务规范化、便利化、品牌化、特色化、智能化发展，建立健全生活必需品市场供应应急管理机制，巩固一刻钟社区服务圈建设成果。

推动生活性服务业向高品质和多样化升级。重点发展交通与通信服务、金融服务、文化与教育培训服务、零售与寄递服务、房地产服务、住宿餐饮服务，着力打造，引进建设五星级酒店和高品质购物中心，鼓励生活性服务业数字化转型，加快培育新消费业态，提高居民消费品质。

二、打造智慧高效的物流组织体系

优化物流设施格局。探索建设“3+1”城市物流节点网络体系，联动首都西部综合服务区全域，构建“大型综合物流园区（物流基地）+物流中心+配送中心+末端网点”的物流格局。

促进末端配送场所和营业网点建设。加大智能自提柜、智能快件箱等末端服务设施的配套建设，加快推进冷链物流配送中心建设。改变无序、散乱的物流设施分布方式，提升物流运营水平。

第九篇　坚持党的全面领导，切实保障规划组织实施

坚决贯彻中央和北京市委市政府决策部署，认真落实规划提出的指导思想、基本要求、主要目标、重点任务和举措，科学编制“十四五”时期各专项规划和各部门、各镇街“十四五”时期工作规划，确保“十四五”规划纲要落到实处。

第一章　持续强化党建引领，统筹把控规划实施

切实加强党对经济社会发展工作的集中统一领导，坚定制度自信，切实将制度优势转化为治理效能。

一、强化党对经济社会发展工作的领导

创新推动“红色门头沟”党建“1179工程”，巩固“不忘初心、牢记使命”主题教育成果，完善党（工）委、党组研究经济社会发展战略、定期分析经济形势、研究重大问题工作机制，加强对重大改革、重点工作、重要项目的统筹，健全决策咨询机制，提高决策科学化水平，确保将党的领导贯穿绿色发展、生态富民各方面全过程。

二、强化组织人才保障

落实“团结统一、红色传承、向善尊贤、三严三实、互勉包容”的“二十字”干部队伍建设原则，系统性打造各领域京西铁军队伍品牌。优化领导班子知识结构和专业结构，着力提高广大干部特别是年轻干部的政治能力、调查研究能力、科学决策能力、改革攻坚能力、应急处突能力、群众工作能力、抓落实能力。创新“3+N”综合考评模式，完善“三考合一”“一核三评”综合考评机制，激励干部担当作为，积极打造“综合考评门头沟品牌”。以提升组织力为重点，突出政治功能，推动基层党建全面进步、全面过硬，加大非公有制企业党建工作力度。

三、强化监督执纪保障

坚持全面从严治党、依规治党，严明党的纪律和规矩，落实党风廉政建设主体责任和监督责任，深化纪检监察体制改革，强化“三不”一体推进体制机制。锲而不舍落实中央八项规定精神，大力整治形式主义、官僚主义，切实为基层减负。强化对公权力的制约和监督，积极构建一体推进不敢腐、不能腐、不想腐体制机制，深化实施全面从严治党“六六工程”，即“六个抓牢、六个坚定不移”，具体做到抓牢“政治建设”这个根本、坚定不移践行“两个维护”，抓牢“主体责任”这个牛鼻子、坚定不移贯彻全面从严治党要求，抓牢“纪律、法律”这两把戒尺、坚定不移强化纪律建设，抓牢“正风肃纪”这个关键、坚定不移落实中央八项规定精神，抓牢“反腐惩恶”这把利剑、坚定不移巩固发展反腐败斗争压倒性胜利，抓牢“刀刃向内”这个要求、坚定不移锻造忠诚干净担当的纪检监察干部队伍和巡察干部队伍。

第二章　坚持重大项目带动，促进规划落地落细

坚持以规划确定项目，以项目落实规划，集中力量推进一批重大项目建设，发挥重大项目带动作用，推动各项规划任务的落实。

一、完善重大项目库，加强项目管理

瞄准“十四五”时期经济社会发展目标和重点任务，围绕生态涵养、减量集约、高质量发展、

弘扬文化、基础设施、公共治理、民生保障等七个领域，完善区域经济社会发展项目库，筛选一批重大项目进行优先布局。瞄准二〇三五年经济社会发展远景目标，持续谋划、论证、储备重大项目。合理安排项目建设时序，统筹安排项目建设进度。加强对重大项目建设的审核监督，强化项目质量监管、安全监管。

二、完善项目统筹推进机制，加快项目实施

发挥重大项目对经济社会发展的带动作用，集中力量组织和实施好一批重点项目。加快交通设施、水电气热、新型基础设施等项目建设，推进“一园四区一小院”绿色发展新格局支撑项目和产业载体建设。以改善和保障民生为出发点，安排落实好一批满足民众基本需求的公共服务项目。

第三章 完善各项工作机制，确保规划有序推进

健全政策协调和工作协同机制，完善规划实施监测评估机制，动员和引导全社会力量共同推进规划落实。

一、健全政策协调和工作协同机制

做好规划衔接工作，积极争取政策支持，认真梳理、充分利用国家及北京市相关政策，紧紧抓住京西产业转型升级示范区和新首钢城市复兴新地标建设的历史机遇，完善配套政策体系，推动政策优势变现。加强部门间、政策间的衔接配合，强化政策实施效果。

二、完善规划实施监测评估机制

围绕规划提出的主要目标、重点任务和政策举措，组织开展规划实施评估，全面分析检查规划实施效果及各项政策举措落实情况，推动规划有效实施，并为调整和修订规划提供依据。完善规划实施民主监督机制，自觉接受区人民代表大会及其常务委员会对规划实施情况的监督，重大情况及时向区人大报告。

三、完善社会参与机制

发挥区人民代表大会监督作用，强化人大代表对生态保护、产业培育、棚改工程、预算审查和国有资产等重点领域的监督。发挥区政协的协商民主重要渠道和专门协商机构作用，推动政协组织和政协委员聚焦地区发展各项任务，加大视察调研和协商力度，更好聚人心、添助力、增合力。巩固和发展最广泛的爱国统一战线，充分发挥民主党派、工商联和无党派人士作用，共同支持全区发展。发挥群团组织作用，凝聚各自联系群众的智慧和力量，共同守好绿水青山。

大事记

1月

5日　门头沟区新冠肺炎疫情防控工作会议召开。传达北京新冠肺炎疫情防控工作领导小组会议精神，听取全区新冠肺炎疫情防控工作情况汇报，部署有关工作。

5日～6日　政协门头沟区第十届委员会第五次会议召开。听取并讨论政府工作报告、常务委员会工作报告、提案工作报告；通报优秀提案；通过十届五次会议期间政治决议、工作报告决议和提案审查情况报告。

7日～9日　门头沟区第十六届人大第七次会议第一次全体会议召开，付兆庚作政府工作报告。表决通过关于门头沟区人民政府工作报告的决议、关于门头沟区国民经济和社会发展第十四个五年规划和二〇三五年远景目标纲要的决议、关于门头沟区2020年国民经济和社会发展计划执行情况与2021年国民经济和社会发展计划报告的决议、关于门头沟区2020年预算执行情况和2021年预算报告的决议、关于门头沟区人民代表大会常务委员会工作报告的决议、关于门头沟区人民法院工作报告的决议、关于门头沟区人民检察院工作报告的决议。听取议案审查委员会关于议案的审查报告。

9日　区融媒体中心成为全市第一批取得《信息网络传播视听节目许可证》《互联网新闻信息服务许可证》的新闻单位。

18日　由中央广播电视总台北京总站和门头沟区政府共同建立的首批公共文化传播基地在斋堂镇马栏村揭牌启用。

20日　门头沟区创建全国文明城区工作汇报会召开，听取近期创城工作思路的汇报，与会领导交流发言，对《门头沟区创建全国文明城区三年攻坚行动计划（2021-2023）（草稿）》进行修改完善。

1月　妙峰山镇获2020年“北京市体育特色乡镇”称号。

▲　门头沟区北京槐井石舍文化旅游有限公司王改芳获“全国优秀农民工”称号，并作为全市10名代表之一，参加全国优秀农民工和农民工工作先进集体表彰大会主会场活动。

▲　门头沟区谷山村景区获批国家AAAA级旅游景区。

1月～3月　门头沟区第41届青少年科技创新大赛举办，共收集区内30余所中小学校学生和老师作品300项。经专家评审选拔出区级获奖项目178项，其中论文类作品28项、发明类作品48项、优秀实践活动作品1项、科学幻想绘画作品107项、科技辅导员项目3项。

2月

8日　门头沟区第十二届纪律检查委员会第九次全体会议召开。听取区第十二届纪律检查委员会作工作报告。通过《中国共产党北京市门头沟区第十二届纪律检查委员会第九次全体会议工作报告》《中国共产党北京市门头沟区第十二届纪律检查委员会第九次全体会议决议》。

10日　全区领导干部大会召开，宣布喻华锋任门头沟区委副书记，并建议提名为区政府区长人选。

20日　门头沟区2020年度区镇（街道）、系统党（工）委、党组书记抓基层党建述职评议会召开。集中点评党风廉政建设情况、党建引领基层社会治理情况、落实意识形态工作责任制情况。播放基层党建暗访片；潭柘寺镇、永定镇、大峪街道、区直机关工委、区法院等党（工）委、党组书记依次述职。区委常委、区委党建工作领导小组成员、区“两代表一委员”代表、基层党员干部群众代表开展现场测评。张力兵对各单位述职情况进行点评。

▲　门头沟区深化事业单位

改革试点工作动员部署会召开，对《北京市门头沟区深化事业单位改革试点实施方案》做说明。

24 日 区委第十二轮巡察工作动员部署会召开，部署十二届区委第十二轮巡察工作安排；十二届区委第十二轮巡察授权任命及任务分工决定。

25 日 区人力社保局一级主任科员管浩明获全国脱贫攻坚先进个人奖。

2 月 门头沟区获 2018—2020 年度首都文明示范区称号。

▲ 区规自分局完成采空棚户区改造和环境整治东西辛房 C 地块、圈门 D 地块和龙门 B 地块 3 个项目的征地结案工作，共涉及龙泉镇 9 个村，征地面积 68.2362 公顷，征地补偿 20470.86 万元。

▲ 东辛房 24 号院、绿岛家园、城子东街 13 号院、永升嘉园等 8 小区及军庄村、韭园村、赵家台村、桃园村、白虎头村、西达摩村等 10 个村获评门头沟区第一批生活垃圾分类示范小区、村。

▲ 曲绍东、杜海霞、曹振刚、肖清海、闫强、刘焕敏获 2019-2020 年度“首都精神文明建设奖”。

3 月

1 日 门头沟区 2021 年党建工作会召开，部署 2021 年政法、组织、老干部、宣传思想文化、统战等工作。

10 日 石景山区与门头沟区合作发展座谈会召开。双方签订《合作发展框架协议》。

12 日 门头沟区党史学习教育动员大会召开，传达习近平总书记在党史学习教育动员大会上的重要讲话精神以及蔡奇书记在全市党史学习教育动员大会上的讲话精神。

▲ 受东移短波槽影响，门头沟区大部出现小到中雨，高海拔山区有雨夹雪或雪。至 16 时，全区平均降水量为 3.3 毫米，白天最高气温 10℃，最大降水量出现在洪水口，为 9.2 毫米。

15 日 斋堂镇马栏村、雁翅镇田庄村、妙峰山镇涧沟村列为中央组织部红色试点村。

▲ 北京市扶贫协作总结表彰大会召开，区人力资源社会保障局等 5 家单位被授予“北京市扶贫协作先进集体”称号，12 人被授予“北京市扶贫协作先进个人”称号。

▲ 受蒙古国至我国西北地区大范围沙尘输送影响，门头沟区出现大风沙尘天气，最低能见度 300-500 米。

19 日 门头沟区召开 2021 年无障碍环境建设工作动员部署会，安排部署 2021 年无障碍环境建设工作。

截至 21 日 门头沟区村和社区“两委”换届选举工作完成，历时 88 天。全区 178 个村、121 个社区的“两委”班子全部换届，新一届村和社区“两委”干部平均年龄 46.1 岁，比上届降低 2.5 岁，大专以上学历占比 65.7%，比上届提升 10.8%，各村和社区实现 35 岁以下年轻干部全覆盖配备。

22 日 门头沟区召开传统村落保护发展与美丽乡村规划汇报会，斋堂镇、妙峰山镇和设计单位负责人，分别汇报西胡林、黄岭西、川底下、沿河城、陈家庄 5 个村的规划设计方案。

26 日 门头沟区委生态文明建设委员会第四次会议暨污染防治攻坚工作会议召开，部署《门头沟区深入打好污染防治攻坚战 2021 年行动计划》，书面审议《中共北京市门头沟区委生态文明建设委员会专项小组及组成成员》《中共北京市门头沟区委生态文明建设委员会 2021 年工作要点》。

29 日 中共北京市门头沟区委中关村科技园区门头沟园工作委员会、中关村科技园区门头沟园管理委员会揭牌。

3 月 门头沟区科信局成立新冠病毒疫苗接种保障工作专项工作组，完成全区 16 个接种点以及 1 个新冠病毒疫苗存放处 135 路监控系统以及接种点的人脸识别、测温、健康宝查询设备的安装部署；安装存放疫苗冷链设备温度监控传感器 25 套；升级覆盖各接种点、新冠病毒疫苗存放处 50M 上传带宽固网；协调 5GCPE 设备作为网络保障重要的双备份。

4 月

7 日 区委第十二届委员会第十三次全体会议召开，审议通过《门头沟区暂夺全国文明城区三年冲刺行动计划（2021~2023 年）》，研究讨论《门头沟区部分行政区划调整方案（送审稿）》，听取《门头沟区村（社区）“两委”换届总结报告》。

8 日 门头沟区反腐倡廉建设领导小组会议召开，报告《北京市门头沟区反腐倡廉建设领导小组及其办公室成员建议名单》《2020 年门头沟区全面从严治党（党建）工作考核情况报告》《2021 年上半年全区党风廉政建设形势分析报告》，与会领导小组成员进行党风廉政建设形势分析研判。

22 日 门头沟区创建全国文明城区攻坚冲刺动员誓师大会召开，部署门头沟区暂夺全国文明城区三年冲刺行动计划和创建全国文明城区监督工作要求。

28日 门头沟区“2021 New购门头沟”牛年主题消费季启动。活动分为够精彩、够时尚、够亲民、够美味、够有品、够活力、够悠闲七大板块。

29日 2021北京精品民宿推介会暨门头沟小院推介活动（第一季）举办。活动通过防疫安心小院民宿授牌、“门头沟小院”政策宣传和成果展示、与首农集团和京演集团等签署战略合作协议、启动“大厨下乡”结对子等方式推介“门头沟小院”。

4月 斋堂镇宛平抗日烈士纪念园评为市级爱国主义教育基地。

▲ 门头沟区八路军冀热察挺进军司令部旧址等11处不可移动革命文物入选北京市文物局关于公布北京市第一批革命文物名录。

5月

7日 门头沟区与神农架林区就对口协作工作进行座谈，听取门头沟区与神农架林区“十三五”时期对口协作工作情况及2021年工作安排的汇报。

8日 门头沟区2021年农村工作会议召开，印发《门头沟区促进集体经济薄弱村增收发展壮大农村集体经济的工作方案》《门头沟区关于巩固脱低成果促进线上边缘户、返低风险户持续增收工作方案》。

12日～26日 妙峰山第二十八届“金顶祈福纳吉祥弘扬妙峰福文化”传统民俗庙会举办，期间100余档传统民间花会朝顶进香、酬山赛会进行民间文艺表演交流切磋技艺，以及施粥布茶、舍馒头、舍缘豆、舍茶叶等传统民俗活动。

18日 庆祝中国共产党成立100周年原创红色经典剧目北京曲剧《京西火种》在门头沟区展演。

21日 “畅游绿水青山乐享巅峰小院”清水镇首届精品民宿旅游文化节开幕，200余名各界人士参加，并通过“门头沟融媒”线上直播。

27日 区领导喻华锋以视频形式会见德国鲁尔区博特罗普市市长贝恩德·蒂施勒，就两地在经济转型、生态环保领域合作进行交流座谈。

29日～6月15日 “樱您而来醉美妙峰”妙峰山镇樱桃采摘文化节举办，开展畅游百亩樱园、樱桃采摘文化论坛、艺术展演、樱树认领、尽享樱桃美食等活动。

31日 门头沟区“三个规定”集中宣讲暨党政领导干部公开承诺大会召开。张力兵、喻华锋、张维刚、张永等签订《北京市门头沟区党政领导干部执行落实“三个规定”公开承诺书》。

▲ 门头沟区与中央广播电视总台北京总站举行战略合作暨超高清示范园建设签约仪式。协议明确用地保障、基础设施、生活保障等3个主要方面的合作，促进5G+8K高清示范园落地门头沟区。

5月 门头沟区在全市率先试行《村（居）社区服务站政务服务综合窗口工作规范》，并在侯庄子村、绿岛家园社区等10个村（居）进行试点。

6月

10日 门头沟区潭柘紫石砚雕刻技艺入选第五批国家级非物质文化遗产代表性项目名录。

15日 区总工会传承红色基因·同庆百年华诞”庆祝建党100周年红色庆典活动举行，200余人一同观看文艺演出。

16日 门头沟区纪念建党100周年主题党日活动举行，区领导到北大二院旧址参观“伟大开篇—中国共产党早期北京组织专题展”，并观看《从这里出发》专题片。

20日 第十二届北京国际山地徒步大会京西星火10公里徒步活动在雁翅镇田庄村“星火玫瑰谷”举办，现场售卖天然蜂蜜、香椿酱等“雁翅优选”特色农产品。

21日 北京京西产业转型升级示范区被国家发展改革委评为2020年度产业转型升级示范区建设评估结果“优秀”等级，并予以通报表扬，被纳入“十四五”时期产业转型升级示范区支持政策范围。

23日 “巾帼心向党百年正辉煌”庆祝中国共产党成立100周年文艺汇演活动举行，为区“最美家庭”代表颁发奖牌。

▲ 门头沟区纪念中国共产党成立100周年暨“两优一先”表彰大会召开，对5个市级先进集体、14名市级优秀个人、50个区级先进集体、150名区级优秀个人进行表彰，与会区领导为“光荣在党50年”的老党员代表颁发纪念章。

▲ 门头沟区首家深山区园艺驿站——京西林场园艺驿站揭牌。

24日 城市道路步行、自行车路权保障工程完工。该工程位于新城大街（南起现状G108辅线，北至现状葡山路），完成自行车道彩色防滑路面施工800余平方米，合理优化自行车道进出口，粘贴自行车标48个。

28日　张力兵以“跟党走”为主线，围绕知史爱党、知史爱国，矢志不渝跟党走；传承基因、赓续血脉，薪火相传跟党走；热血担当、无悔奉献，坚定信心跟党走；立足首善，勇争第一，接续奋斗跟党走讲党史学习教育专题党课。

▲　区档案史志馆“红色宛平——庆祝中国共产党成立100周年”专题展开幕，此次展览以中国共产党创建的北京地区第一个抗日民主政府——宛平县抗日民主政府为主线，全面展示和回顾中国共产党创建平西宛平县建制沿革及其历史贡献。展览共展出档案、资料、图片近200件。全年接待来馆参观人员1000余人，网上展厅点击量超3万人次。

6月　门头沟区2021年养老金调整工作完成调整企业养老金1213.41万元/月，涉及全区5.86万余名企业退休人员，人均增长额207元/月；共调整机关养老金157.77万元/月，涉及全区7244名机关退休人员，人均增长额217元/月。

▲　门头沟区首个共有产权房项目——中国铁建·西山梧桐竣工。该项目位于永定镇政府南侧，总建筑面积98487平方米，可提供共有产权住房588套。每户配有齐全的厨卫设施和消防安全屋，自身配建有3000余平方米幼儿园，并配有足量车位、仓储和商业等配套设施满足小区居民需求。

7月

16日～18日　门头沟区出现强降雨，降雨过程历时40小时，全区平均降水116.4毫米，导致3处道路塌方，无人员伤亡。

29日　门头沟区企业——北京双吉制药通过区红十字会向河南省新乡市慈善总会运送价值150余万元药品，用于治疗灾后易发皮肤病、胃病等。区红十字会共接收捐款1.2万元，全部上缴北京市红十字会，第一时间拨付灾区。

30日　区委第十二届委员会第十四次全体会议召开。总结上半年工作，部署下半年任务。

7月　门头沟区“共产党员献爱心”捐献活动。共接收全区161家单位27910名党员和3143名群众善款166.36万元，明细在官网等平台公示。

▲　门头沟区第一届“最美‘两区’理论人”选树活动结束，妙峰山镇炭厂村党支部书记、村委会主任邢卫兵等10名同志评为区第一届“最美‘两区’理论守人”。

▲　农业领域贷款贴息和担保费补贴发放工作。委托会计师事务所结合贷款借入归还、支付贷款利息及担保费情况和贷款资金使用情况开展审计，均符合要求。2021年农业领域贷款贴息等金融政策性补贴金额共3653385.75元，其中贷款贴息补贴3005713.75元，担保费补贴647672元。

8月

4日　张力兵主持召开全区新冠肺炎疫情防控工作会议。研究部署有关工作。会议强调，坚决查找，堵塞漏洞；严格管控密接者、次密接者；从严从紧做好社区防控；强化社会面防控；统筹做好经济社会发展工作。

20日　区委组织部、区委宣传部、门头沟园党工委联合召开“创城加速度，两新在行动”动员大会暨“两新”组织党员志愿服务队临时党委成立大会，共组建33支“两新”组织党员志愿服务队。

23日　门头沟区与中央广播电视总台座谈会召开。听取“5G+8K”超高清示范园区设计方案。

8月　门头沟区7处11项文保单位被列入北京市第九批文物保护单位名单。此次入选的文保单位包括东胡林遗址、龙王观音禅林大殿、妙峰山娘娘庙、北京长城及其遗迹（包含雁翅镇马套村和清水镇江水河村东灵山等5处北齐长城遗址）、大魏武定三年石刻、北京日报社西山基地、八路军邓宋支队会师地旧址，丰富和填补从新石器时代直至各个历史时期文明演进序列中的缺环。全区共有市级文物保护单位15处。

▲　斋堂联村供水厂获评2021年度农村供水规范化水厂。

▲　王平镇南涧村获评司法部、民政部第八批“全国民主法治示范村（社区）”。

▲　全区10家养老机构全部投保安全生产责任保险，保费4.4万元，投保床位1116张。

9月

7日　区领导到拉萨市堆龙德庆区调研深化对接对口援藏工作。实地查看援藏产业项目；到脱贫群众家中，了解脱贫群众生产生活情况，召开对口支援工作座谈会，观看两区共建“美丽乡村·幸福家园”宣传片，共商两地深化支援合作、助推乡村振兴工作，并向堆龙德庆区赠送支援合作项目“大礼包”。

10日　门头沟区新一轮“8＋1”行动启动仪式暨2021年推进会召开。区委与各民主党派签订新一轮框架协议及重点项目意向书，并向各民主党派市委赠送锦旗，为“8＋1”行动民主党派专家服务站揭牌。

16日　“门头沟老宅院”挂牌仪式在妙峰山镇古道山居举行，龙泉镇宝顺宅院、妙峰山镇古道山居、雁翅镇崔显芳故居、斋堂镇爨舍古民居、清水镇朗诗山居5座院落作为首批“门头沟老宅院”同时挂牌。

17日～23日　门头沟区9个镇，全部完成镇党委换届选举。新一届镇党委领导班子成员共87人，平均年龄46.1岁，比换届前降低1.7岁。具有全日制本科以上学历24人，占27.6%，比换届前提高8.8%。

18日　戒台寺戒坛殿修缮完毕，京西“第一坛”对外开放。此次修缮自2019年10月启动，修缮面积792平方米，是1984年以来对戒坛殿首次规模性修缮。

23日　灵山绿产区域品牌入选2021年“北京优农”品牌名录。

25日　全区领导干部大会召开。金晖任中共北京市门头沟区委员会委员、常委、书记，免去张力兵中共北京市门头沟区委员会书记、常委、委员职务。

▲　“浓情九月梨香月圆”王平镇第二届农民丰收节在韭园村开幕。此次活动以“来京畿王平住静谧小院，走幽韵古道品馨香京梨”为主题。通过农副产品、民宿旅游、休闲园区等诸多元素的整合升级，彰显独具京西特色、地区魅力的绿色生态旅游品牌。

28日　雁翅镇2021旅游文化节“走进雁翅小院，畅游锦绣田园”在淤白村白瀑云景大草坪开幕。文化节全面推介槐井石舍、南台花开、三顾苇芦等7家主题突出、特色鲜明民宿；发布“雁翅优选”镇域公共产品品牌；推出雁翅吉祥物---雁小优。

30日　门头沟区举行烈士纪念日公祭活动，向抗战英烈默哀，向宛平县人民八年抗战为国牺牲烈士纪念碑敬献花篮。

9月　清华附中潭柘寺学校小学部及附属幼儿园投入使用。清华附中潭柘寺学校由清华大学附属中学一体化统一管理。小学部共设11个班级，现共有学生311名，教职工38名。幼儿园共开设7个班，共有幼儿199名，教职工28名。

▲　在“2021北京花果蜜乐享季·北京市精品梨大赛”中孟悟农业科技园选送的9斤装特级京白梨及6斤装三级京白梨获附包装果品的商品属性特等奖（“商品属性”指果品和包装作为一个完整商品）。该赛由市园林绿化局举办。

▲　清水镇入选第二批全国乡村治理示范镇名单，为全市唯一上榜示范乡镇；清水镇梁家庄村入选第二批全国乡村治理示范村名单。

10月

13日　门头沟区委全面依法治区委员会全体会议召开，审议全区贯彻落实习近平总书记在中央全面依法治国工作会议上的重要讲话精神以及《北京市全面依法治市规划（2021-2025年）》的任务分工方案和《门头沟区领导干部述法考评规定》。

11月

3月　十二届区委第十四轮巡察工作动员部署会召开，宣布十二届区委第十四轮巡察授权任命及分工决定，部署十二届区委第十四轮巡察工作安排。

5日　门头沟区和乡镇两级人大代表换届投票日。全区91个区代表选区、243个镇代表选区，共设置339个投票站、224个流动票箱，投票产生195名区人大代表，499镇人大代表，全部一次选举成功。

▲　门头沟区推出全新自制周播栏目《我爱门头沟》，通过“大小屏”互联，整合近期“门头沟融媒”发布短视频，结合社会热点话题进行延展与深度解读。

15日　北京恒合信业技术股份有限公司在门头沟区注册并上市。

19日　区第十二届委员会第十五次全体会议召开。全会决定，中国共产党北京市门头沟区第十三次代表大会于2021年12月7日至9日召开。讨论并通过中共北京市门头沟区第十二届委员会向中共北京市门头沟区第十三次代表大会的报告，中共北京市门头沟区第十二届纪律检查委员会向中共北京市门头沟区第十三次代表大会的报告，提请中共北京市门头沟区第十三次代表大会审议。

24日　门头沟区与深圳证券交易所签署战略合作框架协议举行，双方通过金融领域的深度合作，拓宽企业直接融资渠道，全面提升门头沟区营商环境水平。双方签订战略合作框架协议。

29日～12月底　第十五届永定河文化节在门头沟区影剧院举办。文化节集中推出五大主题活动，包括第十五届永定河文化节开幕式、“红色门头沟”～探寻一个神奇的地方、“喊你来串门”小院艺术节、“走进门头沟”电视栏目和东胡林人论坛等活动。

12 月

7 日～9 日　中共北京市门头沟区第十三次代表大会召开。区领导金晖作题为《坚定践行“两山”理论奋力谱写“绿水青山门头沟”高质量发展新篇章》的报告。选举产生中共北京市门头沟区第十三届委员会和纪律检查委员会。通过《中国共产党北京市门头沟区第十三次代表大会关于中国共产党北京市门头沟区第十二届委员会工作报告的决议》和《中国共产党北京市门头沟区第十三次代表大会关于中国共产党北京市门头沟区第十二届纪律检查委员会工作报告的决议》。

9 日　中国共产党北京市门头沟区第十三届委员会召开第一次全体会议。全会选举中国共产党北京市门头沟区第十三届委员会常务委员会委员 37 人，后补委员会 7 人。选举金晖为中国共产党北京市门头沟区第十三届委员会书记、喻华锋，陆晓光为副书记；表决通过中国共产党北京市门头沟区第十三届纪律检查委员会第一次全体会议选举产生的区纪委常务委员会委员 29 人，选举曾铁军为中国共产党北京市门头沟区第十三届纪律检查委员会书记，孙东宇、廖慧兰（女）、李海龙为副书记。

11 日～13 日　政协门头沟区第十一届委员会第一次会议召开，听取并讨论喻华锋作的政府工作报告，张永作的区政协常务委员会工作报告，提案工作报告；通报优秀提案；通过十一届一次会议期间政治决议、工作报告决议和提案审查情况报告。选举刘贵明为政协门头沟区第十一届委员会主席、杜斌英、贾卫东、苗建军、顾慈阳、郑华军、孙建新（女）为副主席，选举秘书长 1 人和常务委员 12 人。

14 日～17 日　门头沟区第十七届人民代表大会第一次会议召开，喻华锋作政府工作报告。表决通过《北京市门头沟区第十七届人民代表大会第一次会议选举办法》《北京市门头沟区第十七届人民代表大会第一次会议关于北京市门头沟区第十七届人民代表大会专门委员会的设立及其主任委员、副主任委员、委员人选的表决办法》《关于北京市门头沟区人民政府工作报告的决议》《关于北京市门头沟区 2021 年国民经济和社会发展计划执行情况与 2022 年国民经济和社会发展计划的决议》《关于北京市门头沟区 2021 年预算执行情况和 2022 年预算的决议》《关于北京市门头沟区人民代表大会常务委员会工作报告的决议》《关于北京市门头沟区人民法院工作报告的决议》《关于北京市门头沟区人民检察院工作报告的决议》。议案审查委员会作关于议案的审查报告。选举门头沟区第十七届人民代表大会常务委员会主任 1 人，副主任 5 人，张维刚当选为门头沟区第十七届人民代表大会常务委员会主任；选举门头沟区人民政府区长 1 人，副区长 7 人，喻华锋当选为门头沟区人民政府区长；曾铁军当选为门头沟区监察委员会主任，亓纪当选为门头沟区人民法院院长，闫俊瑛当选为门头沟区人民检察院检察长。

23 日　区工商业联合会（商会）召开第十一次代表大会。以无记名投票的方式，选举产生区工商联第十一届执委会 83 名执行委员会委员。

27 日　门头沟区推进全国文化中心建设领导小组会议召开，研究《关于调整门头沟区推进全国文化中心建设领导小组组成及职责分工的意见》，听取文化内涵挖掘组、文化建设组、文旅产业发展组、西山永定河文化带建设组、长城文化带建设组 2022 年重点项目的汇报。

30 日　全力做好“两节”及冬奥服务保障工作大会召开，通报《2022 年冬奥会和冬残奥会门头沟区服务保障领导小组的工作方案》，部署“两节”及冬奥期间的安全稳定、城市运行、新冠肺炎疫情防控、民生保障、廉政建设等工作。

截至 12 月 31 日　全区共有党员 38761 名，基层党组织 1415 个，其中党委 104 个、党总支 72 个、党支部 1239 个。

12 月　区委统战部召开第一次归侨侨眷代表大会暨归国华侨联合会成立大会，通报门头沟区归国华侨联合会第一届委员会委员人选情况。

是年　成立区大数据管理局，在区科技和信息化局加挂牌子，在内设机构产业和信息化管理科，加挂“区数据资源管理科”牌子；成立区乡村振兴局，在区农业农村局加挂牌子；成立区文物局，在区文化和旅游局加挂牌子，独立设置文物科；成立区政府港澳办，在区政府办公室加挂牌子，将内设机构外事科更名为“外事和港澳事务科”。

▲　区委组织部开展新冠肺炎疫情防控“千人战疫”，组织全区机关事业单位党员干部下沉社

区（村）开展新冠肺炎疫情防控工作，共抽调7批次2.29万人次下沉社区（村）值守，涉及69个机关事业单位，覆盖全区5个镇街、77个社区（村）。

▲　门头沟区共有爱国主义教育基地16家，其中市级称号的8家，区级爱教基地8家。

中国共产党门头沟区委员会

12月8日，中国共产党北京市门头沟区第十三次代表大会开幕（《京西时报》供图）

2月20日，门头沟区深化事业单位改革试点工作动员部署会召开（区委机构编制委员会办公室　供图）

6月17日，区老干部（老年）大学学员创作衍纸作品《建党百年》（区委老干部局　供图）

9月10日，新一轮"8+1"行动启动仪式暨2021年推进会召开（区委统战部　供图）

综 述

2021年，门头沟区委常委会坚定落实生态涵养区功能定位，传承红色基因，强化党建引领，团结带领全区广大党员干部群众全力建设“绿水青山门头沟”，当好“两山”理论守护人。全年召开区党代会1次，区委全会4次，召开常委会会议54次。

加强生态空间管控。加快编制新城街区控规、镇域国土空间规划，在全市率先开展乡村振兴集体产业用地实施规划试点，同步加强林规、水规、生态保护红线方案及自然保护地规划等专项规划协同衔接，国土空间规划体系建设稳步推进；巩固基本无违建区创建成果，持之以恒压实规自领域整改责任，以“零容忍”态度严控新增违建。

优化生态环境质量。坚持把永定河综合治理和生态修复作为水生态环境建设“一号工程”，配合永定河流域公司完成工程周边土地流转和地上物腾退工作，配合做好生态补水，使永定河再现碧水长流壮观景象。积极创建国家森林城市，完成新一轮百万亩造林6933.33公顷、京津风沙源治理13933.33公顷，修复废弃矿山192公顷，相继建成林长制、田长制责任体系，全区森林覆盖率达到48.08%，创森36项指标经自评均已达标。坚决打好蓝天保卫战，坚持“抠0.1微克”治理PM2.5，持续推动压煤、控车、降尘、治污，主要污染物明显降低，空气质量显著改善，PM2.5达到国家二级标准。

创新生态保护机制。深化农村人居环境整治，持续推进农村地区“清脏、治乱、增绿、控污”，将农村人居环境整治与创城实地检查同步月度考核、同步排名奖励，跻身全国农村生活污水治理示范区，整治工作成绩在全市名列前茅。巩固“绿水青山就是金山银山”实践创新基地和国家生态文明建设示范区建设成效，率先开展“两山”理论实践基地和最美“两山”理论守护人选树工作。在守山护林保水的基础上，开展生态产品价值实现机制的实践研究，努力走出生态保护与绿色发展协同共进之路。

持续培育绿色发展动能。坚持“寸土寸金”打造中关村门头沟园，与一批“高精尖”头部企业积极开展战略合作，中央广播电视总台5G+8K超高清示范园落户门头沟区，新培育专精特新企业14家，门头沟园在中关村分园创新发展考核中位居生态涵养区前列；与京能集团协同打造“一线四矿”文旅康养休闲区，编制完成交通接驳、文旅资源规划及景观提升方案，梳理形成48个重点项目；积极挖掘利用区域特色文旅资源，深化与金隅集团、故宫博物院、市文物局“四方合作”，建设琉璃文化创意产业园，为集聚优势培育产业发展新动能打下坚实基础。

持续推动农民增收致富。坚持“小而精”方向打造“门头沟小院”精品民宿，盘活闲置农宅300余处，11家精品民宿纳入全市首批党政机关定点会议（培训）服务场所。出台《老宅院保护管理办法》和保护利用工作方案，持续推动古村落资源保护利用。结合党史学习教育，发布18条红色旅游精品线路，打造“灵山绿产”品牌，建设农产品产供销对接的消费帮扶平台，集中展销门头沟区及对口支援地区300余种农产品，灵山绿产公司被党中央、国务院授予“全国脱贫攻坚先进集体”。

持续优化地区营商环境。落实区级领导、职能部门包企联络等机制，率先试行政务服务事项“备查制”改革，持续推动“一网一门一次”改革，全面提升政务服务便利化水平，实现千余事项“不见面办理”，营商环境进一步优化。

着力完善社会治理体系。持续深化接诉即办，抓好《接诉即办工作条例》宣贯，构建起区、镇街（部门）、村（社区）三级联动工作体系。持续开展全国文明城区创建，成功实现创建首都文明示范区和全国文明城区提名城区“双达标”目标，启动创城新三年冲刺，深化“门头沟点赞”大拇指行动、“门头沟热心人”等创建品牌，自我加压开展全要素测评，开展空中缆线规范等12个专项行动，高质量高标准打响创城攻坚战，完成中央文明办年度测评。

聚力提升公共服务水平。持续填补城乡基础设施短板，国道109新线高速公路建设顺利推进，门城水厂实现主体完工。有序推进棚户区改造工程，已签约安置居民全部完成选房工作，累计建成各类配套设施18.23万平方米。大力办好两个“关键小事”，创新推进垃圾分类，在城区推广“分类驿站+流动收集”模式，在农村地区推广“垃圾不落地+上门收集”模式，137个平房村全部实现垃圾不落地，成功创建50个市级示范小区（村）；加强物业企业管理，持续巩固物业管理“三率”100%成果。持续优化教育、医疗、养老等服务，门头沟体育文化中心等惠民工程加快推进，城镇登记失业率降至2.45%，低收入精准帮扶攻坚战全面胜利。

全力保障地区安全稳定。完成中国共产党成立100周年等重大活动服务保障任务，做好北京冬奥筹备服务保障工作，持续压实新冠肺炎疫情防控“四方责任”，推进智慧平安小区建设，深入开展政法队伍教育整顿，持续加强各领域安全管理，全区未发生较大以上安全生产事故。

全面落实党史学习教育各项任务。把“传承红色基因，坚定跟党走”作为鲜明特色，从区四套班子做起，开展“树立正确党史观、当好‘两山’理论守护人”主题研讨，广泛开展“四史”宣传教育，持续推广被中宣部列为典型案例的“马克思主义读书会”做法，组建“红色门头沟”“‘两山’理论守护人”2个百姓宣讲团，开发《从崔显芳到崔显芳们》等精品课程，投入1.55亿元开展“我为群众办实事”实践活动，系统梳理区域117个村1328处红色资源，开展红歌传唱比赛、党史知识竞赛等七类51项特色文化活动，并细化意识形态工作综合考评细则，凝聚起推动发展的强大正能量。

全面加强干部队伍建设。严格落实好干部标准，坚持正确选人用人导向，完善干部选任规范化体系，创新推出“云端课堂”，高标准抓好区、镇街、村（社区）三级换届，严把公务员招录、选任、交流关口，实施培养选拔优秀年轻干部工程，干部结构进一步优化。创新综合考评模式，建设“五型”领导班子，培养“五好”领导干部，规范事业单位、国有企业领导班子管理，稳步实施“京西聚智计划”，努力建设高素质专业化干部队伍，全区干事创业氛围更加浓厚。

全面加强基层组织建设。创新党支部“体检”、党建督导暗访机制，推动党支部标准化规范化建设，持续整顿软弱涣散基层党组织，深化推进基层党组织和在职党员“双报到”，持续开展“千人战疫”“红色先锋”行动。

全面加强党风廉政建设。持之以恒正风肃纪，召开警示教育大会，实现区委巡察全覆盖，积极推动监督向基层延伸，强化创城、低收入帮扶、扫黑除恶等重点工作监督执纪问责，驰而不息纠治“四风”，持续保持反腐惩恶高压态势，着力营造风清气正的政治生态。

区委带头落实全面从严治党主体责任，加强区委常委会自身建设，出台区“关于加强和规范重大事项请示报告工作的若干措施”“区委常委会议题管理办法”等系列制度，严格执行民主集中制，着力提升决策的科学化、规范化、法治化水平；充分发挥总揽全局、协调各方作用，支持区人大履行宪法和法律赋予的职责，支持区政府高效开展工作，支持区政协有效发挥专门协商机构作用，支持区法院、区检察院严格执法、公正司法，积极构建大统战工作格局，深化北京市各民主党派支持门头沟区发展“8+1”行动，启动创建全国双拥模范城“五连冠”4年行动计划，注重发挥工青妇等群团组织作用，凝心聚力当好“两山”理论守护人。

（李　明）

重要会议和活动

【区领导参加重大活动】　1月18日，公共文化赋能全面小康“新春走基层”调研暨公共文化传播基地授牌仪式举行。中央广播电视台领导，张力兵等区四套班子领导，区相关委办局负责人参加。现场察看地方特色产品及民俗展示，观看公共文化传播基地建设短片，共同为马栏村、牡丹院、爨底下公共文化传播基地揭牌，并向公共文化传播基地代表赠书。随后实地调研马栏村“红色记忆”书屋、冀热察挺进军司令部旧址陈列馆和川底下村知青院、精品民宿爨舍、文化创意产业爨造社。3月29日，中关村科技园区门头沟园管理机构揭牌仪式举行，市科委、中关村管委会党组成员、副主任，区领导张力兵、喻华锋等，区相关部门主要负责人和园区企业家代表参加。张力兵、侯云为中关村科技园区门头沟园管理机构揭牌并讲话，喻华锋主持揭牌仪式。会上，宣读《中关村科技园区门头沟园管理机构成立的决定》；区领导开通中关村科技园区门头沟园“学习强国号”和“人民号”，与会人员共同观看“春华秋实 迈向而立”主题视频。4月29日，2021北京精品民宿推介会暨门头沟小院推介活动（第一季）举办，国家发展改革委、市委宣传部、市文化和旅游局等领导，市区有关单位负责人，区四套班子张力兵等领导参加。刘斌、张力兵致辞。活动通过防疫安心小院民宿授牌、“门头沟小院”政策宣传和成果展示、与首农集团和京演集团等签署战略合作协议、启动“大厨下乡”结对子等方式推介“门头沟小院”。6月1日，“红领巾学党史 童心筑梦跟党走”门头沟区2021年“六一”主题队日活动举行，区领导张力兵、张维刚、张永等，区相关单位负责人参加。现场为新队员佩戴红领巾、为新时代好少年佩戴荣誉绶带，观看舞蹈、话剧、合唱等表演。6月15日，“传承红色基因·同庆百年华诞”区总工会庆祝建党一百周年红色庆典活动举行，张力兵致辞。市总工会领导，区领导张力兵、喻华锋、张维刚、张永等，全区区属单位主要负责人等200余人观看文艺演出。6月16日，门头沟区纪念建党100周年主题党日活动举行，区四套班子领导张力兵、喻华锋、张维刚、张永、刘贵明等到北大二院旧址参观“伟大开幕——中国共产党早期北京组织专题展”，并观看了《从这里出发》专题片。6月22日，“团结在光辉的旗帜下”全区统一战线书画摄影展在永定河文化博物馆开幕，张力兵、喻华锋、张维刚、张永、刘贵明等区领导仔细观看展览作品，详细询问作品创作背景及意义，了解全区统一战线广大成员听党话、跟党走的坚定决心，并为《中华曙光 民族脊梁》作品揭幕，80余人观看展览。9月1日，区创建全国文明城区暨全市文明交通示范路口宣传高潮日活动举行，张力兵、喻华锋以门头沟热心人身份，与区“创城”工作成员单位主要负责人、“柠檬黄”志愿者和快递、外卖小哥一起，向过往市民发放文明出行宣传材料，劝导行人、非机动车及机动车驾驶员严格遵守交通规范，并给文明出行的市民点赞。

（杨智岩）

【全区领导干部大会】 2月10日，全区领导干部大会召开，张力兵、喻华锋、张维刚、张永、刘贵明等区四套班子领导参加会议。喻华锋任门头沟区委副书记，并建议提名为区政府区长人选。9月25日，全区领导干部大会召开，金晖任中共北京市门头沟区委员会委员、常委、书记，免去张力兵中共北京市门头沟区委员会书记、常委、委员职务。张力兵、金晖分别作表态发言。喻华锋主持会议，并代表班子表态发言。12月22日，全区领导干部大会召开，传达学习市委十二届十八次全会精神，区四套班子领导金晖、喻华锋、张维刚、刘贵明等，区相关单位、区属国有企业、各镇街主要负责人参加。

（田玉娇）

【区党史学习教育动员大会召开】 3月12日，门头沟区党史学习教育动员大会召开，区四套班子领导张力兵、喻华锋、张维刚、张永、刘贵明等，区法检“两长”，全区各单位主要负责人，各镇街班子成员及各村（居）书记分别在主会场和分会场参加。刘贵明传达习近平总书记在党史学习教育动员大会上的重要讲话精神以及蔡奇书记在全市党史学习教育动员大会上的讲话精神，部署全区党史学习教育工作。

（何慧枫）

【区第十二届委员会第十三次全体会】 4月7日，门头沟区第十二届委员会第十三次全体会议召开。区四大部门领导张力兵、喻华锋、张维刚、张永等出席会议，会上作《全区村和社区“两委”换届总结报告》；通报《全区一季度经济社会发展情况》，并就《门头沟区部分行政区划调整方案（送审稿）》进行说明；就《门头沟区誓夺全国文明城区三年冲刺行动计划（2021——2023年）》进行说明。表决通过《中共北京市门头沟区第十二届委员会第十三次全体会议决议》。张力兵指出，这次全会，既是对“十四五”开局首季进行全面盘点，又是以开启“创城”新周期、推动行政区划调整为契机，对“十四五”开局之年各项工作进行再动员、再部署。

（田玉娇）

【区领导讲党史学习教育专题党课】 4月28日，张力兵以“跟党走”为主线讲党史学习教育专题党课，市委党史学习教育第二巡回指导组，区四套班子领导，区法检“两长”，区相关单位主要负责人，各镇街班子成员、村（居）书记参加。

（何慧枫）

【区领导考核约谈永定镇主要负责人】 5月26日，张力兵就2020年全面从严治党工作考核约谈永定镇主要负责人，围绕2020年全面从严治党（党建）工作考核和政治生态分析研判工作中永定镇党委存在的问题进行约谈，永定镇党委主要负责人作表态发言。

（邵立功）

【区第十二届委员会第十四次全体会议召开】 7月30日，门头沟区第十二届委员会第十四次全体会议召开。总结上半年工作，部署下半年任务。区委书记张力兵代表区委常委会作工作报告，并讲话。区委副书记、代区长喻华锋作《关于上半年经济社会发展情况和下半年工作安排的报告》的说明。全会审议通过《关于做好区第十三次党代会选举工作的实施意见》，决定于2021年12月召开区第十三次党代会。

（田玉娇）

【门头沟区第十三次代表大会召开】 12月7日至9日，中共北京市门头沟区第十三次代表大会召开。区领导金晖向大会作题为《坚定践行“两山”理论奋力谱写“绿水青山门头沟”高质量发展新篇章》的报告。选举产生中共北京市门头沟区第十三届委员会和纪律检查委员会。通过《中国共产党北京市门头沟区第十三次代表大会关于中国共产党北京市门头沟区第十二届委员会工作报告的决议》和《中国共产党北京市门头沟区第十三次代表大会关于中国共产党北京市门头沟区第十二届纪律检查委员会工作报告的决议》。9日，中国共产党北京市门头沟区第十三届委员会召开第一次全体会议。全会选举产生中国共产党北京市门头沟区第十三届委员会常务委员会委员37人，后补委员会7人。选举产生金晖为中国共产党北京市门头沟区第十三届委员会书记、喻华锋、陆晓光为副书记；表决通过中国共产党北京市门头沟区第十三届纪律检查委员会第一次全体会议选举产生的区纪委常务委员会委员29人，选举产生曾铁军为中国共产党北京市门头沟区第十三届纪律检查委员会书记，孙东宇、廖慧兰（女）、李海龙为副书记。

（田玉娇）

2021年门头沟区委重要会议一览表

日期	会议名称	会议主要内容
1月4日	门头沟区村（社区）“两委”换届工作动员誓师大会	张力兵讲话，付兆庚主持会议。部署村（社区）党组织换届选举、村（居）委会换届选举、严肃换届纪律和维稳保障等工作，部分镇街、村、社区负责人作表态发言
1月20日	创建全国文明城区工作汇报会	听取近期创城工作思路的汇报，与会领导交流发言，对《门头沟区创建全国文明城区三年攻坚行动计划（2021-2023）（草稿）》进行修改完善
2月2日	国道109新线高速公路工程领导小组会	张力兵讲话，刘贵明主持会议。区城市管理委汇报国道109新线高速公路工程建设情况，中铁京西汇报矿山酒店初步设计，与会人员对工程相关情况讨论发言
2月3日	门头沟区镇街党（工）委书记月度点评会	张力兵主持，通报1月全区接诉即办、垃圾分类工作情况和文明农村、文明社区综合考评结果，龙泉镇、军庄镇、大峪街道、大台街道党（工）委书记依次发言。传达市委关于新冠肺炎疫情防控、春节期间安全服务保障等指示要求，并就相关工作进行部署安排
2月20日	2020年度区镇（街道）、系统党（工）委、党组书记抓基层党建述职评议会	张力兵主持，集中点评党风廉政建设情况；党建引领基层社会治理情况；落实意识形态工作责任制情况。播放基层党建暗访片；潭柘寺镇、永定镇、大峪街道、区直机关工委、区法院等党（工）委、党组书记依次述职。区委常委、区委党建工作领导小组成员、区“两代表一委员”代表、基层党员干部群众代表开展现场测评
2月22日	门头沟区到京煤集团对接加速推进“一线四矿”建设工作座谈会	区领导张力兵、喻华锋等参加。汇报“一线四矿”项目有关情况、“一线四矿”文旅康养休闲区建设总体推进情况，与会人员就有关事项进行交流研讨

续表

日　期	会议名称	会议主要内容
2月24日	区委第十二轮巡察工作动员部署会	张力兵讲话，范永红主持会议。部署十二届区委第十二轮巡察工作安排，宣布十二届区委第十二轮巡察授权任命及任务分工决定
2月25日	区委、区政府领导班子学习贯彻党的十九届五中全会精神交流研讨会	张力兵主持会议并讲话，喻华锋、刘贵明、陆晓光、范永红、王建华、金秀斌、庆兆珅、李森林、王涛、李晓峰依次交流发言
3月1日	门头沟区2021年党建工作会议	张力兵讲话，喻华锋主持会议并传达北京冬奥组委·北京市深化推进北京冬奥会冬残奥会筹办决战决胜动员部署大会精神，部署相关工作。
3月9日	区文明委全体（扩大）会议暨创建全国文明城区“比学赶超”擂台赛	张力兵讲话，喻华锋主持。刘贵明通报2月文明农村、文明社区综合考评结果，金秀斌通报1-2月“比学赶超”擂台赛情况和全要素模拟测评情况，区城市管理委通报接诉即办和垃圾分类工作情况，部分单位作整改发言
3月18日	门头沟区处级领导干部学习党的十九届五中全会精神专题研讨班辅导报告会	张力兵作学习党的十九届五中全会精神专题辅导报告，喻华锋主持会议
3月15日-16日	党史学习教育集中学习研讨	区四套班子领导集中学习习近平总书记在党史学习教育动员大会上的重要讲话精神和《论中国共产党历史》《习近平新时代中国特色社会主义思想学习问答》等著作，以及蔡奇在全市党史学习教育动员大会上的讲话精神，并围绕“树立正确党史观，当好‘两山’理论守护人”进行交流发言
3月24日	庆祝建党百年系列活动工作方案和红色主题游线路汇报会	听取门头沟区庆祝中国共产党成立100周年系列活动工作方案和红色旅游路线相关情况的汇报，与会领导作交流发言
3月29日	党史学习教育市委宣讲团门头沟区报告会	党史学习教育市委宣讲团成员、市委委员、市委党校常务副校长作宣讲报告
3月31日	门头沟区落实全面从严治党主体责任专题会	区领导张力兵、喻华锋、刘贵明、范永红、王建华、金秀斌、庆兆珅、张翠萍、李森林、孙鸿博、李晓峰、曹子扬对照案例剖析材料并结合自身分管工作依次作查摆发言
4月2日	门头沟区创城重点问题汇报会	区创城办汇报近期创城工作情况，与会人员进行交流发言
4月8日	门头沟区反腐倡廉建设领导小组会议	区反腐倡廉建设领导小组办公室报告《北京市门头沟区反腐倡廉建设领导小组及其办公室成员建议名单》《2020年门头沟区全面从严治党（党建）工作考核情况报告》《2021年上半年全区党风廉政建设形势分析报告》，与会领导小组成员进行党风廉政建设形势分析研判
4月13日	区直部门党组（党委）书记、镇街党（工）委书记月度工作点评会	张力兵主持，喻华锋部署“加快推进疫苗接种工作 着力提升接种率”相关工作，刘贵明通报全区文明社区、文明农村综合考评结果，金秀斌通报门头沟区第一轮全要素模拟测评及首都文明办一季度常态检查发现问题整改情况。听取全区接诉即办、垃圾分类工作情况的通报。区农业农村局、区园林绿化局、区水务局、妙峰山镇、清水镇党组（党委）书记依次发言

续表

日　期	会议名称	会议主要内容
4月14日	北京市“党史学习教育”主题宣讲——“决战脱贫攻坚”百姓宣讲团首场报告会	宣讲团成员在妙峰山镇炭厂村红色文化纪念馆前依次宣讲
4月22日	门头沟区创建全国文明城区攻坚冲刺动员誓师大会	部署门头沟区誓夺全国文明城区三年冲刺行动计划和创建全国文明城区监督工作要求，获精神文明建设领域全国先进单位和个人代表作表态发言
4月25日	门头沟区党史学习教育工作汇报会	传达党史学习教育市委指导组培训暨全市党史学习教育推进会会议精神，汇报党史学习教育推进情况
4月26日	门头沟区镇领导班子换届工作动员部署会	张力兵讲话，喻华锋主持会议。部署门头沟区2021年镇领导班子换届工作
5月6日	门头沟区党史学习教育“我为群众办实事”实践活动暨创建全国文明城区重点项目台账汇报会	张力兵主持，区领导交流发言，区委宣传部（区创城办）汇报近期督导检查情况，区财政局汇报创城专项资金下达情况，各资金申请单位依次汇报施工前期筹备和项目实施进度安排
5月12日	国道109新线高速公路专项监督座谈会	实地察看国道109新线高速公路项目建设情况，听取项目建设、征地腾退、党风廉政建设、联防联建、专项督查及落实“七个一”纪律要求等情况的汇报，与会人员交流发言
5月19日	全区党史学习教育“我为群众办实事”实践活动工作推进会暨创建全国文明城区擂台赛	张力兵讲话，喻华锋主持。通报4月文明农村、文明社区综合考评结果，3月、4月“比学赶超”擂台赛情况以及近期“接诉即办”工作情况；部署关于在“我为群众办实事”实践活动中扎实推进为民惠民重点项目工作方案和开展“双聚双百”专项行动深化党建引领“接诉即办”工作方案
6月18日	门头沟区服务保障中国共产党100周年庆祝活动 确保“西部无战事”誓师大会暨区直部门党组（党委）书记、镇街党（工）委书记月度工作点评会	张力兵讲话，喻华锋主持。传达中国共产党成立100周年庆祝活动北京市服务保障工作相关会议精神，部署安保维稳、服务保障工作，通报创建全国文明城区第二轮全要素模拟测评情况及5月全区文明社区、文明农村综合考评结果；全区接诉即办以及垃圾分类、物业管理两个“关键小事”工作情况，龙泉镇、大峪街道、区城市管理委依次发言
6月25日	党史学习教育市委第二指导组督导门头沟区见面座谈会	张力兵主持，市委第二指导组组长王中华介绍主要任务和近期工作安排
6月25日	门头沟区党史学习教育工作汇报会	传达党史学习教育市委指导组培训暨全市党史学习教育推进会会议精神，党史学习教育推进情况的工作汇报
7月15日	门头沟区换届风气巡回督查见面会	介绍换届风气巡回督查工作安排，门头沟区镇换届和开展换届风气监督工作的情况。张力兵作表态发言。
7月16日	区委常委（扩大）会议	十二届市委委员、市委副秘书长、市委办公厅主任、市委考察组组长传达中央、市委关于换届工作的精神和要求，介绍市委考察组的主要任务和工作安排，张力兵作表态发言
7月26日	区委常委（扩大）会议	张力兵主持，传达北京市委十二届十七次全会精神

续表

日　期	会议名称	会议主要内容
8月3日	区委办公室第一党支部第一党小组“传承‘永远跟党走’红色基因 践行新‘四个一’时代担当”党史学习教育专题组织生活会	张力兵以普通党员身份参加，区委办公室第一党支部第一党小组全体党员逐一进行检视发言并开展批评和自我批评
8月10日	门头沟区2021年第二次文明委全会暨“冲刺大干五十天 创城为民争首善”创城“比学赶超”擂台赛	部署新冠肺炎疫情防控和经济社会发展工作、2021年门头沟区“冲刺大干五十天 创城为民争首善”工作方案，通报7月文明社区文明农村“两考合一”、上半年综合考评任务进展、“接诉即办”、垃圾分类等工作情况，大峪街道、城子街道、东辛房街道、永定镇、龙泉镇主要负责人作工作发言
8月16日	门头沟区“冲刺大干五十天 创城为民争首善”第一次点评会	通报一周以来创城工作进展及周检查问题台账情况，相关区领导、单位和镇街负责人就调度检查情况、当前存在的问题和下一步工作思路发言
8月18日	区、镇人民代表大会换届选举动员部署会	张力兵讲话，听取关于区、镇人大换届选举工作安排的报告，部署换届选举宣传工作
8月23日	门头沟区“冲刺大干五十天 创城为民争首善”第二次点评会	通报一周以来创城工作进展情况，相关区领导、单位和镇街主要负责人就调度检查情况、当前存在的问题和下一步攻坚措施进行发言
8月30日	门头沟区“冲刺大干五十天 创城为民争首善”第三次点评会	通报一周以来创城工作进展情况，相关区领导、单位和镇街主要负责人就调度检查情况、当前存在的问题和下一步攻坚措施进行发言
9月2日	区政协换届工作动员部署会	部署2021年区政协换届工作
9月8日	门头沟区“冲刺大干五十天 创城为民争首善”第四次点评会	通报第三次全要素模拟测评和上周创城常态检查情况以及8月文明社区文明农村“两考合一”情况，部分“小切口”“小办法”专项整治牵头单位和相关镇街发言
9月9日	镇领导班子换届及区镇党代表人大代表选举筹备工作汇报会	张力兵主持，听取永定镇、军庄镇、妙峰山镇、王平镇、清水镇相关工作筹备汇报
9月13日	门头沟区“冲刺大干五十天 创城为民争首善”第五次点评会	通报第三次全要素模拟测评和上周创城常态检查情况以及创城监督情况，部署下一阶段工作，部分单位和镇街进行发言。
9月14日	镇领导班子换届及区镇党代表人大代表选举筹备工作汇报会	张力兵主持，听取斋堂镇、龙泉镇、潭柘寺镇、雁翅镇、大峪街道、东辛房街道、城子街道、大台街道相关工作情况汇报
9月22日	门头沟区“冲刺大干五十天 创城为民争首善”第六次点评会	通报上周创城工作情况，对下一阶段工作进行部署，部分镇街和社区（村）进行发言
9月29日	门头沟区“冲刺大干五十天 创城为民争首善”第七次点评会	通报五十天大会战情况以及9月文明社区、文明农村“两考合一”情况，部分村居进行表态发言
10月7日	门头沟区“接诉即办”工作专题会	通报全区“接诉即办”工作情况、存在问题及原因，并就下一步工作提出工作要求。各镇街及重点承办单位作交流发言
10月11日	区委常委（扩大）会议	部署《北京市接诉即办工作条例》宣传贯彻工作

续表

日　期	会议名称	会议主要内容
10月15日	门头沟区接诉即办工作推进会	金晖讲话，喻华锋主持。通报全区接诉即办工作情况，部分镇街、部门代表围绕《北京市接诉即办工作条例》宣贯工作开展一周以来的工作情况和下一步工作措施进行发言
10月18日	门头沟区“冲刺大干五十天 创城为民争首善”第八次点评会暨测评迎检动员部署会	通报近期创城工作情况，对下一阶段工作进行再动员、再部署
11月1日	全区疫情防控工作暨接诉即办专题调度会议	传达全市新冠肺炎疫情防控工作会议精神，相关单位、镇街就新冠肺炎疫情防控和接诉即办工作进行发言，区领导结合分管工作部署下一步工作
11月3日	十二届区委第十四轮巡察工作动员部署会	金晖讲话。宣布十二届区委第十四轮巡察授权任命及分工决定，部署十二届区委第十四轮巡察工作安排
11月9日	门头沟区镇人大、镇政府换届选举工作推进会	各镇党委书记依次汇报镇人大、镇政府选举筹备工作情况
11月12日	门头沟区学习贯彻党的十九届六中全会精神暨全区创城、接诉即办、常态化疫情防控工作推进会	学习贯彻党的十九届六中全会精神
11月23日	《关于深入贯彻落实〈北京市接诉即办工作条例〉深化“接诉即办”改革健全体制机制建设 高质量做好全区接诉即办工作的实施方案》专题汇报会	区委组织部介绍《关于深入贯彻落实〈北京市接诉即办工作条例〉深化“接诉即办”改革健全体制机制建设 高质量做好全区接诉即办工作的实施方案》，与会人员交流研讨
11月24日	“一线四矿”项目进展情况汇报会	听取“一线四矿”文旅康养休闲区进展情况的汇报，与会人员进行交流发言
11月26日	区委常委（扩大）会	传达党中央和市委关于换届选举工作要求和纪律规定，与会人员结合自身进退留转进行表态并对履行换届职责、严守换届纪律作出承诺
12月1日	门头沟区与京能集团座谈会	听取“一线四矿”等相关项目推进情况及需解决问题的汇报，与会人员交流发言
12月3日	门头沟区统筹推进创城测评迎检、接诉即办、疫苗接种工作部署会	通报上考核期接诉即办考核及奖励情况和全区新冠病毒疫苗接种情况，部署测评迎检、《关于深化“接诉即办”改革 健全体制机制 建设高质量做好全区接诉即办工作的实施方案》、本考核期全区接诉即办等工作
12月10日	门头沟区创城测评迎检、接诉即办工作调度会	部署测评迎检和接诉即办工作，通报本考核期接诉即办工作情况
12月14日	区创城工作调度会	通报近期创城工作进展情况
12月30日	全力做好“两节”及冬奥服务保障工作大会	通报《2022年冬奥会和冬残奥会门头沟区服务保障领导小组的工作方案》，研究部署“两节”及冬奥期间的安全稳定、城市运行、新冠肺炎疫情防控、民生保障、廉政建设等工作

2021年门头沟区委书记主要调研、座谈一览表

日　期	调研座谈主要内容
2月22日	门头沟区到京煤集团对接加速推进“一线四矿”建设工作，区领导张力兵、喻华锋等参加座谈，汇报“一线四矿”项目有关情况、“一线四矿”文旅康养休闲区建设总体推进情况，与会人员就有关事项进行交流研讨
3月1日	阜外医院西山园区调研，加快推进西山建设等项目。区领导张力兵、喻华锋等参加。阜外医院介绍西山建设项目进展及推进计划、西山园区科研成果产业化情况，双方进行交流
5月24日-25日	张力兵率门头沟区党政代表团到内蒙古武川县调研对接京蒙协作和乡村振兴工作。围绕落实24日北京市·内蒙古自治区东西部协作座谈会精神，高质量推动京蒙协作帮扶工作，加强教育、医疗、生态等领域合作与内蒙古自治区党委常委、呼和浩特市委书记王莉霞座谈
8月11日	张力兵实地督导检查创城和新冠肺炎疫情防控相关工作。实地查看大峪街道承泽苑社区内部道路改造情况，到德露苑社区卡口慰问新冠肺炎疫情防控值守人员并现场扫描北京健康宝，随后查看楼道环境整治等情况
9月7日	张力兵带队到拉萨市堆龙德庆区调研 深化对接对口援藏工作。到堆龙德庆区马镇岗吉村乌骨羊繁育基地，实地查看援藏产业项目；到脱贫群众穷达家中，详细了解脱贫群众生产生活情况，鼓励他们坚定信心，积极谋求发展，让日子过得更红火。随后，召开对口支援工作座谈会，观看两区共建“美丽乡村·幸福家园”宣传片，听取两区乡村振兴工作推进情况和门头沟区对口支援工作安排汇报，共商两地深化支援合作、助推乡村振兴工作，并向堆龙德庆区赠送支援合作项目“大礼包”
10月7日	金晖带队调研“一线四矿”及周边地区协同发展工作。在千军台矿听取京能集团关于京西“一线四矿”及周边区域协同发展基本情况的汇报，查看国家级安全生产事故预控与应急处置技术实验实训和科普基地情况
10月19日	金晖到永定镇实地检查督导创城工作。在梧桐苑（栖凤苑）社区实地查看楼道卫生、垃圾分类等环境秩序类指标落实情况，在龙湖天街查看周边绿化、停车秩序、环境整治等情况
11月5日	金晖实地调研国道109新线高速公路工程。在一工区查看工程建设情况并观看宣传片，在工程指挥部听取了项目总体进展情况的汇报
11月26日	区领导金晖、喻华锋等赴航天科工集团调研座谈。共同观看航天科工宣传片，袁洁介绍航天科工集团情况，喻华锋介绍门头沟区近年来发展情况，并就双方下一步合作提出建议
12月1日	门头沟区与京能集团座谈会，京能集团领导，区领导金晖、喻华锋等，区相关部门和镇街主要负责人，京西文旅、京西山水公司负责人参加。听取“一线四矿”等相关项目推进情况及需解决问题的汇报，与会人员交流发言
12月4日	金晖开展创城工作调研。实地到双峪农贸市场、滨河公园、龙泉花园社区调研落实创城指标工作情况

组织工作

【概况】 2021年，区委组织部深入践行新时代党的建设总要求和新时代党的组织路线，认真落实市委、区委各次全会部署要求，围绕打造“红色门头沟”党建品牌、高质量建设“绿水青山门头沟”，以党的政治建设为统领，聚焦党建引领基层社会治理建强组织体系，突出提高治理能力锻造高素质专业化京西铁军，立足生态涵养区高质量发展深化人才工作改革创新，为推动全区高质量发展、确保“十四五”开好局起好步提供坚强组织保证，以优异成绩庆祝建党100周年。年内，全区共有党员38761名，基层党组织1415个，其中党委104个、党总支72个、党支部1239个。

（张　磊）

【2020年度干部职级晋升工作】 1月13日，区委组织部开展2020年年底全区职级晋升推荐考察工作，抽调34名干部组成8个考察组，召开门头沟区2021年上半年民主推荐和考察工作部署培训会，对85名职级晋升人选进行推荐考察工作。完成全区第四批晋升二级巡视员8名人选的书面推荐、谈话调研推荐、考察、任前公示和讨论决定等环节。

（季海洋）

【“红色战疫尖兵班”练兵行动】 1月27日，区委组织部组织召开门头沟区年轻干部战疫练兵“百人行动”启动大会暨“红色战疫尖兵班”誓师大会活动，首批10名“红色尖兵”投身到区委卫生健康委防疫一线工作中。

（季海洋）

【2020年度民主生活会】 2月7日，区委常委班子以“认真学习贯彻习近平新时代中国特色社会主义思想，加强政治建设，提高政治能力，坚守人民情怀，夺取决胜全面建成小康社会、实现第一个百年奋斗目标的伟大胜利，开启全面建设社会主义现代化国家新征程”为主题，召开2020年度民主生活会。2月10日，8个区委督导组完成对全区79个处级领导班子、9个国有企业领导班子2020年度民主生活会的督导有关工作。

（解　洋）

【2020年度基层党建述职评议考核工作】 2月20日，区委召开2020年度镇（街道）、系统党（工）委、党组书记抓基层党建述职评议会，对18名镇（街道）、系统党（工）委书记以及4家单位的党组书记抓基层党建工作进行评议考核。

（张传胜）

【加强党的建设和组织工作统筹谋划】 2月24日，区委组织部研究制定《门头沟区2021年组织工作要点》，明确组织工作21项重点任务。3月18日，牵头召开党建工作领导小组全体会议，审议通过《中共北京市门头沟区委党的建设工作领导小组2021年工作要点》，明确全年8方面29项重点任务。5月19日，牵头制定门头沟区关于党委（党组）、党委（党组）书记抓党建工作责任提示清单和党委（党组）班子其他成员抓分管领域党建工作责任提示清单。8月12日，区委以视频会议形式召开党建工作领导小组专题会议，全面落实中央、市委关于开展新业态、新就业群体党建工作试点有关部署和区委要求，研究推进全区试点工作。9月2日，区委党建工作领导小组印发《门头沟区关于加强新业态、新就业群体党建工作的若干措施》。

（张　磊）

【北京百名党员风采采写、推送工作】 2月，区委组织部选定门头沟区被采访老党员3名，成立采写组。5月，完成初稿采写工作，根据《前线》杂志社记者意见建议进行修改完善。6月，3名老党员事迹被《光荣在党50年 北京百名党员风采》一书收录，并在《前线》APP上推送，“红色门头沟”微信公众号同步转发，并在全区进行宣传。

（张　磊）

【“百家企业行”活动】 2月，区委组织部启动“百家企业行”活动，“一对一”为企业提供政策宣讲、业务指导等服务。年内，共组织政策宣讲会3次，累计走访企业62家，服务人才100余人次。

（熊国菊）

【2020年度民主测评和“一报告两评议”】 2月，区委组织部完成对全区81个区管处级领导班子和632名处级领导干部的2020年度民主测评和80个有科级选任权限单位的2020年度干部选拔任用工作“一报告两评议”的现场测评工作。经综合分析测评和评议结果，形成《门头沟区2020年度处级领导班子及领导干部民主测评结果分析报告》和《门头沟区2020年度干部选拔任用工作

“一报告两评议”结果分析报告》，逐单位、逐人制定《综合反馈表》，并向各单位反馈结果。

（解　洋）

【领导干部报告个人有关事项工作】　2月，区委组织部协助市委组织部组织完成29名市管干部2021年领导干部个人有关事项集中填报工作；组织全区576名处级领导干部、33名区管国有企业领导班子成员，对2021年个人有关事项进行集中填报。4月，按照中央组织部、市委组织部专项整治工作要求和中央组织部督查反馈意见，对照新标准新要求，对10人重新作出认定处理。年内，共对562名干部的个人有关事项报告进行查核。其中，认定如实报告404人、基本一致131人、漏报情节较轻20人、隐瞒不报6人、隐瞒不报情节较重1人。

（解　洋）

【首批3个村列为中央组织部红色试点村】　3月15日，经区委组织部申报、市委组织部推荐、中央组织部评定，斋堂镇马栏村、雁翅镇田庄村、妙峰山镇涧沟村列为北京市首批中央组织部红色试点村。

（张传胜）

【干部教育培训】　3月17日至20日，区委组织部通过“云端课堂”方式举办“门头沟区学习贯彻党的十九届五中全会精神轮训班”，实现全区640余名处级干部全覆盖，推动学习贯彻全会精神引向深入。4月6日至30日，在区委党校举办“门头沟区第23期处级干部进修班和第8期战略人才储备专题研讨班”，共69名学员参加培训，通过专题讲授、参观调研、分组讨论和互动访谈等方式，着力提升干部的综合素质和履职能力。4月17日至6月27日，统筹举办“门头沟区处级领导干部政治能力和治理能力提升专题研修班”，精选北京大学优质师资，设置生态涵养区发展、党建引领城市精细化管理、精品民宿发展、“接诉即办”、垃圾分类等11期课程，培训干部5500人次，实现全区处级干部全覆盖。5月31日至6月18日，在区委党校举办“门头沟区第30期科级干部任职进修班”，50名新任职科级干部参加培训。创新采用线下集中培训和线上直播授课相结合的方式进行，确保参训学员工作学习两不误。6月26日至11月13日，区委组织部、区委农工委区农业农村局、区委社会工委区民政局以“育红色铁军、助绿色发展”为主题，采取线上线下相结合、分段教学的方式，联合举办全区村（社区）“两委”负责人培训班，实现村（社区）党组织书记400余名全覆盖。9月26日至10月27日，区委组织部在区委党校举办“门头沟区第2期年轻干部培训班”，全区共26名正科级年轻干部参加培训。11月15日至26日，在区委党校举办“门头沟区第30期公务员初任培训班”，全区200名新入职公务员和77名新入职事业单位人员，通过视频直播“云端课堂”方式参加培训。12月4日，在区委党校举办“门头沟区第14期新任处级领导干部进修班”，全区116名新任处级领导干部通过视频直播“云端课堂”方式参加培训。

（孙　玥）

【村和社区“两委”换届选举工作】　截至3月21日，历时88天，全区178个村、121个社区的“两委”班子全部完成换届，新一届村和社区“两委”干部平均年龄46.1岁，比上届降低2.5岁，大专以上学历占比65.7%，比上届提升10.8%，各村和社区实现35岁以下年轻干部全覆盖配备。

（张传胜）

【事业单位领导人员选拔任用管理办法印发】　3月，区委组织部起草《北京市门头沟区处级事业单位领导人员选拔任用管理办法（试行）》，经十二届区委第176次常委会审议通过，由区委办公室印发全区。

（徐　妍）

【政工职评综合评审开展】　3月，区委组织部组织开展2021年政工职称专业考试与资格审核工作，共审核材料22人，其中高级政工师1人，政工师21人。10月29日，区委组织部组织开展2021年政工师申报人员论文答辩，并召开区2021年政工职评综合评审会。评审通过15名政工师，并按程序报市政工职评办备案。

（郝　宇）

【人才专项课题研究】　3月，区委组织部研究撰写《生态涵养区生态修复与绿色发展人才支撑体系建设研究》，从生态涵养区的主要特征入手，对人才支撑体系的构建及人才指标进行量化分析，并以此为基础，提出生态涵养区绿色发展的对策建议，该研究入选2021年度《北京人才蓝皮书》。

（熊国菊）

【“接诉即办”工作】　3月，

区委组织部会同区纪委区监委机关、区城指中心，制定《关于推行“接诉即办515工作法”的实施方案》、制作《门头沟区“接诉即办”工作领导体系架构图》和《门头沟区“接诉即办”工作流程图》，以区委办公室、区政府办公室名义联合发文印发全区各单位遵照执行。12月，区委组织部会同区委编办、区城指中心等单位，起草制定《关于深化“接诉即办”改革 健全体制机制建设 高质量做好全区接诉即办工作的实施方案》，以区委办公室名义印发全区各单位贯彻落实。联合区纪委区监委、区城市管理委等职能部门组建督导专班，督导推动“接诉即办”、垃圾分类、物业管理等民生“关键小事”落实，对“接诉即办”月度综合成绩在市、区排名靠后的单位开展专项督查，年内，共点名约谈4人次，有效督促干部担当作为、办好“小事”。

（解　洋）

【推行全区平时考核工作启动】　4月，区委组织部修订并发布《门头沟区公务员平时考核工作实施方案》，召开全区平时考核工作培训会，确定全国平时考核工作联系点，推动平时考核工作如期平稳落地。

（杨秀婷）

【党建工作调查研究】　4月，区委组织部联合区委农工委区农业农村局成立调研组，采取查阅资料、个别访谈、集中座谈、书面调研等方式开展专题调研，形成整体调研报告1个、深度分析材料2个、基层创新案例5个。4月，围绕建党100周年、党建引领基层治理、乡村振兴、绿色发展等中心工作，组织开展党建工作调研课题申报工作，全区共申报课题23项。11月，获2020年度“郊区党建”征文活动组织奖，其中区委组织部课题组撰写的《从疫情防控看党建引领基层社会治理的研究与思考》一文获“郊区党建”征文活动一等奖。12月，开展全区党建调研课题结题工作，形成20篇调研成果，并推荐部分优秀调研成果参与市党建研究会课题评选活动。《生态涵养区绿色发展人才队伍建设研究报告——以门头沟区为例》获北京市党建研究会2021年度优秀自选课题成果一等奖。围绕庆祝建党百年、党史学习教育、老干部工作等中心任务，编辑出版《探索》刊物6期。

（方宇彤）

【党支部标准化规范化建设专项行动】　4月，区委组织部开展全区党支部标准化规范化建设突出问题集中整改专项行动，对查摆问题实施动态管理、滚动推进，能够立行立改的全部整改到位，需要持续推进的明确时间节点，加大督查力度确保整改到位。

（王亚涛）

【干部人才挂职工作】　5月，区委组织部围绕东西部协作等重点任务，选派3名援内蒙古武川县干部、1名援湖北神农架干部，以及21名专业技术人才外出挂职援建。2021年共接收从内蒙古武川县、湖北神农架、河南长垣市、国家自然资源部到门头沟区挂职的6名干部。

（王金焕）

【接收“人才京郊行”专家到区挂职】　6月7日，市人才工作局为门头沟区选派的10名第十三批“人才京郊行”专家正式到区农业农村局、区文旅局等10家单位报到，挂职服务期限1年。6月开始，每季度为第十三批“人才京郊行”专家发放生活补助；9月，开展走访慰问活动，共发放生活补助和慰问款15.2万元。

（熊国菊）

【基层干部教育培训工作专题调研】　6月上旬至8月上旬，区委组织部组织开展“新时代首都基层干部教育培训工作”专题调研，召开相关区级单位和各镇街座谈会2次，发放网络调查问卷1231份，覆盖全区92家单位、178个行政村和121个社区，深入了解基层干部教育培训的现状、问题，广泛听取基层干部的培训需求和意见建议，形成基层干部教育培训工作调研报告。

（孙　玥）

【全区物业服务行业党委成立】　6月28日，区委组织部召开2021年度“红色大管家”物业企业联盟第二次全体会暨物业服务行业党委成立大会。成立门头沟区物业服务行业党委，进一步提升全区物业行业党组织组织力，以行业党建引领行业发展，提升物业企业参与基层社会治理的能力和水平。

（王亚涛）

【党员电教片制作及参评工作】　6月，区委组织部为庆祝中国共产党成立100周年，制作《红色沃土 绿色启航》党员电教片，并在“门头沟区纪念建党100周年表彰大会”上播放。7月，向市委组织部报送《京西战疫党旗红》《背影》等10部优秀党员电教片，参加“2021年北京市党员教育电视片观摩交流活动”，其中《背影》获评三等奖。8月，向市委组织部报送《彰显红色担当 践行绿色使命——记全国优秀党务工作者邢卫兵》《实事为民红色党建铸就红色堡垒——记北京市优秀基层党组织书记周德来》等2部党员电教片，参加2021年全市党员干部现代远程教育课件资源评审。

（袁　雪）

【人才健康体检】 6月至8月，区委组织部组织门头沟区“领军人才、优秀人才、青年人才”，第十三批“人才京郊行”专家，来区挂职的专家、人才、干部等在区医院进行健康体检。

（熊国菊）

【新业态新就业群体党建试点工作】 下半年，门头沟区开展快递员、外卖员等新就业群体党建试点工作，建立“1+2+N”工作协调机制，成立全区首个新就业群体流动党员党支部，9个“哨兵驿站”综合性服务平台和80余个可提供“8+4+3”清单式服务的党群服务中心（站点）投入使用，打造形成“京西哨兵”新就业群体品牌，持续推动新就业群体融入城市基层党建格局。

（王亚涛）

【录用安置2018届选调生】 7月，区委组织部在综合评价考核2018届选调生基层锻炼期间表现情况基础上，全区共录用安置18名选调生，均进入区委区政府重要岗位。

（古英娟）

【“两新”组织党员志愿服务队临时党委成立】 8月27日，区委组织部联合区创城办、中关村门头沟园党工委召开“创城加速度 两新在行动”动员大会暨“两新”组织党员志愿服务队临时党委成立大会，引导全区34支“两新”组织党员志愿服务队、300余名“两新”组织党员志愿者，以实际行动当先锋、作表率。

（王亚涛）

【组织系统信息宣传工作培训会】 8月31日，区委组织部召开全区2021年组织系统信息宣传工作培训会。参会人员为各系统牵头单位、各镇街信息宣传工作主管领导、职能科室负责人和信息员、宣传员。通报2020年和2021年1-7月组工信息、宣传工作情况，就进一步抓好全区组工信息、宣传工作进行交流研讨、提出明确要求。

（张　磊）

【年度录用公务员87人】 8月，2021年度上半年考试录用公务员和补充录用公务员依次进行，经过职位申报、考生报名、笔试、资格审查、调剂、面试、体检、考察等环节，87名录用人员正式进入门头沟区公务员队伍。

（杨秀婷）

【人才国情研修班】 9月10日，区委组织部在平西情报联络站举办“全区2021年人才国情研修班”，12名门头沟区领军人才、优秀人才、青年人才、“人才京郊行”专家参加培训。

（熊国菊）

【镇党委换届选举工作】 9月17日至23日，门头沟区9个镇全部召开党员代表大会完成镇党委换届选举。新一届镇党委领导班子成员共87人，平均年龄46.1岁，比换届前降低1.7岁，具有2年以上镇、街道工作经历的71人，占81.6%。具有全日制本科以上学历24人，占27.6%，比换届前提高8.8%。镇党委领导班子中女干部15人，配备“88后”优秀年轻干部3人，“五方面人员”（乡镇事业编制人员、优秀村党组织书记、到村任职过的选调生、第一书记、驻村工作人员）5人，均符合换届文件要求，选举中新一届镇党委委员全部全票当选。

（黄海荣　袁　雪　梁文飞）

【区第十三次党代会换届选举工作】 12月7日至9日，中共北京市门头沟区第十三次代表大会在龙泉宾馆召开。大会经过代表的充分酝酿讨论，采取无记名投票的方式分别差额选举产生了中国共产党北京市门头沟区第十三届委员会委员、候补委员和第十三届纪律检查委员会委员。

（黄海荣　袁　雪　梁文飞）

【行政执法类公务员改革】 9月，区委组织部将10支行政执法队伍整建制纳入行政执法类公务员，为实现公务员管理科学化打下基础。

（张大伟）

【北京冬奥会、冬残奥会火炬手选拔】 9月至11月，区委组织部推荐选拔6名冬奥会火炬手、2名冬残奥会火炬手。

（张传胜）

【村级民主管理制度落实情况调研督导】 10月，区委组织部联合区委农工委、区民政局、区经管站，随机抽选9个镇的27个村，实地调研“四议一审两公开”“三务公开”等制度落实情况，督促整改相关制度落实不严不实问题。

（张传胜）

【参公单位调整审批工作】 11月，区委组织部分类分批完成全区参公单位调整审批，对28家事业单位参公情况进行重新认定，并新增区属党员教育中心、劳动人事争议仲裁中心2家单位列入参公管理范围。

（古英娟）

【党员电教中心更名】 11月，“北京市门头沟区党员电化教育中心（北京市门头沟区干部信息事务中心）”更名为“北京市门头沟区党员教育中心（北京市门头沟区组织工作数据资源管理中心）”。

（袁 雪）

【派驻40名市派第六批第一书记】 12月2日，区委组织部面向全区集体经济薄弱村、软弱涣散村、红色试点村等重点村，按需派驻40名市派第六批第一书记，同时对任期届满的11名市派第五批第一书记进行返岗部署。

（张传胜）

【《北京市工作居住证》业务总结】 12月，区委组织部会同区人力社保局，对2020年工作居住证业务办理权限下放以来办理的工作居住证业务进行系统梳理总结，共梳理业务709件，其中2020年业务185件、2021年业务524件。

（郝 宇）

【入选全市100个“党建强发展强”党建品牌】 年内，通过融入治理结构、引领政治方向、助力创新发展、团结凝聚职工、履行社会责任、党员教育管理等多个维度综合评估，精雕科技党委“十个红色”党建品牌入选北京市100个“两新”组织“党建强发展强”党建品牌。

（王亚涛）

【人才引进】 年内，区委组织部累计申报人才引进需求10人，留学人才引进需求7人、解决夫妻两地分居需求9人，获批需求共30个（含专项4个）。共计办理人才引进业务13人，留学人才引进业务4人，解决夫妻两地分居业务11人。

（岳 帅）

【建党100周年系列活动】 年内，区委组织部围绕纪念中国共产党成立100周年，组织全国“两优一先”人选推荐，1人获全国优秀党务工作者；组织北京市“三优一先”人选推荐，3人获北京市优秀基层党组织书记、3人获北京市优秀党务工作者、8人获北京市优秀共产党员，5个党组织获北京是先进基层党组织；开展全区“两优一先”表彰工作，表彰门头沟区优秀共产党员100名、优秀党务工作者50名、优秀党组织书记50名；组织颁发“光荣在党50年”纪念章3214枚；开展“八个一”系列主题实践活动。

（黄海荣 徐 曼）

【干部人事档案管理工作】 年内，区委组织部做好全区干部人事档案专项审核“全覆盖”总结收尾工作，共审核档案3932本。其中事业单位共3795本，国有企业共137本。为做好区镇换届工作，按照档案审核相关工作要求，共审核干部人事档案265本，其中正处职干部人事档案135本，副处职干部人事档案130本。2021年整理并审核新增处级干部档案60本。

（王金焕）

【因私出国（境）证件管理审批】 年内，区委组织部按规定做好退（离）休局级干部、在职处级干部及区管国有企业领导班子成员因私出国（境）管理审批工作。截至12月31日，区委组织部共集中管理在职及退（离）休局级干部、在职处级干部及区管国有企业领导班子成员因私出国（境）证件898份，其中因私普通护照336份、往来港澳通行证182份、大陆居民往来台湾通行证380份，做到“应备尽备、应收尽收”。

（解 洋）

【“选人用人”等专项检查】 年内，区委组织部结合区委巡察对23家区属单位科级选拔任用工作进行专项检查，共发现5大类74项具体问题、提出74条整改建议。结合“选人用人”专项检查，开展“不担当不作为问题”专项检查，暂未发现问题。

（解 洋）

【干部选拔任用整体工作】 年内，区委组织部共选任干部25批次、394人次，其中提拔64人次、进一步使用干部15人次、交流调整等104人次。晋升二级巡视员14人次。全年持续做好全区领导干部人事任免、职级晋升、局级干部出国离京、党政班子工作安排、机关报周报、正处职名册及任免表季报工作，持续做好处级干部信息管理库专项信息维护工作；有效提高全区领导班子、干部队伍建设整体水平。

（季海洋）

【领导干部提醒、函询和诫勉】 年内，区委组织部综合个人有关事项报告查核、信访举报、选人用人检查等工作中发现的问题，区委组织部共提醒131人、函询51人，诫勉9人，其中对个人有关事项报告查核认定为基本一致的131人予以提醒，对个人有关事项报告查核比对存在不一致情形的49人、涉及信访举报查核的2人予以函询，对个人有关事项报告查核认定为漏报情节较重或隐瞒不报的9人予以诫勉。

（解　洋）

【干部履职"负面清单"】 年内，区委组织部统筹整合纪检监察、审计、信访、公检法以及民主测评、"一报告两评议"、个人有关事项报告查核、"12380"举报、专项清理整治等各渠道干部监督信息，进一步健全完善干部履职"负面清单"，新增干部履职负面信息135条。

（解　洋）

【经济责任审计和自然资源资产离任审计】 年内，区委组织部对10家单位的14名党政主要领导干部和国有企业主要领导人员开展经济责任审计；对3家单位的4名主要领导干部开展自然资源资产离任（任中）审计，并提出相应整改建议。

（解　洋）

【"12380"举报】 年内，区委组织部共受理"12380"举报反映处级干部的举报10件次，收到由市委组织部举报中心转来的举报8件次。对受理、转来的信访举报采取直接查核、转办要结果等方式进行办理。

（解　洋）

【"我为群众办实事"实践活动】 年内，门头沟区围绕群众切实需求，开展"双聚双百"专项行动，即以聚焦"红色党建"、聚力"绿色发展"、打造百个党建实践品牌、解决百个民生重点问题为载体，扎实为群众办实事、解难题。12月底，212项区级重点为民办实事项目和677项镇街、局处级单位为民办实事项目全部完成。

（王亚涛）

【优秀党支部工作法培育推广活动】 年内，在全区广泛开展优秀党支部工作法培育推广活动，总结提炼评选出20余个特点突出、效果明显、可复制推广的优秀党支部工作法，其中炭厂村"三好"工作法、千军台社区"听讲干评享"五群工作法等7个党支部工作法入围市级优秀典型案例。

（王亚涛）

【新冠肺炎疫情防控工作】 年内，区委组织部开展新冠肺炎疫情防控"千人战疫"，共抽调7批次2.29万人次下沉社区（村）值守，涉及69个机关事业单位，覆盖全区5个镇街、77个社区（村）。

（王金焕）

宣传工作

【概况】 2021年，区委宣传部扎实推进党史学习教育，组建8个专项工作组，12个指导组，印发"1+5+N"实施方案，以首善标准扎实推进各项工作。发挥区委理论学习中心组龙头作用，开展集中学习18次。举办"树立正确党史观 当好'两山'理论守护人"专题读书班，打造专家、书记、百姓、实景、校园、云上、实践"七大讲堂"。围绕学习贯彻党的十九届六中全会精神，组织3万余名党员干部群众收听收看新闻发布会，区委书记带头作宣讲报告。组建"红色门头沟""'两山'理论守护人"区级宣讲团，开展宣讲300余场，受众2万人。持续推广被中宣部列为典型案例"马克思主义读书会"，录制《理论经典助力创新》短视频。围绕庆祝建党100周年、党的十九届六中全会、"创城"、精品民宿、优化营商环境等重点工作，进行动态报道、专题报道、政策解读。做好区委第十三次党代会和两会宣传工作，多角度宣传"生态立区、文化兴区、科技强区"发展新思路新举措。策划门头沟区第十七届人大一次会议新闻发布会，组织中央、市属媒体记者集中采访20余场，围绕"疫情防控""区域产业转型升级""创城"等中心工作，刊发《门头沟区打造长安街西沿线专精特新产业集群》等特色报道600余篇。策划"北交所开市，北京地区首家上市企业来自门头沟""阜外医院与门头沟区签约"等宣传活动，助力区域产业转型升级。

加快推进区属媒体改革和融合发展，成立短视频孵化小组推出系列短视频。创作 Rap 歌曲 MV《老区新章！为门头沟打 call》，得到市委宣传部高度评价。强化新闻通气会等机制，定期召开主题宣传、新媒体品牌研讨会。形成“两微一端三视频”多维宣传矩阵，“京西门头沟”产出的宣传产品全网阅读量达 3800 余万次，获网民跟评 9000 余条。针对重要节点，对 42 家单位进行网络安全检查。加强网络安全知识宣传，拍摄播出反电诈视频短片 2 部，视频播放量超过 200 万次，提升群众风险防范意识。

实现创建首都文明示范区和全国文明城区提名城区阶段目标，制定新三年冲刺行动计划，开展“六大攻坚行动”。新建 5 个乡情村史陈列室和 15 个农村精神文明宣传屏。坚持多层次、多维度、多形式开展社会面创建公益宣传，持续营造浓厚创建氛围。

守正创新，深入推动“门宣铁军”队伍建设坚强有力。区委印发《关于贯彻落实〈中国共产党宣传工作条例〉的实施意见》，充分发挥区委宣传思想领导小组作用。成立区委直属正处级事业单位区文明促进中心，增设科级事业单位区理论宣传中心，扎实开展“四力”教育实践，健全新闻发言人培训等制度，宣传思想战线领导班子和干部队伍建设成效显著。完成中国共产党成立 100 周年《伟大征程》组织观演任务。

（闫　凯）

【理论学习中心组学习】 年初，区委宣传部印发《2021 年全区党委（党组）理论学习中心组专题学习重点内容安排》，全年围绕党史学习教育、全国文明城区创建、习近平总书记“七一”重要讲话精神、党的十九届五中、六中全会精神、人工智能发展趋势等主题，通过专题辅导报告、交流研讨、参观调研等形式，共开展集体学习 18 次，对二级党委（党组）理论学习中心组开展巡听旁听 350 余次。

（耿　界）

【市级爱国主义教育基地命名申报工作】 年初，宛平抗日烈士纪念园成功申报市级爱国主义教育基地命名。年内，门头沟区共有爱国主义教育基地 16 家，其中市级称号的 8 家，区级爱教基地 8 家。

（赵　萌）

【深入推进全国文化中心建设】 3月，区委宣传部召开区推进全国文化中心建设专题调度会，加快推进两个文化带建设。修订完善《关于调整门头沟区推进全国文化中心建设领导小组组成及职责分工的意见》，经领导小组会专题研究通过后，印发至各成员单位。梳理上报 17 项 2022 年重点项目。举办“紫气东来 一河永定”第十五届北京永定河文化节，发布“平西革命根据地”文旅品牌，助力西山永定河文化带建设。重点实施“两寺一山”文物保护修缮及潭柘寺大悲坛、戒台寺戒坛大殿、妙峰山娘娘庙等 10 余项文物保护工程，消除文物本体安全隐患，提高文物资源的利用价值。系统梳理分布在 117 个村的 1328 处红色资源点位，推出 18 条红色主题线路，构建起包括京西山区中共第一党支部、冀热察挺进军司令部旧址、平西情报交通联络站在内的党性教育基地体系。

（高　鹏）

【“门头沟老宅院”挂牌集中采访】 9月16日，区委宣传部组织中央及市属主流媒体参加首批门头沟老宅院挂牌仪式，对门头沟区老宅院保护与利用工作进行报道，先后在各类媒体刊发稿件 10 余篇。

（赵　萌）

【第十二届徒步大会斋堂站集中采访】 10月23日，区委宣传部组织中央及市属主流媒体参加第十二届徒步大会斋堂站活动，并对赛事活动进行报道，《北京日报》《北京晚报》、北京新闻广播《整点快报》、新华网、人民网等多家媒体刊发报道 20 余篇。

（赵　萌）

【参观大型主题展览】 10月，区委宣传部组织辖区干部群众 4300 人次，分 3 个批次到中国共产党历史展览馆、军事博物馆参观“纪念中国人民志愿军抗美援朝出国作战 70 周年主题展览”参观，深刻感悟中国共产党波澜壮阔的百年征程，历久弥新的百年初心。

（赵　萌）

【区党代会、“两会”专题宣传】 12月7日至17日，区第十三次党代会，区“两会”相继召开，区委宣传部统筹策划制定《区第十三次党代会，市、区“两会”宣传报道方案》，通过多渠道、多维度、多层次的宣传报道，全面诠释门头沟区以后五年发展的新理念、新思路、新措施、新目标以及 2022 年经济社会发展目标。进一步塑造区域品牌形象，提振区域发展信心，在中央及市属媒体刊发宣传稿件100余篇。

（张　雯）

【组织召开记者会】 12月17日，区十七届人大一次会议记者会在龙泉宾馆龙泉小剧场举行。换届选举产生的新一届政府领导班子集体亮相，区委副书记、区长喻华锋介绍门头沟区过去五年的主要工作以及下一步区域经济社会发展目标并答记者问。《人民日报》、新华社、《经济日报》《中国妇女报》、中新社、《北京日报》《北京青年报》《北京商报》《新京报》、北京电视台、北京人民广播电台、北京交通广播、人民网、中国网等媒体参加记者会。

（张　雯）

【"建党百年"主题宣传】 年内，区委宣传部与《北京青年报》合作，以"老区新章门头沟——绿水青山间的红色基因"为宣传主题，以"回望过往的奋斗路，眺望前方的奋进路"为宣传策划主线，以讲好门头沟"一盆火、一腔血、一桶金、一片绿"的"四个一"故事为主要脉络推出8个版面的深度报道。该报道得到市委宣传部阅评，称该系列报道"堪称党史学习教育中靓丽的一笔"。推出原创Rap歌曲MV《老区新章！为门头沟打call》，被市委宣传部推荐在北京电视台微博等媒体平台全网推送，并在各大视频平台广泛传播。

（张　雯）

【"建党百年"主题采访】 年内，区委宣传部对接市委宣传部，以"门头沟小院+"带动乡村振兴、积极践行绿水青山就是金山银山的发展理念，坚守北京第一道绿色屏障、创新驱动引领产业转型升级发展、门头沟热心人在基层社会治理等7个方面为宣传重点，组织中央、市属媒体开展"建党百年"主题采访活动。在《北京日报》头版的《奋斗百年路 启航新征程——首都发展巡礼》专栏刊发《打造观光专列 明春简易通行 门大线：一站一特色，一车一主题》，在北京电视台《北京新闻》头条播出《弃黑向绿 门头沟经济"变色"谋发展》，在《北京青年报》专版刊发《"红色门头沟"党建引领 创新多元共治基层治理格局 门头沟打造15分钟社区党群便民圈》等30余篇报道。

（张　雯）

【北京冬奥会、冬残奥会宣传筹备工作】 年内，区委宣传部整合上报门头沟区2022北京冬奥会和冬残奥会非注册新闻中心城市形象4条采访线路；配合做好2022年北京冬奥会、冬残奥会主办城市口径库征集工作，根据门头沟区特色亮点工作上报"和谐宜居""文脉传承""高科技发展""生态环境"等方面的对外宣传口径。制定《2022年冬奥会和冬残奥会门头沟区新闻宣传及文化活动工作组工作方案》全力做好新闻发布和媒体采访工作，确保新闻宣传和文化活动工作有序推进。

（张　雯）

【出版物发行单位核验工作】 年内，门头沟区应参加年检的出版物发行零售单位226家，参加年度核验的单位156家，未参加的70家，参加年度核验的单位共有从业人员883人，年销售额27020.95万元，年利润为2471.38万元。门头沟区对参加年度核验的156家单位，按照年度核验的要求认真进行核准，对其中符合要求的151家企业办理年度核验登记手续，对其余5家因涉及登记事项变动和未按时参加现场核验的单位，进行缓期办理处理；对未参加年度核验的70家单位，正在沟通了解情况并分别进行缓期办理或注销处理。

（李　响）

【出版物发行单位审批工作】 年内，区委宣传部共办理出版物发行单位审批102件，其中办理出版物零售企业设立事项48件，临时零售点12件，出版物零售企业变更事项28件，出版物零售企业分支机构备案事项2件，出版物企业注销9件，补证3件。

（李　响）

【"疏整促"宣传有序开展】 年内，区委宣传部结合门头沟区疏整促工作亮点，在主流媒体开展"疏整促"宣传，共刊发新闻稿件共30余篇。其中，《北京日报》《北京晚报》先后刊发《门头沟区军庄镇：见缝插针建车位 解决百姓停车难》《永定河畔新增滨水森林公园》；人民网、新华网、北京日报客户端等多家媒体发布《门头沟区军庄镇 拆违地块打造千亩秋日花海》。

（赵　萌）

【公共文化服务工作】 年内，区委宣传部完善五个"一"公共文化服务配送体系，积极向农村地区倾斜，为农村益民书屋、社区基层文化室、企业等更新各类图书27638册，开展2021年电影放映工作。落实"七有""五性"

要求，建成33家实体书店，组织千米书城“更读智慧空间”等书店，开展“红色经典 献礼百年”等活动30余场。开展“我们的节日”系列主题活动，重点围绕重阳节等传统节日，策划“九九登高赏秋游”“小院同乐共重阳”等系列活动300余场。组织“阅读驿站”进乡村、红色家书诵读等活动50余场。

（高　鹏）

【党史学习教育扎实开展】 年内，区委宣传部成立党史学习教育领导小组，办公室设8个专项工作组，12个区委指导组，制发系列规范文件，建立“周小结、月调度”的工作机制，全面动员部署、压紧压实责任。专题学习习近平总书记关于党史学习教育、“七一”重要讲话等重要论述。定期召开工作推进会，对全区82家局处级单位进行督导，指导1360个党组织书记高质量完成专题党课，1189个党支部高水准召开专题组织生活会，全区局处级领导班子高质量召开专题民主生活会。党史学习教育中央第一指导组到妙峰山镇进行调研，列席区委班子专题民主生活会。聚焦“双聚双百”，解决群众急难愁盼问题，在市委27个具体问题的基础上，突出创城为民惠民，梳理6个方面突出诉求，建立“27+6+X”的重点民生诉求台账，累计投入1.55亿元，完成212项区级重点为民办实事项目和677项镇街、局处级单位为民办实事项目。

（高　鹏）

【“书香门头沟　阅读永定河”全民阅读】 年内，门头沟区全民阅读暨第十一届门头沟阅读季活动以“书香门头沟 阅读永定河”为主题，策划4.23世界读书日主题系列活动、实施领读者计划、开展书评活动、举办青少年读书活动、女性主题阅读周、特殊群体阅读行动计划、“品阅书香”名家面对面系列活动、数字阅读系列活动、书香北京系列评选、“读原著、学原文、悟原理”主题读书活动、优秀读物推荐活动、积极参与“让阅读走进乡村”特色阅读活动、创建下沉体验式阅读空间、党史系列专题活动等14个方向的主题活动，通过主题研讨会、专题讲座、培训班、宣传活动、经典诵读、论坛沙龙、阅读行走等形式多样的活动方式，推广全民阅读，持续提升门头沟区全民阅读质量和水平，营造良好书香氛围，培育人民群众崇尚阅读的良好风尚。

（彭志豪）

统战工作

【概况】 2021年，门头沟区委员会统一战线工作部（简称区委统战部）组织完成区政协换届工作、全区各民主党派区级换届工作；召开新一轮“8+1”行动启动仪式暨2021年推进会，推进“8+1”行动，促进更多项目落实落地。牢固树立安全发展理念，增强底线思维和忧患意识，统筹推进安全和发展工作，确保首都民族宗教领域始终保持和谐稳定良好局面。

（赵　磊　钱　畅）

【推动非公经济发展】 1月19日，区委统战部联合区工商联、区司法局、区人保局以及中关村科技园共同举办“法治护航”普法课堂，围绕“企业用工风险防范”“如何开展企业法治体检”等为企业人员开展培训。2月5日，区知联会与北京市知联会产业发展专委会到北京精雕科技集团有限公司共同举办首都创业产业集群高质量发展研讨会，并开展门头沟区高精尖产业发展现状调研。12月23日，区工商业联合会（商会）第十一届代表大会在龙泉宾馆召开。

（曹春阳）

【加强思想政治教育】 1月19日，区委统战部举办门头沟区2021年党外代表人士“十四五”规划专题培训班80余名党外代表人士参加培训。6月11日，举办建党100周年“薪火相传”理想信念教育活动，60余名统一战线成员到妙峰山镇炭厂村红色纪念馆、涧沟村平西情报站实地参观学习。6月22日，“团结在光辉的旗帜下”门头沟区统一战线书画摄影展在永定河文化博物馆开幕，100幅书画摄影作品参展。7月19日，门头沟区开展统一战线党史学习教育专题党课，区领导以“不忘百年红色同心路 共绘新时代门头沟绿水青山图”为题授课，区各民主党派、区知联会、区新联会等100余人现场听党课。10月21日至22日，为期两天的2021年民主党派履职能力提升培训班开课，各民主党派区级组织领导机构班子成员暨下设支部主委、专委会主任、成员50余人参加培训。

（曹春阳）

【区知联会、区新联会活动】 1月28日，区新的社会阶层人士联谊会（简称新联会）到大台街道、王平镇、军庄镇温馨家园开展节前慰问活动，为生活困难群众及残疾人送去生活用品、防疫物资。4月2日，区党外高级知识分子联谊会（简称知联会）在精雕集团举办庆祝百年主题教育实践活动，市知联会秘书长、区知联会副会长代表市知联会将“矢志践行品牌和北京知联会《矢志践行》主题活动项目小组铜牌授予区知联会。5月17日，新的社会阶层人士统战工作联席会召开，专题部署新的社会阶层人士基本情况及思想状况调研工作。6月1日，区知联会、区新联会到妙峰山镇平西情报联络站联合开展“在光辉的旗帜下”红色主题教育活动。6月19日，由北京知联会、区知联会联合主办，北京知心书画社协办的“百幅佳作庆百年”首都无党派人士庆祝中国共产党成立100周年主题创作联展开幕。

（曹春阳）

【“8+1”行动】 2月2日，致公党党员企业北京天行健汽车服务有限公司向门头沟区捐赠价值126万元的医用外科口罩和手术衣。2月4日，民建门头沟区工委邀请7名中科院专家到妙峰山岭角村参观改造后的精品民宿，实地考察灵溪景区，并与两个项目企业代表进行深度交流，对景区开发建设即民宿整体定位给出多条意见建议。2月25日，市委常委、统战部部长到门头沟区调研“8+1”行动开展情况。4月14日，台盟北京市委主委带队到沿河口村开展“学习中国共产党史.讲好多党合作故事”政治共识主题教育推进部署会暨在沿河口村学党史活动。4月23日，民革北京市委到门头沟区就推进“8+1”行动进行实地调研，并与门头沟区有关委办局就2021年帮扶项目进行座谈交流。5月21日，民盟北京市委助力“8+1”行动2021年项目对接工作座谈会在区内召开。6月8日，“8+1”行动2021年农工党环境与健康宣传周“环境与健康”研讨会在龙泉宾馆召开。6月17日，台盟北京市委到门头沟区八中京西附小开展中医药调研活动。6月18日，民进北京市委在北京八中京西附小举行“不忘民进初心 共筑百年梦想”纪念 建党100周年暨“8+1”项目《悦动京西》校园健身舞成果展示。7月5日，民进北京市委联合民进北外支部、外研社，为八中京西附小和大峪中学捐赠图书3000余册。9月6日，民盟市委西山永定河文化带课题组到门头沟区实地调研非遗产业发展。9月11日，民建市委秘书长带队到房良村开展“名誉户主”帮扶活动。10月11日，大峪中学、北京市服装学院联合主办的“华彩霓赏”主题服装服饰展演活动在孔庙和国子监博物馆举行。10月8日，民进北京市委到门头沟区尚润德康复中心调研。12月29日，台盟北京市委邀请北京林业大学学生心理健康教育中心主任及相关专家到门头沟区教育研修学院开展“教师心理健康帮扶”活动。

（曹春阳）

【专项民主监督工作】 4月1日，区委统战部召开专项民主监督工作专题会，部署《门头沟区专项民主监督工作试点计划（2021-2023年）》。7月14日，民盟区工委邀请民盟市委领导、中国农业大学农业建筑环境与能源工程系副教授、生态环境部环评司助理研究员等专家到东辛房办事处召开污染防治专项民主监督工作调研座谈会。7月26日，门头沟区召开专项民主监督工作推进会，全区各民主党派、区知联会、区新联会负责人，相关镇街负责民主监督工作人员参加会议。

（曹春阳）

【归侨侨眷暨归国华侨联合会成立大会】 12月，区委统战部召开第一次归侨侨眷代表大会暨归国华侨联合会成立大会，通报门头沟区归国华侨联合会第一届委员会委员人选情况，充分调动广大侨界人士的独特优势，积极参与门头沟的发展和建设。

（赵 磊 钱 畅）

政策研究

【概况】 2021年，区委研究室紧扣地区发展战略全局，坚定践行“两山”理论，奋力谱写“绿水青山门头沟”高质量发展新篇章，完成文稿起草、调查研究、深化改革各项工作任务。推动各单位立足地区经济社会发展大局，紧扣中心工作深入开展调查研究，为区委、区政府科学决策提供服务参考；统筹协调全区全面深化改革工作，对标中央、市委改革决策部署，制定年度改革工作要点和重点督察计划，实行建账管理跟踪督办，推动各项改革举措落地见效。突出以文辅政，坚持以文立室，全面提升服务决策的能力和水平，持续彰显“政治坚定、博学善思、勤勉担当、守正创新”的研究室精神。

（赵凤荷）

【2020 年门头沟区《调研成果汇编》印发】 年内，区委研究室编印《2020 年门头沟区调研成果汇编》，集中展示 2020 年全区优秀调研成果，为服务科学决策和推动工作交流搭建平台。

（张进雁）

【文稿起草工作】 年内，区委研究室协助区委完成区委十二届十三次、十四次、十五次全会等重大会议以及党史学习教育相关材料的起草工作，累计起草区委重大文稿 230 余篇，60 余万字。抽调骨干力量成立党代会报告起草小组，完成区第十三次党代会报告及相关文稿的筹备工作；协助区委主要领导高质量起草农村工作会、点评会以及创城、接诉即办等领域重要讲话提纲，切实发挥以文辅政作用。

（叶　瑶）

【统筹全区调查研究工作】 年内，区委研究室围绕落实区委提出的打造“红色门头沟”党建实践品牌和“绿水青山门头沟”城市品牌，聚焦构建“一园四区一小院”绿色发展新格局、落实乡村振兴战略、社会精细化治理、民生服务保障等重点领域，协调区相关部门深入开展调查研究，全区共完成区级领导重点调研课题 27 项、区重点关注调研课题 68 项；特别是协助区委开展《把握为民服务内涵推动门头沟接诉即办工作再上新水平》等重点课题调研，做好相关服务保障工作。创新“调研沙龙”机制，围绕强化党建引领、“门头沟小院”精品民宿产业发展及区第十三次党代会报告起草等主题与区相关部门开展交流研讨。

（张进雁）

【全面深化改革工作】 年内，区委研究室统筹制定区“十四五”时期重要改革举措清单，明确优化城乡空间布局、守住好山好水好生态、培育发展新动能等 40 项战略性改革举措。同时，精细谋划 2021 年度改革要点，明确新阶段创城冲刺工作机制、党建引领城乡治理等 34 项年度重点改革任务。年内，34 项重点改革任务全面完成；召开区委全面深化改革委员会会议 3 次，审议通过议题 16 个，出台改革意见及方案 12 个。积极在市级平台展示交流区基层改革创新成果，“点状供地改革”被《2021 年北京市“微改革、微创新”典型案例》收录并在全市推广；“门头沟小院”相关改革经验在《北京改革情况交流》《北京农村经济》刊登。

（赵风荷）

【决策信息服务】 年内，区委研究室形成《决策参考》呈报区领导，为领导决策提供有益借鉴。年内，围绕“煤改清洁能源”“简易低风险项目审批”“新型集体林场”“农村人居环境整治”等主题开展调查研究，形成多篇《决策参考》，相关调研成果在《北京农村经济》《北京调研》刊登。

（赵风荷）

机构编制

【概况】 2021 年，门头沟区委机构编制委员会办公室（简称区委编办）优化行政管理体制，完成事业单位改革，促进综合行政执法改革落地见效，精简规范议事协调机构，开展第二次全区机构编制核查、街道行政管理体制改革和乡镇机构改革评估工作，提升事业单位登记管理工作水平，补齐学前教育基本公共服务短板，加强公共卫生服务体系建设，不断推进机构编制管理规范化、法制化建设，为推动全区高质量发展提供体制机制保障。

（关博远）

【区新冠肺炎疫情防控事务协调中心成立】 10 月，经区委编委批准同意，设立“北京市门头沟区新型冠状病毒感染的肺炎疫情防控事务协调中心”（简称区疫情防控事务协调中心），为区委办公室所属公益一类事业单位，主要承担门头沟区新冠肺炎疫情防控工作的组织落实、联络协调、信息报送、督促督办、档案管理等具体工作，实现从宏观机制到实体机构的跨越。

（董淑贤）

【优化行政管理体制】 年内，在区委全面深化改革委员会下设书记、区长任组长的区信息化和大数据工作专项小组，成立区大数据管理局，在区科技和信息化局加挂牌子，在内设机构产业和信息化管理科加挂“区数据资源管理科”牌子，充实区大数据事务中心事业编制等；成立区乡村振兴局，在区农业农村局加挂牌子；成立区文物局，在区文化和旅游局加挂牌子，独立设置文物科；成立区政府港澳办，在区政府办公室加挂牌子，将内设机构外事科更名为“外事和港澳事务科”；明确区国资委对区供销合作社全面监管职能；优化调整区生态环境局内设机构职责编制；理顺中关村门头沟园投资促进、企业服务、园区保障职责关系，调整机构设置。

（张　硕）

【事业单位改革工作完成】　年内，区委编办完成全区62个部门改革方案的批复工作，将事业单位经营性职能清理剥离、行政职能回归党政机关、执法职能统一划归行政执法队伍承担，促使事业单位回归主责主业。“探索创新，完善制度”，指导区公园管理中心、区医院等单位拟定政事权限清单、管理章程和机构职能编制规定，建立健全事业单位管理制度机制。

（李　涛）

【综合行政执法改革】　年内，区委编办调整组建8个领域副处级综合执法机构，将各领域4836项行政执法职权，归纳为8个领域67个职能板块，制定并印发“三定”规定，确保执法机构更好履职；组建基层综合行政执法机构，切实保障执法力量向一线倾斜；加强基层执法协调力度，由街镇统一组织开展辖区内综合行政执法活动。

（王泽宇）

【议事协调机构精简规范】　年内，区委编办制定《北京市门头沟区议事协调机构管理办法》，对议事协调机构的定义、设立标准、设立调整权限和流程、规范运行制度等进行明确；细化流程，根据《办法》等规定，梳理门头沟区议事协调机构设立、调整、撤销工作流程，加强对各单位业务指导；精简优化，调整议事协调机构74个，撤销议事协调机构2个、临时机构5个。

（董淑贤）

【街道行政管理体制改革、镇机构改革评估】　年内，区委编办采取街镇自查、实地调研、资料查阅、交流座谈和群众认可度调查等方式开展街道行政管理体制改革评估与镇机构改革评估工作。发现改革成效和存在的问题，将评估结果分别向4个街道与9个镇反馈并督促整改反馈，“以评促改”推动改革工作落地、落实。

（刘文弢）

【第二次全区机构编制核查工作】　年内，区委编办研究制定《关于开展第二次全区机构编制核查的工作方案》，统一核查口径范围，将社会化用工与议事协调机构统计一同开展，依托实名制系统，做到机构编制核查全覆盖，全面摸清机构编制底数，制定机构编制核查单位自查工作流程，明确“十要十不得”要求，统筹兼顾机构编制核查和安全保密工作。

（刘文弢）

【提升事业单位登记管理工作水平】　年内，区委编办全面完成事业单位登记249项，含设立21家、注销16家、变更228家。按照市委编办法人电子证照申领工作“应领尽领”的新要求，对电子证照申领工作科学分析，查找问题，精准发力，将其列入为民办实事实践活动，采取“限时办”“上门办”“督促办”相结合的方式，以“局科长走流程”为抓手，加速推进事业单位法人电子证照申领工作，全年申领率近90%。

（甄西波）

【补齐学前教育基本公共服务短板】　年内，区委编办调和严控机构编制总量与满足发展之间的矛盾，为缓解教育系统编制资源紧张的问题，通过座谈、实地调研等形式，全面梳理问题，分析原因，形成《关于解决教育系统事业编制紧张问题的建议》，明确“深度挖潜、创新管理、盘活资源、兜底保障”工作思路，大力挖潜教育系统直属机构事业编制44名，并采取临时借编的方式优先补充中小学、幼儿园一线教师编制，相继成立六幼、七幼、八幼、潭柘寺学校第一幼儿园。

（张　硕）

【公共卫生服务体系建设加强】　年内，组建区卫生健康综合服务中心，强化对社区卫生服务机构的质量管理、医技人员的教育培训、财务集中核算等职能，提升编制资源的集约高效。

（张　硕）

【重点领域机构编制保障】　年内，组建区文明促进中心，切实创造亮彩纷呈、可复制可推广的基层党建实践品牌，不断提升市民文明素质和城市文明程度；组建区区域协同发展促进中心，促进京西产业转型示范区和“一线四矿”建设，强化区域协同发展，夯实支援协作基础；组建区公共文化中心（区文化旅游产业促进中心），推进门头沟“青山绿水”天然禀赋和“六大文化”深度融合发展，打造以“门头沟小院+”为核心、以“精品旅游、精品民宿”为载体的文旅产业。

（张　硕）

网络安全与信息化

【概况】 2021年，区委网信办坚持7×24小时网络舆情监控，形成“舆情监控、分析研判、协同引导、效果评估”的闭环工作模式，实现负面有害信息“早发现、早报告、早处置”。结合“我为群众办实事”实践活动，落实网民诉求“接诉即办”机制，派发舆情督查通知单至相关单位，确保网民诉求及时有效解决。拓宽新型宣传渠道，形成“两微一端三视频”的多维宣传阵地，围绕建党100周年、“创城”等重点工作制发宣传产品，进一步扩大对外宣传范围。建立由全区80余家单位网络发言人、网络评论员组成的500人的网络评论引导队伍，在重要时间节点及热点舆情事件期间积极开展舆论引导，带动网络正能量声音占据主流。启动“网红”培育工程，从门头沟区各领域“博主”中选拔5人提供资源支持，根据各自擅长领域着重培育，鼓励其以群众喜闻乐见的方式展示门头沟地域文化，严管区属新媒体，对区内新媒体实行台账式管理并分类备案，定期开展自媒体业务指导与培训，确保公众号依法依规运营，同时台对区重要工程、重大措施等信息进行正面跟进报道。指导全区做好网络安全防护工作，在重要时间节点对42家单位进行网络安全检查，第一时间督促整改，保障全区网络设备和信息系统安全，为门头沟区各项工作平稳运行提供保障。

（康禹舜）

【创城网络宣传系列短视频】 8月17日，区委网信办通过“京西门头沟”政务官方微信、微博策划推出“每天一分钟，带你看创城”系列短视频，进一步推动全民参与创城工作。

（史佳怡）

【网信业务培训会】 9月28日，区委网信办在区委党校400会议室召开门头沟区网络发言人、网络评论员、网络安全员业务培训会，《舆情应对和风险管控》《如何在互动媒体进行评论》《网络安全政策解读》3个课程的专题业务培训，共260余人参加此次培训。

（安　鑫）

【国家网络安全周宣传活动】 10月14日至16日，区委网信办到大峪街道绿岛家园社区和京客隆商场，开展网络安全宣传周活动，现场向市民发放宣传材料1200余份。

（郭　峰）

综合考评工作

【概况】 2019年，区委以机构改革为契机，改革优化考核评价机制，在全市率先成立由区委书记任主任的区委综合考评委员会，并设立正处级区委工作机关门头沟区委综合考评委员会办公室（简称区委综合考评办），归区委组织部管理，统筹推进全区综合考评工作。2021年，门头沟区综合考评紧密承接市级三大综合性考核（全面从严治党（党建）工作考核、市政府绩效考评、“平安北京”建设考核），坚持党建引领、统筹精简、过程管控、公众参与，着力完善“三考合一、一核三评”的综合考评体系，推动市区重点任务有效落实。

（汪　洋）

【深化综合考评实施意见印发】 3月23日，区委综合考评办以区委、区政府名义印发《门头沟区关于深化综合考评推动全区高质量发展的实施意见》，明确考评目标、考评模式、考评程序，形成推动落实的“责任共同体”。

（徐文学）

【区委综合考评委全体会及委员会议召开】 4月21日，召开门头沟区委综合考评委全体会及委员会议，研究审议区委综合考评委员会人员组成调整有关事宜、门头沟区2020年度综合考评社会评价意见报告、门头沟区综合考评2020年度工作总结及2021年度工作要点、门头沟区2021年度综合考评实施方案，区委综合考评委主任、副主任、委员张力兵、喻华锋等，区综合考评委成员参加会议。会后召开委员会议，对2020年度综合考评结果进行研究审议。

（徐文学）

【综合考评社会评价意见报告发布】 4月28日，区委综合考评办通过《京西时报》、“京西门头沟”“门头沟融媒”公众号等媒体途径公开发布2020年度门头沟区综合考评社会评价意见报告。

（汪　洋）

【年度综合考评实施方案制定印发】 4月，区委综合考评办会同各牵头单位搭建2021年度综合考评指标体系，制定《门头沟区2021年度综合考评实施方案》并提请区委常委会议审议通过，以区委办公室、区政府办公室名义印发实施。

（徐文学）

【指标考评细则及单位年度任务书编制工作】 5月31日，区委综合考评办完成2021年度综合考评任务书和考评细则编制工作，确定共性指标细则43项，向全区82家单位下达个性任务1043条。

（徐文学）

【综合考评中期调整工作】 9月6日，区委综合考评办下发综合考评中期调整情况通知，对考评内容进行动态调整和补充更新，对11项指标内容进行调整完善，将市政府绩效任务、上年度市级考核反馈问题整改等206项任务纳入相关单位任务书。及时落实区委区政府工作要求，完善接诉即办考核办法，将“提供重大招商引资线索”“争取上级专项投资”等情况纳入考评范畴。

（徐文学）

【年底集中检查考核工作】 12月27日至30日，区委综合考评办统筹有关检查主体，组建5个检查组，采取不听汇报、直插现场方式，完成对38家单位的集中实地查核，实现只考一次。

（徐文学）

【述职评价工作】 12月，区委综合考评办启动述职评价工作，邀请四套班子领导、两代表一委员等作为评价主体，对各单位年度工作情况进行整体评价；同时，进一步提升基层评价权，邀请各镇街党工委书记对各区级部门进行评价，充实双向评价内涵。2021年度，采取书面述职＋线上评价的方式，邀请74名代表对各单位进行述职评价打分。

（徐文学）

【年度总评工作启动】 12月，区委综合考评办召开综合考评年度总评培训部署会，启动年度总评工作，对考核指标评分、任务完成情况填报、指标超标分及加分项申报等环节工作进行部署，明确工作要求和时序安排。

（徐文学）

【强化过程考评管理工作】 年内，区委综合考评办持续强化过程考评管理，开展季度调研和半年测评，全年实地查核任务进度目标808个，现场勘验点位171个。根据任务调研评估情况，结合指标考评主体分析研判，按季度汇总任务推进情况，及时反馈至各单位。落实区委综合考评办、区委督查室、区政府督查室联动督查机制，对55个单位，在16项共性指标及32项个性任务落实中存在的问题开展专项督查。

（徐文学）

【社会评价工作】 年内，区委综合考评办采取年中、年底双评价模式开展2次社会评价，请群众作为评价主体，对全区各单位履职情况进行满意度评价。年中评价（6月22日—30日）重点围绕镇街基层治理，调查范围覆盖9个镇和4个街道，通过入户访问方式，以问卷调查的方式开展满意度测评；年底评价（12月10日—31日）重点围绕“七有”“五性”、民生热点和区委区政府重点工作，采取区政府门户网站、微信公众号、手机短信、电话访问和街头拦截访问等多种调查方式，收集有效问卷1.1万余份，梳理并反馈群众意见建议。

（汪　洋）

老干部工作

【概况】 2021年，全区离退休干部工作围绕开展党史学习教育，结合建党百年开展以“知党史、感党恩”为主题“个十百千万”系列活动，引导机关党员干部和离退休干部深刻领会"两个确立"的决定性意义，增强“四个意识”，坚定“四个自信”，做到“两个维护”。全面贯彻落实全国老干部局长会议和全市老干部工作会议精神。以《首都老干部工作高质量发展三年行动计划》为抓手，坚持以人为本、精准服务、用心用情落实离休干部“三个机制”、离退休干部“两项”待遇、离休干部“一对一”帮扶制度和“四必访”制度。紧密对接社会服务资源，为离退休干部提供更多便捷服务。发挥老干部（老年）大学阵地作用，向基层延伸成立区老干部（老年）大学大峪分校，拓展线上课程，开通多个纪念馆线上参观入口，满足离退休干部学习需求。开拓进取，扎实做好新时代全区关心下一代工作。引领离退休干部在创建全国文明城区、新冠肺炎疫情常态化防控、新冠病毒疫苗接种、垃圾分类等重点工作中发挥优势作用。全区离退休干部工作取得创新发展。

（刘俊杰）

【组织老干部基层送春联】 1月28日，区委老干部局组织区老干部书画协会会员到大台街道和王平镇安家庄村开展“迎新春 感党恩”送春联活动，赠送新春对联600余幅、“福”字800余张。

（刘俊杰）

【走访慰问活动】 2月4日，区委老干部局慰问深山区离休干部党员，送去慰问金和生活用品。全区离退休干部单位走访慰问离退休干部1188人，送去慰问品、慰问金和慰问信。

（刘俊杰）

【新冠病毒疫苗接种再动员】 4月7日，在区委老干部局微信公众号发布《致全区广大离退休干部接种疫苗的一封信》，鼓励身体状况稳定、慢性病药物控制良好的老干部，争做新冠病毒疫苗接种的参与者和宣传者。4月19日，区委老干部局开展离退休干部新冠病毒疫苗接种专场第一针的接种工作。185天后，在新冠病毒疫苗接种点开展离退休干部疫苗接种专场第二针的接种工作，完成离退休干部新冠病毒疫苗接种任务。

（刘俊杰）

【关心下一代工作会召开】 4月25日，区关工委在区总工会一层会议室召开关心下一代工作会。学习传达北京市关工委工作会议精神，对年内全区关心下一代工作作出统筹安排。区关工委领导班子成员、全体委员60余人参加会议。

（刘俊杰）

【送图书实地参观活动】 5月28日，区关工委组织开展“童心向党·党的光辉照我心”党史学习教育主题参观活动，结合参观门头沟区博物馆“平西抗日斗争史”，讲解门头沟抗战史和发展史。赠送《红旗漫卷西山—门头沟地区百年建党纪实》图书，50余名幼儿园儿童及家长参加。

（刘俊杰）

【“首都关心下一代大讲堂门头沟分讲堂”活动】 6月23日，区关工委、雁翅镇党委、区教育关工委组织青少年到京西山区中共第一党支部纪念馆，开展“首都关心下一代大讲堂门头沟分讲堂”活动，为青少年讲述《播撒革命火种的田庄村》，付家台中心小学学生讲述《播撒革命火种 传承优良家风》，付家台中心小学50余名师生参加。

（刘俊杰）

【青少年线上书画展】 7月14日至16日，区关工委、区教委、区教育关工委在全区中小学联合开展“时代少年 未来先锋—青少年画笔描绘百年风华”书画作品征集活动，征集书法作品46幅、绘画作品83幅。将获得一等奖的9幅书法作品、12幅绘画作品和15幅优秀的二、三等奖作品进行线上展出。

（刘俊杰）

【送书法进军营活动】 7月20日，区委老干部局联合区退役军人事务管理局，组织6名老干部书画协会老兵到驻区部队举办“铁血筑军魂 翰墨战友情”送书法进军营慰问活动，现场创作书法作品80余幅。

（刘俊杰）

【青少年普法情况总结及推荐工作】 7月22日至11月19日，区委老干部局综合团区委、区司法局、区检察院、区法院等相关部门近三年青少年普法情况，对第四届“关爱明天、普法先行”青少年法治宣传教育活动进行总结，向市关工委推荐1个普法先进集体、1名先进工作者和1名优秀辅导员。

（刘俊杰）

【“中华魂”主题教育活动】 9月1日至10月20日，区委老干部局以“颂歌献给党”为主题，通过组织青少年讲述党的故事、革命的故事、英雄的故事等方式，在全区中小学开展2021年“中华魂”主题教育活动。向市关工委报送3个宣讲视频，参加北京市“中华魂”主题教育活动线上展示评比。门头沟区获三等奖、优秀奖各1名。

（刘俊杰）

【参加“乒协杯”乒乓球赛】 9月27日至29日，区委老干部局组织区老干部乒乓球队参加门头沟区第二十四届“乒协杯”比赛。男队代表队获乙组第七名。

（刘俊杰）

【“共迎冬奥 健康你我”答题活动】 10月14日，区委老干部局举办“共迎冬奥 健康你我”线上答题活动，老干部足不出户了解冬奥知识和养生知识，371名离退休干部参加。

（刘俊杰）

【“五老信息库”建立】 10月20日至11月12日，区委老干部局建立全区关心下一代“五老信息库”，全区65名老教师、老专家、老模范、老战士进入“五老信息库”，充实全区“五老”

队伍力量。

（刘俊杰）

【“我为群众办实事”活动】 年内，区委老干部局开展“我为群众办实事”活动。建立健全离休干部健康档案，落实家庭医生签约工作，组织全区849名离退休干部参加健康体检。完善困难离退休干部帮扶机制，定期联系、应急响应、日常关怀工作机制。落实离休干部“三个机制”，离退休干部“两费一补贴”按时足额发放，离休干部“一对一”帮扶制度和“四必访”制度。对接区便民服务业协会，依托社会服务组织170家会员单位，建立起多样性、便利性、保障性一体化服务平台，可为离退休干部提供家政服务、健康护理等17大类200余项生活服务；区委老干部局领导带队到结对帮扶的清水镇双涧子村，了解困难家庭情况，走访慰问3名困难党员群众。

（刘俊杰）

【老党员先锋队新冠肺炎疫情防控值守】 年内，区委老干部局动员机关全体在职党员，回社区（村）报到，开展新冠病毒疫苗接种宣传引导、服务保障等工作。全区43支老党员先锋队引领、带动、参与社区（村）新冠肺炎疫情常态化防控，在社区（村）疫情防控值守达3440人次。

（刘俊杰）

【老干部（老年）大学及分校教学工作】 年内，门头沟区老干部（老年）大学采取线上教学方式，开设11个专业，42个教学班，录播课程304期，学员人数达到1915人。依托大峪街道党群服务中心，成立区老干部（老年）大学大峪分校，开设4门课程10个教学班，覆盖学员100余人，在促进老年教育向基层阵地延伸、更好地满足老同志学习需求方面做出新的尝试。

（刘俊杰）

【信访工作】 年内，区委老干部局受理老干部来访5次、电话访17件，对老干部提出的疑问和合理诉求，全部予以解决。

（刘俊杰）

【党史学习教育】 年内，区委老干部局召开党史学习教育部署会，传达中央、全市和全区党史学习教育动员大会上的讲话精神，部署全局党史学习教育实施方案。依托老干部局微信公众号开设《党课5分钟》、“党史百年天天读”“我志愿”等栏目推送党史知识学习资料190余期、党课微视频160余期，开通“四渡赤水”纪念馆、八路军太行纪念馆和抚顺雷锋纪念馆线上参观入口，组织离退休干部开展线上参观活动。组织机关党员干部集中开展“四史”学习。组织处级领导干部以“树立正确党史观，当好两山理论守护人”为主题作交流发言。举办“学党史·感党恩·跟党走”党史知识竞赛，338名老干部报名参赛。机关党支部书记以“党史学习坚定信仰信念”为题讲党课。邀请北京知名文史作家为机关党员干部专题讲授门头沟党史知识。实地参观京西山区中共第一党支部旧址纪念馆、焦庄户地道战遗址纪念馆。年内，组织收看党史专题报告会3次，参加专题学习班5期，离退休干部线下讲党课20场。

（刘俊杰）

【庆祝建党百年系列活动】 年内，区委老干部局以“知党史、感党恩”为主题，开展建党百年“个十百千万”系列活动，即举办一场“永远跟党走”庆祝建党100周年文艺演出，百余名老同志通过演出抒发对党的热爱之情。开展“十名支部书记为党建献一策”活动。举办“奋斗百年路 启航新征程”书画作品展，展出百幅离退休干部创作的书画作品。与团区委、区教委等单位联合，组织离退休干部、共青团员、少先队员，开展千人共唱《没有共产党就没有新中国》活动。举办“学党史，忆往昔”环门城湖万步行活动，组织离退休干部在徒步中观看党史知识展览。向建党百年献礼，开展“百年华诞-书作义捐”活动，捐赠讴歌党、赞美祖国锦绣河山的书法长卷和文学书籍、创作大幅衍纸作品《建党百年》、编印建党书籍《华诞赞歌》。

（刘俊杰）

区直机关工委工作

【概况】 2021年，门头沟区委区直属机关工作委员会（简称区直机关工委）组织引领区直机关各级党组织和广大党员干部在战疫情、保生态、稳发展、强治理等重点任务中勇担当、勇开拓、勇奉献，有力推动机关党建高质量发展，为绿水青山门头沟建设提供了坚强政治保障。年内，区直机关工委组织新发展的119名党员到京西山区中共第一党支部旧址纪念馆开展入党宣誓仪式。

严格审核发展程序，完成162名预备党员发展工作，完成118名预备党员转正审批及备案工作。

（马潇潇）

【慰问困难党员及献爱心捐款活动】 春节前，区直机关工委共慰问困难党员、群众49人，发放慰问金11.56万元；“七一”前，共表彰及慰问党员50人，发放慰问金15.3万元。7月，组织区直机关系统“共产党员献爱心”捐献活动，共3910名党员、545名群众捐款215279元。

（王 育）

【工会工作】 春节期间，慰问系统5名劳模，组织开展温暖基金“一元捐、十元捐”活动，22个工会小组共捐款3569元。9月8日，区直机关工委组织区直机关系统党员、职工400人参加环球影城交通测试任务。年内，召开5次工会委员会及经费审查委员会会议。区直机关工会共有22个工会小组，会员620人，会员信息采集率100%，职工入会率100%。

（王 育）

【新冠肺炎疫情防控工作】 2月20日，区直机关工委向全系统4300余名党员发放《疫苗接种 党员先行——致全区广大共产党员的倡议书》，倡导广大党员切实发挥好党员在新冠病毒疫苗接种工作中的先锋模范作用。10月，为区直机关系统4413名下沉党员、干部发放疫情防护包，进一步支持、保障新冠肺炎疫情防控工作，防护包共8.826万元。年内，机关工委作为区委疫情防控机关内控组成员单位，坚持日报告、零报告机制，每天汇总66家单位离返京人员及身体健康状况异常人员，报机关内控组，累计统计离返京人员万余人次。

（王 育）

【党务工作专项自查】 2月，区直机关工委开展党务外包和“非党员从事党务工作”专项自查，未发现问题。11月至12月，开展近5年区直机关工委党费收缴使用管理情况专项自查，发现1项问题并立行立改。

（王 育）

【区直机关党建工作】 3月5日、12日、17日，区直机关工委通过1个主会场+3个分会场的形式召开2020年度党组织书记抓党建工作述职评议考核会，45家单位党组织书记作现场述职，21家单位作书面述职；45名党组织书记进行测评，其中44名评定等级为“好”，1名为“较好”。3月，完成对247个党支部的组织生活会及民主评议党员督导。3月，区直机关工委研究制定2021年度机关党建工作要点，细化分解为65项重点任务。4月，开展区直机关系统党支部标准化规范化建设突出问题自查“体检”工作，全系统19个机关党委、13个党总支和247个党支部开展自查。5月14日，召开区直机关系统党建重点工作部署会，对组织工作、“五进农村”帮扶等工作进行部署与推动，112名党建主管领导和党务干部参会。“七一”前，以“红心向党庆百年，共建绿水青山城”为主题，在机关系统开展“十个一”系列主题实践活动，即组织开展一次新党员集中入党宣誓活动，为老党员过一次政治生日，开展一次党史知识竞赛，开展一次特色党日活动，上好一堂生动党课，开展一次走访慰问活动，提升一批红色机关党建实践品牌，组织一次主题宣讲活动，推出一批共产党员先锋岗，解决一批群众实际困难。7月，对照《2021全区基层党建工作重点任务清单》，制订《2021年区直机关系统基层党建工作重点任务清单》，明确19项具体任务和督查重点，以“清单”压实管党治党主体责任。12月，完成党建调研课题，形成《推动机关党建与业务工作深度融合的实践和思考》调研报告，深入推进区委的重大决定在机关形成生动实践。年内，99个党组织完成换届选举；完成1个机关单位和3个事业单位的党组织隶属关系调整及1个党支部新建工作。

（王 育）

【区直机关系统督导考核】 4月，区直机关工委集中对10个机关党委，围绕落实《区直机关工委与各单位党组（党委）沟通联系暂行办法》、党史学习教育、党建实践品牌创建、庆祝建党100周年系列活动、支部规范化建设等党建重点工作开展情况进行调研督导。9月，以6个党建联谊组为单位，围绕2021年党建重点工作、纪检组织设置及纪检委员履职尽责、党建工作与业务工作相融合等情况对系统内66家单位开展调研督导，并对支部手册、发展党员等材料进行现场抽查，实现督导调研全覆盖。年内，持续将区直机关系统基层组织建设工作考评指标纳入门头沟区2021年度综合考评体系，达标分70分、进程分20分和超标分10分，共100分，年度考评90分以上单位59家。

（王 育）

【在职党员“双报到”】 4月，区直机关工委下发《关于在职党员“再集结”争当社区（村）抗疫“红色先锋”的通知》，向区直机关系统3635名在职党员发出集结令，发动在职党员积极参与并做好新冠病毒疫苗接种宣传工作，做到“应接尽接”，接种比例85%以上。6月，结合“我为群众办实事”和“党旗在基层一线高高飘扬”活动，开展区直机关系统集中“双报到”活动，66家单位共114个基层党组织参与活动。年内，在职党员回社区开展志愿服务等35019人次，单位党组织与所在街道社区（村）开展共建活动共230次，解决问题175个。

（王　育）

【“颂党恩　念党情　铭初心　践使命”主题宣讲】 4月，启动“颂党恩 念党情 铭初心 践使命”主题宣讲活动。共征集事迹素材40余件，经反复筛选、精心打磨，最终形成1个集体和8名党员的先进事迹材料，并组建区直机关工委宣讲团。6月，区直机关工委举办“颂党恩 念党情 铭初心 践使命”主题宣讲活动。

（陈　永）

【区直机关系统党员教育培训】 5月19日，区直机关工委举办2021年入党积极分子暨发展对象培训班，199名入党积极分子和发展对象参加。6月16日、17日、8月10日，通过“线上”+“线下”的模式，举办“2021年区直机关系统党组织书记、党务干部培训班”，内容涵盖习近平新时代中国特色社会主义思想、十九届五中全会精神、中国共产党历史、门头沟红色革命历史、党支部规范化建设、机关党建实务和党支部工作法经验交流等，499名机关党组织书记、党务干部参加，实现党组织书记全覆盖。8月，组织区直机关系统850名党员到中国共产党历史展览馆参观“不忘初心 牢记使命”主题展。8月至9月，举办“2021年区直机关系统党员轮训班‘云端课堂’”，内容涵盖《习近平总书记“七一”重要讲话》精神、结合党史学党章、党规党纪、区委全会精神、平安建设和市域社会治理、新时期领导干部与职工的心理建设、《全民科学素质行动规划纲要（2021—2035年）》新纲要与基层科普规范化建设、庆祝建党100周年主题宣讲等，1436名党员参加培训。8月19日，组织30个党支部、党总支和机关党委单位的党务干部，参加全市发展党员业务工作培训。11月11日，组织各单位党建主管领导和党务干部参加全市党建相关业务专题培训视频会议，200余人参加。

（王　育）

【“五进农村”帮扶】 6月，区直机关工委制定《关于在区直机关深入开展“五进农村”乡村振兴帮扶活动的实施意见》，新增帮扶单位6个，调整帮扶单位8个；低收入帮扶工作共涉及76个村，结对全区71个处级单位，达到区直机关系统各单位帮扶工作全覆盖。9月，为区直机关工会会员认购指定受援地区扶贫产品消费13.2万元。12月，联合区委农工委区农业农村局编印《门头沟区特色农产品推介手册》，对全区特色农产品进行介绍，为门头沟区特色农产品进入市场，搭建平台、畅通渠道、贡献力量。全年，各帮扶单位与村对接364次，机关党员、干部参与帮扶工作3142人次，党员与帮扶户对接1768人次，投入资金968.98万元，为低收入村解决困难和问题190个。

（王　育）

【区直机关系统评选、评选表彰】 6月，区直机关工委开展区直机关系统优秀党支部工作法培育推广活动，22个党支部上报工作法，3个党支部的工作法被推荐到市委组织部参加评选；组织区直机关系统参加全市党员教育电视片观摩交流活动，1个单位的电教片被市委组织部评为市级电教观摩片。6月，完成区直机关系统110名老党员“光荣在党50年”纪念章颁发工作。“七一”前，区直机关系统评选出10名门头沟区优秀党员、4名门头沟区优秀党务干部、4个门头沟区先进基层党组织；1名北京市优秀共产党员，2名北京市优秀党务工作者，1个北京市先进基层党组织。4月至9月，开展“庆百年华诞、展机关风采”主题党日微视频评选活动，共报送36个主题党日微视频，择优选取13个进行展播。

（王　育）

【党史知识竞赛】 6月，举办区直机关系统“学党史、铭初心、争做两山理论守护人”党史知识竞赛。围绕中国共产党史、门头沟红色历史、区委十二届历次全会精神等内容，依托“三会一课”、主题党日活动等载体，以党支部、党小组为单位展开竞赛，千余名党员干部踊跃参与。通过6场初赛、1场决赛，区统计局获一等奖，区融媒体中心、区公路分局获二等奖，区人力社保局、区财政局、区气象局获三等奖。

（陈 永）

【党建暨意识形态信息员培训】 9月2日，区直机关工委举办区直机关系统党建暨意识形态信息员培训班。邀请区委组织部调研信息科负责人、区委宣传部理论文化科干部，为系统64家单位信息员开展信息写作和意识形态工作培训。

（陈 永）

【党员管理】 10月至11月，区直机关工委开展区直机关系统“党员E先锋”数据治理和信息采集相关工作，完成269个党组织、4500余名党员的信息采集工作。12月，完成2021年党内统计年报工作。年内，共接转党员491人次。

（王 育）

【区直机关系统党代表会议】 11月12日，区直机关工委召开区直机关系统党代表会议，代表会议应到代表108人，实到103人；以无记名投票方式，选举产生区直机关系统参加区第十三次党代会代表52名（含区领导）。

（王 育）

【党建实践品牌选树】 年内，区直机关工委围绕“红色门头沟”党建品牌建设，下发《区直机关工委关于深化“五型机关”创建 全力打造“红色门头沟”机关党建实践品牌的实施意见》，鼓励和支持各级党组织紧密围绕区委中心工作，结合本部门和行业实际创新，精心培育打造一批特色鲜明、措施过硬、成效明显、党员群众满意的党建品牌。年内，共申报机关党建实践品牌66个，选树十佳机关党建实践品牌10个，机关优秀党建实践品牌14个。

（陈 永）

【党员志愿服务站创建】 年内，区直机关工委在区直机关系统开展“党员志愿服务站”创建活动，持续优化区内营商环境。各服务大厅或窗口单位设立“党员志愿服务站”20余个，参与单位近40家，开展志愿服务活动3200余次，参与党员志愿者6400余人次。在窗口单位、服务大厅设立党员志愿服务站、服务点、服务窗口等，明确志愿服务内容、标准和要求，坚持亮明身份、公开承诺、示范带头、接受监督、志愿服务。

（马潇潇）

党 校

【概况】 2021年，门头沟区委党校（区行政学院、区社会主义学院）打造“红色门头沟”党建品牌和“绿水青山门头沟”城市品牌，开展干部教育、理论建设、思想引领、党的建设等各项工作。年内，共举办培训班8类18期，培训学员8300余人次，各班次累计464学时；发挥培训轮训党政领导干部的主渠道作用，发行《门头沟理论宣传》刊物2期，450册；聚焦主课，完善教学布局，全年基层理论宣讲近80余场，受众6000余人。年内，完成各类调研课题9项；在各类期刊杂志发表文章20篇；获北京市优秀讲解员和优秀组织单位，获2020年度“郊区党建”征文活动二等奖。

（徐梅童）

【周末大课堂】 年内，区委党校与北京大学联合开展“高效联动”周末教学讲堂，完成11次周末大讲堂组织协调工作，参训领导干部7100余人次。周末大讲堂内容包括生态涵养区建设、乡村振兴、应急突发事件管理、网络舆情应对、大数据城市治理、“接诉即办”工作经验等。

（徐梅童）

【门头沟理论宣传刊物】 年内，区委党校编印内刊《门头沟理论宣传》，在刊物中重点设置学习宣传贯彻党的十九届五中全会精神和“建党百年”专题，共刊印2期，面向区内外100余家单位印发450册。参与编撰《中国共产党北京市门头沟历史（1920—2012）》

（徐梅童）

【培训工作】 年内，共举办培训班8类18期，培训学员8300余人次，各班次累计876学时。区委党校与区委组织部联合举办1期全区处级领导干部轮训班、1期处级干部进修班、1期人才战略储备研讨班、1期科级干部任职进修班、11期门头沟区处级领导干部政治能力和治理能力提升专题研修班、1期年轻干部培训班、1期新任处级干部进修班、与区委组织部、人保局联合举办1期公务员（事业人员）初任培训班。培训采用线上与线下教学相结合的方式，利用“互联网+”功能，开设“云端课堂”直播课程；带领党员干部到妙峰山等地进行现场教学。

（徐梅童）

【理论科研】 年内，区委党校围绕党史教育、人居环境整治、乡村振兴、红色文化、家风教育等方面开展课题研究，共完成市级立项课题2项、区级立项课题3项、校级立项课题4项，共9项立项课题。在市级以上刊物发表文章20余篇，其中《以人民为中心的防疫观在基层抗疫中的探索与实践》获2020年度“郊区党建”征文活动二等奖。

（徐梅童）

【理论宣讲】 年内，区委党校围绕马恩经典理论、建党百年、“七一”讲话精神、十九届六中全会精神、红色历史文化、党的建设等主题，开展马恩经典理论、建党百年、“七一”讲话精神、十九届六中全会精神、红色历史文化、党的建设等宣讲80场，受众6000余人。结合“百年初心历久弥坚”的主题，讲述门头沟故事，获北京市优秀讲解员和优秀组织单位。

（徐梅童）

【教学工作】 年内，区委党校结合中国共产党百年奋斗历程和门头沟红色历史实际，打造《红色的起点——中国共产党成立始末及当代启示》《回溯历史 坚定信仰：马克思主义在门头沟的早期传播及其启示》等党史教育系列课程11门。与区委组织部、妙峰山镇党委联合打造“美丽乡村，绿色发展”的妙峰山镇炭厂村现场教学点，入选北京市重点现场教学点名录。

（徐梅童）

【师资建设】 年内，区委党校参加师资课程库建设工作，其中《加强社区“四区”继续建设、提升基层社会治理水平》《重温〈共产党宣言〉坚守共产党人初心使命》《回溯历史 坚定信仰：马克思主义在门头沟的早期传播及其启示》等课程，入选北京市基层干部教育培训师资课程名录。

（徐梅童）

党史研究

【概况】 2021年，门头沟区档案史志馆以党史资料为基础、以党史研究为重点、以党史宣传为契机、积极发挥党史资政育人的职能，完成全年工作。出版发行《中国共产党北京市门头沟区历史（1920—2012）》；完成《中国共产党北京执政纪事2021》门头沟区部分的资料征集工作；启动红色宣讲“五进”活动；编辑完成《北京市门头沟区历史大事记（2021）》，面向社会征集党史资料等。年内，区档案史志馆征集到原昌宛县长杜存训女儿杜红撰写的长篇历史小说《红枫如画》，共30册；原宛平县武装部部长贾兰波之子贾兴华捐赠的《忠诚信仰革命一生》——贾立芳参加革命斗争回忆录（口述史），7万余字；雁翅镇田庄村捐赠的《青茶山“惨案”》等史料文字。与区直机关工委联合举办《学党史铭初心争做两山理论守护人》党史知识竞赛。

（高丽敏）

【北京执政纪事相关资料征集】 年初，区档案史志馆党史科向全区有关单位部门征集反映门头沟区重点、亮点工作相关资料稿件。涉及编写内容14项，含全区12家单位，共1万余字。

（高丽敏）

【红色故事宣讲】 年内，区档案史志馆党史科党史红色故事“五进”活动启动。4月21日，到北京实验二小永定分校教师党员进行主题讲座。5月25日，到利德衡党群服务中心党员进行《平西情报联络站》的主题宣讲。6月22日，到清水镇小龙门村党支部全体党员进行主题宣讲。

（高丽敏）

【门头沟区历史大事记出版】 4月，《中国共产党北京市区县历史大事记》丛书——《中国共产党北京市门头沟区历史大事记（2001—2013）》由中内文献出版社出版。该书着重记载2001年至2013年期间，门头沟区在经济建设、政府建设、文化建设、社会建设、生态文明建设和党的建设等方面取得的成就，集中反映在此期间门头沟区建设中国特色社会主义所走过的历程、成功实践和人民生活的显著变化。

（高丽敏）

【党史宣传】 6月11日，区档案史志馆党史科与《北京日报》协作，在《踏寻北京红色记忆》栏目相继推出《平西抗日根据地军民百炼成钢》《军民同协力胜过诸葛亮》《妙峰山下的平西秘密交通线》3期专版。7月，在《京西时报》开辟《红色门头沟历史回眸》党史专栏，刊发《门头沟早期革命播种人》《门头沟共产党员第一人》等党史专题文章。

（高丽敏）

【《门头沟区历史（1920—2012）》出版】 6月，《中国共产党北京市门头沟区历史（1920—2012）》由中共党史出版社出版。上限为1920年“马克思学说研究会”成员到门头沟地区宣传马克思主义思想开始，下限至2012年党的十八大召开。该书设门头沟区党组织 的建立、在土地革命战争中坚持斗争、在全民族抗战中经受考验、迎接新中国的诞生、从新民主主义到社会主义的过渡、大规模社会主义建设全面展开、“文化大革命”内乱与对“左”错误的抵制、历史转折 改革开放启程、改革开放全面展开、改革开放进入新阶段、全面建设小康社会等共11章48节215目，收录73张随文图片，全书共46万字。

（高丽敏）

【门头沟区历史（1920—2012）出版发行】 7月23日，区档案史志馆党史科召开《中国共产党北京市门头沟区历史（1920—2012）》发行座谈会。区委组织部、宣传部、党校、区委教育工委、区文旅局等参编成员单位部门代表出席。主编介绍编纂工作和成书情况。全书11章，46万余字，图片73幅。城子街道、教育工委和图书馆代表接受赠书，成员单位代表进行交流发言。

（高丽敏）

【党史编研】 年内，区档案史志馆特甄选全区重大事件、重大活动和重要会议编辑完成《北京市门头沟区党史大事记（2021）》，约5万字。

（朱晓梅）

【来访接待工作】 年内，区档案史志馆原昌宛县公安局局长王再田的儿子和孙子到馆参观交流。参观《翰墨兰台门头沟》《换了人间》展览，向其赠送《门头沟区历史大事记》等史料书籍；昌平区党史办有关人员就全民族抗战期间，昌宛联合县的有关历史来馆参观交流。

（高丽敏）

门头沟区人民代表大会

12月15日，门头沟区第十七届人民代表大会第一次会议开幕（《京西时报》 供图）

6 月 29 日，区第十六届人大常委会第三十六次会议现场（《京西时报》 供图）

11 月 5 日，区人民武装部干部参加门头沟区第十七届人民代表大会代表选举（区人民武装部 供图）

综述

【概况】 2021年，门头沟区人民代表大会常务委员会围绕市区委决策部署，切实履行宪法和法律赋予的职权，沿着“六个坚持”人大新时代工作思路，瞄准“七个更加”人大新时代工作目标，按照“六个围绕”方针完成全年各项工作任务。全年共组织区人大常委会会议11次，主任会议15次。依法开展执法检查1项，听取、审议专项工作报告25项，跟踪常委会审议议题落实整改1项；撰写专题调研报告6篇；依法就关于深入推进暂夺全国文明城区三年冲刺行动、2021年新增地方政府债务限额等事项作出决议、决定27项；开展专项视察和代表集中视察11次；依法选举产生195名门头沟区第十七届人民代表大会代表，499名新一届镇人大代表，依法补选市人大代表1名，任免国家机关工作人员61人次；完成区十七届人大第一次会议确定的各项工作任务。

（李志薇）

【区领导征求意见座谈会】 1月15日，区人大常委会召开常委会领导班子暨区领导征求意见座谈会。要求区人大常委会办公室认真做好上述意见建议的梳理归纳工作，组织开好区人大常委会2020年度党员领导干部民主生活会。对相关问题深入研究，对应该解决、可以解决的问题，要尽快回应、切实加以解决；对涉及长远发展的问题，要纳入下一步工作重点，制定工作方案，力争早日解决。

（李志薇）

【党史学习教育】 3月15日，区人大常委会机关召开党史学习教育动员会。区人大常委会党组书记、主任张维刚主持会议并对区人大党史学习教育工作提出要求。区人大常委会机关全体党员干部职工参加会议，传达中央、市委和区委党史学习教育动员大会精神。3月15日、16日，区人大常委会党组成员、机关处级干部分别开展党史学习教育集中学习和交流研讨活动。在研讨会上，与会人员围绕树立正确党史观，当好“两山”理论守护人，做好新发展阶段人大工作进行交流发言，畅谈党史专题学习的心得体会。3月25日，区人大常委会机关党支部围绕党史学习教育开展专题学习暨机关第77期学习论坛。5月17日，区人大常委会机关党支部围绕党史学习教育开展专题交流暨机关第79期学习论坛，区人大常委会党组书记、主任以《重温“耿飚之问”牢记“人民就是江山”》为题，与机关全体党员干部交流党史学习心得体会。6月4日，区人大常委会机关党支部围绕党史学习教育开展专题学习交流暨机关第81期学习论坛。专题学习习近平《论中国共产党历史》之“在中国实行人民代表大会制度，是中国人民在人类政治制度史上的伟大创造”重要章节。6月30日，举办“红色聚力”深化党史学习教育系列活动共庆党的百年华诞。区人大常委会党总支紧扣深化打造区人大“红色聚力”党建实践品牌，以结合学习论坛学习教育有特色，结合人大实际党建工作创品牌，结合调研督导为基层服务办实事的“三个结合”，持续推动区人大常委会机关党史学习教育不断向纵深发展。制定《关于开展庆祝中国共产党成立100周年系列活动的方案》并组织机关各党支部认真落实。

（李志薇）

【区人大常委会机关党总支部党员大会】 4月29日，区人大常委会机关党总支部召开党员大会。审议通过《中共门头沟区人大常委会机关总支部委员会工作报告》《中共门头沟区人大常委会机关总支部委员会党员大会换届选举办法》，选举产生新一届机关党总支委员会委员。随后召开区人大常委会机关党总支委员会第一次会议上，选举党总支书记、副书记，并对新当选的总支委员进行分工。

（李志薇）

【区人大常委会党组专题交流研讨会】 11月23日，区人大常委会召开区人大常委会党组理论学习中心组（扩大）学习党的十九届六中全会精神专题交流研讨会，区人大常委会党组书记、主任张维刚主持并讲话。集体学习《中共中央关于党的百年奋斗重大成就和历史经验的决议》，区人大常委会党组成员围绕学习贯彻党的十九届六中全会精神，结合人大工作实际进行交流发言，区人大常委会机关处级干部参加学习并书面汇报学习心得体会，处级干部代表在会上作交流发言。

（李志薇）

重要会议

【门头沟区第十六届人民代表大会第七次会议】 1月7日至9日，门头沟区第十六届人民代表大会第七次会议召开。付兆庚作政府工作报告。张维刚当选门头沟区第十六届人大常委会主任。表决通过关于门头沟区人民政府工作报告的决议、关于门头沟区国民经济和社会发展第十四个五年规划和二〇三五年远景目标纲要的决议、关于门头沟区2020年国民经济和社会发展计划执行情况与2021年国民经济和社会发展计划报告的决议、关于门头沟区2020年预算执行情况和2021年预算报告的决议、关于门头沟区人民代表大会常务委员会工作报告的决议、关于门头沟区人民法院工作报告的决议、关于门头沟区人民检察院工作报告的决议。听取议案审查委员会关于议案的审查报告。

（李志薇）

【第十六届人大常委会会议】 2月10日，门头沟区第十六届人大常委会召开第三十四次会议，区人大常委会组成人员24人出席会议。传达北京市第十五届人民代表大会第四次会议精神；讨论通过区人大常委会2021年工作要点；进行人事任免事项。4月27日，门头沟区第十六届人大常委会召开第三十五次会议，常委会组成人员24人出席会议，审议《门头沟区人大常委会关于深入推进暂夺全国文明城区三年冲刺行动的决议（草案）》，表决通过《门头沟区人大常委会关于深入推进暂夺全国文明城区三年冲刺行动的决议》；听取《门头沟区2020年环境状况和环境保护目标完成情况的报告》和区人大城建环保委的初审意见；《门头沟区公共卫生应急管理体系建设情况的报告》和区人大教科文卫委的初审意见；《区人民法院关于“三维五向”重大敏感案件管理机制的报告》和区人大法制委的调研意见；审议《门头沟区人大常委会规范性文件备案审查办法（修订草案）》，听取区人大法制委员会对办法修订草案所作的说明；表决通过《门头沟区人大常委会规范性文件备案审查办法》；听取《门头沟区2020年度法治政府建设情况的报告》；研究区人大常委会代表联络室《关于区十六届人大七次会议代表建议、批评和意见交办情况的报告》；人事任免事项。6月29日，门头沟区第十六届人大常委会召开第三十六次会议，常委会组成人员22人出席会议，进行人事任免事项；听取和审议《门头沟区2020年区级决算（草案）的报告》和《门头沟区2020年度区级预算执行和其他财政收支审计结果的报告》；区人大财政经济委员会关于门头沟区2020年区级决算草案的审查结果报告；听取和审议区园林绿化局局长受区人民政府委托所作《门头沟区造林绿化工作情况的报告》。区人大农村委员会主任委员向常委会报告调研意见；听取区人民检察院检察长所作《门头沟区人民检察院法律监督工作情况报告》。区人大法制委员会主任委员向常委会报告调研意见。7月27日，门头沟区第十六届人大常委会召开第三十七次会议，常委会组成人员18人出席会议，听取《区政府2021年上半年计划执行情况的报告、预算执行情况的报告》。区人大财政经济委员会的调研意见；审议《区政府关于地方政府债务管理情况的报告》；区人大财政经济委员会的审查结果报告；表决通过《区政府2021年新增地方债务限额的决议》；《区政府关于师资队伍建设的报告》，区人大教科文卫委主任委员向常委会报告了调研意见。8月13日，门头沟区第十六届人大常委会召开第三十八次会议，常委会组成人员19人出席会议。通报《中共门头沟区人大常委会党组关于区、镇人民代表大会换届选举工作的实施意见》。表决通过《北京市门头沟区人民代表大会常务委员会关于区、镇人民代表大会换届选举有关事项的决定》《北京市门头沟区选举委员会主任、副主任、委员名单》《北京市门头沟区人民代表大会常务委员会关于任命潭柘寺镇等9个镇选举委员会主任、副主任、委员的决定》。9月28日，门头沟区第十六届人大常委会召开第三十九次会议，进行人事任免事项；听取和审议关于开展反腐败追逃追赃工作情况的报告；《门头沟区退役军人安置工作情况的报告》；听取和审议《门头沟区政府关于门头沟区农村“三资”管理情况的报告》；关于检查《北京市生活垃圾管理条例》实施情况的报告。10月22日，门头沟区第十六届人大常委会召开第四十次会议，人事任免事项。10月28日，门头沟区第十六届人大常委会召开第四十一次会议，常委会组成人员19人出席会议，传达、学习习近平总书记在中央人大工作会议上的重要讲话精神；人事任免事项；听取和审议《区政府2021年区级重点工程部分项目任务目标调整情况的报告》;《区政府2021年区级预算调整方案的报告》。区人大财政经济办公室主任向常委会报告初审意见;区政府国有资产管理情况的报告。11月12日,门头沟区第十六届人大常委会召开第四十二次会议,进行人事任免事项;听取区选举委员会办公室《关于门头沟区区、镇两级人大代表选举结果的报告》;门头沟区第十六届人大常委会代表资格审查委员会《关于门头沟区第十七届人民代表大会代表资格的审查报告》。11月30日,门头沟区第十六届人大常委会召开第四十三次会议,常委会组成人员19人出席会议,传达市人大关于贯彻落实《进一步加强北京市各级人大对政府债务审查监督的实施意见》全市专门会议精神;听取《门头沟区2020年度区级预算执行和其他财政收支审计查出问题整改情况的报告》;《2021年规范性文件备案审查工作情况的报告》;《区人大常委会关于对区人民政府落实〈北京市大气污染防治条例〉审议意见情况的报告》;区政府向常委会提交的审议意见落实情况报告;听取和审议《门头沟区十六届人大七次会议代表建议、批评和意见办理情况的报告》《区十六届人大七次会议和闭会期间代表建议、批评和意见办理情况的报告》;讨论决定区十七届人大一次会议的各项草案及相关安排;区人大常委会工作报告,汇报常委会工作报告的起草情况;研究区人大常委会七项调研报告;决定人事任免事项。

(李志薇)

【第十七届人民代表大会第一次会议】 12月14日至17日,门头沟区第十七届人民代表大会第一次会议召开。喻华锋作政府工作报告。审查《门头沟区2021年国民经济和社会发展计划执行情况与2022年国民经济和社会发展计划(草案)的报告》《门头沟区2021年预算执行情况和2022年预算(草案)的报告》,通过《北京市门头沟区第十七届人民代表大会第一次会议选举办法》《北京市门头沟区第十七届人民代表大会第一次会议关于北京市门头沟区第十七届人民代表大会专门委员会的设立及其主任委员、副主任委员、委员人选的表决办法》。选举产生门头沟区第十七届人民代表大会常务委员会主任张维刚、门头沟区人民政府区长喻华锋、门头沟区监察委员会主任曾铁军,门头沟区人民法院院长亓纪,门头沟区人民检察院检察长闫俊瑛等。表决通过北京市门头沟区第十七届人民代表大会各专门委员会主任委员、副主任委员、委员人选。表决通过《关于北京市门头沟区人民政府工作报告的决议》《关于北京市门头沟区2021年国民经济和社会发展计划执行情况与2022年国民经济和社会发展计划的决议》《关于北京市门头沟区2021年预算执行情况和2022年预算的决议》《关于北京市门头沟区人民代表大会常务委员会工作报告的决议》《关于北京市门头沟区人民法院工作报告的决议》《关于北京市门头沟区人民检察院工作报告的决议》。议案审查委员会作关于议案的审查报告。

(李志薇)

【第十七届人大常委会会议】 12月21日,门头沟区第十七届人大常委会召开第一次会议,常委会组成人员32人出席会议,经审议表决接受付兆庚代表辞去北京市第十五届人民代表大会代表职务的申请,并报北京市人大常委会备案;审议《门头沟区人大常委会主任会议关于提请补选冀岩为北京市第十五届人民代表大会代表的议案》。会议经无记名投票,依法补选1人为北京市第十五届人民代表大会代表,并报市人大常委会代表资格审查委员会审查。

(李志薇)

换届选举工作

【换届选举培训会】 6月17日,区人大组织"北京市区、乡镇人大换届选举系统"操作培训。区人大法制办对各镇街人大及京煤集团代表团的40余名工作人员进行首次系统操作使用培训。7月9日,区人大召开各镇街人大换届选举系统操作培训情况汇报会暨上半年镇人大主席工作会。各镇街人大汇报换届选举前期准备工作及对全市统一的区、镇人大换届选举系统的使培训情况,法制办对各镇街在前期准备工作和系统操作使用中出现的问题进行解答。9月17日,区选举委员会办公室举办提名推荐协商代表候选人阶段工作培训班。区选举委员会办公室各工作组组长,各镇人大主席,各街道党工委副书记,区选举委员会各分会选区工作组组长及负责统计报表工作相关同志参加培训。10月22日,区选举委员会办公室举办区、镇两级人大换届选举投票选举阶段培训班。区选举委员会办公室各工作组组长,各镇人大主席,各街道党工委副书记，京煤集团分会相关负责人，各分会分管宣传、新冠肺炎疫情防控、安保工作的领导和负责统计报表的工作人员、分会各选区工作组正、副组长以及属地派出所的负责人参加培训。11月2日，门头沟区选举委员会组织14个分会负责投票选举、新冠肺炎疫情防控的领导和部分参加投票选举的工作人员，在绿岛家园社区模拟投票站进行现场培训。

（李志薇）

【区选举委员会议召开】 8月13日，门头沟区选举委员会召开第一次会议，通报《中共门头沟区人大常委会党组关于区、镇人民代表大会换届选举工作的实施意见》，通报《北京市门头沟区人民代表大会常务委员会关于区、镇人民代表大会换届选举有关事项的决定》，宣布《北京市门头沟区选举委员会主任、副主任、委员名单》。通过《北京市门头沟区选举委员会关于投票选举日期的决定》《北京市门头沟区选举委员会关于设立区选举委员会分会的决定》《北京市门头沟区选举委员会关于授予各选举委员会分会职权的决定》《北京市门头沟区选举委员会关于任命区选举委员会潭柘寺镇等14个分会主任、副主任、委员的决定》《北京市门头沟区选举委员会办公室组成人员名单及工作任务》。8月20日，区选举委员会召开第二次会议，通过《北京市门头沟区选举委员会关于各分会应选门头沟区第十七届人民代表大会代表名额的决定》《北京市门头沟区选举委员会关于选举门头沟区第十七届人民代表大会代表选区划分的意见》《北京市门头沟区选举委员会关于2021年区、镇人大代表换届选举选民登记工作的意见》。通报区、镇人民代表大会换届选举宣传工作意见。10月20日，门头沟区选举委员会召开第五次会议，通报区、镇人大换届选举进展情况，通过《北京市门头沟区选举委员会关于接受门头沟区各政党、各人民团体联合推荐第十七届人民代表大会候选人并介绍到各分会的决定》。通报门头沟区第十七届人民代表大会候选人基本情况的审核意见，通过《北京市门头沟区选举委员会关于公布区第十七届人民代表大会候选人名单和基本情况的决定》。10月27日，门头沟区选举委员会召开第六次会议，通报区十七届人大正式代表候选人人选基本情况的审核意见，表决通过《北京市门头沟区选举委员会关于确定和公布区第十七届人民代表大会正式代表候选人名单的决定》。11月8日，门头沟区选举委员会召开第七次会议，听取关于门头沟区第十七届人民代表大会代表选举结果的情况报告，表决并通过《门头沟区选举委员会关于确认并公布区第十七届人民代表大会代表选举结果的决定》。

（李志薇）

【选举委员会办公室第一次工作会召开】 8月20日，区选举委员会办公室召开第一次工作会，听取区选举委员会各工作组前一阶段工作进展情况和下一阶段主要工作安排。

（李志薇）

【选民登记、资格审查工作部署会】 8月23日，区选举委员会办公室组织组和选民登记和选民资格审查组联合召开工作部署会，组织组和登记审查组全面部署换届选举总体工作，重点强调人员分工、工作安排和重要时间节点，并对下一阶段选民登记、代表候选人提名及代表候选人资格联合考察审查工作进行部署。

（李志薇）

【换届选举宣传工作会召开】 9月2日，区选举委员会办公室宣传组召开换届选举宣传工作会。宣传组对前一阶段换届选举宣传工作进行总结，并全面部署换届选举宣传周活动相关工作，明确宣传周活动的时间安排、活动主题、工作内容与工作要求。

（李志薇）

【换届选举工作推进会召开】 9月11日，区选举委员会办公室组织召开换届选举工作推进会，各镇人大主席、各街道工委副书记和京煤集团分管领导参加。选举委员会办公室组织组介绍门头沟区人大代表名额分配情况和下阶段各项工作时间节点，选民登记和资格审查组介绍各分会选民登记和资格审查工作进展情况。9月14日，区人大常委会党组书记、主任，区选举委员会主任在东辛房街道召开区、镇人大换届选民登记工作推进会。永定镇、龙泉镇人大主席，各街道党工委书记，区公安分局、区人力社保局、区选举委员会办公室有关人员参加。区选举委员会办公室通报选民登记和资格审查工作进展情况、存在问题及下阶段主要工作和时间节点。各分会汇报选民登记情况、存在困难以及采取的措施。

（李志薇）

【换届选举专题会召开】 10月20日，区选举委员会办公室召开换届选举专题会，听取区选举委员会14个选举分会前一阶段选举工作进展情况、存在问题和下阶段工作安排的汇报。11月1日，门头沟区选举委员会召开区、镇人大换届选举专题会，传达市选举办公室《关于严格落实疫情防控工作措施的指导意见》的文件精神，会议听取区选举委员会办公室换届选举阶段性工作汇报。

（李志薇）

【区和乡镇两级人大代表换届投票日】 11月5日，全市区和乡镇两级人大代表换届投票日。全区91个区代表选区、243个镇代表选区，共设置339个投票站、224个流动票箱，投票产生195名区人大代表，499镇人大代表，全部一次选举成功。

（李志薇）

各专委会工作

【代表联络室工作】 1月6日，区人大常委会组织开展北京市第十五届人大四次会议门头沟代表团分团活动，推选门头沟代表团团长、副团长，讨论市十五届人大四次会议议程草案，讨论大会主席团和秘书长名单草案、议案审查委员会名单草案和选举办法草案，讨论代表团准备在大会期间提出的各项议案，讨论政府工作报告、市“十四五”规划和二〇三五年远景目标纲要、计划报告、预算报告、人大、法院、检察院工作报告等七项征求意见稿，讨论《北京历史文化名城保护条例（草案）》，通报大会期间有关注意事项。1月12日，区人大常委会召开门头沟代表团拟提交议案、建议专题调度会。逐一听取相关部门对门头沟代表团拟向市十五届人大四次会议提交的2件议案及8件建议的内容汇报、并对上述议案及建议在规范表述、明确问题、聚焦实效、重点推进等方面提出建议。3月5日，区人大常委会代表联络室召开2021年代表联络暨人大街工委工作会。通报2021年区人大常委会工作要点以及2021年代表联络室、市人大代表联络处工作计划，集体学习《门头沟区人大常委会关于进一步加强人大代表之家、人大代表联络站建设和工作的实施意见》《门头沟区市、区、镇三级人大代表联系制度（试行）》和《门头沟区人大代表履职报告与登记管理办法（试行）》，对落实好2021年各项工作提出具体要求。5月20日，区人大常委会组织市人大门头沟团代表以及部分区人大代表到中关村门头沟园、“一线四矿”沿线地区和妙峰山镇水峪嘴村“门头沟小院”精品民宿进行视察。28名市、区人大代表参加视察，副区长，区政府办、发展改革委、妙峰山镇、大台街道相关负责人陪同视察。5月28日，市人大通过代表“家、站”平台征求《北京市接诉即办条例（草案）》意见建议工作部署会后，区人大常委会立即召开市区联动立法意见建议征集工作部署会，部署条例（草案）意见建议征集工作。成立区人大常委会条例（草案）意见建议征集工作组并组建工作专班。9月26日，区人大常委会组织市、区人大代表视察门头沟区历史文化名城名镇各村保护工作。视察活动的主题是落实《北京历史文化名城保护条例》，加强门头沟区历史文化名村保护。12月27日，代表联络室召开市人大会代表建议协调会。12月28日，市人大门头沟代表团组织开展市十五届人大五次会议分团活动。推选门头沟代表团团长、副团长；讨论北京市第十五届人民代表大会第五次会议议程（草案）；讨论北京市第十五届人民代表大会第五次会议主席团和秘书长名单（草案）、北京市第十五届人民代表大会第五次会议议案审查委员会主任委员、副主任委员、委员名单（草案）；讨论《北京市第十五届人民代表大会第五次会议选举办法（草案）》和《北京市第十五届人民代表大会第五次会议关于北京市第十五届人民代表大会有关专门委员会主任委员人选的表决办法（草案）》；讨论门头沟代表团准备在市十五届人大五次会议期间提出的各项建议；讨论大会六项工作报告征求意见稿和《北京市种子条例（草案）》《北京市人民代表大会议事规则（修订草案）》以及大会的其他准备事项。

（李志薇）

【法制、社会建设、备案审查办公室工作】 1月22日，区人大常委会召开规范性文件备案审查工作协调会，传达市人大规范性文件备案审查文件精神和工作要求，建立区“一府一委两院”向区人大备案规范性文件的工作机制。2月23日，区人大法制委、社会委组织召开2021年工作议题交办会暨专委会会议。通报2021年区人大常委会相关监督计划。集体学习专委会及委员职责，就北京市人大2021年立法工作及市十五届人大第四次会议精神进行讲解。3月23日，区人大法制委员会到区法院调研“三维五向”重大敏感案件管理机制工作情况并开展座谈，听取关于“三维五向”重大敏感案件管理机制工作情况的汇报，并就法院审判案件分类及流程、律师代理案件等相关知识对法制委委员开展培训。5月27日，区人大法制委员会到区检察院实地调研法律监督工作情况并进行座谈。调研组听取关于检察院法律监督工作情况的报告。6月17日，区人大法制办对各镇街人大及京煤集团代表团的40余名工作人员进行首次系统操作使用培训。7月9日，区人大召开各镇街人大换届选举系统操作培训情况汇报会暨上半年镇人大主席工作会。各镇街人大汇报换届选举前期准备工作及对全市统一的区、镇人大换届选举系统的使培训情况，法制办对各镇街在前期准备工作和系统操作使用中出现的问题进行解答。8月2日，区人大常委会主任张维刚带队调研门头沟区“七五”普法决议贯彻落实情况，实地考察斋堂法庭、王平村法庭，并在王平村法庭主持召开普法工作专题座谈会。8月5日，区人大法制委员会组织部分委员、代表到区司法局调研普法工作。8月25日，区人大社会建设委员会到区退役军人事务局实地调研退役军人安置情况。9月3日，区人大法制委员会到区监委调研反腐败追逃追赃工作。听取区监委关于反腐败追逃追赃工作的报告。12月21日，区人大召开镇人大主席工作会，各镇人大主席参加会议，各镇人大主席汇报2021年工作开展情况及2022年工作思路。

（李志薇）

【财政经济办公室工作】 3月2日，区人大财经委召开2021年财政经济监督议题交办会。对区人大2021年财经监督工作议题进行介绍，重点说明各项监督议题的具体时间、内容、程序和要求等，便于各部门提前部署和安排相关工作。财经委委员、财经代表小组成员及各部门参会人员对议题安排发表意见。6月16日，区人大财经委对门头沟区2020年度区级决算草案进行初步审查，听取区财政局关于2020年区级决算草案的报告和关于2020年部门决算分析报告，区发改委关于重大投资项目竣工决算及绩效情况的报告，区审计局关于2020年区级预算执行和其他财政收支审计结果报告，并结合2020年部门决算草案及绩效管理工作情况对区级决算草案和决算报告进行初步审查。7月13日，区人大财经委召开2021年上半年计划和预算执行情况调研会议。7月19日，区人大财经委对门头沟区2021年新增地方政府债务限额进行初步审查。听取区财政局《关于门头沟区2021年新增地方债务限额及债务管理有关情况的报告》。10月14日，区人大财经委对门头沟区2021年预算调整方案和重点工程部分项目任务目标调整方案进行初步审查，听取区财政局关于门头沟区2021年区级预算调整情况的报告，区发改委关于门头沟区2021年重点工程部分项目任务目标调整情况的报告。10月14日，区人大财经委对门头沟区2020年度国有资产管理情况进行初步审查，审查《门头沟区2020年度国有资产管理情况的综合报告》，听取市规自委门头沟分局关于《门头沟区2020年度国有自然资源管理情况的报告》，听取区审计局关于《门头沟区国有自然资源资产管理情况的专项审计报告》，区国资委关于《门头沟区落实区人大对2019年度企业国有资产管理情况报告审议意见有关情况的报告》。11月16日，区人大财经委召开审计查出问题整改情况专题调研会议，听取区审计局关于门头沟区2020年度区级预算执行和其他财政收支审计查出问题整改情况的报告。11月29日，区人大财经委召开计划和预算初审会议，听取和审议关于北京市养老服务补贴津贴项目预算安排和资金管理情况的报告；关于门头沟区2021年国民经济和社会发展计划执行情况与2022年国民经济和社会发展计划草案的报告。

（李志薇）

【教科文卫体办公室工作】 3月2日，区人大教科文卫委召开2021年监督议题交办会，通报2021年区人大常委会相关监督计划。年内，教科文卫委将重点开展6项监督议题：协助常委会听取和审议区政府关于加强公共卫生应急管理体系建设情况的报告；协助常委会听取区政府关于师资队伍建设情况的报告；协助常委会视察区政府公共文化设施建设情况；开展2021年部门预算审查工作；完成门头沟区公共文化设施建设情况的专题调研；组织专委会委员视察“门头沟小院”精品民宿的发展和运营情况。7月13日，教科文卫委员会调研门头沟区教师队伍建设暨校外培训机构治理工作。9月14日，区人大常委会视察公共文化设施建设工作。委员们实地查看区体育文化中心、龙泉镇南坡地区文化中心和牡丹书院。

（李志薇）

【城建环保办公室工作】 3月3

日，区人大城建环保委召开2021年监督议题交办会。通报区人大城建环保委2021年相关监督工作议题，对区人大城建环保监督工作做具体说明。组织委员们进行集体学习。3月17日，区人大城建环保委调研门头沟区环境状况和环境保护目标完成情况。调研组一行实地查看滨河世纪广场公园监测站点、中门寺沟水断面治理等情况。8月4日，区人大执法检查组检查《北京市生活垃圾分类管理条例》落实情况。区人大常委会执法检查组先后查看东辛房街道紫金新园、潭柘寺镇贾沟村垃圾分类处理情况。8月19日，区人大常委会视察棚户区改造建设工作进展情况并召开座谈会。区人大常委会主任张维刚参加视察。常委会实地视察正在建设的回迁房项目（3751地块）及棚改地块的配套服务设施。8月26日，区人大城建环保委视察"一线四矿"沿线环境治理暨永定河沿线环境、违法建设治理情况。

（李志薇）

【农村办公室工作】 9月6日，市人大常委会执法检查组到门头沟区就《北京市生态涵养区生态保护和绿色发展条例》贯彻实施情况进行执法检查调研。执法检查组一行先后到军庄镇龙泉湾、王平镇河北村和千军台矿区实地调研。

（李志薇）

门头沟区人民政府

5 月 31 日，中央广播电视总台北京总站与北京市门头沟区政府战略合作暨超高清示范园建设签约仪式举办（区政府办公室　供图）

2 月 24 日，门头沟区第十六届人民政府第五次全体（扩大）会议召开（区政府办公室　供图）

3 月，门头沟、石景山 809 个政务服务事项可跨区通办，图为市民在门头沟区政务服务中心办理业务（《京西时报》 供图）

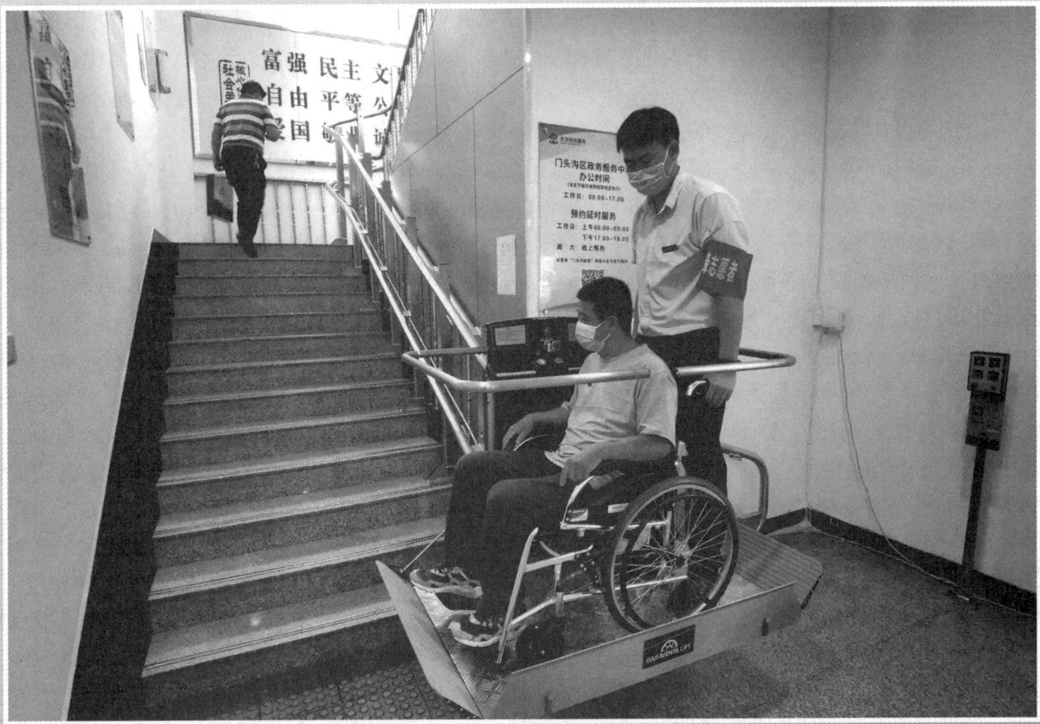

2021 年，区政务服务中心完善无障碍环境，图为残疾人无障碍升降设备（《京西时报》 供图）

2021 年，区机关后勤服务中心垃圾分类引导员工作部署会召开（区机关事务管理服务中心 供图）

综 述

2021年，区政府组织常务会、专题会68次，其他会议133次，共撰写纪要78个，研究议题479个，会前学法7次，会前学习17次，服务保障国家及市领导到区调研检查18次，代表视察活动8次，市、区级领导调研检查等活动170次。

2021年，门头沟区坚持生态优先、绿色发展，实现“十四五”良好开局，全区经济社会发展取得重大成就。

成功获评“绿水青山就是金山银山”实践创新基地和国家生态文明建设示范区，国家森林城市创建自评达标。

严格落实“三个严禁”，率先完成分区规划，创建全市首个“9041”标准基本无违建区，实现规划引领约束下减量提质发展。

完成全面建成小康社会各项任务，人均GDP等指标居生态涵养区前列。棚户区改造取得突破性进展，自建安置房项目工程完成建设并交付。农村人居环境整治工作成绩在全市名列前茅。推进平安门头沟建设，全区未发生较大以上安全生产事故，首都西部安全屏障有效筑牢。

落实生态文明建设责任制，建立“1+9+N”生态文明组织架构。率先开展生态产品价值实现机制研究。率先建立生态涵养发展指数评价体系和生态环境损害赔偿机制。开展国有自然资源资产清查试点工作。与河北及北京市周边区县签订区域联合执法合作协议。创新开展“两山”理论实践基地和最美“两山”理论守护人选树工作。

实施新一轮百万亩造林6933.33公顷，完成市级任务的612%，居全市第二。绿地面积达2194.86公顷，人均绿地面积提高到63.8平方米，居生态涵养区第一。实施废弃矿山生态环境修复治理项目。坚决做好灵山生态恢复保护。

污染减排提前超额完成，四项主要污染物浓度实现历史同期最低水平，优良天数明显增加。成功创建国家水生态文明试点城市。永定河综合治理和生态修复工程取得实质性成效，生态补水助力地下水位大幅提升，永定河再现碧水长流壮观景象。率先实施河长制，四个市级地表水考核断面和区级集中式生活饮用水水质稳定达标。

示范区范围扩大到22.9平方公里，在2021年全国示范区年度评估中被评为“优秀”等级。

全区高新技术企业475家，专精特新中小企业23家，国家级和市级“小巨人”企业数量均在生态涵养区位列第二。创建国家全域旅游示范区，完成八大景区组团专项规划。梳理西山永定河文化带、长城文化带市区级重点项目8大类别39项，完成15项。持续举办永定河文化节和北京国际山地徒步大会，发布18条红色旅游精品线路。成功打响“门头沟小院”精品民宿品牌，全区“小院”达76家、覆盖51个村，盘活闲置农宅300余处，11家精品民宿纳入全市首批党政机关定点会议（培训）服务场所。

深度融入北京“两区”建设，入库项目74个，已落地35个；核发全市首个“全程网办”电子审图低风险建设工程规划许可电子证照，入选市“两区”建设改革创新案例。着力优化营商环境，出台“高精尖19条”“门十条”等创新创业政策。与西城区设立8亿元乡村振兴绿色产业发展专项资金；与石景山区签订合作发展框架协议，推动19项具体任务，试行809个政务服务事项“跨区通办”。

行政区划调整启动，27个街区控规和8个镇街规划形成阶段性成果，138个美丽乡村村庄规划（简本）及实施方案获批。

打通一批联络线、断头路，市政道路增加40条、82.8公里，市郊铁路（京门—门大线）纳入市、区“十四五”规划。城子水厂升级改造完成，门城水厂主体完工。建设镇级再生水厂9座、农村污水处理设施160座，成为全国农村生活污水治理示范区。实施农村地区安全饮水改造项目，100余个村供水条件优化升级。建成4座110千伏变电站，“三供一业”老旧配电设施改造加快实施。电网架构更加稳定，地区供电可靠率99.98%。全区燃气气化率71.99%，场站及管网工程完成率72.92%。鲁家山垃圾焚烧厂余热供热工程、石门营热源厂增容改造工作稳步推进。改造40个老旧社区供热管网，实现新城清洁能源集中供暖全覆盖。

打造5个全国“一村一品”示范村、5个中国美丽休闲乡村、3个全国乡村旅游重点村，创建15个市级“乡村振兴示范村”，第一批58个美丽乡村创建村通过市级考核验收。基本实现农村地区公厕户厕达标改造、污水处理设施、生活垃圾“不落地”全覆盖。实施63个村、1.6万户煤改清洁能源工程，完成29个村山区农民搬迁。有序流转农村承包土地经营权，累计成交产权交易项目70个。“灵山绿产”及5个特色农产品品牌纳入“北京优农”品牌体系。打赢低收入精准帮扶攻坚战，45个低收入村、4414户8848人脱低，连续3年市级绩效考评成绩名列前茅。对口帮扶协作涿鹿县、武川县、察右后旗、堆龙德庆区、神农架林区，实施项目99个、安排资金4370万元，助力7.3万名贫困群众全部脱贫。

把创城作为城乡治理总抓手，创新开展创城“比学赶超”擂台赛。打造“门头沟热心人”群众性文明创建组织品牌，持续开展“门头沟点赞”大拇指行动。获首都级文明村镇、文明社区、文明单位、文明家庭、文明校园173家，全国级文明先进17家。

接诉即办“降量提质”，压实“每月一题”专项治理，“万人诉求比”“基数诉求比”同比大幅下降。垃圾分类“两增一减”明显，创建142个市区级示范村居，形成“城区驿站流转、农村上门收集”特色模式。推动物管会向业委会转化，建立“红色大管家”物业企业联盟。699条街巷实现街巷长、小巷管家全覆盖。清水镇和洪水口村、梁家庄村获评全国乡村治理示范乡镇、示范村。实现“全国双拥模范城”四连冠。

城镇登记失业率降至2.98%。建立2.1万户困难家庭精准帮扶台账，社会救助标准“十连增”。完成1650个点位无障碍环境建设，为1342户残疾人进行家庭无障碍改造。超额完成9000套房屋历史遗留“办证难”年度任务。

与西城区携手开拓北京八中教育模式，大峪一小新建综合楼投入使用，育园小学新建工程进行初步设计概算评审，清华附中潭柘寺学校正式开学。通过“国家卫生区”复审，成为第三批全国健康促进示范区。档案馆新馆开工建设，体育文化中心、政务服务中心主体结构封顶。

持续打好新冠肺炎疫情防控阻击战，率先启动“敲门行动”，打响“千人战役”。积极构建新冠肺炎疫情防控常态化下的经济社会运行秩序，第一时间出台纾困惠企政策，举办“嗨购门头沟”“New购门头沟”等活动，率先运用新电商平台助力复工复产。

出台财源建设方面系列文件，建立“一表一方案、三单一机制”。区领导带头走访服务企业，强化税源服务管理，着力稳存量、引回迁、拓增量，累计招引企业3800余家。

开展安全生产专项整治三年行动，全区安全生产亿元GDP死亡率由3.17%下降至1.59%，连续5年获北京市安全生产先进区。坚持防火、防汛两手抓，开展消防隐患集中清查整治等专项行动，创新完善分区域气象精细化预报预警模式，成功应对“6.18”石岩沟山洪、妙峰山镇3.6级地震等自然灾害。基本完成城市人防工程体系建设。成功创建“北京市食品安全示范区”。严厉打击黑恶势力违法犯罪。加强“诉源治理”体系建设，全区信访秩序趋稳向好。

完成党政机构改革，深化街道、乡镇改革，对事业单位进行系统优化、功能再造。开展协管员队伍管理体制改革。

全面强化政府党组自身建设，压实全面从严治党主体责任。2021年在区政府党组和区政府系统开展“学党史抓落实”大讨论，落实“蹲下身子搞调研、长效机制补短板”行动，持续为基层减负，清理挂牌1800余块、表格45项。推进法治政府建设，加强依法行政，以区政府网站、政务新媒体为主要载体全面推进政务公开。自觉接受监督，定期向人大报告、向政协通报工作。坚定支持人民法院、检察院开展工作，全力支持区纪委区监委开展专项整治。积极支持工会、共青团、妇联等群团组织开展工作，妇女儿童、民族宗教等各项事业全面进步。

2021年，区政府办公室抓严抓实中心组学习，制定《2021年区政府办公室党组理论学习中心组专题学习重点内容安排》，累计开展各种形式的中心组成员学习讨论13次，制定党支部学习计划，全年组织学习研讨60次。汇集全区重要会议、调研精神及重点工作开展情况，编印《昨日区情》245期，撰写领导活动信息230余条，区领导批示121条；向市政府办公厅报送政务信息、舆情信息2115条，被采用385条。共制发区政府督查通知单213件，转发区领导重要批示738件，人民来信59件、编制上报《督办专报》158期。完成300余篇文字材料。转办各类批示件1387件，受理公文5274件。完成2次含区四大部门领导在内的1600余名机关大院所属干部职工的核酸检测工作。办理完成市级人大代表建议和政协委员提案13件，区级人大代表建议和政协委员提案192件，办复率100%。做好13家集中核算单位财务管理，严控行政运行成本。做好值班值守，协助区领导处理突发事件229件，编发上报应急值班快报（123期），处理紧急文电1469件，保障各类视频会议1930次。

（陈　程）

【区政府党组民主生活会征求意见座谈会】 1月15日，区政府党组召开2020年度民主生活会征求意见座谈会。付兆庚等领导听取基层党代表、人大代表、政协委员及相关单位代表对区政府党组班子及主要领导的意见建议。

（陈 程）

【政府系统学党史抓落实专题交流会】 6月26日，召开政府系统学党史抓落实专题交流会。住房城乡建设委、重大建设项目协调服务中心、财政局、文化和旅游局、商务局、大峪办事处、妙峰山镇就抓落实的工作体会、存在不足和强化落实的措施作交流发言。

（陈 程）

【区领导讲党课】 6月30日，喻华锋为区政府系统党员干部讲专题党课。

（陈 程）

【党史学习教育】 年内，区政府领导班子以普通党员身份参加党史学习教育专题组织生活会。区政府办党总支各党小组围绕“学党史弘扬奉献精神抓落实强化政治担当”分别召开专题组织生活会，市委第二指导组组长，以及区委指导组、区委宣传部相关负责同志参加。8月30日，召开“学党史抓落实”交流座谈会。区领导喻华锋参加，部分党员围绕“学党史弘扬奉献精神抓落实强化政治担当”作交流发言。

（陈 程）

重要会议和活动

【第十六届政府第五次全体（扩大）会议】 2月24日，门头沟区召开第十六届人民政府第五次全体（扩大）会议，张力兵、喻华锋等出席。通报区十六届人大七次会议和区政协十届五次会议情况。传达市政府第四次全体会议精神和市长陈吉宁相关指示精神，并部署2021年区政府重点工作。

（陈 程）

2021年门头沟区政府重要会议一览表

日 期	会议内容
1月3日	“元旦”假期疫情防控和城市运行保障调度会，听取各镇街及相关单位关于新冠肺炎疫情防控和城市运行保障工作的汇报
1月15日	北京绿金山国有资本运营有限公司组建工作专题会，听取国资委关于北京绿金山国有资本运营有限公司组建工作情况的汇报
1月19日	打击非法盗采“60天专项行动”工作推进会，听取区打非督导组及有关部门关于打击非法盗采“60天专项行动”工作进展情况的汇报
1月20日	“一线四矿”文旅康养休闲区建设工作调度会，听取有关部门关于“一线四矿”文旅康养休闲区建设工作进展情况的汇报
1月24日	门头沟区委教育工作领导小组会，审议通过《门头沟区推进义务教育学校校长教师交流轮岗实施方案》
1月26日	2021年春节烟花爆竹安全管理工作动员部署会，公安分局（烟花办）及相关部门对2021年春节烟花爆竹安全管理工作进行安排部署
1月26日	重点工程调度会，听取京西门城基础设施投资有限公司等单位关于重点工程建设进展情况及存在问题的汇报
2月24日	“碳中和示范区”方案研讨会，听取欧瑞府（北京）能源技术有限公司对零碳能源园区有关情况的介绍，与德国能源署、欧瑞府（北京）能源技术公司及光华设计基金会相关人员进行座谈交流
3月6日	2021年经营性土地上市工作调度会，听取规自分局关于2021年经营性用地土地上市项目情况的汇报，相关单位及企业进行发言

续表

日　期	会议内容
3月20日	2021年经营性土地上市工作调度会，听取规自分局关于2021年经营性土地上市项目情况的汇报
3月22日	传统村落保护发展与美丽乡村规划汇报会，听取斋堂镇、妙峰山镇及有关设计单位关于西胡林、黄岭西、川底下、沿河城4个传统村落保护发展规划和陈家庄村美丽乡村规划调整情况的汇报
3月27日	新冠病毒疫苗行业部门接种组织动员工作会议，听取卫健委关于新冠病毒疫苗接种任务最新完成情况及下一步工作建议的汇报，各部门分别汇报本行业新冠病毒疫苗接种情况及存在的问题、下一步措施
4月1日	新冠病毒疫苗接种工作会议，听取卫健委关于新冠病毒疫苗接种任务最新完成情况以及各镇街关于清明假期新冠病毒疫苗接种强化组织动员工作措施的汇报
4月1日	2021年第二季度全区公共安全形势分析会议，听取应急局、民政局等单位及各镇街关于全区公共安全总体形势、森林防火、安全保障、空气质量、城市消防和清明假期及二季度工作安排的汇报
4月5日	“清明”期间森林防火、新冠病毒疫苗接种及城市运行保障调度会，听取相关单位关于森林防火、新冠病毒疫苗接种、城市运行等方面情况的汇报
4月7日	扬尘污染治理专项行动暨大气污染防治百日专项执法行动部署会，听取生态环境局关于专项行动情况的汇报，住建委、城市管理委等部门汇报有关工作情况及下一步安排
4月7日	永定河山峡段综合治理项目进场协调会，听取永定河流域投资公司关于项目建设内容、施工进度安排的汇报，水务局汇报项目地上物腾退工作进展等情况，相关镇、村代表发言，区纪委监委等部门提出工作要求
4月12日	六十岁以上人员新冠病毒疫苗接种工作部署会，听取卫健委关于新冠病毒疫苗接种情况的汇报，各镇街等单位就六十岁以上人员接种情况进行经验交流
4月19日	重点工程项目汇报会，听取相关部门关于区体育文化中心建设工程、北京景山学校门头沟新建项目和军温路改建工程有关情况的汇报
4月21日	永定河山峡段综合治理与生态修复工程桥梁优化方案汇报会，听取市水利规划设计研究院关于桥梁优化方案的汇报
4月21日	审计工作会议，审计局传达全市审计工作会议精神并作审计工作报告
4月30日	2021年创城惠民办实事项目老旧小区漏雨专题维修工程汇报会，听取相关部门关于老旧小区及棚改回迁小区房屋漏雨专项维修工程项目进展情况的汇报
5月5日	“五一”期间调度会议，听取相关单位、各镇街关于节假日期间整体工作情况及大风天气防范应对措施部署情况的汇报
5月12日	政府廉政工作会议，有关单位、镇街及企业发言，就贯彻落实国务院第四次廉政工作电视电话会议及北京市政府廉政工作部署会议精神讲话
5月12日	出席智能绿色矿业发展及体系建设战略研究闭门研讨会。与参会的专家、领导及中关村联盟成员进行交流座谈
5月19日	“两区”建设工作务虚会，商务局汇报“两区”建设和产业发展情况，相关单位发言
5月24日	矿山修复治理初步方案汇报会，规自分局汇报矿山修复治理初步方案
5月26日	贯彻落实《北京市生活垃圾管理条例》一周年调研暨持续抓好垃圾分类工作交流现场会，到紫金新园小区实地查看“全驿站收集”垃圾分类模式运行情况，随后召开座谈会

续表

日 期	会议内容
5月31日	“接诉即办”月度考核工作会议，通报5-6月考核期工作情况、存在问题及原因，就下一步工作提出要求，相关镇街和部门负责同志作汇报发言
5月31日	2021年防汛桌面推演暨防汛动员大会，对推演进行点评，部署2021年防汛工作
6月1日	重点单位“接诉即办”专题调度会，城市管理委分别通报大峪街道、城子街道诉求办理情况，相关单位汇报“接诉即办”工作存在的问题及下一步计划措施，区领导逐一进行点评
6月2日	S1线区域组团01地块城市设计汇报会，听取设计单位关于S1线区域组团城市设计方案的汇报
6月4日	“一线四矿”文旅康养休闲区推进会，发改委、京能集团及相关工作专班分别汇报“一线四矿”工作进展情况
6月10日	殡仪馆迁建问题汇报会，民政局汇报区殡仪馆迁建进展情况
6月14日	“端午节”期间调度会议，听取各部门、镇街关于新冠肺炎疫情防控、服务保障、安全生产、旅游接待、交通秩序维护和“接诉即办”工作等方面的汇报
6月21日	新政务服务中心建设项目汇报会，政务服务局、门城投资公司等单位汇报项目总体情况和工程进展情况
6月22日	安全生产工作会，应急局通报近期全区安全生产总体形势、部署重点工作任务，相关部门、各镇街及企业代表作表态发言
6月23日	财源建设专题会，财政局汇报上半年财政组收及指标任务完成等情况
7月1日	老旧小区改造项目进展汇报会，住房城乡建设委汇报全区老旧小区综合整治工作，大峪办事处汇报葡东小区引入社会资本参与老旧小区综合整治推进情况，北京筑福集团介绍综合整治方案
7月1日	城乡接合部试点村庄实施方案汇报会，农业农村局汇报城乡接合部试点村庄实施方案整体情况，永定镇、军庄镇、妙峰山镇分别汇报试点实施方案编制情况
7月6日	促进集体经济薄弱村增收发展工作汇报会，农业农村局等部门汇报壮大农村集体经济工作有关情况
7月7日	区政府第79次常务会议，部署自然灾害风险防范工作。应急局通报陈吉宁、卢映川对《7月份北京地区自然灾害风险形势分析报告》的批示精神
7月22日	“无人村”管理利用工作会，农业农村局汇报“无人村”相关工作情况
7月24日	近期强降雨复盘分析会，应急局通报近期全国部分地区暴雨情况，并结合区内强降雨应对工作中存在的问题提出改进意见，各防汛专项分指挥部、各镇街防汛分指挥部及有关单位发言
7月27日	新冠肺炎疫情工作紧急调度会，卫健委汇报新冠肺炎患者密接次密接流调、处置等工作情况
8月3日	产业空间情况汇报会，规自分局、中关村门头沟园管委会、住建委、重大建设项目协调服务中心及各镇街汇报有关情况
8月11日	棚改七平方公里整体征收滞留户清退、渣土清运等工作方案汇报会，住建委、征收中心等部门汇报有关工作情况
8月12日	大气污染防治百日专项执法行动阶段性总结会暨秋冬季大气污染防治工作部署会，生态环境局汇报专项执法行动阶段性工作进展并部署秋冬季大气污染防治工作，相关单位发言
8月14日	强降雨应对工作会，气象局汇报此轮降雨情况，防汛办部署强降雨应对工作
8月17日	精品民宿企业座谈会暨旅游服务质量提升方案征求意见会，文化和旅游局介绍民宿企业发展情况及《门头沟区旅游服务质量提升方案》，民宿企业代表提出建议和意见，相关部门发言

续表

日　期	会议内容
8月18日	石龙五期一级开发项目土地出让价格及开发成本测算汇报会，中关村门头沟园管委汇报土地出让价格测算及降低价格路径方案，相关部门发言
8月19日	北方地区冬季清洁取暖项目汇报会，听取项目进展情况的汇报
8月20日	雅居乐地产项目推进工作会，项目设计单位汇报项目方案及存在问题，相关部门发言
8月27日	金融机构座谈会，听取发改委、税务局对金融机构总体情况及金融机构纳税情况的介绍，各金融机构代表进行交流发言
9月2日	政府购买服务医院绩效考核情况汇报会，卫生健康委汇报政府购买服务医院绩效考评体系建设及考评结果等情况，相关单位进行发言
9月6日	优化营商环境工作调度会，发展改革委通报2020年营商环境评价结果并部署有关工作，相关部门发言
9月7日	2021年征兵工作领导小组会议，传达学习新修订的《兵役法》，审议征兵领导小组成员调整以及2020年征兵工作先进单位和个人表彰等事宜，听取2020年征兵工作以及2021年工作进展情况的汇报
9月14日	全区财源建设工作会，财政局、发改委、税务局、市场监管局、科信局、中关村门头沟园、石龙服务中心及各镇街分别汇报今年以来财源建设相关工作情况
9月17日	“接诉即办”工作日调度会，城市管理委通报本考核期“接诉即办”工作情况，相关单位发言
9月18日	“两节”期间社会稳定和疫情防控等工作部署会，传达市委9月17日“两节”期间社会稳定和新冠肺炎疫情防控工作会议精神，部署“两节”期间安全生产和城市运行工作；“两节”期间新冠肺炎疫情防控工作；“两节”期间严明纪律规矩、持续纠治“四风”相关工作；“两节”期间舆情监管相关工作；其他区领导结合自身分管工作进行部署
10月9日	棚改七平方公里整体征收滞留户清退工作调度会
10月13日	2021年第三次消防工作联席会暨电动自行车领域消防安全专项整治工作推进会，通报年内全区消防安全形势，部署消防安全工作、电动自行车领域消防安全专项整治工作，重点单位发言
10月25日	国际消费中心城市建设实施方案汇报会，商务局汇报《门头沟区国际消费中心城市建设实施方案》及配套文件，相关单位发言
10月26日	第十五届永定河文化节活动汇报会，文旅局汇报永定河文化节活动整体情况，相关单位发言
10月26日	新冠病毒疫苗接种组织协调部署会。卫生健康委通报近期新冠病毒疫苗加强免疫接种工作情况，部署60周岁以上人群新冠病毒疫苗接种工作
10月26日	加快构建绿色产业体系，促进绿色高质量发展工作调度会，发展改革委汇报《门头沟区绿色产业体系构建与精准招商机制建设重点问题调研》情况，相关单位发言
10月30日	首都环境建设检查工作专题调度会，听取城市管理委、城指中心关于前三季度环境建设工作情况的通报及相关诉求情况，相关镇街发言
11月9日	政府工作报告征求意见座谈会，相关部门针对区政府工作报告（初稿）提出意见建议
11月15日	市政府投资项目专题调度会，发改委汇报市政府投资项目总体情况及红灯预警情况，相关部门汇报重点项目前期推进、手续办理等情况
11月22日	农村住房质量提升试点建设汇报会，农业农村局汇报农村住房质量提升试点建设总体情况，永定、妙峰山、军庄镇汇报相关情况
11月23日	政府工作报告征求意见座谈会，政府办公室介绍报告起草过程及主要内容，人大代表、政协委员提出意见、建议

续表

日　期	会议内容
12月2日	城镇燃气安全排查整治动员部署会，就落实国家及北京市相关会议精神及门头沟区今冬明春安全生产工作进行部署
12月3日	“一线四矿”千军台矿和王平村矿项目汇报会，京西生态文旅公司汇报千军台矿“研-学-游”项目设计方案和王平村矿地中海俱乐部项目设计方案
12月3日	工业软件军民协同创新发展研讨会
12月25日	各镇2022年绿色高质量发展思路及工作计划汇报会，各镇汇报此地区资源禀赋、产业规划和下一步工作计划

（陈　程）

【战略合作暨超高清示范园建设签约仪式】 5月31日，门头沟区与中央广播电视总台北京总站举行战略合作暨超高清示范园建设签约仪式。中宣部副部长、中央广播电视总台台长兼总编辑，北京市市委常委、宣传部部长，中央广播电视总台副台长、编务会议成员等有关领导，张力兵、喻华锋等参加签署战略合作协议。协议明确用地保障、基础设施、生活保障等3个主要方面的合作，促进5G+8K高清示范园落地门头沟区。

（陈　程）

【慰问征兵体检】 8月3日，区领导到区医院体检中心看望慰问体检工作人员和应征青年，查看征兵体检流程，详细了解征兵体检工作开展情况。

（陈　程）

【石龙五期一级开发项目】 8月18日，门头沟区召开石龙五期一级开发项目土地出让价格及开发成本测算汇报会，中关村门头沟园管委汇报土地出让价格测算及降低价格路径方案，相关部门发言。

（陈　程）

【战略合作协议签约仪式举行】 11月24日，门头沟区与深圳证券交易所举行战略合作签约仪式。市金融局副局长、市证监局副局长，区领导喻华锋等参加。12月3日，与国家心血管病中心、中国医学科学院阜外医院举行战略合作协议签约仪式。区领导金晖、喻华锋等，国家心血管病中心、中国医学科学院阜外医院主任、院长，党委书记、副主任、副院长等有关领导参加。

（陈　程）

检查与调研

【区领导“四不两直”检查】 1月3日，区领导“四不两直”检查节日期间城市运行保障、安全生产、新冠肺炎疫情防控和森林防火等工作。到S1线石厂站检查新冠肺炎疫情防控和交通运行保障情况，到永定镇新冠病毒疫苗接种点查看疫苗接种前期准备情况，到“壹公里”承泽苑店等便民超市查看新冠肺炎疫情防控和节日供应保障情况，到三家店地区部分餐饮企业查看新冠肺炎疫情防控、液化石油气安全、垃圾分类等情况，到九龙路、潭柘寺镇东村、南村等地查看森林防火值守工作落实情况。1月9日，“四不两直”检查新冠肺炎疫情防控、垃圾分类和安全生产工作。到大峪街道峪园社区、东辛房街道石门营新区四区、京西兴顺农贸市场、永辉超市以及部分商铺检查新冠肺炎疫情防控、垃圾分类、安全生产工作落实情况，到龙泉镇MC00-0010-6004地块B2商务用地项目施工现场检查新冠肺炎疫情防控及安全生产工作。1月11日，区领导“四不两直”检查新冠肺炎疫情防控工作。到清水镇江水河村和杜家庄检查站检查疫情防控工作落实情况。1月22日，“四不两直”检查农村地区新冠肺炎疫情防控工作。到斋堂镇沿河城村、雁翅镇雁翅村、王平镇西石古岩村和白虎头检查站检查卡口值守情况和村医务室、小便民店、小餐馆等处的新冠肺炎疫情防控措施落实情况。1月23日，“四不两直”检查农村地区新冠肺炎疫情防控和消防安全工作。带队到永定镇侯庄子新村、卧龙岗村以及军庄镇西杨坨村，检查入村卡口值守、沿街商铺落实防疫措施和出租房屋消防安全等情况。1月25日，“四不两直”检查空气重污染黄色预警应对和新冠肺炎疫情防控工作。到永定镇大灰厂路口、卧龙岗集体租赁房项目、北京无极液压工程有限公司，检查重型柴油车违法上路行为和施工工地等场所的空气重污染应对措施落实情况；到新桥大街沿街超市、商铺、药店等处检查新冠肺炎疫情防控情况。2月2日，“四不两直”检查新冠肺炎疫情防控、燃气安全、垃圾分类和森林防火等工作。到三家店村、中昂时代广场小餐馆、小超市等场所，查看新冠肺炎疫情防控、燃气安全和垃圾分类工作落实情况，到九龙路沿线检查森林防火工作情况。6月29日，区领导以“四不两直”方式到区液化气站、军庄加油站、109高速四工区以及中骏天峰、集体租赁住房一期、新城养老设施建设项目等处实地检查安全生产责任落实情况。10月24日，“四不两直”检查新冠肺炎疫情防控工作。先后到大峪街道新冠病毒疫苗接种点查看接种情况，到京煤医院检查院感防控工作落实情况，沿途检查门城地区商超、“七小门店”、药店、社区等场所新冠肺炎疫情防控措施落实情况。

（陈　程）

【除夕夜城市服务保障工作检查】 2月11日，区领导检查除夕夜城市服务保障工作，到龙泉宾馆集中隔离点检查防疫工作情况，通过视频通话慰问隔离人员；到潭柘寺镇环岛和赵家台村检查交通秩序维护和烟花爆竹禁放管护情况；到潭柘寺景区检查消防安全和疫情防控措施落实情况。区领导喻华锋代表区委、区政府向坚守岗位的干部群众、医护人员、公安民警和消防指战员致以节日问候。

（陈　程）

【空气重污染预警措施落实情况检查】 3月11日，区领导检查空气重污染预警措施落实情况。到永定河文化广场、景山学校工地检查扬尘管控等工作落实情况。

（陈　程）

【新冠病毒疫苗接种工作督导检查】 3月28日，区领导大峪办事处疫苗接种点、城子办事处新冠病毒疫苗接种点、东辛房办事处新冠病毒疫苗接种点和龙泉镇政府现场开展督导检查。

（陈　程）

【综合检查】 4月3日，区领导开展节日期间城市运行保障、森林防火、安全生产等综合检查。到自来水公司检查管网运行及应急值守情况；到天山陵园检查清明祭扫秩序及森林防火情况；到城子变电站检查供电运行及应急值守情况；到城子村护林防火站检查森林防火情况；到河滩公交场站、石龙大厦检查节日期间运维保障及应急值守工作落实情况。6月9日，进行节前综合安全检查。到妙峰山镇玫瑰园、陕京三线阀址、民用炸药库、杨木沟等处实地检查。

（陈　程）

【永定河沿线环境、安全等情况检查】 4月30日，区领导检查永定河沿线环境、安全及护林防火工作情况。到沿河城村实地查看永定河入境段河道情况；到向阳口村查看珍珠湖水源地保护情况；到十八潭大桥、龙泉湾等沿线检查河道环境整治、水利设施维护、安全防护和护林防火等工作情况。

（陈　程）

【创城拉练检查】 6月3日，门头沟区开展创城拉练检查。区领导到城子街道三家店地区、大峪街道剧场东街社区等处，实地查看拟改造的旱厕、“我为群众办实事”重点项目路面、墙面修复工程进展以及社区环境、楼道内乱堆乱放、楼体外立面破损、车辆（杂物）占用消防通道等问题，并到坡头地区查看棚户区情况。

（陈　程）

【重大活动期间安全值守慰问检查】 6月30日，开展重大活动期间安全值守慰问检查。先后到燃气调度指挥中心、赵家台村、定都阁、长安天街、消防支队指挥中心、供电公司、双峪环岛治安巡逻警务站等处实地查看燃气调度、供电保障、消防防控、“一山一哨”和群防群治力量、民警、辅警值守巡控等情况，并慰问坚守一线岗位的工作人员和广大志愿者。10月1日，区领导进行节日安全检查。到国道109新线高速公路建设项目一工区、二工区和翡翠长安二期在施工地检查安全施工管理和新冠肺炎疫情防控措施落实情况，到北京夏禾科技有限公司检查危险化学品安全存储情况。12月31日，开展两节安全、北京冬奥会安保维稳、新冠肺炎疫情防控检查，到金福龙加油站、三家店永辉超市和三家店消防中队检查慰问。

（陈　程）

【防汛工作检查】 7月11日，区领导检查防汛工作。先后到潭柘寺镇草甸水村、永定镇卧龙岗村、军庄镇香峪村、妙峰山镇丁家滩村、石担路京门铁路桥泵站等处，查看强降雨应对、泥石流隐患点和村民转移安置等情况。7月26日，到军庄镇东山村等处实地查看沟道清理、防洪准备情况。

（陈　程）

【新冠肺炎疫情防控工作检查】　8月1日，区领导到疫情集中隔离点检查，到晨光饭店、雁翅中小学生素质教育基地查看隔离点运行情况，到北斗星酒店查看备用隔离点设施条件。8月5日，先后到京西兴顺农贸市场、中昂时代广场查看菜市场、物美超市、“七小门店”等场所防控措施落实情况。10月30日，实地查看龙泉镇、大峪街道新冠病毒疫苗接种点运行情况。10月31日，实地查看军庄镇新冠病毒疫苗接种点运行和灰峪村新冠肺炎疫情防控措施落实情况。11月4日，检查区、镇两级人大换届选举会场筹备及新冠肺炎疫情防控情况。到龙泉镇水闸西路社区、城子村实地检查。11月7日，到东辛房街道文化中心新冠病毒疫苗接种点和永定镇惠康文化活动中心疫苗接种点慰问一线工作人员，了解新冠病毒疫苗接种情况；到北京热力集团石门营热源厂、华油燃气门头沟生产基地、迎晖南苑热力站和永安小区热力站实地检查供暖保障工作。

（陈　程）

【院感防控检查】　8月2日，检查院感防控工作，到区医院、京煤集团总医院、绮霞苑社区卫生服务站查看院感防控工作落实情况。

（陈　程）

2021年门头沟区政府主要领导调研活动一览表

日期	调研活动内容
1月12日	付兆庚到龙泉镇调研村（社区）“两委”换届选举工作，听取龙泉镇关于重点村（社区）“两委”换届选举工作整体情况、存在问题及下一步安排的汇报
2月11日至17日	喻华锋到各镇调研、慰问节日期间值守人员和下沉干部，实地查看产业发展、民生保障、基层治理、基础设施建设、农村人居环境、垃圾分类、新冠病毒疫苗接种等方面工作情况，分别召开座谈会听取各镇整体工作情况的汇报
2月19日	喻华锋到财政局调研，听取全区财政运行重点情况的汇报
2月20日	喻华锋到大峪街道文化中心新冠病毒疫苗接种点检查疫苗接种工作；德露苑社区查看“党建引领、多方共治”党建品牌运行情况和基层治理情况，随后在街道办事处召开座谈会，听取大峪街道关于总体情况的汇报
2月23日	喻华锋到城子街道龙门养老照料中心临时接种点检查新冠病毒疫苗接种情况；到城子街道社会组织孵化园和龙门三区居委会详细了解社会组织孵化培育和基层社会治理工作，随后召开座谈会
2月24日	喻华锋到规自分局调研，听取全区规划和自然资源工作汇报
2月25日	喻华锋到东辛房街道紫金新园二区临时新冠病毒疫苗接种点详细了解疫苗接种情况，随后召开座谈会
2月27日	喻华锋到大台街道调研“门大线”大台火车站、大台煤矿、木城涧煤矿和千军台煤矿查看“门大线”周边和矿区转型发展情况，随后召开座谈会听取大台街道整体情况的汇报
3月3日	喻华锋到中关村科技园区门头沟园调研，走访中关村精雕智造创新中心、北京精雕科技集团有限公司、江泰保险经纪股份有限公司，随后召开座谈会，听取园区整体发展情况的汇报
3月6日	喻华锋到农业农村局、经管站调研，听取区农业农村局、区经管站关于整体工作情况的汇报
3月9日	喻华锋到卫生健康委调研，听取卫生健康委关于整体工作情况的汇报

续表

日期	调研活动内容
3月11日	喻华锋调研2021年门头沟区拟入市地块情况。实地察看冯村何各庄土地一级开发项目A地块、永定河博物馆地块、石龙高新技术用地土地一级开发（B区）等地块情况
3月13日	喻华锋到发改委调研，听取发改委关于全区经济社会发展情况的汇报
3月19日	喻华锋到文化和旅游局调研，听取文旅局关于整体工作情况的汇报
3月19日	喻华锋到园林绿化局调研，听取园林绿化局关于整体工作、创建国家森林城市和门大线及周边区域景观提升项目进展情况的汇报
3月20日	喻华锋到水务局调研，听取水务局关于整体工作情况的汇报
3月30日	喻华锋调研“一线四矿”，并开展护林防火检查，实地查看“门大线”沿途站点及周边环境整治情况，听取铁路沿线站点规划、环境整治、景观提升等情况介绍，并听取应急局及相关镇街关于护林防火工作情况的汇报
4月2日	喻华锋到公安分局刑侦支队、110指挥大厅等处了解相关工作，随后召开座谈会，听取公安分局整体工作情况的汇报
4月9日	喻华锋到住建委、棚改中心调研，听取住建委、棚改中心关于整体工作情况的汇报
4月13日	喻华锋到国道109新线高速公路工程，二工区下苇甸隧道进口施工现场察看工程进展情况，随后在109指挥部召开会议，听取相关工作情况汇报
4月16日	喻华锋到北京竞业达数码科技有限公司、北京华为数字技术有限公司调研。参观竞业达公司体验馆、华为北京会展中心展厅，并分别与相关企业座谈
5月10日	喻华锋到区法院调研，参观“一统领三嵌入”党建工作主题展，听取区法院工作情况的汇报
5月10日	喻华锋到区检察院调研，参观党建工作成就展，观看公益诉讼宣传片，听取区检察院工作情况的汇报
5月13日	喻华锋到斋堂镇调研斋堂文旅小镇项目，听取斋堂镇关于文旅小镇项目、灵水村整治改造工程、综合商业街项目等有关情况的汇报
5月20日	喻华锋到国资委调研，听取国资委关于主要工作情况的汇报
6月5日	喻华锋到“接诉即办”重点单位开展蹲点调研，与军庄镇、住建委、市场监管局开展座谈，分别听取城市管理委关于6月考核期重点单位诉求办理情况的通报，相关单位汇报诉求办理、存在问题、成因及解决办法等情况
6月7日	喻华锋到京西山水公司调研，听取京西山水公司关于公司运营整体情况的汇报
6月8日	喻华锋到金隅琉璃文创产业园项目调研，实地查看园区现状，听取金隅集团关于园区改造工程情况的汇报
6月10日	喻华锋到焦家坡垃圾综合处理厂调研，查看垃圾综合处理厂运行情况，详细了解工作流程
6月12日	喻华锋到“接诉即办”重点单位开展蹲点调研，到永定镇、东辛房街道、教委开展座谈，听取城市管理委、相关单位关于6月考核期诉求办理情况的汇报
6月12日	喻华锋到龙泉镇三家店街里、新老宿舍铁路家属院、兴顺农贸市场实地检查安全工作，随后在三家店村委会召开座谈会
6月19日	喻华锋实地调研区属老旧小区及棚改回迁小区房屋漏雨专项维修工程，到大峪街道新桥路社区和东辛房街道石门营五区社区察看施工情况
6月19日	喻华锋开展“接诉即办”重点单位蹲点调研，到卫健委和龙泉镇召开座谈会，听取城管委和相关单位关于6月考核期诉求办理情况的汇报

续表

日期	调研活动内容
6月22日	喻华锋走访驻区企业，到北京中建乐孚集团有限公司、北京夏禾科技有限公司走访交流，实地调研企业发展情况，并与企业负责人座谈
6月24日	喻华锋与复星集团共同考察京西“一线四矿”项目，实地到门头沟站项目现场、王平村矿、落坡岭社区等处参观考察
7月31日	喻华锋到住房建设委开展“接诉即办”重点单位蹲点调研，城市管理委通报7-8月考核期住房城乡建设委诉求办理情况及区内住房类重点、难点诉求问题，住房城乡建设委汇报诉求办理情况
7月31日	喻华锋到大峪街道开展“接诉即办”重点单位蹲点调研，城市管理委通报7-8月考核期大峪街道及全区诉求办理情况，大峪街道等单位发言
8月7日	喻华锋到清水镇蹲点调研“接诉即办”等工作。到张家庄村、黄塔村、塔河口十工区钢筋加工场实地检查防汛、地灾隐患点及新冠肺炎疫情防控工作，随后召开“接诉即办”工作座谈会
8月14日	喻华锋开展创城重点难点问题及“接诉即办”重点单位蹲点调研，到龙泉镇大峪花园社区、倚山家园社区实地查看检查“创城”工作成果；随后在龙泉镇政府召开座谈会，听取城市管理委、龙泉镇关于“接诉即办”工作相关情况的汇报
8月31日	喻华锋到税务局第一税务所（办税服务厅）实地了解办税服务厅窗口和人员配置、线上办税服务、个人股权转让“先税后证”等相关情况，随后召开座谈会
9月1日	喻华锋开展潭柘寺土地一级开发项目调研，现场听取项目进展情况的汇报，随后召开座谈会
9月4日	喻华锋到清水镇黄安坨村、江水河村、椴木沟村、西达摩村、李家庄村、台上村实地了解精品民宿及特色产业发展情况
9月4日	喻华锋到百花山保护区调研，实地了解野生动物疫源疫病监测站、监控指挥中心运行情况，随后召开座谈会
9月6日	喻华锋走访调研辖区重点企业。到遨博（北京）智能科技有限公司参观企业展厅、测试实验室并座谈交流，到北京芯盾时代科技有限公司察看办公区并座谈交流
9月8日	喻华锋到首都师范大学附属中学永定分校、区第一幼儿园慰问教师，察看校园环境，了解开学、新冠肺炎疫情防控等工作情况，并召开座谈会
9月10日	喻华锋开展人大换届选举、创城重点难点问题调研检查。先后到龙泉镇梨园社区、中门寺南坡一区、鑫源农贸市场察看社区防控、创城重点难点问题、人大换届选举选民登记、市场新冠肺炎疫情防控等有关情况
9月16日	喻华锋到大台街道、雁翅镇调研，先后到苇子水村、珠窝村，实地察看精品民宿三顾苇芦建设情况、原9123厂老旧厂房闲置利用情况、珍珠湖防汛工作
11月23日	喻华锋到岢罗坨项目现场调研，隆泰实业（北京）有限公司介绍项目情况
11月24日	喻华锋到多来点公司调研，与北京多来点信息技术有限公司CEO进行座谈交流，听取了多来点公司发展情况
12月19日	喻华锋到中科钢研公司调研座谈
12月24日	喻华锋到供电公司调研慰问
12月27日	喻华锋到体育局调研
12月28日	喻华锋到商务局调研

（陈　程）

综合政务服务

【概况】 2021年，门头沟区政务服务局坚持以人民为中心思想，着力在政务服务规范化、制度化、便利化、智能化改革上下功夫，攻难点、治痛点、疏堵点，实现政务服务体系规范化、事项标准化、队伍专业化、监管全域化、服务便利化、保障信息化的工作目标。年内，区政务服务局编制印发北京市门头沟区2021年人民政府第一期公报；与区城管委联合编制印发《门头沟区央产小区接诉即办工作方案》；编制发布门头沟区2020年度政府信息公开年度报告，组织全区各相关单位开展各单位2020年度政府信息公开年度报告的编制及发布工作。年内，区政务服务局获“第六次北京市自强模范暨扶残助残先进集体”，李雷获“第六次北京市自强模范暨扶残助残先进个人”。

（孙建茹）

【政务服务委托受理工作】 2月7日，区政务服务中心开展各审批单位委托受理工作，并实行经办人、首席代表“最多签两次”办结的工作机制，实现受理、审批、办结一站式服务。年内，区级1880个事项实现“最多跑一次”，委托区政务服务中心受理事项1690项，其中1493个事项实现“最多批两次”。

（孙建茹）

【政务服务事项跨区通办】 3月2日，区政务服务管理局与石景山区政务服务局签订《政务服务“跨区通办”结对共建协议》，共同确定首批809个政务服务事项“跨区通办”，使企业群众可以在两区任一区政务服务中心实现无差别、就近办事。

（孙建茹）

【“好差评”评价制度】 3月25日，区政务服务管理局制定《门头沟区政务服务“好差评”制度实施方案》，将区、镇（街）两级所有大厅、所有窗口、所有事项纳入“好差评”评价范围。市级将“好差评”结果以季度为单位进行全市排名，二季度、三季度均未扣分。

（孙建茹）

【“放管服”和营商环境政策“回头看”行动】 3月26日，区政务服务管理局开展“放管服”和营商环境政策“回头看”专项核查行动。建立巡查机制，通过第三方每月明查暗访，及时通报整改问题，确保工作取得扎实成效。截至年底，取消区级事项7项、调整17项；推行证明告知承诺制17项，取消证明27项；清理中介服务68项，保留301项。

（孙建茹）

【“局科长走流程”实践行动】 4月22日，区政务服务管理局组织开展“局科长走流程”实践行动，截至年底，共组织全区53家单位，走流程共339人次，发现并解决问题150件。

（孙建茹）

【优化营商环境新政策培训】 4月至9月，区政务服务管理局组织全区40个单位、13个镇街工作人员新政策培训10950人次，开展“每周一测”活动累计85场，确保工作人员熟知全市优化营商环境新政策。组织参加市级“千人千题”以及各指标考试39场，890余人次。

（孙建茹）

【政务服务事项全城通办】 5月11日，区政务服务管理局试行1590个政务服务事项“全城通办”，通过“自助通办＋窗口通办＋团队帮办+EMS辅办”等方式，实现企业群众都能在区政务服务中心办理相关事项。

（孙建茹）

【政务服务综合窗口改革】 5月18日，区政务服务管理局会同民政局印发《门头沟区村（居）社区服务站政务服务综合窗口工作规范（试行）》，启动全区13个镇（街）共26个村（居）社区示范服务站点政务服务综合窗口改革。

（孙建茹）

【告知承诺制改革】 5月20日，区政务服务管理局持续推进实施告知承诺制改革。年内，全区累计落地134项，涉及21个部门，办结事项1.4万余件。

（孙建茹）

【“我要找政策”专区】 8月30日，区政务服务管理局在门头沟区政府门户网站首页显著位置创建“我要找政策”专区。对2010年门头沟区的476条政策文件进行汇总分类，将现行的230条政策文件纳入“我要找政策”专区，同时囊括市级政策文件库，为群众精准查询政策提供服务。该专区将所有政策文件分为“企业政策”和“个人政策”两个板块。“企业政策”分为“发展规划”“商务贸易”“工程建设”等13类政策。“个人政策”分为“教育科研”“房屋管理”“社会保障”“文体旅游”等12类政策，使企业群众更有针对性地查询自己关心的内容，实现个人及企业政策信息分类集中展示，精准推送。

（孙建茹）

【新冠肺炎疫情防控专栏上线】 9月3日，北京市门头沟区人民政府网站“专题专栏”栏目增设“新冠肺炎疫情防控”专栏，内容包括“疫情便民服务小贴士”“服务与指南”“最新防控动态”“北京市新冠肺炎疫情防控”4个板块，向民众清晰直观地介绍本市新冠肺炎疫情防控的最新动态和相关规定，及时通报门头沟区新冠肺炎疫情防控相关工作进展情况，提供核酸检测及新冠病毒疫苗接种等相关指引，为做好区新冠肺炎疫情防控常态化工作起到舆论引导作用。

（孙建茹）

【“证照分离”改革工作】 9月28日，区政务服务管理局推动涉及区内22家单位的“证照分离”改革工作，落实市级任务要求，确保“证照分离”改革措施尽快落地，确保各项政策在线上线下政务大厅落地执行、解读口径一致。

（孙建茹）

【“门头沟小院”主题应用场景建设工作】 12月6日，区政务服务管理局启动“门头沟小院（精品民宿）”主题应用场景建设工作，以“保姆式”服务，助力精品民宿企业发展。

（孙建茹）

外事及港澳事务

【概况】 2021年，北京市门头沟区人民政府外事办公室（简称区政府外办）全力以赴做好涉外新冠肺炎疫情防控工作，优化提升区域语言环境建设，积极践行“外事为民”，严把因公出国（境）关口，对因公护照情况进行系统梳理，完善和修订护照管理制度。

（徐　博）

【外籍人员新冠肺炎疫情防控措施】 2月20日，区政府外办严格落实北京新冠肺炎疫情防控工作领导小组有关部署，依托区、街镇、社区（村）三级疫情防控专项工作机制，将外籍人员纳入整体新冠肺炎疫情防控体系，加强政策解读和情况通报，及时关注舆情动态，全区涉外新冠肺炎疫情防控工作平稳有序。

（徐　博）

【“外事为民”推动企业复工复产】 3月15日，区外办重新修订APEC商务旅行卡工作指南，并向多家企业进行政策解读，积极践行“外事为民”，做好外籍人员入境返京工作，推动企业复工复产。

（徐　博）

【优化提升区域语言环境建设】 年内，门头沟区提升区域国际化公共服务水平，高标准做好重点区域语言标识管理，积极营造无障碍国际语言环境。区政府外办制定《2021年门头沟区重点公共场所外语标识核查纠错工作方案》，自7月18日起先后开展行业主管部门自查及实地检查，进一步提升区域语言环境建设水平。

（徐　博）

【推进友好城市抗疫合作】 年内，门头沟区继续保持与传统友好城市韩国首尔特别市永登浦区的友好往来。加强日常邮件联络，巩固双方的友好关系。8月，为促进友好城市间相互了解，永登浦区向门头沟区赠送其医疗特区宣传手册及相关宣传物品，分享其在医疗特区建设领域的典型做法。

（徐　博）

信访工作

【概况】 2021年，全区信访工作紧盯“四个不发生”工作目标，切实抓好专项治理重复信访、谋划推进信访工作制度改革、加强基层基础建设、做好重点时期信访保障等重点任务，推动全区信访工作高质量发展。年内，区信访办共受理群众来信来访1799批（件）2266人次，同比批次上升3.15%、人次下降3.49%。全区信访形势稳中向好，群众信访趋于理性，信访秩序规范有序。

（刘兆奎）

【领导接访下访】 年内，门头沟区推进《门头沟区区级党政领导接待信访群众工作方案》落实，区领导接待来访共75人次，实现将矛盾化解在初始、把问题解决在基层。

（刘兆奎）

【网上信访】 年内，区信访办加强网上信访宣传力度，让群众了解网上信访的功能和作用，积极引导群众通过这一新形式提出信访事项，最大限度减少人员流动聚集；配强配齐网上信访工作人员，确保网上信访事事有着落，件件有回应；组织开展网上信访进接访场所工作。着力落实“最多访一次、最好不用跑”的信访理念，重点开展就地宣传、现场引导、提供自助设备和开展“代理制”等四项工作。引导信访群众调整诉求表达渠道，达到网升访降、提升占比和源头化解的目的。

（刘兆奎）

【社会矛盾排查调处机制有效落实】 年内，区信访办坚持定期排查与动态排查相结合，组织全区排查42次（其中常规排查2次，专项排查8次，动态排查32次）。区级在账重点矛盾30件，区级信访重点人95人，全部落实区、镇两级领导包案，积极推动问题解决。以抓好建党100周年信访稳定工作为主线，加大协调会商工作力度，深入了解信访人诉求，会商解决方案，落实稳控措施，以化解矛盾带动区域信访形势持续向好。年内，重点矛盾化解3件，信访重点人化解9人。

（刘兆奎）

【信访基础业务规范化建设】 年内，区信访办进一步加强优化群众来信、走访、网上信访办理，推动矛盾化解提质增效。组织信访工作机构和基层责任单位探索“一站式”网上信访，对基层信访“三率”情况每周开展一次摸排，每月进行一次通报，强化矛盾纠纷排查化解。

（刘兆奎）

【“治理重复信访、化解信访积案”专项工作】 年内，区信访办在收到市信访办交办积案后，将涉及信访积案件进行仔细梳理分析，并及时交办给责任单位。为推动各镇街扎实开展专项工作，由区信访办处级领导干部亲自带队，对各镇街积案化解工作进行现场督办及指导，把脉会诊，研判风险，研究对策；强化培训指导。分别邀请市信访办督查处、接访处等相关领导到区内进行积案化解培训，指导基层单位工作中的难点和痛点问题；强化包案落实。进一步细化区、镇（街）两级领导重复信访包案台账，压实信访工作责任，将积案具体情况和进展报送至相关领导，落实“三到位一处理”要求，积极推进积案“实体化解”。年内，接收第一批市级交办的重复信访积案79件（其中纸信29件，网信24件，来访25件，人民建议1件），全部化解。第二批市级交办34件重复信访积案转办承办单位，积极办理。

（刘兆奎）

【信访事项复查复核】 年内，区信访办共受理信访复查复核22件，其中21件按期办结，1件正在规定期限内办理。不存在被责令重新作出答复、超期提交证据材料、不落实终极答复意见、提供虚假或有意隐瞒证据材料等情形。

（刘兆奎）

机关事务管理

【概况】 2021年，门头沟区机关事务管理服务中心在区委、区政府的领导下，将各项工作要求融入后勤发展，扎实推进“学党史、抗疫情、防风险、保稳定、促发展”各项工作，全面提升服务保障质量，不断开创机关事务工作的新局面，迈上新台阶。年内，参与制定《门头沟区党政机关公务用车管理办法（试行）》；制定并印发《门头沟区行政执法用车使用管理办法》。为解决机关大院内自行车和电动自行车乱停、乱放、无处充电等问题，在院内新建自行车车棚1座。

（任　冉）

【车辆管理工作】 年内，区机关事务管理服务中心为机关公务用车（含执法车辆）新装车载北斗定位终端设备20台。完成派车任务1503车次。

（任　冉）

【环境建议工作】 年内，区机关事务管理服务中心在区政府大院内补栽各种花草6.33万株。设立吸烟区4处。

（任　冉）

【消防器材更换及安全培训】 年内，区机关事务管理服务中心更换消防器材拉钩8根；更换安全出口指示灯7个；购置灭火器箱60个；检验消防器材灭火器316个。分别组织4次保安员消防器材、反恐器材实操训练，开展2次消防知识培训。

（任　冉）

【垃圾分类工作】 年内，区机关事务管理服务中心设立垃圾分类引导员40人，监督员10人，严格落实四类垃圾精细化分类。厨余垃圾共产生量100785公斤，同比减量2.5%。

（任 冉）

【节约型机关创建工作】 年内，33家党政机关单位完成节约型机关创建任务。公共场所张贴节水标识100余张，张贴各类节电标识200余张，更换节水设施355个。

（任 冉）

【办公环境新冠肺炎疫情防控】 年内，区机关事务管理服务中心购置7台人脸识别测温设备；政府工会门前安装车辆识别系统一套；新冠肺炎疫情期间，每周对区政府大院内全部垃圾桶进行统一消杀，定期对各会议室进行全面消杀。每周对食堂冷库、冰箱进行统一消毒。

（任 冉）

【房屋普查工作】 年内，区机关事务管理服务中心对区直属71个单位、市垂管1个单位、9个镇和241个二级事业单位开展办公用房、业务用房普查工作，建立区级党政机关办公用房台账。

（任 冉）

信息化城市服务管理

【概况】 2021年，区城市管理指挥中心完成机构改革，为区政府直属公益一类事业单位，机构规格由副处级调整为正处级，内设机构由5个调整为8个。年内，区城市管理指挥中心聚焦解决群众急难愁盼问题，以深入推进“接诉即办”、网格管理、信息化建设等工作为抓手，撬动超大城市治理，不断提升回应群众“七有”“五性”需求的能力和水平，切实以科学、规范、高效的运转机制，不断增强民生服务意识和效能。

（陈 凯 谢宜珈）

【“接诉即办”条例宣贯】 10月11日，区委常委（扩大）会议召开，部署《北京市接诉即办工作条例》宣传贯彻工作。12月31日，区委理论学习中心组学习（扩大）会议召开，学习《北京市接诉即办工作条例》。年内，区城市管理指挥中心依托媒体、网络平台等多个渠道，加强《条例》宣传报道，在京西门头沟和门头沟融媒APP、微博、微信公众号、短视频平台等，以图文、短视频等形式，刊发《一图读懂 北京市接诉即办工作条例要点》《聚焦门头沟接诉即办 办好关键小事 让幸福无微不至》等稿件100余篇次。在“社区邻里节”活动现场，开设“接诉即办”专题展位，发放宣传材料500余份。

（陈 凯）

【“接诉即办”工作不断提升】 年内，区城市管理指挥中心印发《关于深化“接诉即办”改革 健全体制机制建设 高质量做好全区接诉即办工作的实施方案》《门头沟区接诉即办综合考评办法》《门头沟区2021年接诉即办工作奖励办法》，设立专项奖励资金，建立“分组打擂”机制，每月开展分组“打擂”考评，不断提升接诉即办工作水平。年内，受理12345市民热线服务中心交办诉求114092件，其中直派街乡镇66900件，派单区属部门47192件。纳入市级考核诉求事项54563件，占全部诉求的47.82%，响应率97.18%，解决率86.48%，满意率89.70%，综合成绩90.20分，位列全市第10名，同比排名上升1位。

（陈 莹 罗晓雷）

【镇街级网格化管理】 年内，区城市管理指挥中心印发《门头沟区强化镇街级网格化城市管理工作体系建设推进网格管理“全覆盖”工作方案》，组建区级网格监督员队伍，建立常态化区级巡查监督工作机制，实现区级网格巡查监督全覆盖；推进镇街级网格化城市管理工作体系建设，实现13个镇街网格工作管理机构全覆盖，指导296个社区（村）组建镇街级网格巡查员工作队伍；围绕市级工作部署和区级城市管理、“创城”等重点工作，在持续开展地下检查井盖问题、盲道便道地砖破损、违规户外广告、突出环境秩序问题等专项巡查治理的基础上，统筹实施“在施挖掘工程监管”“设备箱问题专项治理”“燃气＋网格”手拉手等市级专项巡查工作，进一步推动问题解决。年内，全区各级网格队伍共采集上报、立案各类城市管理问题28.23万件，立案率99.96%，办结28.19万件，结案率99.87%。

（石 鑫）

【信息化城市管理建设】 年内，区城市管理指挥中心完成城市运行智慧管理系统项目的初验工作，通过16个行业数据集成，实现对城市市政运行数据、服务数据的深度挖掘分析，直观掌握整个城市的综合运行体征；完善信息采集手段，更新、完善原有系统中的基础数据，整理汇集网格化城市管理平台案件、12345市民服务热线数据和首都环境考核评价数据，进行关联性分析，为城市管理提供数据支持；制定信息系统升级改造方案，启动门头沟区城市基础部件普查工作。

（马　达）

【决策信息服务】 年内，区城市管理指挥中心加强大数据分析研判，建立日报、周报、月报、专报等制度，及时将办理情况及群众诉求清单呈报区领导，为区委、区政府决策提供参考依据；结合群众诉求、汛期防汛、“七有”“五性”等重点工作编印“市民热线反映”日报365期、周报53期、月报12期、专报62期；撰写上报信息、案例486篇，其中市级媒体及市中心采纳97篇，区级媒体采纳156篇，微信公众号发布68期，编印信息专刊12期，评选区级最美办件人30名、最美办件集体15个、优秀案例30篇，上报市政务服务局“接诉即办”改革工作理论文章4篇，典型案例8篇。

（谢宜珈　陈　莹　藏海啸）

政协北京市门头沟区委员会

12月11日，政协门头沟区第十一届委员会第一次会议开幕（《京西时报》 供图）

◆ 4月13日，“暖辛防疫 安心接种”新冠疫苗接种宣传动员和健康义诊活动在东辛房街道石门营四区举办（九三学社门头沟支社　供图）

◆ 6月24日，纪念政协门头沟区委员会成立40周年座谈会召开（政协北京市门头沟区委员会　供图）

综 述

2021年，区政协组织实施区委批准的《区政协2021年协商工作计划》。协助区委做足“红色”文章，组建专班参与全区红色文化资源梳理。围绕“门头沟区城市和农村从粗放型向精细化管理转变”协商课题，组织常委读书班到全区各镇街及云南昆明进行实地考察，形成党组报告提交区委常委会研究讨论，为区委区政府决策提供参考。围绕“以国道109新线高速公路与‘一线四矿’建设为契机，助力京西产业转型示范区建设”开展专题协商，助力全区产业转型；聚焦平原、浅山、深山全域建设，围绕“浅山平原地区新农村建设发展新路径”等议题开展重点协商。“关于加快推进高品质打造‘门头沟小院+田园综合体体系’的几点建议”等4项提案办理协商稳步开展。在“两区”建设、传统村落保护、“八五”普法等方面同步开展各类协商活动，在建言资政和凝聚共识上双向发力。深入开展“协商在小院”工作，更加灵活、务实、有效开展协商活动，组织政协委员、基层群众和有关方面开展面对面小型协商，推动政协协商走进基层、贴近群众。发挥政协文史优势，京西医药文化、京西渡口与桥梁等书籍被市政协文史苑正式接受并将在市政协文史苑保管展示。

年内，系统收集、整理区政协历届工作史料，梳理总结在区委领导下门头沟政协40年发展历程及工作经验，以史为鉴、以励再战。组织召开“庆祝中国共产党成立100周年重要活动暨纪念区政协成立40周年”座谈会，制作“凝心聚力新时代，砥砺奋进向前行”专题片和区政协40年回眸电子画册，组织老主席代表、党派代表座谈交流，同忆往昔、共话未来，引领委员从光辉历史中感悟永远跟党走的政治初心，坚定“同心建功十四五、同向奋进新时代”的政治决心。开展纪念“五一口号”发布73周年长走活动，重温多党合作历史，弘扬优良传统。积极推动新冠病毒疫苗接种，做到应接尽接，接种率超过80%。坚持党派协商、秘书长会议、走访党派及委员等制度。开展重要时间节点慰问等活动。起草《简论市县政协凝聚共识工作》文章，被《中国政协理论研究》杂志采用发表。

年内，结合党史学习教育“为民办实事”活动，会同区农业农村局、清水镇发起山区“南茶北引”项目，组团到河北灵寿县进行种植技术考察，在清水镇黄安坨村、梁家铺村、台上村试验种植龙井、五牛早茶、白茶等，推动构建高端小众的茶文化农耕体验园，着力壮大“灵山绿产”品牌队伍，延伸“精品民宿”服务链条，为农民增收献计出力。聚焦“冲刺大干五十天 创城为民争首善”创城大会战，向全体委员发出倡议，引领委员围绕民生难点、痛点和堵点问题，深入农村社区开展经常性视察、考察、调研，以提案、社情民意信息等形式提出意见建议，供区委、区政府参考。就门头沟区“全区域全年禁放烟花爆竹”提出意见建议，助推相关政策出台。

年内，进一步修订《政协北京市门头沟区委员会委员履职档案管理办法》《委员履职评价办法（试行）》，健全委员履职统计分析制度，完善委员履职档案，开展委员履职评价，推动各界委员更好肩负起新时代的职责和使命。加快智慧政协建设，更新政协委员履职手机软件（APP），打造融学习宣传、网络议政、远程协商、委员管理等功能于一体的政协云平台，推动履职更加智能化、便捷化、高效化。认真落实《关于加强委员联系群众工作的实施意见》，逐步在街镇党群活动中心、市委统战部“8+1”活动实践教育基地、“科技小院”“同心卫生室”“名医工作室”建立委员联系群众工作室、工作站，党员委员带头做好宣传政策、理顺情绪、增进团结的工作。

年内，严谨细致配合区委做好政协换届人事安排，精益求精做好政协十一届一次会议组织筹备。配合区委巡察组做好对政协机关的巡察工作，对反馈的问题清单，原原本本对表、逐条逐项研究，照单全收、认真梳理，一一制定整改措施，有力有序有效推进整改。

年内，区政协委员共编入15个界别，其中中共界19名，民盟民建界11名，民进农工党界8名，无党派界8名，团委青联界9名，工会界8名，妇联界9名，工商联界21人，科技经济界21名，文体界13名，农业界9名，教育界9名，医药卫生界9名，民族宗教界8名，特邀界18名。累计提出政协提案135件，召开政协常委会会议3次，其中召开议政性常委会会议2次，开展专题协商、对口协商、界别协商、提案办理协商14项，组织视察考察50余次，形成协商意见5篇、调研报告4篇、大会发言9篇、社情民意信息7篇，编发政协信息33期，领导指示批示2次。

（李乐乐）

重要会议

【政协门头沟区第十届委员会第五次全体会议】 1月5日至6日，政协门头沟区十届五次全体委员会议召开。听取并讨论政府工作报告；常务委员会工作报告、提案工作报告；通报优秀提案；区属各民主党派、工商联和无党派人士代表大会发言；通过十届五次会议期间政治决议、工作报告决议和提案审查情况报告。

（李乐乐）

【十届委员会第二十四次会议召开】 3月2日，召开十届委员会第二十四次会议，传达北京市“两会”精神和北京市深入推进北京冬奥会、冬残奥会筹办决战决胜动员部署大会精神，通报区委办印发的《区政协2021年协商工作计划》，审议通过《区政协2021年工作要点》《区政协2021年协商工作安排》《区政协委员履职档案管理办法》《区政协委员履职评价办法（试行）》和《区政协关于加强和促进凝聚共识工作 强化委员责任担当的决定》，会议还审议通过人事事项。

（李乐乐）

【秘书长会议召开】 5月11日，区政协召开秘书长会议，围绕区政协成立40周年和十一届一次会议大会发言相关工作进行沟通协商，并就市政协征集书画作品事宜进行部署。9月3日，召开秘书长会议，就十一届一次全会大会发言工作进行沟通协商，各民主党派、工商联分别围绕大会拟发言内容进行交流。

（李乐乐）

【十届政协常委会第二十六次会议召开】 11月29日，召开十届政协常委会第二十六次会议。会议传达学习中共门头沟区委十二届十五次全会精神。协商决定人事事项。协商决定召开十一届一次全会程序文件及有关事项。通报政协门头沟区第十一届委员会第一次会议副秘书长人选建议名单（草案）；政协门头沟区第十一届委员会第一次会议委员分组办法和各组召集人建议名单（草案）；政协门头沟区第十一届委员会主席、副主席、秘书长、常务委员选举办法（草案）；政协门头沟区第十一届委员会第一次会议提案审查委员会委员建议名单（草案）；政协门头沟区第十届委员会2021年度优秀提案名单。听取政协各专门委员会工作汇报。

（李乐乐）

【政协门头沟区十一届第一次全体会议】 12月11日至13日，召开政协门头沟区十一届委员会第一次全体会议。听取并讨论喻华锋作的政府工作报告；张永作的常务委员会工作报告、提案工作报告；通报优秀提案；区属各民主党派、工商联和无党派人士代表大会发言；通过十一届一次会议期间政治决议、工作报告决议和提案审查情况报告。大会选举产生刘贵明为政协门头沟区第十一届委员会主席，杜斌英、贾卫东、苗建军、顾慈阳、郑华军、孙建新（女）为副主席、秘书长1人和常务委员12人。

（李乐乐）

委员活动

【政协委员长走活动】 4月23日，区政协与区委统战部在绿海运动公园联合举办“团结在光辉的旗帜下 -- 政协委员永远跟党走”暨纪念“五一口号”发布73周年长走活动，举办“团结在光辉的旗帜下 -- 政协委员永远跟党走”暨纪念“五一口号”发布73周年长走活动。

（李乐乐）

【党建党史学习】 5月26日，区政协举办京西党建党史学习报告会，邀请北京知名文史作家、京西党史研究专家讲授新中国成立前京西中共党组织的光辉历程以及为新中国建立做出的突出贡献。6月8日，开展党史学习教育专题党日活动暨委员学习交流座谈会，7名政协委员代表现场发言，交流学习心得，另有54名委员提交书面学习体会，供委员们互相交流学习。

（李乐乐）

【纪念区政协成立40周年座谈会】 6月24日，区政协召开庆祝中国共产党成立100周年重要活动暨纪念区政协成立40周年座谈会，集体观看“凝心聚力新时代，砥砺奋进向前行”——门头沟区政协庆祝中国共产党成立100周年重要活动暨纪念区政协成立40周年专题片。政协参加单位代表发言。

（李乐乐）

【庆祝中国共产党成立 100 周年主题党日】 6 月 24 日，区政协举行庆祝中国共产党成立 100 周年主题党日“光荣在党 50 年”纪念章颁发仪式，为区政协机关党龄达到 50 年及以上的 4 名老党员颁发“光荣在党 50 年”纪念章、敬献鲜花并合影留念。

（李乐乐）

【政协工商联界别委员工作站成立】 10 月 11 日，区工商联参政议政智库委员会暨政协工商联界别委员工作站成立。年内，共举办 13 期学习微课堂活动。开展 12 期马克思主义读书会。

（李乐乐）

协商议政

【专题调研课题】 3 月 5 日，区政协邀请北京社会建设促进会专家学者，就“从粗放的城市管理和农村管理向精细化的城市管理和农村管理转变”专题调研课题进行座谈研讨。3 月 17 日，“从粗放的城市管理和农村管理向精细化的城市管理和农村管理转变”专题调研课题开题并实地调研军庄镇的军庄村、新村 2 个村及城子龙门三区、大峪街道龙山三区 2 个社区，听取镇村干部及社区负责人介绍基本情况，并围绕村居实际工作中的典型做法、工作亮点及存在问题、意见建议等进行座谈交流。4 月 9 日、15 日，围绕“从粗放的城市管理和农村管理向精细化的城市管理和农村管理转变”协商议题开展调研，先后组织课题组专家及成员、部分政协委员到清水镇洪水口村、下清水村，斋堂镇马栏村、桑峪村及区城市管理指挥中心开展调研。听取镇村干部及社区负责人相关情况介绍，并围绕村居工作的典型做法、工作亮点及存在问题、意见建议等进行交流。5 月 12 日，召开“从粗放的城市管理和农村管理向精细化的城市管理和农村管理转变”专题协商会，分别听取 3 个调研小组就门头沟区城市精细化管理、农村精细化管理的前期调研情况进行汇报。8 月 30 日，召开“关于深化城市与乡村精细化管理”协商议题调度会，就“关于深化城市与乡村精细化管理调研”工作方案及城市治理需求清单进行讨论，寻找课题切入点，梳理调研提纲。

（李乐乐）

【加强便民服务建设对口协商议题协调会】 4 月 12 日，区政协召开“加强便民服务设施建设，打造一刻钟社区服务圈”对口协商议题协调会。9 月 10 日，区政协召开“加强便民服务设施建设，打造一刻钟社区服务圈”对口协商会，区商务局通报《门头沟区建设和提升基本便民商业情况》，并围绕门头沟区便民商业服务网络工作推进、存在问题、下一步工作思路等方面进行交流研讨。与会委员对调研中群众关注的南城社区商业配套规划、社区服务中心综合利用开发等问题提出意见建议。

（李乐乐）

【助推实施乡村振兴战略专题协商座谈会】 5 月 14 日，区政协召开“关于持续深化‘门头沟小院’品牌建设，助推实施乡村振兴战略”专题协商座谈会，就《区政协关于持续深化“门头沟小院”品牌建设 推进精品民宿高质量发展议题工作方案（征求意见稿）》进行说明并征求意见建议。9 月 24 日，区政协就“高品质打造‘门头沟小院＋田园综合体体系’发展农村特色产业带动农民增收”召开重点提案现场考察暨重点提案办理协商会。与会人员先后到清水镇下清水村清水花谷、九仙草田园综合体、梁家庄村创意乡居进行实地调研；召开提案办理协商会。区农业农村局、区文旅局就提案办理情况作汇报。委员们提出若干建议。

（李乐乐）

【“接拆即办条例（草案）”立法协商会】 6 月 22 日，区政协就《北京市接诉即办条例（草案）》立法协商工作召开协商会，课题组成员根据前期调研情况及自身工作实际，就门头沟区“接诉即办”运行情况、存在问题等方面进行发言，并就精准派单、科学考核、规范约束、未诉先办、保护诉求人信息、具体条款修改等方面提出意见建议。

（李乐乐）

【优化营商环境重点提案办理协商会】 8 月 6 日，区政协就优化营商环境召开，区发改委、区政务服务局、石龙服务中心就全区优化营商环境工作及提案办理情况作汇报，相关提案人围绕此项工作提出意见和建议，并与参会单位进行互动交流。

（李乐乐）

【政协换届】 8 月 13 日，政协门头沟区第十一届委员会规模为194人，常务委员会规模38人，政协界别15个。8月24日、11月25日、12月1日，中共门头沟区委就政协换届相关事宜召开民主协商会。9月2日，区委统战部组织召开区政协换届工作动员部署会，对全区28家推荐单位进行换届工作培训。

（曹春阳）

【“垃圾分类科技助力”重点提案现场考察】 8月20日，区政协召开“垃圾分类 科技助力”重点提案现场考察暨重点提案办理协商会，与会人员先后实地查看东辛房街道紫金新园一区和永定镇永和新苑垃圾分类情况，区城管委、区民政局、永定镇、东辛房街道负责人就垃圾分类情况作汇报。委员们与参会单位进行互动交流，并建议要抓住重点环节，探索高效运行机制，提高源头分出率，利用科技手段助力垃圾分类。

（李乐乐）

专门委员会

【提案委员会工作】 年内，提案委员会做好提案工作，成立提案工作制度小组、提案办理考察协调小组等5个工作组，提升提案工作专业化服务程度。各民主党派充分发挥参政党作用，围绕发展农村特色产业带动农民增收、垃圾分类、烟花爆竹禁放等提出提案。政协各界别切实发挥界别优势，通过专题调研、集体研究和视察考察，紧扣各自专业领域，提出打造门头沟小院＋田园综合体、加强志愿服务组织参与全国文明城区创建等提案。拓展提案办理新形式，以现场协商、座谈协商、走访协商、专题协商等多种形式开展提案办理，搭建协商平台。区委会同区政协，尝试开展“集中办理、集体协商”提案办理新形式，将区政协重点督办的党派提案和区委办承办提案，集中统一办理。组织集体协商活动，区政协主席班子成员和区委有关领导全程参加，通过现场调研和集体协商相结合的方式，搭建承办单位与各民主党派、相关提案人之间的沟通交流平台。闭环提案办理全流程，建立“区主要领导主办，主管领导领衔办理，承办单位负责沟通”的工作机制；建立提案办理联系网络，细化各承办单位的“办理职责、办理时限、办理要求”，设立提案办理台账，落实清晰有据；进一步加强了提案办理的督查考核力度，将提案办理纳入全区年度绩效考核范围，考核奖惩可视。政协十届立案提案办结，所提意见实事落实类和原则参考类占比75.34%。完善制度建设，制定《重点提案遴选与督办办法》，严格规范重点提案遴选与督办。制定《政协北京市门头沟区委员会优秀提案评选暂行办法》，规范评选表彰优秀提案程序，加大提案办理实效在优秀提案评选中的权重。

（李乐乐）

【经济科技委员会】 年内，经济科技委员会组织开展对口协商、监督性协商、专题调研等活动。以加强便民商业设施建设，打造一刻钟社区服务圈为议题开展对口协商，到区商务局参加区重点商业项目业态布局及出售居住配套商业服务设施研审工作会。以聚焦领军企业推动“两区”建设重点突破为议题开展协商议政，组织召开区民革、民族宗教界、科技经济界、工商联界别的委员参加的“聚焦领军企业，推动两区建设重点突破”对口协商调度会。以国道109新线高速公路与“一线四矿”建设为契机，助力京西产业转型示范区建设工作开展监督协商，到大台街道办事处开展调研，围绕如何发挥好“一快一慢一河”地域优势，打造小众精品高端、西部绿色“山水村田路”、文旅康养产业发展，助力京西产业转型示范区建设等进行探讨。组织开展以“南茶北引”助推“门头沟小院＋”田园综合体建设为主题的系列调研活动，在清水镇台上村、黄安坨村、梁家铺村搭建、助推南茶北引试验种植平台。协助做好委员换届相关工作，通过委员走访，全面掌握委员的基本情况，为服务委员奠定坚实的基础。围绕全区“冲刺大干五十天 创城为民争首善”创城工作，随主管主席采取“四不两直”方式，坚持每周下沉督导清水镇创城工作。面对疫情影响，电话联系走访5家注册非公企业，通过协调帮助企业解决注册地变更、医疗企业政策解读等问题。开展对潭柘寺镇桑峪村重点关注户结对帮扶工作。

（李乐乐）

【学习与文史委员会】 年内，学习与文史委员会起草并制发《关于开展政协委员全员学习活动的通知》，召开政协委员学习交流座谈会，各民主党派、工商联、人民团体、无党派人士界的委员代表发言，形成委员“四史”学习体会汇编。先后组织委员通过视频听取中央党史和文献研究院原院务委员作“学党史：看精神、看国家、看道路”报告等重要资讯报告会。协助完成门头沟区红色文化资源梳理工作，形成1万余字的《门头沟百处红色资源一览表（草案）》专题补充意见。编辑《京西红色印迹》一书。对《门头沟文史》30辑逐篇进行“政治关、史实关、文字关”的严格审查，全年共征集文史稿件100余篇80余万字，采用59篇，共30万余字。积极配合市政协开展《北京观察》建党百年专刊征稿任务，北京观察2021年第7期探寻红色记忆，见证百年征程，庆祝中国共产党成立100年专刊，《京华大地红色印记》栏目刊发《党的秘密交通站——一元春药铺》。编辑出版系列文史资料门头沟文史26、27、28、29辑、京西医药文化、京西渡口与桥梁等书籍被北京市政协文史苑保管展示。

（李乐乐）

【农业和农村委员会、社会法制与民族宗教委员会】 年内，农业和农村委员会、社会法制与民族宗教委员会开展《北京市物业管理条例》《从粗放的城市管理和农村管理向精细化的城市管理和农村管理转变》等专题协商；《持续深化“门头沟小院”品牌建设 助推实施乡村振兴战略》对口协商；《关于进一步推动门头沟区“疏解整治促提升”工作》提案办理协商；配合市政协调研《“十四五”期间农村集体经济变化趋势研究》等课题。开展《〈北京市接诉即办条例（草案）〉》立法协商工作。牵头“平安门头沟建设考核”工作，及时形成任务分解表，并认真组织好每季度相对应责任委室的材料上报和其他工作。通过两邀请、一督促的方式，灵活开展内部监督活动。

（李乐乐）

【教文卫体委员会、环境与人口资源委员会】 年内，教文卫体委员会、环境与人口资源委员会完成“浅山平原地区新农村建设发展新路径”专题协商和“稳步推进农村物业化管理，提升乡村治理水平”对口协商的调研活动，形成调研报告和协商意见。同时，完成市政协庆祝建党百年书画作品征集、北京第35届卢沟桥醒狮越野跑活动等相关组织工作。积极创新“相关课题联合调研”等工作方式，将协商议题中相关相近内容进行整合，整体进行前期调研工作。特别是在疫情常态化大背景下，创新开展“网络调研”“微信群研讨”等新模式，保障调研协商工作的正常开展。

（李乐乐）

纪检监察

12月9日，中国共产党北京市门头沟区第十三届纪律检查委员会第一次全体会议召开（区纪律检查委员会、区监察委员会　供图）

◆ 5 月 31 日，中央纪委调研监督向基层延伸工作座谈会在门头沟区召开（区纪律检查委员会、区监察委员会　供图）

◆ 2021 年，区委第六巡察组巡察城子街道工委及所辖社区党组织工作动员会召开（区纪律检查委员会、区监察委员会　供图）

综 述

2021年，全区各级纪检监察组织坚定稳妥推进全面从严治党、党风廉政建设和反腐败工作，积极发挥监督保障执行、促进完善发展作用，为推动全区经济社会平稳快速健康发展提供有力保障。

年内，区纪委区监委以党史学习教育为主线，紧扣“学党史、悟思想、办实事、开新局”要求，结合党史学习教育、宣传贯彻党的十九届六中全会精神等27次。开展“我为群众办实事”活动提出实事项目58项。严格落实请示报告制度，向市纪委市监委和区委请示报告28次。

针对冷链供应、新冠病毒疫苗接种、进出京政策落实等防疫重点集中组织开展检查8925批次，发现问题782个，提供监督情况报告和建议86份。围绕中央环保督察北京反馈意见涉及门头沟区问题精准问责，处理环保工作不力相关人员8人；对中央巡视反馈的党务外包问题推动开展专项治理、加强规范管理，谈话提醒3人。开展违法用地、违法建设治理，全区共有44535名党员、干部和公职人员填报相关情况并作出承诺。织密换届风气监督网，对区、镇街、村（社区）三级领导班子换届实施全过程监督，完成11139人次资格联审工作，严肃查处拉票贿选问题，立案2件，确保换届风气风清气正。

结合政法队伍教育整顿，探索“三段式”专项工作机制，共查结政法干警问题线索15件，立案1件。常态化推进惩治涉黑涉恶腐败和“打伞破网”，共受理涉黑涉恶腐败和“保护伞”问题线索157件，立案6件。深入推进开发区领域反腐败工作，开展供销系统、粮食购销领域腐败问题专项整治，共处置问题线索693件，立案91件，给予党纪政务处分69人，其中查处职务犯罪案件13件，留置10人。

制定《关于加强“接诉即办515工作法”责任落实专项监督的实施办法》，以“双否”工单全量筛查为切入点，主动筛单9102件，督促整改97件，下发提醒函、纪检监察建议5份，主动约谈提醒、批评教育、责令作出检查25人。

开展违规配备使用公务用车、违规发放津补贴或福利、违规收送礼品礼金、违规吃喝等4类突出问题专项整治，筛选“四风”问题信访举报进行重点督办。年内，开展“四风”问题监督检查1440批次，约谈重要岗位人员3316人次；受理涉嫌违反中央八项规定精神检举控告26件，查处违反中央八项规定精神案件4起，处理党员干部7人，通报曝光典型案例3起。

完成对全区86个二级班子2020年度全面从严治党（党建）工作的日常监督和动态抽查，共发现问题381个。认真落实《中共中央关于加强对“一把手”和领导班子监督的意见》及市委贯彻措施，对16家单位进行现场督查，约谈提醒重点单位“一把手”25人。启动问责调查2起，问责党组织1个、党员领导干部5人。

围绕北京冬奥会、冬残奥会服务保障、创城、接诉即办、国道109新线高速公路建设、新冠肺炎疫情防控、新冠病毒疫苗接种等全区重点工作强化监督检查。推进检举举报平台深化应用，完成平台基层版全覆盖。共办理信访举报4249件，同比上升49.77%；办理检举控告813件，同比上升61.63%。认真落实《门头沟区关于推动监督向村居延伸的实施意见》，推进村（社区）党组织纪检委员通过法定程序兼任村（居）务监督委员会主任工作，应兼尽兼比例达到99.22%；建立村（社区）监察联络员队伍，制定相应管理办法，进一步推动监督向基层延伸。全区镇街纪检监察组织共立案35件，其中自办案件9件，同比分别增长105.88%和200%。运用监督执纪“四种形态”处理859人次，其中第一、二、三、四种形态分别占比91.5%、5.7%、1.4%、1.4%。

年内，全系统共举办业务培训21期，参训2644人次；选派377人次参加中央纪委国家监委、市纪委市监委、区内周末大课堂等专题培训；选调30余名干部参与信访挂职锻炼、巡视巡察等。

年内，首次完成向区人大常委会报告专项工作。组织召开年轻干部警示教育会，处置纪检系统干部问题线索7件，提醒谈话1人次。

（吴大春）

【联防联建工作推进会】 3月16日，区纪委监委与中铁京西（北京）高速公路发展有限公司党委共同召开国道109新线高速公路项目2021年党风廉政建设暨联防联建工作推进会，明确联防联建的主题主线，强化专项监督检查，畅通联防联建信息反馈渠道。

（吴大春）

【首次向人大常委会报告专项工作】 9月28日，区监委首次向区人大常委会报告专项工作，区监察委员会主任就开展反腐败追逃追赃工作情况，向区第十六届人大常委会第三十九次会议作专项工作报告。2017年监察体制改革以来，共办结追逃案件3件，追回在逃人员3人，均获刑。在2件案件中，其中一件是区监委追回的首名在逃人员，也是全市监察体制改革后，监察机关主动出击成功追缉归案的首名在逃职务犯罪嫌疑人，充分彰显出国家监察体制改革形成的制度优势和治理效能。

（吴大春）

【区委巡察】 年内，十二届门头沟区委完成3个轮次对20家党组织的常规巡察、对143个村（社区）的延伸巡察和对4家党组织的巡察“回头看”，巡察全覆盖已完成。通过巡察，发现被巡察部门党组织问题1626个，移交区纪委监委问题线索26个，向被巡察单位提出整改意见133条。结合前十一轮巡察成果，向全区各级党组织印发《十二届区委巡察发现问题“镜鉴录”》。

（王云飞）

【“以案为鉴　警钟长鸣”宣传教育】 年内，区纪委区监察委编印《以案为鉴 警钟长鸣村和社区换届选举违纪违法典型案例警示录》2000册下发全区各镇街、村居；组织开展“学党史 悟初心 正家风”主题活动，教育党员干部做家风建设的先锋表率；以陕京三线军庄段工程系列腐败案件为素材，拍摄制作2021年警示教育片《全面崩塌》。

（胡海鸥）

【新入职纪检监察干部培训班】 年内，区纪委监委举办“守初心 明职责 勇担当”新入职纪检监察干部培训班，为13名“新兵”上好初任“第一课”。培训班为新入职干部“量身定制”纪检监察工作沿革与主责主业、保密纪律、监督检查和审查调查工作要求等课程；组织新入职干部互动讨论，畅谈入职后的感受体会、问题困惑和职业规划，碰撞思想火花。

（胡海鸥）

重要会议

【第十二届纪律检查委员会第九次全体会议】 2月8日，区第十二届纪律检查委员会召开第九次全体会议，听取《坚定不移推动新时代纪检监察工作高质量发展 为全面建设“绿水青山门头沟”提供坚强保障》的工作报告。表决通过《中国共产党北京市门头沟区第十二届纪律检查委员会第九次全体会议工作报告》《中国共产党北京市门头沟区第十二届纪律检查委员会第九次全体会议决议》。

（吴大春）

【第十二届纪律检查委员会第十次全体会议】 11月15日，区第十二届纪律检查委员会第十次全体会议召开。出席全会的区纪委委员28人，列席54人。传达党的十九届六中全会精神，对门头沟区十二届纪律检查委员会向门头沟区第十三次代表大会所做的工作报告起草情况进行说明。全会由区纪委常务委员会主持并提出具体要求。

（吴大春）

【第十三届纪律检查委员会召开第一次全体会议】 12月9日，中国共产党北京市门头沟区第十三届纪律检查委员会召开第一次全体会议，全会选举产生新一届纪律检查委员会常务委员会委员和区纪委书记、副书记。

（吴大春）

监督检查

【“两委”换届】 年内，门头沟区自村、社区“两委”换届工作，共开展8轮3134人次的资格联审，提出否定性意见11人。区纪委监委针对涉及换届选举问题线索启动快速核查40件，办结36件，谈话提醒2人次，立案1件。

（吴大春）

【“接诉即办”专项监督】 年内，区纪委监委研究制定《关于加强“接诉即办515工作法”责任落实专项监督的工作办法》，将监督重点聚焦到党政“一把手”落实“五个亲自”、办诉人员做到“五个到位”上，将落实标准具体细化为“12+10”个可追溯、可验证的监督指标，坚持现场检查验证和“双否”工单筛查相结合，做到每周闭环管理、每月汇总分析，全面压实诉求办理的主体责任和监督责任。完成市纪委监委交办的23件问题工单核查，围绕党政“一把手”落实“五个亲自”

情况，开展检查验证3027件；通过区市民服务热线平台增设的监督账号，筛查工单2715件，其中核查属实件数33件，督促整改件数32件，采取主动约谈、谈话提醒、批评教育、责令检查14人次。

（吴大春）

执纪审查

【问题线索处置情况】 年内，区纪委监委共处置问题线索693件，同比上升43.48%。按处置方式来看，谈话函询69件，占9.96%，初步核实599件，占86.44%，予以了结22件，占3.17%，移送其他单位办理3件，占0.43%。按线索来源来看，信访举报546件，占78.79%，上级交办28件，占4.04%，公检法机关移送9件，占1.30%，监督检查中发现4件，占0.58%，审查调查中发现9件，占1.30%，巡察中发现26件，占3.75%，其他71件，占10.25%。按反映级别来看，反映处级干部178件，占25.69%，科级干部37件，占5.34%，一般干部37件，占5.34%，村居干部411件，占59.31%，企业人员26件，占3.75%，其他人员4件，占0.58%。

（贯 彤）

【立案审查情况】 年内，全区各级纪检监察组织立案查处各类违纪违法案件91件，同比上升37.88%，其中查处职务犯罪案件13件，同比增长225%，留置案件10件，同比增长233.33%。其中，监督检查室立案6件，审查调查室立案36件，派驻组立案8件，镇街立案35件，刑转件6件。查处党员领导干部91人，其中处级干部12人，科级干部11人，一般干部5人，村居干部16人，村居党员32人，企业人员10人，其他人员5人。结案79件，给予党纪政务处分69人，其中党内警告33人，党内严重警告9人，留党察看一年4人，开除党籍13人，政务警告6人，记过1人，开除公职1人，开除党籍并开除公职2人，组织处理6人（批评教育4人，诫勉1人，延长预备期半年1人），移送司法机关6人。

（贯 彤）

【党风廉政意见回复】 年内，健全党风廉政意见回复工作机制，建立信访、案管、党风、监督检查室、审查调查室、联合派驻组等25个部门联审制度，全年对82批980人次严审严查严回复，在换届工作中，区纪委对区、镇、村和社区“两委”干部三级资格联审7327人次。

（贯 彤）

【检举控告平台建设工作】 年内，区纪委监委平台基层版全面覆盖13个镇街纪（工）委、14个联合派驻纪检监察组，实现检举控告类线索的线上流转办理。制定下发《全面加强检举举报平台使用工作的意见》，全力以赴做好新版检举举报平台办理系统升级启用工作。同时，围绕扰乱信访秩序、接待场所消防安全和群众突发疾病等突发情况组织开展模拟演练，提高信访应急处突能力。

（贯 彤）

民主党派

6月18日，中国民主促进会北京市门头沟区工作委员会2021年换届大会召开（中国民主促进会北京市门头沟区工作委员会　供图）

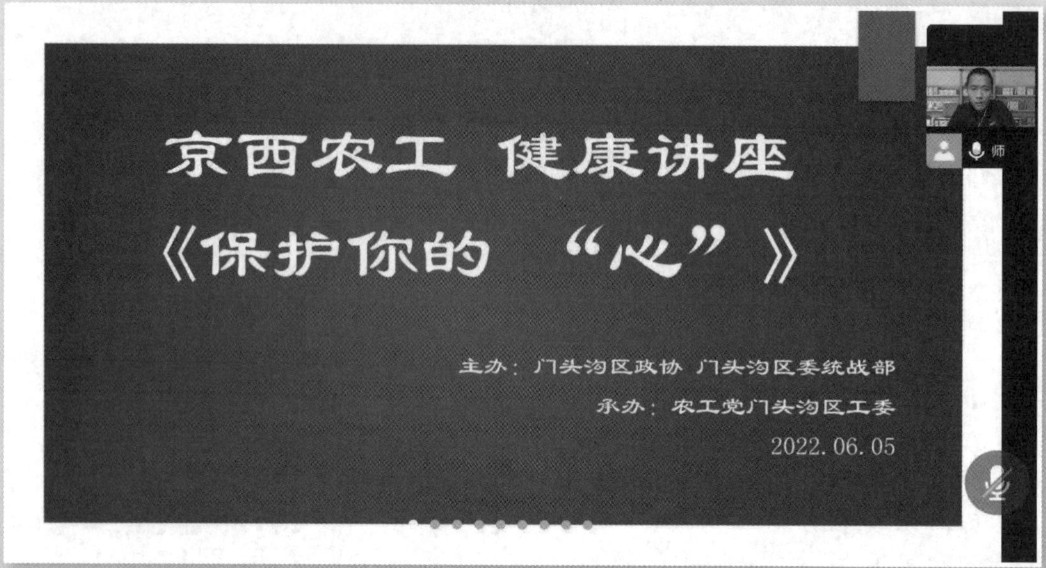

6 月 5 日，农工党门头沟工委线上举办“京西农工 健康讲座”（中国农工民主党北京市门头沟区工作委员会　供图）

2021 年，九三学社门头沟区支社在清水镇黄安坨村开展义诊（九三学社门头沟区支社　供图）

中国国民党革命委员会门头沟区工作委员会

【概况】 2021年，中国国民党革命委员会门头沟区支部（简称民革门头沟区支部）共有党员28人，党员中有门头沟区政协委员4人。年内，民革门头沟区支部以换届为主线，引领党员提升参政意识，积极履职，加强调研，依托区政协和统战平台，履职参政职能得到充分发挥。

（张水宁）

【组织建设】 5月，民革门头沟区支部开展“学党史”专题活动，要求党员们要严明组织纪律，学党章、知党章，要讲政治、顾大局，做中国共产党的亲密友党，党员们进行交流发言。7月，民革门头沟区支部完成支部换届工作。选举产生主任委员1人，副主任委员2人，支部委员2人。12月，民革门头沟区支部召开2021年度领导班子民主生活会。班子成员分别开展批评与自我批评，查摆问题，认真反思查找不足；相互批评和建议。

（张水宁）

【捐赠图书】 5月，门头沟区政协委员、民革门头沟区支部副主委、北京京西昊霖文化科技集团董事长践行“学党史、办实事”精神，文化为魂，向军庄镇“红领巾营地”捐赠价值2万余元图书700余册。

（张水宁）

【“百花献党”书画活动】 6月，民革门头沟区支部开展“百花献党”书画活动。活动由民革门头沟区支部联合北京东城中山书画院主办，京西昊霖集团承办。以书画作品引导民革党员从中国共产党的百年历史中汲取源源不断的精神滋养、奋进力量。

（张水宁）

【参政议政】 12月，政协门头沟区第十一届委员会第一次会议召开。民革门头沟区支部委员作题为《借力“两区”建设机遇 塑造对外开放新优势》的发言，就充分发挥“两区”政策叠加效应，加快形成全方位开放生态提出发挥机制优势，强化项目挖掘，提升政府效能等三方面建议。

（张水宁）

中国民主同盟北京市门头沟区工作委员会

【概况】 2021年，中国民主同盟北京市门头沟区工作委员会（简称民盟门头沟区工委）在册盟员134人。年内，组织发展新盟员8名，新盟员中教育工作者3名，医务人员3名，机关单位工作1名，非公1名。另有多名积极分子在培养中。盟员中任市政协委员1人，新一届区人大代表3人、政协委员10人。年内，民盟门头沟区工委持续推进参政议政、民主监督、社会服务、领导班子建设、组织发展、区级组织换届各项任务落实。年内，民盟门头沟工委强化思想政治引领，广泛凝聚思想政治共识。第一时间组织学习习近平总书记“七一”重要讲话精神、中共十九届六中全会精神，交流心得体会，统一思想认识，凝聚奋进力量。积极参与建盟80周年和北京市民盟组织成立75周年活动。完成全区养老服务发展情况、接诉即办情况等专题调研，形成10余篇提案。围绕“双减”“疫情防控”等提交建言材料9篇，开展“加强便民商业设施建设 打造一刻钟社区服务圈”的对口协商工作，在区人大和市、区政协平台上积极工作，认真履职，建言献策，积极发挥正能量。民盟门头沟工委巩固成果创新形式，精准开展社会服务工作。扎实推进“8+1”行动，助力推进乡村振兴，服务全区发展大局。以《中华人民共和国民法典》实施为契机，推动“八五”普法工作开展，持续推进系列普法情景短剧拍摄工作。并积极动员盟员进行新冠病毒疫苗接种，针对街镇重要点位开展新冠肺炎疫情防控督导检查17次。年内，民盟门头沟工委健全组织完善制度，高标准推进参政党建设。从建制度、打基础、利长远为出发点，对支部进行优化调整，组建教育、卫生、科技、综合4个支部，全面完成“基层组织建设年”三年目标任务，形成《民盟门头沟区工委制度汇编》，努力提升组织工作系统化、规范化水平，加强基层组织建设。并强化政治交接，严格组织程序，严肃换届纪律，完成组织换届工作。

（张　焱　丁　莹）

【慰问活动】 1月16日，民盟门头沟区工委与石景山工委一行到区永爱康复中心慰问教师和同学，送去冬日的问候。2月5日，开展春节走访慰问老盟员活动。

（张　焱　丁　莹）

【组织建设】　1月至5月，民盟门头沟区工委组织开展门头沟区第三届工作委员会换届工作。6月6日，召开中国民主同盟北京市门头沟区第三届工作委员会成立大会。6月27日，民盟门头沟区工委38名成员到香山双清别墅开展“为党庆生，重温全国胜利指挥部”主题教育活动。盟员们走进《毛泽东同志在香山》展览馆开展“四史”读书分享活动，广泛征集展示主题书画和征文。11月12日至11月底，民盟门头沟区工委组织全体盟员深入学习中国共产党第十九届六中全会精神。在自主学习和小组交流基础上，广大盟员踊跃撰写学习心得体会，50余位盟员撰写心得并在群内交流分享。

（张　焱　丁　莹）

【情景短剧拍摄】　1月至6月，民盟门头沟区工委开展《买房那些事》《父债女偿》《真假离婚》等6部情景短剧拍摄工作，在优酷等新媒体多次播放转发。

（张　焱　丁　莹）

【参政议政】　2月26日，民盟门头沟区工委成立统战理论研究会，深入学习贯彻新修订的《中国共产党统一战线工作条例》《中国新型政党制度》白皮书等文件精神，围绕医疗、教育以及基层街镇的统战理论开展调研。3月4日，民盟市委副主委带队至斋堂镇马栏村调研精品民宿建设工作，民盟门头沟区工委陪同调研。调研组一行实地走访察看马栏村村容村貌，了解民宿建设情况，并就精品民宿发展与乡村振兴工作进行座谈。3月至7月，承办“提升西山永定河文化带品牌价值，打造首都文明亮丽标识”主委课题，开展永定河调研工作。4月至12月，以打赢污染防治攻坚战为主题，启动与区东辛房街道对口的专项民主监督工作。制定实施为期三年的专项民主监督工作方案，组建民主监督队伍，主委带队就街道空气质量多次开展专题调研，并邀请民盟市委领导、生态环境部环评司及区生态环境局人员召开专门调研座谈会，撰写《东辛房街道2021年阶段性环境保护报告》。组织盟员积极参与民盟市委召开的社情民意信息工作推进会和中共门头沟区委统战部举办的民主党派履职能力提升培训班，持续提升信息质量，被中共门头沟区委统战部采用信息5篇。4月至12月，开展全区养老服务发展情况、接诉即办情况等专题调研，形成《关于健全养老服务体系 让老人原居安养的提案》《关于完善机制 提升我区接诉即办成绩的提案》等党派、界别以及个人提案10余篇。围绕“双减”“疫情防控”等提交建言材料9篇。6月10日，启动“齐心向党·一路前行”主题教育，组织盟员参加统战知识竞赛，取得优异成绩。9月1日，召开门头沟区休闲农业专家辅导对接会，对接门头沟区休闲农业辅导需求，确定近期辅导工作重点。9月10日，开展“加强便民商业设施建设 打造一刻钟社区服务圈”的对口协商工作。

（张　焱　丁　莹）

【“8+1”行动扎实推进】　4月至10月，民盟门头沟区工委扎实推进“8+1”行动，积极争取盟内外优势资源，与民盟市委共同筹划确定12个新项目，助力推进乡村振兴，服务全区发展大局。

（张　焱　丁　莹）

【获得荣誉】　年内，盟员参与民盟先贤肖像作品讲解比赛首届总决赛获一等奖，并被评为2021年“民盟市委优秀盟员”称号。

（张　焱　丁　莹）

中国民主建国会北京市门头沟区工作委员会

【概况】　2021年，中国民主建国会北京市门头沟区工作委员会（简称民建门头沟区工委）共有会员242人，下设8个支部、8个专委会。会员中正高级职称4人，副高级职称18人，高级职称22人，中级职称51人，初级职称14人，博士学历9人，硕士研究生学历42人，本科学历149人，全国政协委员1名，中共北京市人大代表2名，中共门头沟区人大常委1名，中共门头沟区人大代表2名，区政协副主席1名，区政协常委1名，区政协委员16名，区工商联副主席2名，区商会副会长2名，区工商联常委2名，区工商联委员16名，区新联会副会长4名，区青联委员11名，区侨联委员1名。年内，工委坚持“围绕中心抓建设，团结会员促发展”的工作思路，不忘初心、求真务实、履职尽责、锐意进取，经过全区会员的共同努力，各项工作扎实开展、稳步推进、成效显著，得到民建北京市委、中共门头沟区委、中共门头沟区政府及中共门头沟区委统战部的好评。

（徐 炜 安 飞）

【换届工作】 年内，民建门头沟区工委完成领导班子换届工作。民建北京市门头沟区第二届工作委员会主任1人，副主任委员6人，秘书长1人，工委委员14人。

（徐 炜 安 飞）

【专项民主监督工作检查】 年内，民建门头沟区工委成立专项民主监督工作组，与大峪街道对接，具体落实创城民主监督工作。工委7个支部对接大峪街道7个社区，实行点对点、支部对党组织的指导形式，强化推升7个社区的创城整体工作。对门头沟城区3个办事处新冠肺炎疫情防控工作进行监督检查

（徐 炜 安 飞）

【参政议政】 年内，民建门头沟区工委在中国人民政治协商会议北京市门头沟区第十一届委员会第一次会议上，由民建区工委课题组集体提交的《关于科技助力垃圾分类的建议》，委员提交的《关于非遗琉璃文化更好活态传承的建议》获2021年度优秀提案。大会期间，委员们积极建言献策，提交《关于下足"绣花功夫"提升我区精细化治理的建议》《关于推动我区民宿工作的建议》等党派团体提案2篇，《关于老旧小区物业管理的建议》《关于商圈建设普惠民生的建议》《关于社区推广核酸检测建设，提高检测效率的建议》等个人提案20篇。确定题为《紫气东来门头沟绿水青山促发展》的2022年度协商课题。在参政议政大会发言环节，委员代表民建区工委作题为《下足"绣花功夫"推进精细治理》的发言。

（徐 炜 安 飞）

【学习教育活动】 年内，民建门头沟区工委以"民建门头沟区工委官方微信公众号"为载体，每天推送一篇中共党史经典，用100天的时间追寻中国共产党100年的奋斗足迹。

（徐 炜 安 飞）

【"8+1"行动】 年内，民建门头沟区工委到雁翅镇房良村开展帮扶活动，这是民建市委在新一轮"8+1"行动中的首次活动，会员们为缺少劳动力的低收入家庭采收核桃，并为结对低收入家庭送去双节慰问品和慰问金。工委科技园支部就企业相关合作事宜到内蒙古阿荣旗、陈巴尔虎旗、鄂温克旗、满洲里经济开发区、内蒙古银行满洲里分行等地进行合作考察。组织工委会员"消费帮扶"购买武川县土豆8000余斤。工委发动会员通过北京民建公益基金同心圆公益计划设立"民建门头沟区工委捐资支持河南省抗洪救灾，河南加油！"专项捐款。

（徐 炜 安 飞）

【门头沟区民建组织成立65周年活动】 年内，民建门头沟区工委制作门头沟民建组织成立65周年系列视频，通过采访老会员、搜集老照片等方式追忆、总结65年来门头沟区民建的发展历程，并以线上方式举办庆祝活动。

（徐 炜 安 飞）

中国民主促进会北京市门头沟区工作委员会

【概况】 2021年，中国民主促进会北京市门头沟区工作委员会（简称民进门头沟区工委）召开2021年换届大会，任命民进门头沟区第二届工作委员会领导机构。《关于讲好门头沟故事，进一步弘扬门头沟精神的建议》提案被评选为区政协2020年度优秀提案。《关于发展农村特色产业、带动农民增收的建议》提案被评选为区政协2021年度优秀提案。《浅山平原地区新农村建设发展新路径》调研报告获区领导金晖的批示。委员关于"大力推动开展结对养老服务"的发言在市政协杂志《北京观察》刊登。1人被评为民进中央社情民意信息工作先进个人，1人被评为2021年度"民进北京市社会服务工作先进个人"。

（郑华军）

【在区政协十届五次会议履职】 1月4日至6日，民进门头沟区工委以党派名义提出《关于加强文旅教融合发展 打造研学旅行基地的建议》《关于深化农村物业化管理的建议》及《关于发展农村特色产业带动农民增收的建议》3项集体提案。9位委员共提出会上提案13件。

（郑华军）

【领导班子述职和民主评议】 3月11日，民进门头沟区工委开展领导班子述职和民主评议工作。主委以《为执政党助力 为国家尽

责》为题作工作汇报。区工委班子依次围绕思想政治建设、领导能力、工作实效和作风建设等方面作个人述职。与会会员对工委领导班子和领导班子成员分别进行民主评议。

（郑华军）

【领导班子谈心会】 3月11日，民进门头沟区工委领导班子成员召开谈心会，主委和各位领导班子成员依次进行对照检查，查摆问题，针对工委工作和个人问题提出改进措施。中共门头沟区委统战部常务副部长、民进市委监督委员会委员及民进市委组织处副处长等参加活动。

（郑华军）

【实地考察煤业文化】 3月27日，民进门头沟区工委组织对“一线四矿”的千军台矿区、木城涧矿区、大台矿区、王平矿区、永定河大桥和门头沟煤矿实地考察。活动邀请区内煤业文化方面的专家陪同讲解。

（郑华军）

【红色主题教育活动】 4月17日，青委会与民进东城区委景山学校支部及北京景山学校京西实验学校青年教师20余人，到京西古道、崔显芳烈士纪念馆、崔显芳故里，重温中国共产党人的壮志情怀和革命精神。

（郑华军）

【庆祝中国共产党成立100周年书画展】 5月6日，民进门头沟区工委主办的“在正道上行”——庆祝中国共产党成立100周年书画展在永定河文化博物馆览开幕。共展出区工委书画家作品100幅，其中最具代表性的作品是书画家们集体创作的山水画《中华曙光 民族脊梁》，民进门头沟区工委以这幅作品的创作过程为素材，制作同名的视频短片。

（郑华军）

【换届大会】 6月18日，民进门头沟区工委在北京八中京西附小召开2021年换届大会。区工委80余名会员参加大会。民进门头沟区第一届工作委员会主委代表区工委作工作报告。宣读民进门头沟区第二届工作委员会领导机构成员任命书。主委代表新一届班子发言。

（郑华军）

【校园健身舞项目成果展示】 6月18日，民进门头沟区工委会员创作、指导的“不忘民进初心·共筑百年梦想”纪念建党100周年暨“8+1项目”《悦动京西》校园健身舞在北京八中京西附属小学操场展示。校园健身舞由1000余名孩子们表演。《悦动京西》健身舞操将以课程形式在八中学京西附属小学、三家店铁路中学、三家店小学固化下来。

（郑华军）

【为患病会员爱心捐款】 7月，民进门头沟区工委为77岁患癌会员捐款，共收到78位会员的捐款17716元。

（郑华军）

【五年发展规划发布】 8月27日，《中国民主促进会北京市门头沟区工作委员会五年发展规划（2021—2026）》发布并实施。规划共分指导思想与发展目标和重点工作与举措两部分，用21条重点工作与举措明确以后五年工作。

（郑华军）

【交流活动】 9月12日，新一届民进海淀区委青年工作委员会一行4人到门头沟区开展交流活动。双方就如何激发青年会员热情和活力、增强青委会的凝聚力及未来的发展规划做交流。

（郑华军）

【门头沟区民进组织成立35周年纪念活动】 9月25日，民进门头沟区工委在中共门头沟区总工会三层会议室举办“足迹·在正道上行——纪念门头沟民进组织成立35周年”活动，发布《北京市门头沟区民进组织发展历史年鉴（图文版）》电子书，并对5名资深老会员进行访谈，新老主委为新会员颁发会员证。纪念活动中还对有突出贡献的微信制作团队和会员个人进行表彰，70余人参加活动。

（郑华军）

【基层组织建设工作研讨会】 11月12日，民进门头沟区工委召开工委班子扩大会，专题研究加强基层组织建设工作。工委主委、副主委、4个基层支部主委参加会议。主委就基层组织建设、会员发展、思想引领、参政议政、创新活动等方面进行分析，并就《民进中央关于加强基层组织建设的意见》中的相关要求进行解读。4位支部主委结合自身支部现状、未来发展展开讨论。

（郑华军）

【参政议政工作座谈会】 12月5日，民进门头沟区工委召开2021参政议政工作座谈会。与会会员从交通出行、居民生活、教育发展、心理关爱、养老事业以及企业扶持政策等方面提出建设性意见。区工委在此基础上整理相关议题，将部分议题转化为人大建议或政协提案。

（郑华军）

【履行参政职能】 12月11日至17日，在政协门头沟区第十一届委员会第一次会议上，区工委主委当选为政协副主席，工委委员当选为政协常务委员，7人被推荐为政协委员。在区第十七届人民代表大会第一次会议上，会员中的区政协委员、区人大代表共提交20件提案和建议。

（郑华军）

中国农工民主党北京市门头沟区工作委员会

【概况】 2021年，中国农工民主党北京市门头沟区工作委员会（简称农工党门头沟区工委）围绕中共门头沟区委、中共门头沟区政府和农工市委的中心工作，抓牢新冠肺炎疫情常态化防控，加强组织建设，组织社会调研、反映社情民意、开展社会服务，切实履行各项职能。完成工委换届工作。工委下设支部3个，现有党员86人，委员17人、（包括主委1人、副主委6人）。农工党门头沟区工委党员撰写《关于在京津冀一体化格局下建设新型现代化农贸批发市场的建议》的社情民意信息被农工党中央《信息专报》采用，并上报全国政协。农工党门头沟区工委被农工中央授予“农工党脱贫攻坚工作先进集体”称号；获农工市委2020年度先进集体，7名党员获2020年度优秀党员，1名党员获2020年度组织工作先进个人，1名党员获2020年度宣传思想理论党史工作先进个人，1名党员获2020年度参政议政工作先进个人，3名党员获农工市委2020年度社会服务工作先进个人。

（师建熙）

【参政议政】 1月5日至8日，区政协十届五次会议召开，农工党门头沟区工委《关于加强山区医疗卫生机构建设的建议》提案评为年度优秀集体提案，《关于建设美丽乡村》《关于在门城地区率先实现完整的垃圾分类体系》评为优秀个人提案。提交集体提案2篇、个人提案8篇。12月10日至13日，政协门头沟区第十一届委员会第一次会议在龙泉宾馆召开，农工党门头沟区工委主委、副主委共9人作为新当选的政协委员参加大会，主委担任政协常委。会上提交《关于推进紧密型医共体建设 构建整合型医疗服务体系》《加强对新能源汽车充电桩的建设与管理》党派2篇集体提案及8篇个人提案。

（师建熙）

【“十四五”规划专题培训班学习】 1月19日至20日，农工党门头沟区工委参加门头沟区2021年党外代表人士“十四五”规划专题培训班学习，并撰写提交学习体会。

（师建熙）

【走访慰问活动】 2月1日，农工党门头沟区工委以支部为单位、班子成员和青年党员分组走访慰问离任老主委和退休老党员。2月2日，中共门头沟区委统战部部长到民主党派办公楼走访慰问座谈。2月5日，副主委代表工委到妙峰山镇敬老院开展对口帮扶慰问活动。10月12日，农工党门头沟区工委到妙峰山镇敬老院开展敬老爱老慰问活动，看望和慰问工委老主委、老党员，并送去重阳节慰问金。

（师建熙）

【述职和民主评议会、谈心会召开】 3月18日，农工党门头沟区工委在永定镇冯村商业街A区五层会议室组织召开述职和民主评议会和农工党门头沟区工委谈心会。主委做此届农工党区工委工作汇报，区工委主委、副主委依次述职，与会人员进行领导班子民主评议。谈心会上，领导班子成员逐一作个人对照检查，与会人员对其开展批评。

（师建熙）

【换届工作】 5月8日至10日，农工党北京市委、中共门头沟区委统战部、中共门头沟区委组织部对中国农工民主党北京市委员会门头沟区级组织换届人选进行组织考察，在考察的同时对人选进行综合评价。6月2日，农工民主党北京市门头沟区工作委员会2021年换届大会召开。农工党门头沟区工委党员36人参加大会。选出新一届农工党门头沟区工委主任委员1人，副主任委员6人，秘书长1人，委员10人。

（师建熙）

【义诊及民宿调查】 5月12日，农工党门头沟区工委组织来自中医院、区医院、京煤集团总医院的心内科、医学全科、康复科、针灸科、骨伤科党员医务人员到雁翅镇青白口村开展健康义诊暨精品民宿调研活动。义诊结束后，同青白口村委会座谈的精品民宿建设工作。

（师建熙）

【党史学习教育活动】 5月12日，农工党门头沟区工委组织党员到妙峰山炭厂村开展“齐心向党·一路前行”党史学习教育活动，党员们通过参观战争铜塑、抗战历史浮雕墙、聆听革命历史故事，重温炭厂村人民浴血奋战勇杀敌的奋斗历程。

（师建熙）

【农工党门头沟区工委工作会】 7月28日，农工党门头沟区工委通过线上召开工委会议，讨论并通过《农工党门头沟区第三届工作委员会工作规则》（以下简称《规划》）。工委下设组织建设、参政议政、思想理论宣传、社会服务工作、民主监督工作和日常事务工作6个工作组，每个工作组设组长1名、副组长3名，组员若干。《规则》自2021年7月28日起施行。

（师建熙）

【创城民主监督工作】 9月23日，农工党区工委到永定镇开展创城民主监督工作，实地走访永定镇何各庄村，详细了解垃圾分类、停车整治、电动车管理等开展情况，并与永定镇创城办、村委会班子成员开展座谈。

（师建熙）

中国致公党北京市门头沟区支部委员会

【概况】 2021年，中国致公党北京市门头沟区支部委员会（简称致公党门头沟区支部）召开换届大会，选举产生致公党门头沟区第三届支部委员会主任委员1人，副主任委员4人，委员4人。支部设立4个小组，现有党员75名。支部结合党史学习教育活动，发挥致公党“侨”“海”特色，在政治理论学习、参政议政、社会服务、民主监督、组织建设等方面积极开展工作，获得致公党北京市委、中共门头沟区委、门头沟区广大人民群众的认可。

（柴华林）

【领导班子述职和民主评议工作会召开】 3月27日，致公党门头沟区支部在石龙创新大厦会议室，组织召开领导班子述职和民主评议工作会。支部副主委代表领导班子作述职报告，副主委进行个人述职。支部委员和党员代表对支部领导班子和领导班子成员分别进行民主评议。支部领导班子成员召开谈心会。

（柴华林）

【学习习总书记“七一”讲话精神座谈会】 9月8日，致公党门头沟区支部联合致公党房山区支部召开学习习近平总书记“七一”讲话精神座谈会。门头沟区支部主委、房山区支部主委分别汇报两区换届以来的相关工作和下一步工作设想，两区支部班子成员、支部委员和部分党员代表分别结合本职工作从不同角度谈学习“七一”讲话精神的心得体会。

（柴华林）

【“艺术下乡”活动】 10月20日至22日，致公党门头沟区支部组织“艺术下乡”为革命老区斋堂镇川底下村、柏峪村和马栏村送书画活动，邀请北京陈半丁艺术研究会会长等书画家7人，座谈探讨古村落的保护及艺术提升发展新思路，开展“写书法 送艺术”的惠民笔会，得到村委会及村民的好评。

（柴华林）

九三学社门头沟支社

【概况】 2021年，九三学社门头沟支社共下设综合支社、科技支社、医卫支社3个支社，共有社员76人，进入审批流程的入社积极分子9人。北京市政协委员1人，北京市人大代表1人，门头沟区政协常委2人、委员5人，门头沟区工商联副会长1人、会员2人，门头沟区青联委员3人。在门头沟区政协第十一届大会会议中，支社5名政协委员参加大会，提交1篇党派提案以及6篇个人提案，《深入挖掘红色文化，全力打造黄安坨党建基地的建议》提案获2020年度优秀提案奖。年内，向中共门头沟区委统战部、区政协及九三市委报送信息9篇。积极参与区委统战部组织的“不忘合作初心，共筑百年梦想”主题书画展。向区委统战部提交作品3幅、区政协提交作品2幅。在中共门头沟区委统战部举办的“齐心向党·一路前行”主题知识竞赛中，九三学社门头沟支社获一等奖。年内，门头沟支社分别获九三学社北京市委先进集体、社会服务先进基层组织、抗击新冠肺炎疫情先进集体。主委获九三学社中央参政议政先进个人及九三学社北京市委突出贡献个人，社员获九三学社北京市委抗击新冠肺炎疫情一线优秀社员，九三学社北京市委优秀社务干部和九三学社北京市委组织和思想建设工作优秀个人。

（吴宜夏）

【“薪火相传”理想信念教育活动】 5月24日 九三学社门头沟支社组织“薪火相传”理想信念教育活动，参观黄安坨毛主席纪念馆，激发广大社员爱党爱国、建功立业的事业心和责任感，更加坚定跟党走的信心和决心。

（李跃华）

【“学党史谈体会”分享活动】 6月12日，九三学社门头沟支社组织社员参观首钢园工业遗址公园，并举办“学党史谈体会”分享活动。

（李跃华）

【“减盐行动”主题讲座活动】 6月24日，九三学社门头沟支社副主委到石门营四区为居民开展“同心为民-为民办事”——“减盐行动”主题讲座活动，参加人员达40余人，带领居民做“手指操”活跃气氛，带动居民热情，训练居民的注意力和反应力，随后讲解“盐”的品种、食盐的益处以及多盐的危害等生活常识，从营养学方面指导居民如何正确食用、选用盐。

（李跃华）

【九三学社门头沟支社换届工作】 7月，九三学社门头沟支社完成换届工作，选举产生第四届支社委员会主任委员1人，副主任委员4人，委员4人。

（李跃华）

【支社委员会领导班子座谈会召开】 8月11日，九三学社门头沟支社召开支社委员会领导班子座谈会，就支社人员配置、部分人员调整情况、管理制度建设、参政议政、民主监督、社会服务等工作进行研讨。

（吴宜夏）

【乡村振兴战略相关情况对接座谈会召开】 9月13日，九三学社门头沟支社主委率门头沟支社专项民主监督工作组一行到清水镇，围绕落实乡村振兴战略相关情况与清水镇有关部门进行工作对接座谈。就清水镇各项工作推进过程中存在的问题和难点，进行交流研讨。

（李跃华）

【主题漫谈活动】 11月17日，九三学社门头沟支社组织“绿水青山门头沟 九三智慧来助力”主题漫谈活动，九三学社中央常务副主席率队督导参加漫谈活动，并对基层组织建设工作给予具体指导，对活动形式和内容给予好评。

（李跃华）

【义诊活动】 10月20日，九三学社门头沟支社联合区医院组织义诊活动为王平镇河北村的居民“送医疗，送温暖”。活动现场，医生们了解老人的身体情况，为50余名老人进行身体检查、测量血压、血糖，指导降压药及降糖药物的调整，并予以健康生活方式的宣教活动。带领九三学社门头沟支社社员以及区医院等专家到东辛房街道开展各类主题知识讲座和健康义诊活动6次，累计受益群众达800余人次。社员们深入深山区黄安坨村开展“同心”实践下乡义诊活动，让这里的百姓在家门口享受到专家的服务，解决百姓看病难问题，活动受到百姓的欢迎。

（李跃华）

【帮扶工作】 年内，九三学社门头沟支社主委通过创新帮扶模式，提出以精品民宿带动红色旅游、户外运动、农业科普、自然研学、给予村集体15%股份就地注册公司的新举措。百花山社精品民宿一期开业一年多来，克服疫情影响，解决村民长期与短期就业30余人，农民通过宅基地租金获益30余万元，通过工资获益27万余元。同时，百花山社为村内抗疫与村民福利捐赠5万元，通过免费为村内农产品设计文创包装、直播带货、电商带货等多种形式拓宽销售渠道，农民累计增收5万余元，实现九三学社通过精品民宿产业促进脱低增富、以产业带动实现村民增收、坚守绿水青山、推进乡村振兴的初心。

（李跃华）

【参政议政】 年内，九三学社门头沟支社主委主笔撰写《京西绿色行动计划》研究报告，多次与中共门头沟区委、中共门头沟区委统战部、九三社市委领导汇报讨论，获得好评。

（李跃华）

人民团体

11 月 18 日，门头沟区第二届“门头沟工匠”座谈会召开（区总工会　供图）

◆| 3月8日，在清水镇北京聚兰兴养殖专业合作社开展“春风送暖农家女科技下村慰问”活动（区妇联　供图）

◆| 4月9日，共青团门头沟区第十四届委员会第九次全体（扩大）会暨2021年门头沟共青团工作会召开（共青团门头沟区委员会　供图）

总工会

【概况】 2021年，门头沟区总工会围绕区委中心工作，持续抓好主责主业，助力新冠肺炎疫情防控和新冠病毒疫苗接种，推进党史学习教育工作，完成建党百年集结疏散任务等各项任务，为“十四五”开局奠定良好基础。区总工会召开党史学习教育动员会，区总工会主席作“党史学习教育”专题党课，召开理论学习中心组（扩大）会议，就习近平总书记在庆祝中国共产党成立100周年大会上的重要讲话精神进行交流研讨。年内，区总工会“两节送温暖”“夏季送清凉”“金秋助学”等活动共慰问一线职工7368人次，资金199万元。区总工会会员“二次报销”、免医事挂号费资金422万元，惠及16.1万人次；互助保障共投保6.4万人次449.83万元，理赔1821人次206.26万元；温暖基金救助35人，发放救助金14.36万元。

（王　丹）

【“京西红色主力军”党建实践品牌】 4月27日，区总工会举办门头沟区工会系统创建“京西红色主力军”党建实践品牌启动仪式。10月12日，区总工会“京西红色主力军”党员先锋队联合区便民服务业协会，到帮扶村清水镇杜家庄村开展“九九重阳节浓浓敬老情”党员志愿服务活动。

（王　丹）

【普法宣传】 5月19日至20日、6月14日、23日，区总工会到城子办事处、石龙经济开发区、雁翅镇、斋堂镇、清水镇开展“工会普法伴您行 职工创城齐行动”为主题的法律志愿服务活动，受益500余人次。9月18日、24日、28日，区总工会劳动争议调解中心律师到城子东街、七棵树东街、城子西街开展法律宣传活动。

（王　丹）

【第一期劳模宣讲会】 6月2日，区总工会召开“讲好劳模故事.献礼建党百年”为主题的第一期劳模宣讲会。张慧萍、谢耀宗、刘晶作为劳模代表依次进行宣讲。

（王　丹）

【庆祝建党100周年红色庆典活动】 6月15日，区总工会庆祝建党100周年红色庆典活动在区影剧院举行。由区总工会职工文化艺术协会组织百人舞蹈《绣红旗》、歌曲《共筑中国梦》等经典曲目，用文艺作品展现红色门头沟的时代风采。市总工会相关领导、区主要领导、区属单位党政负责人、直属基层工会主席及劳模先进代表及职工300余人观看演出。

（王　丹）

【市级“职工创新工作室”揭牌】 8月5日，门头沟区市级“职工创新工作室”揭牌仪式在北京精雕科技集团有限公司举行。

（王　丹）

【慰问劳模和先进人物】 国庆前夕，区总工会开展慰问劳模和先进人物活动，为全区劳动模范、首都劳动奖章获得者和门头沟工匠获得者共196人送去慰问品。

（王　丹）

【新就业群体基层组织建设】 9月10日，区总工会、大峪街道总工会、龙泉镇总工会联合北京银行在美团晨会广场，面向“美团”网约送餐员，现场开展职工沟通会。10月，区总工会为600名快递员、网约送餐员等新就业群体职工，送去工会免费体检服务。

（王　丹）

【6人获第二届“门头沟工匠”】 11月18日，区总工会召开门头沟区第二届“门头沟工匠”座谈会，宣布第二届“门头沟工匠”6名获得者的决定。

（王　丹）

【首家“职工创新工作室”揭牌】 11月25日，门头沟区首家“职工创新工作室”揭牌仪式在区医院举行。创新工作室以区医院口腔科主任李亮命名为“李亮职工创新工作室”，工作室不断创新管理模式，为门沟区科学技术发展做贡献。

（王　丹）

【扶贫协作和困难帮扶】 年内，区总工会持续开展东西部帮扶消费协作，共购买21万余元农产品用于帮扶、支援武川县，组织机关干部到基层蹲点，与杜家庄村对接安排14户重点关注户的持续帮扶。5月26日，开展“工会进万家——慰问困难职工”活动，共走访38户困难职工，每户送去价值550元的慰问品。

（王　丹）

【第四届技能大赛】 年内，区总工会举办门头沟区第四届技能大赛，共有200余人报名，包含园林护理、民宿厨艺、民宿服务、物业管理等4个比赛项目，共产生一等奖 4 个、二等奖 8 个、三等奖 12 个。12 月 3 日，区总工会举办门头沟区第四届技能大赛总结座谈会，此届大赛共 34 名参赛职工取得了职业技能培训证书。

（王　丹）

【服务会员】 年内，区总工会通过 12351 职工服务平台开展服务职工项目 13 个，资金 367.4 万元，共服务职工 5.9 万人次；指导镇、街道、石龙总工会及教育、卫生等基层工会开展服务职工项目 32 个，共服务职工 3.8 万人次。

（王　丹）

【职工之家和暖心驿站】 年内，区总工会建设示范职工之家 2 家、区级职工之家 3 家、暖心驿站 66 家，推荐评选北京市模范职工之家、职工小家 2 家，北京市优秀工会工作者 4 人，全国、市级最美工会户外劳动者服务站点 19 家。

（王　丹）

共青团

【概况】 2021 年，中国共产主义青年团北京市门头沟区委员会（简称团区委）紧扣中国共产党成立 100 周年工作主线，扎实推进青少年思想政治引领，重点围绕“生态立区、文化兴区、科技强区”战略部署，团结带领全区广大团员青年坚定贯彻新发展理念，融入发展新格局，在助力“绿水青山门头沟”高质量发展中擦亮“京西青年红色铁军”党建品牌，为形成“紫气东来门头沟”新态势贡献青春力量。全区 48 个直属团组织共上缴 2020 年度团费 53403.4 元，团区委上缴团市委团费 21361.36 元。

（韩　瑜　高　文）

【“五星志愿者”申报】 1月，团区委推荐 5 0 名志愿者成功申报成为第八批北京市“五星志愿者”。

（韩　瑜　高　文）

【冬奥体验之旅活动】 1月，门头沟社区青年汇开展“新城市体验营之‘冬奥体验之旅’——手绘纸浆画”活动，积极营造喜迎冬奥的氛围，为北京冬奥会助力，共 160 余名青年参与活动。

（韩　瑜　高　文）

【“蓝立方”常态化志愿服务项目】 3 月起，团区委在“蓝立方”志愿岗亭发起常态化志愿服务项目，主要提供特色宣传、旅游咨询、便民服务和志愿文化推广等志愿服务活动。

（韩　瑜　高　文）

【“青春学雷锋 创城我先行”主题志愿服务】 3 月 5 日，团区委在滨河公园小广场开展“青春学雷锋 创城我先行”主题志愿服务活动，邀请 11 支志愿服务队的 50 余名志愿者开展义务理发、测血压、健康咨询、法律知识普及等活动，积极服务市民生活。

（韩　瑜　高　文）

【社区（村）团组织换届工作启动】 3 月，团区委以视频会议的形式召开门头沟共青团第十五次代表大会代表选举暨加强全区村和社区团组织建设工作推进会，以社区（村）两委换届工作为契机，全面开展社区（村）团组织换届工作，102 个应换届社区团组织以及 110 个应换届村团组织按时间节点全部完成换届。

（韩　瑜　高　文）

【申报“中国青年五四奖章”人选（集体）】 3 月，团区委面向广大基层团组织及团员青年选拔征集优秀集体、个人，推荐区司法局路明英参评“中国青年五四奖章”，国家税务总局北京市门头沟区税务局第一税务所参评“中国青年五四奖章集体”。

（韩　瑜　高　文）

【申报市级“两红两优”工作】 3 月至 12 月，经门头沟共青团第十四届五次常委会议审议通过，团区委向团市委推荐潭柘寺镇团委等 20 个集体、个人申报“北京市五四红旗团委、北京市五四红旗团支部、北京市优秀共青团干部、北京市优秀共青团员”。区大峪中学团委、区市场监督管理局团委、区潭柘寺镇团委、区人民法院团委获评 2020 年度“北京市五四红旗团委”，区永定镇丽景长安社区团支部、北京市公安局门头沟分局永定派出所团支部、区中医医院团总支、区人民检察院团支部获评 2020 年度“北京市五四红旗团支部”，林博、刘国立、褚婕、张子雨获评 2020 年度“北京市优秀团干部”，张博森、高珊珊、焦傲洋鑫、乔英龙获评 2020 年度“北京市优秀共青团员”。

（韩　瑜　高　文）

【“绿色银行·不忘初心林”植树活动】 4 月 7 日，团区委联合区绿化办、区委老干部局在绿海运动公园举办“学史明智传薪火 植树添绿践初心”2021 年门头沟区“绿色银行·不忘初心林”植树活动，五老代表、青联委员、各直属团组织团干部及企业青年代表近100人参加活动。

（韩 瑜 高 文）

【共青团门头沟区委员会十四届九次全委（扩大）会召开】 4月9日，共青团门头沟区委员会十四届九次全委（扩大）会暨2021年共青团工作会召开，传达北京市2021年共青团工作会议和区委2021年党建工作会议精神，审议通过《共青团门头沟区2021年工作要点》，总结门头沟共青团2020年工作并部署2021年重点工作，区委常委、区委组织部部长出席并讲话，全区各团（工）委主管领导及各直属团组织负责人参加会议。

（韩 瑜 高 文）

【美丽乡村之旅活动】 4月17日，门头沟区社区青年汇开展“新青年城市体验营之美丽乡村之旅——谷山村农耕文化学习体验”活动，带领青少年们到谷山村感受乡村振兴的壮美画卷，共125名青年参加活动。

（韩 瑜 高 文）

【纪念“五四”运动102周年主题活动举办】 4月28日，团区委在妙峰山平西情报联络站开展“建党百年正青春 跟党奋进新时代”纪念“五四”运动102周年主题团日活动暨党史学习教育活动，全区百名团员青年代表参加活动。

（韩 瑜 高 文）

【“门头沟垃圾分类青年宣讲团”宣讲】 4月至7月，团区委开展“门头沟垃圾分类青年宣讲团”宣讲活动，组织镇街、社区、机关和志愿组织的20名青年在全区开展6场集中线上宣讲，累计覆盖团员青年500余人次。

（韩 瑜 高 文）

【建党100周年庆祝活动】 4月至7月，门头沟区社区青年汇以“组织一次学习”“开展一次活动”“奉献一份力量”“重温一次誓词”4种形式相结合开展“建党百年正青春 跟党奋进新时代”庆祝建党100周年主题活动20余场，参与活动青年超800人次。6月10日，门头沟区社区青年汇，组织开展“学史增信悟思想·青春同心勇争先”——庆祝建党100周年主题活动，100余名青年参与活动。6月至7月，团区委组织11支志愿服务队在3个城市志愿服务站点开展建党百年城市志愿服务。7月，团区委组织动员全区团员青年和团组织围绕门头沟区“两个品牌”建设，结合本单位中心工作，以中国共产党成立100周年为契机，开展主题团日活动，展现广大团员青年在重点任务当中勇于拼搏、甘于奉献，人人争做红色先锋的示范带头作用。

（韩 瑜 高 文）

【首都文化之旅活动】 5月15日，门头沟区社区青年汇开展“新青年体验营之首都文化之旅——正阳门下探秘老北京文化”活动，让青年们深入了解老北京文化知识和胡同文化，100余名青年参与活动。

（韩 瑜 高 文）

【示范引导垃圾分类】 5月至7月，门头沟区9家社区青年汇设立10个垃圾分类示范引导站，开展两期“分小萌”垃圾分类示范引导站项目，开展丰富多彩的垃圾分类宣传活动，并组织志愿者在倒垃圾早高峰时段守在社区垃圾桶旁进行桶前值守，指导社区居民正确垃圾分类。

（韩 瑜 高 文）

【困境青少年慰问】 “六一”前夕，团区委对全区40名困境青少年进行慰问，总金额2万元。

（韩 瑜 高 文）

【“送医下乡”志愿服务活动】 6月至10月，团区委开展2021年“送医下乡”志愿服务活动，到雁翅镇、斋堂镇、清水镇5个脱低村开展义诊、讲座、宣传活动等。

（韩 瑜 高 文）

【团青干部研学培训会召开】 7月20日，门头沟区青联召开四届四次常委(扩大)会议暨“学党史、强信念、跟党走”团青干部研学培训会。区青联委员代表、区直属团组织青年代表80余人参加线下会议，研学培训阶段面向全体委员进行线上直播，100余名委员参与学习。

（韩 瑜 高 文）

【未成年人保护委员会办公室移交】 8月10日，团区委依据新修订的《中华人民共和国未成年人保护法》，按团市委及区委区政府要求，门头沟区未成年人保护委员会办公室从团区委移交到区民政局。

（韩 瑜 高 文）

【团干部培训班举办】 11月3日至5日，团区委举办门头沟区2021年团干部线上培训班，区内直属团组织负责人、学校团队干部和青少年事务社工，区青联委员、农商银行门头沟支行和驻区企业团青干部，以及对口协作的河北涿鹿团县委、内蒙武川团县委、西藏堆龙德庆团区委等地区的团青干部，共300余人参加培训。

（韩瑜高文）

【年度市级青年文明号创建评审工作】 11月至12月，团区委组织区人力资源公共服务中心、区人民法院斋堂人民法庭、区医院急诊科、区中医院针灸科、国家税务总局北京市门头沟区税务局第一税务所、区发展和改革委员会业务大厅6家集体开展北京市青年文明号创建评审工作。

（韩瑜高文）

【“共青团与人大代表、政协委员面对面”活动开展】 12月1日，团区委开展“共青团与人大代表、政协委员面对面”活动，就“门头沟区青少年爱国主义教育状况”主题进行座谈，市人大代表、区政协委员及青年代表参加座谈。

（韩瑜高文）

【2021年青年工作联席会召开】 12月24日，团区委门头沟区2021年青年工作联席会议第一次全体会议召开。区青年工作联席会议32家成员单位相关负责人和各镇街有关负责人参加会议。传达北京市青年工作联席会议2021年第一次全体会议精神，对《门头沟区关于进一步贯彻落实〈中长期青年发展规划（2016-2025年）〉的实施方案》以及《门头沟区贯彻落实〈关于全面加强新时代首都少先队工作的若干措施〉的实施方案》进行简要部署和说明。

（韩瑜高文）

妇女联合会

【概况】 2021年，门头沟区妇女联合会（简称区妇联）结合新形势，发挥“枢纽型”组织作用，坚持红色门头沟党建引领，以“讲奉献、争第一”的门头沟精神，坚持服务大局、服务妇女的宗旨，突出重点，推进全区妇女儿童事业的健康发展。通过新冠肺炎疫情防控、创建全国文明城区、党史学习教育、创新创业发展项目、社区家长学校等工作，为打造红色门头沟党建品牌和绿水青山门头沟城市品牌贡献巾帼之力。

（于丛）

【村、社区妇联换届选举工作】 1月12日，区妇联召开村、社区妇联换届选举工作部署视频会。全区13个镇街妇联主席、妇联专职副主席参加。会上，解读《关于在全市村和社区换届选举中推进女性进“两委”班子和做好妇联换届工作的意见》，从换届选举的工作安排和重要环节、重点指标及工作要求等方面，部署2021年村和社区妇联换届选举工作。年底完成换届。换届后，村妇联执委1719人，其中主席168人，专兼职副主席336；社区妇联执委1777人，其中主席117人，专兼职副主席234人。村、社区妇联主席100%进两委。

（白平）

【慰问老妇救会主任、建国前老党员活动】 1月22日，区妇联到妙峰山镇上苇甸村，走访慰问90岁高龄的建国前老党员、老妇救会主任。区妇联向市妇儿基金会申请慰问项目资金2.6万元，用于慰问全区分布在清水镇、斋堂镇、雁翅镇、军庄镇、妙峰山镇、大峪街道、东辛房街道、城子街道的26名老妇救会主任。送去党和政府的关怀和妇联“娘家人”的温暖和新春祝福。

（蒋玫）

【北京灵之秀生态农业专业合作社分红大会】 2月4日，北京灵之秀生态农业专业合作社召开第四届第五次社员代表大会暨分红大会。采取“线上线下”相结合，6个村子223户社员错时领取分红。

（蒋玫）

【北京聚兰兴养殖专业合作社分红大会】 2月5日，北京聚兰兴养殖专业合作社召开2020年度社员分红大会。为燕家台、李家庄、梁家庄、台上村116名村民分红，共10万元，其中有70余位妇女姐妹领到分红。此外，北京聚兰兴养殖专业合作社捐赠台上村扶贫款30万元，用于帮扶22户村低收入户。

（蒋玫）

【“温情三月 关爱女性”主题活动】 3月3日，区妇联联合蒙恩关爱家庭中心在大峪街道峪园社区开展“温情三月 关爱女性”主题活动。蒙恩关爱家庭中心老师讲授“美丽女人 绽放自我”讲座，现场播放“回顾三年暖流行动历程”小视频，40余名社区姐妹参加活动。

（蒋玫）

【妇女代表座谈会召开】 3月5日，门头沟区举办以“巾帼心向党 百年正辉煌”为主题的各界妇女代表座谈会。市、区妇女代表，女领导干部，市三八红旗手，女能人，女企业家等各界优秀女性代表20余人参加。

（白　平）

【农家女科技下乡到基地】 3月8日，区妇联联合市妇联、市科委在清水镇北京聚兰兴养殖专业合作社开展“春风送暖农家女 科技下村慰问”活动，30余名当地农家女参加。北京聚兰兴养殖专业合作社理事长介绍基地情况；市、区领导为农家女赠送图书和蔬菜种子；北京市林业果科学研究院研究员实地指导乡亲们苹果树剪枝；中国医学科学院药植所研究员开展“线上”食药两用植物栽培技术讲座。9月28日，区妇联联合市科委在北京益农缘生态农业专业合作社开展“学党史 办实事 送科技 促发展”主题活动。清水镇、斋堂镇、雁翅镇、妙峰山镇、王平镇5个镇的10个“妇字号”基地赠送695袋、24种蔬菜种子、12吨生物有机碳肥、4吨复合微生物碳基肥料。

（蒋　玫）

【十一届二次执委（扩大）会议召开】 3月24日，区妇联召开十一届二次执委（扩大）会。区妇联十一届执委，各镇街、委办局妇联主席、妇委会主任及妇联干部参加会议。区妇联党组书记、主席作题为《巾帼心向党 奋斗新征程 为建设“绿水青山门头沟”贡献巾帼铁军力量》的工作报告。就《妇联常委、执委互联互通工作制度》征求与会人员意见，并部署全区妇联系统开展“打造亮点创建品牌”工作。

（白　平）

【创新创业发展项目工作会召开】 3月25日，区妇联召开创新创业发展项目工作会。扶持项目的8个基地负责人及属地清水镇、斋堂镇、雁翅镇、王平镇妇联主席等相关工作人员参加会议。通报区妇联向市妇联申请2021年度北京农村妇女创新创业发展项目资金140万元；获扶持项目的8个“妇字号”基地名单；区妇联党组书记、主席分别与8个基地项目负责人签订《2021年度北京农村妇女创新创业发展项目资金使用协议书》。北京市妇联聘请的第三方专业机构（北京观正会计师事务所）负责人介绍项目的全过程绩效跟踪相关情况及具体要求，并现场解答“妇字号”基地负责人汇报项目实施准备过程中出现的具体问题的解决办法。

（蒋　玫）

【巾帼维权　送法到家】 3月，区妇联邀请市级律师到大峪街道社区、东辛房街道社区、永定镇社区、新桥路中学开展4场《中华人民共和国民法典》宣讲活动，250余名群众参加活动。

（蒋　玫）

【巧娘手工艺发展服务中心成立】 4月初，北京布韵传奇专业合作社、北京妙峰山中慧苑有限公司、北京益农缘农业专业合作社成功申请“北京市巧娘素质提升培训”项目资金4万元。6月3日，区妇联召集召开北京市门头沟区巧娘发展服务中心筹备会。确定由花露蝴蝶养殖专业合作社理事长牵头组建北京市门头沟区巧娘手工艺发展服务中心。7月29日，召开第一次理事会，选举产生理事会成员5人，监事1人，讨论通过章程草案。9月16日，经区民政局审批正式登记注册成立北京市门头沟区巧娘手工艺发展服务中心，性质为民办非企业单位。

（蒋　玫）

【党史学习教育】 4月13日，区妇联召开党史学习教育动员大会，妇联全体党员、入党积极分子参加会议。部署区妇联党史学习教育工作安排。6月28日，党史学习教育区委巡回指导组第五组对区妇联党史学习教育开展情况进行巡回指导。区妇联党组成员、副主席从把握政治方向、突出妇联特色、聚焦为妇女群众办实事3个方面，对区妇联党史学习教育开展情况进行汇报。7月5日至6日，区妇联举办为期2天的区妇联领导班子党史学习教育专题读书班暨理论中心组学习研讨会议，围绕党史学习教育开展集中学习研讨。8月3日，区妇联召开党史学习教育专题组织生活会，党组成员、副主席、机关党支部书记代表党支部作报告，全面总结党史学习教育组织开展情况和“我为群众办实事实践活动”开展情况；开展谈心谈话，认真制定方案并深刻查摆存在的问题，制定整改措施。

（白　平）

【社区家长学校】 4月27日，区妇联联合蒙恩关爱家庭服务中心、东辛房华久社会工作服务中心、门头沟区便民服务业协会、北京智慧橙子文化艺术有限公司、北京市门头沟区爱眼协会5家社会组织，采取“区妇联设置课程菜单——社区自主选课——社会组织上门送课”的教学运作模式，开展社区家长学校教学工作。课程包括家庭教育讲座五大类28讲，家庭教育实践活动八大类40项，开展家庭教育讲座242场，8000余名家长参与。家庭教育实践活动242场，5500余名未成年人和5500余名家长共同参与。其中，“学党史、知党恩、跟党走”“垃圾分类我先行”“童心向党手工制作”“培养阳光心态的孩子”等课程受到社区家长的普遍欢迎。“孩子叛逆的原因”“如何培养阳光心态的孩子”“巧用家庭契约提升孩子自律能力”“如何让孩子爱上阅读”让家长们头痛的问题通过家庭教育指导都得到解决。

（郑美娜）

【党史知识竞赛举办】 4月29日，区妇联组织举办党史知识竞赛活动，机关全体党员、入党积极分子参加。党史知识竞赛通过必答题、抢答题2个环节重温党的光辉历史。

（白　平）

【“恒爱行动”手工编织爱心毛衣活动】 4月30日，区妇联开展为期3个月的“恒爱行动——百万家庭亲情一线牵”手工编织爱心毛衣活动结束。来自区卫健委、市场监管局、检察院、人保局、规自分局、信访办、财政局、农业农村局、住建委等20余个单位的80名爱心妈妈一针一线为新疆和田地区儿童编织毛衣，奉献满满的爱心暖情。

（郑美娜）

【创城法治宣传进社区】 5月18日、19日，区妇联与蒙恩关爱家庭中心，到包干对口单位区城子街道3个社区（即华新建社区、西宁路社区、新老宿舍社区），面向残疾人、妇女儿童、老龄妇女200余人，开展维权法治宣传培训讲座。8月25日至27日，首次采取“腾讯”会议网络直播的形式，携手区大峪街道妇联开设“妇女维权法治”讲堂，21个社区50余人在线学习。其中，包括21名新业态、新就业群体的妇女。

（蒋　玫）

【“‘妇字号’基地发展”工作会召开】 5月19日，区妇联召开“牵手‘灵山绿产’，助力‘妇字号’基地发展”工作会。各相关镇妇联专职副主席及全区35家“妇字号”基地项目负责人参加会议，解读《门头沟区“妇字号”基地联谊会制度》，灵山绿产公司销售部副经理、采购部主任分别介绍灵山绿产公司、双创中心运营情况及进入灵山绿产品牌的相关要求。

（蒋　玫）

【农村妇女创业项目督导检查】 5月31日，市妇联联合市农业农村局、市科委、市财政局以及第三方专业机构组成专家组对雁翅镇申报的2021年农村妇女创新创业项目进行督导检查。考察组到北京大村富民农业专业合作社参观蔬菜种植大棚，项目负责人详细汇报合作社的主营业务、运行情况及项目实施情况，督导检查组对项目实施进度和带动妇女就业情况给予肯定。同时，专家组对项目财务资料进行检查，并提出在项目的实施过程中注意全过程留存资料的建议。

（蒋　玫）

【对口帮扶　促进就业】 5月，区妇联向市妇儿基金会申请项目资金8万元，开展“二省二地”（内蒙古呼和浩特市武川县妇联、西藏堆龙德庆区东嘎街道东嘎社区妇联）对口协作帮扶，针对养老护理、钩编刺绣、手工制作等项目进行专业培训80人次。

（蒋　玫）

【关爱“两癌”姐妹活动】 5月至11月，区妇联开展“温情岁月，关爱女性”讲座、“阳光筑心桥”参观培训、跳广场舞、团扇DIY制作、户外身心体验等5场活动，慰问10人次，辖区参加活动“两癌”姐妹达到百余人次，姐妹们之间传递正能量，获得归属感、幸福感和自我价值体现。年内，全区各级妇联组织开展“两癌”防治知识到村和社区，累计“线下”活动170余场，参加妇女7000余名，“线上”活动60余次，了解“两癌”防治知识万余人次，引导妇女姐妹健康的生活模式。

（蒋　玫）

【“我为妇女群众办实事”“四个一”活动】 6月11日，区妇联组织市妇女代表、区三级妇联执委到雁翅镇杨村、大村，开展“我为妇女群众办实事”“四个一”活动。通过开展一次妇情调研联系一批妇女群众，开展一次宣传宣讲，办好一件妇女实事，为妇女群众办实事、解难事、做好事。市妇女代表门头沟团，区妇联、雁翅镇、杨村三级妇联执委、妇女代表、妇女群众30余人参加。

（白　平）

【“巾帼心向党 百年正辉煌”文艺汇演】 6月23日，区妇联举办“巾帼心向党 百年正辉煌”文艺汇演。北京花露蝴蝶养殖专业合作社理事长、北京布韵传奇手工编织专业合作社理事长、北京市妙峰山中慧苑手工布艺专业合作社理事长、北京益农园生态农业专业合作社理事长分别带队作为门头沟区巧娘工作室代表参加汇演，20名巧娘展示制作的手工艺品。

（白 平）

【三级妇联干部“云端课堂”培训班】 8月12日至13日，区妇联举办2021年三级妇联干部“云端课堂”培训班。来自区妇联机关、各镇街主管领导、妇联主席、副主席，各委办局主管领导、妇委会主任，各村、社区妇联主席300余人参加线上培训。

（白 平）

【“春蕾计划——梦想未来”捐款行动】 11月5日，区妇联向全区社会各界发出“春蕾计划——梦想未来”捐款行动的倡议。11月8日，全区正式启动“春蕾计划——梦想未来”行动。区妇联携手区工商联共同推进，广泛发动会员企业、所属商协会及相关非公经济人士等捐赠善款；“妇字号”基地负责人带头献爱心；各级妇联组织广泛动员，积极参与。截至12月26日，通过北京妇女儿童发展基金会全募捐平台，全区集中募集捐赠累计27.8万余元。

（蒋 玫）

【《门头沟区“十四五”妇女儿童发展规划》发布】 12月24日，《门头沟区“十四五”妇女儿童发展规划（2021-2025年）》由门头沟区政府正式发布。“十四五”妇女儿童规划共分为六部分：前言，指导思想，促进妇女全面发展的领域、主要目标和策略措施，保障儿童优先发展的领域、主要目标和策略措施，组织实施，监测评估。其中，妇女规划涉及8个领域（妇女与健康、妇女与教育、妇女与经济、妇女参与决策和管理、妇女与社会保障、妇女与家庭建设、妇女与环境、妇女与法律）、57项主要指标、62条策略措施；儿童规划涉及7个领域（儿童与健康、儿童与安全、儿童与教育、儿童与福利、儿童与家庭、儿童与环境、儿童与法律）、45项主要指标、53条策略措施。

（白 平）

【选出251户“门头沟区最美家庭”】 12月28日，区妇联在大峪街道文化中心举办2021年“门头沟区最美家庭”揭晓暨2022年寻找最美家庭启动活动。门头沟区2021年共评选出251户“门头沟区最美家庭”。祖孙三代植绿护绿的“最美绿色家庭”代表王静，孝老爱亲的“最美儿媳”张月，爱孩子、爱家人、爱生活的“全国最美家庭”代表杨逸，一枝一叶总关情的“最美社工”叶华，带领家乡姐妹共同致富的“最美致富带头人”李克俊分享自己的最美故事。

（郑美娜）

【9户家庭分获全国和市级最美家庭】 12月30日，门头沟区杨逸家庭获评“京津冀最美绿色家庭”“全国最美家庭”。刘玉伟等8户家庭获评“首都最美家庭家庭”。

（郑美娜）

【法治宣传】 年内，区妇联组织开展“建设法治中国·巾帼在行动”妇女维权活动，向群众发放《妇女生活法律指南》等数十种上千余份宣传材料。年内，利用宪法日、国家安全教育日等重要节点，开展“中国普法”有奖竞答、年度维权典型案例学习等法治宣传活动500余场，9万余人参与。

（蒋 玫）

【接待维权诉求，力求群众满意】 年内，门头沟区实行“两师一员”即律师、心理咨询师、妇女维权热线信访接待员联合接访。截至12月底，共接待72件88人次，反映问题均得到妥善处理。“一对一”心理咨询22人次，心理健康讲座9次。帮助13位困难妇女获法律援助、2位离婚妇女申请低保政策。完善基层巾帼亲情服务队239支928人，调解成功并达成协议案件350余件。

（蒋 玫）

【消费帮扶】 年内，区妇联充分发挥“联”字优势，助力全区推进消费帮扶工作的落实。截至12月底，区妇联、区工商联、清水镇、雁翅镇、斋堂镇、妙峰山镇、王平镇、潭柘寺镇、龙泉镇、永定镇、大台街道、大峪街道、城子街道、东辛房街道及北京黄芩仙谷旅游开发有限公司、北京灵之秀生态农业专业合作社等“妇字号”基地共16个单位，完成131711.8万元消费扶贫采购任务。

（蒋 玫）

【行业先进获奖情况】 年内，区司法局下属参公事业单位区法律援助中心，被评选为全国维护妇女儿童权益先进集体；区蒙恩关爱家庭中心李梅老师，被评选为全国维护妇女儿童权益先进个人；清水镇北京布韵传奇手工技能专业合作社和司法局下属自收自支事业单位北京华夏公证处参加全面城乡妇女岗位建功先进个人（集体）评选表彰活动，被评为“全国巾帼文明岗”；清水镇北京布韵传奇手工技能专业合作社理事长王惠芳，评被选为北京市扶贫协作奖社会责任奖；北京聚兰兴养殖专业合作社理事长尚显兰，被评选为北京市扶贫协作奖爱心奉献奖；王惠芳、尚显兰分别获首届和第二届“首都最美巾帼奋斗者”荣誉称号；北京花露蝴蝶养殖专业合作社和北京妙峰振明观光采摘园被北京市妇女联合会、北京市科学技术委员会、北京市农业农村局联合认定为第七批“首都巾帼现代农业科技示范基地”。

（蒋　玫）

科学技术协会

【概况】　2021年，区科协以深入《门头沟区全民科学素质行动规划纲要实施方案(2021-2025年)》为核心，结合门头沟区“十四五”规划，以普及科学知识为切入点，组织开展“全国科技工作者日”“科普日”“科普之春”等系列科普品牌活动，针对不同人群需求，结合新冠肺炎疫情防控，开展科普系列活动，加大科技知识在全社会宣传覆盖面，提高公众参与率，有效提升全区公众科学素质。年内，区科协完成2个下属事业单位改革和人员划转和备案、变更等工作，其中原北京市门头沟区科技馆更名为北京市门头沟区科普服务中心，核减事业编制1名，调剂至门头沟区科技协作中心3名，编制由原15名减至11名；区科技协作中心编制由原5名增至8名。同时科普服务中心核增社会化用工指标1名。

（高海翔）

【科技成果转化座谈交流】　1月27日，区科协与中科院老科协下属的北京中科老专家技术中心专家组到王平镇北京中创华拓科技发展有限公司，结合门头沟区实际情况，围绕创新驱动发展、加快新旧动能转换、以新型研发平台建设助推产业高质量发展等内容进行座谈交流，进一步助推门头沟科技成果转化，实现企业高质量发展。

（高海翔）

【第41届青少年科技创新大赛】　1月至3月，区科协组织举办门头沟区第41届青少年科技创新大赛，大赛共收集区内30余所中小学校学生和老师作品300项。经专家评审选拔出区级获奖项目178项，其中论文类作品28项、发明类作品48项、优秀实践活动作品1项、科学幻想绘画作品107项、科技辅导员项目3项。

（高海翔）

【“寒假科技月”活动开展】　2月2日起，区科技馆开展“寒假科技月”活动，并在春节假期期间保持正常开馆。活动内容主要包括科普展览、科技体验等。

（高海翔）

【科普工作座谈会】　4月25日，区科学技术协会与区气象局在区科协召开科普工作座谈会，双方结合科普工作进行交流，并表示以后双方要做到资源共享，在气象科学普及上要大力合作，通过气象科普工作为地区全民科学素质提高做出贡献。

（高海翔）

【白虎头科技小院精准帮扶工作启动】　4月，市科协牵头，帮助白虎头科技小院与北京市果树学会完成对接，以科技小院作为中心，争取北京市果树学会5万元专项资金用于白虎头科技小院的农业技术管理，充分发挥科技小院作为基层农村科普工作前沿作用。

（高海翔）

【新时代文明实践基层科普行动计划完成】　5月，区科协组织申报1个基层科普品牌项目和3个科普惠农项目，从5月的筹划申报到12月的结项全部完成历经7个月，共形成科普宣传报道254次，增设媒体专栏4个，推送宣传文章38篇，线上网络浏览量达到30余万次，配套科普信息化资源丛书600套，制作宣传册2100册，制作视频宣传片12套，开展科普培训活动29场，科普参观2场，举办规模文化节持续2天，项目线下总参与受益人次达4100人次，群众满意度超过95%。

（高海翔）

【青少年创客交流展示活动评比】　5月，区科协组织全区中小学生参与由市科学技术协会、市教育委员会主办的第四届北京青少年创客国际交流展示活动线上终评。经过专家线上评审，共获一等奖3项：学生创客展示1项、献礼建党百年2项；二等奖3项：学生创客展示2项、献礼建党百年1项；三等奖7项：学生创客展示1项、献礼建党百年3项、教师创客展示2项、创客教师示范课程案例设计1项。

（高海翔）

【青少年智能设计与创意编程大赛获奖】 6月，区科协组织区内学生参加第二十一届北京青少年机器人竞赛暨第六届北京青少年创意编程与智能设计大赛。门头沟区2个学校的3支代表队参与活动。经过线上初选、现场竞技，门头沟区代表队共获二等奖2项、三等奖1项；东辛房小学获优秀学校奖、门头沟区科协获优秀组织单位奖。

（高海翔）

【“学百名科学家·贺建党百周年”宣传活动】 6月至9月，区科协开展向科学家学习活动。通过门头沟区科协微信公众号、门头沟融媒、科协内部工作群每天发布一期学习内容，共发布100期。

（高海翔）

【科普活动进农村宣传服务活动】 6月至9月，区科协走进深山区，组织开展20场“科普活动进农村”宣传服务活动。通过开展此项活动，进一步提升区内广大农民科学素质水平，开阔了村民的眼界，得到广大村民朋友的喜爱。

（高海翔）

【科技工作者站点调查工作】 6月、11月，区科协开展科技工作者站点调查工作1次，完成科技工作者问卷50份，通过对区建委、区医院、区科信局、区农业农村局、中关村门头沟区科技园区的科技人员问卷调查，征集区内科技工作者建议，反映科技工作者的意见和呼声。

（高海翔）

【2021年全民科学素质行动工作会】 7月23日，门头沟区召开2021年全民科学素质行动工作会，总结“十三五”期间区内全民科学素质工作，部署2021年全民科学素质工作重点任务，为推动实施《全民科学素质行动计划纲要》打下坚实基础。

（高海翔）

【科普互动进社区活动】 7月至10月，区科协组织开展科普互动进社区活动20场，活动涵盖科普知识互动抢答、健康大转盘、膳食宝塔、制作科普小台灯等方面。

（高海翔）

【科普报告进基层活动】 8月至10月，区科协聘请专家组成科普报告团队，在全区范围内开展35场科普报告进基层活动。每名专家认真准备多个课题，村居根据百姓需求从中任意选择，内容包括疾病预防、近视防控、心理压力自我缓解以及日常养生方法等，得到居民的认可。

（高海翔）

【全国科普日宣传服务活动】 9月15日，区科协举办2021年全国科普日宣传服务活动，活动以“全国科普日”与“文明城区创建”相结合，以“传播科学知识，提升居民科学素质”为主要内容，现场分为“宣传资料宣传品发放区”“公民科学素质大赛扫码答题区”“健康咨询义诊区”“门头沟科普微信公众号推广区”4个区域。传播创城知识、科技创新的新理念，普及科普知识、法律知识、健康知识、节水知识等。

（高海翔）

【健康科普互动体验活动】 9月17日，区科协在大峪街道德露苑社区开展科普互动体验活动。参加活动的居民通过互动的方式学习科普知识、VR沉浸式体验科普类虚拟现实资源，还可以通过健康监测设备进行健康检测，引导居民主动学习健康生活相关科普知识，加强居民健康生活意识，提升居民生活品质。

（高海翔）

【科普志愿服务活动】 9月27日，区科协在滨河公园开展科普志愿活动，现场设立科普知识宣传区、创建全国文明城区主题展览区、法制宣传区，让过往群众能够更好地了解社会主义核心价值观、文明城区创建及法律知识宣传等内容。

（高海翔）

【科普宣教活动】 9月，区科协分别到大峪街道向阳东里社区、绿岛家园社区、临镜苑社区和龙泉镇倚山嘉园社区新时代文明实践站，开展“献礼建党百年华诞谱科学生活新篇”宣教活动。活动通过线下和线上组织社区居民参与互动和学习，利用现代多媒体传播、数字视觉、VR人机交互体验等技术，从不同层面和角度普及科普知识，打通宣传群众、教育群众、关心群众、服务群众的“最后一公里”。

（高海翔）

【科普宣传进校园活动】 9月，区科协联合区儿童青少年近视防控技术研究中心组织开展主题为“视”界有光“睛”彩未来科普宣传进校园活动，内容涵盖爱眼护眼科普讲座、问卷调查、视频资料展演等，通过播放视频、图片展示的方式，专家以通俗易懂的语言，为现场学生讲解眼睛的构成、近视形成的原因以及如何预防，指导青少年正确用眼，关注视力健康，养成良好的用眼习惯。

（高海翔）

【未成年人科普服务专场活动】 9月，区科普服务中心组织举办未成年人科普专场活动，大峪二小30余名学生到科普中心观览体验。

（高海翔）

【“携手共建”科技下乡活动】 10月21日，区科协与西城科协携手开展“辉煌百年 奋进有我”科技下乡走进雁翅镇田庄村。结合党史学习教育，参观位于田庄村的京西山区中共第一党支部纪念馆，坚定理想信念，牢记初心使命。组织村民开展“科普知识竞答”活动，为百姓带去专家义诊咨询团，设立中医科、骨科、心脑科、肛肠科等专家诊台，现场为老百姓进行看病义诊咨询活动。同时还开展科普宣传活动，向村民发放科普宣传折页及宣传品。

（高海翔）

【普法宣传科普志愿服务活动】 12月3日，区科协组织开展普法宣传科普志愿服务活动。工作人员向过往群众发放《中华人民共和国宪法》《中华人民共和国科学技术普及法》等各类宣传资料，接待群众现场咨询，讲解宪法的重要意义。

（高海翔）

【招商引资企业注册工作】 年内，区科协与中关村科技园门头沟园对接，开展招商引资工作，吸引2家企业入驻，共注册资产1000万元。

（高海翔）

【“公民科学素质大赛”推广活动】 年内，区科协采取多种形式，开展“北京市2021年公民科学素质大赛”推广活动。一是制定并下发《关于举办门头沟区公民科学素质大赛活动的通知》，号召机关企事业单位干部积极参与答题活动；二是利用门头沟区政务网、融媒体、京西杂谈、科普公众号等平台对大赛活动进行广泛宣传，扩大宣传覆盖面；三是开展大赛活动进社区、进山村宣传，让更多百姓参与到大赛中；四是举办门头沟区公民科学素质大赛线下比赛活动；五是组织区内代表队参加北京市公民科学素质大赛预赛活动。门头沟区获北京市2021年公民科学素质大赛活动优秀组织奖。

（高海翔）

工商业联合会

【概况】 2021年，门头沟区工商业联合会（简称区工商联）加强与中华工商时报、融媒体中心的协作，宣传区民营企业取得的突出成绩；组织线上、线下主席会，常委会、执委会及各种活动6余次；引导广大民营经济人士勇于承担社会责任，参与“送温暖、献爱心”、对口帮扶和社会慈善事业。截至12月底会员企业累计捐款、捐物100万余元，参与消费扶贫40余万元；不断壮大会员及执、常委队伍，发展新会员39家，会员总数643家，执委总数83人。刊登在《中华工商时报》、新浪网、中国网等刊登区民营经济发展的先进典型、先进人物报道3篇。向市工商联、区委区政府、区委统战部报送动态信息，刊发35条。

（安 鑫）

【对口帮扶支援协作】 7月，区工商联带领7家会员企业到内蒙古武川县，开展支援合作工作。捐助物资价值1.5万元；捐助公益岗位6个，价值2.16万元。签订消费扶贫协议超过30万元，全年完成消费扶贫41万余元。

（安 鑫）

【工商业联合会第十一次代表大会】 12月23日，区工商业联合会（商会）召开第十一次代表大会。会上，区政协副主席、工商联主席代表区工商联第十届执委会作工作报告。以无记名投票的方式，选举产生区工商联第十一届执委会83名执行委员会委员。

（安 鑫）

【光彩事业】 年内，会员企业积极参与“博爱在京城”和慈善协会活动，慰问区儿童福利院、敬老院、山区边缘户，拥军捐助土豆、捐资助学、“两节”送温暖，向对口帮扶单位捐助公益岗位、物资、消费扶贫等公益活动。

（安 鑫）

【44家民营企业调研】 年内，区工商联完成门头沟区44家总收入1亿元以上的民营企业的调研。在市工商联召开的“2020北京市民营企业百强发布会”上，区内7家企业入围。

（安 鑫）

法　治

9月14日，区人民法院公开审理全市首例特大跨境“杀猪盘”电信网络诈骗案（区人民检察院　供图）

2月4日，门头沟区在北京地铁S1线石厂站开展“轨道交通涉爆现场先期处置”专项演练（区公安分局　供图）

9月9日，门头沟区“七五”普法总结暨“八五”普法启动大会召开（区司法局　供图）

政法委与综治

【概况】　2021年，门头沟区委政法委员会围绕庆祝中国共产党成立100周年、全国“两会”等重大活动，成立工作领导小组，抓好工作统筹，建立各项工作机制，推动工作措施落细落实。完成全国“两会”、中国共产党成立100周年庆祝大会、党的十九届六中全会等重大会议、活动安全服务保障任务。

推进国家安全建设，调整充实区委国安委领导小组，开展国家安全专项调研，建立重点行业领域风险监测预警机制，协调推进国家安全各项工作，开展“4·15”全民国家安全教育日主题宣传活动，举办国家安全专题培训，进一步巩固国家安全工作基础。严格落实政法领域意识形态工作责任制，定期分析研判意识形态工作形势，密切掌握政法舆情动态；加强政法宣传阵地建设，运营新媒体公众号“京西卫士”，开展正面宣传引导，粉丝突破2万人，舆论宣传影响力进一步增强。

预防化解重大风险，聚焦“蛋壳公寓”“山东宁鑫科技非法经营”等事件，持续开展工作预防化解风险。聚焦群众“七有”“五性”需求，从快推进社会矛盾排查化解。协调解决紫金新园小区停车难投诉维权事件，开展建设领域专项联合执法大检查，维护群众合法权益。从严落实社会稳定风险评估机制，开展风险评估项目摸排4次，完成评估报告33份，有效从源头上防范重大风险产生。严格落实新冠肺炎疫情防控责任，组建防控工作专班，做好隔离点秩序维护等工作。

推进社会治安综合治理。完善分管区领导牵头、行业主管部门统筹负责、相关部门配合的平安建设协调机制，建立工作考核评价体系，平安建设基础进一步夯实。陆续开展寄递物流行业和轨道交通“人物同检”“低慢小”航空器禁飞专项治理，协调推进校园周边秩序整治。常态化推进扫黑除恶专项斗争，建立七大常态化工作机制，开展四大行业领域专项整治，工作成效明显。推进市区镇街三级挂账社会治安重点地区整治，开展铁路沿线“消隐促建”专项行动，协调推进“雪亮工程”和智慧平安小区建设，前端建设率超过90%。统筹落实烟花禁放工作，完成春节期间禁放看护任务。加强基层基础建设，发挥镇街综治中心实战平台和村居综治中心基础平台作用，强化群防群治规范化建设。

深化法治服务保障工作。加强法治宣传，畅通网上网下交流渠道。服务创城冲刺行动，创城工作一级指标“安全稳定的社会环境”“公平正义的法治环境”得分率名列前茅。牵头成立驻中关村科技园区门头沟园法官联络室、检察官联络室和律师公证工作站，主动服务辖区企业，营造良好法治营商环境。组建法治保障工作专班，服务保障国道109新线高速公路建设、换届选举等重点工作、重大项目的顺利实施。推进司法改革，健全司法协调小组运行和执法司法制约监督机制，构建政法领域联席会商工作平台。推动诉源治理，化解政法领域突出矛盾问题3件，办结重点涉法涉诉信访案件25件，移交涉法涉诉终结案件2件。制定《门头沟区关于进一步加强法学会建设的实施意见》，举办《北京市接诉即办工作条例》专题培训，试点举办2020－2021年度“十大精品案件”展评。

加强政法队伍建设。严格落实镇街政法委员制度、政法单位党委（党组）向区委述职和区政法委员、镇街政法委员述职制度。开展政法系统思想建设轮训，做好协管政法系统领导干部工作，完善政法干警轮岗交流机制，组织开展政法干警轮岗交流和委机关干部试岗锻炼116人次。统筹推进党史学习教育和政法队伍教育整顿，整治顽瘴痼疾，强化建章立制。开展警示教育和先进典型推树活动，举办全系统政法英模事迹报告会和“三个十佳”评选表彰活动，1人获北京市扫黑除恶先进个人称号、1人获门头沟区优秀共产党员称号。制定实施《门头沟区政法系统常态化开展“我为群众办实事”实践活动规定（试行）》，完成“我为群众办实事”项目997项。

（孟　锋）

【烟花爆竹禁放】　春节假期前后，区委政法委组织全区机关干部、治安志愿者、保安等8917人在7个镇街3357个点位开展看护值守。3月，启动2022年全区全域禁放工作，聘请评估公司进行全域禁放社会调查，完成社会稳定风险评估。8月，会同区司法局、机关事务局完成合法性报告、政府网预公开等工作事项。10月，联合区烟花办起草合法性审查报告，联合区委宣传部门开展禁放宣传。

（牛　奔）

【重大活动安保工作】　3月2

日至13日，全国“两会”召开期间，区委政法委实行日会商工作机制，协调解决重点突出问题。5月27日，部署中国共产党成立100周年庆祝大会服务保障工作。6月，制定下发服务保障工作方案，启动社会面保障服务工作，期间组织专业力量实地踏勘确定重点点位，发动群众参与值守。6月15日至7月1日，实行日会商工作督导机制。

（任 文 牛 奔）

【政法队伍教育整顿】 3月19日，召开动员部署会启动门头沟区政法队伍教育整顿工作，区委政法委和区公安分局、区法院、区检察院、区司法局及其32家基层政法单位、84个基层党组织、1281名政法干警全部参加。3月至7月，区委政法委组织开展全区政法队伍教育整顿。共开展多种形式的集中学习教育700余场次，结合党史学习教育开展主题党日320余次，进行警示教育120余场次；广泛开展谈心谈话，深入查摆思想、工作、作风等方面问题；全面开展落实“三个规定”情况自查和“有案不立、压案不查、有罪不究”百千万线索核查，发现问题线索798件；坚持问题整改和建章立制相结合，建立顽瘴痼疾台帐36项140条，整改工作不规范等方面问题517项，针对顽障痼疾制定整改制度机制54件，建立工作制度机制82件；坚持开门整顿，面向各界召开征求意见座谈会近百次，收集意见建议650余条；坚持以群众满意为出发点和落脚点，制定《“我为群众办实事”活动方案》，开展六大主题活动，为群众办实事好事924件，推出便民利民、智慧智能服务举措60余项；推进“党建＋中心工作”模式落地见效，培育打造“穿警服的副书记”“法映山红”“京西刑检红色先锋”和“红色品质公证”等党建品牌，打造一支党和人民信得过、靠得住、能放心的新时代京西政法铁军。北京市教育整顿工作刊物采登40余条特色亮点信息，中央媒体、市属媒体报道区教育整顿新闻55篇，特别是《北京门头沟“两室一站”为民营企业纾困解难》得到新华社、法治日报、法制网、北京日报等主流媒体报道。经市教育整顿办评估验收，7月12日召开门头沟区政法队伍教育整顿总结大会。

（苏 麒）

【警示教育活动开展】 3月26日，区委政法委召开门头沟区政法队伍教育整顿廉政教育报告会暨警示教育大会。4月1日，召开区委政法委警示教育大会暨党纪党规培训，学习“领导干部干预司法活动的‘三个规定’”。5月10日，召开区委政法委政法队伍教育整顿第二次警示教育大会。5月19日，召开全区政法队伍教育整顿第二次警示教育大会，观看警示教育片。11月1日，召开区委政法委“以案为鉴、以案促改”警示教育大会。

（苏 麒）

【举办4次政法系统政治轮训】 3月30日，区委政法委举办门头沟区政法系统政治轮训暨习近平法治思想专题讲座。4月7日，举办门头沟区政法系统第二轮政治轮训暨党史学习教育专题讲座。9月24日、10月14日，通过“云端课堂”举办政法系统政治轮训。

（苏 麒）

【平安门头沟建设考核机制建立】 3月，区委政法委制定下发《2021年平安门头沟建设考核方案》《2021年平安门头沟建设镇街考核细则》《2021年平安门头沟建设部门考核细则》，建立周抽查、月考核、季通报考核体系。

（牛 奔）

【社会治安重点地区综合整治】 4月起，区委政法委组织实施市级挂账社会治安重点地区综合整治和区、镇街两级挂账社会治安重点地区联合整治。2个市级挂账地区、4个区级挂账地区全部考核达标。

（牛 奔）

【“两室一站”挂牌“一站式”办公】 4月2日，区委政法委牵头区人民法院、区人民检察院、区司法局在中关村科技园区门头沟园挂牌成立法官联络室、检察官联络室和律师公证工作站（合称“两室一站”），建立形成“一站式”集中办公、“四个一”服务机制、“九大检察”联络机制、“四个抓”办事机制等。年内，接待各类咨询50余次，开展巡回法律知识讲堂4场，举办高新企业法治体检培训1场，为企业挽回、减损上亿元。新华每日电讯、新华网、法治日报、法制网、北京日报及北京电视台等多家中央、市级媒体予以宣传报道。

（马 力）

【宣传表彰先进模范】 4月8日，区委政法委在区少年宫举办京西红色政法铁军英模报告会，区公安分局王宗桃、区法院谢耀宗、区检察院第一检察部和区司法局公证处负责人作为英模个人和英模集体代表作报告。6月30

日，门头沟区政法系统“三个十佳”评选结果发布，区公安分局王超、区法院文利、区检察院刘玉霞、区司法局路明英等30名政法一线干警分别获评“十佳党员先锋”“十佳精业标兵”“十佳爱岗模范”等荣誉称号。

（张金涛）

【政法系统宣传报道】 5月14日，法治日报社北京站到门头沟区开展“基层行”活动，采访报道区委政法委统筹区人民法院、区人民检察院、区司法局在中关村科技园区门头沟园设立法官联络室、检察官联络室和律师公证工作站（两室一站）工作。6月17日，北京政法新媒体矩阵“大V行”到京西山区中共第一党支部开展“学习京西党史 传承红色基因”主题教育活动。6月29日，新华每日电讯发表“北京政法系统开展‘我为群众办实事’实践活动”主题文章，记录门头沟区政法单位以“两室一站”创建新的服务、联络、办事机制，积极优化营商环境。

（张金涛）

【区委政法委员会全体会议召开】 5月21日，区委政法委组织召开中共门头沟区委政法委员会全体会议，听取政法各单位政法队伍教育整顿建章立制情况汇报，审议通过相关规章制度。会后，印发《门头沟区政法系统政治督察实施办法》《门头沟区政法系统纪律作风督查巡查实施办法》《门头沟区政法单位党组（党委）重大事项请示报告实施细则》《门头沟区政法系统常态化开展“我为群众办实事”实践活动规定（试行）》。

（苏 麒）

【建立执法司法制约监督机制】 5月24日，区委政法委印发《中共北京市门头沟区委政法委员会贯彻落实〈关于健全完善政法领域执法司法制约监督制度机制的意见（试行）〉的工作措施（试行）》和《门头沟区政法领域执法司法制约监督联席会商工作制度（试行）》，建立执法司法制约监督联席会商平台，形成“党委政法委＋政法各单位＋外部监督群”的执法司法制约监督工作格局。

（马 力）

【“三个规定”宣讲落实】 5月31日，门头沟区“三个规定”（《领导干部干预司法活动、插手具体案件处理的记录、通报和责任追究规定》中共中央办公厅、国务院办公厅2015年3月18日印发、《司法机关内部人员过问案件的记录和责任追究规定》中央政法委员会2015年3月26日第十六次会议审议通过印发、《关于进一步规范司法人员与当事人、律师、特殊关系人、中介组织接触交往行为的若干规定》最高人民法院、最高人民检察院、公安部、国家安全部、司法部2015年9月21日联合印发）集中宣讲暨党政领导干部公开承诺大会召开。宣讲“三个规定”，区主要领导现场签订公开承诺书。6月29日，区委办印发《门头沟区关于进一步防止领导干部干预司法活动、插手具体案件处理的工作措施》，建立健全制度机制，推动党政机关带头、全社会监督共同参与执行“三个规定”。

（马 力）

【法学会工作】 6月10日，中国法学会会员部主任到门头沟区调研驻中关村科技园区门头沟园法官联络室、检察官联络室和律师公证工作站等“两室一站”建设。9月14日，区法学会组织全区40余家委办局、各镇街及区法学会会员，通过线上线下相结合方式旁听门头沟区法院公开开庭审理特大跨境“杀猪盘”案。9月16日，召开进一步加强法学会建设座谈会征求各方面意见建议。11月12日，区法学会举办《北京市接诉即办工作条例》专题培训。12月14日，召开2021年区法学会工作总结暨2022年工作务虚会。

（唐晓瑛）

【扫黑除恶常态化开展】 8月26日，门头沟区第一次扫黑除恶常态化工作会召开，部署信息网络、自然资源、工程建设、交通运输等四大行业领域整治工作。9月2日，区委办、区政府办印发《门头沟区关于常态化开展扫黑除恶斗争的工作方案》，建立健全8项工作机制，构建起常态化扫黑除恶工作体系。9月2日，召开门头沟区扫黑办主任办公会，推进四大行业领域整治工作；印发《关于开展四大行业领域整治专项督导的工作方案》，成立督导工作专班开展常态化督导。9月24日，举办扫黑除恶专项斗争培训，中国法学会法治研究所研究员刘金瑞讲授《打击治理电信网络诈骗的法治保障》。

（马 力）

【线上专题法治宣传】 年内，区委政法委围绕“烟花爆竹安全管理”“4·15全民国家安全教育日”“12·4宪法日”等主题在“京西卫士”微信公众号专题开展线上法治宣传活动，超10万人次参与。

（张金涛）

【新冠肺炎疫情应急值守】 年内，区委政法委联合区卫健委、区疾控中心、区医院、区公安分局、区文旅局、大峪街道和晨光饭店等单位组建工作专班，1月、7月、11月、12月完成4轮、87天应急值守工作任务，完成226名隔离人员的日常管控和解除隔离工作。

（牛 奔）

法治政府建设

【概况】 2021年，门头沟区召开区委全面依法治区委员会会议。印发《门头沟区贯彻落实习近平总书记在中央全面依法治国工作会议上的重要讲话精神以及〈北京市全面依法治市规划（2021-2025年）〉的任务分工方案》《门头沟区领导干部述法考评规定》等文件。完善依法考评细则，严格开展依法行政季度考核和法治政府建设督察。落实领导干部学法制度要求，组织开展政府常务会会前学法、依法行政专题研讨班。加强基层法治政府建设指导，制定《关于全面推进镇街法治政府建设的指导意见》等制度文件，举办镇街周末法治讲堂。深化法治政府示范建设，协调相关部门完成法治政府示范项目和区政府决策案例参评工作。

（李寒钰）

【领导干部依法行政培训】 年初，区司法局制定2021年区政府常务会学法计划，全年安排会前学法7次。6月16日至18日、10月25日至29日，围绕习近平法治思想组织依法行政网络专题研讨班2期，培训全区处级领导干部125人次。

（张云洁）

【首期“法治护航”普法培训班】 1月19日，区司法局联合区委统战部、区工商联、区人保局等部门在中关村科技园区门头沟园举办首期“法治护航”普法培训班。17家科技创新企业的20余位企业负责人和企业高管参加培训。

（李寒钰）

【深化全面从严治党工作会召开】 3月19日，区司法局召开2021年深化全面从严治党工作会，对全局2020年党建工作情况、落实全面从严治党主体责任情况进行总结，就2021年相关工作进行部署。局党组成员、部门负责人签订《2021年度区司法局深化落实全面从严治党主体责任清单》。

（张云洁）

【为3751地块提供专项公证服务】 3月，区司法局针对永定镇3751地块征收工作存在的征收范围广、安置人口多等现实困难，华夏公证处研究推出代领周转费、供暖费公证产品，为3751项目公证开辟绿色通道，提供专项公证服务，助力破解补偿发放周转费难题。

（李寒钰）

【镇街行政执法培训】 4月16日，区司法局组织各镇街司法所骨干及执法队法制员观看新修订《行政处罚法》视频讲座，邀请区卫健委工作人员进行案卷制作经验交流，并开展镇街执法案卷互评工作。

（张云洁）

【“三个规定”“万长”大宣讲活动】 5月31日，区司法局开展门头沟区“三个规定”“万长”大宣讲（区司法局分会场）活动，围绕《深入开展顽瘴痼疾专项整治严格落实防止干预司法“三个规定”》作专题报告。

（李寒钰）

【行政规范性文件专项清理】 5月至6月，区司法局组织各部门以涉及行政处罚内容的规范性文件为重点对全部现行有效行政规范性文件进行清理。共审查以区委、区政府办名义印发的规范性文件57件，废止3件。审查以各镇街、区政府各部门印发的规范性文件190件，均不涉及行政处罚内容。

（张云洁）

【行政处罚法系列讲座】 6月18日，区司法局举办新行政处罚法专题讲座。邀请观韬中茂律师事务所律师逐条解析新行政处罚法修订内容，邀请区检察院检察官结合行政处罚法修订内容讲解行政执法与刑事司法衔接工作要求。全区30家行政执法单位、13个镇街的110余名行政执法和法制工作人员参加培训。

（李寒钰）

【区委全面依法治区委员会第一次会议】 7月14日，门头沟区召开区委全面依法治区委员会守法普法协调小组2021年第一次会议，传达市委全面依法治市委员会守法普法协调小组第五次会议精神，对《门头沟区关于开展法治宣传教育的第八个五年规划（2021—2025年）（审议稿）》起草情况及《2021年门头沟区普法依法治理工作要点》进行说明，对《2021年北京市“八五”普法考核指标（各区）》任务分解、持续巩固提升创城法治宣传群众知晓率和成立“八五”普法讲师团等工作进行部署。

（张云洁）

【“七五”普法总结暨“八五”普法启动大会】 8月9日，门头沟区“七五”普法总结暨“八五”普法启动大会召开，在全市率先启动“八五”普法工作。会上，集体观看《奋进新时代 法治正扬帆——门头沟区“七五”普法工作巡礼》专题片，通报表扬门头沟区“七五”普法先进集体和先进个人，部署全区“八五”普法工作。

（李寒钰）

【区领导出庭应诉】 9月2日，北京市第四中级人民法院一审公开开庭审理刘某等10人请求确认北京市门头沟区人民政府拆迁项目违法一案，区领导出庭应诉，区城管委、区司法局主管领导及相关工作人员到场旁听庭审。

（张云洁）

【法治政府建设督察】 9月至10月，区司法局以区委依法治区办名义组织开展法治政府建设督察。重点督察各镇街、各部门学习宣传贯彻习近平法治思想和中央全面依法治国工作会议精神及推动法治政府建设率先取得突破等情况，并形成督察报告。

（张云洁）

【专题座谈会召开】 10月9日，区司法局联合区检察院召开加强行政检察监督与行政复议、行政执法协调监督工作衔接配合座谈会。围绕建立行政争议实质性化解协同联动机制、加强行政非诉执行工作协同、建立行政处罚领域申请行政非诉执行信息共享机制等内容进行交流。

（李寒钰）

【镇街周末法治讲堂】 10月22日至11月26日，区司法局举办6期镇街周末法治讲堂，以镇街法治主管、司法所人员和执法人员为重点培训对象。邀请6位区政府法律顾问分别讲授行政规范性文件合法性审核等内容，累计培训150余人次。

（张云洁）

【镇街法治工作会】 10月27日，区司法局组织召开镇街法治工作会，各镇街法治工作主管领导参加会议。研究讨论《关于全面推进镇街法治政府建设的指导意见》，各镇街围绕推进法治政府建设中的创新做法、经验、存在问题作交流发言。

（李寒钰）

【宪法日宣传活动】 12月3日，门头沟区举办以“深入学习宣传贯彻习近平法治思想 坚定不移走中国特色社会主义法治道路”为主题的“12·4”国家宪法日法治宣传活动。全区13个镇街、40个普法责任制单位在区体育馆主会场，新桥大街、滨河路等分会场开展法治宣传活动，掀起全区“12·4”国家宪法宣传的高潮。组织市民线上观看“12·4”国家宪法日专场法治文艺演出。宪法宣传周期间，全区各镇街和单位共组织法治讲座、文艺演出、有奖问答等宣传活动115场次，利用“门头沟融媒”和“门头沟普法”等微信公众号等新媒体宣传平台，推送宣传消息230余条。

（张云洁）

公 安

【概况】 2021年，北京市公安局门头沟分局（简称门头沟分局）以建党100周年安保、北京冬奥会安保筹备等重点工作为牵动，全力以赴防风险、保安全、护发展，实现了“以京西安稳确保首都安稳”。坚持全警动员、全警参与，采取账单式管理、项目化推进等方式，共投入警力1.5万余人次，完成建党100周年直接涉及的西六环线路警卫、观礼群众集散、和平鸽押运和抽调警力支援勤务。认真履行政治安全第一责任，依托“敲门行动”“415”等工作机制，保持对涉政类案事件高压态势，强化信息搜集预警、核查稳控，快速处置涉政突出谣言线索35条、教育训诫26人；充分发挥“人力＋网络”合成优势，持续强化涉稳风险点搜集、群体访处置工作，共预警核查涉访线索195条，依法处置群体访31批366人，处理个体访9起9人；牢固树立“个人极端可防可控”理念，强化扬言极端行为线索核查，稳妥处置扬言采取极端行为线索443条，依法处理12人；依托分局反恐防恐指挥部专班，不断强化对成员单位的牵动，认真落实定期例会、联合检查、工作报告等制度，有力促进反恐防恐责任的落实，共组织开展反恐处突演练4次，全局反恐处突能力水平进一步提升。坚持以推动扫黑除恶常态化运行、打击影响群众安全感的违法犯罪为重点，突出打团伙、打系列，持续开展多个波次专项打击行动，有力打击刑事违法犯罪，共破案528起，同比上升10.7%；刑拘455人，破案同比上升10.7%；坚持防范宣传与严厉打击并举，加大对非接触类新型犯罪的打击力度，及时破获重特大跨境“杀猪盘”网络诈骗等案件，抓获境外回流犯罪嫌疑人17人；坚持将“平安行动”贯穿全年，将平安行动贯穿全年，依托“三清三个一批”“四打四挖”“四大行动”“冰锋2022平安冬奥”等专项，强力推进治安重点地区、出租房屋、行业场所、“黄赌毒”等领域专项打击整治，共开展各类行动177次，清查出租房屋3.9万余间，发现消除隐患问题2188件，查处黄赌违法案件45起258人，收缴非法烟花爆竹1183箱。围绕各项重大安保活动，持续启动社会面高等级防控方案，每天投入防控警力不少于600人，强化专业部门警力、机关支援警力、派出所巡逻民警多警联动、立体防控，突出特巡警、武警武装巡逻组“动中备”勤务模式及3分钟响应机制，街面见警率、管事率和快反处置水平显著提升；发挥全区45个社区警组、97个社区网格、15个“7×24小时”警务室，以及92名社区“穿警服副书记”作用，发动群防群治力量1.2万名、专职巡防队员349名，全方位开展巡逻防控、邻里守望和看门护院工作，抓获各类违法犯罪嫌疑人16人，确保街面和社区发案持续平稳。全力落实新冠肺炎疫情防控措施，强化力对全区核酸检测点、新冠病毒疫苗接种点、隔离观察点、多个密接人员封控小区秩序维护，实现疫情防控闭环管理；严格疫情期间监所管理，严把人员出入、会见等重点环节，实现疫情“零感染”、安全“零事故”；深入推进“放管服”改革等专项，严格落实窗口服务“减环节、减时限、减证明”改革举措，不断提高服务效能，共受理各类因私出入境业务2174件次，劝阻非紧急必要出境申请4600次，实现群众零投诉；坚持以创安、缓堵、治乱为主线，依托警种融合机制，强化道路交通执法力度，实现事故起数、死亡人数、伤人数“三下降”，全年发生一般以上交通事故82起，同比下降6%，亡20人，同比下降29%，伤55人，同比下降14%；坚持科技建设引领，领先建立视频监控智能运维管理平台，推动完成62个智慧平安小区（村）建设，系统开展“视图库建设、系统安全”两大专项，完善视频专网和公安网全体系安全设备，实现分局一类视频监控完好率98%以上，区级公共安全视频共享平台中高危漏洞和弱口令“双清零”，视图库、人像平台稳定性等多项工作在市局考核中名列前矛。积极推进智慧案审建设，健全完善协作运行机制，推动行政案件单轨制审批、刑事案件政法协同、接诉即办、信访积案化解等工作顺利开展，分局19个基层案管组全部实行“专职法制员＋专职警辅人员”的模式，全面筑牢执法前端监督管理第一道屏障。坚持压实“两个责任”，扎实推进年度党风廉政建设工作，抓实日常廉政教育、案例警示教育和勤廉典型教育“三项教育”，全年召开警示教育大会3次，自编警示教育素材8期，推树分局“勤廉之星”6人、市局“第五届勤廉标兵”1人；约谈热岗部门领导19人次，纪律审查拟选拔、评优、晋级的干部民警1882名，集体廉政谈话新任命领导干部4批次；办理信访举报、政风行风热线、问题线索、扫黑线索35件，给予违纪民警处分5人，诫勉2人，追责问责7人。坚持政治建警，深入推进党史学习教育、政法队伍教育整顿、肃清流毒影响、全警实战大练兵等工作，开展党史学习教育41期，建立整改措施64项、制发10类顽瘴痼疾长效机制16个、出台规范文件3个，妥善解决群众“急难愁盼”问题1万余件。认真落实爱警措施，强化帮扶慰问，全年为21名退休民警举行欢送会并发放纪念品，投入爱警资金同比增长27%，民警个人接受抚助慰问标准同比提高20%，提高民警体检标准，争取民警体检经费81.3万元。潭柘寺派出所副所长王玉松获2021年度“首都劳动奖章”。

（赵秋来）

【社会面宣传活动开展】 1月10日，门头沟分局在区体育馆前组织开展以“一心为民110，砥砺奋进新征程”为主题的集中宣传活动。深入宣传首都公安在抗击新冠肺炎疫情中不畏艰险、顽强拼搏的先进事迹，在扫黑除恶、整治电信网络诈骗犯罪以及解危救难、便民服务、维护公共安全等方面的举措成效。共发放宣传材料1.2万余份，解答群众咨询300余人次，征求意见建议40余条。

（赵秋来）

【新冠肺炎疫情快速响应处置实战演练】 1月24日至26日，门头沟分局先后在三家店西老店村和军庄镇军庄村组织开展突发新冠肺炎确诊病例疫情快速响应处置实战演练。分局主要领导、主管领导在治安支队领导的陪同下，到演练现场检查指导工作，并提出具体要求。各参演单位和人员明确岗位职责任务及处置流程，强化部门协作配合，达到预演目标。

（赵秋来）

【2021年全区公安工作会议召开】 2月3日，门头沟分局召开2021年全区公安工作会议暨建党100周年安保动员部署会。播放分局2020年公安工作回顾影视片；分局主要领导代表分局党委作题为《勠力同心聚合力，砥砺奋进在扬帆，全面推进新时代门头沟公安工作向纵深发展》的工作报告。分局全体党委成员以及局属各单位双正职领导参加会议。

（赵秋来）

【轨道交通涉爆现场处置演练】 2月4日，门头沟分局在北京地铁S1线石厂站组织开展“轨道交通涉爆现场先期处置”专项演练。分局主管领导，指挥处，反特巡、交通支队，永定派出所和区卫健委、交通局、消防救援支队，公交总队苹果园站派出所，轨道交通运营公司等9家单位70余人参加演练活动。

（赵秋来）

【查酒驾等违法行为专项行动】 2月8日，门头沟分局组织交通等多部门，集中开展“查酒驾、打违法、整秩序”统一行动。其间，共出动警力73人次；设置定点检查岗、动态巡控岗10处；开展交通执法113起，其中查处酒驾醉酒5起、非法改装2起；处罚货车、摩托车违法46起，处理电动三四轮车违法8起，教育警告16起。

（赵秋来）

【迎“两会”净化交通安全专项行动】 2月19日至21日，门头沟分局结合辖区交通安全形势，坚持“以面保点、以外保内”基本思路，统筹转方式、强推进、提效能“三环节”，集中组织开展“迎两会、强净化”专项行动。3天共查处酒驾醉驾8起，处罚货车违法109起、其他交通违法829起。

（赵秋来）

【抓获一名涉嫌运输吸食毒品人员】 3月4日，门头沟分局在市局禁毒总队和河北省涿州市警方的配合下，将涉嫌运输、吸食毒品的犯罪嫌疑人黄某某（男，34岁，河南省濮阳市人）抓获，当场起获冰毒100余克。

（赵秋来）

【维护祭扫高峰日交通秩序通畅】 3月27日至28日，门头沟分局针对重点日期祭扫线路车辆和人员“双上升”情况，整合交警、其他警种、协警、协管力量，突出力量先行、措施前置、疏导递进三大举措，确保高峰日出行安全通畅。期间，共出动警力231人次，协警、协管员189人次；疏导车辆1.4万余辆；接待祭扫群众2.7万余人次。

（赵秋来）

【“警营开放日”活动】 4月14日，门头沟分局在区永定楼广场举办以“打造过硬红色公安铁军争做‘两山’理论守护人”为主题的“警营开放日”活动，全方位展示分局打造优良队伍、整治顽瘴痼疾、改进工作作风等方面取得的成效。市第六指导组、区委政法委、分局主要领导，区教育整顿办，分局50名单位领导、民警代表，以及辖区群众代表近千人参加活动。局属16个基层派出所也在当日同步开展警营开放日活动。

（赵秋来）

【重点地区集中整治行动】 4月22日，门头沟分局抽调警力会同龙泉镇政府，区市场监管、消防救援、城管等部门，出动各类执法力量70余人，对龙泉镇梨园地区开展集中清理整治专项行动。共检查出租房屋232间，开展核录392人，新登记流动人口16人，发放各类宣传材料600余份，宣传教育电动三、四轮车车主51人，推广注册“全民反诈APP”62人，开具养犬执法告知单7份，“回头看”重点出租房屋55户，发现整改安全隐患11处，查获使用伪造身份证嫌疑人1人。

（赵秋来）

【“开斋节”安保工作】 5月13日，门头沟清真寺举办伊斯兰教重要传统节日“开斋节”庆祝活动。门头沟分局组织一支队，治安、反特巡、交通支队及大峪、东辛房派出所等执勤警力，落实应急处突、秩序维护等安保措施。

（赵秋来）

【取缔一个食品加工黑窝点】 5月21日，门头沟分局联合永定镇平安办、市场监管所、城管执法队等多部门，集中对永定镇卧龙岗村多处无证照食品加工黑窝点进行取缔。现场共查获盒饭400

余盒、运输三轮车2辆，查扣无检验标示的液化气罐3瓶。

（赵秋来）

【流浪犬违规犬整治行动】 5月25日至31日，门头沟分局治安支队组织各派出所会同区城管执法局、融媒体中心、专业捕犬公司等单位，在全区集中开展收置无主流浪犬及违规养犬处罚整治专项行动。共出动警力200余人次，收置无主流浪犬87条，处罚违规养犬行为67起，罚款金额1.46万元，批评教育100余人次。

（赵秋来）

【高考安保】 6月7日至10日，门头沟区2021年度普通高等学校在京招生统一考试在大峪中学举行。门头沟分局累计出动警力108人次、警车31辆次，组织辅警72人次、保安44人次、社会志愿者88人次，协调区城管执法、工商、卫生等部门执法力量46人次，确保考点及周边治安、交通秩序。为考生及家长提供便民服务70余件，加急办理身份证件4个，保障考点165个场次774名考生顺利完成考试。

（赵秋来）

【医院内部及周边集中清查行动】 6月7日至11日，门头沟分局在全区医院内部及周边，组织开展治安集中清查行动。共出动警力160余人次，医院保卫部门力量120余人次，保安员220余人次，区城管、工商、交通等相关执法部门力量48人次；清查医院21家次，门诊、急诊、监控室、留观室等重点部位230余处次；排查整改隐患问题12件，清理黑车11台次、无照游商16人次；督促医院新购置安检门1处、手持安检仪3个等安保器具。

（赵秋来）

【防范电信诈骗宣传活动】 6月11日，门头沟分局联合工商银行门头沟支行，在区体育馆门前开展“警银联手反诈同行”防范电信诈骗宣传活动。共出动宣传人员12人次，发放防范电信诈骗宣传资料3000余份，引导1000余群众下载安装注册“全民反诈APP”。

（赵秋来）

【安保警卫专干及勤务动员部署会】 6月23日，门头沟分局组织召开庆祝中国共产党成立100周年活动安保警卫专干培训及勤务动员部署会。培训内容包括就勤务背景、勤务流程、上勤时间、工作要求、岗位职责、工作任务等方面，并提出具体要求。分局治安支队领导及50名警卫专干参加。

（赵秋来）

【焰火燃放运输车辆线路安保任务】 6月28日，门头沟分局，出动执勤警力108人次，车辆54车次，采取“滚动真空”模式组织庆祝建党100周年文艺演出焰火燃放活动。全力做好辖区运输路线接力护运、路线沿途周边治安秩序维护以及路口封控、安全保障任务。

（赵秋来）

【破获一起涉嫌职务侵占案件】 7月22日，门头沟分局破获一起涉嫌职务侵占案，将犯罪嫌疑人黄某查获。经审查，黄某供述在2019年9月至2021年7月，利用其在门头沟区大峪地区某口腔门诊部前台工作人员身份，职务侵占公司财物140余笔合计人民币15万余元的犯罪事实。黄某被依法刑事拘留。

（赵秋来）

【阻止一起诈骗案件发生】 8月8日，门头沟分局反诈中心综合预警平台接到1条预警数据推送，诈骗类型为冒充公检法诈骗。接警后，民警立即使用96110反诈专线联系上事主，告知其诈骗套路，开展反诈宣传教育，最终使准备将35万余元转账的事主醒悟，及时阻止一起诈骗案件的发生。

（赵秋来）

【端掉一个卖淫嫖娼窝点】 8月18日，门头沟分局在永定镇远洋新天地端掉一卖淫嫖娼窝点，抓获王某、屈某等涉嫌卖淫嫖娼人员6人。王某、屈某2人因涉嫌组织卖淫罪被依法刑事拘留，其余4人因涉嫌卖淫嫖娼被依法行政拘留。

（赵秋来）

【保障开学日校园治安】 9月1日，门头沟区中小学、幼儿园正式开学。门头沟分局对全区78处中小学、幼儿园全部设置“一校一警”岗位，共投入警力190余人次，组织校园保卫力量600余人、群防群治力量1300余人。

（赵秋来）

【英烈主题纪念活动】 9月29日，门头沟分局在八宝山革命烈士公墓组织开展“缅怀英烈祭忠魂·抚今追昔思奋进”主题纪念活动，缅怀祭奠唐成文烈士、杨雪凯烈士。分局领导，局属相关单位新入党、新入职及青年民警代表共30余人参加活动。

（赵秋来）

【维护国庆期间旅游景点秩序】 10月1日至6日，门头沟分局组织警力加大对节日期间公园景区旅游秩序维护工作。其间，共出动警力128人次，检查潭柘寺、戒台寺、双龙峡、妙峰山等景区景点42家次；接待游客13.17万余人次、车辆4.1万台次；解决群众求助60余件次。

（赵秋来）

【邮政行业综合实战演练】 10月22日，门头沟分局结合冬奥测试赛和十九届六中全会等重大活动，组织北京市西区邮政管理局、区消防支队举行“寄递业三个百分百、突发事件处置、消防安全联合实战演练”活动，共有150余名寄递业从业人员参加演练。

（赵秋来）

【夜间专项清查行动】 11月5日至7日，门头沟分局组织警力对全区加油站集中开展第一次夜间专项清查行动。重点检查加油站散装油实名登记、视频监控系统、加油员值守、自助加油机停用等情况。共出动警力28人次，检查加油站12家，发现并督促整改问题隐患8处。12月8日，门头沟分局组织开展“冰锋·2022平安冬奥”专项攻坚行动第二波次夜间集中清查行动。重点对出租房屋、沿街足疗门店、行业场所进行大排查。共检查重点部位93处，发现并现场整改隐患5处；查处交通违法141起，查获涉黄窝点2处，抓获违法人员7名，关停足疗按摩店3家。分局领导分别深入分管战区实地督导清查工作。

（赵秋来）

【无人机操作培训演练】 11月25日，门头沟分局组织治安支队和门城及浅山区派出所共40名民警，开展无人机操作培训及反制装备实操演练。重点围绕民航无人机法规、反制装备概述、空域申请流程等内容进行讲解，针对无人机起飞、悬停、降落、轨迹飞行、地面盯控处置等科目进行实操演练，以全面提升应急处置、安保维稳等工作技能。

（赵秋来）

【国家宪法日宣传活动】 12月3日，门头沟分局在区体育馆门前举办国家宪法日宣传活动。围绕群众关心的电信诈骗、禁毒、烟花禁放、反恐、预防煤气中毒等问题，讲法普法、解答咨询，并发放各种普法宣传手册等。分局领导，治安、交通支队，森林公安大队等部门参加活动。

（赵秋来）

【端掉一非法存储运输烟花爆竹窝点】 12月14日，门头沟分局组织治安支队和城子、大峪派出所，联合端掉一非法存储、运输烟花爆竹的窝点，抓获薛某、范某两名违法嫌疑人，现场查获并收缴非法烟花爆竹550余箱，共2.43吨。薛某、范某被依法行政拘留。

（赵秋来）

【反恐防恐检查宣传】 年内，门头沟分局检查重点单位、场所共1.3万余家次。适用《中华人民共和国反恐怖主义法》实施行政处罚22起，发现整改安全隐患360处；开展反恐“五进”宣传共200余次，受教群众12万余人次。

（赵秋来）

【反诈劝阻打击工作】 年内，门头沟分局坚持防范宣传与严厉打击并举。依托反诈中心、大数据分析、合成作战，及时拨打反诈劝阻电话25万余个，为群众挽回资金损失1399万元；根据线索破获一起重特大跨境“杀猪盘”网络诈骗案件，抓获境外回流犯罪嫌疑人17人。

（赵秋来）

【打击涉及生态领域违法行为】 年内，门头沟分局瞄准破坏生态环境类和食药领域违法犯罪，组织刑侦、治安、森林公安协调联动，多角度开展线索排查、巡逻检查、便衣蹲守，实现对破坏生态环境及野生动物资源违法犯罪的精密布控、精确打击。共破获涉及生态环境类刑事案件13起，移送野生动物、林业主管部门行政案件5起。

（赵秋来）

【落实常态化疫情查控】 年内，门头沟分局在杜家庄、芹峪口、白虎头、双大路“两站两口”持续启动最高等级查控勤务，常态化落实进京人员车辆新冠肺炎疫情防控措施，并依托区域警务合作机制，强化沟通联络、同步查控，确保将各类安全隐患封堵在京门之外。共累计盘查车辆52.2万余辆、人员102.2万余人，核查劝返涉疫类人员4149人，查获违法人员16人、各类违禁物品52件。

（赵秋来）

【公安视频图像信息应用系统视频巡检】 年内，门头沟分局充分发挥智慧平安小区（村）、公安视频图像信息应用系统视频巡控支撑作用，不断完善“大数据、立体化、多维度”科技信息防控网。共累计汇聚人脸数据4000余万条，车辆数据9400余万条，案事件数据196条，转化战果83件；配合局属各单位抓获违法犯罪人员116人，其中刑事拘留68人、行政拘留48人，破获涉网案件34起。

（赵秋来）

【新冠肺炎疫情防控工作】 年内，门头沟分局紧密围绕新冠肺炎疫情防控严峻形势，依托全区疫情数据支撑工作专班模式，组织警力配合全区各部门开展溯源流调、现场封控、法治宣传、教育引导、秩序维护、督导检查工作，确保全区疫情防控形势持续平稳。共会同相关部门开展涉疫人员背景审查434人次，检查新冠病毒疫苗接种点和存储场所1274处次。

（赵秋来）

【交通警种融合机制“京西云警”无人机巡航】 年内，门头沟分局依托警种融合机制，着力推行“京西云警”无人机巡航新模式，持续开展交通安全宣传、交通执法、法制教育、重点整治，确保全区道路交通秩序良好。共调整交通组织不合理点位30处，新增更新交通标志1012面，施划交通标线5.7万余平方米；处罚交通违法29.5万余起，查处醉驾酒驾288起，电动三、四轮车违法1912起、涉牌1663起、改装795起，货车违法3.5万余起；刑事拘留100人，治安拘留61人。

（赵秋来）

【推进智慧警务工作】 年内，门头沟分局坚持以推进科技信息化建设为重点，深化智慧警务建设为抓手，牵动“前端建设、联网共享”两大建设。共累计建设高清摄像机7496台、人脸卡口1027台、车辆卡口511台、WiFi围栏635台和电子围栏28台，通过区级共享平台建设联网一、二、三类高清监控摄像机10963台。

（赵秋来）

【岗位实战大练兵】 年内，门头沟分局继续大力推进岗位实战大练兵工作。共组织编写下发练兵教材资料2300余册，拍摄系列微视频12部，按期开展综合考核，不定期进行对抗式检查，分局多项比武成绩在市局名列前茅。其中，分局法制支队报送市局的2篇典型案例及工作法均被市局采用并入选《典型案例汇编》，分局刑侦支队警犬中队在市局警犬技术比武中获团体第一名、巡控抓捕单项获第三名。

（赵秋来）

【网上网下全方位督察工作】 年内，门头沟分局围绕重大安保工作和分局中心工作，坚持采取现场督察与网上督察相结合的方式，全方位开展督导检查，保证各项工作落实到位。共检查单位1781个次，发现问题隐患317件、局属单位窗口及执法办案场所安全类问题83件；下发《公安督察通知书》4件、《公安督察提示单》40件，编发检查情况通报17件，制作视频片19部，确保问题整改到位。

（赵秋来）

检　察

【概况】 2021年，门头沟区人民检察院共受理刑事、民事、行政、公益诉讼检察案件（以下简称四大检察案件）1066件，审结1053件。全年受理的刑事检察案件中，审查批准逮捕案件184件235人，审查起诉案件337件421人；监督公安机关立案4件，其中2件提起公诉，均判处有期徒刑以上刑罚；针对公安机关重大违法问题制发纠正违法通知书4份、纠正违法类检察建议书1份，针对公安机关侦查活动一般违法问题制发侦查活动监督通知书42份；针对判决适用法律确有错误发出再审检察建议2份，针对审判活动违法发出检察建议1份，获采纳；针对刑事执行和强制措施监督方面发现的问题，共向审判机关、监管场所、涉案单位发出纠正违法通知书1份、检察建议书4份、其他监督文书1份。全年受理民事检察案件108件，办结105件；针对监督事项发出检察建议2份，采纳率100%。全年受理的行政检察案件中，受理行政审判活动监督案件2件、行政执行活动监督案件54件；针对监督事项发出类案检察建议2份，采纳率100%。全年受理公益诉讼检察案件线索74件，立案75件，行政公益诉讼领域通过诉前检察建议推动问题解决率100%。

年内，无捕后宣告无罪和不负刑事责任案件、无撤回起诉案件，4件案件被评为全市精品案件及优质案件；刑事检察“案—件比”降至1:1.02、为全市最优，办案团队获评“全国巾帼文明岗”。落实认罪认罚从宽制度，推动建立公检法司协作配合机制，规范办案程序，认罪认罚从宽制度适用率位居全市前列，确定刑量刑建议采纳率高出全国平均值1.4%。

年内，共受理民事审判活动监督案件53件，同比上升53倍，其中依职权主动监督46件。

年内，依职权主动受理行政审判活动监督案件2件；依职权主动受理行政执行活动监督案件54件，同比上升26倍，针对监督事项发出类案检察建议2份，采纳率100%；促进行政争议实质性化解5件。

年内，生态环境和资源保护领域立案41件，占立案总数的54.67%。聚焦网络餐饮经营、处方药销售、城市二次供水、医疗废物处置、电动车用电安全等行业领域，全面推进“公益诉讼守护美好生活”专项监督20余项。落实“诉前实现保护公益目的是最佳司法状态”的目标，行政公益诉讼领域通过诉前检察建议推动问题解决率100%。积极探索民事公益诉讼工作，立案刑事附带民事公益诉讼案件11件，就一起非法采矿案件首次提起刑事附带民事公益诉讼。区人民检察院第五检察部获北京市工人先锋号荣誉称号，院第一检察部获“全国巾帼文明岗”奖牌，院团支部获评“北京市五四红旗团支部”。在北京市委宣传部主办的第十一届“书香中国·北京阅读季”评选中，区人民检察院获评“书香机关”称号。

（王　珏）

【深入基层开展党建共建活动】 3月2日，区人民检察院党组书记、检察长到清水镇李家庄村参加党建共建座谈会，并实地调研李家庄村对口帮扶工作，就清水镇转型发展与党建工作开展情况进行交流座谈。

（王　珏）

【检察官联络室成立】 4月2日，区人民检察院在中关村科技园区门头沟园挂牌成立检察官联络室，搭建服务民营企业发展“检企绿色通道”，以实际行动为民营经济发展保驾护航。检察官联络室主要提供服务有：第一，执法办案“向前一步”，为民营企业打造创新创业的良好环境。包括司法保护贯穿执法办案，净化民营企业发展环境；羁押必要性审查覆盖执法办案，让民营企业感受司法温暖；厘清办案标准统一执法办案，保护小微企业生存发展。第二，检企服务“向前一步”，检察官联络室切实为民营企业排忧解难。包括服务阵地前延，主动问需求听建议回应诉求；服务方式前延，接诉即办及时回复；服务领域前延，实现全方位、立体化司法服务。第三，综合治理“向前一步”，助推民营企业高质量发展。包括及时制发检察建议，堵塞制度漏洞；开设最需要的法律课堂，提升法治意识；夯实风险防控理论基础，为涉企法律问题提供解决路径。检察官联络室发挥检企桥梁纽带作用，立足为民营企业营造最优化法治营商环境的宗旨目标，全面回应企业司法需求，着力加强民营企业司法保护，提供更加精准的普法产品，营造更加优质的法治营商环境，为区域经济社会发展及构建辖区“一园四区一小院”绿色发展新格局贡献京西检察力量。

（王　珏）

【与公安分局签订检警协作机制】 5月21日，区人民检察院与区公安分局签订《检警协作机制》并开展座谈。门头沟区领导及相关检察人员参加签订仪式和座谈会。此次签订检警协作机制旨在于构建新型检警关系，检察机关“关口前移”，强化审查引导侦查取证，将严格的庭审证明标准从刑事案件立案后就传导给公安机关，引导公安机关充分利用侦查黄金期，在侦查环节将犯罪事实、犯罪证据、犯罪线索等全部查清，达到犯罪事实清楚、证据确实、充分的侦查终结条件，促进提升侦查质量，彻底改变案件移送起诉后还面临事实不清楚、证据不充分的问题，全面提升刑事案件办案质效，延伸侦查监督触角，以良性的检警沟通协作机制促进区域内法治环境全面优化。

（王　珏）

【与区法院建立行政检察协作机制】 6月3日，区人民检察院与门头沟区法院签订《行政检察和行政诉讼联席会议工作办法》，并开展座谈。《行政检察和行政诉讼联席会议工作办法》就信息交流共享、案件协调、实质性化解行政争议、庭审旁听、学习培训等方面达成共识。一是信息交流共享。二是深化案件协调。三是凝聚办案共识。四是加强交流研讨。五是形成工作合力。

（王　珏）

【与司法局签订加强社区矫正对象监管办法】 6月17日，区人民检察院与区司法局签订《关于加强社区矫正对象教育监管的工作办法》，并开展座谈。《关于加强社区矫正对象教育监管的工作办法》是从社会调查评估、社区矫正监管、社区矫正变更执行和社区矫正终止执行四大环节着手，通过强化检司协作共同推进和规范社区矫正工作，保障刑事判决、刑事裁定和暂予监外执行决定的正确执行，提高教育矫正质量，促进社区矫正对象顺利融入社会，降低社区矫正对象的再犯罪率，进一步提升社区群众生活的安全感和幸福感。

（王 珏）

【政法队伍教育整顿评估验收】 6月23日，市政法队伍教育整顿第六指导组以及区政法队伍教育整顿第一指导组到院开展政法队伍教育整顿评估验收工作。指导组分别对全体班子成员以及随机抽取的中层干部、青年干警开展教育整顿问卷调查。并且全面检查院内教育整顿工作台账、查纠整改、建章立制等情况，查阅相关材料。此外，指导组抽取10名干警围绕教育整顿感悟体会、存在的不足以及意见建议等内容开展座谈交流。经评估之后，指导组认为区检察院教育整顿结果为验收通过。

（王 珏）

【“为民办实事”群众点评会】 6月29日，区人民检察院组织“为民办实事十佳事例”群众点评会。邀请区人大代表、政协委员、群众代表、媒体代表作为嘉宾评委，对检察为民办实事事例打分点评。此次点评会通过邀请事例相关服务对象与办实事承办人同台讲述、视频采访等多元形式，把门检典型实事亮出来，实事标准立起来，长效机制建起来，向社会展示实事成果，请人民监督，让群众评判。点评主要围绕着十大事例进行，包括第一，破解“九龙治水”难题，保障居民饮用水安全；第二，构建新型检警关系，实现司法公正高效；第三，检察官联络室“五项务实服务举措”，促进民营企业安心谋发展；第四，教育感化被害人之子，让80岁老人安享晚年；第五，检察“三色服务”推动社区微治理等十大事例。经群众点评认为，区人民检察院为群众办实事解难题，检察业务抓出了提质增效新业绩，平安建设交出了事心双解新答卷，检察产品提升服务大局新力度，群众点赞检察机关矛盾化解“真解难”，服务保障“真用劲”，精准普法“真预防”，守护公益“真作为”，有效提升区域执法司法水平。

（王 珏）

【首次公检法司律同堂培训班】 8月4日，区人民检察院组织举办首次门头沟区公检法律联合培训班，邀请北京大学法学院教授、博士生导师讲授国内洗钱犯罪的司法认定问题。培训旨在全面落实党中央、最高人民检察院、市人民检察院关于反洗钱工作的决策部署，提升反洗钱办案工作质效。公、检、法、司、律一线办案人员110余名参加培训。

（王 珏）

【公诉全市首例跨境电信网络诈骗案】 9月14日，区人民检察院党组书记、检察长出庭公诉吴某某、潘某某等21人涉嫌组织偷越国境、诈骗案。该案是区人民检察院办理的全市首例“杀猪盘”跨境电信网络诈骗案。区人民检察院通过提前介入引导侦查取证、捕后实时跟踪补证进度、积极开展自行补充侦查等方式，充分利用侦查黄金期补充完善证据链，仅用一个月时间完成审查起诉工作，对全案被告人提出确定刑量刑建议，实现了案件的高效办理。21名被告人全部当庭认罪认罚。

（王 珏）

【以再审检察建议促进审判监督】 9月，区人民检察院在开展剥夺政治权利刑罚执行检察专项活动过程中，发现区法院判决书存在适用法律错误，遂依法向其制发再审检察建议。区法院启动审判监督程序审理此案，并于12月16日判决将被告人尚未执行完毕的剥夺政治权利刑罚与新罪并罚。

（王 珏）

【最高检九厅厅长受聘区内中学法治副校长】 11月9日，最高检第九检察厅厅长那艳芳受聘成为北京八中永定实验学校法治副校长，并实地调研参观门头沟院基础设施建设和检察文化建设，特别是区人民检察院首创的“德智行规劳”五位一体观护帮教模式。

（王 珏）

【“十大精品案件”展评活动】 12月3日，区人民检察院举办2020—2021年度“十大精品案件”展评活动。活动邀请北京师范大学教授、博士生导师等担任评委。22名案件汇报人通过PPT全面展示参评案件的基本案情、具体做法及典型意义，从不同角度诠释四大检察职能。最终推选出10个精品案件与5个优秀案件。12月，北京市检察机关举办“守初心、护民心”刑事精品案件评选活动，评选出10件精品案件和10件优秀案件。区人民检察院办理的姜某某故意伤害案获评精品案件。该案系一起基于医院强制报告而发现的监护侵害案件，检察院能动履职，充分利用侦查黄金期，科学引导取证；分阶段审慎适用强制措施，确保司法公正；积极开展多元立体救助，彰显检察温度，把长远关怀的检察担当，点点滴滴融入守护未成年人健康成长中，让司法温暖和公平正义如细雨般播撒到孩子心田。

（王 珏）

法 院

【概况】 2021年，区法院围绕党的建设、审判质效、党风廉政、人才培养“四个支点”和服务大局、服务群众、服务干警“三条主线”，统筹推进新冠肺炎疫情防控和执法办案任务，依法公正高效审理各类案件。截至年底，共新收各类案件12058件，办结11326件。区法院坚持党建引领，深化“一统领三嵌入”党建工作机制。13个党支部和29个党小组全面对接辖区机关、镇街及村居基层党组织，让党建引领下的司法工作与辖区大局发展需求、社会治理需求和群众司法需求深度融合。聚焦执法办案第一要务，依法审结刑事案件301件、审结各类民商事案件6819件、审结行政案件216件，执结案件3496件，执行到位金额3.63亿元，全面提升审判质效。推进法治政府建设，全面优化营商环境，深度服务乡村振兴，保障辖区转型发展。深化司法体制综合配套改革，构建“全员全域全程”民商事案件节点管理机制，健全“三维五向”重大敏感案件管控机制，有效实现全部案件普遍监管、重点案件特别关注；加强队伍建设，深入推进党史学习教育，开展政法队伍教育整顿，锤炼队伍司法能力，锻造忠诚干净担当的过硬法院队伍。

区法院获评“人民法院党建工作先进集体”“北京市‘八五’普法先进集体”；机关党委被授予“北京市先进基层党组织”称号。谢耀宗被评为“全国五一劳动奖章”获得者，干警刘晴、韩睿萌在“2021年北京法院书记员云庭审专项技能大练兵”活动中获金奖，10名干警在全国法院学术讨论会上获奖。

（牛 哲）

【司法保障民企发展新闻通报会】 3月25日，区法院举行“法治优化营商环境 司法保障民企发展”新闻通报会，与区工商联签订《建立门头沟区民营企业产权保护社会化服务体系战略合作协议》，挂牌“民营企业产权保护调解室”。

（牛 哲）

【人民陪审员就职培训】 3月26日，区法院举行人民陪审员就职宣誓仪式暨岗前培训。邀请往届优秀人民陪审员代表、技术公司工程师和院内员额法官，围绕司法礼仪、陪审纪律、陪审员绩效管理系统作使用和民商事、刑事、行政等审判实务进行授课辅导。

（牛 哲）

【法官巡回办公室挂牌设立】 4月15日，区法院立案庭（诉讼服务中心）在丽景长安社区挂牌设立法官巡回办公室并开展普法宣传。

（牛 哲）

【司法宣传】 5月6日，《人民法院报》头版头条以《从“事后怎么判”到“事前怎么办”》为题，对区法院探索“嵌入式”党建模式助力基层社会治理的举措和成效进行报道，该刊评论员同步进行评论。年内，在中央电视台、《法治日报》《人民法院报》等中央级媒体发布宣传报道71篇，在《北京电视台》《北京日报》《北京交通广播》《北京晚报》《北京青年报》等省市级媒体上发布宣传报道200余篇，在中国法院网、北京政法网、北京法院网等网络平台上发布宣传报道300余篇。依托院官方微博、微信公众平台、今日头条、抖音、快手5个新媒体阵地，开设“门法公开课”“京法巡回讲堂”“以案释法”“为民办实事”等专栏，2021年共制作5分钟以上以案释法普法视频28部，发布新媒体文章543篇。

（牛 哲）

【党史学习教育专题党课】 7月30日，区法院党组书记、院长讲授党史学习教育专题党课，新入职干警开展党史学习教育专题汇报演出。

（牛 哲）

【党建工作机制获得多方宣传推广】 年内，新华通讯社《国内动态清样》（第615期）刊载《北京门头沟法院以党建为纽带将司法服务嵌入基层治理》一文，最高人民法院院长周强批示。《最高人民法院简报》《人民法院报》头版头条、区直机关工委刊发门头沟法院“一统领三嵌入”（即以党的政治建设为统领，将党建引领下的各项工作嵌入大局发展需要、社会治理需求和群众司法需求）党建工作经验做法。区委书记张力兵在《政法队伍教育整顿专报：〈人民法院报〉头版头条报道区法院探索“嵌入式”党建模式助力基层社会治理举措成效》上指示：“继续发扬成绩，再接再厉”。北京法院“以党建为引领 深入推进诉源治理办实事”现场会在区法院召开，党组书记、院长对“一统领三嵌入”党建工作机制作经验介绍。年内，区法院在“一统领三嵌入”党建工作机制引领下，各党支部分别对接辖区机关、镇街以及村居基层党组织，调研司法需求，发送涉诉情况白皮书，辅助化解矛盾纠纷、排查风险隐患。

（牛　哲）

【诉源治理工作】　年内，区法院加强与基层党组织对接互联，深化诉源治理。与镇街机关对接征集司法需求，在物业纠纷集中的镇街社区设立法官巡回办公室，诉前化解物业纠纷1000余件，物业案件收案数连续两年下降。

（牛　哲）

【司法能力建设加强】　年内，区法院加强司法能力建设，开展审判辅助业务、审判业务、规范化执法、调解工作、环境资源审判业务等培训；成立青年理论研究小组并开展首次讨论会；与北方工业大学启动2021年度法律人才联合培养项目，并开展首批联培生选派工作。

（牛　哲）

【“京法巡回讲堂”95场】　年内，区法院组织普法宣传服务队、法治副校长到中关村科技园门头沟园、雁翅镇雁翅村、斋堂镇白虎头村、区消防救援支队等村居、企业园区、机关单位开展与群众生活息息相关的“京法巡回讲堂”95场。

（牛　哲）

【执行工作创新发展推动】　年内，区法院严厉打击拒不执行判决、裁定行为，依托联动机制向公安机关报送临控被执行人28人，成功控制12人。积极推进涉民生案件执行，开展大规模强执活动20余次，办理各类涉民生案件317件，发放案款1139余万元。贯彻善意文明执行理念，探索适用信用惩戒措施“三缓两核查”方法，共执结“六稳”“六保”案件373件，发放案款1亿余元。

（牛　哲）

【司法便民利民举措强化】　年内，区法院增设61868000便民服务热线，联系法官到位率、反映事项办结率和工单回访率均达到100%。为符合条件的案件当事人减免缓交诉讼费580万余元。小额诉讼程序适用率全市法院第一，“多元调解+速裁”工作在最高法院诉讼服务中心信息平台质效评估得分排名全市法院第一。与区教委建立涉“双减”纠纷对接机制，稳妥处理一批要求退还预付费的教育培训纠纷。用心用情帮助再婚夫妇实现“生同衾死同椁”遗愿。

（牛　哲）

【法治政府建设服务保障】　年内，区法院积极促进行政争议诉前实质性化解，24起案件的原告自愿撤诉，行政机关负责人出庭案件均无当事人信访、闹访及投诉发生。与10余家行政机关开展工作研讨、法治培训和庭审观摩。

（牛　哲）

【代表联络工作】　年内，区法院组织人大代表联络活动32场，面对面走访市、区人大代表58人次。其中，邀请人大代表参加区法院政法队伍教育整顿征求意见座谈会；举办“视察党建工作成果，监督教育整顿成效”主题代表联络活动暨征求意见建议座谈会；大台街道“两代表一委员”7人受邀走访区法院；党组、各部门积极开展面对面走访代表工作；市法院、检察院联合召开征求市人大代表门头沟团意见建议座谈会。

（牛　哲）

司法行政

【概况】　2021年，门头沟区司法局机关设7个行政科室，下属事业单位4个，即门头沟区法律援助中心、门头沟区阳光中途之家、门头沟区行政复议调解事务中心、北京市华夏公证处。根据《关于调整基层司法所管理体制的通知》要求，全区13个镇街司法所管理体制调整为属地管理，转隶人员42人。

区司法局推动党史学习教育走深走实，打造“红色品质公证、红心律师、红色调解员”三个“党建+”品牌。研究制定《2021年区司法局党建工作要点》。出台《门头沟区司法局干部个人事项报告备案制度（试行）》等9项制度，梳理修订工作制度15项，废止20项。出台《北京市门头沟区司法局关于加强司法行政队伍专业化建设的意见》《门头沟区司法局关于加强科级干部轮岗交流的实施意见》，着力打造一支革命化、正规化、专业化、职业化的京西司法行政铁军。优化政府法律顾问服务方式，聘任10家律师事务所成立区政府法律顾问团为区属各部门提供日常法律顾问服务。全年审核区政府重大决策及规范性文件并出具法律意见42件，提出具体意见建议171条，向市政府备案行政规范性文件7件。组织各部门开展涉及行政处罚法规范性文件专项清理，审查以区政府、区政府办名义印发的规范性文件57件，以区政府部门印发的规范性文件190件，废止文件3件。严格落实对各镇街及区政府各部门行政规范性文件备案审查工作，备案区政府部门规范性文件3件。贯彻落实行政执法“三项制度”，在执法公示专栏新增行政检查单模块。加强行政执法信息公示情况核查。在镇街推行执法案卷季度评查，全年各区属部门累计评查案卷1204卷。加强日常执法监督和服务，组织执法部门参加全市执法资格考试。贯彻落实新修订行政处罚法，开展行政处罚实施主体清理，组织行政处罚法系列讲座。

接待来访来电咨询700余人次，派发行政复议宣传材料600余册。共收到行政复议申请39件，受理37件，已审结30件。共办理行政诉讼案件60件，其中一审案件30件，二审案件30件。一审案件中，区政府作为单独被告的19件，区政府与区属委办局作为共同被告的8件，区政府与市政府作为共同被告的3件。编制门头沟区“八五”普法规划，召开全区“七五”普法总结暨“八五”普法启动大会。部署开展村和社区“两委”换届选举、全国文明城区创建、民法典、国家宪法日等主题宣传活动200余场次。开展法治动漫微视频征集活动，利用“门头沟普法”微信公众号等新媒体线上推送国家安全、扫黑除恶、禁毒等方面宣传信息980余条。

门头沟区公共法律服务中心和各镇街公共法律服务站共解答现场法律咨询15837人次，“12348”法律咨询热线平台共解答电话法律咨询6574人次。共受理法律援助案件899件（刑事108件，民事791件，含中彩金案件），结案800件，为受援人挽回经济损失2920.23万元。围绕妇女、农民工、残疾人、未成年人、军人军属、老年人等群体持续开展公共法律服务专项维权系列活动。门头沟区法律援助中心被全国妇联授予“全国维护妇女儿童权益先进集体”荣誉称号。共办理公证案件1718件，其中国内民事公证案件1455件，国内经济案件35件，涉外案件228件。全年管理社区矫正对象190人，接收社区矫正对象87人，解除社区矫正对象56人，开展矫前社会调查75件。开展各类线上教育指导16期84人次，线下授课6场46人，推送教育信息398条；发布就业招聘信息369条；开展职业技能需求调查40人次。完成社区矫正对象重新违法犯罪危险性心理评估127人次。全年核查入监所服刑人员160人次，刑满释放人员材料核实、转递157人次，指导司法所完成视频会见73例。2021年，全区共有人民调解委员会323个，人民调解员1921人。各级人民调解组织共调解纠纷4969件，调解成功4969件，协议涉及金额41496.22万元。各级人民调解组织开展矛盾纠纷排查活动165次，发现矛盾纠纷70件，预防5件。规范行政执法，共开展行政检查520余次。加强公职公司律师队伍建设。做好律师参与公安涉法涉诉信访案（事）件工作。引导律师围绕109高速工程建设等重点项目提供专项法律服务。在中关村科技园区门头沟园设立律师公证工作站，为园区企业和职工就近提供法律咨询、调解纠纷和公证受理等常态化法律服务。联合市律师协会在中关村科技园区门头沟园高精尖产业服务中心开展法律服务保障活动。开展“律师基层送法，助力乡村振兴”活动。组织村居公益法律顾问积极为全区各村居提供法律服务。指导公证处落实“公证公益法律服务年”“公证服务周末不打烊”等便民利企举措。北京市华夏公证处被授予“全国巾帼文明岗”“全国工人先锋号”荣誉称号。

（李寒钰）

【加强人民调解员队伍建设实施办法制定】 1月6日，区司法局与区委政法委、区人民法院、区民政局、区财政局、区人力资源和社会保障局联合下发《关于印发〈门头沟区加强人民调解员队伍建设的实施办法〉的通知》。《门头沟区加强人民调解员队伍建设的实施办法》以下简称《实施办法》是加强门头沟区人民调解工作规范化的重要文件，对加强门头沟区人民调解员队伍建设，提高人民调解工作质量，发挥人民调解维护社会和谐稳定“第一道防线”作用，服务平安门头沟建设都具有重要意义。《实施办法》明确规定人民调解员的任职条件、选任方式、政治建设、工作职责、管理考核、工作保障、组织领导等内容。

（李寒钰）

【帮扶特殊人群未成年子女】 1月7日，区司法局联合团区委开展对生活困难社区矫正对象、安置帮教对象和监狱服刑罪犯未成年子女帮扶活动。

（李寒钰）

【“法律进校园”活动】 1月8日，区司法局联合区教委、区曲艺家协会到区中等职业技术学校，开展“同心共筑中国梦 法治文艺京西行”法治文艺演出暨“法律进校园”活动。

（李寒钰）

【有效防范社区矫正对象违规领取养老金意见签署】 1月21日，区司法局与区人力资源和社会保障局举行全市首创防范社区矫正对象违规领取养老保险待遇新机制会签仪式，共同签署《关于有效防范社区矫正对象违规领取养老保险待遇相关工作的意见》。

（李寒钰）

【法律帮扶】 1月27日，区司法局联合乾同律师事务所深入白虎头村开展法律帮扶。

（李寒钰）

【村居公益法律服务工作部署会】 2月4日，区司法局召开2021年度村居公益法律服务工作部署会，与8家律所进行现场签约。

（李寒钰）

【村（居）委员会换届选举法治宣传】 2月23日，区司法局联合斋堂镇政府在斋堂商业街开展村（居）委员会换届选举主题宣传活动。

（李寒钰）

【优化营商环境专题会】 3月3日，华夏公证处召开“优化营商环境 打造品质公证”专题会，研究制定“优化营商环境、打造品质公证”工作方案。

（李寒钰）

【律师志愿服务活动】 3月3日，区司法局在新桥路车站开展“3·5学雷锋日”律师志愿服务活动。3月5日，区司法局联合区律师协会到妙峰山镇水峪嘴村开展“新时代新女性做尊法守法明白人”律师志愿服务活动。

（李寒钰）

【政法队伍教育整顿动员部署会召开】 3月22日，区司法局召开政法队伍教育整顿动员部署会。结合《区司法局关于开展政法队伍教育整顿的实施方案》《门头沟区公证行业突出问题专项治理暨“公证公益法律服务年”工作方案》及《门头沟区律师行业突出问题专项治理方案》作动员部署并提出相关要求。区司法局领导班子成员、机关全体干部、司法所所长及事业单位负责人参加会议。

（李寒钰）

【婚姻登记中心人民调解委员会成立】 3月23日，区司法局印发《关于批准成立北京市门头沟区婚姻登记中心人民调解委员会的决定》。门头沟区婚姻登记中心人民调解委员会在门头沟区黑山大街15号楼一层办公。该调委会主要职责是对申请离婚的当事人，先行进行调解，化解因家庭矛盾纠纷引发的纠纷。

（李寒钰）

【政法队伍建设征求各方意见】 4月1日，区司法局召开政法队伍教育整顿征求意见座谈会。邀请区人大代表、企业家代表、律师代表、普通群众代表等9人，广泛征求意见建议，接受社会各界监督。通报区司法局政法队伍教育整顿的部署要求和目标任务。与会代表针对公共法律服务、法治宣传、社区环境等方面提出意见建议13条。

（李寒钰）

【政法队伍教育整顿专题党课】 4月5日，区司法局开展政法队伍教育整顿专题党课，局领导以《扎实开展政法队伍教育整顿，以新面貌新业绩庆祝建党100周年》为题，结合近期教育整顿工作完成情况、下一步教育整顿工作思路进行讲解。局机关、事业单位、司法所全体干警和律师代表共90余人参加。

（李寒钰）

【学习“身边的榜样”分享会】 4月6日、8日，区司法局举办学习“身边的榜样”分享会。邀请“北京市先进工作者”“全国模范司法所长”“人民满意的公务员”等称号获得者魏晓东、刘亚非作专题发言。

（李寒钰）

【全民国家安全教育日法治宣传活动】 4月13日，区司法局联合大峪街道在黑山公园开展以“坚持总体国家安全观，统筹发展和安全，统筹传统安全和非传统安全，营造庆祝建党100周年良好氛围”为主题的“4·15”全民国家安全教育日法治宣传活动。活动通过悬挂横幅、张贴海报、发放材料、解答法律咨询等形式，对在公园休闲健身的市民进行国家安全法治宣传。共发放宪法、国家安全、扫黑除恶等宣传材料和宣传品200余份。还设置扫码关注活动，引导市民扫码关注“中国普法”“北京普法”“门头沟普法”微信公众号，积极参与“4·15全民国家安全教育日”线上有奖答题活动。

（李寒钰）

【业务培训】 4月13日，区司法局组织开展行政复议案卷制作培训。采取案卷分析、案卷对比、现场提问方式，对行政复议相关文书制作流程进行详细讲解。4月28日、10月18日、10月25日，分别举办3期门头沟区骨干人民调解员培训班，累计参训112人。

（李寒钰）

【与社区共同训导矫正对象】 4月29日，区司法局联合区法院对1名新入矫社区矫正对象进行共同训导。

（李寒钰）

【律师公证服务工作站挂牌】 4月，区司法局驻中关村科技园区门头沟园律师公证工作站正式挂牌，将公证、律师等法律服务搬进园区，实现上门接单。

（李寒钰）

【司法行政主题宣传活动】 5月15日，区司法局在区公共法律服务中心开展“司法行政在身边 服务群众每一天”主题宣传活动。活动通过悬挂横幅、发放宣传材料、线上扫码答题、法律咨询等形式，向市民宣传法律援助、民法典等法律知识及司法行政相关政策。

（李寒钰）

【民法典相伴主题宣传活动】 6月2日，区司法局在区公共法律服务中心开展“美好生活·民法典相伴”主题宣传活动。

（李寒钰）

【行政执法资格在线考试通过率达97.87%】 6月4日、11月30日、12月15日，区司法局按照分散组织、手机在线答题的方式组织开展门头沟考区行政执法资格考试，累计188人参加考试，通过率97.87%。

（李寒钰）

【公益法律服务献爱心法治宣传活动】 6月15日，区司法局联合北京市法律援助基金会、北京天元律师事务所、区惠农公益法律服务中心到妙峰山镇开展“我为群众办实事 公益法律服务献爱心”法治宣传活动。

（李寒钰）

【建立新型检律关系框架协议签署】 6月17日，区司法局与区检察院、区律协签署建立新型检律关系框架协议，以深入检律协作，全面加强律师权益保障，确保律师有序参与检察机关开展认罪认罚、矛盾化解、公开听证等工作，保障犯罪嫌疑人、被告人合法权益，促进司法公正，共同服务和保障区域发展大局，推动建立新型检律关系相关事项为基本内容。

（李寒钰）

【组织社区矫正对象接受法治教育】 6月24日，区阳光中途之家分2场次、组织10名社区矫正对象开展党史教育、解矫前法治教育，并开展心理筛查等工作。

（李寒钰）

【政法队伍教育整顿总结大会召开】 7月15日，区司法局召开政法队伍教育整顿总结大会。对区司法局政法队伍教育整顿工作成效进行总结，并着重对巩固深化教育整顿成果、做好“回头看”工作进行部署。局领导班子成员，各科室、各事业单位全体干警，各镇街司法所所长共50余人参加会议。

（李寒钰）

【建立社区矫正督查通报机制】 7月27日，区司法局出台《门头沟区司法局社区矫正执法督查、平台报警及信息化核查情况通报机制（试行）》，明确通报内容、时间、形式范围及处置运用等。

（李寒钰）

【线上解矫前教育活动】 8月4日，区阳光中途之家利用北京社区矫正管理平台，对9月即将解除的4名社区矫正对象开展线上解矫前教育活动。

（李寒钰）

【入选“首都十大最有温度公证案例”】 8月26日，华夏公证处案例《爱，让生命延续》入选2021年“首都十大最有温度公证案例”。

（李寒钰）

【“公证开放日”活动】 9月9日，华夏公证处通过现场咨询、公证员讲解、参观办公区域等形式开展“公证开放日”活动。

（李寒钰）

【案卷评查质量抽验】 9月23日，区司法局依托北京市行政执法信息服务平台随机抽取区城管执法局、区交通局等19个行政执法部门和13个镇街的行政处罚卷案55卷，评查人员36名，开展集中督查工作。评查结果优秀卷36卷，无不合格卷。

（李寒钰）

【律师普法先行主题宣传活动】 9月，区司法局开展“法治助力创城，律师普法先行”主题宣传活动。推动律师事务所与建成区（三街两镇）有效对接，以“法律进乡村”“法律进社区”等活动为载体，广泛开展创城主题法治宣传活动。

（李寒钰）

【京典家事纠纷人民调解委员会成立】 10月12日，区司法局印发《关于批准成立北京市门头沟区京典家事纠纷人民调解委员会的决定》。

（李寒钰）

【战略协作机制框架协议签约】 10月26日，区司法局与市律师协会在中关村科技园区门头沟园高精尖产业服务中心举行《支持中关村科技园门头沟园高质量发展高端法律服务保障战略协作机制框架协议》签约仪式。市律师协会组建中关村科技园门头沟园法律服务专家组及高端公益法律服务团，成立生态环境保障组、知识产权组、企业治理与融资组与政府公共事务与“两区建设组”等9个专业服务组，依托中关村科技园区门头沟园律师公证工作站服务平台，通过法治培训、律企座谈、企业法治疑难问题会诊、法律服务论坛等形式持续提供公益性法律服务，为门头沟区生态涵养区建设和区域经济发展，全面提供高端优质法律服务。

（李寒钰）

【法律援助服务机构签约仪式】 10月28日，区司法局通过邀请比选确定2021年11月—2022年12月门头沟区法律援助值班咨询项目服务机构和案件办理项目服务机构，共17家律所。即：北京市亚太律师事务所、北京市承光律师事务所、北京市京典律师事务所、北京乾同律师事务所、北京德颐律师事务所、北京周玉顺律师事务所、北京中理律师事务所、北京杰西律师事务所、北京市亚太律师事务所、北京市承光律师事务所、北京市京典律师事务所、北京乾同律师事务所、北京德颐律师事务所、北京周玉顺律师事务所、北京中理律师事务所、北京杰西律师事务所、北京盈渊律师事务所），并举行签约仪式。

（李寒钰）

【第二届第五次律师代表大会召开】 12月27日，门头沟区第二届第五次律师代表大会在龙泉宾馆召开。表决通过《门头沟区律师协会理事会工作报告（2021年度）》《门头沟区律师协会监事会工作报告（2021年度）》《门头沟区律师协会财务工作报告（2020年度、2021年度1月-11月）》《门头沟区律师协会2022年度经费预算（草案）》。

（李寒钰）

【主题志愿服务活动】 年内，区法律援助中心依托区司法局新时代文明实践基地开展“友爱满京城 文明天天见”“福满京城 春贺神州——在京过大年 文明天天见”“志愿服务促文明 关爱帮扶暖人心”等主题志愿服务活动。累计发放各类法治宣传材料2000余份，解答法律咨询1000余人次。

（李寒钰）

军 事

8月29日，门头沟区全民国防教育——“京西讲武堂”进校园活动在北京市第八中学京西校区举办（区人民武装部 供图）

人民武装部

【概况】 2021年，中国人民解放军北京市门头沟区人民武装部（简称区人武部）完成国防动员、民兵整组、兵员征集、军事训练、军事设施保护、政治教育、战备执勤、抢险救灾等各项工作任务，被卫戍区评为“正规化建设先进单位”。

（门韶兴 温 博）

【组织冬季适应性训练】 1月9日至14日，区人武部组织冬季适应性训练，包括在营训练和野外拉练。此次坚持紧贴实战、突出重点、从难从严、全面锻炼、立足实际、务求实效的原则，切实提高组织指挥和部队严寒条件下“走、打、吃、住、藏、通、供、修、救、管”等综合保障能力。

（门韶兴）

【春季征兵工作】 1月10日，门头沟区启动兵役登记工作，明确兵役登记有关政策规定，推进兵役登记工作高标准高质量落实。1月14日至15日，区人武部组织应征青年在区医院体检中心上站体检和心理测试。3月8日至15日，区征兵办组织预定新兵，在训练基地进行役前教育训练。通过役前教育，切实让应征青年了解区征兵政策规定及新兵入伍科目训练内容，提高入伍后的适应能力。

（门韶兴）

【组织民兵承担全国“两会”安保执勤】 3月3日至12日全国“两会”召开期间，区人武部组织清水镇、斋堂镇和雁翅镇3个镇民兵，担负芹峪口检查站、杜家庄检查站、田庄村口、付珠路付家台村口、白虎头和双大路口等处的安保执勤任务。执勤期间，共协助民警检查1万余车次、2万余人次。

（门韶兴）

【参观学习昌平人武部正规化建设】 4月21日，区人武部组织13个镇（街）人武部部长及相关人员到昌平区，参观昌平区人武部正规化建设库室、软件资料和城南街道武装部借助人防工程建设民兵连排部库室建设情况。学习借鉴先进经验，加大基层人武部规范化建设水平。

（门韶兴）

【民兵应急分队集训】 5月8日至14日，区人武部抽调民兵应急营专业教练员7人，到顺义区民兵训练基地，参加卫戍区统一组织的民兵应急专业教练员集训。培训采取理论教学、示讲示教、考核评比的方式，切实提高民兵教练员训练水平。5月17日至28日，区人武部抽调由潭柘寺镇、永定镇、城子街道、东辛房街道编建的民兵应急营70人，组成区民兵应急分队在朝阳民兵训练基地进行集训。完成应急行动常识学习、防暴装备器材和抢险装备器材操作使用、巡逻执勤等课目的训练。5月22日至6月11日，区人武部组织大峪街道编建的民兵防化分队教练员5人、抽调的防化分队20人，在房山民兵训练基地开展教练员暨分队集训。其中，教练员集训采取理论教学、示讲示教、考核评比的方式组织实施；分队训练采取挂钩联训的方式，重点完成防护装备操作使用、毒剂侦检和洗消等课目训练。

（门韶兴）

【民兵点验暨授装仪式举办】 6月17日，区人武部组织由永定镇编建的民兵综合救援二连，进行区民兵点验暨授装仪式。全区13个镇、街道人武部部长等参加。区人武部对民兵点验程序进行了规范，下发综合救援二连防汛器材150余件，落实人装混合编成，切实提高民兵“平时服务、急时应急、战时应战”能力。

（门韶兴）

【组织民兵担负建党百年安保执勤任务】 6月28日至7月1日庆祝中国共产党成立100周年大会举行期间，区人武部组织清水镇、斋堂镇和雁翅镇64名民兵，担负芹峪口检查站、杜家庄检查站等6个哨位、卡点的执勤盘查任务。

（门韶兴）

【夏秋季征兵工作】 6月至9月，区征兵办组织开展征兵宣传进校园活动，到辖区各高中学校广泛宣传征兵优待政策，现场进行答疑互动，鼓励学生参军入伍。9月15日，区人武部在召开夏秋季新兵欢送大会，新兵代表进行了表态发言。

（温 博）

【民兵导弹分队集训】 7月19日至29日，区人武部抽调区民兵导弹分队40人，在北京市丰台民兵高炮指挥训练中心，参加卫戍区统一组织的民兵防空专业教练员暨分队集训。集训共完成应知应会常识、单手操作和班协同等课目操作训练，军庄镇、区应急管理局分别派出20人参加，区内参加集训的2个单位被卫戍区评为民兵防空分队“先进训练单位”。

（门韶兴）

【为入学新生开展主题国防教育】　8月29日，区人武部到北京八中京西校区为入学新生开展题为《国家尊严，用胜利来捍卫》的国防教育课，进一步强化学生国防观念。

（温　博）

【4所中学特聘国防教育副校长】　9月28日，区人武部联合区教委、区退役军人事务局及驻区部队举行国防教育副校长聘书发放仪式。大峪中学、首师大附中永定分校、北京八中京西校区、北京八中永定实验学校4所高级中学分别聘请两支部队、军事新能源技术研究所、部队军官担任学校国防教育特聘副校长，共同促进学生国防教育工作走深走实。

（温　博）

【“京西讲武堂”揭牌】　9月29日，在区委党校举行“京西讲武堂”揭牌仪式。全区基层人武部部长、新任职处（科）级干部参加仪式。依托“京西讲武堂”深化全民国防教育，促进军民融合发展。

（温　博）

【组织民兵进行实弹射击课目比武】　10月13日至14日，区人武部组织13个街道、部分委办局民兵600余人，进行轻武器实弹射击暨第二届群众性练兵比武神枪手课目比武，3人被评为“神枪手”。

（门韶兴）

【组织群众性练兵比武活动】　10月14日至15日，区人武部组织13个街道民兵进行第二届群众性练兵比武活动。比武共设置军事理论、手榴弹投准、轮胎拖曳往返跑等6个课目。活动是对前期各单位民兵群众性练兵比武活动开展情况的综合检查，东辛房街道、雁翅镇、王平镇获总评前三名。

（门韶兴）

【专武干部学习培训举办】　10月13日至22日，区人武部组织专武干部学习培训。主要组织专武干部进行基层武装工作的基本知识、基本业务和基本技能学习训练，并遴选5名基层人武部部长参加北京卫戍区组织的集训。

（门韶兴）

【基层人武部年度绩效考核】　12月27日至31日，区人武部围绕党管武装、兵员征集、民兵建设、基础设施、国防教育、国防动员6个方面对全区14个基层人武部，进行全面检查考核。通过检查，对各基层人武部2021年正规化建设进行检查，完成了情况摸底及考评。

（门韶兴）

【落实全员军事职业教育学习】　年内，区人武部组织全体干部、战士和文职人员参与军事职业教育学习，加强在岗继续教育落实。全员参加培训，每人至少修完3门课程，优良率达100%。

（门韶兴）

人民防空

【概况】　2021年，门头沟区人民防空办公室（简称人防办）落实第七次全国人防工作会议精神，聚焦人防主责主业，履行“战时防空、平时服务应急支援”的使命担当，完成年底各项工作任务。

（宋　健）

【全年执法检查377处次】　年内，区人防办共出动检查人员1685人次，检查人防工程377处次，排查各类安全隐患20处，其中现场整改3处、限期整改17处；立案4起，处罚4起，收缴罚金7.8万元。2月9日，区人防办对首开保利欢乐大都汇、悦景湾等地进行执法检查。其间，听取安全工作汇报，实地查看各项预案、消防设施设备、检查记录及各项安全制度落实、应急防范措施等情况。

（杨　艳）

【加大防空防灾宣传教育力度】　3月1日，区人防办组织开展“3·1国际民防日”专题宣传活动。区防空防灾宣教体验馆发挥宣传教育职能，为机关、社区、群众开展宣传教育活动提供服务，全年共接待参观20批次、749人次。落实人防宣传教育“五进”工作目标，投入60万元为东辛房街道安装社区人防宣传栏60个、防空防灾应急救援亭40台。

（周　彭　杨　艳）

【参加业务培训及演练】　3月2日，区人防办参加市应急移动指挥车联调，主要与市应急局和核心区进行音、视频通话。5月17日至21日，参加全市指挥通信车驻训，重点学习卫星通信系统、短波通信系统基础理论、应用与故障排查方法等内容，并对即将开展的京津冀人防跨区联合支援通信演练进行脚本推演。演练模拟突发情况下，指挥通信车紧急出动执行通信保障任务，分组开展京津冀三地卫星通信演练。

（孙　帅　刘燕新）

【人口疏散地域建设加强】　4月15日，区人防办组织召开人口疏散地域建设工作会。听取中人防规划设计院有限公司对雁翅镇田庄沟域建设疏散地域工作开展情况的汇报，并从目标原则、建设标准与内容、工作措施与要求等方面开展研讨。5月25日，区人防办在洪水口疏散地开展临战人口疏散接收安置训练活动。围绕疏散车接应、疏散人员集结、疏散人员交接、疏散知识介绍、疏散安置、实地考察等科目展开训练。

（杨文华）

【对2处人防工程开展质量监督检查】　4月16日，区人防办与市人防工程质量监督站，对妙峰山镇和永定镇2处在建人防工程主体结构进行现场质量监督检查。查阅人防工程现浇结构外观及尺寸偏差检验批质量验收记录、混凝土抗渗试验报告等材料，抽查工程主体建设情况。现场出具“人防工程质量监督检查情况表”，针对存在的问题，向施工单位提出整改意见、对监理单位提出要求。

（艾建顺）

【全年参加各类应急演练41次】　年内，区人防办参加跨区通讯支援、日常训练、京津冀协同演练、市区应急保障任务等各类卫星通讯演练41次，参加市、区应急视频会议系统联调90余次，参加指挥车应急保障备勤工作54天。4月27日，区人防办参加全区2021年度森林火灾综合应急处置演练活动，调派应急指挥通信车和4名通讯保障人员参加。其间，通讯车作为现场指挥部，担负现场的设备供电、对政府指挥中心进行工作汇报等工作；保障人员开展对接卫星、设定卫星参数、调试设备等工作，并与区政府指挥大厅建立通讯联络，将参演全程的实时画面传回指挥部。5月16日至23日，参加第8次京津冀人防（3+2）跨区联合支援通信演练。

（杨　艳　刘燕新
罗　强　宋　健）

【“接诉即办”及时排查整改违法行为】　4月中旬，区人防办接到市人防办“12345”热线投诉转单，协调市人防工程质量监督站、市人民防空指挥工程管理中心及区应急管理局等相关部门对门头沟区某社区商业向人防工程非法排污开展联合执法。联合检查组向责任单位阐述此类非法排污行为的危害性，并开展相关法律法规的宣传；下发《责令改正通知书》，同时与投诉人取得联系，就联合执法检查情况进行沟通，告知其执法工作开展和督促责任单位进行整改的情况。

（周　彭）

【提升为民办实事效率】　5月，区人防办协调市人防工程质量监督站及建设单位到惠润2地块、3地块、7地块和曹各庄4地块、5地块等人防地下车库开展人防预验收工作。真正做到服务群众“未诉先办”，加速解决小区停车难问题。

（周　彭）

【组织基层开展防汛应急演练】　6月4日，区人防办在西长安壹号28院，组织各相关镇街、各人防工程使用单位开展人防工程防汛应急演练。演练以人防工程主汛期发生雨水倒灌为背景，包括暴雨来临前期准备、企业先期处置、请求支援与控制及善后处置4个内容。

（艾建顺）

【防空警报器鸣放活动】　9月14日，门头沟区召开2021年度防空警报试鸣工作部署会。9月15日，主要领导到警报设点单位现场检查试鸣前的工作准备和安全管理情况。9月18日上午10时00分至10时23分，组织开展2021年防空警报。防空警报试鸣按照“预先警报”“空袭警报”“解除警报”的顺序依次鸣响。

（罗　强　刘燕新）

【接受市级督察组安全生产督导检查】　10月14日，市委、市政府安全生产第十一督察组到门头沟区进行人防安全生产延伸督察工作。重点督察党政领导干部安全生产责任制落实及安全生产风险评估、隐患排查整治情况。

（周　彭）

经济管理

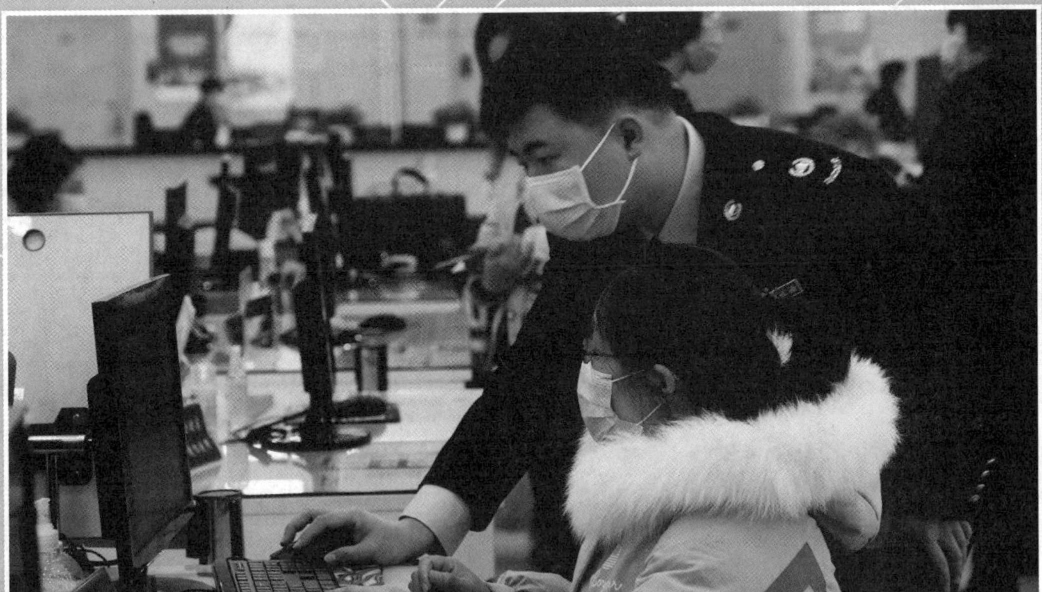

2021 年，区税务局不断深挖电子税务局办税功能，引导纳税人网上办税常态化，图为办税大厅内的自助办理区（《京西时报》 供图）

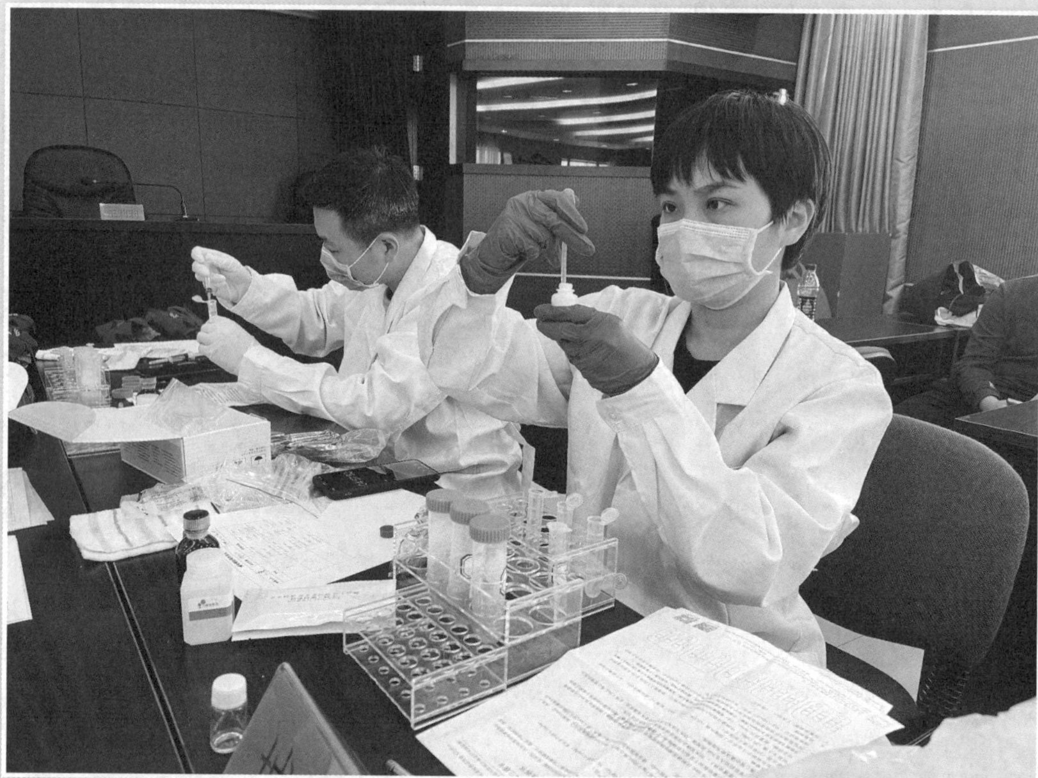

◆ 4月，区市场监管局组织15个市场监管所开展食品快速检测结果比对考核（《京西时报》 供图）

◆ 6月，区市场监管局开展专项检查净化校园周边市场环境（《京西时报》 供图）

经济社会法治与综合调控

【概况】 2021年，门头沟区发展和改革委员会（简称区发展改革委）结合党史学习教育，弘扬奉献精神，强化实干担当，高标准推进各项工作。抓总投资调度，全区纳统固定资产投资161.1亿元，同比增长7%，超出全年投资任务5.1亿元。纳统建安投资100.8亿元，同比增长14.6%，超出全年任务5.8亿。牵头平台工作，绿色高质量发展动力强劲，区域综合绩效评价指数位列生态涵养区第二。统筹市级任务，营商环境改善提升，疏整促专项行动稳步推进，零点有数、恒合信业成功上市。推动区域转型，京西产业转型升级示范区获国家改革委2020年度建设评估“优秀”等级及“推进老工业基地调整改造和产业转型升级工作成效明显地市（区）”通报表扬、国家“十四五”时期产业转型升级示范区政策支持。拓宽战略合作，助力医药健康、智能制造、数字视听产业等落地。深化两区合作，与石景山区、西城签订协议，共同抓好任务落实。强化政企联动，与京能集团建立协同机制，推动“一线四矿”文旅休闲区建设。巩固脱贫成果，助力乡村振兴。推进发展支撑要素建设，推动银盛路、军庄供水干线、育园小学、黄草梁等重大项目落地。围绕绿色高质量发展的实施路径、细分产业新动能培育、山与城联动发展产业创新等开展深度研究。

（李沁豫）

【“疏解整治促提升”专项行动】 年内，区发展改革委开展新一轮“疏解整治促提升”专项行动，统筹做好工作领导小组办公室工作，梳理全区新一轮任务台账，实现市、区、牵头部门及各镇街一个口径、一本台账。制定《门头沟区“疏解整治促提升”专项行动2021年工作计划》，明确各牵头部门专项行动任务，全年市级上账任务中涉及门头沟区14项任务中，便民服务网点建设、违法建设治理2项超进度完成任务，疏解一般制造业、治理临时建筑等9项任务提前完成任务，村庄环境治理、治理类街乡镇2项任务持续推进。

（王晓娜）

【持续推动营商环境改革】 年内，门头沟区对市级营商环境4.0政策部署改革任务细化分解，形成2张清单，包括23项区级牵头落实任务清单及配合市级部门任务清单，明确改革内容、责任单位和完成时限，坚持周报制度，强化主体责任，8月底之前全部任务完成。研究制定《门头沟区进一步优化营商环境更好服务市场主体的实施意见》，纳入区纪委监委督导检查范围，通过融媒体中心、抖音平台开展“优化营商环境、打通政策最后一公里”直播进行政策发布，并围绕10个主题延伸举办3场政策解读活动，多平台推送，切实提高优化营商环境改革政策传播到达率和精准性，不断增强各类市场主体发展信心，营造良好舆论氛围。

（刘永婷）

【结对协作取得新成效】 年内，西城区与门头沟区结对协作取得新成效。在原《框架协议》基础上签订《补充协议》。西城区再次向门头沟区拨付8000万元，用于支持创建全国文明城区和国家森林城市。不断加强教育、医疗服务领域协作。北京八中教育集团5位专家到门头沟区开展各类讲座，200余位教师参与培训。西城区派驻卫生技术人员2027人次，接诊患者达6000余人次，培训门头沟区医务人员754人次，简易转诊8人次，开展远程会诊3次。拓展农产品销售对接渠道。利用多媒体平台宣传推广门头沟区特色农产品，在西城区超市、社区服务中心设立10个“灵山绿产”专柜，集中开展门头沟特色产品销售周、销售日。持续推动精品民宿发展。引进西城区投资、运营、宣传资源。2021年建成运营精品民宿15家，盘活闲置院落88套。主动承接西城区溢出资源。中关村门头沟区园与西城园建立定期联络机制，承接西城区产业溢出资源2家。巩固低收入帮扶成果。西城区4个街道11家企业与门头沟区4个镇52个集体经济薄弱村建立长效对接帮扶机制。加快资金支出，发挥资金效益。使用西城支持的专项资金，保障了全区在职业技能培训、体育文化交流、生态环境治理等方面工作的顺利推进。积极宣传结对协作典型做法。持续打造结对协作发展样板，取得的新成效、具体的新做法在市政府《昨日市情》等刊物刊登。

（宗雪梅）

【“一线四矿”稳步推进】 年内，区发展改革委梳理形成“一线四矿”文旅康养休闲区“四清单一汇编一台账”，其中王平矿文化旅游休闲区项目列入2022年市级重点工程；“一线四矿”铁路沿线通道绿化项目、“一线四矿”铁路沿线环境整治一期工程、千军台矿“研-学-游”综合景区、王平矿文化旅游休闲、“一线四矿”及周边旅游配套设施建设项目5个项目列入2022年区级重点工程，加快推进前期手续办理。

（赵凯蒂）

【统筹推动转型升级示范区】 年内，区发展改革委编制新首钢滨河地区（长安街以北）街区控规。棚改7平方公里启动盘活存量资源、加快产业导入的统筹研究。获国家发展改革委“2020年推进老工业基地调整改造和产业转型升级工作成效明显地市（区）”通报表扬。

（李　琦）

【统筹推进完善企业“服务包”制度】 年内，门头沟区统筹推进完善服务包制度，建立区、街乡服务机制，区级领导走访企业299家次，镇街完成740家企业走访，服务事项176项，办结率90%，企业满意率100%。302家企业完成地方一般公共预算收入132506.93万元，同比增长22.11%。召开协调会145次，解决问题115个。针对企业诉求制定惠企政策10条。提供保障房67套，办理工作居住证358个，人才引进37个，协调子女入学7个，办理毕业生落户13个。与12家银行开展投融资对接，协助8家企业成功申报“专精特新”企业。

（李　琦）

【“两区合作发展框架协议2.0版”更新完善】 年内，区发展改革委牵头统筹推动门头沟、石景山两区合作发展工作，结合新时期、新形势、新任务主动作为，积极谋划并对2018年年底签署的“两区合作发展框架协议”进行更新完善，衔接石景山区起草编制“两区合作发展框架协议2.0版”，围绕协议编制形成“重点工作任务进展情况表”，实现“一张蓝图，协同推进”的推动合作发展新格局。

（李　琦）

【京津风沙源治理二期工程】 年内，门头沟区京津风沙源治理二期工程2021年项目全部开工，其中林业工程完成林业工程量的97.5%，小流域治理工程完成工程量的1.64%。

（李　芹）

【扶贫协作和支援合作工作】 年内，门头沟区扶贫协作和支援合作工作领导小组更名为门头沟区支援合作工作领导小组。召开区委常委会3次、区政府专题会4次，研究部署支援合作工作。制定实施《2021年门头沟区支援合作工作要点》《门头沟区2020年国家东西部扶贫协作考核整改方案》《门头沟区消费帮扶工作2021—2022年实施方案》等文件。年内，安排区级财政帮扶资金672万元，完成16个支援合作项目，动员社会力量捐赠款物736万元，选派干部人才58人次，购买、帮助销售支援合作地区农副产品2300余万元，组织13个镇（街道）、12个村（社区）、10所学校、4所医院、8家企业、11家社会组织结对帮扶支援合作地区15个乡镇（街道）、22个村、10所学校、4所医院，助力支援合作地区有效巩固拓展脱贫攻坚成果、接续推进乡村全面振兴。

（赵　振）

【公共资源交易平台平稳运行】 年内，区发展改革委进一步规范公共资源交易平台交易流程，规范服务标准，优化公共资源交易系统，推进信息化建设。截至年底，平台完成交易项目289个，项目交易金额13.78亿元，合同金额13.49亿元，节约资金0.29亿元。

（索　静）

【门头沟区生活必需品市场价格稳定】 年内，区发展改革委启动蔬菜等生活必需品日监测机制，要求各商业零售企业严格落实市场供应保障相关工作要求，积极组织货源，增加市场供应，加大经营库存，特别是要做好疫情期间、大风、下雪、极寒等因素下蔬菜等生活必需品的货源组织和运输配送，保障货源供应稳定，品类丰富、价格稳定。同时对8个价格监测点位31种蔬菜及18种副食品价格加强实地监测，做到提前发现，及早预警，及早应对，第一时间分析每日蔬菜、鸡蛋等农副产品零售价格变化情况，及时预警出现的价格异常变化情况。年内，对区内生活必需品价格监测点位实地监测共出动2822人次，上报价格监测数据信息941篇，被市级采纳信息143余篇，区委、区政府采纳价格数据分析信息18篇。

（曲泽琛）

财　政

【概况】 2021年，门头沟区财政局不断推进财政管理规范化、现代化，扎实做好财源建设和财政预算管理，统筹保障“十四五”各项工作顺利开局起步。年内，门头沟区级一般公共预算收入31.02亿元，同比下降3.3%，一般公共预算支出100.70亿元，同比下降5.8%。

（孙 庞）

【幼儿园租金补助】 1月6日，区财政局为新世纪幼儿园、智慧摇篮倚山幼儿园、中科幼教绿岛幼儿园、幼师实验幼儿园四所幼儿园投入一次性租金补助345.55万元（2月3日支付至幼儿园），支持民办幼儿园疫情期间稳定发展。

（薛思蒙）

【春节走访慰问送温暖活动资金支持】 年初，区财政局全力支持春节走访慰问送温暖活动，切实将党和政府的温暖送到全区各类困难群体的手中，安排走访慰问资金共1218万元，其中中央资金17万元，市级资金373万元，区级资金827万元。慰问对象包括区内各类优抚、社会救助对象及其他困难群体、一线职工等56类约18217户（人）。

（于乐乐）

【区级公物仓正式开仓】 8月，区政法委因临时性工作配置的一批笔记本电脑，按照《门头沟区区级公物仓管理暂行办法》规定流程完成入仓程序，标志着门头沟区公物仓正式开始运转。

（安 斌）

【第一个全流程电子化招标项目开标】 12月9日，“门头沟区生态环境分区管控三线一单细化项目”政府采购项目，由中钢招标公司代理，在该公司第三电子开评标室完成开评标。该项目投标、开标及评标均配套使用北京市政府采购电子交易平台。投标人网上提交电子投标文件，中钢招标公司使用北京市政府采购电子交易平台组织开标，区财政局、区生态局共同观摩电子交易平台采购项目的开标全过程，现场感受电子化招标相比传统招标的特点和优势。是门头沟区第一个全流程电子化的政府采购项目。

（张 琪）

【新冠肺炎疫情防控资金保障】 年内，区财政局累计投入新冠肺炎疫情防控资金7301.37万元，其中中央直达资金2403.68万元、其他市级、中央转移支付138.46万元、区级资金4759.23万元。投入使用方向主要用于核酸检测、医疗救治及检测设备购置、新冠病毒疫苗接种及大规模核酸检测场地系统敷设及硬件搭建、基层新冠肺炎疫情防控专项经费等支出。

（崔 颖）

【永定河流域生态治理和修复工作】 年内，区财政局持续贯彻落实永定河流域生态治理和修复工作；持续推进生态清洁小流域治理；落实永定河一级水源地保护要求；严格落实河长制要求；推进永定河山峡段空间腾退。2019年至2021年，区财政将永定河生态治理和修复工程列为资金重点保障领域，累计投入2亿余元。其中，投入7257万元，用于水土保持、涵养水源，实现清水出沟。投入5225万元，用于永定河沿线的中水抽运后处理，避免中水入河。安排1398万元，用于河道水环境整治。安排6983万元用于土地流转和地上物腾退工作，确保永定河山峡段综合治理与生态修复工程实施。

（来秀英）

【落实各项教育相关补助资助政策】 年内，区财政局积极落实各项教育相关补助资助政策。落实义务教育补助资助政策，2021年门头沟区内陆续下达中央、市、区资金共823.48万元，其中义务教育阶段免费教科书经费449.48万元、家庭经济困难等学生生活补助和助学补助374万元，主要用于减轻家庭经济负担，保障适龄儿童均有享受义务教育的权利，促进基本教育公共服务均等化。落实扩学位补助政策，为满足学前学位需求，缓解“入园难”问题，门头沟区第七幼儿园、第八幼儿园、潭柘寺学校第一幼儿园开园。市、区财政按照1万元/生的标准给予三所幼儿园一次性扩学位补助990万元，鼓励普惠园增加学位供给，保障新建园平稳有序运行。

（薛思蒙）

【首笔首贷贴息资金落地惠企】 年内，区财政局按照企业贷款利息的10%，予以在首贷中心现场登记备案的中小微企业贴息。8月12日，首笔贴息资金6497.5元拨付至相关企业。

（李 丹）

【解决棚改安置房小区电梯隐患风险问题】 年内，为全面遏制电梯安全事故的发生，营造安全宜居的环境，区财政积极筹措950余万元用于东辛房街道办事处石门营新区无公共维修基金需要大修的148部电梯，保障电梯安全性能，解决人民群众的烦心事、揪心事，拨付资金288.3万元，剩余资金按项目实施进度及时拨付。

（惠 斌）

【保障全区生态建设稳步推进】 年内，区财政局支持园林绿化工作，提升财政运行综合绩效，保障全区生态建设稳步推进。安排资金6580万元用于2021年实施新一轮百万亩造林项目442.67公顷；1800万元用于支持“战略留白”临时绿化45公顷；3435万元用于实施代征绿地建设23.26公顷，助力打造“绿水青山门头沟”。持续加强生态资源保护。安排资金10960万元用于支持山区生态公益林生态效益促进发展机制；3897万元用于强化生态林管护员队伍建设，切实发挥全区4167名生态林管护员的作用。同时支持军庄、龙泉、永定等5个镇级新型集体林场组建，通过集体经济组织开展集体生态林养护工作，在有效保障养护效果的同时，带动当地农民绿岗就业。不断提高公园服务水平。安排资金3821万元用于保障城市公园绿地养护工作，推进567.95万平方米城市绿地精准养护；200万元对标“创城”实地检查29项指标，结合“我为群众办实事”项目，完成滨河公园、永定河公园等4个公园道路、墙面、座椅等基础设施维修维护，满足群众游园需求。

（刘益铭）

【确保粮食安全常态化】 年内，区财政局全力确保粮食安全常态化。规范使用年度粮食风险基金，拨付2021年度区粮食风险基金专户554万元，主要用于粮食储存保管费用补贴、粮食轮换价差补贴、出入库费用、定额损耗等方面，未用于规定之外的其他项目。及时足额拨付储备粮相关费用，年内拨付存费、成品粮轮换费用、利息费用、成品粮轮换价差等合计155.6万元。强化预算绩效管理应用，结合每年储备粮检查工作，确保区级储备粮存储安全、数量真实、质量可靠。严格执行财务制度，对近年粮食风险基金划拨专户、拨付存储企业、归还贷款利息等环节的文件办理流程、指标文件、凭证存单等逐一检查，确保涉粮资金安全。

（陈 杰）

【支持解决民生热点难点问题】 年内，区财政局积极支持解决民生热点难点问题。其中，做好石门营安置房地下车库升级改造项目资金保障工作；安排资金1497万元用于支持门头沟黑山、石门营及中门寺安置房地块给水管网系统改造。

（邵 丹）

【全面保障镇街“接诉即办”资金需求】 年内，区财政局全面保障镇街“接诉即办”资金需求，制定《门头沟区“接诉即办”奖励资金管理办法》明确各部门职责、奖励资金使用范围及监督检查等工作。完成“接诉即办”奖励资金拨付工作，下达各镇街奖励资金共402万元，促进“接诉即办”工作稳步提升。

（刘罗娜）

【年度财政事前评估及重点评价工作】 年内，区财政局完成年度财政事前评估及重点评价工作。完成事前绩效评估9项，其中政策评估3项、项目评估6项。政策评估3项均为“部分支持”，全部下达整改通知，督促项目单位整改。项目评估金额3851万元，评估结果“予以支持”项目2个、“部分支持”项目1个、“不予支持”项目3个，评估支持金额843万元，核减3009万元，核减率78%。评估结果将作为2022年部门预算编制的重要参考依据，对于“不予支持”的项目不予安排年度预算，切实落实绩效评价结果与预算安排挂钩的要求。完成财政重点绩效评价项目12项，累计评价金额1.74亿元，评价结果等级为“良”的项目6个、等级为“中”的项目6个；完成部门整体评价项目1个，评价金额5.8亿元，评价结果等级为“良”。根据财政重点评价结果，积极推动常年性项目改进管理。

（董大鹏）

【党建工作加强】 年内，区财政局机关党委加强党建工作，召开机关党委和各支部组织生活会，对照党员标准、入党誓词，向优秀共产党员对表，向身边先进典型看齐，联系工作实际进行党性分析，查摆问题，互相批评，实现团结—批评—更团结的目的。召开党支部书记述职评议工作会，各支部书记总结2020年履职的主要做法和特点，分析存在的主要问题及原因，提出下一步工作思路和主要措施，局机关党委书记逐一点评。结合区直机关党建工作要点，明确2021年党建工作目标。把学党史、悟思想、办实事、开新局融入具体工作之中，确保各项工作开好局、起好步。

（李 超）

税　务

【概况】 2021年，门头沟区税务局加强党建引领，坚决打赢新冠肺炎疫情防控阻击战，聚焦主业主线，全力组织各项税费收入，落实减税降费政策，持续优化税务营商环境，战疫情、促发展、减负担、强征管，完成各项工作任务。全年累计组织各项税费收入（含社会保险基金收入）134.35亿元。其中，税收收入完成77.78亿元；一般公共预算收入45.99亿元，完成调整后市区两级的组收任务；区级地方公共财政预算收入完成23.07亿元。年内，门头沟区税务局获“首都全民义务植树先进单位”称号。

（方　洁）

【税务局领导讲党课】 5月9日，区税务局“一把手”为青年干部讲党课。以“志当存高远 山高人为峰”为主题，为全局青年干部讲授专题党课，青年干部代表共50余人参加。党课围绕五四精神与当代的融合；青春魅力与人生规划；青年干部的困惑；如何构筑人生画卷这四个维度授课，引导和帮助青年干部汲取丰厚养分、传承红色基因、感悟五四精神，始终保持昂扬奋斗的姿态，勤奋工作、勇于担当，展新时代青年风采。

（方　洁）

【《丹心向党·夕阳更红》印制】 7月7日，区税务局印制《丹心向党·夕阳更红》离退休人员庆祝建党100周年作品集。画册共73页，内容包含文章、诗歌、摄影、书法、绘画、剪纸、编织等共150余个作品，充分体现门头沟区税务局离退休干部矢志不渝的爱党爱国情怀，以及“离岗不离党，退休不褪色”的良好精神面貌。

（方　洁）

【廉政主题演讲比赛】 10月13日，区税务局组织开展“弘扬清风正气 锻造税务铁军”廉政主题演讲比赛。10名来自区税务局不同部门、不同岗位的税务干部紧密围绕落实全市税务系统警示教育大会精神、一体推进“三不”机制、规范“两权”监督、严守廉洁纪律等内容，结合自身岗位特点和切身感受开展演讲，比赛共评选出一等奖2名，二等奖3名，三等奖5名。

（方　洁）

【税收法治建设】 年内，区税务局持续推进“三项制度”，不断提高依法治税水平。聘请来自区人大、政协、事业单位、重点企业的9名纳税人缴费人代表担任特邀监督员。12月3日，区税务局在区影剧院广场开展宪法日宣传系列活动。

（方　洁）

【税收征管改革】 年内，区税务局深化税收征管改革。扎实推进增值税专用发票电子化扩围工作；协同区水务局、区人防局等相关部门做好水土保持补偿费、防空地下室易地建设费2项非税收入划转征收；区税务局“四步走”积极推进非税收入征收职责划转工作；“三步走”做好水土保持补偿费划转工作，首笔水土保持补偿费已通过电子税务局成功申报缴费；区税务局积极深化“放管服”改革，不断拓展“非接触式”办税服务，推进对外支付税务备案便利化，通过“加减乘除法”着力提升对外支付税务备案服务质效和纳税人办税体验；完成首笔股权转让个人所得税“先税后证”业务。6月1日，区税务局财行税十税合并申报功能顺利上线。

（方　洁）

【优化税收营商环境】 年内，区税务局持续优化税收营商环境，紧抓组收中心工作提前完成一季度组收目标。区税务局三举措落实社保费“接诉即办”工作，妥善解决缴费人诉求，优化社保费征缴工作。“三提升”保障个税年度汇算“四分”引导成效；完成税收自动情报交换有力打击跨境避税行为；升级改造爱心母婴室，给前来办事有需求的群众提供“温馨港湾”

（方　洁）

【优化纳税服务】 年内，区税务局优化纳税服务，提升效能，税务力量助力地方发展。强化宣传辅导精准落实《关于进一步简便优化部分纳税人个人所得税预扣预缴方法》政策；持续强化纳税信用管理工作；积极推进2020年度企业所得税汇算清缴工作；以“点线面”结合利用“京税通”平台不断优化纳税服务；“四个突出”持续优化纳税服务，创新服务举措，转变服务思路，持续优化纳税服务水平，推动营商环境再优化；“名单制”分类管理做细机动车发票管理工作；“1+4+2+N”全力推进研发费用加计扣除优惠政策落地；围绕“四个精准”抓好“为民办实事服务社保缴费”专项工作落实；区税务局“三点发力”推进社保缴费

“网上办”；以精准落实递延优惠、精细开展日常管理、精确提供辅导服务“三精行动”有效落实递延纳税政策；区税务局一个基础、两线发力、三项学习“一二三”工作法全面提升纳税服务；区税务局全局联动助力中小型制造业延缓缴纳税费政策落实到位。

（方　洁）

【教育培训】　年内，区税务局开展北京市税务系统应用学习兴税平台培训、“三个+”夯实新入职青年干部初任培训、新录用干部开展2021年度北京税务系统执法资格考试专项培训、收入核算业务培训、党史学习教育专题党课、学习贯彻党的十九届五中全会精神培训班、专题学习习近平总书记《用好红色资源，传承好红色基因，把红色江山世世代代传下去》重要文章、档案保管保护专题培训、线上宣传辅导、2021年岗位练兵比武、2021年北京市税务系统国际税收业务视频培训、业务骨干开展公文、信息工作网络培训等各类培训，共15次。

（方　洁）

【税收宣传】　年内，区税务局开展“全民国家安全教育日”系列宣传、党群服务中心争当“党建+纳税服务”宣讲、“节水护税，守护绿水青山”宣传、税费政策宣传辅导等各种宣传5次。

（方　洁）

审　计

【概况】　2021年，区审计局完成审计项目29项，审计报告反映问题金额21.23亿元，提出审计建议147条。审计成果得到区政府领导批示7次，撰写工作信息83篇，被市局、区委区政府等采用54篇。在审计工作上，区审计局有序推进重点部门、重点领域轮审覆盖。积极创新以数据分析拓展审计全覆盖范围。创建19个数据模型，利用大数据审计手段综合分析全区78个一级预算单位的财政财务数据，同时持续拓展审计深度，重点对妙峰山镇等5个单位开展现场审计，搭建点面结合的预算执行审计立体架构。不断强化民生及生态领域审计、自然资源资产审计、重点项目审计力度，审计成果运用机制不断完善。在志愿服务工作中，累计完成80次文明劝导、门头沟热心人等志愿服务，累计服务时长约800小时，在职党员回社区（村）报到195人次，党员下沉社区值守67人次，充分展现“红色审计铁军”的风采。

（李　瑾）

【经济责任审计工作联席会议】　2月5日，门头沟区经济责任审计工作联席会议召开，区纪委区监委、区委组织部等联席会议成员单位有关领导参加会议。传达《门头沟区领导干部经济责任审计和自然资源资产离任审计工作规划（2020-2024年）》，通报2020年经济责任审计工作情况，征求各单位对2021年经济责任审计计划安排的意见建议。

（朱　莎）

【审计工作会召开】　4月21日，门头沟区审计工作会议召开，总结2020年工作，部署2021年工作。喻华锋出席会议并讲话。

（吴云云）

【审计项目交流活动】　8月，区审计局开展审计项目交流活动。13名一线干部围绕经责审计、预算执行审计、大数据审计、重点工程建设专项审计等16个审计项目进行经验交流，介绍如何开展不同类型的审计、如何提升审计监督质量、如何扩大审计成果、如何更好服务中心工作。

（陈　静）

【审计工作联系制度建立】　年内，区审计局建立审计工作联系制度。坚持联系单位全覆盖、明确内部审计开展、审计问题咨询等相关事项的沟通联系、落实联系制度的成果运用，强化与各单位财政财务管理等相关工作的沟通交流。

（杜芯蕊）

【雪亮工程项目审计】　年内，区审计局开展雪亮工程阶段跟踪审计，通过查阅施工资料及现场踏勘的方式，重点关注工程计划任务完成情况、预算资金管理使用情况、雪亮工程项目管理情况、以往年度问题整改情况、竣工工程项目绩效情况，促进门头沟区公共安全建设。年内，区审计局对雪亮工程项目进行阶段跟踪审计，就审计中发现的问题，逐条进行梳理，根据问题的性质及单位进行分类汇总。并深入分析问题产生的原因，根据实际情况提出切实可行的审计意见和建议，把控整改时限，确保雪亮工程项目问题整改到位并取得实效。年内，区审计局关注“雪亮工程”项目规范管理，开展阶段跟踪审计，全面落实发现问题整改，着力加强审计成果运用，持续完善制度、堵塞漏洞。

（张钊铭　张亚宁）

【自然资源资产离任审计】 年内，区审计局推进自然资源资产离任审计工作，聚焦农村煤改清洁能源、扬尘等污染源治理和国道109新线高速公路等区域重点工作；结合自然资源资产缺乏基础数据、专业性强等特点，不断加强与相关管理部门沟通协调。以12345政府服务热线接诉即办群众反映强烈的问题为切入点，增强审计针对性；建立整改台账，实行问题清单销号制度，并将整改情况列入区绩效考核办年终考核事项。对于审计揭示的制度性、普遍性问题，及时向区委、区政府进行专项报告。

（朱　莎）

【推动营商环境优化提升】 年内，区审计局聚焦政务服务重点工程，助推营商环境优化提升。全过程跟踪区政务服务业务用房重点工程，涉及投资额3亿余元。跟踪中强化部门间沟通，紧盯施工现场，坚持“半月巡”与不定期巡查制度，累计开展实地踏勘50余次。随工程进展同步出具审计意见、提出审计建议30余项；就政府投资工程项目管理及审计要点同政务服务相关部门开展面对面座谈，围绕成本控制、建设管理、资金支付等诸多重点环节存在的潜在风险予以重点提示；持续关注重点工程后续政务服务功能设置、信息化建设以及内部装修、市政配套等，为打造一流政务服务环境和营商环境保驾护航。

（张亚宁）

【城市路网重点工程建设专项审计工作】 年内，区审计局开展“十三五”期间城市路网重点工程建设专项审计，对“十三五”目标任务完成及重大政策落实情况、项目基本建设程序履行情况、“十三五”期间路网工程招标、投标情况以及竣工决算报告编制及交付资产情况进行审计。

（袁腾骏）

【美丽乡村建设专项审计工作】 年内，区审计局扎实开展美丽乡村建设专项审计工作。审计组系统性调查分析各行业主管部门美丽乡村建设专项资金的支出规模与结构，细致切分专项资金使用的不同方向，统筹审计组织方式，参与区内2020年度预算执行审计工作的多个审计组“多组联动”，为此次专项审计工作提供合力；关注政策落实和目标任务完成情况，关注资金管理使用和项目运营安全性，关注专项资金使用绩效，准确筛选疑点，重点延伸相关领域，精准发力；审计组将整改工作前移，对于审计过程中发现的急需改进和容易改进的问题，及时向被审计单位提出整改要求，帮助其尽快整改落实，达到边审计边整改边规范的目的。

（于晓童）

【国有自然资源资产管理情况延伸审计】 年内，区审计局对镇街开展国有自然资源资产管理情况的延伸审计，审计中发现，部分镇街存在扬尘治理监管盲区，主要表现在4个方面：一条村内道路尘负荷高，车轮卷土极易引发扬尘；2项“小微工程”沙土未苫盖；3块上账裸地、房前屋后小块裸地苫盖维护不及时；4处建筑垃圾堆放点苫盖维护不及时。对于发现的问题，各镇街高度重视，通过重新苫盖、喷洒抑尘剂等措施立行立改，审计发现的7个点位、9个问题得到整改。

（王　宇）

【区委审计委员会第八次会议召开】 年内，区领导金晖主持召开区委审计委员会第八次会议，学习北京市委审计委员会第十次会议精神，审议通过门头沟区2020年度区级预算执行和其他财政收支审计查出问题整改情况报告。

（吴云云）

【关注供水管网改造工程审核】 年内，区审计局在镇街领导干部经济责任审计中，重点关注为民办实事项目绩效情况，审计人员实地查看供水管网改造提升工程，重点核查水表井安装、蓄水池管理情况，全面跟踪项目实施，管理及效果情况，解决老百姓“吃水难”问题。

（夏少华）

【推进预算执行审计全覆盖】 年内，区审计局坚持向信息化要资源，向大数据要效率，积极探索创新，深化部门预算执行审计全覆盖。数据团队在预算执行审计工作期间自主编写5个Python程序，新增8个审计模型，实现对预算编审电子文档的批量采集并形成资料库，开发财务、资产等数据的利用方法，并将审计疑点表格拆分工作自动化。针对大数据分析审计中对涉及单位数量较多的疑点难以逐一核实的情况，充分利用审计工作联系制度，在大数据分析审计发放疑点清单的基础上，由各科室负责对联系单位反馈情况进行审核。在单位银行存款收支常规分析中，发现个别民生资金在镇级结余的审计疑点，审计组果断拓展审计内容，对该资金开展由下至上的全线追溯，从资金使用延伸到项目管理各环节，揭示出项目管理全过程中各单位存在的问题。

（殷浩 乔河）

【民宿监管】 年内，区审计局将民宿监管列为重点审计内容予以关注，区内现有41家精品民宿，针对民宿数量动态变化情况，各职能部门主动对接、半年更新一次台账，做到民宿底数统一。截至8月，抽查民宿24家。

（王为强）

【重点民生保障资金绩效审计整改工作】 年内，全区各相关单位对审计查出的问题认真整改落实，将整改工作与完善管理机制、堵塞管理漏洞和加强资金监管等紧密结合，审计整改成效显著提升。

（王珊婷）

【大数据审计推动审计工作高质量发展】 年内，区审计局以全区一级预算单位大数据分析审计为突破口，探索大数据审计新思路，提升审计效率和质量，推动区域审计工作高质量发展。利用“总体分析、发现疑点、分散核查、系统研究”的数字化审计方式，在部门预算全覆盖审计工作中，打破科室界限，实现多科室联动，形成从数据中找问题、听数据说话的审计思维方式，为科技强审、审计流程再造打下良好基础；组建数据分析团队，对全区一级预算单位的部门预算执行情况进行大数据分析，根据数据分析发现的疑点线索对60个单位进行重点延伸核查，占比76.92%，发挥“经济体检”的作用，提高审计工作效率。在充分利用财务核算系统基础上，关联国有资产管理、政府采购等多个信息系统数据，从财政存量资金管理、公用经费支出异常、预决算执行差异、资产管理等方面入手分析存在的问题和疑点，在2021年的部门预算执行全覆盖审计数据分析中，数据分析发现疑点数据500余条，通过进一步延伸核查，拓展问题的深度，提高审计工作质量。通过对部门预算单位的财务、业务数据进行采集、清洗、整理，逐步建立起“一库一平台”，即审计数据仓库和自主开发的大数据分析平台。同时，健全完善数据报送、采集、存储、使用等相关制度，进一步深化和完善全区的大数据审计工作软硬件环境。

（乔河）

【审计工作助力冬奥环境建设】 年内，区审计局将冬奥进京联络线六环路环境提升任务和环境建设情况作为重点工作内容，为2022年北京冬奥会、冬残奥会提供坚实的城市环境保障。关注项目建设程序情况，重点审查项目是否履行基本建设程序，是否按规定进行招投标，是否及时办理结决算手续，是否按时完成环境提升任务等情况，确保项目开展程序合法合规。关注项目资金管理情况，重点审查项目资金是否到位，支出程序是否规范，是否按照合同约定及时支付款项，资金使用是否合规等，确保项目资金规范使用。关注项目实施效果情况，深入项目现场，实地查看环境提升改造情况，对标市里治理提升标准，确保冬奥进京联络线沿线环境问题的整改有效落实，打造高质量的冬奥沿线环境。

（田纯）

【重点工程项目跟踪审计】 年内，区审计局对区政务服务业务用房重点工程项目开展全过程实时跟踪审计。通过会议、出具审计意见、现场踏勘等多种方式，及时准确掌握工程进展，促进项目规范运作和有序推进，为打造一流政务服务环境和营商环境助力。紧密结合“为群众办实事”实践活动，就政府投资工程项目管理及审计要点同政务服务相关部门进行了面对面座谈，围绕成本控制、变更洽商、资金使用、代建管理等诸多重点环节存在的潜在风险予以重点提示，为部门履职尽责和保障财政资金绩效发挥审计作用。

（张亚宁）

【国企审计】 年内，区审计局开展国企财务收支及领导干部经济责任审计，加强审计项目统筹，聚焦审计重点，以促进国有企业经济高质量发展。将国企财务收支审计与国企主要负责人经济责任审计项目统筹谋划，同步送达审计通知书，同步开展现场审计，协作共享，提升效率。审查国企财务真实合法效益情况，聚焦领导干部经济责任，重点关注国有企业资产、负债、所有者权益及经营管理等内容，并通过抽查重点任务如工程项目建设管理及产业扶贫资金使用等情况，揭示企业整体情况，最大限度地发挥审计监督职能。

（王睿）

【文旅局经济责任审计】 年内，区审计局以推进文旅事业健康发展为出发点，在对区文旅局进行经济责任审计。聚焦旅游产业规划、区目标管理任务落实情况，重点关注旅游基础设施配套工程、全域旅游示范区创建工作台账的完成落实，保障重点任务顺利推进；聚焦公共文化服务体系建设情况，重点关注镇街文化中心设备配置、文化惠民等基层公共文化服务，推动基层公共文化服务体系不断健全完善；聚焦文化旅游项目实施情况，重点关注智慧旅游、应急救援管理等系统的资金使用和实际运行，促进重点项目进一步规范管理、提高绩效。

（乔　河）

【2021 年预算执行审计工作】 年内，区审计局加大对区域重点领域、重点工作的审计力度，切实服务区域绿色发展大局；加大对重大政策措施落实情况审计力度，切实促进各项政策措施落地生根；加大对财政资金的绩效管理情况审计力度，促进提高财政资金配置效率；加大对医疗保险、政务服务等民生领域重点资金、重点项目的审计力度，积极推动和改善民生。年内，门头沟区预算执行审计工作共提出审计建议 59 条，推动各单位立行立改问题 23 项，促进财政资金支出 17.84 万元，追回财政资金 13.29 万元，上缴财政 1095.01 万元。

（刘雪融）

【财政审计】 年内，区审计局加强对财政支出预算和支出政策的审计监督，重点关注非刚性、非重点的其他一般性项目，印刷费、培训费、宣传费、公务用车的购置和运行经费预算是否压减，结余资金是否按要求及时收回统筹使用，是否应统尽统、应收尽收，推动财政资金发挥最大效益，看紧政府的“钱袋子”。关注财政部门是否对新增项目和重大投资项目开展事前绩效评估，是否对预算部门和单位的绩效自评情况进行抽查，是否对实施期超过一年的政策、重点民生项目实行全周期绩效评价，助推全面实施预算绩效管理。重点关注财政部门在收到上级转移支付资金后是否按照规定按时下达，是否按上级要求制定转移支付资金管理办法，专项转移支付资金使用用途是否符合对应资金管理办法的要求，提升转移支付资金精细化管理水平。

（刘　帅）

【审计监督力度加强】 年内，区审计局在开展 2020 年区级预算执行及其他财政收支情况审计时，加大审计监督力度。审查是否严格项目预算审核，是否优化财政支出结构，是否加大结转资金等各项资金统筹力度，确保各类结余、沉淀资金应收尽收、重新安排，切实促进“集中财力办大事”。审查是否按照规定比例对会议费、培训费等一般性支出进行压减；是否严控新增支出、严格“三公”经费支出；是否从严从紧编制部门预算，合理安排必要支出，切实避免资金闲置和沉淀浪费。审查是否加强预算绩效目标管理，编制细化、量化的绩效目标，是否做好绩效目标实现程度和预算执行进度“双监控”，是否将评价结果作为预算安排的重要依据，切实促进财政资金提质增效。

（郭兆瑞）

【内部审计工作】 年内，区审计局加强内审工作的指导与监督。根据近几年审计发现问题编制《内部审计工作自查问题清单》并向全区各单位发送，促进各单位完成审计发现问题清单自查自纠工作；将内审工作落实情况列入年度综合考核体系；将各单位内审工作开展情况及内审成果应用情况纳入预算执行、领导干部经济责任审计项目等，促进内部审计成果的有效转化和应用，内部外部两手抓，促进各单位风险防控能力与内审工作水平同步提升。

（杜芯蕊）

【助力城市精细化管理】 年内，区审计局充分发挥审计在城市运行管理方面的职能定位，严把政策、规划和资金“三道关口”，聚焦城市运行管理中存在的主要风险、矛盾和突出问题，使“城市体检”充分发挥成效，助力提升城市运行管理精细化水平。加大“疏解整治促提升”专项行动阶段性任务完成情况的审计力度，重点关注拆除违法建设腾退土地、背街小巷环境精细化治理、“留白增绿”等政策措施落实情况，推动构建疏解与提升同步推进的工作格局，促进完善腾退空间统筹利用机制，提升城市功能、人居环境和城市品质；开展“十三五”期间城市路网重点工程建设专项审计，充分剖析“十三五”期间门头沟区城市路网规划以及区政府历年重点工程目标任务完成情况，结合项目实际建设情况，查找制约工程进度瓶颈性问题及成因，推进项目规范运作；围绕占道经营整治、大数据信息平台建设等专项资金的使用，将财政资金投入与项目进展、事业发展、政策目标实现等统筹考虑，揭示在预算安排、预算执行和决算环节存在的各种问题，促进提高财政资金的配置效率和使用效益。

（郭　冬）

【城市路网重点工程建设专项审计】 年内，区审计局围绕“绿水青山门头沟”高质量建设的区域发展思路，积极拓宽审计思路，创新审计方式，针对“十三五”期间城市路网重点工程建设情况开展专项审计。审查“十三五”期间门头沟区城市路网规划及区政府重点工程目标任务完成情况，结合项目合同工期的履行情况，深入剖析制约工程进度的主要原因；审查建设项目前期手续办理及审批情况，关注各项手续是否科学编制和按规定及时审批。审查项目招投标情况，是否按照招投标相关法律法规进行招标，招标程序是否合法，操作是否规范，中标单位的资质是否合规等问题；现场抽查项目现场资料及人员，关注人场材料设备等是否试验检测合格，施工内容是否符合设计要求。施工现场施工主要负责人变更是否履行相应手续，监理单位是否派驻合格的监理人员对施工过程进行监理等；审查项目资金来源是否及时足额到位，各项工程资金支付程序是否完整、合规，是否及时支付工程款，是否存在列支不属于该项目的支出等问题。

（郭　冬）

【民生领域相关资金的审计监督】　年内，区审计局结合审计主业，加强对民生领域相关资金的审计监督，促进民生资金使用提质增效，切实为民办实事。在街道经济责任审计项目中，重点关注城乡基层党组织服务群众经费、社区公益事业专项补助资金等是否用于既定用途，是否达到预期绩效目标，并实地延伸社区，确保资金切实保障和改善民生；在重大政策跟踪审计项目中，对“救急难”资金的使用情况进行审计，重点关注资金申请人是否符合条件、资金审批流程是否规范、资金审批手续是否完整，是否存在违规发放的情况，促进资金使用真正“救急难”；围绕12345政府服务热线反映的热点民生问题等事项，安排对永定镇“疏解整治促提升”市级治理类街乡镇补助专项资金使用情况和项目开展情况进行审计，确保资金使用规范、合法，推动资金使用真正惠民利民。

（刘　帅）

【土地成本审计工作】　年内，区审计局加强入市土地成本审计，促进土地入市工作，取得显著成效。及时完成3751-C棚户区改造项目和潭柘寺镇二期E、F地块土地一级开发项目成本审核工作，涉及年内可入市土地13.89公顷。

（王　力）

【自然资源审计】　年内，区审计局在第三轮审计中，安排3个自然资源审计项目，涉及镇街、北京国家级自然保护区百花山管理处等部门，关注源头管控、水环境治理、土壤安全、自然保护区森林管护效果4个方面。

（王　宇）

统　计

【概况】　2021年，门头沟区统计局、门头沟区经济社会调查队加强对主要经济领域和重点指标的统计监测，各项统计重点工作取得新成效。完成第七次全国人口普查工作，门头沟区常住人口392606人，较2010年第六次全国人口普查增加102130人，增长35.2%，年平均增长3.1%。人口普查取得重大成果，提供发展战略数据支撑。跟踪人口发展变化，年度人口抽样调查高效率完成。年内，实现镇街统计机构人员、业务下沉，同时为规范下沉后镇街统计业务，制定下发《门头沟区进一步加强镇街统计业务工作的实施意见》《门头沟区镇街统计业务改革实施方案》。率先开展门头沟区“绿水青山”价值（GEP）核算研究，探索“两山”转化监测评价机制。围绕“门头沟小院”、营商环境评价等地区热点话题，加大统计分析研究力度，撰写34篇《统计专报》信息，呈报区长或一对一呈送相关区领导审阅，得到区领导高度重视，对统计局研提的工作意见建议给予高度评价。2021年区领导对27篇《统计专报》信息做出重要批示，并转发至相关部门进行具体落实，形成统计部门牵线搭桥、相关部门落实的良好工作局面和特色统计名片。瞄准“数”“智”职能创新，大数据探索提上日程。局队深挖统计数据应用，在经济社会发展监测、新冠肺炎疫情防控、新冠病毒疫苗接种、规划编制、换届选举等方面提供强有力的数据支持。在价格调查领域首次尝试使用电子扫描等大数据手段进行采价，数据采集更加丰富、应用渠道更加广泛，作为北京调查总队电子扫描试点先行先做，形成《电子扫描数据应用居民消费价格调查实践探索分析报告》，得到市局总队及国家统计局肯定。年内，门头沟局队获“第七次全国人口普查先进集体”“首都文明单位”“区级综合考评优秀单位”等荣誉称号；区级党史知识竞赛一等奖，代表门头沟区参加全市

“永远跟党走”党史知识竞赛。

（高 莹）

【统计调查与研究】 年内，门头沟局队开展2020年度民生状况调查；启动文化产业集聚发展、春节假日旅游、计算机软件和数据库投资统计、耕地规模化经营与农业社会化服务、民宿发展情况、住户调查数据质量月、准规模单位调查、CPI电子扫描数据试点工作等统计调查与研究。其中，门头沟局队开展公众对“两山”实践创新基地建设的知晓率及满意度调查工作。调查结果显示：“两山”建设成效显著，居民对“两山”建设知晓率88.5%，满意度96.5%。

（高 莹）

【统计监测】 2月8日，门头沟局队启动春节期间价格监测。3月29日，门头沟局队开展绿色低碳发展统计监测。深入分析全区能源消费现状以及节能降碳面临的形势和挑战，提出全区节能减碳的有效路径，形成《透视能源新格局：“双碳”目标下门头沟区节能降碳路径研究》课题研究报告。

（高 莹）

【统计法治建设】 7月15日，门头沟区召开处级干部统计法治培训班。9月22日，门头沟局队第十二届统计开放日“走百企”“进万户”活动。门头沟局队以“数说初心 统计为民”为主题，深入拓展党史学习教育成果，创新“互联网+党建”形式开展第十二届统计宣传活动，受到企业、社区群众等一致好评，营造社会各界认识统计、理解统计进而支持统计工作的舆论环境。11月3日，门头沟局队开展市场监管领域部门联合执法工作，打出建立部门联动机制、树立主动服务意识、树立规范执法意识的“组合拳”，联合区市场监管局分三批次对30个市场主体进行联合抽查，进一步提升统计执法效能。11月8日，门头沟区建立防惩统计造假责任制。《门头沟区防范和惩治统计造假、弄虚作假责任制办法》共13条，主要内容有3个方面：一是明确责任制的适用范围和基本原则；二是界定防惩统计造假工作中各层级的责任；三是提出防惩统计造假工作中失职人员在考核评优、选拔任用等方面的追责要求。

（高 莹）

【第七次全国人口普查工作】 年内，门头沟局队完成门头沟区第七次全国人口普查工作，全面摸清地区人口数量、结构、分布等情况。数据显示，门头沟区常住人口为392606人，较2010年第六次全国人口普查增加102130人，增长35.2%，年平均增长3.1%。局队充分挖掘普查数据资源，编制普查公报，形成30篇人普立项课题，6篇人口普查专题分析，为地区人口发展中长期规划、新冠病毒疫苗接种、创城等重点工作以及区国家安全局、应急局、发改委、农业农村局、民政局等多部门及时提供不同领域的人口数据，为相关部门政策实施提供强有力的数据信息支撑。

（高 莹）

【人口抽样调查】 年内，门头沟区局队建立专人责任指导、主管领导督导检查、问题清单逐一整改三项机制，入户登记实行两个百分百：百分百入户登记，百分百签字，切实把人口调查工作做实。2021年度共抽取5个国家样本、198个北京市样本，全区13个镇、街均纳入抽样调查范围，共涉及123个村（居）委会，203个调查地块，共登记户数9303户，共登记2.1万人，抽样比例约占全区常住人口的5.3%。

（高 莹）

【“绿水青山”价值（GEP）核算研究】 年内，门头沟局队率先开展门头沟区“绿水青山”价值（GEP）核算研究，探索“两山”转化监测评价机制。围绕“门头沟小院”高质量发展路径、“创建国家生态文明建设示范区”满意度调查、门头沟区产业能耗与高质量发展匹配度等地区绿色发展中心工作，确定15项统计立项课题，为加快形成“一园四区一小院”绿色发展新格局提供坚定有力的统计服务。协同推进高质量综合绩效评价、“七有”“五性”监测评价、国际消费中心城市建设指标评价，积极与市级相关部门对接，深入分析门头沟区高质量综合绩效评价报告结果，做好劳有所得领域中居民人均可支配收入指标的统计监测，第一时间撰写统计专报《“七有”“五性”监测评价指标体系调整情况说明》，获区领导批示，并发相关部门参考。

（高 莹）

【民生热点专项调查】 年内，门头沟区局队专门成立人口劳动力科，开展14次劳动力调查，地区劳动力主要指标呈现趋势性好转，劳动力市场活跃度回升，就业形势总体回稳，“保就业”“稳就业”工作成效显现；围绕社会关注热点、区委区政府关注的难点，组织开展垃圾分类意识及现状、优化营商环境、公众对创建国家生态文明建设示范区的知晓率和满意度、庆祝建党100周年社会心态及民生热点等快速专项调查18项。

（高　莹）

市场监督管理

【概况】 2021年，门头沟区市场监督管理局落实放管服改革，全面优化营商环境。推行主体开办“一次办”。区内实有市场主体56492户，同比增长17.56%；实行市场主体登记告知承诺制，办理登记服务4.7万件；迁入企业2512户，同比增长214.79%，同比增长率居全市第四。开展大型游乐设施、建设施工现场起重机械安全等34项专项检查与整治工作。检查生产经营主体24186户次，办结案件960件，罚没款合计325.64万元，有力地规范辖区市场经营秩序。加强食品生产、食品流通、餐饮等各个环节的监督检查，加强药品零售企业、器械经营企业的分类分级；做好相关医疗机构药品使用环节及免疫预防规范门诊、特药使用环节的监管；重点梳理和检查学校、医院、车站、商场、公众聚集场所特种设备使用安全。常态化防控。检查“19类兜底”主体20017户次，发现问题601个，责令整改；开展冷链食品及外包装核酸采样6921件，环境52340件，从业人员24210人次，检测结果均为阴性；强化市场领域从业人员新冠病毒疫苗接种，第一针接种9066人，接种率98.20%。全程接种8952人，接种率96.97%。加强针接种7806人，接种率88.88%。五是以民为本做好“接诉即办”相关工作。深化落实接诉即办“515工作法”，配套制定落实方案并运行日调度、周讲评和月考核机制，积极组织会商研判，推动诉求有效解决，全年接收工单4921件，“三率”指标稳步提升。开展党史学习教育，细化责任分工，实现清单化项目管理，初步形成市场监管党建考评体系。年内，区市场监督管理局获“北京市五四红旗团委”奖；获北京市法治宣传教育“七五”普法先进集体称号，被区政府报送至国家局申请国家级2016——2020法治宣传教育先进集体。

（刘淑伍　张付凯）

【新冠肺炎疫情防控风险隐患整治】 1月15日，北京市新冠肺炎疫情防控工作第210场新闻发布会通报，门头沟区京西兴顺农副产品市场中心、龙泉镇永辉超市mini店未严格执行“一米线”要求，排队人员密集，存在风险隐患。区市场防疫工作组对京西兴顺农副产品市场中心进行现场核查并督促其整改，进行约谈并以张贴方式进行公示。区市场防疫组执法人员对龙泉镇永辉mini店未落实本市疫情防控相关行为，进行执法公示，并要求该单位负责人立即进行整改。

（刘淑伍　张付凯）

【“应接尽接”企业公示】 3月，区市场监管局开始主动公示新冠病毒疫苗“应接尽接”企业，营造放心消费环境。年内，全区共1875家企业获评新冠病毒疫苗“应接尽接”企业，占全区企业的93.75%。

（刘淑伍　张付凯）

【4·26知识产权周宣传活动】 4月，区市场监督管理局以“四个深入”（深入群众、深入企业、深入国民、深入机关）开展4·26知识产权周宣传活动。在8个大型商超、市场张贴海报120张，宣传展板40块，利用龙湖天街电子屏滚动播放知识产权周宣传片。4月21日，特邀“雅特”商标权利人，重点对消毒日用品开展检查，发现1户存在销售侵权商品行为，执法人员立案调查，扣押侵权消毒液16瓶。实地走访园区企业10户，发放《北京市企业知识产权服务指引》100册；开展2场商标侵权执法培训活动，培训成员单位和执法干部40余人次。

（刘淑伍　张付凯）

【食品药品安全委员会第一次全体会议】 6月15日，2021年门头沟区食品药品安全委员会第一次全体会议暨食品安全宣传周启动会召开，总结2020年度门头沟区食品药品安全工作并部署2021年度工作任务，传达《关于调整区食品药品安全委员会及其办公室有关成员的意见》和《区食品药品安全委员会工作规则》，通报2020年度各成员单位食品药品安全工作绩效考核情况，部署《2021年门头沟区食品药品安全抽检监测计划》和《2021年门头沟区食品安全宣传周工作方案》。

（刘淑伍　张付凯）

【测温仪类企业检查】 10月29日起，区市场监督管理局以客流量集中的商场超市、农贸市场、医院、银行、药店等场所为重点，开展测温设备专项检查。共检查各类企业230家、测温仪381台，其中督促自检上报测温仪177台，发现问题均已整改完毕。发放《疫情防控测温仪使用指引》214份。

（刘淑伍　张付凯）

【**二十一类重点人员新冠病毒疫苗接种**】　截至12月31日，区市场新冠肺炎防疫工作组共摸排“二十一类重点人员”10750人，第一针接种率为98.66%，全程接种率为98.22%，完成加强免疫接种率为89.20%。“二十一类重点人员”包括：药店、农贸市场、餐饮（食堂）、商场、连锁超市、便利店、社区菜市场、菜店、社区便民综合体、小型超市、肉食店、副食品店、水果店、外卖送餐、快递物流、美发美容、食品生产企业（含小作坊）、外省市进京货车司机、酒吧、家政、保安。

（刘淑伍　张付凯）

【**新冠肺炎防控措施落实不到位通报**】　年内，区市场监管局对新冠肺炎疫情防控不到位的企业进行公开通报，通过将每周公示明细报送至区复工复产工作组的方式，在微信公众号、区融媒等线上网络平台予以通报。全年累计通报因从业人员口罩佩戴不规范、经营场所未进行预防性消毒等疫情防控措施落实不到位的企业530家次。

（刘淑伍　张付凯）

【**打击非法电动车专项行动**】　年内，区市场监督管理局摸排电动车经销单位，严查未取得经营资质生产、销售违规电动车及配件的“黑作坊”，对无照经营行为，一经发现，立即查处关停目前，全区共有9户电动车经销单位，通过检查暂未发现有生产、销售不合格、假冒伪劣、不符合国家标准电动自行车等违法行为。

（刘淑伍　张付凯）

【**助推市场主体总量突破5万户**】　年内，区市场监督管理局通过推行“一照多址”“一址多照”、实行企业名称自主申报、实施“审核合一”登记等改革降低准入门槛，实现企业开办“一窗通办、最多跑一次”、半天内办结，门头沟区内实有市场主体突破5万大关，总数达50079户，同比增长13.00%。

（刘淑伍　张付凯）

【**减免特种设备检验费**】　年内，区市场监督管理局通过网上和现场两种方式办理停征检测费，期间主动向企业宣讲此项优惠政策，耐心解答办事人员的相关问题，确保符合要求的企业都能享受到政策优惠，助力企业早日实现复工复产。年内，区市场监管局共办理减免226家企业的停征申请，合计减免检验费1358022.8元，涉及特种设备共计2097台（套）。其中，停征锅炉检验费49783.68元，48台；压力容器检验费8588.8元，25台；电梯检验费1290828元，1993台；起重检验费2581.6元，6台；场内机动车辆检验费6240元，25台。

（刘淑伍　张付凯）

【**“百城千业万企对标达标”工作**】　年内，区市场监督管理局确定30余家企业先行先试开展“百城千业万企对标达标”工作。区市场监督管理局直接参与对标达标活动。到企业现场进行指导，加强对申报企业的政策帮扶，协助企业完成申报材料预审、整改及定稿，推动对标申报成功，最终全区6家企业实现成功对标。

（刘淑伍　张付凯）

【**严查第二剂新冠病毒疫苗质量**】　年内，区市场监督管理局将首轮检查情况进行归纳分析，督促新冠病毒疫苗接种单位认真梳理管理制度、温度记录及设备运行等重点内容，执法人员不定期开展跟踪检查。接种新冠病毒疫苗人员较为密集的大峪街道、永定镇、龙泉镇等接种点位优先检查，承接新冠病毒疫苗接种人员较少的使用单位，采取临时接种点与免疫预防规范门诊双结合监督检查模式。经查，辖区新冠病毒疫苗接种单位配备符合储存要求的设施设备，并对新冠病毒疫苗储存的温度进行监测和记录，部分使用单位存在在新冠病毒疫苗制度建立不齐全、转运温度记录不规范的情况，使用单位已整改。

（刘淑伍　张付凯）

【**压实“515工作法”破题群体性诉求**】　年内，区市场监督管理局梳理网络主体数据8000余条，对301户网络经营者开展双随机抽查，发现违法数量28条、纠正违法数量28条；排查网站1502个，责令整改网站11个，自行监测互联网广告6903条次，查处涉网案件67件，罚没款34.13万元；对接诉即办涉网企业建立台帐，开展行政指导27次、行政约谈11次。

（刘淑伍　张付凯）

【**举一反三严查“3·15”晚会曝光相关问题**】　年内，区市场监督管理局针对“3·15”期间优惠促销较多的特点，执法人员以保健食品为重点，婴幼儿配方食品、特殊医学用途配方食品相结合的方式，广泛检查母婴店、医院周边超市及药店，规范特殊食品专区、专柜销售，要求企业不得进行虚假、夸大功效的宣传。共检查羊肉经营企业11家，检查特殊食品等各类经营主体28家次，扫码商品千余种，检查计量器具40余台件，暂未发现曝光羊肉产品及其他违法违规行为。

（刘淑伍　张付凯）

【北京市生态文旅投资有限公司成立】　年内，北京京西生态文旅投资有限公司由京能集团、永定河公司、首旅集团、金隅集团、城建设计发展集团、京西山水文旅公司6家股东企业组成，主要负责组织“一线四矿”区域内整体产业筹划、资源整合、投资融资及基础设施的代建代管等，依托政府支持，统筹各方资源，联合头部企业，助力门头沟区打造京西绿色文旅产业发展核心引擎。9月9日，北京京西生态文旅投资有限公司注册完毕，营业执照、公章等服务包发放到企业手中。

（刘淑伍　张付凯）

【督促中关村门头沟科技园转供电主体退费】　年内，区市场监督管理局以集中约谈的方式产权方和运营方共18家企业传达相关文件精神，发放《关于进一步落实国家降低工商业电价优惠政策限时将降电红利传导至终端用户的告知书》，指导企业梳理2018年以来历次降价节点和降幅深度自查转供电收费情况，随机抽查转供电主体自查及退费情况，督促企业按要求明码标价，9家转供电主体完成对终端用户的退费，退费金额共178万余元，惠及终端用户85家。

（刘淑伍　张付凯）

【知识竞赛举办】　年内，区市场监督管理局团委举办“夯实理论基础、提升业务水平”主题知识竞赛，60余名团员青年分7组，每组选出3名代表参赛。比赛共分必答题、抢答题和风险题3个环节，中间穿插2个观众互动环节。最终“为祖国搬砖队”获冠军。“快乐阳光队”和“土木系队”获二等奖，其余4队获三等奖。

（刘淑伍　张付凯）

国有资产监督管理

【概况】　2021年，门头沟区人民政府国有资产监督管理委员会（简称区国资委）围绕党委确定的“一一三五”工作思路，深入实施国企改革三年行动，坚持党建引领，推进国企改革，强化国资监管，发展五大领域，在做好国资系统新冠肺炎疫情防控的同时，统筹推进各项工作有序开展。学习传达中央、市、区有关会议精神，召开国资委系统党建暨国资国企工作会，总结2020年工作，部署2021年重点任务。制定区国资委2021年目标管理任务书，确定70项工作任务，其中重点工作30项。召开党委会35次，研究“三重一大”决策事项267个。

（李　建）

【推动国企发展】　年内，区国资委推动国企发展“五大领域”（发展商业领域、发展建设领域、发展旅游领域、发展融资领域、发展民生领域）。指导京门商投公司打造灵山绿产平台，开通“灵山绿产”扶贫产品线上营销模式，官网、淘宝企业店、快手平台专卖店等开通运营；开设3家灵山绿产专柜，经营好资产运营平台，平稳运营“八项便民服务”业态，推进石门营、小园等便民服务设施建设；做好小白楼、华远和中骏商业项目接收运营准备。指导门城基础公司推进17项重点工程，文体中心项目进入装修阶段，政务中心项目进入收尾阶段；租赁房一期和二期项目有序推进，京西置地公司有序推进市级重点项目——三家店土地整理；石门营融悦中心项目自持商业金融街·融悦汇正式营业。指导山水旅游公司完成栖凤山庄项目接收运营，推进“一线四矿”项目进展，发行“门头沟小院”民宿消费券及开发销售文创冰激凌产品，完成龙门涧景区红色文化主题旅游项目实施，提升基地服务品质。指导鑫融投资公司投资成立精雕智创中心，完成控股子公司石龙公司13.07%股权回购；加强石龙公司资产监管和业绩考核。指导保障房投资公司做好1200多户保障房租户的租金收缴及物业服务；完成安康小区天然气改造工程；做好恒溢源、静态停车、京西利川等3家企业的出资管理。指导京门国资中心协调解决拆迁补偿和历史遗留问题；指导康奇物业公司做好5000余套棚改安置房、德露苑小区、民生大厦和老旧小区等110万平方米的物业管理。

（李　建）

【国资国企改革】　年内，区国

资委深入实施国企改革三年行动，制定实施方案及重点任务分工方案；整合区属国企优质资产，打造国有资本运营平台；37家全民所有制企业公司制改革全部完成；7000余名企业退休人员移交社会化管理。完成2家事转企改革并成立2家新公司。完成门城基础公司4家小股东清退和减资工作。处置清理企业62家。完成2家企业的兼并重组。制定《门头沟区国资国企发展“十四五”规划》。

（李　建）

【国有产权管理】　年内，区国资委为8家企业办理产权登记。完成2家公司的资产评估和3家公司的资产评估核准，对5家企业的固定资产及车辆报废进行资产处置。向市财政国有资本划转充实社保基金收益分配42万元。完成2021年度国有资本收益967万元。安排2021年国有资本经营预算支出232万元。编制2022年国有资本经营预算。推进欣六园、黑江水库拆迁和城子西街11号院项目不动产登记。

（李　建）

【国有资产统计】　年内，区国资委做好监管企业经济运行情况分析，监管企业资产总额98.6亿元。做好7家国企负责人经营业绩考核工作，按照百分标准对企业4方面10余项指标完成情况进行综合评分，根据考核结果兑现2020年度企业负责人薪酬。制定2021年企业负责人经营业绩考核任务书，明确7家国企的考核标准。完成2020年企业财务决算和2021年企业财务预算编制。开展监管企业履职待遇、业务支出的监督检查。

（李　建）

【国资监督管理】　年内，区国资委对监管的7家一级公司进行2020年度财务决算审计，审计资产金额25.96亿元。做好董事会和监事会工作，召开6家一级监管企业董事会报告会，调整董事会、监事会成员8人。加强沟通协调，积极推进市审计后续整改工作。完成2020年内部审计统计工作。代表区政府落实区人大关于2019年度企业国有资产管理情况报告的审议意见。

（李　建）

【国企新冠肺炎疫情防控】　年内 区国资委机关新冠病毒疫苗接种率95%；国资系统新冠病毒疫苗接种率97%，区属国有企业7家，接种率97.23%，有3家企业接种率为100%。做好国资系统新冠肺炎疫情常态化防控检查，严格落实出返京审批及备案制度，督促企业认真落实主体责任。

（李　建）

【综合协调服务】　年内，区国资委落实对口帮扶任务，区属国企出资40万元帮扶内蒙古武川县和西藏拉萨堆龙德庆区。妥善解决历史遗留问题31项。加大区级13个重点督办事项和党委会决策事项的跟踪督办力度。做好建党百年服务保障。做好两代表一委员人选的推荐、考察等相关工作。

（李　建）

【安保维稳和垃圾分类】　年内，区国资委妥善解决78个信访件和“12345”政府服务热线转办件274件，做好全国“两会”、建党100周年庆祝活动、十九届六中全会等重点时期重点人维稳工作。做好国资系统垃圾分类、大气污染防治等综治环保工作，制定下发安全生产月活动方案和《国资委建党100周年安保维稳工作方案》，开展安全检查134次，检查234家次生产经营单位。推进24个系统自管小区智慧平安小区建设。

（李　建）

【创城爱心服务】　年内，国资委系统持续开展“文明我先行 党员做先锋”主题实践活动，开展各类活动209次，共512人次参与。授予中共北京京门国有资产经营中心委员会、中共北京京西门城基础设施投资建设有限公司总支部文明党委（党总支）称号，授予中共北京康奇物业管理有限公司支部委员会等4个党支部文明党支部称号，授予高超等21名党员文明党员称号，对在争当“五个先锋”和争创“五个一批”活动中表现突出的刘振琦等10名党员和中共北京京门商业投资发展有限公司机关支部委员会等10个基层党组织予以通报表彰。

（李　建）

农业与农村

2021 年，斋堂镇沿河城村率先开展村庄风貌整体管控提升，图为村落全貌（《京西时报》 供图）

3月 11 日，龙泉镇中门寺村生态园农民开展春耕生产（《京西时报》 供图）

3月，区农业综合执法大队在永定镇开展宠物饲料市场整治规范专项行动（《京西时报》 供图）

综 述

【概况】 2021年，全区农业与农村工作加快落实乡村振兴战略。扎实推进乡村建设行动，坚持用好文明农村综合考评与长效管护机制。美丽乡村村庄规划（简本）及实施方案全部完成批复。成功获批北方地区冬季清洁取暖项目，将连续3年获得中央和市级资金支持共3.9亿元，有效改善门头沟区电力基础设施，快速推进农村煤改电工作。启动“一村一貌、乡村营造”村庄风貌整体管控提升行动试点工作（斋堂镇沿河城村、雁翅镇大村），探索传统村落保护与活化利用的具体措施，精准落实建房管控要求。探索浅山区到平原区城乡接合部美丽乡村建设新模式，在3个村启动试点工作。加强“无人村”管理，实现60个“无人村”纳入管理视线，落实管理措施，确定拆除利用名单，有序推动盘活利用。牵头组建“生态振兴”专班，统筹推动各项重点工作落实。动态更新耕地分类管理清单，门头沟区无受污染耕地；加强设施农用地土壤和农产品协同监测，抽样检测合格率100%；加强农田扬尘管控，推进农药化肥减量增效，回收处理农药包装、农膜等农业投入品废弃物3.03吨。

推动建立健全“村地区管”机制，梳理形成包括《门头沟区乡村责任规划师工作实施意见（试行）》《门头沟区农村宅基地及建房管理办法（试行）》等14个文件在内的系列文件汇编，制发《关于全面推行“田长制”的实施方案》，出台《农村宅基地及建房管理办法（试行）》。探索集体产业用地实施，研究《打造村地区管新模式 推动门头沟小院加田园综合体高质量发展实施方案》，探索集体产业用地向优质集体资产的转变的具体路径。依法规范闲置农宅盘活利用，坚持集体统一组织，将房屋使用权、经营权通过农村产权交易平台进行流转，坚持利益联结，村集体通过入股或有偿转让经营权等形式，采取“保底＋分红”方式推动村企共建。

大力发展绿色富农产业：一是推动特色田园综合体建设。二是提升休闲农业水平。三是打造精品农业。四是积极培育新型经营主体，实施农民合作社规范提升行动与家庭农场培育计划。

夯实农业发展基础保障：一是全面完成稳产保供任务。严守耕地红线，常态化开展“大棚房”问题专项巡查，未发生问题反弹。严格“菜篮子”区长负责制。二是深入落实强农惠农政策。三是有效落实动植物疫病防控措施。四是强化农产品质量安全与农业安全保障。

巩固拓展脱低成果与乡村振兴有效衔接：一是抓好集体经济薄弱村帮扶。二是持续推动农民增收。

深化乡村治理：一是强化基层党组织建设。二是强化人才队伍建设。三是强化基层治理。督促镇村规范村规民约，落实“四议一审两公开”“三务公开”制度。清水镇、梁家庄村分别获评第二批全国乡村治理示范乡镇、村。四是强化新时代农村精神文明建设。听党话、感党恩、跟党走”宣讲系列活动有声有色，门头沟区选送的基层宣讲员在中央农办和中央广播电视总台举办的农村宣讲家北京站选拔中获得全市第二名；统筹开展北京农民艺术节、中国农民丰收节等活动，持续加强新时代农村精神文明建设。五是强化农村新冠肺炎疫情防控。组建农村新冠肺炎疫情防控工作专班，第一时间掌握各类基础数据。建立突发疫情快速响应处置机制，在全市率先完成全部村庄应急演练。严格落实村庄新冠肺炎疫情常态化管控措施，统筹10个检查组进行“标准化”全覆盖检查，推动新冠病毒疫苗接种，全力守住农村地区疫情防线。

（赵 竹）

【农村新冠肺炎疫情防控】 1月12日，门头沟区召开全区农村地区防控部署会，部署城乡结合部地区全员核酸检测工作。1月13日至15日，完成城乡结合部地区全员核酸检测工作，核酸应检人数26914人，全部完成检测，结果均为阴性。1月16日，区农村新冠肺炎疫情防控组办公室成立5个“日常检查组”和5个“行业检查组”，对9个镇和1个街道的147个村居进行综合检查和专业检查。制定《农村地区防控日常检查清单》，清单设置7项实地查看标准和13项询问了解标准，检查组携带清单进行“标准化”检查。1月18日，编发《农村地区村居民防控“明白纸”》，用通俗易懂、群众容易记住和接受的话语，把村民应知应会和应该遵循的防控措施，转换成朗朗上口的顺口溜，方便群众明明白白的落实各项措施。同日，编制“村级疫情防控重点提示”，结合“二十条”措施，用简洁的方式，将村级疫情防控管理措施凝练成核心措施，浓缩到两页纸上，便于村干部在防控工作中快捷查询使用。同日，印发《门头沟区农村地区新冠肺炎疫情防控工作方案》，结合门头沟区109国道高速路等工程建设、国道公安进京检查站较多等实际情况，在北京市农村地区新冠肺炎防控20条基础上增加6条内容，主要包括优化村卡口管控措施、强化进京卡口管理、加强重点人群排查管控、做好关心关爱等，进一步明确农村地区防控要求，压实属地责任。1月19日，编制《门头沟区农村地区突发新冠肺炎确诊病例疫情快速响应处置的工作机制》和《门头沟区农村地区突发新冠肺炎确诊病例疫情快速响应处置的流程图》。主要包括处置原则、处置病例对象、处置机构、处置流程、处置要求等，明确农村地区突发新冠肺炎确诊病例疫情快速响应处置要求。1月21日，制定《门头沟区农村地区重点区域环境监测工作方案》，由区疾控中心拟聘请第三方开展常态化农村环境监测工作，以城中村、城乡结合部和农村地区公厕、垃圾桶站、公交站台等场所为重点，每周对重点场所、重点部位和门帘、门把手等点位开展新冠病毒核酸抽样检测。截至1月24日，农村地区各镇（街）、村（居）全部完成突发新冠肺炎确诊病例疫情快速响应处置，并将演练情况反馈至区农村防控组办公室。在各村完成应急演练的基础上1月24日、1月26日、1月29日，分别在城乡结合部地区龙泉镇三家店西老店、军庄镇军庄村、永定镇卧龙岗村组织完成实战演练。2月3日、2月8日，分别完成潭柘寺镇、妙峰山镇实战演练。开展应急演练活动对门头沟区农村地区提高防范和应急处置能力有很强的意义，切实加强农村地区应对新冠肺炎疫情突发事件的应急处置能力和协调作战能力。

（赵　竹）

【中央一号文件精神解读专题培训】　3月12日，区农业农村局举办中央一号文件精神解读专题培训班，邀请中国人民大学农业与农村发展学院教授就2021年中央一号文件精神进行专题解读。区农业农村局、区经管站共70余名机关干部参加。

（赵　竹）

【农村工作会召开】　5月8日，门头沟区2021年农村工作会议召开，总结2020年“三农”各项工作，明确2021年重点任务。会议强调，全区2021年农业与农村工作，践行绿色发展，激发产业动能，坚持打造精品农业强化产业发展支撑，坚持深化改革激活农村资源要素，坚持夯实基础强化农业安全保障。立足生态宜居，打好乡村建设行动攻坚战，持续强化农村生态文明建设，巩固提升农村人居环境整治，精细化推进农村基础设施建设及公共服务配套，推动村庄风貌整体管控提升，探索城乡结合部新农村建设。巩固脱低成果，持续壮大农村集体经济，紧盯返低风险户，守牢脱低成果，聚力发展壮大集体经济。强健乡村振兴内驱力，打造善治乡村，筑牢基层战斗堡垒，持续深化乡村治理，加强新时代农村精神文明建设。

（赵　竹）

【新一届农村（社区）“两委”负责人培训】　6月26日至11月13日，区委组织部、区委农工委、区委社会工委联合举办门头沟区新一届农村（社区）“两委”负责人培训班，每周六通过线上方式进行授课。

（赵　竹）

【区乡村振兴局挂牌成立】　6月30日，北京市门头沟区乡村振兴局正式挂牌成立，区委编办主要领导宣读《中共门头沟区委编办关于北京市门头沟区农业农村局加挂北京市门头沟区乡村振兴局牌子的通知》。

（赵　竹）

【获北京市“乡村演说家”第二名】　7月11日，由中央广播电视总台农业农村节目中心推出的大型农村户外演讲节目《乡村演说家》第二站“走进北京堂上村”在CCTV-17首播。区农业农村局选送的宣讲员张董获北京市“乡村演说家”第二名。

（赵　竹）

【第四届中国农民丰收节活动】　10月13日，门头沟区在妙峰山镇炭厂村举办“庆丰收、感党恩”第四届中国农民丰收节暨第32届北京农民艺术节“回望百年颂党恩，振兴乡村跃新程”乡村大舞台门头沟区专场展演活动。活动中有舞蹈《激情红绸》和军庄大鼓、女声独唱《通往春天的道路》《你就是那个红》、快板《跨入新时代振兴新农村》、诗歌联唱《清水人民心向党》、器乐合奏《庆丰收》、男女声二重唱《永定河畔门头沟》《红色妙峰山》、柏峪燕歌戏艺术团表演的《燕歌戏鼓》等独具门头沟特色的节目。活动还设置门头沟区特色农产品展台，能品尝到妙峰山玫瑰饼等门头沟区的特色美食。“爱体育 爱乡村 爱生活”门头沟区美丽乡村健康跑活动同步开跑。300余人参加活动。

（赵　竹）

【高素质农民培训】　12月10日至16日，区委农工委、区农业农村局举办门头沟区2021年高素质农民培训班——“门头沟小院+”民宿管家实用技术培训和休闲农业实用技术培训，全区100名农村实用人才共同参加为期7天的线上学习。

（赵　竹）

【巩固脱低成效】　截至12月，门头沟区低收入线上边缘户和返低风险户两类农户233户，404人，人均可支配收入实现18192元。人均收入持续超过低收入农户标准线11160元，且全部超过1.4万元。从两类农户人均收入构成上看，转移性净收入10471元，占比57.6%；工资性净收入5437元，占比29.9%；财产性净收入1984元，占比10.9%；家庭经营净收入300元，占比1.6%。两类农户以转移性收入为主，工资性收入为辅，财产与家庭收入为有益补充。

（赵　竹）

【“乡村振兴红色铁军”宣讲团】　年内，区农业农村局组建“乡村振兴红色铁军”宣讲团，由4名退役军人代表、2名挂职干部代表、2名区派第一书记代表和1名门头沟区优秀人才代表共同组成，通过讲心路、晒瞬间、谈梦想，多方位开展“听党话、感党恩、跟党走”主题宣讲活动。

（赵　竹）

【农业综合执法检查】　年内，农业综合执法大队实现改革试点单位向示范窗口转变，累计开展各类执法检查7221次，出动执法人员2万余人次，超额完成全年行政执法检查任务，查处违法案件81起，罚没款金额23120元，获评全国农业综合行政执法示范窗口，年内未发生重大农产品质量安全、农业生产安全事件。

（赵　竹）

【促进集体经济薄弱村增收工作方案出台】　年内，区农业村民局出台《门头沟区关于促进集体经济薄弱村增收 发展壮大农村集体经济的工作方案》，指导扶持集体经济薄弱试点村因地制宜发展名特优农产品、休闲农业等主导产业，建立利益联结机制。

（赵　竹）

【农村农业保险情况】　年内，门头沟区政策性农业保险继续保持亿元以上水平，全年完成投保金额11688.03万元，投保农户1216户次，保费金额770.21万元，作物投保总面积1393.33公顷，主要险种有苹果160.13公顷、梨102.47公顷、樱桃120.13公顷、枣40.6公顷、杏72.87公顷、核桃66.33公顷，果树树体443.6公顷、露地花卉211.93公顷、密植果树树体72.33公顷、密植园果品种植险95.6公顷。全年保险公司赔付农户743户次，赔付金额630.24万元。年内，农村房屋保险投保5887户，保费60.8万元，自开办房屋保险以来，有效保障因风灾、雨灾、房屋年久失修、线路老化，火灾等造成的房屋损失。赔款631件，金额198万元。村干部责任保险投保1048人，保费16.77万元，投保情况与去年基本持平。

（赵　竹）

【推动建立健全“村地区管”机制】　年内，区农业农村局推动建立健全“村地区管”机制，梳理形成包括《门头沟区乡村责任规划师工作实施意见（试行）》《门头沟区农村宅基地及建房管理办法（试行）》《门头沟区农村产权交易管理办法》等14个文件在内的系列文件汇编。制发《关于全面推行“田长制”的实施方案》，在全市率先配套建立田长调度制度、巡查检查制度、督导检查制度、信息报送制度、考核制度等5项制度，并纳入绩效考评体系，全面构建耕地保护长效机制；出台《农村宅基地及建房管理办法（试行）》，着重从风貌管控、建房审批流程等方面明确建设标准、实施路径和相应步骤。明确建房具体管控标准，建立涉地经济合同联预审工作机制并积极推动农村集体经济合同联预审工作，进一步明确进入农村产权流转交易市场公开交易的标准和流程，保障门头沟区农村产权交易依法依规进行。

（赵　竹）

【9个镇实现联审联办工作机制】　年内，门头沟区9个镇均实现“一个窗口受理、一站式服务”联审联办工作机制，结合险村改造分批分类开展审批，在5镇5村完成农村宅基地建房审批28宗。

（赵　竹）

美丽乡村建设

【概况】　2021年，门头沟大力发展绿色富农产业：一是推动特色田园综合体建设。二是提升休闲农业水平。依托“十百千万”畅游行动，有序推动4个休闲乡村、11个休闲农业园、12个民俗接待户提升项目，成功举办“京华乡韵——小院喊你来串门”主题专场推介会，夯实农游融合发展基础。雁翅镇田庄村获中国美丽休闲乡村，雁翅镇田庄村、妙峰山镇炭厂村、斋堂镇马栏村3村入选北京市美丽休闲乡村，妙峰山玫瑰酥饼、妙峰山咯吱、王平韭园酱菜获首批北京市乡村特色美食。三是打造精品农业。强化科技引领，示范试种茶叶、流苏等新品种，探索“南茶北种”，并注册南茶品牌“灵花曌芽”商标。强化质量认证，推进新增3家有机农产品认证主体，“菜篮子”有机认证农产品产量增加161.1吨，认证覆盖率由2020年底的2.8%增长到17.1%。强化产销衔接，督促各镇建立滞销农产品分级响应处理机制，以“灵山绿产”区域品牌为抓手，推动特色农产品通过进市场、进超市、进餐厅，解决“销售难”问题。区域公共品牌“灵山绿产”及“拇指姑娘”等5项农产品品牌入选“北京优农”，不断丰富优质、特色乡村旅游“伴手礼”供给。四是积极培育新型经营主体，实施农民合作社规范提升行动与家庭农场培育计划，完成3家国家级示范社及2家市级示范社建设项目，创建2个市级家庭农场示范乡镇、5个示范家庭农场。

（赵　竹）

【豚草防治工作】　7月，门头沟区组织各相关镇于花期之前统一开展豚草灭除工作，范围自斋堂镇沿河城村起始沿永定河下延，涉及5镇（斋堂、雁翅、王平、妙峰山、龙泉）153.33公顷区域，重点防治在永定河沿岸豚草发生区，以控制草籽随水散播，防治效果达到95%以上。

（赵　竹）

【门头沟小院联盟就业培训基地挂牌开班】　8月4日，门头沟小院联盟就业培训基地正式挂牌，并举办2021年门头沟小院经营者和从业者技能提升培训，活动由区人力社保局、区委农工委区农业农村局、区文旅局联合举办，3家单位的主要领导、主管领导，以及潭柘寺镇、妙峰山镇、王平镇、雁翅镇、斋堂镇、清水镇等6个镇的27家精品民宿相关负责人参加。

（赵　竹）

【变型拖拉机清理】　8月23日，区农业农村局依法对门头沟区登记备案属“清理”范围内的126台变型拖拉机号牌、行驶证和登记证书进行注销，并在区农业农村局网站和农机监理机构办事大厅公示强制注销公告。9月，变型拖拉机清理情况函送区交通支队。

（赵　竹）

【“2+3”模式推动5条特色沟域建设】　年内，门头沟区以“2+3”模式推动5条特色沟域建设，发展绿色富农产业。继续提升雁翅镇田庄村、潭柘寺镇禅意悦心谷2条特色生态沟域；打造门头沟小院+长城文化带清水花海果香生态沟域，涉及下清水村、台上村、梁家庄村；门头沟小院+永定河文化带王平古道农耕生态沟域，涉及韭园村、桥耳涧村、东落坡村、西落坡村、西马各庄村、东马各庄村、南港村、东石古岩村；门头沟小院+西山永定河苇甸田园综合体生态沟域涉及上苇甸村3条特色生态沟域。

（赵　竹）

【探索城乡接合部美丽乡村建设新模式】　年内，区农业农村局探索浅山区到平原区城乡接合部美丽乡村建设新模式，总结形成“村民自主原拆原建与局部置换统建”相结合的实施路径，在军庄镇新村、永定镇卧龙岗村、妙峰山镇陈家庄村3个村启动试点工作，围绕住宅布局、建设标准、风貌管控、盘活利用等推进村庄宅院规范化建设。

（赵　竹）

【巩固脱低成果，持续推动农民增收】　年内，区农业农村局出台《门头沟区巩固低收入帮扶成果促进线上边缘户、返低风险户持续增收工作方案》《门头沟区关于加强脱低资产管理办法的实施意见》《2021年门头沟区低收入线上边缘户、返低风险户及特殊群体帮扶基金管理办法（试行）》等文件，以巩固脱低成果为抓手，全面促进农民增收。门头沟区线上边缘户233户404人实现2021年家庭年人均可支配收入全部上线（无返低风险户）；瞄准共同富裕，建立增收机制，紧盯纳统工作，多措并举促进农民增收。

（赵　竹）

【美丽乡村建设验收】　年内，门头沟区完成第二批美丽乡村创建验收任务。依据《北京市美丽乡村建设考核验收标准（试行）》，市级美丽乡村三方公司对门头沟区第二批40个美丽乡村创建村

门头沟区第二批次美丽乡村创建村一览表

镇	数量	村名
清水镇	4 个	齐家庄村、双塘涧村、张家铺村、双涧子村
斋堂镇	10 个	桑峪村、双石头村、杨家峪村、王龙口村、东斋堂村、杨家村、林子台村、沿河口村、沿河城村、黄岭西村
雁翅镇	10 个	高台村、黄土贵村、碣石村、山神庙村、松树村、太子墓村、苇子水村、下马岭村、饮马鞍村、跃进村
王平镇	6 个	安家庄村、东石古岩村、河北村、吕家坡村、色树坟村、西石古岩村
妙峰山镇	4 个	大沟村、丁家滩村、涧沟村、上苇甸村
军庄镇	1 个	灰峪村
龙泉镇	1 个	琉璃渠村
潭柘寺镇	4 个	桑峪村、平原村、南辛房村、草甸水村

（赵　竹）

的街坊路、绿化、路灯、部分村的上水等项目认真开展自查验收，通过村级自查、镇级检查、区级核查，40 个美丽乡村创建村全部达到市级验收标准。

（赵　竹）

【农村人居环境整治】 年内，门头沟区持续在 138 个村开展村庄清洁行动，建立区级巡查、通报、督办、约谈、曝光、考核和奖惩等 7 项机制，每月开展文明农村人居环境整治综合考评。2021 年度农村人居环境市级考核综合排名全市第一。

（赵　竹）

【乡村治理示范镇、村创建】 年内，清水镇获评第二批全国乡村治理示范镇、清水镇梁家庄村被评为第二批全国乡村治理示范村。

（赵　竹）

【草地贪夜蛾防治与监测】 年内，区农业农村局共设草地贪夜蛾系统监测点 11 处，安装虫情测报灯 5 个，太阳能杀虫灯 90 台，布控性诱捕器 200 套，发放诱芯 600 根，用于草地贪夜蛾监测防控工作，组织田间调查 282 人次，全年累计上报监测 94 次。

（赵　竹）

【农业投入品废弃物回收处置】 年内，门头沟区回收废旧地膜 2.62 吨（折纯量为 1.27 吨），达到预计回收数量，地膜回收率 98%；累计回收农药包装袋 8857 个，包装瓶 17639 个，玻璃 88 个，共 26584 个，0.41 吨，由专业公司运回处置点进行统一回收处理利用。

（赵　竹）

【生活垃圾分类示范村创建】 年内，门头沟区通过定时定点上门收集、定点投放、分类驿站等多种方式，实现农村地区垃圾不落地全覆盖，累计创建北京市生活垃圾分类示范村 28 个。

（赵　竹）

【农村地区煤改清洁能源】 年内，门头沟区入选国家北方地区冬季清洁取暖项目，将连续 3 年获得中央和市级资金支持共 3.9 亿元。

（赵　竹）

种植业

【概况】 2021 年，全区全年粮食作物播种 450.23 公顷，其中玉米 335.57 公顷、谷子 15.63 公顷、甘薯 21.43 公顷、豆类 64.53 公顷、其他 13.07 公顷。粮食作物产量 828.74 吨。蔬菜播种 242.92 公顷，产量 1414 吨。

（赵　竹）

【耕地地力保护补贴】 年内，门头沟区耕地地力保护补贴面积 141.04 公顷，634668 元，涉及 4 镇 46 村 1187 户。

（赵　竹）

【菜田补贴】 年内，门头沟区菜田补贴面积为 66.66 公顷，补贴金额 525366 元（600 元 / 亩，其中已经享受耕地地力保护补贴的露地菜田，按照 300 元 / 亩给予补贴），涉及 6 镇 25 村 138 户。

（赵　竹）

【有机肥补贴】 年内，门头沟区推广补贴有机肥 1730 吨，补贴金额 83.04 万元，覆盖面积 247.93 公顷，涉及 51 个村。

（赵　竹）

【农机购置补贴】 年内，门头沟区共受理农机购置补贴申请 3 宗，共兑付补贴资金16330元，其中中央资金9800元，市级资金6530元。

（赵　竹）

【农产品质量检测】　年内，区农业农村局完成农产品定性检测样品10094份，农产品定量检测样品419份，农业环境定量检测样品60份，合格率100%。

（赵　竹）

【农田灭鼠工作】　年内，区农业农村局发放粘鼠板1.8万张，灭鼠范围包括大田、菜田、设施保护地等，灭鼠面积600余公顷。

（赵　竹）

【耕地质量长期定位监测】　年内，区农业农村局建立4个市级长期定位监测点，5个面源污染监测点，3个耕地质量监测点，开展监测并完成土壤取样工作。

（赵　竹）

养殖业

【概况】　2021年，门头沟区有效落实动植物疫病防控措施，开展学业种质资源普查、畜禽水产种质资源普查工作。针对禽流感、口蹄疫和新城疫等重大动物疫病共实施17次集中强制免疫。加强疫情应急队伍的管理，做好重大节假日与活动期间疫情应急备勤与处置工作，将为民办实事和中心专业技术工作充分相结合，发挥动物疫病诊疗专业技术优势，着力做好动物异常情况应急出诊工作。

（赵　竹）

【水产养殖资源和畜禽种质资源普查】　年内，门头沟区开展农业种质资源普查、畜禽水产种质资源普查工作，完成普查并填报品种4个，群体数量13120个，其中珍珠鸡170只、海蓝蛋鸡800只、意大利蜂11990箱、北方中蜂160箱。

（赵　竹）

【重大动植物疫病防控】　年内，门头沟区针对禽流感、口蹄疫和新城疫等重大动物疫病共实施17次集中强制免疫，累计发放禽流感、新城疫、口蹄疫、小反刍兽疫各类疫苗共91.3万羽/只/头份。在犬狂犬病防控方面，共免疫犬9631只。采集血样2011份（畜禽样品1241份，其中羊血336，牛血33，犬猫205，鸡血613，猪拭子54份；市级监测送样，季度送样520份，半年送样250份），实验室开展新城疫、高致病性禽流感、O型口蹄疫、亚洲Ⅰ型口蹄疫、A型口蹄疫、小反刍兽疫、布鲁氏杆菌病、狂犬病、弓形虫等检测，共监测5706份样本。开展宠物流调92次，开展流行病学调查96户次，入户流调1745次。开展羊尿液样本瘦肉精（盐酸克伦特罗和莱克多巴胺）检测400份次，鸡蛋开展兽药残留（磺胺类、氯霉素和四环素药物）的快速检测2085份次，覆盖全区8镇1街。加强疫情应急队伍的管理，做好重大节假日与活动期间疫情应急备勤与处置工作，将为民办实事和中心专业技术工作充分相结合，发挥动物疫病诊疗专业技术优势，着力做好动物异常情况应急出诊工作。年内，共处置32起畜禽不明原因死亡事件，出动32车次、101人次，排查诊断疑似疫情32起。

（赵　竹）

农村经济管理

【概况】　2021年，门头沟区农村合作经济经营管理站（以下简称区经管站）以乡村振兴战略布局为纲领，大力推进“一二三”工作格局，坚持党建工作引领，立足单位职能职责和打造绿水青山门头沟品牌两个基本点，开展农村土地确权及流转、农村集体经济组织产权制度改革等工作调研，全面完成18项区级重点任务，在9镇181村开展村干部任期和离任经济责任审计“回头看”工作，检查9镇59村村级财务公开情况，组织开展“三资”管理、农村产权交易、清产核资以及信息化管理等各类农村经济管理等培训，627人次参加培训，推进农村经管工作取得新进展。

（张澜鑫）

【2020年清产核资结果】　年内，门头沟区清查核实资产总额142.2亿元，负债总额60亿元，所有者权益总额82.2亿元，各科目较2019年呈小幅度增长。2020年度集体土地总面积为11.87万公顷，其中农用地10.11万公顷，建设用地33.33万公顷，未利用地14.27万公顷。

（张澜鑫）

【农村土地承包经营权确权登记颁证】　年内，区经管站继续开展确权登记颁证扫尾工作，加强风险防控和应急处置，积极稳妥推进确权颁证工作，全区确权登记颁证工作涉及4个镇，打印证书6128本，更新证书827本。

（张澜鑫）

【农村经济合同管理】 年内，区经管站制定出台《门头沟区涉地农村集体经济合同管理办法（试行）》，从规范合同文本内容、强调合同利益联结、建立健全联合预审机制，以及确保合同收益落实到位等方面，进一步加强涉地农村集体经济合同管理，保障农村社会和谐稳定，此办法共17条。

（张澜鑫）

【农村统计监测】 年内，全区农村集体经济总收入11.4亿元，同比增长5.4%；全区农民人均所得实现26368元，比去年同期的25143元增加1225元，同比增长4.9%。全区两类农户人均收入持续超过低收入农户标准线11160元，且全部超过1.4万元。低收入农户人均可支配收入实现18192元。

（张澜鑫）

【农村产权交易】 年内，区经管站组织实施农村产权交易17个项目，涵盖5个镇13个村，项目种类涵盖土地类、实物资产类，土地类涉及土地面积42.30公顷、实物资产类涉及房屋面积1.2万平方米，项目保底收益0.6亿元。

（张澜鑫）

【"三资"监管定期检查】 年内，区经管站完成9个镇90个村的农村集体"三资"监管定期检查工作，对农村集体"三资"管理制度落实执行情况、财务票据管理以及相关农村重大事项民主程序履行情况等方面进行重点检查，下发整改通知书，撰写检查报告，督促镇、村按要求进行整改。

（张澜鑫）

【"三资"平台财务审查】 年内，区经管站累计查看491村次59040笔账目，预警金额涉及2000万元。

（张澜鑫）

【农民负担监督管理执法检查】 年内，区经管站完成农民负担执法检查，区内各项涉农收费减免政策已落实到位，未发现增加农民负担等违法违规现象。

（张澜鑫）

【农村管理信息化维护】 年内，区经管站动态开展农村管理信息化四级网络及农村管理信息化动态维护工作，完成四级网络巡检及农村管理信息化动态维护工作。

（张澜鑫）

2022 BEI JING MEN TOU GOU NIAN JIAN
北京门头沟年鉴

工业　科技　信息化

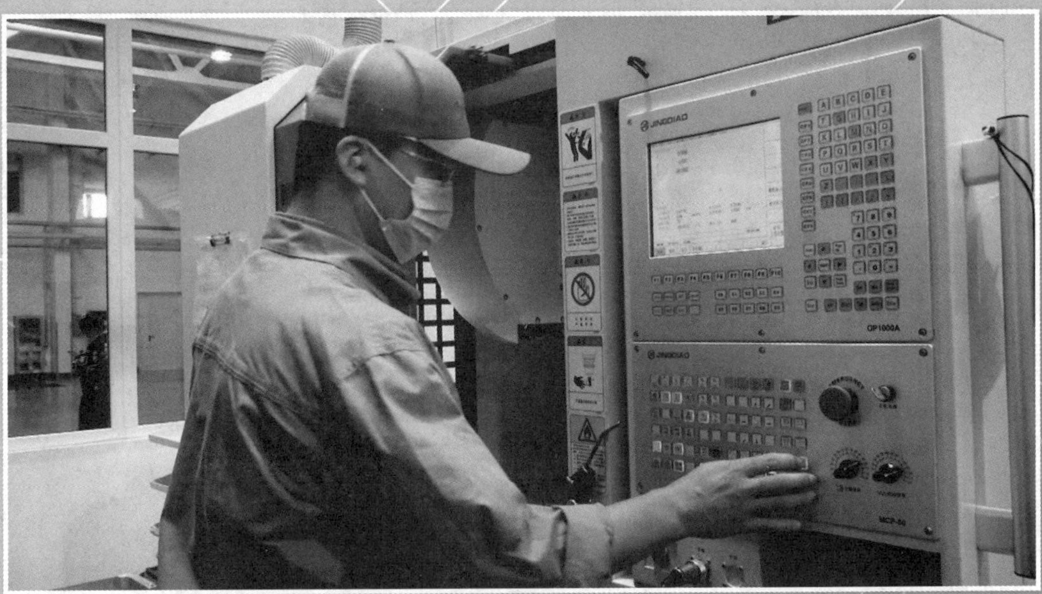

8月，北京精雕劳模创新工作室获评门头沟区首家“市级职工创新工作室”（《京西时报》 供图）

3月，北京夏禾科技有限公司开展 OLED 材料迭代储备技术研发（《京西时报》 供图）

5月21日，智能客服入驻京西创客工场（中关村科技园区门头沟园管理委员会 供图）

8月，第六届“创客中国”创新创业大赛暨“创新门头沟”创新创业大赛颁奖典礼在中关村科技园区门头沟园举行（《京西时报》供图）

2021 年，区科学技术和信息化局不断加大技术投入提升京白梨品质，图为果农在军庄镇东山村采摘京白梨（《京西时报》供图）

工　业

【概况】　2021年，门头沟区规模以上工业企业共26家，累计完成工业总产值53.81亿元，同比增长0.1%；完成销售产值51.51亿元，同比下降6.0%，其中内销产值50.19亿元，同比下降2.7%，出口交货值1.32亿元，同比下降58.6%。规模以上信息传输、软件和信息技术服务业企业共11家，累计完成收入16.32亿元，同比增长23.3%，从业人员平均数1193人，同比下降13.2%，利润0.69亿元。

（贾岩琦）

【“专精特新”中小企业认定】　年内，门头沟区认定“专精特新”中小企业14家、北京市级专精特新“小巨人”企业5家，国家级专精特新“小巨人”企业2家。

（李　昂）

【固定资产投资】　年内，门头沟区完成北京市非政府投资工业和信息化固定资产投资项目备案13件，涉及总投资合计72132.01万元。

（刘　力）

【疏解一般制造业企业】　年内，门头沟区综合运用法律法规、标准、经济、市场等手段，完成1家（北京鹿鹤安泰革制品有限公司）一般制造业企业整体退出。

（李　瑀）

【新冠肺炎疫情防控检查】　年内，区科学技术和信息化局（以下简称“区科技和信息化局”）全力做好新冠肺炎疫情防控工作，对制造业责任台账内的64家企业开展全覆盖走访指导工作，积极与企业沟通，完善新冠肺炎疫情防控预案，加强新冠肺炎疫情防控人员培训，配合企业做好新冠肺炎疫情防控工作，确保新冠肺炎疫情防控和有序复工复产两手抓两不误。累计指导检查企业1986家次。

（李　瑀）

【工业领域空气重污染应急响应】　年内，门头沟区启动4次空气重污染预警，其间区科技和信息化局加大现场检查力度，督促停限产企业严格执行“一厂一策”工作方案，减少污染物排放。

（李　瑀）

【中小企业服务】　年内，区科技和信息化局依托北京市中小企业公共服务平台、门头沟区人民政府门户网站，汇集有关中小企业的法律法规、创新创业等政策信息向企业输送，为全区中小企业提供有针对性的政策法规、财税和科技政策8项，并积极联系和组织各类专业机构为中小企业提供专业化服务。组织企业申报第四批北京市中小企业公共服务示范平台和小型微型企业创业创新示范基地，授予北京中关村京西建设发展有限公司“北京市小型微型企业创业创新示范基地”称号。

（贾岩琦）

【“创客北京2021”创新创业大赛】　年内，区科技和信息化局组织开展“创客北京2021”创新创业大赛活动，全区共8个项目（创客组至格科技团队、中关村精雕智造创新中心团队，企业组北京星网船电科技有限公司、北京微链道爱科技有限公司、北京鑫华源机械制造有限责任公司、北京乾源风电科技有限公司、北京顺天立安科技有限公司、北京海智元科技有限公司）进入150强，其中至格科技团队的“增强现实衍射光波导及光学显示模组产业化”项目入围全国500强。

（贾岩琦）

【稳岗促就业】　年内，中小企业服务中心引导企业安置城乡劳动力20人，组织区内企业参加市经信局中小企业服务中心举办的2021年“北京市中小企业精准帮扶专场招聘会”，切实稳定中小企业就业岗位。

（贾岩琦）

【“服务包”工作】　年内，区科技和信息化局通过电话、微信和实地走访等多种形式为企业送“服务包”215次，收集企业需求30件，并积极联系相关部门协调推进；充分发挥中小企业服务体系作用，帮助中小企业纾困解难，促进中小企业高质量发展。

（贾岩琦）

科技工作

【概况】　2021年，门头沟区高新技术企业第一批认定13家，首都科技条件平台门头沟工作站组织区内企业和北工大研发实验服务基地、领域中心对接，门头沟区与市林果院共建专家工作站揭牌。区科技和信息化局深入落实“8+1”行动，促农业提质增效拓展“百果山”，助力富民增收“百果山”，开展“科技下乡”活动，利用科技手段打造高质量果园样板，积极对接东西部协助工作，开展敬老爱老“智慧助老”志愿活动、“党建红”照亮“科技蓝”党史宣传、“情暖八一、健康同行”拥军义诊活动、“云上科普日”活动，参与“智慧门城·创享未来”2021年门头沟区科技周活动。年内，“市区两级重大紧迫任务科技支撑”项目完成，研制出自主知识产权物联网高精度温度传感器，孟悟农业科技园所产京白梨喜获特等奖，门头沟区诚田恒业煤矿设备有限公司荣获两项国家科学技术进步奖。

（张　悦）

【区内企业与研发实验服务基地对接】　1月13日，首都科技条件平台门头沟工作站组织北京碧福生环保工程设备有限公司与北京工业大学研发实验服务基地进行线上需求对接。3月10日，组织遨博（北京）智能科技有限公司、慧安众生生物科技发展（北京）有限责任公司与装备制造领域中心、北京农学院研发实验服务基地进行线上需求对接。

（张　悦）

【“春风送暖农家女”慰问活动】　3月5日，北京市科委在北京九仙草农业科技发展有限公司开展“春风送暖农家女”慰问活动，向农家女代表发放科普图书和蔬菜种子，并开展春季剪枝指导。

（张　悦）

【科研诚信建设座谈会召开】　3月23日，区科技和信息化局召开门头沟区科研人员学术诚信座谈会，对2021年区科技项目的承担单位相关人员进行科研学术诚信宣讲，对相关科技项目管理办法中科研诚信内容修订、科研诚信承诺书等事项进行研讨。

（张　悦）

【门头沟区科技周活动】　5月，区科技和信息化局主办主题为“智慧门城·创享未来”2021年门头沟区科技周活动，组织党员群众40余人参观2021北京科技周石景山分会场，组织石龙管委、石龙科技园区各企业以及京师实验中学学生参观门头沟区科技周主会场——“中关村（京西）人工智能科技园”，组织党员群众参观202北京科技周主会场，组织党员科技志愿者和科普人员到东辛房街道紫金新园社区开展全民科普活动，在桃园开展主题为“门头沟的山水文化”的科普活动。

（张　悦）

【科普体验厅党史专题宣传】　6月22日，区科技和信息化局在龙门三区社区、雁翅镇青白口村、清水镇北京国际核桃庄园等3家科普体验厅开辟党史专题宣传展台，利用多媒体系统播放《百炼成钢—中国共产的100年》以及《回望百年—中国共产党领导科技发展》等宣传片，为推动科技创新成果转化和科普活动惠及于民创造良好的氛围。

（张　悦）

【对接东西部协助工作】　8月31日至9月2日，区科信局副局长带队到内蒙古自治区呼和浩特市武川县上秃亥乡和大青山乡考察对接东西部协作工作。考察期间，与县、乡领导就选派干部工作进行座谈；实地考察上秃亥乡蒙独脑包村委会包装箱车间项目进展情况；实地考察大青山乡静新升生态农业专业合作社项目进展情况，听取项目承担方村委会和合作社的介绍，就遇到的现实困难，有针对性的提出关于村委会与合作社之间合作关系的建设性意见。

（张　悦）

【科技支撑项目验收】　9月3日，门头沟区“市区两级重大紧迫任务科技支撑”项目“自主可控物联网型温度检测芯片及传送系统”课题通过专家验收。该项目由北京七芯中创科技有限公司承担，获得市级科技经费300万元，带动企业自筹研发经费450万元。课题面向物联网型高精度测温方面的需求，研发低噪声采集放大技术、高精度低功耗模数转换技术以及高精度自动化测试标校技术等关键技术，形成将温度采集、身份验证和通信功能于一体的高精度测温芯片。此款芯片完全实现进口替代，测温精度比国外品牌公司的测温精度提高5倍以上，达到 ±0.1°，抗静电达到8KV（国外同类产品3KV）。

（张　悦）

【京白梨获市精品梨大赛特等奖】　9月17日，国家生态修复科技综合示范基地选送的9斤装特级京白梨及6斤装三级京白梨在北京市园林绿化局举办的“2021北京花果蜜乐享季北京市精品梨大赛”获附包装果品的商品属性特等奖。

（张　悦）

【“云上科普日”活动】 9月18日，区科技和信息化局联合石龙管委组织开展以“百年再出发，迈向高水平科技自立自强”为主题的“全国科普日”线上培训活动，邀请弗莱共创（北京）科技发展有限公司总经理科技企业及科技工作者讲解智能设备在各领域中的应用。

（张　悦）

【诚田恒业煤矿设备有限公司获奖】 9月23日，北京诚田恒业煤矿设备有限公司获集体和个人两项“国家科学技术进步奖二等奖”。该企业成立于2005年，主要从事煤炭设备的研发、生产。

（张　悦）

【共建专家工作站揭牌】 9月24日，区科技和信息化局在军庄孟悟京白梨园举行北京市林业果树科学研究院京白梨专家工作站揭牌仪式。京白梨专家工作站是民盟北京市委助力“8+1”行动在门头沟区落地生根的有效体现。

（张　悦）

【“科技下乡”活动】 9月29日，区科技和信息化局在清水镇开展主题为“特菜及花卉种植”的专题授课活动，50余户农民种植户参加。专家结合清水镇高海拔的地域特色，选取适宜当地种植的农作物作为培育对象，从选种、抚育、病虫害防治等方面做讲解，同时结合民宿经济，有针对性地从花卉的景观营造到食用花卉的制作以图文并茂的方式为村民进行授课。

（张　悦）

【敬老爱老“智慧助老”志愿活动】 10月15日，区科技和信息化局开展敬老爱老“智慧助老”志愿活动，组织门头沟区党员科技志愿服务队志愿者，联合北京京煤集团总医院急诊科，邀请专家、主任到龙门三社区，对获得“七一勋章”“光荣在党50年”纪念章的老党员以及贫困、失能、高龄、独居、空巢、计划生育特殊家庭老年人等进行走访慰问，开展老年病突发状况处置及急救培训，为老人们讲解当前高发心脑血管疾病预防知识及急救措施，上门为行动不便老人开展诊疗服务。

（张　悦）

【高新技术企业认定】 年内，门头沟区高新技术企业认定工作分五批进行，受理材料总数208件。第一批通过认定备案企业13家，通过率93%。按技术领域划分电子信息4家、高技术服务4家、资源与环境2家、生物与新医药1家、先进制造与自动化1家、新材料1家。

（张　悦）

【助力“百果山”建设】 年内，区科技和信息化局邀请北京市农林科学院科技成果转化推广处领导及市林果研究院有关专家到军庄镇孟悟农业科技示范园开展对接调研；在雁翅镇淤白村、高台村、田庄村、苇子水村、太子墓村、大村、房良村等7个村庄11个地块开展高科技示范农业试点项目调研；投入259.3万元财政资金，以8个科技项目为抓手，落实林下药用芍药、山地油蟠桃、高原樱桃、北冰红葡萄和清水山野菜引种驯化等农业新品种引种示范，因地制宜发展精品化、高附加值、环境友好的山地经济；开发红藜麦精酿啤酒，在清水镇和军庄镇分别建设新型气调库及冰温库，发展农产品深加工、储藏技术，推动特色农业产业与传统景区、精品民宿、乡村旅游深度融合。

（张　悦）

【孟悟村果园样板建设】 年内，区科技和信息化局依托军庄镇孟悟生态园，打造精细化、高质量发展的果园产业发展模式的样板。主要工作包括，提升园区基础设施水平，与中国农业大学合作研究京白梨提质增效新技术，与北京市林业果树科学研究院合作共建专家工作站，引进特色农产品，打造集采摘体验、观光旅游为一体的“百果园”。

（张　悦）

信息化

【概况】 2021年，门头沟区建设完成5G基站49座，全区5G基站总量达到373座；建立智慧城市工作统筹机制、规划落实和优化迭代机制，强化项目统筹管理、营商环境和信用体系建设；做好新冠肺炎疫苗接种点网络及各类设备保障工作；强化信息安全，保障政务网络安全高效，全力做好软件正版化相关工作；规范整治移动互联网应用程序，推动电子政务办公系统建设。年内，启动门头沟区新版智慧城市顶层设计规划的编写工作，制定《门头沟区加快新型基础设施建设专班工作方案》并完成征求意见工作，完成编写信息化项目管理办法初稿。

（赵　新）

【5G基站建设】 年内，全部完成市级下达门头沟区的49座5G基站建设任务，推动5G基站覆盖各镇街政府及周边、区内主要道路、重点商圈、重点园区及景点。

（赵 新）

【政务云服务管理】 年内，政务云平台现有应用系统37个，内存使用量超过3700G，硬盘使用量47T。区科技和信息化局配合区政务服务局完成一网通办业务系统升级，门头沟区生态大数据平台设计云资源需求调研工作。区大数据事务中心完成政务云平台的安全自查，以及云平台部署、应用、存储、资产、互联网IP出口、域名等基础信息的检查工作，推动数据资源、人员责任、安全管理制度落实。

（赵 新）

【大数据平台建设】 年内，门头沟区完成全区数据共享交换平台的建设和升级工作，通过区共享交换系统完成市区两级纵向和横向的数据接入与共享工作，完成市区两级政务服务局共享交换数据的移库工作，完成市区两级卫健委“疫苗接种”数据共享工作，完成市区两级行政处罚和行政许可信用公示信息数据，完成市区两级信用修复企业的数据交换工作，完成市区两级行政处罚修复数据、行政处罚异议数据、行政许可异议数据的数据交换工作。区科技和信息化局编制《门头沟区公共数据开放计划》，汇总完成130条记录。

（赵 新）

【一体化网上政府建设】 年内，门头沟区完成网站集约化平台季度自查工作及日常运行保障工作，包括集约化平台建设维护、权限设置、数字证书管理、优化搜索和移动端兼容性等。开设“习近平新时代中国特色社会主义思想”“优化营商环境-政策公开讲”“‘讲文明 树新风’公益广告”“门头沟区新冠肺炎疫情防控”等专题专栏，优化“统计信息和数据开放”“预决算信息公开”“政府公报”等栏目，增加“我要找政策”功能，提升获取政策便利性。

（赵 新）

【营商环境和信用体系建设】 年内，门头沟区制定《2021年门头沟区社会信用体系建设重点工作任务》，完善“信用中国（北京门头沟）”门户网站建设，发布信用信息515条、政策法规13条。在信用网站完成涉企行政许可、行政处罚的信息公示，全年共归集公示涉企行政许可信息1854条，行政处罚信息871条，受理信用修复初审349件。归集信用分级分类监管领域数量51个。全区开展“信易+”开展领域45个。组织36家单位签署政务诚信承诺书，组织41家单位参加门头沟区优化营商环境城市信用监测指标填报工作培训会，组织47家企业参加2021年门头沟区信用修复工作培训会暨信用进企业活动，组织各单位开展诚信建设万里行主题宣传活动。开展各镇街政务诚信建设评价工作。全面完成全区失信约束措施的清理规范工作，按规定废止失信约束类文件4件，修订失信约束类文件1件。会同行业领域相关单位，对严重违法失信行为和信用服务机构失信问题开展专项治理，年内失信类型为行政处罚的失信企业完成整改。

（赵 新）

【新冠病毒疫苗接种点网络及各类设备保障】 年内，区大数据事务中心成立专项工作组，为各新冠病毒疫苗接种点提供网络通信保障及信息化支撑工作，采取部署5G移动网络设备的方式，迅速完成全区各接种点的网络接入，以及各新冠病毒疫苗接种点固网升级和覆盖工作，保证视频及各类传感器设备信号传输的稳定性。

（赵 新）

【建党100周年网络安全重大保障工作】 年内，区科技和信息化局制定实施中国共产党成立100周年网络安全的总体保障工作方案，针对事前防御、事中监测、事后改进等阶段进行相应评估和安全策略调整工作，完成全区政务网络基础设施、数据及业务系统的安全自查工作，完成区公安分局对全区等保三级系统的安全检查工作，进一步增强全区政务网络建设的安全性。

（赵 新）

【软件正版化工作】 年内，区大数据事务中心制定印发《门头沟区2021年软件正版化工作方案》，修订2021年正版软件管理工作的相关制度及规定，加强并进一步明确责任主体，细化软件管理体系内容，完善软件更新及卸载流程，做到软件安装维护的规范化和专业化，强化推动教育系统、卫健系统以及区国有企业的正版化使用规范。指导区教委试点校软件正版化工作，完善管理规范的工作。

（赵 新）

【协调各运营商做好相关工作】 年内，区科技和信息化局在新冠肺炎疫情防控期间，组织联通、电信、移动、歌华有线和铁塔公司排查密接人员，对各运营商疫情防控工作应急预案、新冠病毒疫苗接种、上报返京人员情况等方面积极进行协调和指导；在中国共产党成立100周年安全保障工作中，协助各运营商完成安保维稳、电子屏应急方案的制定、危化品排查等工作；开展2021年通讯基础设施防汛检查，协调运营商完成汛前准备工作；协调各运营商多次处理各类涉及通讯基站、线缆施工、飞线治理、地下管线等投诉及问题。

（赵　新）

【移动互联网应用程序规范整治】 年内，区科技和信息化局负责对全区面向党政机关人员和基层干部使用的移动互联网应用程序清查、评估、纠治工作进行技术支持。截至年末，全区面向党政机关人员和基层干部使用的移动互联网应用程序共9个，其中APP类5个、小程序类4个，涉及单位7家。

（赵　新）

【电子政务办公系统建设】 年内，区科技和信息化局开展电子政务办公系统调研，确定电子政务办公系统中会议通知和非会议通知的页面设计、功能需求、定制开发等内容，进行系统建设工作，印发《关于收集门头沟区电子政务办公系统基本信息的通知》，收集并录入各单位的用户信息，为用户匹配相应收发通知的权限。

（赵　新）

中关村科技园区门头沟园

【概况】 2021年，中关村科技园区门头沟园（以下简称门头沟园）规划面积1.89平方千米，投入运营总部大厦建筑面积27.23万平方米，建成暂未投入使用大厦建筑面积19万平方米，在建总部大厦建筑规模20.49万平方米。建设科技企业孵化器11个，总面积约33万平方米，其中国家级众创空间1个、市级众创空间2个、中关村创新型孵化器4个，中关村硬科技孵化器1个，中关村海外人才创业园1个，门头沟区众创空间1个，门头沟园双创示范基地9个。园区确立了人工智能、医疗器械、数字视听三大细分领域产业方向，与百度、华为、普洛斯等头部企业签署全面战略合作协议，与字节跳动、同方股份、华润医药等头部企业达成合作协议。国家高新技术企业206家，中关村高新技术企业378家。专精特新中小企业23家，市级“小巨人”企业6家、国家级“小巨人”企业3家，国家级和市级“小巨人”企业数量均在生态涵养区位列第二，有竞业达、立思辰科技、光环新网、恒合信业、零点有数上市企业5家。精雕科技入选全市首批20家“隐形冠军”企业名单。举办中关村论坛门头沟分论坛和细分赛道前沿赛事相关活动，与石景山园和首钢工学院合作建成京西产学研创服务平台。3月29日，中关村门头沟园管理机构揭牌，全称为中共北京市门头沟区委中关村科技园区门头沟园工作委员会、中关村科技园区门头沟园管理委员会。

（赵倚榕）

【党员培训】 3月9日至12日，门头沟园组织举办为期4天的党员培训班，培训采用线上线下相结合方式，园区党员200余人参加。邀请北大教授、区发改委副主任、区委党校教师，围绕“中国共产党的光辉历程”“解读党的十九届五中全会精神”“门头沟区情和区十四五规划纲要”“党章”“重温《共产党宣言》”“平西抗战史”等6个方面内容进行专题辅导。

（赵倚榕）

【检察官联络室挂牌成立】 4月2日，区检察院在门头沟园挂牌成立检察官联络室，搭建服务民营企业发展“检企绿色通道”。检察官联络室以服务保障民营企业为宗旨，每周五派驻检察官进园区值守，为民营企业开展法律咨询、线索受理、法律宣传、刑事监督、民事监督、行政监督、廉政预防、意见收集等检察联络工作。

（赵倚榕）

【马克思主义读书会活动举办】 4月28日，利德衡党群服务中心在红色书屋举办马克思主义读书会交流系列活动，以“红色书屋”为主阵地，以讲“门头沟的故事”为主题，邀请文史专家讲述“门头沟矿区革命的播种人李大钊的故事”“京西红色革命第一人王复生的故事”，毛主席与门头沟的故事。门头沟园50余人参加活动。

（赵倚榕）

【智慧云测项目研发工作完成】 4月，北京智慧云测信息技术有限公司承担的北京市科委科技计划课题任务“基于多维故障精准注入的芯片安全测试平台验证及实验”的项目，完成项目研发工作并通过预验收。项目中使用新技术申请发明专利8项，实用新型专利2项，软件著作权12项，在传统单维故障注入技术基础上进行突破，实现激光注入、电磁操纵、时钟毛刺、电压毛刺等多维度两两组合故障注入，已在智能车联网领域的汽车电子芯片安全开展测试示范应用。

（赵倚榕）

【招商引资项目推介会举办】 5月13日，门头沟区委、区政府与华为公司联手举办招商引资项目推介会。活动邀请北明软件有限公司、软通动力信息技术（集团）股份有限公司等企业参加。活动充分发挥华为公司的信息资源优势，联络上下游合作伙伴，搭建政企交流平台，发挥以商招商的优势，突出招大引强，突出区位优势，突出宣传推介，拓展投融资渠道，不断优化营商环境，吸引更多优质企业在门头沟区落地生根，构建亲商爱商留商的京西创业新高地。

（赵倚榕）

【智能客服入驻京西创客工场】 5月21日，智能机器人客服入驻京西创客工场，接待北京市人大代表和门头沟区人大代表视察参观。智能客服可以实现为来访客人介绍园区及创客工场情况、引导方向、自动对话等多样化功能，为企业提供优质的服务体验。

（赵倚榕）

【5项战略合作协议签署】 5月31日，中央广播电视总台北京总站与门头沟区签署战略合作协议，推动中央广播电视总台超高清示范园落户门头沟区，以解决当前超高清电视发展高品质节目匮乏等问题。6月9日，门头沟区与北京百度网讯科技有限公司签署战略合作框架协议，双方决定就助力工业企业智能化升级、推广人才培养教育、打造AI计算中心等领域开展进一步合作。7月22日，门头沟区与普洛斯投资（上海）有限公司、华为技术有限公司签署战略合作框架协议，三方就在门头沟园建设中关村京西人工智能创新中心达成合作共识。12月3日，门头沟区与国家心血管病中心、中国医学科学院阜外医院签署战略合作协议，推动建设国家心血管病中心，培育医药健康产业。

（赵倚榕）

【“保护知识产权，你我共同参与”宣传】 5月，区检察院第二检察部在门头沟园开展“保护知识产权，你我共同参与”专项行动，通过“多元化”普法、“问诊式”答疑、“走访式”调研等方式，切实帮助园区企业解决知识产权保护存在的实际困难，为企业健康发展营造优质化法治营商环境。

（赵倚榕）

【4家企业获专精特新“小巨人”称号】 6月2日，北京市2021年度第一批专精特新“小巨人”企业名单正式公布，共有285家企业入围。门头沟园内的东西分析、水木湛清、北特圣迪、遨博智能等4家企业上榜。此外，遨博智能和芯盾时代2家企业获国家级专精特新“小巨人”企业称号。

（赵倚榕）

【芯盾时代入选中国新经济独角兽榜单】 7月22日，“艾媒咨询”发布《2021年中国新经济独角兽&准独角兽标杆企业研究报告》，北京芯盾时代科技有限公司入选“中国新经济准独角兽200强榜单”。

（赵倚榕）

【首都金融服务商会京西行活动举办】 9月10日，门头沟园管理委员会与首都金融服务商会联合组织举办以“绿色产业 入驻京西 · 投资石龙 前景无限”为主题的京西行活动。组织企业家参观门头沟区石龙创新大厦、中关村（京西）人工智能科技园 · 智能文创园、妙峰山红色教育基地平西情报联络站等，并从区域定位、产业布局、规划建设等方面对园区进行推介。

（赵倚榕）

【奥咨达公司与门头沟园管委会签约】 9月28日，2021年中关村论坛技术交易暨合作签约活动在中关村国家自主创新示范区展示中心举行。奥咨达医疗器械服务集团与门头沟园管委会就奥咨达北区总部建设项目作为2021年中关村论坛高精尖项目签约代表登台签约。该项目旨在打造医疗器械3C产业生态圈（Cloud医械云＋CDMO先进智造＋CRO高端服务）、投资建设3C产业平台，提供产业服务、运营产业空间，为全球医疗研发者、企业、政府提供全方位、一站式的医疗器械产业解决方案。

（赵倚榕）

【夏禾科技入围高新技术企业名单】 10月26日，北京市公布第一批备案高新技术企业名单，夏禾科技获“国家高新技术企业”认证。夏禾科技致力于研发和量产具有自主知识产权的OLED材料和技术，打造具有技术统治力的一站式OLED材料公司，在发光材料、p-dopant、主体材料、传输材料和OLED器件等技术领域递交专利申请超过300件。

（赵倚榕）

【高端法律服务保障】 10月26日，北京市律师协会与门头沟区司法局签订《支持中关村科技园门头沟园高质量发展高端法律服务保障战略协作机制框架协议》，协议明确，市律师协会组建园区法律服务专家组及高端公益法律服务团，成立生态环境保障组、知识产权组、企业治理与融资组等9个专业服务组，依托门头沟园律师公证工作站服务平台，通过法治培训、律企座谈、企业法治疑难问题会诊、法律服务论坛等形式持续为企业提供公益性法律服务，助力科技创新法律服务理论研究，全面提供高端优质法律服务。

（赵倚榕）

【九鼎图业获一等奖】 10月，在中国测绘学会2021学术年会上，九鼎图业获中国测绘学会科学技术奖一等奖。九鼎图业着力解决测绘关键共性技术，在地理空间数据与高安全管理技术研发及应用领域作出突出贡献。

（赵倚榕）

【专精特新企业北交所上市专题培训】 11月4日，门头沟园政策微课堂举办“北交所”上市&北京“专精特新”专场培训会，门头沟区专精特新“小巨人”及中小企业等20余家区重点企业在中关村（京西）人工智能科技园·智能文创园参会，百余家企业通过线上参会。就北京证券交易所上市及金融政策等相关问题进行专题进行培训，帮助企业清晰、快速、深入地了解相关政策精髓，抢抓北京证券交易所设立的政策机遇助力门头沟区“专精特新”企业更好利用资本市场发展壮大。

（赵倚榕）

【中关村国际前沿科技创新大赛决赛举办】 11月29日，由门头沟区人民政府主办，中关村门头沟园管委会、中关村门头沟园服务中心、北京中关村京西建设发展有限公司承办的2021年中关村国际前沿科技创新大赛大数据与云计算领域决赛在门头沟园举行。开元维度、安芯网盾、清云智通、展心展力、飞诺门阵、理工新源、马赫谷科技、共识数信、冲量在线、众志好活等10个优质项目入围前沿大赛大数据与云计算领域TOP10。

（赵倚榕）

【门头沟人工智能文创大赛决赛举办】 12月2日，在门头沟园举办2021门头沟人工智能文创大赛决赛，活动以“绿水青山门头沟，智能文创创未来”为主题，涵盖人工智能+文创、文化旅游、文化科技融合、医药健康、“门头沟小院”+设计、红色文创、非遗及IP开发、文化体育等10余个领域，共征集72个文创项目参赛，12个项目进入决赛。

（赵倚榕）

【石龙产业孵化中心三期项目竣工】 12月6日，石龙产业孵化中心三期项目（石龙科创智能中心）举办竣工典礼。石龙科创智能中心位于桥园路4号，项目占地34167平方米，总建筑面积12.6万平方米，由5栋科研办公楼及1栋综合配套楼组成。办公楼单体面积约为1.3至1.45万平方米，全部用于企业总部及科创智能类高新技术企业研发中试，为入驻企业提供高品质、全方位的综合配套服务。6号楼为园区的综合配套，总建筑面积约1.5万平方米，是科创智能中心乃至整个园区的综合配套中心。

（赵倚榕）

【精雕科技入选首批“隐形冠军”名单】 12月13日，北京市经济和信息化局、北京市工商业联合会联合发布北京市第一批“隐形冠军”企业名单，北京精雕科技集团有限公司上榜。精雕科技集团深耕精密机床设计与制造、CAD/CAM软件、数控系统、高速电主轴、高精度直驱转台、高精度伺服驱动系统等核心技术，专注关键核心功能部件研发。截至年末，中关村精雕智造创新中心产值达2000万元。

（赵倚榕）

【智能文创园入选示范基地】 12月23日，北京市经济和信息化局对外公示北京市第四批认定小型微型企业创业创新示范基地名单，中关村京西发展改造运营的中关村（京西）人工智能科技园·智能文创园入选。智能文创园是由老旧厂房改造而成，园区具有孵化、加速、联合办公、展示、会议、产业服务、餐厅等复合功能，主导产业以智能制造、智能试听、科技服务等为主。

（赵倚榕）

【京西产学研创服务平台启用】 12月28日，京西产学研创服务平台启动仪式在中关村石景山园党群服务中心举行，门头沟园、中关村石景山园，以及首钢工学院、首钢技师学院代表签署合作协议，并共同为“京西产学研创服务平台”揭牌。

（赵倚榕）

【国高新培育服务工作站成立】 12月，门头沟区文化创意产业协会特设立国高新培育服务工作站。工作站设于中关村（京西）人工智能科技园·智能文创园，致力辅导拟申请国高新企业往“专、精、特、新”方向发展的战略规划，重点梳理企业知识产权、成果转化、财务和研发数据、研发架构管理、政策项目申报、国高新企业上市路径规划、国高新企业风险控制等核心范围内容，聚焦产品市场定位，助力企业发展。

（赵倚榕）

【2021系列研讨会召开】 12月，由园区智源创芯硬科技孵化器联合北京科学技术开发交流中心、法国里昂商学院华北学生校友会等机构组织召开“区域创新合作与硬科技成果转化”2021年系列研讨会，介绍门头沟园落地政策以及孵化器可以为企业提供的配置设施和服务，围绕高校、院所及企业关注的区域协同发展、智能硬科技成果转化等内容开展研讨与实践交流。

（赵倚榕）

【园区精准服务】 年内，石龙服务中心服务管家建立企业需求台账，搭建“企业需求—管家受理—业务办理—结果反馈”的服务流程，通过定期政策宣讲、走访座谈、线上宣传解读等形式，为企业传达各类政策、解决各类问题，形成由服务管家“一口进、一口出”的全流程闭环式服务，园区服务环境进一步优化。2月8日，北京天乐泰力科技发展有限公司和北京瑞途科技有限公司代表向石龙经济开发区服务中心高精尖企业服务部赠予一面写有“深耕创业红色沃土，永葆创新服务精神”的锦旗，对其服务企业的工作表示肯定和感谢。

（赵倚榕）

商贸　服务业

6月，区商务局开展 2021 年食在门头沟餐饮行业技能比赛暨“New 购门头沟主题消费季活动之‘众享特色美食’”活动（《京西时报》 供图）

10月10日，北京市消费帮扶双创中心门头沟分中心新桥店暨灵山绿产旗舰店试营业（《京西时报》 供图）

2021年，京门良实斋堂粮库外景（北京京门良实国有资产经营有限公司 供图）

综　述

【概况】　2021年，北京市门头沟区商务局（简称区商务局）持续推进基本便民商业网点建设，完善便民服务功能，累计建设提升基本便民商业网点25个，完成年度任务的250%。开展便民服务进农村进社区活动，解决山区百姓购物不便和部分社区商业设施不足带来的暂时性购物不便问题。结合实际，精准补建和提升基本便民商业网点，实现连锁化、品牌化、规范化的早餐、便利店、蔬菜零售等8项基本便民商业服务功能城镇社区覆盖率100%。高标准推进“两区”建设工作，“两区”入库项目共80个（含11个外资项目），落地项目45个（含6个外资项目），落地率为56.25%。入库项目预计投入资金为171.77亿元，完成全年入库资金任务的107.35%。统筹推进促消费工作，优化营商环境持续深入，统筹协调推进国际消费中心城市建设，行业安全稳定有序。围绕重点节日、重大活动期间安全稳定，结合新冠肺炎疫情期间企业经营特点，积极发挥督促指导作用。社会消费品零售额完成113亿元，同比增长11.6%，全市排名第二；两年平均增速1.6%，全市排名第二，超额完成市级考核任务。

（陈洪伟）

【“两区”建设】　年内，国家服务业扩大开放综合示范区、中国（北京）自由贸易试验区（以下简称“两区”）入库项目共80个（含11个外资项目），落地项目45个（含6个外资项目），落地率为56.25%。入库项目预计投资金额171.77亿元（人民币）。征集上报20个具有生态涵养特色的政策案例，其中“法官联络室‘四个一’工作机制护航园区企业发展”和“全面推进社会投资低风险工程建设项目审批改革新政落地”两个案例被市“两区”办采纳，“全面推进社会投资低风险工程建设项目审批改革新政落地”案例被评为全市复制推广实践案例。

（李　洋）

【商务行业新冠肺炎疫情防控】　年内，区商务局督促指导商务行业单位、快递外卖企业严格落实各项新冠肺炎疫情防控措施，持续不间断开展宣传督导，及时消除隐患问题，配合相关部门对重点场所，特别是进口冷链生产经营场所开展核酸检测工作，全年共出动人员1474人次，督导737家次，整改问题77处。推动1537人完成第一针新冠病毒疫苗接种，1527人完成两针新冠病毒疫苗接种，组织区内快递外卖从业人员开展四轮全员核酸检测。年内，区商务局为保障区内新冠肺炎疫情防控工作，完成防疫物资调拨出库，包括帐篷67顶、棉大衣2500件、口罩6262只、消毒液300桶。

（穆　頔　王　欢）

【优化营商环境培训】　年内，区商务局组织开展单位内部工作人员培训、“千人千题”一周一测等工作，对商务局各科室进驻政务中心的政务服务事项进行多次梳理，及时更新服务事项，提高服务效率，积极落实“一企一策”服务包制度，参加2021年参加北京市优化营商环境“千人千题”竞赛考试并在跨境贸易指标考试中成绩排名全市第一。

（穆　頔）

【行业安全生产管理】　年内，区商务局开展安全生产专项整治三年行动、城市安全隐患治理三年行动及城市安全风险评估、消防安全专项治理、燃气安全专项治理、有限空间专项治理、城乡结合部专项治理、城市安全隐患治理、安全生产标准化三级达标创建、安全生产责任保险投保等工作，共出动督导人员718人次，督导企业359家次，排查整改隐患问题66处。年内，组织线下行业安全生产教育培训5场次、组织线上政策法规宣贯等活动5场次，培训人员500余人次。

（穆　頔）

商业流通

【金融街·融悦汇正式营业】　10月1日，金融街·融悦汇正式营业。该商业综合体是一家集品牌零售、精品超市、儿童业态、休闲餐饮、生活服务五大主题业态为一体的生活欢聚商业中心。

（梁　艳）

【便民商业网点建设】　年内，门头沟区累计建设和提升基本商业便民网点25个，包括1个蔬菜零售、7个便利店、2个早餐、8个末端配送、2个洗染、5个美容美发，完成年度目标任务的250%，城镇社区前述八项便民服务网点功能覆盖率达到100%。

（杨　楠）

【便民服务进农村进社区】　年内，区商务局为解决山区百姓购物不便和部分社区商业设施不足带来的暂时性购物不便问题，累计开展便民服务进农村、进社区活动13次，其中进山区3次、进社区10次，完成年度任务的130%。

（杨　楠）

【消费帮扶】　年内，区商务局完成市级1000箱德青源鸡蛋和500件支援合作地区产品采购任务；超额完成支援合作地区特色农副产品采购任务和预算单位30%采购份额。10月12日至13日，区内9家重点商业企业采购经理到内蒙古武川县进行实地对接调研，开展消费帮扶工作。两地企业间达成合作意向，现场签订10余万元的采购合同。年内，门头沟区级财政安排30万元专项资金用于内蒙古武川县在京设立特色农副产品集采展销服务中心，推动武川县特色农产品在京市场的流通，提高产品的知名度和市场认知度，稳定农民收入。

（杨　楠）

【生活必需品市场监测和供应保障】　年内，区商务局完成日常、节假日、"两会"和新冠肺炎疫情防控期间的生活必需品市场销售及供应数据的报送和分析，重点对蔬菜、肉蛋奶及粮油的价格采集和监测，制定区级生活必需品供应保障方案、新冠肺炎疫情防控期间生活必需品市场供应保障应急预案。

（杨　楠）

【行业服务水平提升促进工作】　年内，区商务局累计开展服务业、美容美发等各类培训74期，受训人数1882人次；以赛代训提高服务水平，开展"2021年食在门头沟"之"红色匠心 筷乐食光"餐饮行业技能大赛暨"New购门头沟主题消费季活动之'众享特色美食'"活动和线上美发行业技能大赛，激发从业者学习新技能、钻研新技术、掌握新本领的积极性。

（杨　楠）

【市级商发资金政策落实】　年内，区商务局经过公开征集，完成东方饺子王、方圆六合社区菜市场等2个商业流通发展资金项目初审。

（杨　楠）

【业态布局和配套商业设施管理】　年内，区商务局落实《门头沟区重点商业项目及配套商业服务设施业态布局工作方案》《门头沟区关于出售居住配套商业服务设施业态布局的工作方案》，按照"保基本"和"提品质"原则，推动配套商业优先用于便民网点建设工作，为"中昂时代广场""欢乐大都汇""华远裘马四季""金融街融悦汇"等项目提出业态布局建议；召开重点商业项目业态布局工作专班会24次、出售居住配套商业服务设施业态布局工作专班会3次。

（杨　楠）

【拍卖年检工作】　年内，区商务局审核完成2021年度拍卖企业年审初审，新批准设立2家拍卖企业、迁入1家拍卖企业。

（杨　楠）

【商贸流通业统计监测】　年内，区商务局完成商务部商贸流通业统计监测系统报送工作，组织商贸统计企业完成2020年度年报、2021年度季报及月报，报送率达到100%。优化样本，删除3家停业样本企业，新增3家样本企业。完成年度监测样本企业信息员补助发放。根据样本企业报送数据量、报送频率、贡献率等，组织全区2021年度商贸流通业统计监测体系的28个优秀样本企业申请市级资金补助。

（梁　艳）

消费促进

【国际消费中心城市培育建设】　年内，门头沟区构建"一核两圈三地"消费空间布局，建成金融街·融悦汇和北京悉昙酒店等2个市级重点项目，门头沟消费品牌获市、区两级媒体报道40余次。

（梁　艳）

【促消费活动】　年内，区商务局制定《2021"New购（New Go）门头沟"主题消费季工作方案》，策划"够精彩""够时尚""够亲民""够美味""够有品""够活力""够悠闲"七大板块，着力打造消费新场景、点燃消费新热情、激发消费新潜能，全面推动我区消费向体验化、品质化和数字化方向扩容提质，促进区域消费高质量发展。并围绕

"New 购门头沟"主题消费季活动等中心工作开展"直播""探店"20余场，累计收看人数超180万人次；组织区内商场、超市、餐饮等近百家企业开展"消费季启动仪式""银发节""文创市集""天街欢乐季"等60余项促消费活动。

（梁　艳）

【商圈升级改造】　年内，区商务局制定《门头沟区商业服务业商圈改造提升工作方案》，完成石龙商业大厦和国泰百货外立面装修改造工程，中昂时代广场基础服务设施和环境优化；优化调整北部商圈业态布局，引进优质餐饮、零售、亲子娱乐、运动等品牌50余家，商圈改造任务通过市级第三方核验。

（梁　艳）

【节能补贴销售数据监测】　年内，门头沟区节能减排商品销售额达到8065.9万元，其中大中家用电器连锁销售有限公司（以下简称大中电器）6211.5万元、苏宁电器集团有限公司（以下简称苏宁电器）1854.4万元，销售商品数量19938台。其中，大中电器15404台、苏宁电器4534台，补贴金额929.5万元，其中大中电器709.9万元、苏宁电器219.6万元。

（梁　艳）

粮食储备

【粮食安全宣传周活动】　10月，区商务局以线上科普、线下互动的模式，开展2021年世界粮食日及全国粮食安全宣传周系列活动，营造全区"科普先行、企业支持、百姓关心、专家助力"的粮食安全宣传浓厚氛围。

（王　欢）

【社会粮油供需平衡情况调查】　年内，区商务局完成2020年度社会粮油供需平衡调查工作，调查结果显示，2020年度，全区粮油消费量呈增加态势，其中城镇居民口粮（油）消费明显增加。

（王　欢）

外资外贸

【外资利用】　年内，门头沟区新增外商投资企业23家，同比增长91.67%，增速创历史新高；实际利用外资7613万美元，同比增长80.41%，超额完成全年指标。全区进出口5.6亿美元，同比增长1.6%，其中出口3.2亿美元，同比下降5.8%；进口2.4亿美元，同比增长13.4%。

（马　洁）

【87家企业参展北京国际服务贸易交易会】　9月2日至7日，区商务局组织全区87家企业参加2021年北京国际服务贸易交易会。

（马　洁）

【外贸企业备案】　年内，区商务局办理对外贸易经营者备案106件，其中新增55件，变更51件。

（马　洁）

商贸企业选介

京门良实

【概况】　2021年，北京京门良实国有资产经营管理有限公司（以下简称"京门良实"）在新组建的北京京粮粮油贸易集团有限公司领导下，公司资产总额46697万元，实现营业收入14.66亿元，实现利润7055万元。储备粮存储总量27万吨，安全储粮率达到100%。军粮供应实现销售527万元，实现利润13万元。

（刘莹莹）

【粮食管理检查工作】　1月21日，北京市粮食和物资储备局执法督查处到京门良实公司所属杨坨粮库和石门营粮库检查临时储备成品粮管理情况。2月7日，北京市粮食和物资储备局局长到京门良实公司检查储备粮工作。听取京门良实公司储备粮管理、成品粮储备仓房提升改造方案以及"两节"期间粮食供给应急预案的工作汇报。7月14日，京门良实对下属单位杨坨粮库、三家店粮库、检测场进行全面经营工作检查，各部室按照检查项目梳理下属单位工作中存在的问题，并明确需要整改的工作要点。7月30日，北京市粮食和物资储备局领导到京门良实公司检查京门良实公司斋堂粮库、714粮库。听取京门良实公司经理对企业整体情况的报告以及新仓建设负责人对斋堂新仓的基础情况、施工情况等全方位介绍。8月12日，首农食品集团领导带领西片区检查组一行人对京门良实公司下属单位714粮库进行安全工作检查。听取714粮库基本情况汇报；对储粮洞库、配电室、消防设施及安全标识等进行现场检查和工作指导。9月17日，首农集团调研组到京门良实公司检查成品粮储备工作。对成品粮储备及仓内设备使用情况进行介绍，并针对调研组关注的成品粮产地、生产日期以及轮换周期等情况作详尽阐述。9月30日，京门良实公司召开公司粮食购销领域腐败问题专项整治工作部署会，安排部署粮食购销领域腐败问题专项整治工作。10月2日，北京市粮食和物资储备局、粮食局执法督察处、市市场监督管理局领导到京门良实公司杨坨粮库检查。听取京门良实公司经理对杨坨粮库整体情况包括储备规模、储备品种结构、科学保粮等介绍。11月8日，北京市粮食和物资储备局财务审计处一行到京门良实公司军供站实地调研军粮补贴情况，并对财务工作进行检查指导。京门良实公司军供站主任对军供站的财务状况、军粮供应的保密工作等情况进行汇报。11月10日，首农食品集团检查组一行历时5天完成对京门良实公司的粮食购销领域腐败专项整治的复查工作。11月23日，门头沟区委第一巡察组组长带队到京门良实公司监督检查指导工作。实地考察京门良实下属斋堂粮库、斋堂粮库714分库、京西成品粮保障中心三家店粮库。巡察办领导听取各粮库主任对库点仓储情况、自查自纠情况，京门良实公司购销、粮食储备以及企业发展等情况的汇报。11月30日，市国资委党委涉粮问题专项巡察组进驻公司，通过听取汇报、查阅资料、调取账目、现场问询、实地查看等方式，对公司5家涉粮企业和相关部室进行检查。

（刘莹莹）

【京粮粮贸集团揭牌】 4月16日，北京京粮粮油贸易集团有限公司揭牌成立，为首农食品集团的二级企业。京门良实公司所属京粮粮贸集团，为首农食品集团的三级企业。

（张希瑶）

【仓储科学前沿技术学习】 5月26日，京门良实公司组织职工观看“2021年粮食和物资储备科技活动周”线上直播，领略仓储科技创新前沿技术、学习节粮减损新方法。

（刘莹莹）

【斋堂地下仓扩建项目验收】 6月25日，京门良实公司斋堂粮库地下仓扩建项目通过五方验收和规划核验工作。该项目总建筑面积4200平方米，总仓容为5.2万吨，装粮高度16米。

（刘莹莹）

供销合作社

【概况】 2021年，区供销合作社是集体所有制合作经济组织，由1个基层联社和2个直属单位构成。全年完成营业总收入870万元，同比增加82万元，增幅10.4%，其中不动产租金收入825.1万元，同比增加67.4万元，增幅8.9%；实现非营业收支净额142万元，同比减少164万元，减幅53.59%。拥有20.5%股份的北京世欣瑞达小额贷款有限公司，受疫情影响经营不景气，2021年年未收到股利分红，致使投资收益同比减少138.9万元。

（田　云）

【巡察“回头看”整改工作】 3月2日至5月13日，区委第三巡察组对供销合作社开展巡察“回头看”，指出在2019年巡察未完成整改31项问题及此轮巡察发现的34项问题，完成整改46项。建立和规范相关制度7项。

（田　云）

【供销合作社制度建设】 年内，区供销合作社先后出台《门头沟区供销合作社业务接待管理办法》《门头沟区供销合作社领导干部任前廉政谈话制度》《门头沟区供销合作社职工福利费管理暂行办法》《收发文管理制度》《房地资产出租管理办法（修订版）》《选聘社会中介机构管理办法（试行）》《建设项目施工及监理等招标管理办法》等相关制度。

（田　云）

【潭柘寺镇2个地块拆迁腾退】 年内，区供销合作社完成潭柘寺镇2个地块拆迁腾退工作，共3000余平方米，收到拆迁补偿款约1230万元。

（田　云）

【垃圾分类驿站建设】 年内，区供销合作社建设投用6个垃圾分类驿站，全部完工且验收合格。

（田　云）

金　融

12月，北京农商银行门头沟支行军庄分理处网点装修改造后恢复营业（北京农商银行门头沟支行　供图）

综 述

【概况】 2021年，在门头沟区开展经营活动或缴纳税收的“一行两会”管理的金融机构共32家，包括银行类机构13家、保险类机构7家、证券类机构4家、资管类机构8家；由门头沟区地方金融监管的金融机构11家。近些年，门头沟区金融行业保持高速发展，与2015年相比，2020年金融业增加值增速达到9.9%，占GDP比重由5.6%提升至9.3%。

（鄢泽照）

【金融宣教活动】 6月，区发展改革委印发《2021年门头沟区防范非法集资宣传工作方案》《关于开展2021年防范非法集资宣传月活动的通知》，以宣传《处置非法集资条例》为重点开展宣传。门头沟区各镇街、社区通过会议、张贴海报、户外发放宣传材料、微信发送宣传照片、播放公益宣传片、“村村响”、电子屏、给村民的一封信、给家长的一封信、发送短信等方式进行，共开展“七进”宣传活动270次，受众2.1万人次；网络宣传作品42个，点击量26.6万次，互动宣传覆盖人数26万余人次；使用户外广告、张贴海报近300份，覆盖到门头沟区大部分村居。其中，社区网格员发挥重要的作用，共开展宣传活动有161场，人数覆盖至9004余人。

（鄢泽照）

【零点有数公司挂牌上市】 11月3日，北京零点有数数据科技股份有限公司在深交所创业板成功挂牌上市。该公司是一家数据分析与决策支持公司，公司募资将用于“零点有数云评估”项目、“知识智谱”项目和有数决策云脑项目。

（赵倚榕）

【恒合股份在北交所首批挂牌上市】 11月15日，北京恒合信业技术股份有限公司在北京证券交易所成功上市，是北京证券交易所首批挂牌的上市公司，也是北京市首家在北交所挂牌的上市企业。此次上市恒合股份所募资金将用于建设“VOCs在线监测系统及核心传感器装配测试中心”和“研发中心”项目。

（赵倚榕）

【网贷平台清退】 年内，区发展改革委清退网贷平台1家，年初逾期金额6320.4万元，借款人数90人，出借人数413人，2021年清退逾期316.94万元，压降比例5%，清退借款企业5个，清退出借人26人，年末逾期金额5999.381万元，涉及人数387人、借款企业85个。

（鄢泽照）

工商银行

【概况】 2021年，中国工商银行股份有限公司北京门头沟支行全年实现本外币拨备前利润3.5亿元，实现中间业务收入8975万元，稳步推进经营发展。围绕国家战略落实，推动制造业、民营、普惠、乡村振兴、绿色贷款等领域的融资业务发展。重视渠道建设，做好资产业务下网点的组织推动，加强市场调研，增加获客来源，夯实发展基础。攻坚智慧食堂、智慧收单、GBC拓户等重点场景，以发扬“体系化、生态化、系统化、数据化、智能化”思维开拓创新，锻造转型发展新的竞争力。强化底线思维，做好风险防控各项重点工作，坚决遏制各类风险事件发生。提升贷后管理精细化水平，强化风险管控的前瞻性，增强存续期管理的主动性，保持资产质量良好的发展态势。统筹新冠肺炎疫情防控和安全生产，抓牢责任落实，加强防疫物资储备发放，做好网点消杀管理，执行客户健康登记排查管理办法，确保有序经营。充分发挥支行工会、团委作用，做好员工关爱，构建温馨的西山家园文化，促进支行全面发展。

（宋庆伟）

【员工关怀】 1月，工商银行门头沟支行开展“凝心聚力 同心战役”关爱活动。2月，举办“吾心安处即吾家”活动。5月，支行工会举行“关爱女性 共筑盆底健康长城”知识讲座。10月，工会开展足球比赛、“参与全民健身 畅想快乐人生”骑行活动。

（宋庆伟）

【公益活动】 4月，工商银行门头沟支行团委组织植树活动。6月，开展“银警联手 反诈同行”知识讲解活动。7月，开展“传递爱心 从小做起”图书捐赠活动。11月，开展"我为群众办实事"进社区活动。

（宋庆伟）

【宣教活动】 5月，工商银行门

头沟支行开展“存款保险宣传月”活动。6月，开展“普及金融知识 守住钱袋子”活动。10月，开展“反诈伴您行 重阳送安心”活动。12月，开展“宪法宣传周”活动。

（宋庆伟）

【员工培育】 5月，工商银行门头沟支行开展反洗钱能力提升培训班。10月，开展青年员工综合素质提升培训。11月，开展“征信及个人信息安全培训”。12月，开展“鉴知往来 砺行至远”警示教育培训。

（宋庆伟）

建设银行

【概况】 2021年，建设银行门头沟支行中长期劳动合同人员149人，平均年龄37岁，其中本科及以上学历人员120人，党员77人；下设9个部室（含营业部），5个营业中心，1个个人金融中心。本外币全口径存款时点余额149.07亿元；本外币各项贷款时点余额37.40亿元。年内，建设银行门头沟支行发挥国有银行主力军作用，持续扎实做好“六稳”“六保”工作，助力实体经济发展，助力乡村振兴，呵护高新技术企业成长，全面做好各项金融服务。

（张 悦）

【金融科技促便民服务】 2月1日，建设银行门头沟支行与区卫健委《智慧医疗便民服务平台》项目取得新进展，继门头沟区中医院之后，京煤集团总医院正式上线，共25台立式和壁挂式自助挂号缴费机投入使用。5月14日，建设银行门头沟支行在妙峰山镇水峪嘴村实现“裕农通＋远程医疗”服务模式的落地，将“裕农通”服务点网络、医疗互联网、药品物流网三网融合，实现医保、医院、物流、服务点业主及村民的五点贯通，实现山区居民足不出户完成远程问诊、开药流程。

（张 悦）

【联学共建助乡村振兴】 3月18日，建行北京分行个金部、战略客户部、普惠金融部及门头沟支行党委班子等到妙峰山镇水峪嘴村进行调研，并与村“两委”班子座谈，共同探讨“裕农通＋宅基地＋民宿贷款”的合作模式。6月4日，建设银行门头沟支行与区消防支队到妙峰山镇水峪嘴村开展“学百年党史历程 观美丽乡村巨变”主题党日活动。11月26日，建设银行门头沟支行与妙峰山镇陈家庄村两委班子开展联学共建，并参加“金智惠农——妙峰文明积分银行”首次积分发布活动，共同开展乡村振兴创新实践、探索农村信用下沉。

（张 悦）

【战略合作促企业成长】 4月16日，建设银行门头沟支行与区工商联签订《战略合作协议》。6月18日，建设银行门头沟支行参加区工商联、区税务局组织的“春雨润苗”中小企业发展交流座谈会，为中小企业送去建行中小企业融资产品。9月2日，建设银行门头沟支行召开“普惠金融银企座谈会”，区工商联及8家会员企业参加，针对企业融资难题提供精准服务方案。11月4日，建设银行门头沟支行在中关村石龙园区内举办“专精特新”专场培训，8家小巨人企业参加，为高新技术企业送上投贷联动服务。

（张 悦）

【“五进”服务做身边银行】 7月30日，建设银行门头沟支行到部分驻区部队，为部队官兵送去节日慰问与祝福，并开展反洗钱、防诈骗培训宣传进军营活动。年内，建设银行门头沟支行各网点、各部室通过进社区、进企业、进机关、进乡村、进工地等“五进”服务，向客户普及宣传金融知识，共计开展新金融普及行动61次，惠及百姓4451人次。

（张 悦）

【全力配合创建文明城区】 10月28日，建设银行门头沟支行成功为“北京市门头沟区文明促进中心”开立基本存款账户，协助做好创办文明城区辅助工作。年内，建设银行门头沟支行全力配合区创城办各项检查工作，做好垃圾分类及光盘行动相关引导，协助做好创办文明城区相关工作。

（张 悦）

【金融资源助实体经济】 12月8日，建设银行总分行公司业务部、门头沟支行到北京精雕科技集团开展调研座谈，为继续助力制造业实体经济提供新思路。年内，建设银行门头沟支行累计为中关村石龙园区内81户小微企业发放8903万元普惠贷款，为园区内2户大中型企业发放7.44亿元贷款。

（张 悦）

农村商业银行

【概况】 2021年，北京农商银行门头沟支行实现各项存款余额158.03亿元，贷款日均余额45.67亿元，经济利润2.05亿元，不良贷款率0.032%。门头沟支行对外营业网点14家，建立乡村便利店71家、投放ATM 53台，实现门头沟乡镇全覆盖。

（王 茉）

【志愿服务活动】 3月5日，门头沟支行团委与门头沟团区委、区志愿服务联合会志愿服务队共同开展“青春学雷锋，创城我先行”主题志愿服务活动，助力门头沟区创建全国文明城区工作，现场为市民提供金融知识咨询，防范诈骗宣传知识和反假货币知识宣讲，提醒市民增强防范意识。

（王 茉）

【垃圾分类宣传和“桶前值守”活动】 4月初，门头沟支行动员辖内网点支行开展垃圾分类宣传，组织全体干部职工在居住地或工作地社区参与“桶前值守”志愿服务，用实际行动助力环境的整治提升，为培育垃圾分类社会文明新风尚、建设首都美好环境贡献力量。

（王 茉）

【手绘石头主题活动】 4月23日，门头沟支行团委组织开展主题为“我为党旗添光彩，回顾党史展未来”手绘石头活动，让团员青年深刻体会到百年党史的博大精深，进一步坚定跟党走的信念，增强青年团员之间的交流互动和团队凝聚力。

（王 茉）

【纪念“五四”运动主题活动】 4月29日，门头沟支行团委与门头沟团区委在妙峰山镇涧沟村平西情报联络站开展“建党百年正青春 跟党奋进新时代”纪念“五四”运动102周年主题团日活动暨党史学习教育活动，全区百名团员青年代表参加活动。支行作为金融服务团队，主动宣讲防范电信诈骗、新版人民币识别等金融知识，宣传服务覆盖民众100余人，在为民解忧中践悟初心，履行社会责任。

（王 茉）

【“一户一策”专题会议召开】 9月28日，门头沟支行召开“一户一策”专题会议，加大对民营小微企业的支持力度，始终按照“一户一策”的思路，为企业提供完善的金融服务，切实解决企业融资难题，助力企业发展。以优化金融服务为抓手，积极支持地方特色主导产业发展，加大贷款投放力度，为企业办实事、解难题，身肩地方金融“主力军”的责任与担当，推动当地经济实现高质量发展。

（王 茉）

【军庄分理处完成网点改造】 12月末，军庄分理处完成网点装修改造，结束“高柜”时代。改造后的网点，进门处有缓冲空间排队及新冠肺炎疫情防控登记，厅内摆放有足量的舒适座椅供客户休息等待，增设的自助机具可以减少客户等待时间，柜台由高柜改为低柜台，方便老年客户办理业务，同时增加了残疾人柜台及相关辅助设施，理财经理室为客户提供更专属的理财服务，有效提升了整体服务水平。

（王 茉）

财产保险

【概况】 2021年，人保财险门头沟支公司主要涉及业务有车险及非车险，其中非车险包括财产险、农险、安责险、诉讼保全保险、船货险等。公司设有总经理室、专家（高管）室、综合部、农险业务部、直销业务部、商团业务部、修理厂业务部、专兼代业务部、永定营销服务部。公司一直本着立足本区，服务好门头沟区经济建设的原则，始终坚持“服务人民”的初心，为人民而生，因人民而兴。年内，实现保费收入10652.15万元，较去年9749.68万元，增量902.47万元，增速9.26%。其中，农险实现保费收入837万元。农房保险，今年承保保费60.8万元，承保5887户，因极端天气，支付赔款达200余万元。

（高 娜）

【贯彻落实“三湾改编”政策】 年内，人保财险门头沟支公司贯彻人保财险的落实“三湾改编”政策（5项体制变革+5项配套机制改革），从组织架构调整、业务财务衔接、管理作业体系方面推动变革落地，直面公司内部深层次的矛盾问题，解放员工生产力推动公司事业不断前进，实现从“老人保”向“新人保”转型。

（高 娜）

人寿保险

【概况】 2021年，中国人寿认真贯彻落实总经理室提出的各项要求，以党建为统领，以高质量发展为根本要求，围绕“双心双聚”战略内核，深入践行奋进北分共建共享的文化理念，沿着加快发展队伍先行价值导向创新驱动的发展路径，围绕分公司下达的各项工作指标，以队伍和业务的突破作为全年的工作主题，明确经营思路，积极推动落实自主经营。支公司全体员工及销售伙伴面对疫情，坚守一线，不畏难、不退缩，坚决做到防疫不松、业务不懈。各渠道通过对各项基础动作的精细化管理，坚持高质量发展道路不动摇。年度考核为A类。

“大个险”渠道标保达成945.98万元，达成率176.5%，十年期达成1155.15万元，达成率156.5%，短期险达成224.77万元，达成率121.5%，期交达成1600.15万元，达成率119.1%。队伍季均有效人力161人，达成率146.4%，月均举绩人力112人，成达率160%，月均星级46人，达成率284.9%，月均持证200人，达成率175.5%，月均增员率13%，达成率134.4%。标保、十年期、月均长举、季均有效等指标均排名全市前列。多元渠道团险短险保费完成397万，达成率71%；净创费完成73万，达成率63%，涉农保费完成185万，达成率99%。实动人力达成率78%。多元渠道银保：首年期交全年任务目标486万元，已达成494万元，达成率101.6%，五年期目标92万元，已达成94万元，达成率102%，短期险任务目标35万元，已达成21万元，达成率60%。

（刘 瑜）

【团险渠道优势开发法人客户市场】 年内，团险渠道坚持渠道优势，计生1+N系列保险、老年人意外险政府+自主收费项目，保持政保业务稳定发展，同时，加大法人客户的开拓，坚持效益优先，加强成本管控，年内，新法人客户增长率10%，综合成本率94%。

（刘 瑜）

【老年人意外伤害保险业务】 年内，中国人寿与政府保持紧密联系，依托政府搭建的平台，使用出政府+自主收费双驱动业务模式。自主出资老年人意外伤害保险承保12455人次，总保费622750元，同比增幅1%；政府出资部分成功中标。

（刘 瑜）

【计生家庭1+N保险业务】 年内，计划生育家庭渠道业务总保费1773149元，同比下降12/%。其中，计划生育家庭意外伤害保险保费519849元，同比下降22%；女性两癌保险75.69万元，同比下降7%；男性11癌保费34.98万元，同比下降11%；未成年人意外伤害保费12.225万元，同比下5%。整体业务情况受疫情等多方面因素影响，业务板块同比呈下降趋势。

（刘 瑜）

【学平险业务】 年内，中国人寿根据学平险业务特点，按各学校的实际情况及时跟进相关调整，对业务分布进行调整，对承保方案的结构进行调整，按市场需求，制定符合市场的学平险承保方案，开展业务的时间点变固定为灵活将每年9月的固定收费时间调整为全年12个月，全年收取学平险保费50万元，同比下降5%。

（刘 瑜）

【中介及法人业务】 年内，中国人寿推进法人业务的发展，通过各种业务竞赛方案，来调动销售伙伴积极性和销售热情，培育法人业务销售习惯、逐步提升销售技能，充分发挥既往优势，打造平台提升展业能力、降低展业难度，重点客户陪访支持，以确保各项业务快速达成。

（刘 瑜）

交通　邮电

11 月，大禅路被评为 2021 年北京市“最美乡村路”（《京西时报》 供图）

◆ 1 月，由大峪南路小区驶往双峪桥的专 198 路微循环公交线路开通，解决西山艺境、承泽苑和双峪桥等社区居民出行不便问题（《京西时报》 供图）

◆ 2021 年，中国邮政集团有限公司北京市门头沟区分公司完成 3 个网点装修改造，图为石龙支局外景（中国邮政集团有限公司北京市门头沟区分公司　供图）

公路建设

【概况】 2021年，门头沟区内公路总里程997.359公里，公路密度68.75公里/百平方公里；县级以上公路MQI为89.75，PQI为85.81。按行政等级分，国道里程178.862公里，省道73.133公里，县道272.659公里，乡道237.297公里，村道154.479公里，专用公路80.929公里。按技术等级分，一级公路40.599公里，二级公路228.657公里，三级公路307.723公里，四级公路401.55公里。普通公路桥梁216座（12985.42延米）。其中分局管养的国道桥梁62座（5216.98延米）、省道桥梁22座（1310.20延米）、县道桥梁75座（4401.04延米）；区政府管养的县道桥梁2座（146延米）、乡道桥梁20座（599.6延米）、村道桥梁22座（626.1延米）、专道桥梁13座（685.50延米）。按技术状态分，一类桥梁2座，二类桥梁142座，未评定等级桥梁15座。普通隧道11座（6034延米）。按行政等级分，国道隧道6座（3393延米），县道隧道5座（2641延米）。全年累计完成普通公路建设养护投资2.0473亿元，其中新改建工程1项，独柱墩专项治理2项，桥梁中修1个，公路中修工程2项，地灾防治工程1项，交通安全隐患治理1项，乡村公路改造5项，桥梁改造3座。北京市交通委员会门头沟公路分局（以下简称“区公路分局”）办理涉路工程许可15件，大件运输许可申请439件。年内，区公路分局获2018-2020年度“首都文明单位”称号。

（黄鑫嫣）

【新冠肺炎疫情防控行业检查】 1月7日，区公路分局对南村专养段、石担路公铁雨水泵站、下苇甸专养段开展防疫专项检查。1月28日，采取“四不两直”方式对国道109高速项目新冠肺炎疫情防控工作进行常态化检查。8月9日，采取“四不两直”方式检查国道109高速项目八工区、九工区新冠肺炎疫情防控工作。

（黄鑫嫣）

【行政执法】 1月13日，区公路分局行政审批科（临时）对西苑路新增平面交叉道口完工进行联合检查。1月22日，对国道109道路施工区域进行联合检查。3月16日，对斋堂镇辖区109高速工程各工区安全施工情况开展联合检查。3月31日，组织召开国道109新线高速公路工程施工问题专项整治联席会。5月11日，对国道109新线各工区开展专项检查。7月30日，对门头沟黄岭路涉路违法施工、汛期路面恢复及公路养护需求进行执法和服务。

（黄鑫嫣）

【公路养护】 2月5日，区公路分局对南村公路服务站、桥隧专养段的运行情况进行专项检查。3月9日，开展“两会”期间联合监管及检查。4月6日，以“四不两直”方式检查南村道班养护工作。4月7日，对109高速四工区隧道施工出渣可能影响国道通行安全问题进行专项检查。4月15日，调研妙峰山镇苇甸沟域道路建养情况。4月20日，召开维护路产路权工作座谈会。6月22日，与斋堂镇座谈白虎头道班复建工作。7月1日，3小时完成灵山路塌方路段抢险保通。7月14日，召开百花山路塌方抢险工作现场协调会。8月18日，召开2021年门头沟区水毁方案设计汇报会，探讨水毁点的工程设计方案。9月16日，检查108国道辅线大灰厂路口路面下沉应急事件，联合设计单位作出原因分析，提出应急修复原则。9月28日，与斋堂镇座谈交流涉路相关工作。10月25日，检查指导妙峰山镇野丁路路面严重涉水问题。11月7日，开展县级以上公路养护除雪作业共12.5小时。11月17日，夜间调度检查双峪路路口文明交通提升工程。12月23日，开展2021年门头沟区妙峰山路地质灾害防治工程和G234交通安全隐患治理工程竣（交）工验收会议。

（黄鑫嫣）

【安全生产工作会】 3月4日，区公路分局组织召开2021年度安全生产工作会暨全国“两会”安全应急维稳保障工作会。4月15日，组织各参建和管理单位对分局《国家安全和平安建设主要工作及责任分工》进行贯彻、宣传。5月31日，组织召开2021年“安全生产月”活动动员暨防汛工作会。

（黄鑫嫣）

【乡村公路大修工程】 5月19日，区公路分局以“四不两直”方式检查乡村公路大修工程瓜草地支路、王吕路。6月7日，检查2021年乡村公路大修工程。8月，2021年乡村公路大修工程全部完工。9月27日，组织召开2020年、2021年乡村公路工程项目（竣）交工验收会。

（黄鑫嫣）

【路网工作】 8月3日，区公路分局组织召开2021年门头沟区公路路网交通信息采集与发布设施建设工程、2021年门头沟区治超非现场执法设备建设工程设计交底及工程首次例会。8月25日，召开2021年门头沟区治超非现场执法设备建设工程交通导改方案审查会。9月15日，召开2021年门头沟区公路路网交通信息采集与发布设施建设、2021年门头沟区治超非现场执法设备建设工程例会。9月23日，对门头沟区治超非现场执法设备建设工程进行专项检查。10月18日，对门头沟区治超非现场执法设备建设工程进行专项检查。12月22日，召开2021年门头沟区公路路网交通信息采集与发布设施建设工程、2021年治超非现场执法设备建设工程交（竣）工验收会。

（黄鑫嫣）

【公路工程安全监管调研课题获一等奖】 10月，区公路分局调研课题《公路工程安全监管现状调查与思考》在2020年度交通系统调研报告评审中获一等奖。此次安全生产调研围绕如何更好地提升企业履行安全生产主体责任、发挥政府监管效能这条主线，深入分析当前安全监管中存在问题，提出有针对性的措施与建议，旨在为推进首都公路交通建设发展贡献力量。

（黄鑫嫣）

【双大路二期建成通车】 11月16日，双大路二期建成通车，提高“三横五纵”实现率3.8%。双大路二期2018年10月10日开工，起点为柏峪村北侧，与双大路一期相接，终点为斋幽路，全长17.909公里。道路全线新建隧道2座（天津关隧道全长996米，岩坡顶隧道全长150米），桥梁15座（大桥5座，中小桥10座），技术等级为三级公路，设计速度为30公里/小时，路基宽8.5米，路面宽7米。设计单位黑龙江省公路勘察设计院，勘察单位河北中核岩土工程有限责任公司，监理单位北京正宏监理咨询有限公司监理，土建一标施工单位中交一公局第五工程有限公司，土建二标施工单位北京鑫旺路桥建设有限公司，土建三标施工单位北京路桥瑞通养护中心有限公司，交安工程施工单位北京路桥方舟交通科技发展有限公司，机电工程施工单位金交恒通有限公司，绿化工程施工单位北京路桥海威园林绿化有限公司。

（黄鑫嫣）

运输管理

【概况】 2021年，门头沟区市属公交企业2家，公交场站18处，五级客运站34处，公交线路90条，配车1000部，日均发车班次5200余车次。出租汽车企业1家61辆车，个体出租车19辆，从业人员70人。货物运输企业288户，总车数867辆。危险化学品运输企业4户，车辆49辆。机动车维修企业39家，其中一类汽车维修企业6家，二类汽车维修企业9家，三类汽车维修企业22家，二类摩托车维修企业1家。驾驶员培训机构1家，行政许可备案教练员149人，其中理论教练员1人，行政许可车辆数147辆（普通三轮摩托D：20辆，普通两轮摩托车E：12辆，小型汽车C1：95辆，小型自动挡汽车C2：20辆），训练场地总面积166500平方米（训练场地面积57000平方米）。监管铁路道口9个，安全迎送列车63493列次，其中客车9026列次、货车54467列次。年内，区交通局开展道路违法违规行为执法检查508次，出动执法人员2657人次，检查车辆9748余车次；开展联合执法行动237余次，出动执法人员1030余人次。

（刘天通）

【液化石油气运输专项整治】 4月12日，区交通局组织辖区内4家化学危险品运输企业召开安全生产部署会，传达给市、区文件精神及要求，通过微信形式组织企业在线学习液化石油气使用安全教育培训视频，并对辖区内2家液化气运输企业进行专项安全检查。

（刘天通）

【行业安全生产工作】 4月21日，区交通局在北京九龙驾驶技术学校组织消防应急演练活动，演练内容为人员应急逃生及消防器材使用。4月29日，采取“四不两直”方式，对客八分公司第七车队河滩公交场站、北京郎泰汽车维修有限公司第一分公司进行检查，重点检查节假日期间的安全应急维稳、新冠肺炎疫情防控、值班值守等工作，此次共检查企业2户次，出动执法人员21人次。“五一”期间，巡查双龙峡景区游船项目，共入户检查2户次，出动执法人员4人次，景区游船安全运营，未发生水上安全事故。5月20日，采取多种形式加大对防灾减灾救灾知识的宣传和普及，交通运输企业充分利用海报、LED屏、微信、短信等宣传载体，加大对防灾减灾日防震减灾宣传工作。6月24日，在河滩公交场站联合开展消防应急演练。8月5日，对全区出租车行业开展新冠肺炎疫情防控专项检查。9月17日，以芹峪口检查站为依托，对109国道沿线进行执法检查，出动执法人员14人，查扣涉嫌非法改装车辆3台。

（刘天通）

【公交线路与运力调整】 5月1日，门头沟区华园路临时调整为停车场，为周边居民提供停车服务，途经华园路此路段的公交线路M45路（桥户营—桥户营）采取停驶措施。6月18日，M10路公交车试运营。该路公交车由斋堂公交场站至小龙门管理站共23站，解决百花山国家级自然保护区小龙门管理站职工通勤难题。6月29日，M25路公交车平峰时段的间隔40分钟调整为间隔30分钟。12月31日，新开专218路、903路等2条公交线路，进一步方便沿途小区乘客通过金安路接驳地铁1号线及地面公交干线，实现门头沟、丰台、房山三地公共交通互通互联。

（刘天通）

【交通综合治理工作会召开】 5月11日，区交通局组织召开“门头沟区2021年度交通综合治理工作会”，总结2020年区级治理任务的完成情况，对2021年市级下派的17项任务和市交通综合治理领导小组第十次会议议定事项进行部署。会上，区教委作为学校周边治理专班的牵头单位，对2021年涉及门头沟区的3所学校周边交通综合治理方案进行宣传、贯彻。

（刘天通）

【防灾减灾宣传】 5月20日，区交通局采取微信群转发、入户检查等多种形式加大对防灾减灾救灾知识的宣传和普及，交通运输企业充分利用海报、LED屏、微信、短信等宣传载体，加大对防灾减灾日防震减灾宣传工作。悬挂条幅7个，发放宣传材料100分，宣传板报6块，演练1次。并且提早排查防汛隐患，清理排水沟等重点部位，对防汛物资进行清点补充。组织防汛应急队伍40人，防汛保障车30辆。加大对客运场站、货运企业、修理企业、水运企业、铁路道口、驾校防灾检查工作力度，出动执法人员255人次。

（刘天通）

【高考期间公交运力保障】 6月，区交通局对全区公交行业高考保障工作召开专题部署会，要求区内运营的两家市属公交企业做好车辆车况技术维护，严格调度发车时间，运行期间保持良好的行车间隔，调度人员实时关注运营车辆动态，加强对司机、乘务管理员的教育培训，经过考场时禁止鸣笛、减速通行，做好考生、乘客的上下车秩序引导。

（刘天通）

【监督检查】 6月24日，区纪委区监委第三联合派驻纪检监察组与区交通局到芹峪口公路综合检查站开展监督检查。派驻组紧盯关键岗位和关键环节，详细询问卸载站场内超限超载车辆卸载情况，对沙石料、煤炭及煤矸石等物料卸载情况、超限车辆卸载及复检流程、卸载站各单位驻站情况、动检防疫情况、综合服务大厅情况；围绕建党百年服务保障工作和国道109新线高速公路建设涉及到的车辆超限超载相关问题提出要求；通过询问综检站人员配置，视察值班室、监控环境、进出站口以及综合办公环境等，深入了解到基层24小时坚守首都西大门情况。派驻组对站上工作给予肯定。

（刘天通）

【塌方路段现场处置工作】 7月16日，由于7月15日夜晚降雨，造成山体崩塌，约160立方米，上方30米处仍有15～20立方米危险山体，岩体裂缝已扩大30公分。根据现场情况区交通局组织做好公交线路保障，采取临时措施的线路有2条，一是929路（千军台—地铁苹果园站），又因玉皇庙一带塌方，改发玉皇庙站-地铁苹果园站的区间运营。二是M11路地铁苹果园站—百花山，因7月12日百花山路段塌方，调整为地铁苹果园站—张家铺站区间运营，原百花山景区住班改为张家铺住班。根据公交集团评估现场抢修情况，道路安全之后，恢复通车运营。

（刘天通）

【出租行业新冠肺炎疫情防控检查】 8月5日，区交通局对全区出租车行业开展专项检查，对出租车驾驶员口罩佩戴、乘客健康码扫码以及防疫用品储备情况进行重点检查；并对出租车驾驶员进行防疫知识宣传，提醒驾驶员要加强自身防护，严禁红黄码人员乘坐。

（刘天通）

【创城工作检查】 8月24日，

区交通局局长带队到石厂、BRT4公交场站、北京地铁S1线轨道交通石厂站，实地检查创城工作。对公交场站和北京地铁S1线轨道交通车站的创城宣传海报张贴、环境卫生、垃圾分类、飞线治理、消防设施等创城指标的落实情况以及公交场站学雷锋志愿服务站设置情况进行检查。针对北京地铁S1线石厂站门前广场的墙砖有脱落的情况，督促车站建设单位及时进行修复。

（刘天通）

【安全执法检查】 9月17日，区交通局局长带队到国道109沿线及双龙峡景区开展执法检查，重点对109高速建设各工区周边道路进行巡查，严厉打击超限超载、无证运输、非法改装等道路违法运输行为，查扣涉嫌非法改装车辆3台，出动执法人员14人。

（刘天通）

【交通局警示教育大会召开】 10月26日，区交通局组织全体党员干部职工召开2021年门头沟区交通局警示教育大会。集中观看警示教育片《全面崩塌》，传达门头沟区“以案为鉴、以案促改”警示教育大会精神，并部署年末党风廉政相关工作。

（刘天通）

【违法大货车夜查执法行动】 10月26日，区交通局开展违法大货车夜查执法行动，执法人员分为两组，在门城地区、国道108沿线及石门营地区进行巡查并查扣2辆违法运输重型大货车。

（刘天通）

邮　政

【概况】 2021年，中国邮政集团有限公司北京市门头沟区分公司设有投递道段76条，普邮道段31条，其中城区21条、农村地区10条，快递包裹专段45条；日投递总里程为1500公里；邮运趟车邮路6条，日里程为500公里。中国邮政集团有限公司北京市门头沟区分公司（以下简称“门头沟区分公司”）设10部，包括综合办公室（安全保卫部）、党委党建工作部（纪委办公室）、财务部、运营管理部、市场营销部、金融业务部、集邮与文化传媒部、服务质量部（普遍服务部）、渠道平台部、寄递部，下辖3个邮政支局与15个邮政所，共有职工395人，其中正式工193人，劳务派遣118人，劳务承揽84人。年内，门头沟区分公司总收入12778.39万元，同比增幅26.11%，其中金融专业业务收入8585.54万元，寄递事业部业务收入1970万元，集邮专业收入累计完成993.56万元，分销专业收入490万元。

（王思雨）

【网点建设】 年内，门头沟区分公司完成3个网点装修改造任务，完成6处老旧网点的店招更新，石龙支局实现装修改造期间未停业；持续推进《服务质量大提升三年行动方案》中网点微整治工作，完成所属17个网点、8个揽投部的微整治；完成三家店家属院污水排放主管道改造项目；完成四季怡园、西山天璟2处配套邮政用房的接收并已取得不动产权证。

（王思雨）

【龙门涧景区党建活动文创产品开发】 年内，门头沟区分公司开发龙门涧景区党建活动文创产品。龙门涧景区为AAA级景区与北京爱国主义教育基地，门头沟区分公司在对景区进行走访洽谈的基础上最终为景区策划该文创产品并得到景区的认可。

（王思雨）

【安全管理】 年内，门头沟区分公司与各岗位、支局逐级签订《2021年安全生产责任书》《2021年安全稳定责任书（各单位）》《保卫消防综合安全生产责任书》《北京市邮政公司2021年度烟花爆竹安全管理责任书》《消防安全承诺书》《金融资金安全责任书》《从储人员防电信诈骗责任书》等共394份责任书；开展重大节日检查网点60余次、夜间巡查7次；车辆安全行驶80余万公里，检查车辆470余辆次，检验车辆35辆；开展安全管理系统培训26次，防抢演练及各类消防演练共80余次；组织185人次观看《邮政快递生产安全警示片》。

（王思雨）

【低收入帮扶项目】 年内，门头沟区分公司在清水镇梁家庄村推进高山芦笋低收入帮扶项目，通过邮政惠农举措及惠农业务解决村合作社“销售难、资金难、物流难”问题。

（王思雨）

【新冠肺炎疫情防控】 年内，门头沟区分公司组织全体职工进行核酸检测共859人次；分公司机关大院、石龙支局大院严格管理车辆进出，卫生间配备消毒洗手液，严格管控现场会议；优化职工用餐管理，指定专人负责防疫物资发放。

（王思雨）

电信

【概况】 2021年，中国联合网络通信有限公司北京市门头沟区分公司（以下简称“联通门头沟分公司”）围绕“提价值、谋发展、重基础、有激情”工作要求，深入推进数字化转型，抢抓5G新时代发展机遇，深化价值经营，强化创新突破、增收增效，科学统筹新冠肺炎疫情防控和改革发展工作，取得新冠肺炎疫情防控与改革发展“双胜利”。

（马君楠）

【移动网络信号质量提升】 年内，联通门头沟分公司梳理区域盲点与5G发展需求，推进传送网及千兆宽带设备建设，建设入网5G基站201个，新建入网千兆设备端口数992个，完成16个住宅小区宽带接入建设，新增FTTH端口1.6万余个，覆盖用户约1.3万人；配合完成华为POTN网一期全部网元的安装、调测，为在全区范围内发展10G EPON及大颗粒专线专网业务打下坚实基础；完成IPRAN网络400G扩容改造和多台5G传输设备的汇聚，9个主要汇聚局所均具备5G发展对汇聚能力的需求。

（马君楠）

【综合网格和营业厅网格划小改革】 年内，联通门头沟分公司持续深化综合网格和营业厅网格划小改革，落实政企线和网络线划小工作，通过划小双选，政企线新增人员9名；网络线划分2个网格，构建“建维优”一体定位，完成小CEO选聘，推动以增量收益分享为核心的分配机制渗透到各个专业领域；发挥绩效考核指挥棒的作用，以业绩指标为牵引，驱动各三级部门聚焦重点，攻坚克难；推进全面激励体系建设，盘活各类资源，统筹使用，提升员工获得感。

（马君楠）

【客户感知和企业形象双提升】 年内，联通门头沟分公司以投申诉总量压降为目标，强抓触点服务水平、专业线管控，推进服务前置，开展“全员服务在行动”“我让用户十分满意”“装维质量提升攻坚”等专项活动，推动营业厅服务回访好评率由1月的9.94提升至12月的9.97，入户服务回访好评率由1月的9.90提升至12月的9.96，下半年投诉总量较上半年下降3.7%，升越级投诉同比下降7.8%，重复投诉大幅减少。

（马君楠）

【安全生产】 年内，联通门头沟分公司组织常规安全学习12次、“一警六员”专题培训演练2次、防火疏散演练2次，通过完善制度、落实培训、强化检查监督，确保生产安全零事故。

（马君楠）

旅　游

1月，妙峰山镇谷山村景区被评选为国家AAAA级旅游景区，图为景区入口（《京西时报》 供图）

◆ 暑期，区文旅局打造“小小传承人”品牌，图为民间文学非遗传承老师带领青少年走访戒台寺（《京西时报》 供图）

◆ 12月，游客体验清水镇瓦窑民宿冰雪大滑梯（《京西时报》 供图）

综 述

【概况】 2021年，门头沟区旅游产业持续在“精”字上做文章，落实“一园四区一小院”城市发展规划，统筹推进“门头沟小院+”田园综合体建设，举办2021北京精品民宿推介会暨门头沟小院推介活动，推出精品民宿发展服务手册3.0版本，“门头沟小院+”项目覆盖51个村，盘活闲置农宅300余处，涌现出“创艺乡居”“红雁谷”等一批独具特色的精品民宿品牌；启动“一线四矿”文旅康养休闲区相关工作；利用市级旅游产业发展专项资金扶持12个项目。

（杜福星）

【假日旅游接待】 春节假期，门头沟区旅游接待人数15.24万人次，比2019年春节期间增长-18.94%，总收入1047.77万元，比2019年春节期间增长-30.75%。“五一”假期，门头沟区接待旅游总人数19.28万人次，同比增长1.35倍；旅游总收入1259.17万元，同比增长1.19倍；总体人均消费为65.3元。“十一”假期，门头沟区接待旅游总人数19.02万人次，同比增长-7.04%，总收入1619.43万元，同比增长-7.75%。

（张 晨）

【国家级公共文化服务体系示范项目创建完成】 8月，门头沟区“公共文化服务配送机制建设”入选文化和旅游部、财政部公布的第四批国家公共文化服务体系示范区（项目）名单，被命名为国家公共文化服务体系示范项目。

（任 伟）

旅游景点与活动

【谷山村AAAA级旅游景区创建】 1月7日，北京市旅游景区质量等级评定委员会正式确定谷山村景区为国家AAAA级旅游景区。谷山村景区位于门头沟区妙峰山镇，紧邻109国道，距离永定河一步之遥。此地依山傍水，风景宜人，是京西旅游发展的重地。谷山村风景区摆放着与农民生产生活相关的文化老物件，木制车轮、犁耙、耙子、点种筐、锄头、铲子，这些具有历史气息的老物件是农业文明发展的缩影。

（张 晨）

【文旅体验活动】 3月20日至27日，区文化和旅游局在潭柘寺镇精品民宿紫旸山庄、AAAA级景区谷山村和斋堂镇马栏村爱国主义教育基地举办“我是戏中人”“品味乡野 耕读传承”和“红色基因 由我传承”3场活动。

（任 伟）

【18条精品红色旅游线路发布】 年内，门头沟区推出半日游、一日游、两日游等共18条红色主题精品旅游线路。18条红色主题精品旅游线路是金戈铁马、运筹帷幄；历史丰碑、革命足迹；保家卫国、峥嵘岁月；红色印记、天地永恒；平西抗战、先烈永恒；人民战争、村自为战；星星之火、燎原之势；烽火岁月、众志成城；一河两岸、红色旗帜；风雷激荡、走向辉煌；红色历程、捷报频传；薪火相传、再创辉煌；牢记历史、面向未来；红色电波、永不消逝；红色胜境、英风长存；江山胜迹、吾辈登临；红色印记、一脉相承；不忘初心、坚定信仰。旅游线路以区内红色旅游资源为主，融合自然风光、人文地理、传统文化以及精品民宿，满足不同消费群体需求。

（邹兆莎）

【景区厕所改造】 年内，区文旅局为15家景区装修改造固定厕所6座，购置生态环保厕所45个厕位。

（任 伟）

精品民宿

【“防疫安心小院”标识牌颁发】 1月28日，紫旸山庄、一瓢客栈、创艺乡居、朗诗乡居小龙门、朗诗乡居白虎头、梦回古道被门头沟区评选为防疫优秀民宿，获颁“防疫安心小院”标识牌。

（邹兆莎）

【5座“门头沟老宅院”挂牌】 9月，5座院落挂牌“门头沟老宅院”，包括龙泉镇琉璃渠村宝顺宅院、妙峰山镇水峪嘴村古道山居、雁翅镇田庄村崔显芳故居、斋堂镇川底下村爨舍古民居、清水镇小龙门村朗诗山居。

（杜 莹）

【11家“门头沟小院”入围市会议定点目录】 年内，“创艺乡居”“红雁谷”等首批11家“门头沟小院”精品民宿入围北京市会议定点范围名单。

（邹兆莎）

【精品民宿入选旅游助力乡村振兴案例】 年内，《北京门头沟区清水镇梁家庄村：“门头沟小院”创艺乡居精品民宿文旅赋能绿色发展模式》入选《2021世界旅游联盟——旅游助力乡村振兴案例》。

（邹兆莎）

【“门头沟小院”在乡村厨神大赛获奖】 年内，丰源客栈、创艺乡居2处“门头沟小院”精品民宿参加2021乡村厨神大赛暨“大厨下乡”集中成果展示活动，并分别获一、二等奖。

（邹兆莎）

【门头沟小院推介活动】 年内，2021北京精品民宿推介会暨门头沟小院推介活动在忠良书院阳光报告厅举行，活动由北京市文化和旅游局、门头沟区人民政府共同主办。

（邹兆莎）

【精品民宿发展服务包3.0版推出】 年内，门头沟区推出精品民宿发展服务包3.0版，建立2000万元风险补偿基金，通过“以奖代补”方式，给予政策性担保公司存量、增量业务奖励；与中国农业发展银行、中国银行等金融单位合作新增3款银行贷款产品，为“门头沟小院”精品民宿项目经营提供政策支持。

（邹兆莎）

【“门头沟小院”消费券发行】 年内，门头沟区推出总金额为500万元的“门头沟小院”消费券，游客在指定日期持券入住参加活动的22家民宿可享受优惠。

（邹兆莎）

【“门头沟小院”专项培训】 年内，门头沟区以“门头沟小院”精品民宿为试点，开展“魅力主人”“绿领管家”和“金牌厨娘”等民宿系列培训课程。

（邹兆莎）

生态环境

2021 年，永定河门头沟段环境持续改善，图为白鹭、鸬鹚等动物在永定河门城湖一带栖息
（《京西时报》 供图）

4 月 10 日，北京百花山国家级自然保护区红外监测相机拍摄到狍子（百花山国家级自然保护区管理处　供图）

5 月 27 日，门头沟区开展 2021 年突发环境事件及高空坠落综合应急演练（区生态环境局　供图）

◆| 12 月 23 日，百花山监测站收取小龙门管理站区域气象数据（百花山国家级自然保护区管理处　供图）

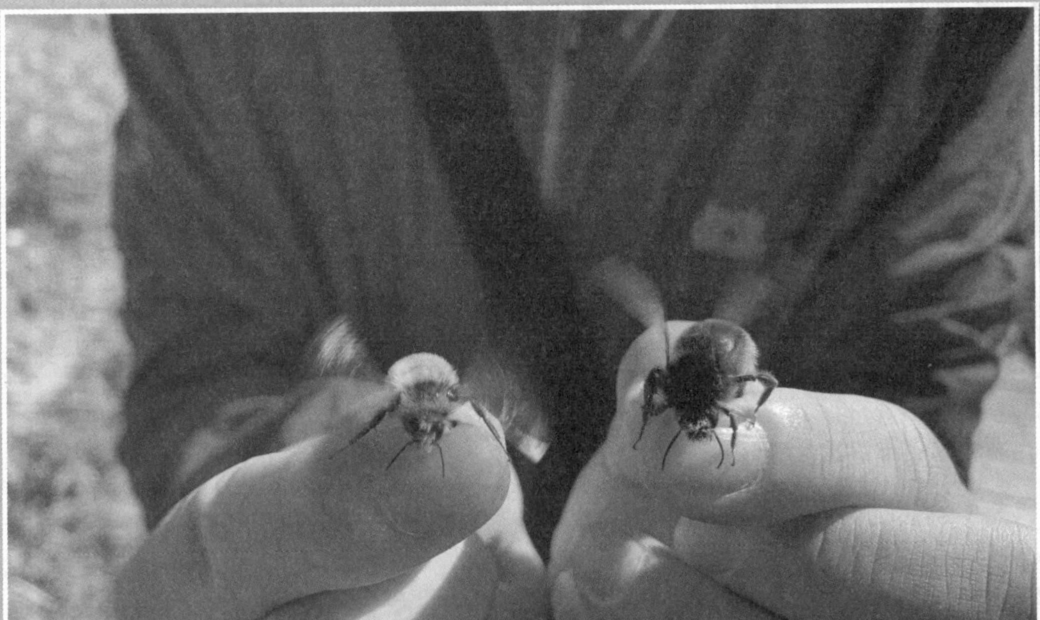

◆| 2021 年，熊蜂物候学及访花偏好性调查研究现场（百花山国家级自然保护区管理处　供图）

综 述

【概况】 2021年，门头沟区PM2.5年均浓度为32微克/立方米，PM10、二氧化硫、二氧化氮年均浓度分别为57微克/立方米、3微克/立方米、25微克/立方米，全年空气优良天数281天，占比77.4%。地表水考核断面均达标，斋堂水库断面、三家店水闸断面、黑河桥断面全年达到Ⅱ类水体要求；中门寺侯庄子断面全年达到Ⅲ类水体要求；全区无受污染耕地，土地安全利用率为100%，污染地块安全利用率100%。

（邢　冰）

【区委生态文明委办公室工作例会召开】 2月23日，区委生态文明委办公室召开工作例会。区生态环境局汇报2021年工作安排、中央环保督察问题整改情况、《门头沟区深入打好污染防治攻坚战2021年行动计划》、“两山”创建工作，以及年度生态环境考核指标现状及存在问题、生态环境建设精细化管理需求及队伍建设等事项。

（江晓萍）

【区委生态文明委第四次会议召开】 3月26日，区委生态文明建设委员会召开第四次会议暨污染防治攻坚工作会，书面审议通过《中共北京市门头沟区委生态文明建设委员会专项小组及组成成员》《中共北京市门头沟区委生态文明建设委员会2021年工作要点》，部署《门头沟区深入打好污染防治攻坚战2021年行动计划》。

（邢　冰）

【生态文明建设委员会专题会议召开】 12月6日，区委生态文明建设委员会召开专题会议，听取全区污染防治攻坚战进展、水环境治理等情况汇报，审议通过《关于完善中共北京市门头沟区委生态文明建设委员会组织体系的请示》，增设“生态产品价值实现工作小组”，成立“专家咨询委员会”。

（邢　冰）

环境保护

【扬尘管控专题工作会召开】 1月5日，区生态环境局组织召开扬尘管控工作座谈会，王平镇、龙泉镇、军庄镇、永定镇等PM2.5、TSP、降尘量全区年度排名靠后的属地政府参会。通报全区2020年大气污染物排名情况，明确2021年大气污染防治工作的目标和思路，听取属地政府关于落实扬尘管控工作措施和提升精细化治理水平的相关情况，并提出具体帮扶建议。

（张斯琪）

【“三线一单”工作】 1月19日，区委生态文明办召开“三线一单”（编制生态保护红线、环境质量底线、资源利用上线、生态环境准入清单）专题座谈会。年内，区生态环境局以“北京门头沟区MC00-0605街区”“北京门头沟区MC00-0101～0104街区”为试点，积极拓展“三线一单”与规划编制的衔接，在区域布局、产业结构和规模方面充分发挥清单式管理效能，优化指导地区经济发展，为项目准入提出布局、规模、结构及时序方面的优化调整建议，其中“门头沟新城MC00-0101～0104街区控制性详细规划生态环境分区管控符合性分析”入选生态环境部第三批“三线一单”落地应用案例汇编；参加“环评审批岗位建功技术竞赛”，获“岗位建功优秀组织单位”称号，1名同志被推荐为“岗位建功标兵”。

（龙　茜）

【“碳中和示范区”方案研讨会召开】 2月24日，召开门头沟区“碳中和示范区”方案研讨会，听取欧瑞府公司关于零碳能源园区的总体情况介绍，并与德国能源署、欧瑞府（北京）能源技术有限公司及光华设计基金会相关人士进行座谈交流，相关单位进行交流发言。

（邓一鸣）

【突发环境事件应急联合演练】 5月27日，门头沟区开展2021年突发环境事件及高空坠落综合应急演练，以“国道109高速公路四工区临河路段柴油罐车侧翻入河”为背景，在永定河畔进行全程实景还原及实地操作，利用事发地下游5公里处水库截流能力和设置临时土坝等方式，将污染峰团控制在7公里河道内，并通过活性炭吸附回收泄漏柴油直到特征污染物指标稳定达标，同时通过上游水电站取水隧道导流上游清水，确保居民日常生活供水不中断。

（高　超）

【**突发环境事件检验性演练**】 6月23日10时，区生态环境局接到检验性演练指令后，值班人员研判事件等级为一般突发环境事件，值班领导按照区突发环境事件应急预案启动程序，应急小组第一时间赶赴事发现场，并上报市生态环境局及门头沟区应急办，同时通知区委网信办做好舆情监控。经过现场处置，取样监测结果显示现场环境恢复正常状态。11时20分，应急演练结束。

（邓一鸣）

【**碳排放权交易试点工作**】 6月28日，区生态环境局组织8家碳排放单位参加北京碳排放权交易试点线上工作培训会，并督促企业完成2020年二氧化碳排放报告提交、配额履约等工作。年内，区生态环境局支持石龙开发区、精品民宿特色小镇、旅游景点、农村、社区等各领域通过节能改造、新能源利用等方式建设近零碳排放示范区，以国际化视野提升休闲旅游服务水平和产业链价值。

（张斯琪）

【**街区控规环境影响评价初审**】 6月，区生态环境局完成《北京门头沟区MC00-0101～0104街区控制性详细规划（街区层面）（2020年-2035年）环境影响评价报告》等2份环评报告的初审工作。

（金 鑫）

【**辐射安全隐患排查三年行动方案印发**】 6月，区生态环境局印发《北京市门头沟区生态环境局关于开展辐射安全隐患排查三年行动方案》，成立专项小组，梳理工作目标、排查重点和监管制度，明确责任要求、处罚的主体和标准，确保辐射安全隐患排查工作有序推进。

（赵长华）

【**国家环境保护模范城市创建**】 7月14日，门头沟区国家环境保护模范城市创建工作推进会召开，推动门头沟区国家环境保护模范城市创建工作进入实质化阶段。

（郭小庆）

【**区域联防联控**】 12月，区生态环境局与石景山区生态环境局签订《共建区域生态环境联勤联动合作协议》，聚焦永定河两岸扬尘源点位定期开展联合巡查和交叉执法检查；与涿鹿县生态环境分局签订《共建百花山国家级自然保护区交界区域生态环境联防联控合作协议》，围绕百花山国家级自然保护区定期开展联合检查和生态红线已整改点位复核，杜绝“死灰复燃”；与怀来县生态环境分局签订合作协议，对永定河上游流域周边“农家乐”、观光园等点位定期开展巡查，依法严厉打击可能影响水环境的偷排直排、超标排放问题。

（邓一鸣）

环境监测

【**环境保护监测站资质认定扩项评审通过**】 1月，区生态环境局下属环境保护监测站通过实验室资质认定扩项评审。此次扩项评审涉及一氧化碳、二氧化硫、油烟、颗粒物、非甲烷总烃等5个项目。评审过程包括听取汇报、调阅材料、考察场所、盲样考核、见证试验等环节。

（王雨薇）

【**持证上岗考核**】 7月30日，门头沟区环境保护监测站14人参加持证上岗考核，考核项目共500余项次，涉及水和废水、环境空气和废气、土壤采样等3个方面，考核通过盲样考核、现场操作演示、现场提问、项目理论考试、自考材料档案资料查阅等多种方式进行。

（王雨薇）

【**汛期水环境质量监管**】 7月，区生态环境局累计开展入河排口水质监测30余次，检查污水处理厂（站）76家次，监测出水水质55家次，出动执法人员900余人次，开展饮用水水源地专项、流域专项执法行动，累计检查点位380余家次。

（王 晨）

【**区生态环境监测站计量认证复评**】 11月6日，区生态环境监测站参加计量认证复评审和扩项评审，此次申请认证项目包括水和废水、环境空气和废气、噪声和振动等62项检测能力，其中延续性能力48项，新方法14项。评审组建议给予区生态环境监测站通过计量认证复评审意见，并提出4项具体整改意见。

（王丹祎）

【**区环境保护监测站揭牌**】 12月28日，门头沟区环境保护监测站举行揭牌仪式，正式更名为门头沟区生态环境监测站。

（王志垚）

环境治理

【扬尘管控】 1月5日，区生态环境局组织召开扬尘管控工作座谈会，通报全区2020年大气污染物排名情况，明确2021年大气污染防治工作的目标和思路，听取属地政府关于落实扬尘管控工作措施和提升精细化治理水平的相关情况并提出具体帮扶建议。8月，开展国道109新线高速公路项目施工扬尘监管，推动各工区100%安装、使用高效洗轮机，采用道路喷雾降尘、抑尘剂等新技术，实现地埋式污水处理设施和三级沉淀池全覆盖；硬化各施工点出入口处道路55条，针对2条短期内难以实施硬化的道路（涉及征拆）采取“湿法作业”，增加洒水降尘和清扫作业频次；在施工现场和周边区域加装16套视频监控系统和11个降尘监测点位，检查非道路移动机械18台次，处罚9.5万元；在工程沿线规划建设8个生产线，对工程中产生的弃渣固废进行现场处置、加工，形成骨料及满足工程应用的产品。

（付　雪）

【空气污染防治】 1月22日，区领导带队检查国道109重点工程项目工地、六环路口重柴联合执法卡控岗等点位的空气污染应对措施落实情况。此次检查中发现施工工地苫盖不全，洒水降尘频次不够等问题，已督促施工方立行立改并立案调查。2月9日，区委生态文明办召开贯彻落实中央第二轮生态环境保护督察整改工作以及节日期间空气质量保障工作再部署会议。6月2日，区领导主持召开近期大气污染防治暨重大活动保障工作部署会，并对近期全区降尘量排名和涉气类执法成效靠后的相关属地进行集中约谈。11月5日，门头沟区发布重污染黄色预警并全面启动应急响应工作。

（邓一鸣）

【沙尘天气应对】 3月15日，区生态环境局组织召开沙尘天气应对工作会议，检查国道109重点工程、京浪岛公园等16处施工工地，对违规非道路移动机械立案4起。3月16日，区生态环境局联合石景山生态环境局在大峪街道以及石景山区广宁街道开展联合执法检查，对行政交界周边的各类污染源，特别是扬尘污染源按照更高要求和更严标准加强监管执法力度，做到管控更精细、监管无死角、执法无盲区。

（陆正炜）

【“百日”专项执法行动】 4月1日起，门头沟区开展大气污染治理“百日”专项执法行动。8月12日，召开专题会议，总结大气污染防治“百日”专项执法行动成效并部署秋冬季大气污染防治相关工作。行动期间，全区空气优良天数达到95天，同比增加23天；各镇街PM2.5、TSP浓度实现“双降”，7月PM2.5累计浓度为37微克每立方米，环比下降24微克，追平去年同期水平，其中5月、6月、7月单月浓度达到历史同期最优水平；全区各部门累计出动执法力量21.8万余人次，检查各类污染源10.9万余家次，累计发现环境问题5508家次，整改2529家次，处罚3298家次，罚款916万余元。上半年，门头沟区生态环境执法综合成绩与案卷评查工作全市排名均有明显提升。

（谭海栋）

【排污证后监管专项执法检查】 5月，门头沟区开展排污证后监管专项执法检查，筛查73家排污企业，发现问题3例，督促问题企业整改，对发现的环境违法问题依法依规严肃处理并对典型问题曝光公开。

（常　硕）

【拉练检查】 8月24日，门头沟区围绕扬尘精细化管控措施落实情况和公园周边环境秩序，开展拉练检查工作，实地检查龙泉西公交场站、京浪岛空气质量监测站点和滨河公园，强化龙泉西公交场站和京浪岛内小微工程施工现场扬尘治理，查处无环保号牌施工机械问题，整治游商浮贩、占道经营等不文明行为。

（王娅娜）

【节前环境安全隐患排查整治】 9月，区生态环境局围绕企业环保主体责任落实、环境风险管控、危险废物管理和环保设施运行等方面，开展新一轮节前环境安全隐患排查整治工作，出动346人次，检查产废企业91家次，发现并依法查处相关问题10起，共处罚金19.5万元。12月24日，聚焦工地扬尘、餐饮油烟、VOCs治理等方面，引导相关部门属地提升精细化管理水平；联合企业举办“共建绿色运输线、共筑绿色生态屏障”环保专题讲座，解读大气、土壤、水环境法的规范标准，指导企业落实环境保护相关规程要求。

（高　超）

【打击"黑加油车"专项执法】 11月3日，区生态环境局综合执法队联合有关部门开展"零容忍"打击"黑加油车"专项执法行动，以施工工地、机械租赁和工程公司、混凝土搅拌站、运输车队为重点检查点位，对新国道109工地一工区施工点位、景山学校工地、景山学校市政道路工地进行专项执法检查。

（李晨曦）

【危废专项整治工作】 11月，区生态环境局共检查产废单位200余家次，针对非法处置废机油、环境应急预案缺失等环境违法行为立案处罚10起，罚款19.5万元。检查中发现的环境问题隐患完成整改。

（高 超）

百花山国家级自然保护区

【概况】 2021年，区百花山管理处构建绿色发展新格局，高标起航、务实笃行，以"讲奉献、争第一"的门头沟精神，更好地承担起守护绿水青山、保护生态资源的使命任务，汇聚开局"十四五"、开启新征程的强大力量，开展"绿盾"专项行动、生物多样性保护工作，持续做好各类监测工作，积极服务科研调查活动，开展"安全生产月"活动与"防风险、除隐患、减灾害、保安全"安全防范百日专项行动，开设北京百花山国家级自然保护区微信公众号，开展生物多样性日、环境日主题宣传以及科普宣教，为全面建设"绿水青山门头沟"提供稳固的生态屏障保证。

（赵 菁）

【共建教授工作站框架协议签订】 10月，北京百花山国家级自然保护区管理处与北京农学院签订共建教授工作站合作框架协议。

（赵 菁）

【"绿盾"专项行动】 年内，区百花山管理处落实"绿盾"点位核查，新增点位42个，其中"绿盾"国家级点位9处，市级点位15处，保护区全面排查整治市级点位18处；开展专项排查6次；各管理站累计开展600余次野外巡护。

（赵 菁）

【生物多样性保护工作】 年内，百花山国家级自然保护区有国家一级保护动物6科9种，国家二级保护动物36种，其中国家一级保护动物褐马鸡数量继续增加；百花山葡萄增补为国家一级保护植物，填补北京市国家一级保护野生植物的空白，拥有国家二级保护野生植物7科9种。

（赵 菁）

【日常巡护优化】 年内，区百花山管理处及各管理站巡护过程使用专业软件"智慧保护区"记录轨迹、拍摄照片等，软件内新增样地监测、本底调查、红外相机等关键功能，可清晰全面地反映巡护情况，提高工作效率，促进资源保护和数据统计分析。日常巡护未发现破坏自然资源的案件。

（赵 菁）

【科研调查活动服务】 年内，区百花山管理处受理大专院校及科研机构入区实习调查活动20次，包括北京林业大学生态与自然保护学院对东灵山片区的脱皮榆进行物候观察，中国科学院植物研究所到百花山保护区开展北京地区苔藓生物多样性调查等。

（赵 菁）

【熊蜂物候学及访花偏好性调查研究】 年内，区百花山管理处与中国农业大学植物保护学院共同建设研究生培养实践基地启动，开展百花山熊蜂物候学及访花偏好性调查研究，共记录采集到显花植物样品225号，采集到熊蜂样品288号，其中各物种蜂王样品78号，成功于实验室饲养蜂王35头；工蜂样品151号，雄性蜂样品59号；记录熊蜂访花211条，采集到熊蜂花粉筐样品115号。经初步鉴定，共采集包括密林熊蜂、火红熊蜂、兰州熊蜂等11个物种。

（赵 菁）

【年度监测工作】 年内，区百花山管理处共监测到野生动物34种，包括国家一级保护动物褐马鸡，二级保护动物的豹猫、中华斑羚、勺鸡、赤狐、灰林鸮、北朱雀等6种；北京市一级保护动物红嘴蓝鹊、果子狸、大斑啄木鸟、灰头绿啄木鸟，北京市二级保护动物普通䴓、狍子、野猪、蒙古兔、狗獾、斑鸫、宝兴歌鸫、大山雀、环颈雉、猪獾、黄雀；在草甸区域发现大花杓兰436棵；采集陆生野生动物疫源疫病监测样本518份；巡护1级路线152次，巡护2级路线28次，手机直报京津冀野生动物资源监测数据1482条；百花山监测站投入使用，收取小龙门管理站区域气象数据、百花山管理站区域地质灾害雨量监测数据并进行整理存档。

（赵　菁）

【森林防火】　年内，区百花山管理处印发《百花山管理处2021-2022年度森林防火工作方案和应急预案》《百花山管理处森林防火“护航北京冬奥”专项行动工作方案》；与各站、旅游服务有限公司签订2021-2022年度森林防火责任书6份，与斋堂镇、清水镇、史家营乡、霞云岭乡、河北小五台自然保护区等友邻单位签订联防协议5份，各站与周边友邻村签订21份，与第三方签订防火责任书4份；各站成立4支专业扑火队伍；开展2021-2022年度森林防火灭火消防知识培训。

（赵　菁）

【助力创城、创森攻坚工作】　年内，区百花山管理处助力创城、创森攻坚工作，开展服务活动及新时代文明实践主题推动日活动20余次；制作14块标语口号、350余平方米建筑围挡公益广告、张贴60余张宣传海报、LED屏幕宣传40余次；完成基础设施修缮4处、标志标识牌更换30余块。

（赵　菁）

城乡规划与建设

2月，永定镇小园地区的一座最多可容纳194辆车的立体停车场投入试运营（《京西时报》供图）

4月，门头沟区三家店粮库棚改定向安置房项目选房现场（区房屋征收事务中心　供图）

6月，永定镇何各庄共有产权房项目竣工（区住房和城乡建设委　供图）

规划和自然资源管理

综　述

【概况】　2021年，北京市规划和自然资源委员会门头沟分局（以下简称市规划自然资源委门头沟分局）全面完成总规实施任务，27个街区控规和8个镇域规划形成阶段性成果；0605街区控规在全市率先获批；全部138个美丽乡村规划（村庄规划简本）获得区政府批复；《门头沟区乡村振兴集体产业用地实施规划》获2021年度北京市优秀城乡规划奖一等奖；超额完成矿山修复治理任务，扩充绿色生态空间191.66公顷；开展农村乱占耕地建房问题专项整治行动；实现永久基本农田全部为耕地目标；地灾防治实现安全度汛；违法占地违法建设立案率100%，实现新增违法“零增长”；攻坚克难超额完成“办证难”指标；完成《门头沟生态产品价值核算与实现机制研究》《全面实施乡村振兴战略背景下门头沟乡村地区规划引领的机制建设与思考》《关于基层规土所执法工作的现状和存在问题的思考》等课题调研；开展北京市2021年度开发区土地集约利用全面评价工作并已取得成果证明；受理政府信息公开申请176件，涉及征地、土地登记、规划审批等信息；办理信访投诉请求43件并均按期完成答复。

（聂燕杰）

【三定三限定向安置房不动产权证书发放】　5月24日，市规划自然资源委门头沟分局为潭柘新区群众发出门头沟区首本三定三限定向安置房不动产权证书。

（周美雪）

【法制宣传工作】　年内，市规划自然资源委门头沟分局组织开展第三十一个全国土地日、创建全国文明城区和12.4国家宪法日等相关法治宣传工作，充分利用分局大厅LED电子屏，通过悬挂横幅、大厅电子屏、设立法治咨询台等形式开展宣传，向人民群众发放全国土地日、自然资源信访、《中华人民共和国宪法》《中华人民共和国民法典》等相关法律知识材料。

（宋　雨）

【信息公开】　年内，市规划自然资源委门头沟分局接受公民、法人及其他组织政府信息公开方面的咨询388人次，其中现场咨询292人次，占总数的75.25%，电话咨询96人次，占总数的24.74%。共受理政府信息公开申请176件，较2020年减少20件。其中，当面申请101件，占57.38%；以信函形式申请58件，占32.95%；以网页形式申请17件，占9.6%；截至12月31日共答复政府信息公开申请182件（另有5件仍在办理中）。从申请的信息内容来看，主要涉及征地、土地登记、规划审批等信息，均严格按照程序进行办理。

（宋　雨）

【自然资源督察】　年内，国家自然资源督察北京局反馈的2020年督察意见书中涉及门头沟区的5宗问题，拆除整改到位4宗，整改到位率80%，位于全市第二；剩余1宗为采空棚户区改造城子D地块定向安置房项目配套垃圾处理站、热力站，市规划自然资源委门头沟分局沟通协调区重大建设项目协调服务中心加快办理相关手续。

（杜文君）

【信访工作】　年内，市规划自然资源委门头沟分局办理信访投诉请求43件，同比基本持平。根据来源类别划分，群众来信15件，群众来访14批次，网上信访14件。均按期完成答复，未发生群众越级访、缠访及闹访等情况。

（宋　雨）

【生态系统价值实现机制研究】　年内，市规划自然资源委门头沟分局牵头，在全市率先完成生态产品价值实现机制研究，探索门头沟区生态产品价值实现“123”路径，即一体化开展生态资产经营管理、两条腿推进价值实现、三方面形成保障机制。初步测算，2020年度门头沟生态产品价值为307亿元。

（胡奕东）

【生态保护红线评估调整】　年内，市规划自然资源委门头沟分局制定《关于过渡期持续落实国土空间三条控制线有关工作的函》，明确国务院批复版生态保护红线的权威性与落图要求，形成报审版方案成果，纳入全市生态保护红线方案，经市委常委会审议后报至国家层面开展审查。

（张　刚）

城乡规划

【新城街区指引与街区控规编制】 7月27日，《北京门头沟区MC00-0605街区控制性详细规划（街区层面）（2020年-2035年）》是控规编制新要求下全市首个批复的街区控规，对全市街区控规编制机制的创新创立具有重要示范意义。12月28日，《北京门头沟区MC00-0101～0104街区控制性详细规划（街区层面）（2020年-2035年）》是生态涵养区坡地地区控规编制的一次重要探索，对全市坡地地区的街区控规编制具有借鉴作用。《门头沟新城0605街区MC00-0605-0012地块规划综合实施方案》规划面积约5.92公顷，建筑规模4.88万平方米。

（张　刚）

【"一线四矿"规划】 9月18日，《北京市京西"一线四矿"及周边区域协同发展概念规划方案征集公告》发布，围绕门大线铁路带状轮廓开展规划策划，围绕现状和规划站点开展城市设计，经过专家组公开评选，最终确定4家单位参与方案设计工作。

（张　刚）

【镇域国土空间规划编制】 年内，市规划自然资源委门头沟分局制定2021年全区镇域国土空间规划编制任务台账及综合考评细则，指导各镇街编制镇域国土空间规划，完成王平镇、妙峰山镇、大台街道、清水镇、雁翅镇5个镇域规划的技术审查工作；《镇域国土空间规划区级联审工作要点》以区委城工委办名义印发，明确27个委办局审查工作重点。

（张　刚）

【美丽乡村规划编制】 年内，市规划自然资源委门头沟分局制定（共138个村）《门头沟区美丽乡村规划（村庄规划简本）技术要点》，全部村庄规划的联合审查，138个村庄规划完成规划成果一张图整合工作。

（张　刚）

【新城街区城市设计研究通过审查】 年内，市规划自然资源委门头沟分局开展《门头沟新城MC00-0605街区长安街西延线周边重点地块城市设计研究》，对长安街西延线周边区域的建筑形态、公共空间、生态景观、文化传承及其他要素提出控制要求，对重点地块开展建筑概念方案设计，通过区委城工委专家委员会审查。

（张　刚）

国土资源

【概况】 2021年，门头沟区国土变更调查数据显示，全区国土调查总面积为1447.85平方公里。国土变更调查地类结构详见下表。

【国土空间用途管制】 年内，市规划自然资源委门头沟分局完成62批次批后监管现场踏勘工作，拍摄312张照片，收集项目施工许可证、竣工备案表、交地确认单等相关材料27份，及时上传监管系统62次。

（刘婷婷）

2021年度门头沟区国土变更调查地类结构表（一级地类）

工作分类	面积（公顷）	占总调查面积比例
湿地（00）	8.89	0.01%
耕地（01）	637.07	0.44%
种植园用地（02）	4614.53	3.19%
林地（03）	129411.63	89.38%
草地（04）	1068.07	0.74%
商业服务业用地（05）	507.56	0.35%
工矿用地（06）	549.53	0.38%
住宅用地（07）	2176.00	1.50%
公共管理与公共服务用地（08）	650.54	0.45%
特殊用地（09）	406.75	0.28%
交通运输用地（10）	2241.01	1.55%
水域及水利设施用地（11）	1561.62	1.08%
其他土地（12）	952.53	0.66%
合计	144785.73	100%

（井友航）

【自然资源确权颁证】 年内，市规划自然资源委门头沟分局受理完成不动产登记21017件，收取登记费人民币4520045元，收取土地出让金人民币7220393元；完成不动产登记档案数字化21122卷、文书档案37314页、专业档案79892页；接待查询4100卷，2604人次，自助查询机累计登录2177次，打印1566次。

（周美雪）

【宅基地权籍调查和确权登记】 年内，市规划自然资源委门头沟分局完成川底下、法城等5个试点村现状勘调测绘与摸底分析等工作，涉及宅基地420宗，用地面积8.1万平方米；逐步梳理出6大类20项问题；初步形成镇村认可的试点测量认定标准细则；拟定《房屋土地来源相关情况承诺书》，试填试报承诺书24份，已经村集体确认盖章；拟订门头沟区农村宅基地建房审批及登记颁证工作流程；逐步完善试点村实施方案、实施细则、宅基地使用权及房屋所有权首次登记规范等政策文件。

（周美雪）

【地籍地名管理】 年内，市规划自然资源委门头沟分局核发地名及建筑物名称核准共12件，其中建筑物名称核准6件，道路命名6件。

（杜文君）

【耕地保护】 年内，市规划自然资源委门头沟分局完成征地结案4项，涉及用地面积68.3762公顷，征地补偿费20512.86万元；完成集体占地审批6项，其中3个简易低风险项目，2个公共公益项目，1个村旅游产业项目；完成国道109新线高速公路九工区和五工区2个临时用地项目复垦方案评审工作。

（金明丽）

地质矿产资源

【矿产资源管理】 截至2021年底，门头沟区4家固体矿山企业停产。其中，北京潭龙鑫磊矿业有限公司2020年11月停产封井但采矿证未注销；北京首钢鲁家山石灰石矿有限公司（南区）2019年12月31日停产，2021年1月27日注销采矿证。大台煤矿2019年9月17日矿井停产，2020年4月注销采矿证；木城涧煤矿2017年12月25日停产，2020年9月注销采矿证。现有2家持有采矿许可证矿泉水企业，中宝蓝涧矿泉水厂在生产，双龙峡天合聚能饮料公司未生产。

（屈晓霞）

专项管理

【规划实施监督】 年内，市规划自然资源委门头沟分局开展门头沟区2016年—2020年城市体检评估报告工作，研究制作调查问卷广泛征求公众意见，归纳总结存在问题，研究提出规划实施建议，形成《门头沟区2016年—2020年城市体检评估报告》并通过区政府常务会审议。

（张　刚）

【优化营商环境】 年内，市规划自然资源委门头沟分局核发全市首个建设工程规划许可电子证照，入选北京市“两区”建设改革创新案例，亮相“服贸会”；加速推动入市项目开工建设，完成全市首个第二批集中供地项目规划许可。

（陈鑫雅）

【建设项目管理】 年内，门头沟区商品住宅用地计划指标12公顷，年度入库任务10公顷，年度批而未供化解任务60公顷，租赁住房任务10公顷；市规划自然资源委门头沟分局完成13公顷商品住宅用地供应，完成10公顷的土地入库任务，完成62.82公顷批而未供化解任务，完成10公顷租赁住房年度任务；核发划拨决定书9项，土地面积52.1公顷，分别为永定镇南区棚户区改造和环境整治项目（安置房）3.87公顷，三家店粮库棚改定向安置房项目（托幼用地）0.4公顷，冯村南街、南区安置房市政配套工程—1号、3号给水泵站工程0.14公顷、三家店粮库棚改定向安置房项目（安置房）2.73公顷、永定镇冯村南街棚户区改造和环境整治项目（安置房）1.5公顷、东辛称等村综合改造项目土地一级开发项目代征道路1.79公顷、曹各庄、桥户营村土地一级开发项目代征道路11.96公顷、门头沟S1线区域组团土地一级开发项目代征道路25.38公顷和永定镇冯村、何各庄地区3751-C地块棚户区改造及环境整治项目（安置房）4.33公顷；核发协议出让合同2项，土地面积0.9公顷，分别为永定镇南区棚户区改造和环境整治项目（安置房）MC00-0015-6053地块经营性配套部分0.4公顷和永定镇南区棚户区改造和环境整治项目（安置房）MC00-0015-6055地块经营性配套部分 0.5 公顷；完成保障性租赁房任务指标 10.35 公顷，其中公租房项目（新城北部公共租赁租房项目）指标 5.13 公顷，集租房项目（永定镇集体土地租赁住房三期项目）指标 4.29 公顷，S1 线区域组团 05、07 地块配建保障房 0.21 公顷，保利首开欢乐公寓项目转化租赁住房指标 0.72 公顷。

（李春雪）

【规划编制审批】 年内，市规划自然资源委门头沟分局受理分局核发行政许可、确认及技术服务类事项 150 件，其中选址意见书及用地预审合并办理 16 件，建设工程规划许可证（含临时、乡村）59 件，社会投资简易低风险工程规划许可证 6 件，规划核验意见 45 件（含备案），“一会三函”审改试点项目设计方案函 1 件，地名及建筑物名称核准 12 件，划拨决定书 6 件，征地结案 3 件，临时用地土地批复 2 件。

（杜文君）

工程建设

【概况】 2021 年，门头沟区重大建设项目协调服务中心（区采空棚户区改造建设中心）在原区采空棚户区改造建设中心和区公共工程服务中心人员及工作职责基础上成立，为区政府直属公益一类正处级全额拨款事业单位。为区政府直属公益一类正处级全额拨款事业单位。事业编制 56 名，处级领导职数 1 正 3 副，科级职数 11 正 13 副。年内，区重大建设项目协调服务中心承接区政府蓝皮书项目 8 项，其中续建项目 3 项，开工项目 4 项，创城惠民办实事项目 1 项；承接重点前期推进项目 3 项以及区政府交办的其他项目 10 余项；继续推进门头沟区采空棚户区改造和环境整治 12 个地块项目上市工作，完成 3 个安置房回购项目 2534 套安置房回购工作，移交安置房项目公共服务配套设施 6 处，移交面积共计约 7763 平方米，推进 15 个自建安置房项目前期手续办理和不动产登记工作，石门营 B1、B4 地块 11 月底完成不动产初始登记工作。

（高　烁）

【房屋漏雨专项维修工程】 6 月 3 日，区属老旧小区及棚改回迁小区房屋漏雨专项维修工程开工。工程涉及大峪街道，龙泉镇，城子街道，东辛房街道，永定镇等 5 个镇街 108 栋住宅楼。7 月底完工。

（高　烁）

【安置房项目回购】 7 月，门头沟区完成 3 个安置房项目 2534 套安置房回购工作，其中水煤浆厂地块定向安置房项目 615 套，液压支架厂地块定向安置房项目 1122 套，龙泉镇公租房转棚改安置房项目 797 套，年内陆续分配入住。

（高　烁）

【门头沟档案馆新馆建设项目开工】 年内，门头沟档案馆新馆建设项目完成大门开口和临时占地手续，以及护坡桩浇筑施工，基槽土方开挖施工。该项目总建筑面积 21252 平方米，总投资 17343 万元。

（高　烁）

【景山学校门头沟校区新建工程】 年内，北京景山学校门头沟校区新建工程中学部完成主体结构、二次结构、外立面建设。该项目总建筑面积 79559 平方米，总投资 67254 万元。

（高　烁）

【新城养老设施建设工程竣工】 年内，门头沟新城 20 街区 MC00-0020-0024 地块 A61 机构养老设施建设工程完成竣工验收。项目位于门头沟新城 20 街区西南部，总用地面积 8594.12 平方米，总建筑面积 10671 平方米，投资 5614 万元。

（高　烁）

【育园小学新建工程】 年内，育园小学新建工程取得项目建议书（代可行性研究报告）办理完成“多规合一”协同平台综合实施意见，进入同步办理国有建设用地划拨手续和初步设计及概算评审阶段。该项目总建筑面积 2.56 万平方米，建设规模为 48 个教学班，可提供 1920 个学位，总投资 24000 万元。

（高　烁）

【区精神病专科医院迁建工程】 年内，门头沟区精神病专科医院迁建工程取得“多规合一”初审意见，申报选址意见书和项目建议书。该项目总用地面积 16853.95 平方米，拟建设门诊辅助楼、病房楼、锅炉房等，总投资 26607 万元。

（高　烁）

【新建幼儿园工程】 年内，门

头沟新城20街区MC00-0020-0022地块A33基础教育用地新建幼儿园工程取得选址意见书及用地预审意见，项目建议书以及“多规合一”协同平台综合实施意见进入办理立项手续阶段。该项目总建筑面积2926.88平方米，拟建6个幼儿班，可容纳幼儿180人，属于中型幼儿园，总投资1736万元。

（高　烁）

【城子派出所建设工程】 年内，门头沟区城子派出所建设工程开工。该项目总建筑面积1943.12平方米，总投资991万元。

（高　烁）

【重点前期推进项目进展】 年内，门头沟区新建清水派出所工程取得立项及“多规合一”协同平台复审意见、初步设计概算、建设工程规划许可证；国道109新线高速公路综合检查站工程取得选址意见书及用地预审意见，项目建议书（代可行性研究报告）调整完成；门头沟区生活垃圾转运站及环卫车辆中心工程取得“多规合一”协同平台初审意见，项目建议书通过评审。

（高　烁）

【12个地块上市工作】 年内，门头沟区采空棚户区改造和环境整治12个地块项目规划建设用地218公顷，代征用地231公顷。建设用地中，R2类居住用地65.06公顷，建筑规模91.45万平方米；商服及多功能用地92.54公顷，建筑规模116.55万平方米。年内，城子A、B地块综合实施方案完成。

（高　烁）

【公共服务配套移交工作】 年内，区重大建设项目协调服务中心（区采空棚户区改造建设中心）移交棚改安置房项目公共服务配套设施6处，共7763平方米，其中城子办事处社区办公用房2处合计1076平方米，区民政局2处合计5250平方米，龙泉镇东西龙门村各1处合计1438平方米。全年，棚改安置房项目公共服务类配套完成移交21.09万平方米，移交比例83.56%。

（高　烁）

【精准扶贫工作】 年内，区重大项目中心对接帮扶对象斋堂镇王龙口村。组织党员干部开展“学党史，助振兴”主题党日活动。努力发挥职能优势，发动企业共建，对村居水环境进行分期治理，截至年底投入资金8万元。切实改善村居环境，提升村民的获得感、幸福感。

（高　烁）

住房保障

【概况】 2021年，区住房和城乡建设委受理办结开发企业资质21项，在门头沟区注册的房地产开发企业86家；全区开、复工面积315.14万平方米，在施工程面积281.35万平方米，竣工面积65.39万平方米；保障性住房开工建设1600套，竣工588套；保障性住房备案家庭846户；市场租金补贴备案家庭1280户；公租补贴备案472户；对符合条件的公租房、人才公租房和市场租赁住房补贴8666.24万元；完成棚户区改造4户；房屋交易共办理预售许可初审8件，存量房网签2508件，出售新建商品房1120套，均价50498.08元/平方米；作出行政处罚95起；受理来信来访403件，信息公开申请42件次，办结为民服务中心转办案件7632件。

（陈　琢）

【公共建筑项目竣工备案】 2月22日，石龙阳光大厦餐厅及厨房装修改造工程竣工备案。4月2日，C11-12#文娱用房项目竣工备案。6月4日，09-11#居住公共服务设施用房、09-12#地下车库项目竣工备案。6月17日，维科宾馆十层内装修改造工程办结联合验收。6月25日，088-4#商业、商务办公楼(116#-123#、217#-225#)装修工程竣工备案，C8-04#商务办公等15个项目竣工备案。8月23日，新桥南大街42、44号2幢1-2层内装饰装修工程办结联合验收。9月9日，冯村会所竣工备案。9月10日，潭柘寺镇阳坡元旅游产业配套服务设施项目1标段竣工备案。9月15日，北京八中京西附属小学新建综合楼项目（综合楼）竣工备案。9月26日，王平镇河北村文化旅游产业配套服务设施项目办结联合验收。11月1日，S-2#商业楼竣工备案。11月3日，北京麦当劳食品有限公司紫金路餐厅室内装修工程办结联合验收。11月8日，潭柘寺镇桑峪村旅游产业配套服务设施项目办结联合验收。12月9日，寰宇少年培训学校（门头沟校区）装修改造工程竣工备案。12月17日，中国工商银行股份有限公司北京门头沟定京支行装修改造工程办结联合验收。

（朱晓霞）

【自住型商品房项目竣工备案】 2月，永定镇MC00-0015-0043地块R2二类居住用地、0038地块A33基础教育用地及0046地块S4社会停车场用地项目多个单体竣工备案。

（朱晓霞）

【其他项目竣工备案】 6月2日，北京市中关村精雕智造创新中心园区装修项目办结联合验收。12月8日，斋堂粮库地下仓改扩建项目竣工备案；北京石龙经济开发区产业孵化中心三期工程1#技术研发中心等8个单体竣工备案。

（朱晓霞）

【商品住宅项目竣工备案】 6月4日，永定镇岢罗坨、秋坡、石佛村MC00-0500-0009、0010、0013地块R2二类居住用地项目多个单体竣工备案。12月9日，永定镇MC00-0016-0055、0056、0066地块A334基础教育用地、F1住宅混合公建用地、F2公建混合住宅用地项目6#、8#住宅楼与7#商业及商务办公楼单体竣工备案。12月10日，冯村地区（一期）居住项目A—西区21#楼及9#地库及设备用房第四标段竣工备案。

（朱晓霞）

【工程安全质量监管】 年内，区住房和城乡建设委开展安全质量检查449次，出动检查人员898人次，查出隐患906条，下发责令改正通知书8份，处罚57起，罚款113.84万元。

（李 兵）

【建筑市场管理】 年内，门头沟区有形建筑市场共受理招投标11项，投资金额33.61亿元，建设规模53.12万平方米，道路里程2.75公里，全部为国有非政府投资项目；建设工程领域负面清单共列管25家施工单位、5家监理单位及31名项目经理等主要管理人员，其禁止在列管期内进入门头沟区有形建筑市场承揽工程。

（李 冰）

【保障性住房建设】 年内，门头沟区通过新建、改建、趸租等方式筹集租赁住房1100套，政策性产权住房500套，竣工各类政策性住房（基本建成）588套。

（王 鹏）

【保障性住房审核】 年内，门头沟区保障性住房备案家庭846户，市场租金补贴备案家庭1280户，公租补贴备案472户；保障性住房变更备案家庭644户，市场租金补贴变更备案家庭341户，公租补贴变更备案271户；保障性住房终止备案家庭844户，市场租金补贴终止备案家庭440户，公租补贴终止备案187户；公租补贴年度复核家庭1172户，市场租金补贴年度复审2268户。

（魏英慧）

【保障性住房资金管理】 年内，区住房和城乡建设委对符合条件的公租房、人才公租房和市场租赁住房申请人群发放补贴金8666.24万元，其中公租房补贴16368户次2142.73万元，人才公租房补贴4192户次258.04万元，市场租房补贴30595户次6265.47万元；市场租金补贴发放达到2886户；对存在多领取补贴的家庭进行补贴追缴，追回49户家庭11.85万元。

（魏英慧）

【保障性住房使用监管】 年内，区住房和城乡建设委收到安居北京系统反馈件76件，受理76件，受理率达到100%；处理办结76件，处理率达到100%。

（殷国雄）

【配套设施管理】 年内，区住房和城乡建设委对4个新建居住项目公共服务设施配建进行规划指导，共拟规划、新建各类公共服务设施2.3万平方米，其中商业服务设施0.65万平方米，社区综合管理服务设施1.16万平方米，教育类配套设施0.47万平方米，医疗卫生类配套设施0.02万平方米；推进西山梧桐、液压支架厂、水煤浆厂3个项目配建的13处公共服务设施移交至接收使用单位。

（杜 凯）

【房屋交易市场】 年内，门头沟区存量房网签2508套，受理投诉928件；出售新建商品住房1120套，均价50498元/平方米；新建商品住房销售（含预售商品房和现售商品房）价格同比上升0.9%；区住房和城乡建设委开展房地产开发企业在售项目销售现场执法检查38次。

（李 萌）

【房屋安全检查】 年内，区住房和城乡建设委完成城镇房屋安全检查工作，共检查房屋1170.16万平方米，涉及22个自管房单位、22个物业企业，其中楼房1637栋1146.54万平方米、平房8341间23.62万平方米，直管公房共检查楼房58栋、平房372间，查房率100%。

（韩少伟）

【普通地下室安全检查】 年内，门头沟区在册地下室291处，面积490262.75平方米，区住房和城乡建设委出动872人次开展全覆盖检查，提出立即整改问题87条，未发现散租住人现象。

（韩少伟）

【既有多层住宅加装电梯】 年内，门头沟区既有多层住宅加装电梯5部，均位于月季园东里小区，其中2部投入使用，3部正在施工中。

（韩少伟）

【物业行业管理】 年内，门头沟区现有物业服务企业61家，住宅小区166个，建筑面积1219.88万平方米，其中有专业物业企业管理的小区153个，建筑面积1167.59万平方米，自管或其他物业服务人员管理的小区13个，建筑面积52.29万平方米，非住宅项目25个，建筑面积169.79万平方米；区住房和城乡建设委对群众反映问题较多的项目进行现场检查372次，约谈物业企业34家次，参与“吹哨报到”149次，处理12345政府服务热线群众反映物业管理类诉求1627件。

（谭　笑）

【建筑业企业与人员管理】 年内，区住房和城乡建设委完成建筑业企业资质审批1290家，其中建筑总承包叁级和市政总承包叁级告知承诺制资质审批490家，建筑业企业施工劳务备案1118家，建筑业企业资质证书变更3036家；受理二级建造师初始注册622人、注销注册797人、延续注册536人，变更注册1801人、重新注册933人，合计4689人，全区三类人员安全生产考核合格证书续期初审完成人数4952人。

（杨冰瑶）

【建筑节能监管】 年内，区住房和城乡建设委核发施工许可证的新开工工程14项，总建筑面积899384.9平方米，新开工装配式建筑工程5项，总建筑面积520457.22平方米，采用装配式建筑实施的新建项目总建筑规模占全部新建项目比例达到57.87%。

（史卫东）

【农村危房改造】 年内，门头沟区农村危房改造完成80户（均为2018-2020年任务，含1户优抚对象），其他方式解决安全住所105户，拨付市级补助资金437万元、区级资金167.7万元，合计604.7万元。

（史卫东）

【房屋租赁市场管理】 年内，区住房和城乡建设委开展房地产经纪机构日常巡检104次；在北京市“疏解整治促提升”综合调度信息平台（群租房治理）累计审核销账共46处；责令住房租赁企业整改1起。

（刘思艺）

房屋管理

【概况】 2021年，门头沟区房屋征收事务中心受区房屋征收办的委托，负责落实全区房屋拆迁、安置及房产证办理推进工作，征收补偿资金测算、管理与发放，安置房源及周转房源的筹集、分配和管理工作，协助有关部门落实安置房小区相关工作。年内，未安置居民全部完成选房工作，向5819户未安置居民（含棚户区项目及重点项目）按时发放周转补助费8189万元，为已签约未安置居民选房5592套、回迁居民办理入住2327套。

（李晓军）

【未安置居民选房完成】 1月底至4月，因受疫情影响区房屋征收事务中心采取分批减量、持续不中断的工作方式，用约90天的时间为整体征收项目3620户签约未安置居民，完成5592套安置房屋的选房工作。自此全区所有未安置居民全部完成选房，房址涉及怡和雅苑、怡馨雅苑等多个小区（拟安置住房的小区名称。）

（李晓军）

【安置房项目入住】 7月，区房屋征收事务中心办理水煤浆厂项目入住615套，办理液压支架厂项目入住1122套。9月，办理西山天璟项目入住590套。

（李晓军）

城乡管理

7月，强降雨后，环卫工人在大峪街道龙山一区社区清理路面淤泥（区融媒体中心　供图）

4月1日，永定河滨水森林公园正式开园（师林元　摄）

4月，区水务局雨污水管网养护人员在大峪二小北路抢修排污管道（《京西时报》供图）

6月，区城管委在东辛房街道紫金新园一区南侧新建一处停车场缓解群众停车难问题（《京西时报》 供图）

7月，区气象局针对汛期降雨多发频发情况强化气象数据监测和研判（《京西时报》 供图）

8月，永定镇综合行政执法队在物美超市检查新冠肺炎疫情防控工作（《京西时报》 供图）

10月28日，潭柘寺110kV输变电工程投产（杨天明　摄）

市政管理

【概况】 2021年，门头沟区城市管理委员会（以下简称区城市管理委）进一步增强城市韧性，提升我区综合承载力。完成“十四五”时期城市管理专项规划及“十四五”时期交通专项规划编制；积极推进环境专项整治和节庆景观布置，打造京郊旅游美丽门户；全区停车位增至6.48万个，31条道路1809个停车泊位年缴费500万余元，“停车难”问题极大改善；推广“分类驿站+流动收集”模式，生活垃圾清运能力增至280.85吨/日，厨余垃圾日增45吨、其他垃圾日减40吨，“两增一减”效果明显；完成工程建设投资5.24亿元，移交道路15条、在建道路64条，交通基建水平再上新台阶。

（支　辛）

【春节及元宵节景观布置】 年内，区城市管理委以“金牛报春，和谐纳福”为春节景观布置主题，在区政府门口、双峪建行路口、幸福广场、新首钢大桥西北角分别摆放体现“欢庆佳节”“舞动青春”“祥瑞福牛”“金牛报春”4个主题寓意的大型灯组；开展居住小区“家门口”景观布置工作，在辖区内各镇街村居、社区进行景观布置。

（孙　璐）

【城乡环境整治督办】 年内，全区市、区脏乱点上账8859处均按时完成整治，其中767处市级台账全部按整改时限治理完毕并保持100%的整改率；下发督办单133份，整治环境脏乱区域459个。

（陈利英）

【城市道路公共服务设施规范管理】 年内，区城市管理委制定《门头沟区新城道路两侧公共服务设施规划》，开展公共服务设施集中治理行动，重点对门城主要大街、重点区域、达标道路等重点道路，以及道路交叉口、公园、过街天桥等人流密集地区等区域，以及报刊亭、护栏等城市道路公共服务设施进行整治。

（陈利英）

【空中飞线专项整治】 年内，区城市管理委制定《门头沟区“空中飞线”专项整治方案》并成立工作专班，整治电动车“飞线”充电、私拉、私设电源线及充电装置、线缆杂乱、乱接乱攀、线头垂落等城市安全问题1982处。

（陈利英）

【环境秩序专项行动】 年内，区城市管理委制定《门头沟区2022年冬奥会、冬残奥会环境秩序专项治理方案》，成立环境秩序治理分指挥部，负责牵头做好全区环境卫生综合检查工作，完成冬奥会期间环境秩序管控工作，统筹安排“两会”、重大节日、建党百年等重要活动期间环境秩序保障工作，以及环境秩序台账整改。

（陈利英）

【铁路沿线整治专项行动】 年内，区城市管理委会同北京西车务段和北京西工务段及相关属地镇街对丰沙线，京门线和西北环线三条线路进行现场检查，排查风险隐患，对影响安全的铁路周边漂浮物、户外广告、牌匾标识、市容环境卫生等进行专项治理，107处铁路沿线环境类问题完成整治。

（陈利英）

【门前责任区专项治理】 年内，区城市管理委制定“门前三包”责任制专项工作方案，加强门前责任区监督管理，做到一户一检查，定期“回头看”，强化“一店多查、一查多效”工作制度，推动“门前三包”从“自治”迈向“共治”“共享”，同时坚持宣传教育与规范引导相结合、管控与执法处罚相结合、日常督查与绩效考核相结合，建立完善日清理、周督察、月考核机制，做到入户宣传率百分百、月检查率百分百、问题查处率百分百、案件录入率百分百，实现日常行业监管“质”和“效”的双提升。

（陈利英）

【城市夜景照明管理】 年内，区城市管理委完成远洋地产、融悦广场的景观照明方案行政审批；完成重大节日期间城市照明保障工作，全区景观照明设施全部按照时间节点的要求开启。

（王　洋）

【户外广告安全管理】 年内，区城市管理委组织开展户外广告安全排查工作，共发现6处安全隐患问题，全部整改。组织各镇街及相关部门对抽查不合格的户外广告进行督查整改，加强日常巡查工作，及时查处非法设置的户外广告56处。

（王　洋）

【创城工作】 年内，区城市管

理委生活环境组每周以督办形式下发问题清单，全年共下发5400处，共性问题集中督导调度，做到以点带面促整改。城管委自身指标，从细节着手，从小事着眼，开展“六爬”行动，细化“三修三清一补”工作措施（即修步道破损、修灯杆破损、修围挡破损，清小广告、清垃圾、清杂草，补创城广告），切实把影响创城的小问题、小毛病找出来，整改到位。“十个一”专项行动，每周对全部指标进行全覆盖排查，累计发现1852个问题全部立行立改。

（史宝倩）

【路侧停车管理】 年内，区城市管理委积极推进全区路侧停车电子收费二期建设工作，实现全区支路以上“有位失管”路段1809个停车泊位纳入电子收费二期路段，全部采用高位视频设备，车位主要分布在梧桐苑、石门营、西山雅园、冯村、滨河东区和龙门新区等，电子收费二期涉及的全部路段分三批次实现设备上线收费运行。截至年底，全区共有路侧停车泊位3043个，全年停车电子收费实缴495.49万元，日均实缴停车费1.36万元，电子停车收费作为非税收入全额上缴区级财政部门。门头沟区在2021年度北京市停车专项治理考评中综合得分95.60分，在郊区考核组成绩位列第2名。

（周　辉）

【公共停车场改造】 年内，区城市管理委完成紫金新园停车场建设，增加停车泊位106个，并定向对紫金新园一区居民进行居住优惠（150元/月）；完成石泉一号停车场（原格林摩尔）和石泉二号停车场（原石泉公园停车场）升级改造，增加停车泊位396个，并纳入收费管理；完成京浪岛、景观大道停车场、绿海公园停车场等6个园林水务移交停车场的升级改造工作，共增加停车泊位1217个。停车场由区城管委委托北京京门静态交通建设运营有限公司进行管理，实行收支两条线，收入全额上缴区级财政部门。

（周　辉）

【区域停车治理】 年内，区城市管理委推动东辛房街道办事处停车场82个停车位对周边居民在夜间和周末开展错时共享；协调开放石门营片区3处地下停车场1440泊位开放使用；鼓励居住小区与地铁周边小园停车场和石厂站P+R停车场错时共享；在石门营片区科学施划路侧停车泊位659个；完成紫金新园一区南侧紫金新园公共停车场106泊位建设；增划矿建街停车泊位62个，协调鑫源市场新建停车场，增加车位230个；改造升级龙门新区路侧停车电子收费和2个路外公共停车场，增加车位761；完成梧桐苑片区路侧停车泊位施划372个，开放使用路外公共停车场并纳入收费系统2个，增加停车泊位413个；区级停车资源管理平台信息化初步建成，完成16处300个以上车位的大型公共停车场动态数据接入工作，通过对接市级平台，为停车诱导系统建设、区域停车治理和共享停车工作开展等提供基础数据支撑。

（周　辉）

【共享单车引入】 年内，区城市管理委制定门头沟区共享单车发展方案，并通过比选方式确定哈啰单车在区内进行运营，首阶段200辆哈啰共享单车在地铁S1线石门营站、小园站及周边小区外围完成投放。

（宋　浩）

【市区联络线工程进展情况】 年内，区城市管理委持续推进莲石湖西路东延、石龙路东延及河滩路东延3条城市主干路前期工作，莲石湖西路东延完成道路规划条件编制，河滩路东延取得道路规划条件并开展河道规划和雨污水规划编制、设计方案研究，开展石龙路东延道路设计方案研究。

（孟文静）

【市郊铁路京门线建设工程】 年内，区城市管理委推动编制京门线规划方案，开展京门线可研深化工作，梳理研究项目关键点，配合完善金安桥一体化方案，结合门大线客流及方案优化门头沟节点方案，储能式电车模式及国铁模式两种模式同步开展研究，并与地铁运营公司就利用古城车辆段事宜进行对接。

（孟文静）

【国道109新线高速工程拆迁】 年内，区城市管理委完成全线用地范围内清登调查工作，各镇签约率达到97%，面积167.2余公顷，其中妙峰山陈家庄村涉及住宅拆迁（腾退）工作的地块，此次拆迁（腾退）工作涉及4户，建筑面积共1835.44平方米，均完成签约；接收“多规合一”及“绿色施工方案”临时占地67块，完成签约61块，占总任务量的91%；全线各镇均基本完成树木伐移。全线11个工区35座桥梁节点工程、16个隧道节点工程已进场施工。

（张　帆）

【市政道路工程征地】 年内，滨河路南延二期、曹各庄安置房市政配套工程共涉及集体土地8.13余公顷，完成农转非工作；区液压支架厂棚改定向安置房市政配套工程、永定镇集体租赁房周边配套道路工程，共涉及集体土地2.93余公顷，完成涉及集体土地征地协议签订工作。

（张 帆）

【市政道路工程拆迁】 年内，完成石门营、葡萄嘴环岛拆改工程及长安街西延道路工程部分项目结算审计工作，完成石龙路、金沙街、泰安路等项目地上物调查及部分地上物拆迁补偿工作。

（张 帆）

【市政道路工程取得划拨决定书】 年内，曹各庄、桥户营土地一级开发项目、北京地铁S1线区域组团土地一级开发项目、东辛称等村综合改造项目3项收储地块共涉及泰安路、金沙街、石龙路、玉带街、曹各庄路、石园北路、曹B市政配套工程等7项市政道路工程，完成供地手续，并取得国有土地划拨决定书，供地面积379611.62平方米。

（张 帆）

【市政道路工程建设】 年内，区城市管理委参建重点任务17项，完成总投资3.13亿元。完成道路建设4.7公里，同步实施水、电、气、热、通讯等综合管线。2021年移交北京地铁S1线石园北路道路工程、车辆段周边道路工程等7个项目15条道路，交通部门移交并开放交通10.88公里，改善了南城地区市政基础设施建设较为薄弱的局面。

（王金昊）

【出行环境改善】 年内，区城市管理委解决金泰丽湾、惠民二期小区居民出行难问题，修复道路和人行步道共1.2万余平方米并对道路附属进行完善；解决三家店西街、石门营路西口、龙兴南一路东延9处有路无灯问题，安装灯具40基，消除无灯道路1260延米；对石龙工业区、北京地铁S1线主要站点、何各庄中街等16处公交港湾候车环境进行优化。

（张继征）

【建党百年宣传环境布置】 年内，区城市管理委在长安街西延、新桥大街、石担路、双峪路等主要路段布置33块硬质横幅、升挂国旗204处，插挂红旗1885面；围绕“点亮京西明珠 贺建党百年华诞”为主题，在长安街西延线（门头沟段）悬挂160套发光中国结；在区政府门前、永定河大桥、上岸站路口、幸福广场入口、双峪路与石担路路口布置5个立体花坛，共计使用花卉约12.9万株；平面花材主要以时令花卉为主，搭配绿植进行布置，共使用花卉约2.2万株、绿植722株，为党的百年华诞营造整洁有序、喜庆隆重的节日氛围。

（孙 璐）

【背街小巷环境整治提升】 年内，区城市管理委完成龙泉镇3条、永定镇2条背街小巷环境精细化整治提升项目。围绕环境卫生、停车治理、公共设施、广告牌匾和环境秩序等方面，对已达标的22条背街小巷进行“回头看”常态化检查和日常管护。拆迁滞留区、城乡结合部地区、规划不稳定区域的背街小巷，整体按照“维护类”标准开展环境整治提升。共修补破损墙面、路面3390平方米，清理堆物堆料、白色垃圾272处，清理小广告700余处，施划停车位814个，规范电动车机动车乱停放600余次，开展综合执法3430次，共清理占道经营、无照游商327起，设施修补299处，更换、修补街巷长公示牌133块。

（孙 璐）

【六环路门头沟段景观提升一期工程】 年内，区城市管理委投资2400万余元，对六环路门头沟段沿线，南起侯庄子桥，北至军庄桥，涉及军庄镇、龙泉镇与永定镇共10个点位，进行绿化种植、地面铺装、市政设施修复等。3月，工程开工，6月完工，整理绿化用地50139平方米，种植乔灌木6974株，地被47353平方米。

（孙 璐）

【“一线四矿”铁路沿线环境整治工程】 年内，区城市管理委围绕“一线四矿”战略规划，以“一线、三段（矿区段、山居段、民居段）、N节点”为脉络，对临近铁路区域两侧视野范围内的建筑物区域进行环境整治提升、绿化美化任务，完成招标控制价编制工作。

（孙 璐）

【垃圾分类促进】 年内，区城市管理委不断推动垃圾分类工作水平提升，实现垃圾分类制度全覆盖，厨余垃圾日均增加45吨，家庭厨余垃圾分出率由0.61%上升至22%；其他垃圾日均减少40吨，减量13%。分类桶站由3447组减少至1253组，减量64%；建设完成259座垃圾分类驿站、359处可回收物交投点、5处中转站及1处区级分拣中心，推广“分类驿站+流动收集”模式，全部垃圾楼、垃圾运输车改造完毕，率先完成市级任务，点、站、中心体系基本建立。同时，农村地区137个平房村全部实现上门收集方式收运，建设厨余垃圾就地处理设施5处，实现厨余垃圾不出镇，深山区垃圾就地处理。

（董　谦）

【垃圾分类示范片区建设】　年内，区城市管理委制定《门头沟区生活垃圾日常运行管理检查考核办法》，将垃圾分类检查评比结果纳入区委综合考评体系；制定《门头沟区生活垃圾分类工作行动方案》并建立门头沟区生活垃圾分类推进联席会议制度；潭柘寺镇、永定镇、大峪街道、龙泉镇、城子街道、军庄镇、大台街道、斋堂镇通过市级第三批垃圾分类示范片区创建验收；雁翅镇、妙峰山镇通过市级第四批垃圾分类示范片区创建验收；东辛房街道、王平镇通过市级复查。

（杨　阳）

【垃圾分类示范小区、村建设】　年内，区城市管理委明确区级创建计划，共完成6批市级创建任务、4批区级创建任务，涉及市级示范小区、村50个，区级示范小区、村91个，拨付奖励资金750万元，创建比例达到市级要求。另外，根据市级最新要求，第一批31家单位及4家商务楼宇创建工作正在有序开展中。

（杨　阳）

【生活垃圾处理】　年内，门头沟区生活垃圾清运量为101989.15吨，厨余垃圾清运量为21072.82吨，粪便清运量为106452.56吨，餐厨垃圾清运量为4373.30吨，各类垃圾均能够得到有效处理，无害化处理率100%；全区共有生活垃圾处理设施4座，其中垃圾转运站1座、焚烧厂1座、垃圾卫生填埋场2座。

（杨　博）

【公共厕所达标改造】　年内，区城市管理委针对百姓诉求、创建文明城区总体部署，有序开展城区三家店地区6座公厕提升改造工作；开展公厕无障碍设施标志标识引导牌整改工作按照，共计更换引导牌542块，提升公厕建设规范化；为切实解决群众需求，方便群众查找公厕，按照公厕上地图有关工作要求，针对全区范围内的公厕开展信息采集、上传、审核工作，全区775座公厕实现上高德地图工作；进一步落实市级“五有制度”要求，制定《门头沟区公厕日常运行管理考核办法》将农村公厕管护纳入环卫日常检查考核范围，每月开展公厕日常考核检查，确保公厕正常开放运行，设备设施及时补齐维修。

（李彦姣）

【建筑垃圾综合考评】　年内，在北京市城市管理委员会通报2021年全市建筑垃圾行业考评情况中，门头沟区以年平均分80.38的成绩获全市总成绩第二，生态涵养区第一。运输企业全年平均上线率91%，备案工地128个，产生电子运单32135条，消纳1270226吨。

（张　娜）

城管执法

【概况】　2021年，门头沟区城市管理综合行政执法局有序安排各项执法工作，完成建党百年、全国“两会”以及元旦、春节、清明节等重大活动和节日期间的环境秩序执法保障任务。全年，区城管执法系统（含镇街综合执法队）累积出动执法人员6.7万人次，执法车辆1.7万车次，共处罚案件5112起，罚款12377271元，其中一般程序案卷2835卷，罚款12342686元；简易程序案卷2277起，罚款34585元。

（刘雪莹）

【新冠肺炎疫情防控风险隐患整治】　1月9日，龙泉镇综合行政执法队针对龙泉镇永辉超市mini店未严格执行“一米线”要求，排队人员密集，存在风险隐患等问题，及时出动执法人员，对新冠肺炎疫情防控不到位问题进行现场调查整改，对未落实本市新冠肺炎疫情防控相关行为进行执法公示，并要求该单位负责人尽快完成整改。龙泉镇综合行政执法队、区城管执法局先后于1月10日、17日、18日对该超市进行复查检查，均未发现问题。

（刘雪莹）

【新冠肺炎疫情常态化防控行动】　年内，区城管执法系统共摸排全区“三类场所”1005家，其中商务楼宇21家，商场超市46家，餐馆食堂938家；开展执法检查46188家次，发现并指导问题整改935处，执法公示相关典型问题423家次。

（刘雪莹）

【生活垃圾分类执法】 年内，区城管执法系统共检查主体责任单位28527家次，依据《北京市生活垃圾管理条例》累计处罚生活垃圾专项相关违法行为1808起，罚款87.26万元；在区融媒平台曝光单位和个人垃圾分类典型违法行为共16次186起.

（刘雪莹）

【占道经营整治行动】 年内，门头沟区共受理占道经营举报1007件，比2019年下降39.41%，同比下降28.12%，处罚相关违法行为1636起，罚款33.99万元，实现全年无市级挂牌督办镇街及动态上账点位，实现“2021年举报量同比2019年明显下降，力争低于2020年举报量”的年度目标。

（刘雪莹）

【城市运行及绿化检查行动】 年内，区城管执法系统对燃气供应企业和燃气餐饮类用户开展燃气安全检查12127家次，立案查处燃气类违法行为103起，罚款4.13万元；会同电力等部门组织电力专业知识培训7次，开展现场联合宣传活动5次，联合巡查16次，排查消除行业认定安全隐患问题3起，依法处罚相关违法行为6起，罚款6300元；开展园林绿化执法检查1000余家次，处罚相关违法行为170起，罚款1.57万元。

（刘雪莹）

【大气污染防治攻坚行动】 年内，各镇街综合执法队共处罚大气污染类违法行为865起，罚款1038.604万元，其中施工现场类296起，罚款931.175万元，运输车辆类472起，罚款102.75万元，焚烧、烧烤类97起，罚款4.679万元。

（刘雪莹）

【“基本无违建区”创建成果巩固】 年内，门头沟区处理涉及违法建设12345热线举报1647件，核实率达到100%，未发生因违法建设原因引发的安全事故或舆情问题；制止新生违法建设11处，建筑面积2087.81平方米，占地面积1322.21平方米；拆除存量违法建设建筑面积14000平方米、占地面积18221.48平方米。

（刘雪莹）

【党风廉政建设持续推进】 年内，城管执法局强化党建责任，制定《2021年区城管局党建工作要点》，召开会议对全年党建工作进行部署，明确工作任务。制定《区城管局理论学习中心组2021年学习安排》，全年共开展理论中心组学习集中交流研讨12次，集中学习19次。

（刘雪莹）

【解决群众利益诉求】 年内，城管执法局共受理北京市长热线举报4件，其中有效举报4件。接待群众来访政策咨询5件；未发生群众投诉、集体上访及群体性聚集等不稳定事件。

（刘雪莹）

园林绿化

【概况】 2021年，区园林绿化局组织党员职工集中学习18次、讲党课2次、开展“七一”习近平总书记讲话和“六中”全会精神等专题研讨3次。开展节假日廉政教育7次，主题廉政教育5项，召开警示教育大会1次，开展“八项规定”专项检查1次，健全完善制度7项，支部规范化建设要求13项。共办理“接诉即办”群众诉求944件，响应率99.50%，解决率85.23%，满意率91.62%，综合评分90.64分。较2020年同期增加231件，响应率降低0.34%，解决率提高7.11%，满意率提高7.59%，综合成绩提高3.31分。

年内，门头沟区创建首都森林村庄4个，首都绿化美化花园式单位2个、社区2个，建设古树主题公园1个、村庄休闲公园1个。截至2021年年底，全区林地面积12.9万公顷，森林覆盖率为48.26%，林木绿化率为72.75%。绿化覆盖面积2153.98公顷，园林绿地面积2194.92公顷；绿地率为51.68%，绿化覆盖率为50.70%，人均绿地面积为55.87平方米，人均公园绿地面积为26.29平方米。

（杨　超）

【全民义务植树活动】 3月12日，区园林绿化局（区绿化办）与区融媒合作举办义务植树尽责活动，活动通过“线上招募、线下开展尽责活动”的方式，90余人在门头沟区绿海公园“互联网+全民义务植树基地”参加义务植树尽责活动。4月26日，门头沟区领导同驻区部队战士在永定镇何各庄代征绿地地块参加全民义务植树活动，栽植银油松、榆叶梅、碧桃等百余株。

（杨　超）

【永定河滨水森林公园开放】 4月1日，永定河滨水森林公园正式开放，该公园以“萃取山水园林，弘扬红色精神，呈现门城新貌”为理念，以“红花礼赞，绿海欢歌”为主题，在拆违后留下的“脏乱差”地带和荒地上改建而成，建设总面积61.62公顷，园内新植乔木6319株、灌木1340余株、地被花卉27.49万平方米，种植有白皮松、油松、国槐、白蜡等高大乡土乔木，以及金银木、丁香、波斯菊等灌木及地被花卉。

（杨 超）

【极端天气应对工作】 5月27日至28日，区公园管理中心出动巡视人员110余人、车辆20辆，对全区主要道路、公园、绿地进行巡视，处理清理极端天气造成的倒伏树木16株、折断树木7株、折枝断杈150余处，未发现树木砸车、砸人问题。

（杨 超）

【湿地变化图斑检查】 6月9日至10日，门头沟区参加2021年湿地变化图斑复核检查，市林勘院检查小组通过查看内业和检查外业的形式，对斋堂等6个镇的20处变化图斑进行检查复核，经复核，门头沟区湿地变化图斑工作符合市局相关技术规范要求。

（杨 超）

【京西林场园艺驿站揭牌】 6月23日，门头沟区首家深山区园艺驿站——京西林场园艺驿站揭牌。京西林场园艺驿站是全市第97家园艺驿站，也是继黑山公园、临镜苑社区后全区第3个园艺驿站。该驿站的建成填补门头沟区山区没有驿站的空白，在充分发挥国有林场公益属性，做好资源保护的前提下，将园艺生活带到山区群众的身边，增强生态文明宣传效果。

（杨 超）

【林业有害生物防治工作】 8月7日至9日，区林业工作站组织开展飞机防治林业有害生物作业，防治药物均选用25%甲维·灭幼脲悬浮剂等高效、低毒、低残留药剂，确保人畜无害，环境无污染。此次飞机防治共作业10架次，喷洒药物0.7275吨，防治面积1000公顷。

（杨 超）

【“创森进校园 共建森林城”活动】 9月18日，区创森办开展“创森进校园 共建森林城”活动，活动以“心中播下一片绿 共筑美丽森林城”为主题，在大峪第二小学组织全校师生观看门头沟区创森动画宣传片。

（杨 超）

【宪法宣传活动】 12月3日，区园林绿化局开展宪法宣传活动，相关科室、区林业站等多个部门参加。此次宣传活动以“深入学习宣传习近平总书记全面依法治国新理念新思想新战略，大力弘扬宪法精神”为主题，围绕创建国家森林城市和森林防火等重点工作，着重宣传《中华人民共和国宪法》《中华人民共和国森林法》《中华人民共和国野生动物保护法》等林业相关法律法规。此次活动，共发放防火宣传单、海报、环保购物袋等10余种1000余份宣传品。

（杨 超）

【绿化工程】 年内，区园林绿化局完成新一轮百万亩造林工程489.60公顷，实施京津风沙源治理2000公顷，开展林木抚育6866.67公顷，新建城市绿地1.39公顷，完成全民义务植树36.3万株。

（杨 超）

【森林防火警示、监测】 年内，区园林绿化局新增悬挂横幅60条，安装防火警示牌80块，防火语音杆50根，购置防火临时检查岗亭30处，发放防火宣传品2万单，发送防火提示短信249万条；累计清理林下可燃物400公顷，消除高压线塔周边森林火灾隐患点位55处；巡查、指导各镇防火工作75次，开展行政执法检查25次。年内，全区预警监测基站113处，有效监测范围达85%以上；森林防火检查站共79处检查站点，188处重点卡口，沟口；防火语音宣传杆202处；宣传警示牌400处；重点区域建设防火硬质隔离网1万米。

（杨 超）

【为群众办实事工作】 年内，区园林绿化局完成实地检查29个指标，安装创城各类标识760个，完善学雷锋志愿服务站点6个，设置文明游园提示牌266块，发放各类宣传册800份。结合“我为群众办实事”项目，申请专项资金200万元，完成滨河公园、永定河公园等3个公园路面修复3800平方米、道路修复700延米、墙面修复2500平方米，维修亭子、牌楼3座，安装树池篦子95座，加装座椅木条80套，不断提高公园服务水平，满足群众游园需求。

（杨 超）

【林地审批工作】 年内，区园林绿化局审核占用林地2件，面积 6.5796 公顷；审批占用林地（1 公顷及以下）5 件，面积 1.7743 公顷，收取植被恢复费 665.865 万元；审批临时占用林地 16 件，面积 23.0112 公顷，收取植被恢复费 3993.687 万元；准予四级林地备案 5 件，面积 32.4827 公顷，收取植被恢复费 7175.136 万元；审批林木采伐 117 件，采伐总株数 141189 株，总蓄积 6053 立方米；林木移植 65 件，移植总株数 99210 株；审批城市树木砍伐 46 件，砍伐树木 134 株；树木移植 6 件，移植树木 115 株。

（杨　超）

【野生动物保护】 年内，区园林绿化局完成野生动物侵害农作物补偿许可 346 件，涉及补偿金 40.36 万元；指导各镇救助猴子、斑羚、狍子等保护动物 30 余只，接听各类野生动物咨询电话 300 余次。

（杨　超）

【垃圾分类工作】 年内，区园林绿化局在全区设置 13 个垃圾分类投放点，购置 240 升分类垃圾桶 135 个，垃圾分类硬质宣传横幅 8 块，展板 9 块，宣传橱窗 4 个，新更换果皮箱 45 个，印制海报 100 张、致市民的一封信 5000 张、宣传折页 500 份。

（杨　超）

【新型集体林场工作】 年内，区园林绿化局指导 9 个镇在百万亩造林、退耕还林等绿化工程基础上分别组建 9 个林场管护生态林，共 2649.40 公顷，年度市级管护资金 4838 万元。

（杨　超）

【绿色产业工作】 年内，门头沟区经济林栽植面积 5224.93 公顷，结果面积 4836.93 公顷，直接从事果树生产的果农 5800 人；果品产量 14378.6 吨，产值 16615 万元；市民采摘 25.2 万人次，采摘收入 4095 万元；蜜蜂饲养量 1.5 万群，蜂农 410 人；全年送检 11 个产品 127 批次样品均合格，合格率 100%。区园林绿化局举办各类培训班 12 次，培训果农、蜂农、技术人员 500 余人次；在军庄、斋堂等集体林场试点发展林下经济 37.33 公顷，种植党参、黄芩等林药 24 公顷，养殖林蜂 13.33 公顷。

（杨　超）

水　务

【概况】 2021 年，门头沟区全年用水总量为 4954 万立方米，其中新水用量 4174 万立方米，再生水用量 650 万立方米。门头沟区水保障能力不断增强，完成涉及 65 个村的用水计量安装及村镇供水保障工程（二期），斋堂集中供水厂被水利部评为 2021 年度农村供水规范化水厂；再生水利用有效增长，完成年度“清管行动”，管线清掏率达 90% 以上，新建污水收集管线 1.38 公里、改造雨污合流管网 0.8 公里、新建再生水管线 0.5 公里，污水处理率达到 91.2%，区供排水事务中心获评北京市第二次全国污染源普查表现突出集体；生态治水效果显著，门头沟区京津风沙源治理二期工程完工 79 平方千米，新开工 35 平方千米，国家水土保持重点工程完工，治理面积 32 平方千米；“河长制”落地实效，整治乱占、乱堆等四乱问题 2198 个；水资源约束作用不断增强，全年用水总量 4954 万立方米，其中新水 4174 万立方米。年内，区水务局开展执法 2000 余次，罚款 46.5 万元，解决市民涉水诉求 600 余件。

（董　博）

【防汛工作】 6 月 1 日上汛以来，平原区地下水埋深从 38.33 米上升至 34.89 米（统计时间为 8 月 3 日），共上升 3.43 米。6 月 30 日 20 时至 7 月 29 日 20 时，全区平均降水量 374.9 毫米。最大降雨量集中在门头沟城区，为 607.3 毫米。

（董　博）

【接诉即办探索实践有成效】 年内，区水务局探索建立“1+3”工作流程，即：编制修订《门头沟区水务局接诉即办工作方案》，细化“一案、一单、一图”三个工作流程图；探索“234”工作体系，即建立管理和办理“双层”工作体系，完善三项保障、强化四项措施。全年共接办区级转办件 405 件。

（董　博）

【取水许可审批】 年内，共审批取水许可 37 个。其中，新发 23 个，注销 9 个，变更 5 个。

（董　博）

【节水宣传】 年内，区水务局围绕“深入贯彻新发展理念，推进水资源集约安全利用”主题，以“优化水资源配置，推进水生态修复”为宣传口号，成立 20 余人的宣传小组，在街头设立宣传点，发放宣传品 10 余种 1000 余份。

（董　博）

公用事业

供　电

【概况】　2021年，国网北京市电力公司门头沟供电公司（以下简称“区供电公司”）所属110千伏变电站9座，变压器18台，变电容量863兆伏安；35千伏变电站4座，变压器8台，变电容量120兆伏安；110千伏架空输电线路9条72.83千米；35千伏架空输电线26条156.59千米，10千伏配电线路共158条长度1571.8千米；实现全年安全生产无事故目标，累计安全生产长周期6069天；连续11年保持“全国文明单位”称号，龙泉供电服务中心（原龙泉供电所）延续“首都文明单位标兵”，妙峰山供电所获全国“最美供电所”，线缆运检班荣获“北京市青年安全生产示范岗榜样集体”称号。

（姜冰倩）

【潭柘寺110千伏输变电工程竣工投产】　10月28日，潭柘寺110千伏输变电工程投产。该工程是北京市“三个一百”重点工程，变电站位于潭柘寺E地块内，新建变电站容量100兆伏安，新建杆塔13基，新建架空线路折单4.84千米，新建隧道长度18米，用于满足潭柘寺镇经济社会发展及“煤改电”用电需求。

（姜冰倩）

【供电保障】　年内，区供电公司400余名职工昼夜奋战20余天完成京浪岛集结点供电保障任务；完成中国共产党十九届六中全会、服贸会等保电任务52项，保电天数306天，创历史之最；坚持“冬奥有需要、我们有行动”，完成5轮次测试活动保障任务，抽调20名精锐骨干组建冬奥保障团队，提前14天入驻制服和注册中心，“两点一线”保障冬奥场馆可靠用电；汛前完成11条线路综合检修及防雷治理，提前完成4条重载线路负荷切改；开展变电站带电检测40轮次，发现并处理严重缺陷2处，无人机自主巡检体系累计完成26条211.36千米线路精细化巡检，全年故障停电时户数同比减少11.9%。

（姜冰倩）

【地区电力营商环境优化】　年内，区供电公司完成“壹公里”菜站、菲尼有限公司占掘路免审批典型案例2项，245户小微企业报装实现“一证办电”；完成高低压接电15.48万千瓦，同比增长7.87%；对291户供暖保障客户走访5轮次，排查隐患8项；清水“三型一化”营业厅和斋堂智能无人厅改造完成，客服中心营业厅升级试运行；新建6个充电桩、完成8个充电桩项目迁址，城镇地区建成“3分钟”充电圈；开展教委83处相关电力设施智能化运维服务项目，建设完成可视化运维服务管理平台，将供电服务深入校园；对国道109新线高速配套电力工程建设定期调度，满足3.79万千瓦临电接入工作；21项区重点工程和房地产项目纳入“业扩项目储备库”，实现未报装先咨询；彻底解决华润悦西山用电难题。

（姜冰倩）

【“煤改电”保障】　年内，区供电公司完善“煤改电”应急保障“一线一案”“一村一案”62项；推动棚改城子C地块、水煤浆厂保障房项目按时送电。

（姜冰倩）

供　水

【概况】　2021年，北京市自来水集团有限责任公司门头沟分公司占地5.3万平方米，设计生产能力8.64万立方米/日，厂外补压井设计生产能力2.2万立方米/日，总供水能力10.84万立方米/日。采用树状独立管网，管网总长度465.89千米。“南水”作为主要水源，通过颐和园团城湖经三级泵站运输到分公司，三家店水库为备用水源。主要供水区域包括为：门城镇地区及石景山的广宁、麻峪、五里坨、黑石头地区。现有27座加压泵站，17眼补压井。分公司下设职能管理部、综合保障部、抢修维修部、营销部、配水车间、净水车间6个部门，职工198人。年内，总供水量2642.51万立方米。

（张雯珺）

【“接诉即办”工作】　年内，北京市自来水集团有限责任公司门头沟分公司落实“接诉即办”工作要求，接到“接诉即办”案件899件，其中集团权属案件226件，“三率”为100%。

（张雯珺）

【对外服务】　年内，北京市自来水集团有限责任公司门头沟分公司完成22项小微企业报装工程。2020年2月至2021年，发放停征中小微企业污水处理费告知书1308份，停征企业325家，停征水量159.43万立方米，停征污水处理费478.29万元。

（张雯珺）

供 暖

【概况】 2021年，门头沟区共14家供热单位，38座锅炉房，全部为燃气和燃电锅炉。今冬供热面积1436万平方米，居民供热面积1115万平方米。38座锅炉房全部点火运行，平稳有序，经区城管委检查，各锅炉房、热力站、管线均运行稳定正常。

（贾妙帅）

【供暖诉求“接诉即办”工作】 2021-2022年度采暖季门头沟区居民供暖保障工作稳定有序，11月考核期门头沟区供热接诉即办“三率”考核在全市16个区排名第一，综合成绩98.32分，解决率97.95%，满意率98.20%。

（贾妙帅）

【供热应急抢险情况】 年内，门头沟区供热应急抢险队由市热力集团门头沟分公司承担应急保障任务，人员16人，车辆5台，抢修设备131台。遇见疑难险情，及时调度市热力集团抢修总队给予应急保障，共同为区内居民供暖工作保驾护航。2021年度共发生小型供热抢修事件80起，其中管线漏水事件78起，设备设施抢修18起，累计发生抢修费用140万元。所有应急抢修工作，均在四小时内及时解决泄漏问题，保障用户供暖，得到用户的认可，且未发生一起供热抢修舆论及事故，抢修工作有效、稳定、安全。

（贾妙帅）

供 气

【概况】 北京市门头沟液化气站始建于1985年6月10日，占地面积0.01平方千米，建筑面积1333平方米。2021年7月16日，由全民所有制事业单位转为公司制（北京市门头沟液化气有限公司）公司。公司属于民生保障类主要从事燃气经营；道路货物运输（含危险货物）；保障全区瓶装液化石油气用户用气保障工作。公司现有员工33名、各岗位均持证上岗，危险货物车辆配送保障车辆22辆，注册资金1220.703268万元。主要工作是给山区非居民户配送，给下乡山区各站以及中铁四局三家店四局站、京煤集团杨坨站、506站配送瓶装液化气。

（吴建军）

【液化气配送】 年内，门头沟液化气有限公司共向给下乡山区各站每天500余瓶。中铁四局三家店四局站、京煤集团杨坨站、506站配送瓶装液化气每周各100瓶。

（吴建军）

气 象

【概况】 2021年，区气象局牵头与河北省张家口市签订《气象灾害区域联防联控合作协议》；探索开展“点对条块”的气象服务机制，为永定河补水和109高速施工建设项目精细化服务专报共274期；联合申报“2021年北京市公共安全教育基地”项目，获一级教育基地称号；携手北京八中京西附小联合开设“生态校园气象科普课堂”纳入四、五年级学生日常课程；开展全国自然灾害风险普查工作，联合申报《2022年门头沟区青少年防灾减灾科普项目》，申请资金16.05万元。开展党史学习教育活动，“我为群众办实事”及青年理论学习共25次，实践活动7次，个人讲党课13次，道德讲堂2次，开展志愿服务活动20次，学习心得300余篇。2021年度上报区委、区政府3份专题性工作报告，书记、区长批示5次（含2次重要天气过程报告），汛期服务和重大活动保障工作获属地政府肯定。

（付　磊）

【区绿智生态大数据平台建设】 3月6日，区气象局与蒙草生命共同体大数据有限公司就搭建门头沟区绿智生态大数据平台进行前期工作对接，为全区生态补偿、评估，合理保护生态资源等提供大数据支持。

（付　磊）

【气象日宣传】 3月，区气象局围绕“3.23”世界气象日科普宣传工作，在“门头沟气象”公众号等新媒体播放《守护绿水青山的气象观测者—斋堂气象站》《气象知识快问快答》《你以为的“暴雨”真的是“暴雨”吗》等科普短视频，面向公众开展“世界气象日主题摄影、绘画、视频作品有奖征集活动”，开展“气象科普小主播”等系列活动。

（付　磊）

【生态校园气象科普课堂建设】　4月14日，区气象局与北京彩虹天通科技开发有限公司到北京八中京西附小座谈科普教育进校园工作。5月19日，市气象局、北京八中京西附小、区气象局和北京气象学会联合主办以“手牵手气象防灾减灾，心连心构建生态校园”为主题的气象防灾减灾科普活动兼启动仪式，300名师生参加活动。

（付　磊）

【防雷安全监管】　4月16日，门头沟区安委会印发《关于加强门头沟区雷电安全防护工作的通知》，要求属地政府和行业管理部门要切实履行防雷安全监管职责，根据《北京市气象灾害防御条例》相关规定，对投入使用的防雷装置进行日常维护，并按照有关技术标准进行安全检测，加强宣传引导，与区气象部门共同做好行业内的防雷安全监管工作。

（付　磊）

【高考气象保障】　6月2日开始，区气象局每日发布《高考气象服务专报》，通过微信等提前5天向招生办发布高考期间的天气情况简报；高考期间，保证值班电话24小时接通，接受广大市民家长的咨询，为考生和家长及时掌握天气动态，合理安排出行、顺利应考提供贴心服务。

（付　磊）

【气象监测预报预警体系建设调研】　8月3日至4日，区气象局会同燕云公司踏勘石羊沟、南石洋沟、大村口子沟、房良沟等洪沟道，调研沟道水沟数据及区域自动站布局，选取沟道水流监测点，同时对楼岭、珍珠湖、南石洋等部分区域自动站进行巡检维护。完成监测点位选址和方案。

（付　磊）

【永定河补水成效分析】　年内，区气象局深入研究永定河补水成效，通过气象数据分析永定河补水带来的生态环境变化、主河干水体指数、植被生态质量指数等数据进行综合数据分析并形成报告。

（付　磊）

【年度气候评价】　年内，门头沟平均气温为13.4℃，比常年偏高0.5℃。高温日数为5天，比常年（6.8天）偏少；门头沟国家站极端最高气温为36.8℃，出现在6月20日；门头沟地区平均降水量为951.4毫米，比常年（515.7毫米）偏八成多，为1959年以来历史同期最多，比2020年（513.8毫米）偏八成多。空间分布上，大部分气象站降水量在600～1000毫米之间，区体育馆站降水量最多，为1254.5毫米，为2013年建站以来最多，门头沟国家站降水量为1184.8毫米，为1959年建站以来最多。门头沟区平均日照时数为2276.9小时，比常年同期（2373.5小时）略偏少。门头沟国家站大风日数为39天，比常年（27.5天）偏多。沙尘日数为10天，比常年（2.9天）偏多，为2007年以来最多。雾日数为14天，比常年（1.7天）偏多。

（曹久才）

环境卫生

【概况】　2021年，门头沟区环境卫生服务中心（以下建设“区环卫中心”）加强雨雪天气作业与空气重污染道路保洁，积极推进智慧环卫建设。区环卫中心设办公室、业务科、设施设备管理科、财务科、人事教育科、安全监管科、调度指挥部等7个科室，下设6个专业作业单位，分别为环卫中心一队、环卫中心二队、环卫中心三队、门头沟区生活垃圾转运站、门头沟区斋堂环卫所、门头沟区粪便无害化处理厂（委托北京隆润公司管理）。

（任雪竹）

【节日清运垃圾环境保障】　年内，区环卫中心完成春节环境保障工作，其间加强对重点点位督导检查，提高作业标准，启动节日期间作业加强模式，针对生活垃圾明显增多的特点，在原有一扫两保的作业基础上针对主要大街、商场超市及公园周边加强机械巡回保洁频次。截至2月16日，共出动8300余人次，累计清运其他垃圾1633.31吨，厨余垃圾162.28吨，抽运粪便1375.51吨，共有1300余名环卫一线工人坚守在工作岗位。

（任雪竹）

【雨雪天气作业】　年内，区环卫中心面临降雪天气，提前谋划，迅速启动扫雪铲冰相关预案，落点、落图、落责，备足融雪车、融雪剂、雪铲、铁锹等除雪工具。面临降雨天气，迅速对责任路段进行排查，全力清理路面积存雨水，加大对重点路面漂浮物的捡拾力度，重点捡拾树枝、树叶，掏挖、疏通淤堵路段雨水篦子，保障路面排水通畅，采取人工和车辆结合作业模式对主次干道路、人行道、十字路口等区域的泥沙、卫生死角进行反复洗刷、清理，彻底清除雨后路面积垢。

（任雪竹）

【空气重污染道路保洁】　年内，区环卫中心应对空气重污染道天气，落实深度清扫保洁，对区内主次干道实施深度精细化保洁作业，每日出动一线保洁员400余人次，重点对道沿下、绿化带边、隔离栏下等易积存尘土部位及工地周边等重点路段增加作业力量；加大机械作业力度，增加区内主次干道洒水降尘作业的频次，由“一扫两保一洗”增加到“两扫两保一洗一刷”，同时有序对道路中央隔离栏、方砖步道等设施进行冲刷；强化日常检查考核，增加业务检查员进行定期、不定期检查与夜间业务检查，同时加强日常检查考核工作。

（任雪竹）

【推进智慧环卫建设】　年内，区环卫中心积极推进智慧环卫建设，通过对“人、车、物、事”进行全过程实时管理，科学规划环卫管理流程，优化管理模式，提高指挥调度能效，实现环卫一张图管理模式。智慧指挥平台投资150余万元，主要包括车辆管理、人员管理、设施管理及门环随手拍四大功能。

（任雪竹）

2022 BEI JING MEN TOU GOU NIAN JIAN

北京门头沟年鉴

应急管理

7月7日，门头沟区近期强降雨复盘分析会召开（区应急局　供图）

6月，门头沟区在新桥大街开展北京市“防灾减灾日”主题宣传活动（区应急局　供图）

11月30日，区森防办联合区相关部门在军庄镇东山村开展森林火灾应急综合演练（《京西时报》 供图）

综　述

【概况】　2021年，门头沟区应急管理和安全生产形势稳中向好。全区共发生各类安全事故146起。其中，亡人事故24起、亡24人；工矿商贸领域生产安全事故4起、亡4人；道路交通亡人事故20起、亡20人；火灾事故122起，未发生火灾亡人事故和电动车火灾；未发生农业机械事故、铁路交通事故、特种设备事故、液化石油气爆燃事故及地下管线事故。年内，全区召开12次政府应急系统视频例会，会议通报当月政府应急系统值班值守情况，针对存在问题进行分析研判，并提出具体整改要求。

（解　磊　李荣强　朴新宇）

【公共安全形势季度分析会召开】　1月18日，门头沟区召开2021年第一季度公共安全形势分析会，部署第一季度安全生产、森林防火、城市安全运行等工作。4月1日，门头沟区召开二季度公共安全形势分析会，会议强调提高思想认识、准确研判安全形势，突出工作重点、全面加强防范措施，压实各方责任、切实抓好应急值守

（林劲北　朴新宇）

【应急管理暨安全生产工作会召开】　4月14日，门头沟区召开第二季度应急管理暨安全生产工作会，通报2020年度市、区两级安全生产考核情况，全区第一季度应急管理工作情况，部署第二季度应急管理及森林防火工作。7月23日，门头沟区召开第三季度应急管理暨安全生产工作会，通报门头沟区上半年应急管理工作完成情况，部署下半年重点工作任务，解读《北京市事故控制目标及评价工作实施方案》《门头沟区行业领域安全生产风险会商工作暂行办法》，通报有限空间作业“双防一推进”监督执法检查专项行动开展情况。9月29日，门头沟区召开第四季度安全生产暨应急管理工作会，通报前三季度工作完成情况，部署第四季度重点任务。

（林劲北）

【安全生产工作会召开】　6月22日，门头沟区召开安全生产工作会，通报全区安全生产总体形势，部署隐患排查治理、燃气安全整治、小煤窑矿洞封堵等安全生产重点工作任务。

（林劲北）

【市级总体应急预案宣贯会】　9月6日，门头沟区召开《北京市突发事件总体应急预案（2021年修订）》宣贯会，会上强调加强市级预案研究学习、加快区级预案修订、建设具有京西特色的应急预案体系等对全区应急预案体系建设工作进行部署。

（朴新宇）

安全生产监督管理

【概况】　2021年，门头沟区完成建党百年庆祝活动安全生产保障任务，不断压实安全生产监管责任，推进风险分级管控和隐患排查治理双重预防机制建设，强化执法检查和处罚力度，狠抓重点行业领域专项治理，强化安全生产基础工作。年内，挂账隐患682项，销账682项，销账率为100%，各单位录入隐患核查数86次，核查率为12.61%，完成市级规定不低于10%的任务目标，目标任务清单完成率达到100%；对建筑施工、道路运输、工业企业等重点领域的52家企业开展城市安全风险辨识与分级管控工作，对290家规模以上企业风险源开展一轮全覆盖核查；应急管理系统执法人员年度人均检查量达到187.8件，使用移动终端开展现场执法检查率为99.96%；开展液化石油气专项安全检查，整改各类安全隐患1114项，罚款4.13万元，收缴不合格钢瓶31个；完成50家企业安全生产标准化达标创建工作。

（解　磊）

【液化石油气安全管理】　4月1日，区安委办（区应急局）组织召开液化石油气安全管理工作推进会，通报一季度全区非居民用户液化石油气安全检查工作开展情况并部署下一步工作。

（林劲北）

【区级安全生产督察】　4月14日，区安委办（区应急局）组织召开门头沟区2021年上半年安全生产督察动员培训会，标志门头沟区2021年安全生产督察工作正式启动。4月至6月，区委、区政府安全生产督察组先后对区城管委、区民政局、区体育局、妙峰山镇和大峪街道办事处分别开展安全生产督察。10月9日，区安委办（区应急局）召开2021年下半年安全生产督查启动会。10

月，区委、区政府安全生产督查组对永定镇、区教委、区商务局、潭柘寺镇、区人防办开展安全生产和消防安全驻地督查。

（林劲北）

【国道109新线高速公路工程安全生产】 5月12日，区防汛办（区应急局）召开国道109新线高速公路工程防汛及安全生产工作座谈会。6月，协调市规划自然资源委门头沟分局对国道109新线项目沿线弃渣点和职工生活区地质灾害情况进行摸排，排查出存在地质灾害风险点13处，督促中铁京西公司和京西利川公司建立地质灾害风险点台账。7月，组织中铁京西公司对11个工区开展防汛隐患全面排查治理，组织11个工区编制完善极端强降雨应急预案。11月22日，门头沟区召开国道109新线高速公路工程事故调查处理情况通报暨建设工程领域安全生产警示教育大会，通报国道109新线高速公路工程“9.29”“10.8”两起事故调查处理情况。

（王学娟 林劲北）

【汛期安全管理】 5月18日，区防汛办召开全区军地联动防汛工作会，军地双方座谈交流汛期快速调动兵力、物资装备保障和应急联动响应等问题，实地查看9个永定河防汛堵口。5月25日，门头沟区召开2021年防汛准备工作汇报会。5月31日，开展防汛桌面推演暨2021年防汛动员大会，区防汛抗旱指挥部总指挥、代区长喻华锋签发“上汛令”，宣布6月1日8时全区上汛。6月2日，区防汛办（区应急局）与区气象局召开专题会议，会商2021年汛期气候预测预报及极端气候应对工作，并就重大山洪风险应对工作进行研讨。7月7日，门头沟区召开近期强降雨复盘分析会，总结全区入汛以来工作情况并部署下一步防汛工作。

（王学娟 朴新宇）

【全国安全生产月宣传咨询日活动】 6月，区应急局联合区相关部门开展全国安全生产月宣传咨询日活动，在熙旺中心大厦广场设置活动主会场，解答群众疑问，发放宣传单、折页、海报、安全知识毛巾等多种宣传材料。活动期间，全区共设立安全宣传咨询站21个，发放宣传材料6万余份，受众超10万人次。

（林劲北）

【有限空间作业安全生产管理】 7月13日，区安委办（区应急局）部署开展有限空间作业安全生产专项整治行动，通报全区上半年安全生产形势。7月至9月，门头沟区开展有限空间作业“双防一推进”监督执法和安全检查专项行动，以“防止违规作业、防止盲目施救，推进企业落实主体责任”为重点，检查企业50家次，下达责令整改指令书21份，查处安全隐患43项，隐患整改率100%，立案处罚2起，罚款0.6万元。

（林劲北 白 璐）

【校外培训机构和寄宿制学校安全隐患排查】 7月至12月，区应急局组织开展校外培训机构和寄宿制学校安全隐患排查专项行动，印发《开展校外培训机构和寄宿制学校安全隐患排查专项行动工作方案》，建立门头沟区校外培训机构和寄宿制学校基础台账，检查校外培训机构和寄宿制学校93家，下达责令限期整改指令书24份，消除安全隐患36项，隐患整改率100%，立案处罚6起，罚款0.6万元。

（白 璐）

【重要节点安全管理】 年内，区应急办（区应急局）在春节、清明、五一、端午、国庆、全国“两会”、服贸会、中央经济工作会议等法定节假日和重大会议活动期间，多措并举做好安全服务保障工作，对接报突出情况和突发事件不分等级、不分大小，及时妥善处置。1月26日，门头沟区召开2021年春节烟花爆竹安全管理工作动员部署会。9月27日，门头沟区在潭柘寺景区开展国庆节节前应急综合演练，进一步提高安全意识，增强应急处置能力。年内，区应急局制发关于做好“两会”期间森林防火、安全生产、应急管理工作的通知，针对危险化学品经营、建筑施工、人员密集场所等重点领域，采取随机抽查、突击检查、暗访暗查等方式开展执法检查，严厉查处违法违规行为。

（朴新宇 林劲北 王学娟）

【安全生产执法检查】 年内，全区各行业领域行政执法部门、各镇街及中关村门头沟园服务中心共检查生产经营单位40816家次，查处安全隐患11006项，下达执法文书22338份。安全生产类违法违规案件立案处罚543起，罚款839.35112万元。其中，区应急局共检查生产经营单位2817家次，查处各类安全隐患1140下达责令整改指令书580份，行政立案处罚93起，罚款434.51447万元。

（李荣强）

【学法普法】 年内，区应急局利用微信公众号、政府网站等平台，发布《中华人民共和国安全生产法》解读及释义等文章11篇，阅读量1800余人次；面向企业主要负责人解读新《中华人民共和国安全生产法》相关要求，以普法宣传促进隐患整改；向60余家区安委会成员单位发放安全生产法及释义700余册，要求行业主管部门和属地政府切实做好学法普法工作。

（林劲北）

应急救援

【概况】 2021年，门头沟区处置各类突出情况229起，同比增长近2倍，其中构成突发事件50起，同比增长92.3%；有效应对“2·17”龙泉镇三家店西前街社区一氧化碳中毒、“7·22”109国道清水涧附近山体塌方等多起具有社会影响的突发事件。汛期期间，全区发布暴雨、地灾、洪水预警信息43次，启动应急响应7次，应对“7·12”“7·18”“7·27”“8·23”等极端强降雨天气，未发生因降雨引发的人员伤亡事故和灾害事件。区应急局办理区领导批示指示43件83次，编发上报应急值班快报116期、应急值守工作简报13期，完成灾情上报3次。“区防空防灾宣教体验馆申报项目”在全市27个公共安全教育基地申报项目中获评全市唯一一家综合类一级公共安全教育基地。

（解 磊 朴新宇）

【应急演练】 1月26日，门头沟区开展森林灭火、新冠肺炎疫情防控、反恐综合演练，演练主要模拟景区发生森林火灾、恐怖袭击事件及游客违反新冠肺炎疫情防控措施等突发情况，立即启动应急预案，组织员工、僧团人员开展前期的应急处置工作，全面配合消防救援支队和森林防火中队进行森林火灾扑救。10月26日，区应急局联合有关单位开展山岳救援应急演练，包括启动应急响应、现场协调处置2个阶段，设置翻越横坑断崖、搭建救生索道、进行吊升救助等科目。11月11日，门头沟区举办应急救援大队秋季集训汇报展演。年内，区应急局印发《2021年全区应急能力素养培育工作实施方案》，培训受众4800名。

（王学娟 朴新宇 张 宇）

【应急避难场所检查】 2月22日，区应急局围绕指示标志、应急药品、相关配套设施设备维护等情况，对全区应急避难场所开展全面自查。

（王学娟）

【信息员队伍建设】 5月26日，区应急局组织全区各镇街灾害信息员参加应急管理部灾害信息员视频培训。年内，门头沟区以区灾害信息员队伍为主，组建灾害风险隐患信息报送队伍，共有灾情隐患信息员287名，区级和街镇灾情隐患管理员20名，第一应急责任人15名。

（张 宇）

【地质灾害应对工作督促指导】 6月上旬，区防汛办（区应急局）协调市规划自然资源委门头沟分局对国道109新线高速公路项目沿线弃渣点和职工生活区地质灾害情况进行摸排，排查出存在地质灾害风险点13处，涉及清水镇、斋堂镇、雁翅镇和王平镇，其中11处为工程建设弃渣，堆放在沟谷内，汛期强降水时存在泥石流风险；2处为项目生活区，因工程切坡、渣土堆放堵塞沟道，存在崩塌及泥石流风险。针对上述问题，由市规划自然资源委门头沟分局向中铁京西公司发函，要求其采取有效地灾防治措施，确保人员和项目安全。6月中旬，区防汛办积极跟进，督促中铁京西公司和京西利川公司建立地质灾害风险点台账，明确13个地灾风险点的责任部门、责任人及整治措施，并加紧开展地灾风险整治，确保汛期施工安全。

（王学娟）

【寒潮大风天气防范应对调度会】 12月23日，门头沟区召开寒潮大风天气防范应对工作调度会，区应急办检查各相关单位应急值守情况，听取各相关单位寒潮大风天气防范应对工作情况的汇报，并针对寒潮天气和近期极端天气多发频发形势作出具体部署。

（朴新宇）

【强降雨天气山洪地质灾害应对】 年内，区应急局强化调度部署、预报预警、应急值守、应急准备，安排专人值守152条野山野沟、197处地质灾害隐患点、62座小塘坝、70个在建工程（13个深基坑）等重点部位，区应急救援大队、区消防救援支队、驻区勤务中队以及全区各防汛成员单位全天候备勤，确保抢险物资和装备到位，随时做好处置险情和组织群众避险转移准备。

（王学娟）

【应急救灾物资服务保障】 年内，区应急局牵头建立物资调拨储备联动沟通机制，为全区医疗机构、社区、村值守人员、新冠肺炎疫情防控集中隔离单位、中小学校等调拨帐篷、棉衣等应急救灾物资13批次2567件（套），斥资260余万元采购100顶36平方米帐篷，补充571顶8平方米棉帐篷入库，为确保全区全员一日内完成核酸检测工作提供物资保障。

（张　宇）

【救灾物资储备】 年内，门头沟区现有救灾物资储备库4个，其中门城地区3个，深山区1个，储备面积1718平方米，储备帐篷等各类救助物资38种59161件，总价值约1408万元，能达到紧急状况下一次性转移2000人，保障2万人的基本生活需求。

（张　宇）

消　防

【概况】 2021年，北京市门头沟区消防救援支队（区防火安全委员会办公室）（以下简称“区消防救援支队”）共接处警1130起，火警122起，抢险救援328起，社会救助509起，虚假警171起；出动车辆2902辆，出动警力1.5761万人，抢救被困人员116人，疏散被困人员47人；检查单位6482家，发现隐患7216处，查封127家，三停103家，罚款277起2592900元。年内，门头沟区实际成灾122起，直接财产损失95.4万元，未发生较大火灾事故，社会面火灾形势保持整体稳定。

（冯英魁　朱彦飞）

【冰面救援实战化演练】 1月8日，区消防救援支队组织基层3个消防救援站30余名业务骨干开展冬季冰面事故救援实战化演练，检验冰面救援训练成果，进一步提高指战员冰面救援能力。

（姜佳楠）

【消防工作联席会召开】 1月26日，门头沟区召开2021年第一次消防工作联席会。6月21日，召开门头沟区第二次消防工作联席会暨建党100周年消防安保动员部署会。10月13日，召开第三次消防工作联席会暨电动自行车领域消防安全专项整治工作推进会。

（姜麒龙）

【消防安全集中检查】 1月，区消防救援支队联合有关部门对辖区重点单位、老旧小区、医院、社会场所开展消防安全集中检查行动，检查社会单位58家，发现并督促整改隐患问题75处，清理违规占用消防车通道、飞线充电25处。2月初，门头沟区召开春节期间安全防范和消防工作部署会，开展春节前消防安全检查。2月26日，召开消防安全暨全国“两会”消防服务保障专题会。3月，区领导带队检查在建工程施工工地消防安全，区消防救援支队到万佛华侨陵园、区殡仪馆、天山陵园开展消防安全专项检查。4月，区领导带队检查液化气站、施工工地消防安全工作。6月，到部分回迁房小区及平房棚户区，以及定都阁景区、区液化气站等处开展消防安全检查，区消防救援支队分别组织施工单位、卫生医疗系统，以及中小学、幼儿园主要负责人召开“防风险、除隐患、保平安”施工现场消防安全专项工作部署暨集中约谈会。8月5日，区领导带队到三家店京西兴顺市场检查消防安全。9月至10月，带队开展国庆节前消防安全检查。

（郭　雨）

【快递外卖行业消防安全工作】 2月3日，区消防救援支队联合区邮政管理部门召开快递外卖企业消防安全集中约谈会，辖区邮政、快递、外卖业主要负责人及相关科室负责人参会，会议通报近年来门头沟区快递外卖行业相关火灾事故案例，从建筑防火、人员培训、消防器材、充电管理等方面通报常见隐患并提出具体整改要求。年内，区消防救援支队采取自主预约、夜间错时等培训机制，组织快递、外卖700余人参加“一警六员”消防基本技能实操实训考核。

（孟令伟）

【大型商业综合体消防安全工作】 2月25日，区消防救援支队组织所属永定消防站、潭柘寺消防站、龙泉消防站、三家店消防站及区环卫、医疗、派出所等联动单位在龙湖长安天街大型综合体举行实战演练。3月24日，组织召开大型商业综合体隐患整改暨消防安全管理试点示范创建工作部署会，辖区2万平方米以上的大型商业综合体主要负责人参加会议。

（倪海军）

【森林防火】 3月16日，门头沟区在天山陵园举行清明节森林防灭火综合演练。4月27日，在龙泉镇开展森林防火综合演练，包括启动应急响应、区级现场处置、市级空中支援等三个阶段。10月29日，召开2021-2022年度森林防灭火工作部署会，总结2020-2021年度森林防灭火工作，部署2021-2022年度森林防灭火工作。年内，门头沟区印发《门头沟区森林防灭火工作手册》，开展“春季防火巡查行动”“一山一哨巡查行动”等专项防火行动，开展森林防灭火业务知识培训76次、应急演练15次。

（王学娟　朴新宇　解　磊）

【民宿消防安全工作】 4月23日，区消防救援支队组织召开乡村民宿消防安全集中约谈会，会议讲解《乡村民宿建筑消防安全规范》。

（孟令伟）

【文物单位消防安全工作】 4月23日，门头沟区第三座文物古建微型消防站，白瀑寺微型消防站揭牌启用。4月27日，区消防救援支队和景区微型消防站联合在潭柘寺景区开展灭火救援演练活动。年内，区消防救援支队联合区文旅局组织召开文物单位火灾隐患整改集中约谈会，要求各文物保护单位对照问题严格落实隐患整改责任和降低风险隐患措施。

（姜佳楠　孟令伟）

【地震救援实战拉动演练】 7月15日，区消防救援支队轻型地震救援队联合区妙峰山镇政府、区红十字会、蓝天救援队共60余人在五零六厂开展地震救援实战拉动演练。

（姜佳楠）

【迷路游客救援】 7月29日，区消防救援支队斋堂消防救援站联合与清水镇政府、公安派出所、景区工作人员以及蓝天救援队，历时12小时，成功营救清水镇龙门涧风景区4名迷路人员。7月31日，区消防救援支队龙泉消防救援站联合与龙泉镇政府、公安派出所，成功营救妙峰山镇涧沟村东山1名迷路人员。

（杨龙普）

【全区火灾防控工作部署会召开】 9月20日，门头沟区火灾防控工作部署会召开，强调，全区进一步强化火灾隐患排查整治，保持火灾形势持续平稳。

（姜麒龙）

【电动自行车领域专项整治】 11月24日，门头沟区召开电动自行车领域专项整治督查工作部署会，部署专项整治工作方案，并对近期重点消防工作进行提示部署。12月10日，市安委会第五督导组到门头沟区开展督导检查电动自行车领域消防安全工作。

（姜麒龙）

防震减灾

【概况】 2021年，区地震局坚持以防为主、防抗救相结合的方针，切实提升地震监测预报、地震风险防范能力，制定实施《关于进一步健全完善门头沟区防震抗震工作体制机制的实施意见》，受理群众诉求事项1件，解决率与满意率均为100%。年内，门头沟区8个街镇20个社区村通过“北京市综合减灾示范社区”的创建及复评。

（杨　芸）

【防灾减灾日宣教】 5月12日，区应急局围绕“防范化解安全风险，筑牢安全发展基础”主题，开展全国防灾减灾日系列宣教活动，微信公众号推送电子科普图册，在《京西时报》刊载全国防灾减灾日宣传专栏，组织机关干部到区防空防灾宣教体验馆进行参观学习。10月13日，区应急局组织在城子街道华新建社区、斋堂镇火村、妙峰山镇樱桃沟等社区村开展“构建灾害风险适应性和抗灾力”主题宣传教育活动，各镇也围绕“国际减灾日”主题开展相应集中宣传活动，共3000余人参加活动，发放各类宣传资料和物品1万余份。

（朴新宇　张　宇）

【区内震情】 年内，门头沟辖区共发生地震次数28次，最大为3月36日22时26分，在东经115° 55′，北纬39° 867′，发生1.7级地震，震源深度13公里。7月19日2时28分，在东经115° 866′，北纬39° 947′，发生2.4级地震（非天然），震源深度0公里。年内，区地震局针对大台2起矿震事件，及时启动灾情速报网，核查报告震中情况，配合有关部门加强对地震谣言的监控、辟谣等应对处置工作。

（杨　芸）

【地震监测服务】 年内，区地

震局建立3.0级以下地震震情快报机制，研究制定《重点时段震情服务保障工作方案》《震情会商管理规定》，报送会商意见57期，形成门头沟区地震灾害风险形势分析报告8期、北京圈地震趋势研究报告2期。

（杨　芸）

【地震风险灾害普查】　年内，区地震局建设地震活动断层与地震工程地质条件钻孔基础数据库，完成编制区级1:5万活断层分布图、区级1:25万地震构造图、场地地震工程地质条件普查钻孔探测与1:25万场地类型分区图，完成房屋建筑抽样详查。

（杨　芸）

【房屋设施抗震设防信息采集工作】　年内，门头沟区召开房屋设施抗震设防信息采集工作会；区地震局在全市率先完成新建及加固工程抗震设防信息采集汇交及平台填报工作，共计填报新建工程283项，加固工程1065项。

（杨　芸）

【地震观测台站管理】　年内，区地震局修订《地震观测台站管理规定》，开展台站检查26次，进行宏观周报送802次，采集并上报观测数据3726个；举办镇街助理员、村居联系人、台站观测员培训5场；区属3个地震微观观测台，全部被评为市级优秀台站。

（杨　芸）

【地震风险防范意识教育】　年内，区地震局研究制定《门头沟区防震减灾科普宣传工作方案》《地震综合业务培训工作计划》，建立《地震科普体验厅运行管理制度》，开展防震减灾科普宣教活动70余场，参加指导学校开展地震疏散演练3场，地震科普体验厅接待党政机关、社区等参观体验19场次，3.1万人次受到教育。

（杨　芸）

【“北京市综合减灾示范社区”创建及复评】　年内，区应急管理局（以下简称“区应急局”）构建包括创建工作专题研究、专门科室负责、专职人员管理的“三专一体”日常管理体系，对基层参与创建及复评的社区村开展工作督战，主动下沉，实施“一对一”“手把手”定向辅导，通过以创促防，有效提升基层单位防灾减灾能力与安全管理水平。全区8个街镇20个社区村通过“北京市综合减灾示范社区”的创建及复评工作。

（张　宇）

教　育

2021 年，大峪中学构建起“5+2+N”的课后服务体系，图为学生参加轻轻炫舞课（王金杰　摄）

4月，北京八中永定实验学校被评为“首都绿化美化花园式单位”，图为学生在校园漫步（《京西时报》 供图）

9月24日，北京小吃麻酱烧饼传承人到区中等职业学校授课（马春乐　摄）

11 月 12 日，门头沟区第八幼儿园开园（区教委　供图）

11 月 12 日，斋堂中心小学学生参加庆祝中国共产党成立 100 周年“核心价值观”教育实践活动（谭天柱　摄）

综　述

【概况】　2021年，门头沟区现有教学单位93个，其中小学21所，初中9所，完全中学4所，九年一贯制2所，十二年一贯制2所，中等职业学校、特殊教育学校、工读学校各1所，幼儿园41所（含民办园16所），直属单位11个。在校学生32765人，同比增加1674人，增长5.4%。其中，幼儿园10755人，小学14161人，初中4909人，高中2815人，中职44人，特教81人。有教职工3941人，其中专任教师3058人，干部职工883人。全区教职工中研究生及以上学历543人，本科学历3033人。民办园有教职工819人。现有特级校长2人，特级教师（在职）17人，市级学科带头人6人，市级骨干教师45人，市级骨干班主任8人。年内，门头沟区幼儿园普惠率达100%，义务教育就近入学率99%，均居全市第一。全区近百名学生被“双一流”院校或专业录取，8所幼儿园高分通过北京市办园质量督导评估验收，家长学校覆盖率达100%。实施“3+X”项目工程，确保中小学生每人至少掌握2项体育技能和培养1项艺术爱好。打造京西“五育并举实践体验圈”，体验学生1万余人次。全区中小学生视力考核指标居全市第三、生态涵养区第一。年内，门头沟区4人获市级“首都市民学习之星”称号，其中1人参与拍摄市级学习之星宣传片。

（常广瑛）

【第二十四届学生艺术节举办】　3月27日至31日，门头沟区举办以“永远跟党走——唱支歌儿给党听”为主题的第二十四届学生艺术节，32所中小学校的44支合唱团、8支乐团，共2300名学生参加。

（韩金军）

【义务教育“双减”】　3月，门头沟区义务教育“双减”工作专班和门头沟区教育系统“双减”工作专班成立，出台《门头沟区关于进一步减轻义务教育阶段学生作业负担和校外培训负担的实施方案》《门头沟区落实北京“双减”措施的实施方案》《门头沟区教育委员会关于进一步加强义务教育阶段学校课后服务工作方案》等系列文件。3月至7月，区教委对学科类校外培训机构进行巡检，督学两人为一组，每天检查校外培训机构线上线下授课情况并做好检查记录。年内，全区有证学科类机构从30址压减到24址，压减率80%，剩余6址完成营转非工作，继续从事学科类培训，9址无证学科类机构实现清零，17址无证变相幼儿园停止幼小衔接班类学科培训。

（王　曦　杜红霞　许中山）

【教育研修学院新建综合楼投入使用】　3月，教育研修学院新建综合楼投入使用。楼内设有办公室、培训教室、专用教室、大中小型会议室、餐厅，能够满足区域培训、研修等需求。投入50余万元用于学院文化一期、二期建设和辅导站文化升级。

（贾　旭）

【戏曲大赛获奖】　3月，在第十一届“国戏杯”戏曲大赛（北京赛区）比赛中，区少年宫选送的选手获个人项目金奖3个，铜奖4个。其中，二胡班王乐乐获民族器乐类个人项目金奖，高也乔获民族器乐类个人项目铜奖，辅导教师吴段获民族器乐类优秀指导教师奖。京剧社团刘子裕、赵栩霏获戏曲表演类业余组个人项目金奖。石疆楷、宋佳凝、王煜获戏曲表演类业余组个人项目铜奖。集体节目原创京剧《青核桃》获第十一届“国戏杯”优秀剧目。

（郭雪莲）

【学前教育专项审计】　3月至5月，区教委对16所普惠性幼儿园和区教委（财务、业务）共17个单位开展2020年市级专项经费和保育教育费使用情况专项审计，内容涉及区教委学前教育信息管理平台建设和使用、专项资金申报审批、专项资金内控制度建设、专项资金管理4个方面，涉及幼儿园单位内部控制制度建立、保育教育费收费情况项资金、专项资金管理、执行市区文件制度情况、收费制度执行和收费管理、审计发现问题整改等六方面，审计金额7847.1万元，发现问题26个，截至12月，完成22个问题整改，未整改事项确定落实时限，整改率84.5%。

（邓建民）

【课程建设系列评选】　4月，区教委、区教师进修学校组织开展北京市2021年度课程建设系列评选，面向学科课程群建设、学科实践活动、高中特色课程等领域，各校累计上交课程建设成果31项、课程原创辅助资源443项。推荐10项成果参评市级课程建设优秀成果，推荐东辛房小学参评北京市课程建设先进单位。在课程原创辅助资源区级评选中，推荐市级参评作品132项，最终获评市级一等奖作品23项，市级二等奖作品36项，优秀组织奖1项，获奖率同比增长16.3%。

（张博文）

【第五届山区学校科技教育博览活动举办】 5月7日，门头沟区第五届山区学校科技教育博览活动在大台中心小学举行，斋堂中心小学设立分会场，14所山区中小学校的26支参赛队在主会场参加STEM+项目挑战活动，所有参赛队队员和大台中心小学全体学生还参加科技与未来主题游园活动。

（韩金军）

【空中课堂摄制工作及校园影视作品获奖】 5月11日，在门头沟区少年宫召开北京市空中课堂摄制工作及校园影视工作总结表彰会，门头沟区共选送64件作品，获一等奖6项，二等奖10项，三等奖22项。育园小学专题片《金石相期》获最佳摄像奖，教育研修学院教学微课《笔尖下舞动的文化灵魂》获最佳导演奖，三家店铁路中学文艺片《小白奇遇记》获最佳创意奖，北京八中京西附属小学李乐怡获最佳主持人奖。

（侯恩璐）

【首届京西教育高质量发展论坛召开】 5月14日，京西教育研究院揭牌仪式暨首届京西教育高质量发展论坛在京师实验中学举行，论坛主题是“高质量教育体系建设与教师培养”，来自全国的20余位专家学者基于自身研究，共同探讨京西教育研究院的发展路径、门头沟区教师专业发展与学校管理者队伍建设。

（王 曦）

【第三届中华经典诵写讲大赛举办】 5月，区教委、区语委举办第三届中华经典诵写讲大赛，赛事共分为“诵读中国”“诗教中国”“笔墨中国”“印记中国”4项，以“传承中华经典，庆祝建党百年”为主题。全区26所中小学5000余名师生参与，提交参赛作品1200余件，最终14件参赛作品入围全国决赛，共258项获市级奖项。

（张博文）

【健全中小学课外读物进校园监管机制】 5月，区教委印发《门头沟区中小学生课外读物进校园管理工作方案（试行）》，进一步明确课外读物进校园的审核推荐和选用流程，建立“双审两随机”、全程动态预警的监督管理机制。组织全区39所中小学，就100余万册校园课外读物进行自查和督导评估工作，营造良好的校园阅读生态，积极发挥课外读物培根铸魂、启智润心的育人功能。

（张博文）

【区中小学思想政治教育研究会成立】 6月17日，门头沟区中小学思想政治教育研究会成立仪式在北京八中永定实验学校举行，100余人参加活动。

（赵卫东）

【“两优一先”表彰大会】 6月29日，区委教育工委召开门头沟区教育系统2021年“两优一先”表彰大会暨“永远跟党走”成果展示。表彰优秀共产党员123名，优秀党务工作者42名，先进基层党组织23个。

（陈 珂）

【民办学校年检】 6月，区教委完成39所民办学校年检审核工作，通过率97%。合格学校统一换发《民办学校办学许可证》。年内，门头沟区共有民办学校22所，其中民办幼儿园16所、民办非学历培训学校6所。

（许中山）

【学生新冠病毒疫苗接种工作】 7月至8月，区教委组织全区12周岁至17周岁学生新冠病毒疫苗接种工作，工作进展和接种率均位居全市第一。10月29日，区教育系统启动3岁至11岁在校（园）学生新冠病毒疫苗接种工作。接种率90%以上。

（王 曦 陈润泽）

【灵溪中小学生态教育基地迁址】 9月9日，门头沟区灵溪中小学生态教育基地退出妙峰山镇岭角村，迁址门头沟区斋堂镇。

（裴福珍）

【“8+1”行动新一轮合作】 9月10日，落实“8+1”行动新一轮合作启动仪式暨2021年行动推进会举行。年内，市民主党派为5所中小学捐助桌椅2600套，为山区学校捐赠书屋，开展“助梦起航”送温暖，举办《爱护眼睛 防控近视》《亲近健康 远离肥胖 拥有幸福》主题讲座等活动。

（范 兵 陈润泽）

【新时代首届全区语言文字会议召开】 9月14日，门头沟区语言文字工作委员会召开新时代全区首届语言文字会议，37家语委成员单位参加会议。传达全国语言文字会议、北京市语言文字会议和年度工作会精神，提出注重品牌打造、加强行业管理、健全机制建设等7项主张，明确构建以学校为阵地、以社会为依托、以活动为载体、以宣传为突破口，深挖区域红色历史文化资源、经济发展战略资源，形成多个语言文化品牌的“4+2+N”区域语言文字工作新格局，推动语言文字工作治理体系和治理能力现代化。

（张博文）

【三段式课后服务体系建设】 9月，门头沟区构建区域“2+1”三段式课后服务体系，学校合理规划课后服务时间，将其划分为“课后集中服务1”“课后集中服务2”两个集中服务时间段和一个“课后延时服务”时间段。“课后集中服务1”为“双基”夯实时间，以学生完成基础作业、增强基本体质为目标，分为做作业和体育活动两个板块同步开展。“课后集中服务2”为“双素”提升时间，以培养学生学习素养、提升综合素质为目标，分为课业辅导、素质拓展等多板块同步开展。“课后延时服务”为学校根据自身实际情况，充分考虑学生、家长意愿，在集中服务之后自主安排。

（王　燕）

【中小学融合教育推行委员会建立】 9月，全区37所普通中小学全面建立校级融合教育推行委员会和融合教育教研组，并相应制定校级实施方案和工作计划。推委会以学有所教、育有所养、身有所健、老有所成的“四有”融合教育为目标，确立“115N”融合教育推行工作机制，即由学校一把手总负责，指派专人负责统筹联络，落实服务学生、提升教师、联络家长、提高质量、营造环境等五项主要工作内容，将学校教育教学、学籍、财务、资助干部，以及特聘专家、一线教师和家长代表等多方人员纳入组织机构协同开展工作，形成党委领导、校长负责、专人统筹、齐抓共管的工作局面。

（张博文）

【语言文化系列活动】 9月，区教委、区语委以“普通话诵百年伟业，规范字写时代新篇”为主题，开展门头沟区第24届推广普通话宣传周等语言文化系列活动，组织街道、乡镇累计发放语言文化宣传手册、知识读本6000余册，海报150张，区域语言文化大讲堂光盘40余张，协调市场监管局、城管局、商务局等单位开展专项执法检查4次，出动执法人员350余人次，播发区级电视新闻报道2则，通过《京西时报》发布推普平面广告1版。配合推普周宣传，持续开展“中华经典诵写讲”“诗词大会”“中小学生辩论赛”等赛事活动，着力构建“京西语言文化活动品牌矩阵”。

（张博文）

【中小学田径运动会】 10月10日至11日，2021年门头沟区中小学生田径运动会在大峪中学举行，全区中小学校的51支代表队、602名运动员参加。为全面贯彻新冠肺炎疫情防控要求，此次运动会未设置开幕式和颁奖环节，经过100项比赛，运动员们取得优异成绩。

（常广瑛）

【教育对口帮扶干部教师培训】 10月18日至31日，内蒙古呼和浩特市武川县40名干部教师到门头沟区开展为期两周的对口帮扶培训。此次培训采用专家讲座、学科工作坊研修、课例研讨、教学实践、分享交流等方式。聘请市区专家、特级教师进行专题讲座；到区内名校、特色校进行参观访学，跟岗研修；参加部分学科工作坊的研修活动；进行党史专题教育活动等。

（赵静宜）

【中小学教材选用委员会工作机制】 10月，区教委制定《门头沟区中小学教材选用委员会工作方案》。整合原有教材征订发行委员会，重新组建中小学教材选用工作领导小组和教材选用委员会。明确目录选取、样书征集、分组初评、集中评议、备案公示等教材选用、更换工作规范和程序。建立教材选用委员会和学科组专家库，首批遴选相关课程教材专家、研修员、中小学校长代表、一线骨干教师等80人入库。

（张博文）

【三校获全国级、市级先进模范职工小家】 10月，三家店铁路中学工会和第一幼儿园工会获市教育工会授予“先进教职工小家”称号，北京实验二小永定分校获评“全国模范职工小家”称号。

（方佳豪　王国平）

【教育系统党代表会议召开】 11月15日，教育系统党代表会议召开。会议一致表决通过《选举办法》，以无记名投票的方式进行差额选举，选举产生14名代表出席中共北京市门头沟区第十三次代表大会

（陈　珂）

【首期融合教育种子教师培训班举办】 11月26日，由区教委主办、区特教中心承办的“全区普通中小学融合教育种子教师培训班启动会”通过区教委视频会议形式召开，全区中小学融合教育干部、培训班学员100余人参会。培训共20个专题，首批培训班学员76人，包括16名备案资源教师和60名随班就读教师。印发《门头沟区普通学校资源教师管理办法》，试行融合教育“持证上岗”“师资储备库”机制，首批学员结业后发给培训证书，纳入融合教育师资储备库管理。

（张博文）

【“聚智云讲坛”门头沟科研论坛举办】 12月2日，北京教科院“聚智云讲坛”——科研助力“双减”系列论坛门头沟专场在区教育研修学院举行。论坛立足发挥科研引领作用，着力分享门头沟“双减”改革研究经验。全市各区教科研部门、部分学校干部教师130余人通过线上视频会议的形式参会。

（张博文）

【“家园融合 共育未来”家园共育主题论坛】 12月30日，区教委“家园融合 共育未来”家园共育主题论坛在门头沟区教育研修学院举办。论坛对区五年来的家园共育成果进行系统总结，同时发布两项重要成果《3-6岁儿童养育全计划——家园共育经典案例集》《门头沟区家园共育工作手册》，并聚焦“立德树人”“科学素养”“阅读培养”3个领域，邀请专家、学者、园长与研究人员共同探讨学前教育提质增效的路径和方法。该论坛通过线上线下相结合的方式举办，在微赞、央视频、百家号、新浪新闻等平台同步直播，当日直播观看量达600余万人次。

（李文丽）

【教育系统14个事业单位改革】 年内，区教委所属14个事业单位进一步调整优化，整合北京市开放大学门头沟分校、北京市门头沟社区学院（北京市门头沟区市民学校），组建北京市门头沟区社区教育学院，挂北京开放大学门头沟分校牌子；整合北京市门头沟区教育委员会教育技术装备站和北京市门头沟区教育委员会房管所（北京市门头沟区教工招待所），组建北京市门头沟区教育资产管理服务中心；设立北京市门头沟区青少年活动中心，在北京市门头沟区少年宫加挂牌子；将北京市门头沟区教师进修学校更名为北京市门头沟区教育研修学院。

（肖　新）

【教育系统“十四五”时期青年人才培训】 年内，门头沟区采取线上、线下相结合方式开展“十四五”时期青年人才研修班系列培训，组织线上培训11次，线下培训9次。

（赵静宜）

【“山鹰工作坊”活动】 年内，教育研修学院研修中心开展“山鹰工作坊”大型活动4次．有区级导师到清水、斋堂进行学科听评课活动，山鹰工作坊青年教师教学设计大赛，山鹰工作坊青年教师教学基本功培训与展示活动，落实“双减”政策区级优质课送课活动。教学设计大赛29人，获一等奖9人，说课展示11节，现场展示课1节。区中学第八届“三杯”大赛，清水学校和斋堂中学10人参赛，3人教学设计获一等奖，2人获二等奖；3人作业设计获一等奖，4人获二等奖；3人说课答辩获一等奖，2人获二等奖；3人综合奖获一等奖，3人获二等奖。2所中学参赛教师一等奖获奖率均达到30%。

（丁宏伟）

【《门头沟教育年鉴》2020卷编纂完成】 年内，区教委和教育研修学院教育宣传中心共同编纂完成《门头沟区教育年鉴》2020卷。全书设门头沟教育总述、年度关注、大事记、学前教育、基础教育、职业与成人教育、民办教育、直属单位、德育体育美育劳育、党的工作、综合管理、教育督导、招生与考试、专文与纪实、文献、统计表计16个类目，涉及全区66所中小幼学校、直属单位、素质教育基地和13个教委机关科室，共30.8万字。

（徐　荧）

学前教育

【概况】 2021年，全区学前教育聚焦“幼有所育”，坚持以普及普惠、安全优质、内涵发展为核心，全面提升办园水平，幼儿园普惠率达100%，居全市第一。新建幼儿园2所，改扩建1所公办幼儿园开园，新增学位810个。第七幼儿园位于九龙东苑小区，办园规模9个班，学位270个，为城子地块棚改回迁居民提供普惠学前学位。第八幼儿园位于西山梧桐小区，办园规模为12班，学位360个，有效缓解永定镇区域入园压力。潭柘寺学校第一幼儿园，办园规模由6班扩大为12班，为浅山区扩增优质学位180个。

（李文丽）

【学前教育宣传月活动】 6月，门头沟区以“我（们）与学前教育改革这十年”为主题，以“开展主题活动、落实立德树人”“征集优秀案例、分享教育故事”“实施家园共育、传递育儿理念”“优质园所开放，协同合作发展”“发布教育地图、宣传普惠成果”为主要内容，开展学前教育宣传月活动。

（李文丽）

【学前教育教师基本功培训展示】 12月9日，区教育研修学院举办首届“育幼杯”学前教师基本功培训展示活动，34所幼儿园的45位青年教师参加。活动以“研究儿童 提升教师观察评价能力”为主题，在园级评优的基础上，进行现场游戏案例展示。

（李　乾）

基础教育

【概况】 2021年，门头沟区基础教育工作聚焦“学有所教”，优化教育资源布局，持续规范义务教育入学秩序，全面提高教育质量，义务教育就近入学率99%，居全市第一。年内，区教委完成军响中心小学、潭柘寺中心小学撤并工作，门头沟区与清华附中合作办学的北京市潭柘寺学校第一小学开设教学班24个。

（裴福珍）

【主题书信征集活动】 2月，门头沟区中小学开展“拿起纸笔·见字如面”和“穿越时空的对话”两项书信征集活动，活动评选出336份作品，其中部分信件入选故宫等机构出版的刊物。

（赵晓晨）

【开学第一课】 3月1日，门头沟区中小学、幼儿园春季学期开学第一天，全区3万余名师生1200个班级以视频直播的形式同上“学党史 悟思想 办实事 开新局”为主题的“开学第一课”。

（李亚晴）

【“三好学生”等评选】 3月，门头沟区开展中小学市级“三好学生”“优秀学生干部”“优秀学生”“先进班集体”评选工作，共评选出市级三好生180名、优秀学生干部8名、市级先进班集体8个，推荐市级优秀学生1人；获区级荣誉的学生1300余名，先进班集体129个。

（李亚晴）

【中小学生校园足球比赛举办】 4月至5月，2021年门头沟区中小学生校园足球比赛暨网点校足球联赛举办，比赛共6个组别、20所学校、41支球队、700余名中小学生运动员参赛。

（邵　华）

【“五四”主题团日活动】 5月7日，门头沟区举办“建党百年正青春 跟党奋进新时代”主题团日活动，各校团队干部、青年教师、教工团员、师德标兵、优秀学生代表共350人参加。

（方佳豪　王国平）

【教学成果奖评选】 5月，区教委创新“1+3”成果培育模式，即抢抓在市级工作部署前，以“落实成果的前期培育”为首要工作原则，采取“广泛征集＋重点关注＋跟踪指导”的技术路线，拓展成果培育工作的时间和空间，大幅提高遴选效率和质量，学校参与率和成果培育率均创历史新高。9月，全区累计培育基础教育教学优秀成果23件。经专家评审，遴选出市级推荐优秀成果7件。

（张博文）

【中小学课外读物进校园监管】 5月，区教委印发《门头沟区中小学生课外读物进校园管理工作方案（试行）》，进一步明确课外读物进校园的审核推荐和选用流程，建立“双审两随机”、全程动态预警的监督管理机制；组织全区39所中小学，就近100万册校园课外读物进行自查和督导评估工作。

（张博文）

【儿童节主题队日活动举办】 6月1日，“红领巾学党史 童心筑梦跟党走”门头沟区2021年“六一”儿童节主题队日活动举办，全区各小学380余名师生参加。

（方佳豪　王国平）

【暑期小学托管服务】 7月至8月，门头沟区开展暑期小学托管服务，9所学校39名学生在4所承办校进行托管。其中，育园小学开展2期24天，峪分附小、妙峰山民族学校、王平村中心小学开展 1 期 12 天。全区参与保障暑期托管服务工作的教育教学师资力量、管理服务人员、后勤保障人员共计 320 余人次。

（王 燕）

【新时代中国特色社会主义思想学生读本教学】 9 月，区教委组织全区 38 所中小学开展习近平新时代中国特色社会主义读本征订和教学工作，全区共组织专题研究 8 次，专题研究课 12 节，分学段组织 3 场大型专题培训，累计覆盖师资 800 余人次；全区中小学统筹利用班队会、思政课开展读本教学，每册集中学习一学期，每周安排 1 课时。

（张博文）

【首届精品课遴选活动】 9 月至 10 月，门头沟区首届基础教育精品课遴选活动举办，活动征集中小学课程教学设计 101 件，其中 20 件优秀作品进行线上课程录制，有 13 节课程获评市级精品课，其中 6 节课程同时获评部级精品课，相关课程已登陆国家中小学网络云平台。

（张博文）

【学生心理健康测评】 9 月至 11 月，门头沟区初一学生 1672 人和高一学生 1043 人参加心理健康测评。

（朱东松）

【中小学教学管理规范】 年内，门头沟区出台涉及五项管理、规范教育教学秩序、提升课堂教学质量的文件 11 份，组织关于优化作业设计、教师专业发展、提升教学质量的研修活动及培训 30 余场。

（赵晓晨）

【义务教育学校校长教师交流轮岗】 年内，门头沟区完成 8 名干部轮岗交流和 142 名教师校际间岗位竞聘交流，20 名门城地区中小学教师进山交流，15 名市级以上骨干教师参与“名师送教”活动，14 个名师工作室组织开展学术活动。

（吕 婕）

【“互联网 + 基础教育”双师课堂落地】 年内，门头沟区完成 2 所城区学校与 11 所山区学校“双师课堂”建设项目的软硬件安装与培训工作，召开 3 次“互联网 + 基础教育”双师课堂项目推进会，开展 3 次教学交流展示课活动。

（王 颖）

斋堂中心小学

【概况】 2021 年，北京市门头沟区斋堂中心小学（以下简称“斋堂中心小学”）占地面积 8848 平方米，校舍建筑面积 5219.77 平方米，运动场地面积 3453 平方米；图书馆（室）藏书 5338 册；固定资产总值 3170.7 万元；全年教育经费投入 1878.6 万元；学校信息化经费投入 6 万元，拥有计算机 120 台，网络多媒体教室 1 个，校园网出口总带宽 1000Mbps，数字资源量 200GB，“信息技术”课程 2 课时 / 周；教职工 43 人，其中高级职称 7 人、中级职称 24 人；专任教师 32 人，其中北京市骨干教师 1 人；开设教学班 6 个，毕业 31 人、招生 17 人、在校生 106 人，其中寄宿生 50 人。

（张 辉）

【科普专题讲座】 10 月 18 日，中国科学院老科协研究员在斋堂中心小学作题为“神奇的蜘蛛”科普专题讲座，学校 80 名学生参加此次活动。

（史孟庆）

【急救培训会】 11 月 2 日，北京市红十字会专家团队讲师在斋堂中心小学举行心肺复苏急救知识培训会，全校 42 名在岗在职教职工参加培训。

（谭天柱）

【线上家长会】 11 月 25 日，斋堂中心小学召开关于“双减”背景下家校共育的线上家长会，内容涵盖“双减”工作要求、学习习惯养成、户外体育锻炼、社会实践、家务劳动技能和生活能力培养等，106 名学生家长参加会议。

（谭天柱）

【冬奥体验活动周举行】 12 月 30 日，斋堂中心小学开展以“畅想冬奥 拥抱冬奥”为主题的冬奥体验活动周，活动包括唱响冬奥歌曲、冬奥知识展示交流、冬奥作品征集、冰雪体验冬奥等。

（史孟庆）

【教师队伍建设】 年内，斋堂中心小学开展“以德为先”师德师风建设系列活动，带领教师学习《门头沟区教师违反职业道德行为处理办法》等；狠抓教师基本功培训，提升教师素养；开展以“传承红色基因 培育爱党情怀 提升素质展风采”为主题的粉笔字培训与展示活动。

（张 辉）

【教育教学工作】 年内，斋堂中心小学强化学校育人主阵地作用，贯彻落实关于“双减”工作文件精神，在学生、家长、教师三种人群进行调研，进一步梳理并完善学校“三色”课程设置，分两个时段（作业及辅导答疑时段、素质拓展时段）整体安排与布局课后服务，制定课后服务菜单，做好课后服务；开展红色主题教育，传承优秀传统文化，践行社会主义核心价值观，成立“红色通讯社”，发动少先队员争做红色小记者。

（张　辉）

大峪中学

【概况】　2021年，北京市大峪中学（以下简称“大峪中学”）包括北京市大峪中学本部校区和门头沟外国语学校，总占地面积80359.65平方米，校舍建筑面积58374.7平方米，运动场地面积31504平方米；图书馆（室）藏书106443册，固定资产总值31981.0087万元；全年教育经费投入12351.1763万元，学校信息化经费投入83.97万元，拥有计算机999台，网络多媒体教室110个，校园网出口总带宽1024Mbps，“信息技术”课程1课时/周；教职工267人，其中正高级职称4人，高级职称107人、中级职称86人，专任教师218人，其中特级教师7人、北京市骨干教师5人；开设教学班60个（初中28个、高中32个），毕业717人（初中394人、高中323人），招生625人（初中278人、高中347人），在校生2136人（初中1029人、高中1107人），包括寄宿生273人，随班就读学生1人。高中录取分数线533分（门头沟区），应届高考本科上线率98.36%。

（于君雅）

【高三年级百日誓师大会召开】　3月6日，大峪中学举行2018级高三年级百日誓师大会，学生代表、家长代表、教师代表、领导分别讲话，学生到操场主席台前在签字板上写下名字，站在梦想桥上放飞承载着梦想的纸飞机。

（于君雅）

【高三地理专题复习课市级研讨会召开】　4月29日，“聚焦区域可持续发展——高三专题复习课”市级研讨会在大峪中学举行，3位老师分别做《精准扶贫—建设美丽乡村》《绿色册亨 生态富民—农村可持续发展》《山谷相生 自然天成——依托山谷资源的课堂实践》展示课及报告。

（吕　娜）

【乡村教育振兴座谈会召开】　7月13日，“山谷中的一所学校——乡村教育振兴”座谈会在大峪中学召开，与会专家们表示，大峪中学作为北京市示范高中、门头沟区“山谷系列”一所本土优质学校，坚持探索山区学校自主发展、开放发展、内涵发展新模式，将山谷教育打造成首都教育品牌，是门头沟区教育优质均衡发展的缩影和彰显，也是乡村教育振兴的硕果与实践。

（于君雅）

【“双减”工作】　年内，大峪中学全面落实“双减”工作，启动课后服务“5+2+N”行动，构建起“5+2+N”的课后服务体系，在全面落实“5+2”（每周5天，每天2小时课后服务）的基础上，为家长和学生提供N种增值服务（N=时段扩展+学段延伸+内容拓展）；为有需求的学生提供17:30～18:30延时服务，满足家庭的个性化需求；开设了书法（诗词、对联）课、红楼梦诗词鉴赏课、数学思维与方法拓展课、日语与日本文化了解课、英语口语训练课、英文报刊阅读课程、无人机飞行与航模制作课、物理大师课、科学体验调查课、希格斯重力棋课、走进科学课，以及生活中的化学、丰富多彩的化学世界、舌尖上的化学、奇妙的生物、铁皮石斛组织培养、校园中植物学、追寻鸟的美、历史人物绘画、探秘京西古道、秋冬季地理、生活与法、模拟人大拟政协、科研实践、科技竞赛、创意粘贴、金帆合唱团、山谷民乐团、轻轻炫舞、青春律动啦啦健美操课、球学之路、花样跳绳、初中羽毛球训练、垂衣裳、太平鼓、轮滑、旱地冰球、跆拳道、茶艺、阳光心理、职业颂等实践活动课程。

（王金杰）

职业教育

【概况】　2021年，北京市门头沟中等职业学校（以下简称“区中等职业学校”）占地面积22274.66平方米，产权校舍建筑面积19179平方米，运动场地面积5000平方米；全年教育经费投入4496.45万元；固定资产总值12143.29万元，其中教学、实习仪器设备资产值3871.33万元；图书馆藏有纸质图书18177册，电子图书 18177 册；拥有计算机 805 台（包括平板电脑 121 台），多媒体教室 15 间；校园网出口总带宽 2000MB，上网课程 10 门，数字资源量 900GB，信息技术课程 2 节 / 周；教职工 114 人，其中本科以上学历 76 人，高级职称 39 人，中级职称 48 人。专任教师 78 人，其中区级骨干教师 10 名，区级骨干班主任 1 名，专业课教师 41 人，双师型教师 33 人，双师比例 80.49%。开设教学班 21 个，应届就业率 100%，升学率 53%；学校普通高中招生数同比增长 60%；推进普及残疾学生高中阶段教育建设项目，为区内学生和区残联适合适度残疾人员提供培训体验服务 500 余人次。

（冯丽伟）

【一汽丰田 4S 店调研】 4 月 13 日，区中等职业学校到位于石景山区的一汽丰田 4S 店，进行校企合作深入调研，双方就汽车行业人才市场需求及就业前景进行深入交流，在培养什么人、怎么培养问题达成共识。

（彭 利）

【形象管理和烹饪大师工作室成立】 6 月 4 日，区中等职业学校与相关企业及大师成立“形象管理工作室和益海嘉里金龙鱼烹饪大师工作室”，并举行揭牌仪式，是学校首次以工作室的形式开展校企合作。

（彭 利）

【“职特融合”工作】 9 月 23 日，门头沟区特殊教育学校、区中等职业学校召开“合作共建、共享共赢，为特教孩子们开启梦想之旅”推进会。双方就政策及学校发展方面进行交流，对“助创手工教室”提出建设性建议，推进特教学校学生来区中等职业学校接受中等职业类教育。

（王桂保）

【烹饪大师进校园】 9 月 24 日，北京小吃麻酱烧饼传承人林郑到区中等职业学校主讲并制作北京传统小吃驴打滚和千层肉饼，手把手指导学校烹饪专业学生练习。

（马春乐）

【中职信息技术能力提升工程】 10 月 20 日，区中等职业学校举行主题为“技术融合中职课堂，提升教育教学质量”的中职信息技术能力提升工程 2.0 项目培训。11 月 15 日至 12 月 8 日，开启第二部分校本研修阶段学习，分别针对一线教师开展问卷星做试卷及电子表格做试卷分析的培训，二线教师进行演示文稿的培训。

（王 静）

【综合高中班学生职业体验活动】 11 月 24 日，区中等职业学校组织综合高中 4 个班级 128 名学生体验 15 个核心科目，提升学生综合能力、社会认识。

（杜春梅）

【专业人才培养改革】 年内，区中等职业学校制定《学校专业人才培养改革方案》，重点突出民族工艺传承、文化遗产保护、中级技能、服务类人才的培养定位，成立非遗传承、形象管理、思政研究、播音主持等 4 个工作室促进专业建设，推进“产学研”一体化，加大学生和教师下企业观摩实践力度，加强双师教师队伍建设和专业技能培养，组织各类培训 513 课时，组织参加市、区级培训 470 人次，申请市区级 10 项课题。

（冯丽伟）

特殊教育

【概况】 2021 年，北京市门头沟区特殊教育学校（以下简称“区特教学校”）占地面积 3915.31 平方米，校舍建筑面积 3774.77 平方米，运动场地面积 2861 平方米；图书馆（室）藏书 7380 册，电子图书 1000 册；固定资产总值 1983.22 万元，全年教育经费投入 1187.869857 万元；学校信息化经费投入 11.9 万元，拥有计算机 107 台，网络多媒体教室 17 个，校园网出口总带宽 2048Mbps，“信息技术”课程 4 课时 / 周；教职工 29 人，其中高级职称 6 人、中级职称 13 人；专任教师 22 人；开设教学班 9 个（小学阶段 6 个、初中阶段 3 个）；毕业 8 人（小学阶段 7 个、初中阶段 8 人）；招生 12 人（小学阶段 4 个、初中阶段 8 人）；在校生 81 人（小学阶段 50 人、初中阶段 31 人），其中肢体残疾 1 人、智力残疾 32 人、精神残疾 14 人、多重残疾 34 人。

（魏宏亮）

【学生绘画作品展举办】 6 月 1 日，区特教学校举办以“有爱无碍 童心筑梦”为主题的学生绘画作品展，展示两年来学生不同形式的优秀绘画作品 40 幅。

（魏宏亮）

【市级自闭症资源包制作】 8 月至 12 月，区特教学校 2 位教师参与北京市特殊教育指导中心组织的北京市培智学校线上资源开发工作，完成2个自闭症教学资源包制作，全部上传到北京市特殊教育资源网。

（李玲玲）

【骨干教师会召开】 9月29日，区特教学校召开区校骨干教师会。会议决定加强对骨干教师的选拔、培养和管理，让骨干教师在本职岗位上发挥更大的作用。

（李玲玲）

【校级第五届特殊奥林匹克运动会举办】 9月30日，区特教学校举办第五届特殊奥林匹克运动会，包括串珠子、定点射门、钻山洞、小推车等比赛项目及亲子项目。

（魏宏亮）

【巡回指导】 9月，区特教中心分别到龙泉小学、人大附小等7所学校开展巡回指导工作，通过学校汇报、进班听课、现场评估、个案研讨、查阅材料等方式，就个别化教育计划的制定与实施、学生行为干预与管理、资源教室的使用等问题进行交流研讨。

（刘天龙）

【融合教师专题培训】 11月26日，区教委召开融合教育工作部署会暨种子教师培训班启动会，培训班共9讲，内容针对教育教学中的常见问题，结合普通学校的实际情况，给予切实可行的干预策略。

（刘天龙）

【随班就读备案管理】 年内，区特教学校规范随班就读备案管理，进一步削减存量，做到“科学评估、应随尽随”；开展巡回指导与个案研讨，形成学校、中心、家长三方合力，共同帮助学生更好融入普通学校。

（魏宏亮）

【特教二期提升计划收官】 年内，区教委印发《门头沟区融合教育推行委员会建设方案》《关于进一步加强落实残疾学生免伙食费 补交通费、特殊学习用品费和校服费的资助工作方案》《门头沟区普通学校资源教师管理办法》，推动中小幼融合教育贯通发展网络、“12114N”资源服务实体工程、学前至高中残疾学生全覆盖资助体系三大融合教育专门保障机制建成，实现年均承担特殊学生康复服务1500人次，师资、家长培训2500人次，残疾学生资助180人，完成北京市特殊教育二期提升计划验收评估工作。

（张博文）

【学生康复训练】 年内，区特教学校依托康复训练项目，持续开展面向全区特殊儿童的线下康复训练工作，承担19名学生康复训练，并对所有参与项目的学生建立“一生一案”，切实保障每名学生训练之前有计划、训练之中有成长、训练之后有评价。

（刘天龙）

社区教育与成人教育

【概况】 2021年，北京市门头沟区社区教育学院（以下简称“社区教育学院”）成立，加挂北京开放大学门头沟分校牌子，承担社区教育、远程开放教育和服务市民终身学习工作。社区教育学院占地面积2.23万平方米，产权校舍建筑面积1.91万平方米；全年教育经费投入1358.06万元；固定资产净值207.85万元，拥有计算机220台，多媒体教室座位150个，学院信息化经费投入9.24万元，网络信息点220个，校园网出口总带宽100Mbps；单位核定事业编制70人，在岗66人，其中专任教师54人、教辅人员13人；聘请校外教师18人；开设教学班69个，其中开放教育开设教学班25个，包含专科12个、本科13个；奥鹏网络教育开设教学班34个，包含专科4个、本科30个；毕业496人，其中开放教育391人，包含专科219人，本科172人；奥鹏网络教育105人，包含专科16人，本科89人；开放教育招生258人，其中专科100人、本科158人；奥鹏网络教育招生64人，均为本科；开放教育在校（注册）生843人，包含开放教育专科382人，本科461人；奥鹏远程教育在校生430人，包含专科83人，本科347人。全年非学历教育培训13769人，参加成人学历教育考试2624人次。

（王晓民）

【读书交流活动】 4月23日，社区教育学院联合北京利德衡环保工程有限公司、大厦联合党支部共同开展“重温红色经典·共育书香校企”为主题的读书交流活动，20余人参与活动。

（王晓民）

【市民学习之星评选】 4月，门头沟区开展首都市民学习之星的评选、推荐工作，上报9人参加市级评选。年内，门头沟区培育北京市首都市民学习之星 4 人、区级学习之星 16 人、北京市学习品牌 1 个，社区教育学院获得学习周优秀组织奖。

（王　坤　王晓民）

【社区教育学院艺术团演出】 5 月 10 日，社区教育学院艺术团以“庆祝建党百年华诞，艺术教育助力创城”为主题举办文艺汇演。9 月 28 日，开展“星火工程送文化下乡”文艺演出活动，惠及 1000 人次。

（王晓民）

【军营种植技术培训】 7 月 22 日，社区教育学院在中国人民解放军空军驻区部队大院为部分指战员指导果树和蔬菜种植技术，并送去种植书籍。11 月 18 日，为北京军区某驻区部队开展种植技术培训，内容包括病虫害防治、嫁接、施肥等技术。

（王晓民）

【“双减”家庭教育培训】 9 月 23 日，社区教育学院在城子村举办“双减”家庭教育培训，内容包括“双减”政策解读，家长心理调控。

（王晓民）

【新市民学堂建设】 年内，社区学院在东辛房街道、大台街道、大峪街道、城子街道、龙泉镇、区妇联开展老年健康、交谊舞、首都女性学堂培训，累计培训 260 人次；利用中小学外教资源在龙泉镇、东辛房街道、城子街道和大峪街道组织外教进社区活动 9 场，开展非洲舞培训、旧物改造和多肉种植、烘焙培训，220 余人次参加；与区妇联合作，指导东辛房小学开展“家校协同，共育责任少年”为主题的全区家庭教育展示交流活动。

（王晓民）

【老年开放大学】 年内，老年开放大学与区老干部局合作，开设舞蹈、太极拳、瑜伽、声乐、古筝、智能手机等线上专业课程，开设养生与保健、国画、书法、服装搭配与仪容仪表等特色讲座，共 46 个教学班，1915 人次参加。

（王晓民）

【实用技能培训】 年内，社区教育学院聘请北京市农职院果树专家到雁翅镇开展果树种植培训，内容包括剪枝技术，病虫害防治知识等；在清水镇聚兰兴合作社开展种植培训；在永定镇西山燕庐社区完成面点烘焙培训。全年共 240 人次参加实用技术培训。

（王晓民）

【社区居民培训】 年内，社区教育学院深入社区组织开展交谊舞、心理健康、老年健康、老年保健、线上茶艺知识培训。全年累计培训 300 人次。

（王晓民）

督导评估

【概　况】 2021 年，门头沟区印发《门头沟区关于深化新时代教育督导体制机制改革的实施方案》，督导教育单位 79 所，其中小学 23 所，初中 8 所，完全中学 4 所，九年一贯制 2 所，中等职业学校 1 所，特殊教育学校 1 所，幼儿园 40 所。全年教育督导专项经费 304410.48 元。

（韩秋静）

【培训机构检查】 3 月至 7 月，门头沟区全体督学对学科类校外培训机构进行巡检，督学两人为一组，每天检查校外培训机构线上线下授课情况并做好检查记录。

（杜红霞）

【义务教育质量监测】 5 月 27 日至 28 日，门头沟区开展国家义务教育质量监测，应参测学生 584 人，实际参测 572 人，缺测 12 人；应参测教师 195 人，实际参测 194 人，缺测 1 人。年内，门头沟区获得 2021 年国家义务教育质量监测实施优秀组织单位。

（张文生）

【教育督导委员会第一次全体会议召开】 7 月 1 日，区人民政府教育督导委员会召开 2021 年第一次全体会议。审议并通过《门头沟区人民政府教育督导委员会工作规则（草案）》《门头沟区人民政府教育督导委员会成员单位主要职责》。

（韩秋静）

【区级专职督学聘任】 9 月 26 日，门头沟区在区政府网站发布《关于聘任杜红霞等 103 位同志为门头沟区督学的公示》，聘任杜红霞等 103 位同志为门头沟区专兼职督学。

（韩秋静）

【教育收费检查】 10 月 13 日至 14 日，门头沟区对 17 个单位的收费情况进行检查，抽查比率占全区中小学及幼儿园总数的20.7%，对检查中发现的收费公示、收费通知欠规范和收费材料未统一管理归档等问题进行纠正，有关单位按要求完成整改工作。

（邓建民）

【幼儿园办园质量督导评估】 11月16日至18日，门头沟区第二幼儿园、第三幼儿园、一幼龙山幼儿园、大峪一小附属幼儿园、大峪二小附属幼儿园、京师实验小学附属幼儿园接受北京市办园质量督导评估验收。市教委认定，上述6所幼儿园评估结果为合格，评估分数超过850分（A级标准）。

（李　乾）

文 化

11 月 29 日，第十五届永定河文化节开幕演出现场（《京西时报》 供图）

◆| 6 月 9 日，区档案局、区档案史志馆在冯村 Plus365 购物中心广场举办“档案话百年”国际档案日主题宣传（区档案史志馆　供图）

◆| 6 月 17 日，“铁肩担道义 妙手著文章”——庆祝共产党成立 100 周年专题展在大峪第二小学巡展（永定河文化博物馆　供图）

◆| 10月15日，门头沟区喜迎2022年北京冬季奥运会书画艺术名家作品展开幕（区文联　供图）

◆| 11月11日，“抒怀冰雪情 唱响冬奥梦”门头沟区“迎冬奥”系列文化惠民演出现场（区文化馆　供图）

综　述

【概况】　2021年，门头沟区文化产业立足新版北京城市总规赋予的“三大功能”，持续在“精”字上做文章，全区13个镇街文化中心建有率、255个村居文化室的建有率均达100%；3万余册图书、1万余场公益电影、680余场公益演出送进山区、军营、企业、学校、工地；举办北京永定河文化节，推出永定河流域文化形象视觉系统；7处不可移动文物被提升为市级文物保护单位，11处不可移动革命文物入选北京市第一批革命文物名录；制定出台《门头沟区文物建筑保护与开放利用实施细则》《门头沟区老宅院保护管理办法（试行）》；重点实施完成潭柘寺大悲坛、戒台寺戒坛大殿等13项文物保护工程；完成西山永定河文化带、长城文化带重点项目年度工作任务。

（杜福星）

【门头沟服贸会展区】　9月3日至7日，门头沟区在2021年中国国际服务贸易交易会开设“小院喊你来串门”主题展，展区划分为民宿小院、文旅小院、非遗小院、智能小院等4个部分，通过视频展播、图片展示以及互动体验等形式展示门头沟魅力。

（朱　培）

【公共文化服务为民办实事项目】　年内，门头沟区开展为基层送演出、送图书、送电影为民办实事活动，举办星火、周末场、下乡下基层、镇街群众文化活动等惠民演出3382场，送图书进镇街、村居等共27738册，电影放映5811场。

（任　伟）

非遗保护与传承

【线上庙会】　2月，区文化和旅游局举办线上庙会活动，制作了鼓舞太平、寻味咯吱、燕歌袅袅、吉祥风车、京白香梨、酱肉飘香、千古幡会等7大主题线上庙会视频，展示门头沟区丰富独特的非物质文化遗产。

（黄文静）

【国家级非遗名录】　6月10日，国务院公布第五批国家级非物质文化遗产代表性项目名录，门头沟区潭柘紫石砚雕刻技艺进入名录，成为全区第5个进入国家级非物质文化遗产名录的非遗项目。

（黄文静）

【文化和自然遗产日主题活动】　6月至7月，门头沟区举办文化和自然遗产日活动。活动一级主题为“云上非遗”，二级主题活动为“非遗云体验”，并增加子板块“非遗云课堂”“非遗云传承”“非遗云社区”“非遗云商城”等。

（黄文静）

【非遗购物节】　7月24日至8月31日，门头沟区举办“追溯百年 传承无限”主题非遗购物节，为具有创意与创新活力的非遗项目搭建直面消费者的平台。

（黄文静）

【永定河流域非遗设计大赛】　7月至11月，区文化和旅游局开展永定河流域非遗设计大赛，共征集作品61件。

（黄文静）

【民间文学活态传承】　8月至10月，门头沟区推出非遗民间文学活态传承项目，打造“小小传承人”品牌活动，将京西的非遗历史文化资源，尤其是民间传说等进行梳理整合。由门头沟民间文学非遗传承老师带领学生们一起走访潭柘寺、戒台寺、妙峰山、永定河等地，寻找非遗传说故事的源头，录制非遗文化影音资料，展现出门头沟非遗民间文学“小小传承人”风采。

（黄文静）

【市级非遗名录】　9月29日，北京市政府公布第五批北京市级非遗名录，门头沟区京西黄芩茶加工技艺、孟氏刺络疗法、裴氏正筋术3个项目进入名录，至此全区共有10个项目为北京市级非遗项目。

（黄文静）

【琉璃烧制技艺参展】　9月15日至17日，琉璃烧制技艺国家级代表性传承人蒋建国携琉璃展品参加河北省举办的“百年百艺民间文化艺术展”。

（黄文静）

【中秋节祈福系列活动】　9月20日，区文化和旅游局举办“秋节赏月 月满门头沟”中秋祈福活动，活动在潭柘寺景区通过线上直播开展“晒照有礼”“非遗体验”

和“异地送祝福”活动，在西达摩村特色民宿“隐北·野奢”举办“月圆·情满——门头沟小院中秋团圆喜乐会”活动。

（黄文静）

【第八批区级非遗项目】 年内，区文化和旅游局组织召开门头沟区第八批非物质文化遗产代表性项目专家评审会，金砖墁地技艺、甲胄复原技艺等43个项目通过评审后公示。

（黄文静）

文化活动

【第二十八届传统民俗庙会】 5月12日至26日，妙峰山举办第二十八届传统民俗庙会。此届庙会主题为“金顶祈福纳吉祥，弘扬妙峰福文化”，庙会期间有来自京津冀地区50余档花会进行表演。

（黄文静）

【端午节系列活动】 6月12日至14日，门头沟区举办“和满京城 奋进九州”端午节系列主题文化活动，分别在戒台寺景区、王平镇特色民宿“诗雨丽舍”和城子街道文化中心举办“品味端午 忆颂百年”门头沟区端午音乐诗会、“小院喊你来串门”门头沟小院非遗展示和“亲承传统，粽香暖心”端午体验3场活动。

（任 伟）

【公益影片放映工作】 6月至7月，门头沟区开展“庆祝中国共产党成立一百年公益展映”活动。8月1日，为驻区部队官兵放映《南京 南京》《捌佰》等影片。9月5日，全区189个放映点更换全新放映播放机。

（刘 安）

【第十五届永定河文化节】 11月29日，第十五届永定河文化节开幕，发布“平西革命根据地”文旅品牌、网红打卡地并授牌。此届永定河文化节以“紫气东来 一河永定”为主题，采用线上云直播形式，以“紫气东来”“红色基因”“一河永定”“绿水青山”为主旋律，以文化和地理2条脉络梳理，展现门头沟的历史风貌与文化特色。其间上演的原创情景剧《小院喊你来串门》以门头沟民宿小院为背景，展示永定河沿岸发生的变化。

（任 伟）

文物保护与利用

【入选市第一批革命文物名录】 4月1日，《北京市第一批革命文物名录》正式公布，门头沟区包括八路军冀热察挺进军司令部旧址等11处不可移动革命文物入选，其中市级文物保护单位2处，区级文物保护单位7处，尚未核定公布为文物保护单位的不可移动文物2处。

（杜 莹）

【红色资源梳理】 5月，区文化和旅游局梳理全区红色资源基础信息共1328项，包括革命文物、红色遗址遗迹、红色纪念馆、纪念碑、烈士纪念设施、报刊遗物、重要人物事迹等红色资源。

（杜 莹）

【第九批文物保护单位】 8月28日，北京市政府公布第九批北京市文物保护单位名单，门头沟区共7处11项文保单位纳入北京市第九批文物保护单位名单。至此，门头沟区共有市级文物保护单位15处。

（杜 莹）

【首批“门头沟老宅院”挂牌】 9月16日，门头沟区首批“门头沟老宅院”挂牌仪式在妙峰山镇古道山居举行。

（杜 莹）

【文物保护与利用制度建设】 9月，区文化和旅游局研究制定《门头沟区文物建筑保护与开放利用实施细则》，推动加强全区文物建筑的保护利用；研究制定《门头沟区老宅院保护管理办法（试行）》《门头沟区老宅院保护利用工作方案》，推动保护传承地区优秀传统文化。

（杜 莹）

【文物保护工程】 年内，区文化和旅游局共申请市级文物保护专项资金2990万元，启动实施潭柘寺大悲坛保护修缮等16项文物保护工程。

（杜 莹）

门头沟区入选北京市第一批不可移动革命文物名录

序　号	名　称	级　别
1	八路军冀热察挺进军司令部马栏旧址	北京市文物保护单位
2	宛平县人民八年抗战为国牺牲烈士纪念碑	北京市文物保护单位
3	八路军宋邓支队会师地旧址	门头沟区文物保护单位
4	八路军第四纵队旧址	门头沟区文物保护单位
5	挺进军司令部塔河旧址	门头沟区文物保护单位
6	冀热察军政委员会塔河旧址	门头沟区文物保护单位
7	冀热察区党委旧址	门头沟区文物保护单位
8	挺进军十团团部旧址	门头沟区文物保护单位
9	一元春药铺	门头沟区文物保护单位
10	毛主席关于生产合作社批示纪念碑	尚未核定公布为文物保护单位的不可移动文物
11	马栏村红色革命文物建筑群	尚未核定公布为文物保护单位的不可移动文物

门头沟区入选北京市第九批文物保护单位名单

序　号	名　称	地　址
1	东胡林人遗址	斋堂镇东胡林村
2	北京日报社西山基地	潭柘寺镇赵家台村
3	大魏武定三年石刻	王平镇河北村
4	龙王观音禅林大殿	斋堂镇马栏村
5	妙峰山娘娘庙	妙峰山镇涧沟村
6	八路军邓宋支队会师地旧址	清水镇杜家庄村
7	北京长城及其遗迹	雁翅镇、清水镇

文化市场管理

【“扫黄打非”工作】 3月至10月，区文化和旅游局开展“护苗”专项行工作，加强中小学校园周边出版物市场整治，开展网络有害信息应用及专项监测，开展绿书签系列宣传活动。5月，协助区“扫黄办”在17家A级景区成立“扫黄打非”（文化市场管理）工作站，对景区工作人员进行“扫黄打非”相关内容培训。为40所中小学发放宣传品6000余份。

（郭京洪）

【区文化市场综合执法大队组建】 4月28日，区委编办印发《关于北京市门头沟区文化市场综合执法大队职责机构编制事项的通知》，设立北京市门头沟区文化市场综合执法大队，为区委宣传部、区文化和旅游局双重管理的副处级行政执法机构，以区文化和旅游局名义执法。

（张　鹤）

【文化执法检查】 年内，区文化和旅游局累计出动执法人员1852人次，共检查2931家次；“街乡吹哨、部门报到”5次，接诉即办26次；立案1起，结案1起，作出警告、罚款300元的行政处罚。

（张　鹤）

文化创意产业

【云游2021中关村智能文创园灯会】 2月26日，门头沟区举办云游 2021 中关村智能文创园灯会，包括非遗展演、汉服展示、猜灯谜等民俗活动，区融媒体中心、央视频、今日头条、人民网客户端、京视网手机台全程直播活动。

（朱 培）

【红色文化交流座谈】 5月12日，区文促中心党支部、区文创协会与中国人民大学“红船领航”党员先锋营就门头沟区红色历史文化、红色文创大赛、红色文创资源的现状经验、宣传推广及未来发展等内容进行座谈交流。

（朱 培）

【文创市集小程序上线】 10月22日，文创市集“橙品惠选”小程序上线，小程序是为特色品牌和消费者搭建的常态化、市场化服务平台，包括“绿色农产”“非遗文创”两大类6种品牌10余种产品，并开展“云招商”直播活动、对口地区农产品宣传等多项活动。

（朱 培）

【人工智能文创大赛】 11月18日至12月2日，2021年门头沟人工智能文创大赛举办，大赛以“绿水青山门头沟，智能文创创未来”为主题，涵盖人工智能+文创、文化旅游、文化科技融合、医药健康、“门头沟小院”+设计、红色文创、非遗及IP开发、文化体育等10余个领域，共征集72个文创项目参赛。12月28日，大赛一等奖项目北京为快科技有限公司的VeeR环球VR内容平台项目入围2021北京文化消费品牌榜“文化产业数字应用创新”特别榜。

（朱 培）

公共文化设施

图书馆

【概况】 2021年，门头沟区图书馆馆藏书籍130万册，声像资料2700余种，古籍1700余册；服务面积1200平方米，设有读者外借部、辅导部、采编部、办证处等服务部门；举办“书香门头沟阅读永定河”系列全民读书活动。红领巾读书活动、西山讲堂、书市、亲子绘本阅读、青少年诵读等讲座，打造门头沟全民阅读文化品牌。在多个社区组织开展“牢记党史，难忘英雄”系列红色主题阅读活动。

（王 筝）

【讲座活动】 5月至10月，区图书馆与驻区部队等多家共建单位举办建党百年主题讲座。7月29日，邀请北京市承光律师事务所律师在军庄镇为家长与孩子开展关于未成年人保护法的法律知识讲座。9月28日，邀请中医药大学图书馆馆长以《中医药养生理念及北京中药栽培现状》为主题到小龙门村进行讲座授课。

（王 筝）

【图书采配备】 年内，区图书馆完成23次集体外借服务工作，共28338余册；新建基层图书室2家；对龙泉镇、城子办事处、大台办事处、妙峰山镇、潭柘寺镇、永定镇、雁翅镇、清水镇、斋堂镇部分基层图书室交换图书共18次2万余册。

（王 筝）

【第十一届换书大集】 年内，区图书馆举办第十一届换书大集活动，活动采取线上预约，线下换书方式，读者累计交换图书300余册。

（王 筝）

【楹联、书法等线上主题活动】 年内，区图书馆开展“书香盈岁月，新桃换旧符”楹联投稿展、“挑战炫彩灯谜 畅闹欢乐元宵”、七天听书打卡、清明民俗展、“学党史、明信仰、读好书”——书评展、“我对祖国说句心里话”书法征集活动等线上主题活动。举办线上线下亲子活动15场。

（王 筝）

永定河文化博物馆

【概况】 2021年，门头沟区永定河文化博物馆现有《从历史走来的门头沟》《平西抗日斗争史》两个基本陈列，并在北京城市广播副中心之声《运河之上》节目介绍《平西抗日斗争史》基本陈列；策划推出“在正道上行”书画展览等10余个临时展览；面向市、区级单位开展党史学习教育活动，接待观众万余人次；与北京李大钊故居联合举办庆祝中国共产党成立100周年专题展的系列活动；出版《文博探索》杂志4期和董学勤口述史《煤海人生》。

（贺 洋）

【书画展览】 5月6日，永定

河文化博物馆举办“在正道上行”——庆祝中国共产党成立100周年书画展览。5月31日，与区少年宫共同举办“童心向党翰墨传情”——门头沟区少年宫师生书法作品展。6月9日，举办庆祝中国共产党成立100周年书画摄影展暨第十届书法篆刻临帖展。7月7日，举办“奋斗百年路 启航新征程”——门头沟区离退休干部庆祝中国共产党成立100周年书画展。10月15日，举办“笔歌冬奥·墨赞冰雪”——门头沟区喜迎2022年北京冬季奥运会书画艺术名家作品展。11月18日，举办“共享小康社会 奋斗绿水青山”——门头沟区书画摄影暨第九届书法篆刻临帖展。

（贺　洋）

【庆祝中国共产党成立100周年专题展】 5月18日，永定河文化博物馆与李大钊纪念馆联合举办“铁肩担道义 妙手著文章”——庆祝中国共产党成立100周年专题展，累计5000余人参观。5月至7月，展览在区消防中队等多家单位开展巡展。

（贺　洋）

【美术摄影作品展】 9月17日，永定河文化博物馆举办“喜迎中秋·绿水青山门头沟”美术摄影作品展。9月30日，举办“情画永定”永定河流域油画展。12月10日，举办“紫气东来门头沟 碧水长流永定河”——迎冬奥西山永定河文化主题摄影作品展。

（贺　洋）

【“寻访古建琉璃”讲座】 9月23日，永定河文化博物馆联合北京市社会科学联合会在北海公园举行“寻访古建琉璃”社科普及讲座。

（贺　洋）

【“博物馆里颂家乡”主题教育活动】 10月，永定河文化博物馆举办“博物馆里颂家乡”主题教育活动，活动包括一首红歌献给党、参观展厅、互动问答等3个部分，活动举办5场，共200余人次参加。

（贺　洋）

文化馆

【概况】 2021年，门头沟区文化馆围绕庆祝建党百年，开展各种形式的党史学习活动，树立乡镇特色品牌文化，创编非遗项目，打造《燕歌戏·鼓》创新作品；推进基层文化培训工程。全年免费开放场所，创新基层文化服务内容；开展理论与原创工作，多部论文和原创作品获各级奖项。

（耿艳丽）

【文化惠民演出】 1月，区文化馆举办3期线上元旦惠民文艺系列演出。2月，承办“福满京城春贺神州”门头沟区2021新春在线群众大联欢、2021新春在线合唱音乐会。7月，开展“庆八一”下基层慰问演出。9月28日，在大峪街道办事处文化馆分馆举行“践行社会主义核心价值观”——门头沟区文化普及月“迎国庆”专场演出。10月13日，举办第四届中国农民丰收节暨第32届北京农民艺术节“回望百年颂党恩，振兴乡村跃新程”乡村大舞台门头沟区专场展演活动。11月30日，在下清水村举行管乐基层辅导以及演出。

（刘鸿鹤）

【志愿服务培训】 4月2日，区文化馆组织各镇街14支文化志愿者团队开展“文化让生活更美好——您教我用筷子，我教您用手机”志愿服务培训。

（蔺　珊）

【庆祝建党百年文化活动】 6月9日，区文化馆在城子街道办事处举办文化馆艺术团端午节专场——献给“建党100周年”下基层辅导演出活动。6月25日，区文化馆承办“永远跟党走”——庆祝建党100周年歌唱门头沟大型群众合唱比赛展演暨颁奖典礼。

（张　赛　朱玉儿）

【“迎冬奥”系列文化活动】 年内，区文化馆利用下基层辅导演出的模式，开展“抒怀冰雪情 唱响冬奥梦”——门头沟区“迎冬奥”系列文化惠民演出活动；拍摄冬奥主题广场舞《一起向未来》视频宣传片；线上平台推出音准节奏基础训练、音色提高、情感表达、指挥法讲解等“迎冬奥”合唱表演惠民活动。

（张　赛）

融媒体建设

【概况】 2021年，门头沟区融媒体中心发挥全媒体各平台深度融合和聚合共振效应，推进融媒体中心建设，提高新闻信息生产、传播、服务能力，荣获北京日报客户端北京号2020年度“最具传播力奖”；在全国县级融媒优秀作品双月赛2021年第4期评比中获视听类二等奖；在新华社新闻信息中心推出的“四季旅行”项目第一季中，《门头沟春色》《桃花溪上赏桃花》2部作品入选；《融媒小姐姐带您探秘疫苗接种点》等2部微录（video log，vlog）获北京市广电局2021年第一季度优秀广播电视新闻作品奖；《带您走进谷山村 享受冬日之美》在北京电视台举办的《走进北京网红打卡地》之“拔草行动vlog挑战赛”中获“最美vlog”。

（高艳蕊）

【新冠肺炎抗疫宣传】 4月24日，区融媒体中心《新冠疫苗接种记者现场体验Vlog》被北京市广播电视局评选为2021年第一季度区级优秀广播电视新闻作品。在门头沟融媒各平台开设《坚决打赢疫情防控阻击战》《疫情防控坚持快严准》专栏。全年累计刊播、推送相关报道1500余篇。

（王 正）

【内宣工作】 年内，区融媒体中心播出电视新闻4231篇，《京西时报》出报105期420个版面，“门头沟融媒”APP推送稿件5614篇、推送直播30场，“门头沟融媒”公众号推送报道1418条，“门头沟融媒”新浪微博发布1308条。

（高艳蕊）

【外宣工作】 年内，区融媒体中心完成电视外宣132条，其中《新闻联播》1条，央视《新闻直播间》7条，《北京新闻》16条；在新华网客户端发布稿件26篇，在新华社客户端发布稿件7篇，长消息《让光影艺术走进乡村 照进百姓生活》获新华社客户端推送，点击量超过100万；在北京日报客户端“北京号”发布稿件1166篇，多篇文章登上“北京号”热点新闻轮播，浏览量在211个记者站中每周排名前十；在学习强国刊登稿件133篇。

（高艳蕊）

【自制节目】 年内，区融媒体中心推出系列自制节目《我爱门头沟》，通过“大小屏”互联的新形式，对热点话题进行延展与深度解读；开辟《奋斗百年路 启航新征程——我为群众办实事》专栏，对全区委办局、各镇街开展的“我为群众办实事”相关内容进行宣传报道。

（高艳蕊）

【公益广告制作播出】 年内，区融媒体中心丰富公益广告内容，加大播出频次，提升宣传效果，被北京广告协会评为“2021年度北京广告行业突出贡献单位”；《“宪”在生活》被北京市广电局评为2021年北京市新视听公益广告扶持项目电视二类作品。

（高艳蕊）

【短视频孵化】 年内，区融媒体中心制作短视频1173条，其中浏览量“10万+”7条、“100万+”1条，学习强国采用6条，在抖音、快手、腾讯视频号累计播放超600万次；抖音短视频平台《危险！电动车安全充电！》播放量316万，点赞2.4万。

（高艳蕊）

档 案

【概况】 2021年，门头沟区档案史志馆推动十四五时期开好局，起好步各项工作。档案馆新馆建设纳入区重点工作（折子工程）。完成招投标并进入项目施工阶段。梳理全区104项重点工程项目，11家单位、35个项目的重点工程完成登记备案。对新冠肺炎疫情防控、党史学习教育等档案工作进行培训指导。对全区73家立档单位开展档案行政执法检查工作，在市执法信息平台中录入34家单位的193张检查单。完成全区1084条电子档案归档配置的审核工作，约占门头沟区属全部事项的97%。对8家单位开展档案专业培训，211人次参加。上门业务指导15次，在线解答各类档案业务问题200余人次。接收35家立档单位移交的档案，其中文书归档文件21846件，文书案卷409卷，会计档案70卷，科技档案9卷，照片90张。截至2021年年底，馆藏档案92294卷、322833件，排架长度1380.25米。查阅大厅共接待档案利用者4416人，出具证明3012份，调阅档案6097卷（件），并在跨馆利用系统新增知青档案目录9442条。完成1991—1995年28247件档案的审理工作，1986-1990年12450件档案向社会公众开放，其中在北京档案信息网公布199件档案目录。汇总完成105家单位2021年档案统计年报工作、144卷到期档案鉴定工作、1178卷、154413件的档案数字化扫描工作，馆藏档案全文数字化副本占馆藏应数字化档案 89.02%、2021 年馆藏档案异地备份工作。举办“国际档案日”系列活动。编辑出版《门头沟档案》12 期。推出“红色宛平 -- 庆祝中国共产党成立 100 周年”专题展。完成库房环境清理、防震抗震自查和保密自查工作，开展安全检查 7 次。

（王 焕）

【档案接收（征集）工作】 1 月 6 日，区档案史志馆印发《门头沟区档案史志馆关于开展 2021 年档案接收移交工作的通知》，年内，共接收 35 家立档单位移交的档案，文书归档文件 21846 件，文书案卷 409 卷，会计档案 70 卷，科技档案 9 卷，照片 90 张。其中，建档 70 周年国庆游园重大活动科技档案 8 卷；新冠肺炎疫情防控文书档案 2719 件，实物档案 56 件。计划外完成接收百花山管理处、园林绿化局、卫计委 3 家单位移交的文书、科技、实物档案。年内，共征集资料、实物、书画、书籍四类档案共 457 件。拍摄整理门头沟地区的标志性建筑、红色革命遗址等照片 1200 张。

（果 蕾 康 健）

【档案培训和指导工作】 2 月 21 日，区档案史志馆针对区党史学习教育档案开展收集整理指导工作，区党史学习教育小组 32 人参加。8 月 20 日，区档案局、区档案史志馆对门头沟区新冠肺炎疫情防控工作组各成员单位开展档案工作专题培训，21 家成员单位全部参训。年内，针对区人保局、区城指中心、城子街道等 8 家单位开展档案专业培训，211 人次参加。业务上门指导 15 次，在线解答各类档案业务问题 200 余人次。

（陈文思 赵雅馨）

【档案数字化工作】 3 月 26 日，区档案史志馆签订数字化信息合同，年度内档案数字化资金投入 518267 元，完成 1178 卷、154413 件，数字化副本 96.81 万页（按 A4 纸张大小计算）。年内，将数字档案馆建设工作纳入区“十四五”信息化发展专项规划，并将数字档案馆项目建设纳入“智慧门头沟”统筹推进，经调研形成门头沟区数字档案馆建设的调研报告。

（高 莹）

【档案行政执法工作】 3 月 31 日，区档案局下发《门头沟区 2021 年档案行政执法检查通知》，要求全面自查，共收取自查报告 73 份。截至年底，完成对 34 家单位的行政执法检查，其中 26 家单位初查合格，8 家单位复查后合格，在市执法信息平台录入 34 家单位的 193 张检查单。

（赵 阳）

【红色故事“七进”活动】 4 月 25 日，区档案史志馆走进北京第二实验小学永定分校开展红色宣讲活动，先后在利德衡非公企业联合党支部、小龙门村党支部等多个企事业机关单位内，共开展 9 次红色宣讲。6 月 10 日，在《北京日报》推出专版《平西抗日根据地军民百炼成钢》等宣传门头沟党史 3 期。6 月 11 日，联合区直机关工委开展“学党史、铭初心、争做两山理论守护人”知识竞赛活动，吸引千余名党员干部热情参与，区机关系统 30 余家单位组队参赛。年内，在《京西时报》推出《红色门头沟历史回眸》专栏 10 期，与区电视台和区新媒体部门联合自推出《党史上的今天 1920——2000》《话说红色门头沟》栏目 5 期，拍摄门头沟区党史系列短视频 6 期。其中，多个视频作品在“学习强国”学习平台《红色文物故事》栏目展播，网络点击量超 20 万次。

（史可华）

【重点工程档案管理】 5 月 11 日，区档案史志馆制发《关于加强门头沟区政府投资建设项目档案管理登记的通知》，全年有 11 家单位、35 个项目的重点工程登记备案，梳理全区 104 项重点工程项目，建立重点工程档案备案清单。

（陈文思）

【政务服务】 5 月 18 日，门头沟区开展政务服务电子档案归档配置审核工作。采用事项随时上报随时审核的方式，截至 12 月 20 日，完成全区 1084 条电子档案归档配置的审核工作，占区属全部事项的 97%。年内，完成 7 项政务服务事项进驻政务服务大厅工作，权、责清单在相关网站完成网上公示工作并全部纳入平台运行和管理，实现“一网通办”。完成“互联网 + 监管”系统监管事项清单的认领维护。

（赵 阳）

【“国际档案日”活动】 6 月 9 日，区档案史志馆以“档案话百年”为主题开展 2021 年“国际档案日”活动，开展开放馆舍、档案主题征文、档案法律、业务知识上街宣传、红色宣讲等活动。开放 1986-1990 年形成的反映全区在乡镇建设、企业改革、百姓生活等方面发展的档案12450件。在《京西时报》、“京西门头沟”等微信公众平台、《门头沟档案》期刊专版刊登活动专题报道，介绍区档案史志馆发展沿革及职能，将主题宣传日活动、展览活动、红色宣讲、主题征文等内容进行预告。

（高 莹 康 健）

【档案法治宣传活动】 6月9日，区档案史志馆开展以“档案话百年”为主题的门头沟区2021年“国际档案日”暨北京市第十三届“档案馆日”宣传活动。向广大市民发放档案法制宣传材料5种1000余份和《北京党史》《北京地方志》200册。12月3日，在区科技馆前开展以“深入学习宣传习近平总书记全面依法治国新理念新思想新战略 大力弘扬宪法精神”为主题的国家宪法日上街宣传活动。向市民发放档案法宣传海报、新修订《中华人民共和国档案法》宣传单、折页及海报等宣传品500余份，并围绕档案知识、新《档案法》对市民咨询的问题进行解答。

（赵 阳）

【庆祝建党100周年专题展举办】 6月18日，区档案史志馆“红色宛平——庆祝中国共产党成立100周年”专题展开幕，此次展览以中国共产党创建的北京地区第一个抗日民主政府——宛平县抗日民主政府为主线，全面展示和回顾中国共产党创建平西抗日根据地的历史及贡献。展览共展出档案、资料、图片200余件。全年接待来馆参观人员1000余人，网上展厅点击量超3万人次。

（康 健）

【档案利用工作】 年内，区档案史志馆查阅大厅共接待档案利用者4416人，出具证明3012份，调阅档案6097卷（件）。其中，接待跨馆利用13人，协助跨馆审核96人。在跨馆利用系统新增知青档案目录9442条。可跨馆查询的档案共128379件，其中婚姻档案118937件、知青档案9442件。

（果 蕾）

【档案开放鉴定工作】 年内，区档案史志馆完成1991—1995年28247件档案的审理工作，经北京市档案局审批同意27490件延期向社会开放。完成1986-1990年12450件档案向社会公众开放，在北京档案信息网公布1986年-1990年199件档案目录。完成鉴定1971年的144卷到期档案，建议销毁122卷，18卷改为永久保存，4卷延长50年。

（高 莹 果 蕾）

【档案安全工作】 年内，区档案史志馆开展修复和数字化明清档案169件，中华民国时期档案480件。档案史志馆进行全馆范围安全检查7次，对库房及办公区域的安全检查13次。完成2020年馆藏档案异地备份。

（高 莹 果 蕾 王 焕）

【档案编研】 年内，区档案史志馆编辑出版《门头沟档案》共12期，刊登信息剪辑227篇，档案史志类文章59篇，动态报道类54篇。在《门头沟区档案》开辟《红色阵地·百年红色门头沟》专栏，陆续刊登门头沟区红色故事、革命人物事迹、红色历史研究、红色遗址等文章。

（康 健）

地方志

【概况】 2021年，门头沟区出版发行《北京 市门头沟区志（1996-2010）》，完成《北京市门头沟区地名志》《燕家台村志》《张家庄村志》复审与终审，启动编纂《斋堂镇志》《香峪村志》《赵家台村志》，编纂出版《北京门头沟年鉴》2021卷。区地方志编纂委员会及其办公室协助中共北京市委党史研究室、北京市地方志编纂委员会办公室编纂12部门头沟区“中国传统村落志”，其中7部村志出版发行。持续强化地方志资源建设和利用，收征集地情资料，强化地方志资源利用。

（冯智逵）

【北京市传统村落志完成复审与终审】 2月3日，门头沟区“北京市传统村落志”复审稿评议会召开，审议《燕家台村志》《张家庄村志》复审稿，重点对村志章节目的设置、史实的真实、资料的完整、地区特色及照片选取等提出修改建议和意见。7月15日，《燕家台村志》《张家庄村志》终审稿评议会召开，要求进一步完善村志内容、修改志书疏漏，推动志书尽快进入出版环节。

（冯智逵）

【《北京市门头沟区地名志》完成复审与终审】 2月8日，《北京市门头沟区地名志》复审稿评议会召开，围绕志稿章节标题和内容整合方面提出修改建议和意见。9月28日，《北京市门头沟区地名志》终审稿评议会召开，肯定志稿质量，要求进一步精雕细琢，推动志书尽快进入出版环节。

（冯智逵）

【《斋堂镇志》编纂】 4月，《斋堂镇志》编纂工作启动。10月13日，《斋堂镇志》编写工作推进会召开，着重解决镇志资料收集问题。

（冯智逵）

【《香峪村志》《赵家台村志》编纂启动】 5月，区地方志编纂委员会办公室启动《香峪村志》《赵家台村志》前期调研工作，通过座谈、走访等方式收集资料、听取意见。8月11日与20日，《香峪村志》与《赵家台村志》编写启动工作会分别召开，确定村志编纂方案、篇目框架及资料收集等工作的分工安排与志书编写时间节点。

（冯智逵）

【《北京市门头沟区志（1996–2010）》出版发行】 7月23日，《北京市门头沟区志（1996-2010）》发行座谈会召开，标志《北京市门头沟区志（1996-2010）》正式出版发行。《北京市门头沟区志（1996-2010）》由区地方志编纂委员会编纂，线装书局出版发行，全书143.8万字，设专题图片、概述、大事记，以及30编正文、7篇附录，记录门头沟区在“九五”至“十一五”时期的现代化建设进程。

（冯智逵）

【《北京门头沟年鉴（2021）》出版】 12月，由区档案史志馆、区地方志编纂委员会编纂的《北京门头沟年鉴（2021）》经团结出版社出版。全书85万字，共29个类目，54张专题图片、68张随文图片。设有4个卷首图片专题，刊载4篇特载、1篇专文，以及1篇年度综合大事记、1篇全区抗疫专题大事记。

（冯智逵）

【门头沟区“中国传统村落志”出版发行】 年内，区地方志编纂委员会协助中共北京市党史研究室、北京市地方志编纂委员会办公室完成《川底下村志》《沿河城村志》《琉璃渠村志》《三家店村志》《苇子水村志》《碣石村志》《千军台村志》编纂，这7部门头沟区“中国传统村落志”上限追溯至村落发端，下限截至2018年底，由北京出版社出版、北京出版集团总发行。

（冯智逵）

【地方志资源建设利用】 年内，区地方志编纂委员会办公室收集到全区相关单位的书刊类资料35件、文件类资料13件、音像类资料106件，向市委党史研究室、市地方志编纂委员会办公室报送资料274件，购买1.2万元地方志资源；支持区档案史志馆策划承办《红色宛平——庆祝中国共产党成立100周年专题展》，协助区融媒体中心制作“图片说党史”“文物说党史”“话说红色门头沟”等栏目，为门头沟区第一次全国自然灾害综合风险普查历史灾害调查等工作时提供地情资料服务。

（冯智逵）

卫生健康

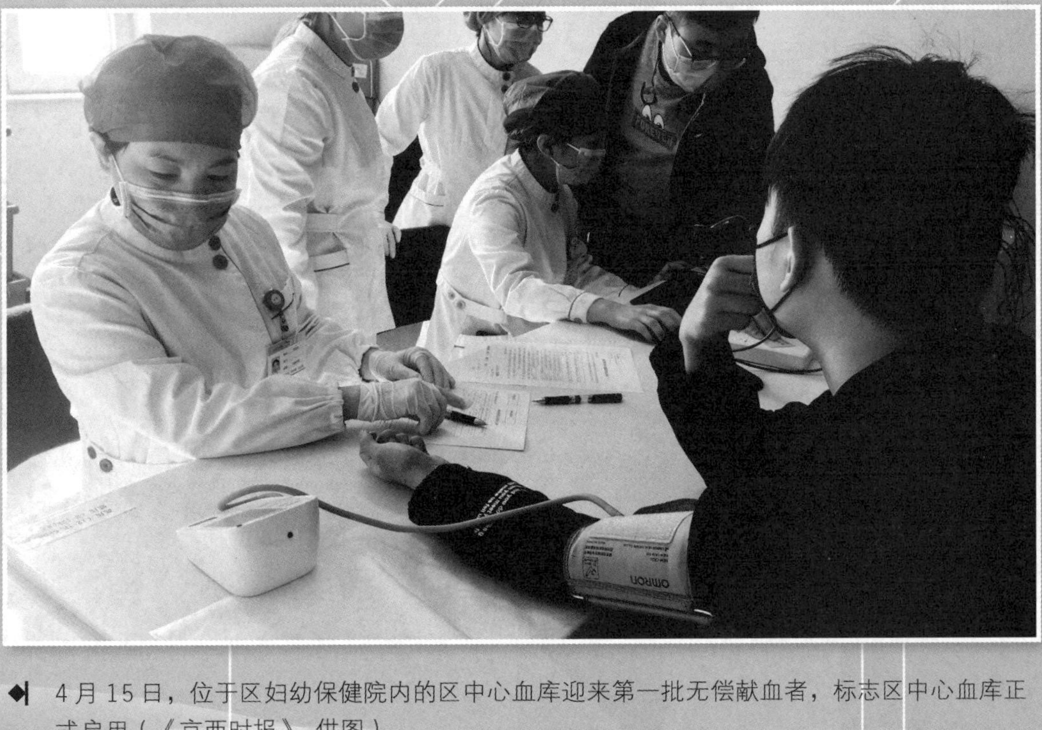

4 月 15 日，位于区妇幼保健院内的区中心血库迎来第一批无偿献血者，标志区中心血库正式启用（《京西时报》 供图）

◆| 1 月，区妇幼保健院压紧压实新冠肺炎疫情防控责任，图为口腔分诊台（《京西时报》 供图）

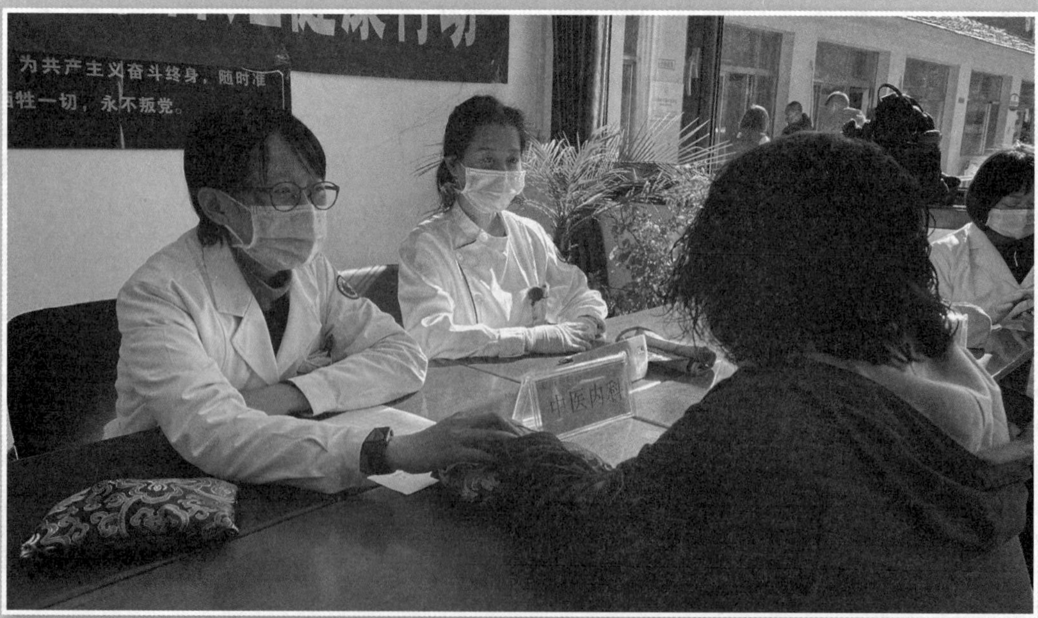

◆| 10 月，区卫健委组织 20 余名青年医务志愿者到清水镇上清水村开展义诊活动（《京西时报》供图）

◆ 12月1日，区疾控中心开展“生命至上 终结艾滋 健康平等”主题宣传活动（《京西时报》 供图）

◆ 2021年，门头沟区开展职业卫生“双随机”检查，图为检查现场（区卫生健康监督所 供图）

综　述

【概况】　2021年，门头沟区卫生健康委员会（以下简称“区卫生健康委”）持续抓好新冠肺炎疫情防控，统筹推动疫情常态化防控和卫生健康事业改革发展，坚持常态化精准防控和应急处置有机结合；严格落实各项防疫措施，以“一体系两屏障三能力”为抓手，全面提升医疗救治、流调溯源、院感防控、物资保障、监督检查等各项工作；把握卫生健康工作政治属性和业务属性，以人民健康为中心，以常态化疫情防控为重点，为人民群众提供公平可及的健康服务，扎实不懈推进健康门头沟建设。

（张　楠）

【区卫生健康综合服务中心成立】　3月25日，门头沟区政府直属门头沟区老龄事业发展中心以及区卫生健康委所属门头沟区医疗技术指导中心、门头沟区社区卫生服务管理中心、门头沟区卫生和计划生育宣传中心组建成门头沟区卫生健康综合服务中心，为区卫生健康委所属公益一类事业单位。

（谷　萌）

【3个街道通过市卫生街道考核验收】　10月，大峪街道、城子街道、东辛房街道通过北京市卫生街道考核验收。年内，门头沟全域启动北京市卫生街道创建工作。

（曹卫斌）

【急救工作站通过市级验收】　12月14日，东辛房急救工作站、门城急救工作站2个急救工作站通过北京市卫健委专家组验收。12月20日，清水急救工作站、曹各庄急救工作站、妙峰山急救工作站3家急救工作站通过北京市卫健委专家组验收，纳入北京急救网络。门头沟区通过市级标准化验收急救工作站数量达到11个，占区内院前医疗急救设施规划数量的73.33%。

（任京雪）

【基层中医药工作先进单位复审】　12月28日，门头沟区参加全国基层中医药工作先进单位复审并通过检查。

（刘　峥）

【3个镇命名市卫生镇】　12月31日，雁翅镇、王平镇、清水镇被北京市爱国卫生运动委员会命名为北京市卫生镇。年内，门头沟全域开展国家卫生镇创建工作。

（曹卫斌）

新冠肺炎疫情防控

【概况】　2021年，门头沟区始终坚持新冠肺炎疫情防控“外防输入、内防反弹”的防控策略，按照“三防四早九严格”的工作要求，从严从实抓好各项防控措施落实，全区无新增新冠肺炎确诊病例和无症状感染者，疫情形势处于平稳可控的低风险状态。由区四套班子参与的门头沟区新冠病毒肺炎疫情防控领导小组持续运转，区突发新冠肺炎确诊病例疫情快速响应处置的工作机制不断完善。流行病学调查队伍达到152人，疫情跟踪监测研判机制不断完善，全年出动流调人员1231人次，开展流行病学调查282起，形成流调报告294个，风险评估28个。建成区级核酸检测基地和5家二级及以上医院核酸检测实验室，全区核酸检测能力达到8512单管/日。从全区16家医疗机构抽调人员，组成1012人的核酸采样队伍，与各镇街建立协调联动机制，保障92个临时核酸检测点现场采样工作。全年累计核酸检测超过100万件（人员97万余件，环境4万余件）。依托区医院120分中心建立区级疫情急救转运中心，承担全区确诊病例、密切接触者、次级密切接触者等重点人员的转运工作。全年出车850车次，转运疫情相关人员1184人次。

（任正艺）

【发热进京人员转运手卡】　1月19日，区卫生健康委制作发放门头沟区公安检查站、治安卡口发热（≥37.3℃）进京人员转运手卡，完善公安检查站、治安卡口转运工作机制和流程。

（王　杰）

【集中空调通风系统视频会召开】　7月12日，区卫生健康监督所召开集中空调通风系统视频会，增强全区营业的集中空调通风系统单位的卫生安全意识和应急处理能力，提高新冠肺炎疫情防控期间卫生安全责任意识。

（郎柏忠）

【社会面防控】　年内，门头沟区根据《新冠肺炎防控方案（第八版)》《北京市应对新冠病毒德尔塔变异株强化疫情调查处置与风险区域判定管控工作指南(第二版)》等相关文件要求，开始对密切接触者进行疫情研判和风险评估，判定密接、次密等风险人群，划定相关风险区域，提出不同风险区域防控措施。就东辛房街道石门营六区出现一名高风险密接的情况进行风险区域划定及管控桌面推演。年内，开展高考保障、中考保障、其它会议及活动保障，安排防疫副主考，对各考点开展现场技术指导。撰写高考、中考保障新冠肺炎疫情防控应急预案，开展高考、中考保障卫生防疫专业培训，针对可能出现的涉疫场景开展桌面推演。对“七小场所”、中小学校、企事业单位等单位开展卫生防疫保障和技术指导，累计派出5230户次417人次。掌握最新新冠肺炎疫情防控政策、措施和要求，撰写、更新、细化疫情防控技术方案约50余份，为新冠肺炎疫情防控提供专业建议和技术支撑。

(任正艺　李龙建)

【新冠病毒核酸筛查】 年内，门头沟区强化新冠病毒核酸检测组织实施，细化核酸检测组织实施流程，在较短时限内迅速组建起与检测任务量相匹配的采样及检测队伍，全面提升统筹协调能力，确保按时限完成大规模新冠病毒核酸检测任务。为确保各新冠病毒核酸采样点采样、送检工作有序推进，协调解决各类采样问题，区卫生健康委安排应急办、医政医管科及有关院感专家等人员，担任固定采样点、大规模核酸检测采样点联络员及督导员工作。强化核酸检测实验室质量及安全督导检查，由区级检验质控中心、区卫生监督所组成检查组，对辖区6家新冠核酸检测机构开展督导检查，聚焦人员防护和健康监测、新冠肺炎疫苗接种情况、闭环管理情况，实现全覆盖。

(徐　丽)

【集中隔离医学观察点工作】 年内，门头沟区设置集中隔离医学观察点3个。雁翅中小学素质教育基地，隔离房间41间；北京晨光饭店，隔离房间94间；龙泉宾馆，隔离房间114间。龙泉医院、区医院、中医院成立医疗小组做好集中隔离人员救治保障工作。全年累计管理密切接触者98人，次级密切接触者674人。

(任正艺)

【院感防控】 年内，门头沟区压实医疗机构主体责任，将新冠肺炎疫情防控工作及各项院感防控工作纳入重要议事日程。加大医疗机构自查及区级督导检查力度。制定并下发《门头沟区卫生健康委员会关于进一步强化院感自查、抽查工作的通知》。建立医疗机构自查、区级巡查制度，制定区级院感防控工作表。组建区级院感专家队伍，共18名专家，分为5个督导组进行分片检查，加强整改落实。全年共督导检查医疗卫生机构院感防控工作13轮次，实现全覆盖。

(徐　丽)

【新冠肺炎疫情流调工作】 年内，区疾病预防控制中心出动流调人员1231人次，采集相关生物样本2883件，相关环境样本14459件，管理密接112例，新冠病毒核酸检测41860件次；152名流调队员分三批完成轮训。

(周　璇)

【新冠病毒疫苗接种】 年内，门头沟接种新冠病毒疫苗第1剂331372人，接种率99.46%；第2剂318654人，全程接种率95.64%；加强免疫累计接种199013人，加强免疫完成率82.68%。其中60岁及以上人群累计第1剂接种62191人，接种率70.07%；3-11岁人群累计第1剂接种23206人，接种率92.27%。

(聂　晶)

【爱国卫生清洁日】 年内，门头沟区持续开展“周末卫生日”等群众性爱国卫生运动，发动群众清除堆物堆料和卫生死角，治理环境卫生，夯实新冠肺炎疫情防控基础性工作。

(曹卫斌)

医疗服务

【概况】 2021年，门头沟区拥有医疗卫生机构271家，其中公立医疗卫生机构216家，民营医疗卫生机构55家。全年出院51528人次，病床使用率72.50%，平均住院8.63天(不含精神、矽肺专科医院)，全年住院手术12118人次，医护比0.85。依托京煤集团总医院、区医院集团两大医联体，努力构建分级诊疗格局，通过专家下沉、远程诊疗等平台，进一步推动基层首诊，双向转诊。年内，医联体内基层上转患者97人次，基层接受核心医院下转患者254人次，社区卫生服务机构门急诊总诊疗73万人次，同比上升12.09%。推动中医药事业发展，支持中医院升三级工作，提升基层中医药服务能力和水平。

（黄 菲 李 锦）

【医院安全秩序管理】 5月10日，区卫生健康委联合公安分局召开《北京市医院安全秩序管理规定》推进会，并对安检工作落实进行现场培训。5月19日，区人大常委会领导对卫生健康行业贯彻落实《北京市医院安全秩序管理规定》情况进行实地监督检查并组织召开座谈会。

（王 杰）

【乡村医生培养】 7月14日，区卫生健康委、区财政局、区人保局联合印发《门头沟区乡村医生岗位订单定向免费培养毕业生安置使用管理和规范化培训实施方案》。2021年，招募19名乡村医生岗位定向生，其中9名毕业生返回门头沟区参加规范化培训。

（刘 峥）

【大型公立医院巡查】 9月16日，区卫生健康委印发《门头沟区大型医院巡查工作方案》，启动门头沟区大型医院巡查工作。2021年，完成龙泉医院巡查。

（徐 丽）

【基层卫生】 年内，门头沟区有社区卫生服务中心11个，其中政府办9个、社会办2个；社区卫生服务站25个，其中政府办20个、社会办5个。卫生人员656人，其中医生260人、全科医生116人、护士228人。全年门诊1026675人次，上门服务578人次。有6个中心、12个站完成标准化建设。家庭医生签约率40.47%。二级、三级医疗机构对口支援社区1116人，门诊5355人次，开展健康教育40场；上转患者43092人次，下转116人次。居民健康档案272802份，建档率69.81%，使用率52.55%。有村办卫生室149个，村庄覆盖率83.7%。全年诊疗39550人次。乡村医生141人，其中执业医师5人、执业助理医师30人。

（李 锦）

妇幼保健

【概况】 2021年，门头沟区婚检率105.26%，疾病检出率1.27%；3448名备孕夫妇参加区妇幼保健院孕前优生健康检查；新生儿死亡人数3人，死亡率2.03‰，婴儿死亡人数3人，死亡率2.03‰；新生儿出生缺陷发生率18.80‰，主要出生缺陷病种有先天性心脏病，外耳畸形以及多指、小耳、病趾、双肾盂、永存左上腔静脉。

（刘艳莉）

【计生业务培训】 9月2日至15日，区卫生健康委联合区妇幼保健院组成宣讲团深入13个镇街开展计生业务培训。

（刘艳莉）

【新生儿病室建成】 9月4日，区妇幼保健院建成新生儿病室，开始收治新生患儿。

（刘艳莉）

【托育机构备案及验收】 9月16日，门头沟区第一家托育机构——北京京西真爱幼幼托育服务有限公司成功备案，被确定为首批“北京市示范性托育机构”。年内，全区共3家托育机构完成备案。

（刘艳莉）

老龄健康

【概况】 2021年，门头沟区60周岁及以上老年人口8.8万人；户籍人口中60周岁及以上老年人口7.29万人，其中80周岁及以上老年人口10191人；全区老年人健康管理率59.3%。

（谷 萌）

【走访慰问】 6月23日至7月1日，门头沟区开展“庆祝建党一百周年，七一传党情送温暖”活动，慰问户籍高龄重度失能困难老人及相关助老先进代表64人。10月12日，走访慰问老有所为代表、助老模范代表、老龄战线工作者代表、孝星榜样代表4人。10月13日，区政府领导在大峪街道走访慰问2位百岁老人。

（谷 萌）

【老年健康宣传】 7月12日至18日，门头沟区开展“关注口腔健康，品味老年幸福”2021年老年健康宣传周活动；10月，开展主题为“实施积极应对人口老龄化国家战略，乐享智慧老年生活”的“敬老月”活动。

（刘艳莉）

【老龄健康机构建设】 年内，军庄镇社区卫生服务中心、雁翅镇社区卫生服务中心和北京女医师协会仁圣医院被确定为“北京市老年友善医疗机构”；大台街道社区卫生服务中心、军庄镇社区卫生服务中心、妙峰山镇社区卫生服务中心、东辛房街道社区卫生服务中心成为首批“北京市社区老年健康服务规范化建设”达标单位；妙峰山镇炭厂村被命名为“北京市老年友好型社区”；龙泉镇宁馨养老照料中心（医务室）成为第二批老龄健康医养结合远程协同服务试点机构。

（刘艳莉）

疾病预防

【概况】 2021年，门头沟区疾病预防控制中心（以下简称“区疾控中心”）开展新冠肺炎疫情流行病学调查、密切接触者管理、环境预防性消毒及病家终末消毒、复工复产技术指导、生物及环境标本核酸检测等疫情防控工作；加大艾滋病疫情监测管理、健康教育与行为干预、自愿咨询检测与感染者随访管理等措施的落实力度，推进第四轮全国艾滋病综合防治示范区创建；开展肺结核患者智能化管理系统“易督导”培训及推广；完成“十三五”结核病防治评估；完善免疫规范化门诊建设，及时处理疑似预防接种异常反应调查诊断45例；开展健康教育与健康促进活动，开展“三减三健”“健康口腔”“健康体重”、社区脑卒中高危人群随访干预项目等专项活动；新开社区高血压患者自我管理小组、社区糖尿病患者同伴支持小组40组；完成肿瘤患者社区患者随访846例；完成生活饮用水全年监测工作，完善食品安全风险监测评估，规范职业病报告；完成2298例历史死亡数据根本死因编码，以及辖区医疗机构网上报告死因数据的监测审核工作；完成微生物实验室检验样品1516件4110项次，理化检验完成检测样品512件2930项次。

（周 璇）

【职业病防治】 2月，区卫生健康委依托东辛房社区卫生服务中心推进尘肺病康复站建设，部署尘肺病患者救治救助行动，转移支付专项经费60万元，加强专业康复设备配备、人员培训，提供专业康复治疗服务，提升尘肺病患者生命质量。6月至10月，组织全区50家单位完成职业健康再培训。7月至11月，依托区疾控中心开展全区放射卫生监测。11月，组织重点行业专项治理行动，通过北京市医药、化工、电子等行业领域尘毒危害专项治理评估验收。

（张 博）

【病媒生物消杀】 3月至12月，门头沟区开展病媒生物防治，区卫生健康委向全区各镇街发放灭蚊蝇药27箱，捕蝇袋2800个，灭鼠药品184箱。

（曹卫斌）

【简易楼爱国卫生专项检查】 4月23日，区卫生健康委联合有关部门对大峪街道中门寺龙坡社区两处简易楼进行爱国卫生专项检查。

（曹卫斌）

【乡村合理膳食调查】 4月至5月，区卫生健康委在王平镇、妙峰山镇开展合理膳食乡村示范及营养基线调查工作，为提升全区乡村居民营养素养提供借鉴。

（张 博）

【控烟工作】 5月17日至19日，区卫生健康委联合有关部门检查医疗机构、写字楼、宾馆饭店及网吧、KTV、电影院等控烟投诉举报频发场所32家，出动执法车辆12车次、执法人员25人次，发放控烟标识1000余张。5月28日，组织召开“远离烟草危害 乐享健康生活”控烟工作培训会，110人参加培训。5月31日，开展“承诺戒烟 共享无烟环境”主题宣传活动，发放控烟海报100份，控烟倡议书300余份，控烟宣传折页2000份，《健康》杂志控烟专刊200本，纪念品300份。8月至12月，全区70家党政机关开展北京市第四批控烟示范单位创建工作。10月26日至11月15日，开展“无烟家庭创建及评选活动”，共326个家庭创建成功。

（曹卫斌）

【疾病预防培训】 5月25日至26日，区疾控中心召开社区高血压、糖尿病患者自我管理及同伴支持、合理运动、健康饮食专题培训会。9月15日，举办2021年医务人员性病、艾滋病防治师资培训，44名医务人员参加。9月24日，举办国家基本公共卫生健康教育服务项目暨首都市民卫生健康公约专题培训，49人参加培训。9月27日，举办学校卫生防病工作技术指导专家培训会，安排部署2021-2022学年专家进校园工作。年内，区疾控中心举行门头沟区肠道传染病、呼吸道传染病、自然疫源性疾病等培训7次。

（周 璇）

【“万步有约”健走激励大赛】 5月至8月，门头沟区25家单位34支队伍共494人参加“万步有约”健走激励大赛精英赛。9月，门头沟区632人参加“万步有约”拓展赛，获全国优秀健走示范区奖及全国优秀健走组织单位奖。

（林恒娜）

【卫生健康宣传】 8月至9月，区疾控中心组织33590人参加2021年线上提素——首都市民卫生健康公约线上竞答活动。9月10日，区疾控中心开展“三减+三键 健康新动力”全民健康生活方式行动日宣传。9月24日，开展首都市民卫生健康公约专题培训。年内，与有关单位联合制作“践行首都卫生健康公约——保证充足睡眠、减少视屏时间”节目与“卫生健康约起来”小视频；在3所幼儿园开展健康教育课评选，推荐5个优秀课件参与市级评选。

（林恒娜 石 凡）

【精神卫生调查】 10月至11月，门头沟区随机抽样5个镇街，组织900人参加居民常见心理健康问题患病及防治状况调查。

（张 博）

【全国近视防控适宜技术试点区创建】 11月，门头沟区被国家卫生健康委确定为第二批全国儿童青少年近视防控适宜技术试点区。

（季晓明）

【卫生健康监测】 年内，区疾控中心完成1007人寄生虫监测（加藤涂片2014份）；完成医疗机构手足口病监测43件、疱疹性咽峡炎监测38件、病毒性腹泻监测127件，诺如病毒监测35家单位；在雁翅—清水地区采集鼠类血清标本10份，布放粘鼠板、鼠夹1800件，布放粘蟑板3600张，布放二氧化碳诱蚊灯360件，苍蝇监测布笼72个；完成医疗机构消毒监测802件，合格率为100%，完成托幼机构消毒监测254件，合格率为100%；完成孕妇、8岁至10岁儿童、育龄妇女、成年男性共804人尿碘、313份盐碘监测，检测学生甲状腺B超202人，碘盐调查采集32家超市135件样品。

（王志越）

【生活饮用水监测】 年内，区疾控中心监测各类型生活饮用水288件，其中城市末梢水监测120件，城市二次供水监测80件，城市自建供水监测8件，农村供水监测80件，合格率99.30%。

（王 丽）

【食品安全风险监测】 年内，区疾控中心开展食品安全风险监测11类205件，未有检测异常结果；食源性疾病主动监测粪便标本345件，检出致病菌61株，检出率为17.68%，其中诺如病毒阳性10件，检出率7.87%。

（王肖红）

【人群健康监测】 年内，区疾控中心在6个监测点11个居委会（含合并居委会）开展北京市第四次成人烟草监测工作，抽样901人，完成640份调查问卷；在多所学校开展北京市2021年青少年烟草及酒精流行监测，完成847份调查问卷；抽取3个镇开展2018—2020年死因漏报调查，确认漏报死亡病例11例；现场调查和血样采集流动人口105人、部分重点人群176人，检出梅毒抗体阳性4人；开展慢性病核心知识知晓率调查1721例。

（周 璇）

【慢性病监测】 年内，区疾控中心开展脑卒中高危人群随访干预工作，完成1562例面对面随访、随访率为93.3%；组织约400人开展社区高血压患者自我管理小组、糖尿病患者同伴支持小组工作；大肠癌早诊早治问卷或便潜血初筛完成5800例，肠镜检查完成690例；完成846例肿瘤患者的随访，失访率2.19%；开展心血管病高危筛查与综合干预项目，初筛任务量3500人，高危筛查、短期随访及长期随访875人。

（林恒娜）

【4家健康小屋创建】 年内，门头沟区4家机构创建健康小屋，其中2家食堂、2家社区。

（林恒娜）

【艾滋病防治】 年内，区疾控中心每月在建筑工地开展性病、艾滋病防治知识和禁毒及毒品危害宣传教育与高危行为干预活动，累计发放宣传材料1.25余万份、联系卡3200余张、安全套1.56万只、纪念品3200余份，悬挂横幅20幅次，3289名建筑工人参加活动。

（史秀丽）

【结核病防治】 年内，门头沟区共报告肺结核173例，报告发病率50.15/10万，登记治疗患者164例，登记管理率94.8%；完成

“十三五”结核病防治规划评估；区疾控中心对医疗机构进行结核病防治培训3次，督导检查2次，对结核病定点医院督导检查2次。

（邓雪松）

【尘肺病例鉴定】 年内，区疾控中心审核职业病报告审核尘肺病例审核1058例，其中新增尘肺66例，复诊病例867例，首诊病例47例，首次晋级78例。

（田兴宽）

【传染病应急工作】 年内，区疾控中心开展霍乱疫情处置桌面推演1次，鼠疫防控桌面推演1次，上报一氧化碳中毒事件（级别一般）1起，处置发热伴血小板减少症疫情1起，处置病媒生物事件2起，处理中小学托幼机构急性胃肠炎疫情14起，处理幼儿园手足口病聚集性疫情1起，督导检查辖区医疗机构2次。

（王志越）

【疫苗接种】 年内，门头沟区完成国家规划疫苗接种913842剂次（含新冠病毒疫苗），非国家规划疫苗接种61279剂次。接种流感疫苗29926人，其中学生接种11242人，60周岁以上老年人接种14700人，保障人群、医务人员、中小学教师及其他人群接种3984人；非零剂次脊灰疫苗补种1人、麻风腮疫苗补种1人；外来务工人员接种A+C流脑疫苗141人、麻风疫苗144人。学龄前儿童强化补种工作调查0岁至入学前外来儿童7585人；全区36所托幼园所新入托儿童、24所小学一年级学生、14所中学初中一年级学生参加预防接种证查验及疫苗补种工作，完成补种422人。

（聂　晶）

卫生监督

【概况】 年内，区卫生健康监督所以新冠肺炎疫情常态化防控为主线，以监督检查为突破口，坚持宣传、培训齐抓共管原则，完成监督检查4386户次，其中医疗机构1032户次、传染病和消毒监督673户次、计划生育4户次、血液管理5户次、生活饮用水607户次、学校卫生171户次、公共场所1751户次、放射卫生51户次、职业卫生92户次，监督覆盖率为100%；实施行政处罚316件，其中行政处罚撤销案18件，一般程序处罚101件，简易程序处罚197件，卫生罚没收入510968元；开展卫生监督协管服务巡查2011户次。

（贾立娟）

【水卫生监督】 1月27日，区卫生健康监督所对7个未办理卫生许可证的村立案调查。2月至4月，摸底排查农村自备水源供水情况。5月17日，开展“安全饮水，共享健康”宣传活动，向群众宣讲生活饮用水卫生常识和正确选购“涉水产品”的小窍门。7月，抽查10家二次供水单位，检测结果全部合格。9月至10月，摸底调查全区农村无证供水单位。年内，办理农村集中式供水新申请68户，农村生活饮用水卫生许可证56户。

（王　勇）

【学校卫生督导】 2月至3月，区卫生健康监督所联合有关部门完成40所学校、39所托幼机构开学指导及验收，监督检查79户次。4月，开展中小学诺如病毒及传染病专项检查，出动监督员128人次。5月，开展学校卫生及传染病防控春季联合检查。6月，对10家学校卫生工作开展双随机监督抽检，未发现存在违法行为。8月24日，开展托幼机构、校外培训机构采光照明“双随机”抽检。9月15日，开展学校传染病防控普法宣传活动，共80余人参加。

（李明珠）

【职业健康监督】 4月，区卫生健康监督所与有关单位共同举办普及职业健康法律知识活动，发放宣传单、宣传折页5000余份，摆放展板10余块，解答健康咨询70人次，义诊20余人。年内，开展医药、电子、化工、高温等行业专项监督检查，推动职业卫生“双随机”检查全覆盖，检查用人单位21家次，为90名接触职业病危害的职工进行职业健康体检并建立职业健康档案。

（刘志军）

【打击非法行医】 年内，区卫生健康监督所开展打击非法行医重点地区巡查40次，参与多部门联合执法15次，开展街头宣传1次，普法进社区1次。

（高　岩）

【医疗监督执法】 年内，区卫生健康监督所开展医疗机构依法执业监督、互联网居家护理、近视矫正、健康体检证明等专项监督检查，规范相关行业执业行为；配合开展抗菌药临床应用监督执法工作。

（王爱国）

【消毒产品监督管理】 年内，

区卫生健康监督所开展抗（抑）菌制剂膏、霜剂型非法添加禁用物质专项监督检查，未检出非法添加物质。

（吴健楠）

【非医疗机构放射性职业病危害监督检查】 年内，区卫生健康监督所摸底排查全区非医疗机构放射性职业病危害用人单位，建立工作台账；召开全区非医疗机构放射性职业病危害专项监督检查工作部署会，对专项工作动员和部署。

（赵 轩）

【卫生监督稽查】 年内，区卫生健康监督所稽查科共开展70次内部稽查，稽查案卷76卷，公示行政处罚案件99件。

（张 研）

医院选介

区医院

【概况】 2021年，门头沟区医院（以下简称“区医院”）召开院感委员会会议19次，医院督导小组开展院感防控及疫情工作督导169次；8人次进驻晨光隔离点，8人次医生与13人次护理人员进驻雁翅隔离点；支援4个疫苗接种点工作，承担多个流动疫苗接种点及3-11岁儿童疫苗接种工作；加入“国家消化道早癌防治中心联盟”；申报新技术新业务91项，其中肿瘤中心开展具有全国先进水平的新技术8项；引入高层次人才10名，中级职称及骨干医师9人，名誉主任4名；发表论文57篇，其中核心期刊8篇，SCI论文2篇；申报华润创发奖64项，其中新技术、新业务类项目共42项、管理类22项，申报高峰高原学科5项。

（肖丕霞）

【科室学科能力评价】 2月，区医院全院33个科室参加学科能力评价，超声科在2个评价维度均达到三乙评分要求，呼吸内科、病理科、麻醉科、皮肤科、重症医学科、放射诊断科、骨科、泌尿外科等8个学科在1个评价维度达到三乙评分要求。

（肖丕霞）

【神经介入中心成立】 3月，区医院成立神经介入中心，完成脑脊髓等血管造影146例，介入治疗66例。

（肖丕霞）

【区前列腺疾病防治中心成立】 4月25日，门头沟区前列腺疾病防治中心在门头沟区医院成立。

（吕小娟）

【国家一级癫痫中心挂牌】 10月，区医院正式挂牌“国家一级癫痫中心”，成为京西地区唯一纳入首张CAAE癫痫地图1.0版的医疗单位。

（肖丕霞）

【建院70周年线上庆典】 12月20日，区医院举办庆祝建院70周年线上庆典活动。此次活动采取现场及视频直播方式举行，共设立1个主会场3个分会场，主会场邀请区政府、区卫生健康委、华润医疗集团、各委办局及医院优秀员工共50人参加现场活动，1000余人通过直播实时观看。庆典活动上对优秀员工进行表彰，观看庆祝建院70周年节目视频及现场诗朗诵。

（肖丕霞）

【胸痛患者救治】 年内，区医院胸痛中心外周血管介入手术27例，腔静脉滤器完成5例，开创性地开展冠状动脉血流储备分数检测技术8例。

（肖丕霞）

【精益管理体系建设】 年内，区医院成立精益管理委员会精益管理办公室，制定医院精益管理战略目标，开展院级精益管理项目5项，院内精益管理宣贯2次、项目辅导3次，开展院级项目7项、科级项目17项。

（肖丕霞）

龙泉医院

【概况】 2021年，龙泉医院不断完善现代医院管理制度，发挥公立医院公益性，坚持新冠肺炎疫情常态化防控与医院重点工作统筹推进，不断提升医疗质量和服务水平，完成各项工作任务。在新冠肺炎疫情防控期间，龙泉医院派出783人次完成城乡结合部全员核酸采集、集中点采样等应急任务100余次，采集鼻咽拭子标本5000例。完成市场、小诊所等环境采样15905点位。支援永定社区卫生服务中心新冠病毒疫苗和流感接种工作，为普通人群和老年人、儿童接种新冠病毒疫苗83263剂。参加龙泉宾馆、雁翅隔离点值守工作。抽调工作人员支援接种点、隔离点、120三项工作累计3380人次。制定《疫情防控常态化措施》，重新修订应急处置流程，对具有发热等11类症状、流行病学史患者接诊、转运等环节细化处置措施。在建党百年庆祝活动期间、北京冬奥会前期等重要时间节点制定相应的防控方案，组织演练；开展院感和防护知识培训。全年完成集中培训45次，累计培训3463人次，覆盖率达到100%。规范设置院感科，增加院感人员力量，建立四项工作机制，强化巡查力度，定期召开院感专题会通报问题，督促整改及制度措施落实。利用区级信息共享资源，与区公安分局对接核对2次，及时调整重点人员名单，促进部门联动。医院开设社区转诊高风险病人绿色通道，克服困难，完成精神病人收治和保障任务。全年全区未发生严重精神障碍患者肇事肇祸事件。

（张　娟）

【2020年度总结表彰大会召开】 2月9日，区龙泉医院召开2020年度总结表彰大会。总结医院2020年取得的成绩，展望2021年美好蓝图，表彰为抗击疫情及医院发展做出贡献的先进集体和先进个人。

（张　娟）

【业务培训】 4月26日至29日，区精保所组织班子成员，财务人员，人事、办公室等相关科室主任参加市卫健委组织的财经管理专题培训，培训内容主要为内部审计、采购、公立医院全院预算管理、会计核算、内控等方面。5月13日，区精保所开展医保知识培训，邀请区医保局相关科室专家对《医疗保障基金使用监督管理条例》《定点医疗机构诚信记录积分规则》及2021年门头沟区定点医疗机构全覆盖监督检查中门诊及住院出现的问题等方面内容进行解释。年内，区精保所组织召开精神卫生工作会，开展社区应急处置培训及应急演练。

（张　娟）

【世界精神卫生日系列活动】 10月10日是世界精神卫生日，围绕主题是“青春之心灵，青春之少年”开展系列活动。组织全院精神卫生工作者开展“徒步快乐多，全心全意为您服务”徒步走活动。携手社区，宣传义诊，精神专家与社区卫生服务中心的精防医生一同深入社区、学校，卫生服务中心，为社区居民、学生、社区工作者及就诊患者，以健康课堂、义诊咨询、发放宣传材料等形式宣传青少年心理健康知识。共开展上街宣传6次，进学校4次，进社区4次，门诊大厅宣传4次，开展咨询159人次，发放宣传品材料4000余份，受益1000余人次。

（张　娟）

【精防工作考核及业务指导工作完成】 12月21日至28日，区精保所完成对12个社区卫生服务中心（站）精防工作全年考核及业务指导工作。

（张　娟）

【改良治疗模式 提升疗效】 12月底，区精保所与安定医院合作的“抑郁症的无抽搐电痉挛治疗技术社区应用和推广的研究”课题完成，应用安定医院改良的治疗模式，对院内6名精神分裂症患者实行共35次的MECT治疗。

（张　娟）

【咨询义诊活动开展】 年内，区精神卫生保健所、龙泉医院及各社区卫生服务中心，围绕主题“规律睡眠 健康未来”开展咨询义诊活动。

（张　娟）

【居民心理健康状况流行病学调查】 年内，区精保所开展常见精神心理问题的流行病学现况调查。北京市卫生健康委员会委托首都医科大学附属北京安定医院，在北京市16个区县共随机抽样10500名常住居民，开展常见精神心理问题的流行病学现况调查，了解和掌握北京市常住居民心理健康问题（抑郁、焦虑、强迫、失眠等）的患病率及治疗现状。龙泉医院作为门头沟区流调工作的牵头单位，承担门头沟区大峪街道和永定镇2个街镇，德露苑、大峪南路二社区、滨河西区，迎晖南苑、冯村、梧桐苑等6个居（村）委会共300例调查任务。

（张　娟）

体　育

10月，2021年门头沟区“一区一品”冰雪嘉年华冰雪项目进社区活动在斋堂镇举行（区体育局　供图）

10月16日，第六届北京市"妙峰山"自行车爬坡赛在妙峰山镇涧沟村玫瑰谷举办（《京西时报》 供图）

11月，区体校皮划艇、赛艇等水上项目队伍在永定河公园开展水上训练（《京西时报》 供图）

综 述

【概况】 2021年，区体育局围绕自身工作职责，坚持问题导向，创新工作方法、工作手段，大力推动群众体育、青少年体育与体育产业全面发展，体育事业取得新的成绩。完成实体化改革13个协会，为九镇四街及健身场所安装室内外健身器材2239件，培训各级社会体育指导员177人，培训足球、象棋、田径、自行车、羽毛球项目裁判员203人，组队参加北京市全民健身活动赛事30项，2020-2021年运动员注册人数合计936人。在市锦标赛、市U系列冠军赛、市传统校、市校园足球联赛等赛事中获66金82银85铜，8名运动员获国家一级运动员称号，16名运动员获国家二、三级运动员称号。全年开展执法220余次，体育经营单位新冠肺炎疫情防控措施及安全生产工作落实到位。

（连 昊）

【执法检查】 8月12日，区体育局联合有关部门对正在经营的游泳场所进行全覆盖式检查，检查内容包括防疫措施落实、安全管理制度执行、泳池消毒设施、救生员和教练员证件公示、救生员在岗情况等。9月28日至29日，到体育经营单位开展国庆节前安全生产检查暨新冠肺炎疫情防控督导。

（连 昊）

【社会体育指导员培训】 8月24日，门头沟区二级社会体育指导员（足球）培训结业，全区28名体育骨干接受培训。培训内容包括教学技能及执裁技能等。9月25日，门头沟区三级社会体育指导员（组织管理）项目培训结业，培训围绕社会体育指导员的宗旨、意义、职责，组织活动的方式、方法、技术等级制度及急救知识等方面给予志愿者全面的讲解，培训后志愿者参加考试，全体通过。全区40余名社会体育爱好者参加培训。12月26日，门头沟区分别举办无线电运动协会社会体育指导员培训、社会体育指导员（门球）培训，共60名学员参加培训。

（连 昊）

【区钓鱼协会换届】 9月1日，门头沟区钓鱼协会换届大会召开，会议经过集体审议及举手表决，选举产生协会主席1名、副主席4名。

（连 昊）

【国民体质测试】 年内，区体育局开展2021年门头沟区国民体质测试及国家体育锻炼标准测试工作，测试内容包括身高、体重、腰臀围、体脂率、脉搏、血压、肺活量、1分钟仰卧起坐、坐位体前屈、闭眼单脚站立等14个项目。

（连 昊）

竞技体育

【青少年篮球嘉年华活动】 7月15日至16日，区体育局与区教委联合主办2021年门头沟区青少年篮球嘉年华活动，10支小学队伍、7支中学队伍参加。活动内容为抱球接力比赛、运球接力比赛、投篮接力比赛、三分球技能展示、与篮球名宿对抗比赛等。

（连 昊）

【青少年赛事参赛成绩】 年内，区体育局组织青少年滑雪队参加2020年全国青少年夏季滑雪挑战赛暨第四届京津冀青少年夏季滑雪挑战赛，大峪二小选手刘梦涵五站比赛总积分5684分，获双板滑雪U10女子组别第一名。组织25名运动员参加2021年北京市青少年武术套路锦标赛，获金牌3枚，银牌3枚，铜牌4枚。

（连 昊）

群众体育

【棋协杯象棋赛线上比赛】 1月23日，门头沟区（棋协杯）象棋赛线上比赛结束。比赛由北京市门头沟区社会体育服务中心，门头沟区象棋运动协会主办。比赛分为成人组和少年组，40人参加。经过7轮比赛，成人组赫晨魁、少年组张远分别获第一名。

（连 昊）

【全民健身运动会比赛】 4月10日，2021年门头沟区全民健身运动会广播操、健身项目比赛在区体育馆举行，全区56支代表队参加比赛。比赛由门头沟区总工会、门头沟区直机关工委、门头沟区体育局联合主办。

（连 昊）

【第十五届“足协杯”足球比赛】 4月12日至18日，第十五届门头沟区“足协杯”足球比赛举行，由市体育局、市体育总会主办，市体育基金会、市社会体育管理中心、区体育局承办，区社会体育服务中心、区体育场馆管理中心、区足球运动协会协办。比赛采取室内五人制形式，分为甲、乙、丙3个组别，共38支球队450名球员参加。经过7天124场比赛，区科信局一队获甲组冠军，区环卫中心、区体育局分获甲组亚军和季军；区直机关工委获乙组冠军，区科信局二队、区市场监管局二队分获乙组亚军和季军；烟草专卖局获丙组冠军，区规自分局、妙峰山镇分获丙组亚军和季军。

（连　昊）

【第13届全民健身体育节系列活动】 5月2日，门头沟区举行2021年象棋名手邀请赛在城子街道文化中心举行，共20余人参加。此次比赛由区体育局主办，区社会体育服务中心、区象棋运动协会承办。选手高来获冠军，王德生和卢强分别为亚军和季军。5月4日，举行2021门头沟围棋象棋双棋赛，全区青少年棋类爱好者30余人参加。比赛由区体育局主办，区社会体育服务中心、区象棋运动协会、区围棋运动协会承办。选手宋敏行获双棋赛冠军。5月30日，2021年第十三届门头沟区全民健身体育节暨第十三届门头沟区“羽协杯”羽毛球比赛在门头沟区体育馆闭幕。比赛由区体育局主办，区社体中心、区场馆中心、区羽毛球运动协会承办。200名羽毛球爱好者参赛。京煤集团一队获混合团体机关组冠军，筑福二队获混合团体公开组冠军，段铁军获处级男子单打组冠军，靳伟杰、刘秀霞获处级混合双打组冠军。

（连　昊）

【体育生活化社区体质促进项目系列活动】 5月7日，2021年门头沟区体育生活化社区体质促进项目暨永定镇第七届篮球比赛落幕，由区体育局、永定镇人民政府主办，区社会体育服务中心、区篮球协会承办。永定镇16支代表队参赛。曹各庄、南区、小园一区、永兴嘉园、丽景长安、小园三区、冯村嘉园、上岸分别获前八名。2021年门头沟区体育生活化社区体质促进项目暨龙泉镇梨园社区趣味运动会在梨园社区举行。比赛由区体育局主办，区社体中心、梨园社区居委会承办。社区300余名居民参加，活动以“趣味健身　你我同乐”为主题，有夹豆子、沙包掷准、飞镖、乒乓球投筐、保龄球、套圈6和项目4个组别的比赛。

（连　昊）

【全民健身场地建设】 5月19日，区体育局实地踏勘城子街道龙门三区社区、龙门四区社区、矿桥东街社区、西七社区待建全民健身场地。对4个社区开展全民健身场地建设政策解读，配合属地需求指导4个社区进行全民健身步道规划。5月20日至21日，区体育局群体科到军庄镇、清水镇、王平镇，对2021年在建全民健身场地进行施工巡查。军庄镇综合球场、清水镇篮球场、梁家庄村门球场、王平镇健身步道项目施工进展顺利，群体科询问施工进度及工期，要求施工方、监理方严格按照相关规定保质保量完成建设任务。8月17日，到滨河世纪广场公园篮球场地施工现场检查场地维修进度、施工质量，并踏勘踩点待建篮球场地。8月25日，巡查王平镇健身步道施工现场。王平镇全民健身步道建设项目范围涵盖王平镇东马各庄村、韭园村等7个自然村，规划修缮提升健身步道5条，总长度22.5公里，于3月开工。9月17日，对清水镇、军庄镇、龙泉镇8片新建全民健身球类场地进行竣工验收。对球场尺寸、运动面层厚度、围网质量、灯光性能等进行检查，同时，明确新建场地管理责任。10月14日，对王平镇健身步道建设项目进行竣工验收。

（连　昊）

【区群众体育工作会召开】 5月28日，2021年门头沟区群众体育工作会召开，总结“十三五”全区群众体育工作，部署2021年群众体育工作，并围绕经费纳入、规划建设、数据标准等方面对群众体育工作提出要求。

（连　昊）

【第十届京西“大众杯”公园乒乓球比赛】 6月7日至10日，2021年北京市体育公益社区行暨门头沟区第十届京西“大众杯”公园乒乓球比赛举行，共336名运动员参加4大项7小项的比赛。永春球馆分获男、女团体冠军，韩子奇、李维幼、薛保国、果宇绯、李桂萍分获各自组别单打冠军。

（连　昊）

【全民健身器材安装督查、验收】 9月2日，区体育局创城办、群体科、器材供应商等到永定镇对 2021 年全民健身器材安装情况实地督查。检查体育设施安装情况，了解小区居民实际需求。9 月 10 日，到大峪街道对 2021 年全民健身器材安装情况实地督查。9 月 16 日，到潭柘寺镇对创城工作涉及的全民健身器材安装情况实地督查，潭柘寺镇健身器材安装工作完成。9 月 23 日，到龙泉镇赵家洼村对 2021 年全民健身器材安装情况进行验收。

（连 昊）

【徒步（登山）活动】 12 月 11 日，门头沟区举办“徒步母亲河，开启新征程，喜迎冬奥会”徒步（登山）活动，300 余名选手在绿海森林公园参加活动。活动由区体育局，区体育总会主办，区社会体育服务中心，区田径协会，京西乐跑俱乐部承办。

（连 昊）

【第九届轮滑邀请赛】 12 月 12 日，2021 年北京市体育公益活动社区行暨第九届轮滑邀请赛在区永定河文化广场轮滑场举行。此次活动由市体育基金会、区体育局、区体育总会主办，区社会体育服务中心承办。区内 10 支轮滑代表队，200 余名运动员参加。运动员按照 3 岁至 22 岁之间年龄分为 3 个组，项目包括速度轮滑和自由式轮滑。30 名各年龄组的运动员，分获一、二、三等奖。

（连 昊）

【测向裁判员培训】 12 月 25 日，门头沟区无线电运动协会举办无线电测向裁判员培训，内容包括北京市体育竞赛裁判员管理办法，无线电测向竞赛规则、裁判法、无线电测向竞赛组织及编排方法等。

（连 昊）

冰雪运动

【冬奥文化宣传广场】 2 月 7 日，门头沟区在永定楼南侧广场开辟冬奥文化宣传广场，设置 30 块展板，宣传内容包括冬奥历史、冬奥简介、冬奥竞赛项目、冬奥明星等。

（连 昊）

【冰雪项目进社区活动】 6 月与 10 月，2021 年门头沟区“一区一品”冰雪嘉年华冰雪项目进社区活动分别在龙泉镇、斋堂镇举行，活动内容包括旱地冰球、旱雪滑道、旱地冰壶、旱地冰蹴鞠、VR 模拟滑雪体验等，累计 1000 余人次参加活动。

（连 昊）

社会工作

3月6日，龙泉镇琉璃渠社区第十一届居民委员会选举大会召开（龙泉镇政府　供图）

8月，门头沟区持续加强社会主义核心价值观宣传，图为中昂时代广场新建的景观小品（《京西时报》 供图）

9月，“门头沟热心人”及交通协管员在“冲刺大干五十天 创城为民争首善”工作期间共同推动市民文明出行（《京西时报》 供图）

综述

【概况】 2021年，区委社会工委、区民政局强化规划战略引领作用，做优《门头沟区“十四五”社会治理规划》；全区登记在册的区级社会组织177家，其中民办非企业单位112家、社会团体65家，社会组织年检率92%；全区共有126个社区，178个行政村；全区社区工作者“两委一站”1321名，社会工作党委23名，商务楼宇9名，288名社区工作者取得社会工作者职业水平证书，占全区社区工作者总数的35%。

（方 雯）

【基层政权建设】 3月，门头沟区完成村和社区“两委”换届工作，参加换届的社区（村）党组织296个，参加社区（村）委会换届的285个。296个村和社区实现“三个100%”和“一降一升”的目标，即村和社区党组织书记、村（居）委会主任一次选举成功率100%，预测人选当选率100%，全部村和社区100%配备35岁以下年轻干部，大专以上学历比例较上届分别提高8.5%和9.1%，村、社区“两委”班子平均年龄比上届分别下降3.3岁和1.7岁；对完成换届选举的284个村居统一换发基层群众性自治组织特别法人证书，指导各社区（村）开展一次民主日活动；设立永定镇迎晖北苑社区、云翔嘉苑社区等5个新建社区基层组织。

（彭艳飞）

【行政区划管理】 年内，区民政局实地察看门头沟区与丰台区、石景山区、房山区等相邻区行政区域界线走向及其两侧地貌、地物、界线标志物的变化情况，区划检查工作情况及时录机存档，不断提高区划管理信息化管理和服务水平。

（李 萌）

【社会组织党建】 年内，门头沟区建立“区社会组织孵化中心＋镇街社会组织孵化园＋镇街社区社会组织联合会党组织”的社会组织党建工作机制，加强对大峪、城子、东辛房、大台、龙泉、永定地区镇街级社会组织孵化中心的建立和工作指导；开展社会组织党组织书记党建工作述职评议考核工作；在社会组织年检期间同步开展社会组织党建情况调查工作，全面摸排社会组织党建工作情况，规范社会组织党建信息填报。

（曹斌斌 张宇洁）

【社会组织工作】 年内，区民政局完成社会组织行政审批45件，开展行政检查203件，完成行政处罚1件；深入开展打击整治非法社会组织专项行动，未发现非法社会组织；开展“僵尸型”社会组织专项整治行动，推动“僵尸型”社会组织4家立案执法、2家整改、3家注销；在全市率先完成5家校外培训机构的双减“营改非”登记任务；开展2021年度行业协会商会乱收费专项清理整治暨行业协会商会减轻企业负担专项行动，全区行业协会商会共减免收费55.64万元，受惠企业185家，27家行业协会商会公开收费情况。

（方 雯）

【社会治理项目】 年内，门头沟区在大台地区实施“创新社会治理，协作发展共赢”“一线四矿”社会治理协作区建设项目，打造具有文化特色的“一线四矿协作配套区”；在王平地区实施门头沟区“矿景像素”体系建设项目，创建“一点一站一特色”的社会工作建设体系。

（彭艳飞）

精神文明建设

【概况】 2021年，门头沟区创新推出创建全国文明城区“比学赶超”擂台赛，形成“周检查、月考评、双月擂台、年终考核”的效果评价体系，构建“单月书记点评会、双月创城擂台赛”工作机制，共召开“擂台赛”3次，点评会17次；印发《2021年度门头沟区创建全国文明城区网上材料申报任务清单》《门头沟区2021年度新版创建全国文明城区网上材料申报工作任务清单》，组织开展3次创建全国文明城区全模拟测评，形成全模拟测评工作整改台账，收集、汇总、梳理形成门头沟区创建全国文明城区暨党史学习教育活动“我为群众办实事”重点工作台账，开展“冲刺大干五十天”大会战，通过中央、市级测评。

（田 蜜 李 丽）

【“免疫连万家 文明天天见”主题宣传月】 2月，门头沟区新时代文明实践中心开启以“免疫连万家 文明天天见”为主题的宣传月活动，聚焦推进大规模新冠病毒疫苗接种，突出快接种、早免疫，采取线上线下联动、公共宣传与志愿服务结合的系列动员活动，积极构筑免疫屏障。通过《门头沟新闻》《京西时报》、门头沟融媒APP、门头沟融媒微信号、抖音号、头条号、快手号、北京日报客户端共报道相关内容52篇（条）；在“文明门头沟”“门头沟融媒”等平台开辟《文明实践 传递知识》《幸福门头沟》板块，持续推送转载“新冠疫苗接种小知识”视频宣传片。通过“文明门头沟”微博、微信等平台发布原创H5动画，点击量4万人次；依托村居滚动电子屏、宣传栏等媒介进行不间断规模动员，组织新时代文明实践中心13个新时代文明实践所，299个新时代文明实践站，780余名志愿服务的管理员、实践员、志愿者进行主题志愿服务活动，持续开展入户宣传等活动，开展全覆盖、无死角、拉网式宣传引导，推进“早打早安全、哪打哪安全、谁打谁安全”的思想共识深入人心，面对面每日受众约1.6万人。

（黄骞仪）

【首都文明示范区创建】 2月，首都精神文明建设委员会办公室印发《关于表彰2018-2020年度首都精神文明创建工作先进单位的决定》，门头沟区获评首都文明示范区，并被纳入2021—2023年创建周期全国文明城市提名城市。

（陈佳琳）

【参加市级测评】 5月28日至7月9日，门头沟区向首都文明办提交门头沟区“创城”材料，8月3日，首都文明办反馈2021年北京市文明城区创建网上申报门头沟区材料审核报告。7月26日至9月13日，向首都文明办提交门头沟区“创未”材料。10月20日，首都文明办反馈首都未成年人思想道德建设工作测评门头沟网上申报材料审核报告。

（李　丽）

【先进模范推选】 5月，门头沟区印发《关于推选和学习宣传“门头沟榜样”及“门头沟道德模范”的实施方案》（门精建〔2021〕4号），常态化挖掘典型、推选先进模范。全年推选报送“身边好人”候选人24人，其中区法院谢耀宗上榜“中国好人榜”；推选报送“门头沟榜样（北京榜样候选人）”45人，其中大台街道安美丽上榜“北京榜样”周榜人物；选树2021年度“门头沟道德模范”10人，其中清水镇尚显兰获得第八届首都道德模范称号。

（刘　青）

【冲刺大干五十天大会战】 8月10日至9月30日，门头沟区开展“冲刺大干五十天大会战”，采取“围点打援”的方式，对建成区5个农贸市场及周边社区，以及各社区之间所涵盖的背街小巷、沿街商户、道路等区域进行重点攻坚。攻坚期间共发现问题20650条，各相关责任单位、各镇街立行立改，全部问题均按期整改完成。

（田　蜜）

【区文明促进中心成立】 9月17日，北京市门头沟区文明促进中心成立，为区委直属公益一类事业单位，机构规格为正处级，履行开展全区新时代文明实践工作、打造“门头沟热心人”群众性文明品牌等8项主要职能。

（陈佳琳）

【参加中央测评】 10月26日，门头沟区召开创建全国文明城区材料网上申报推进会。11月2日至4日，分单位分时段召开2021年度门头沟区创建全国文明城区材料网上申报专题辅导会。12月2日至4日，区领导现场调度34家责任单位，对标对表落实创城指标任务。12月10日，完成2021年度全国未成年人思想道德建设和第七届全国文明城区材料网上申报系统答卷工作，上传182项指标499份材料，包含正式发文（规范文件）14份，说明报告94份，图片资料359张，部门评价26份，统计表格6份。

（李　丽）

【五大文明创建】 年内，门头沟区开展文明区、文明村镇、文明单位、文明家庭、文明校园等群众性精神文明创建活动。经层层申报审批，中央文明委决定，授予妙峰山镇炭厂村、潭柘寺镇赵家台村第六届全国文明村镇荣誉称号，区疾病预防控制中心、区人力资源和社会保障局、区气象局、大台街道黄土台社区第六届全国文明单位荣誉称号，曹原家庭全国文明家庭荣誉称号。授予北京市第八中学京西附属小学党支部书记、校长刘亚丽同志第五届全国未成年人思想道德建设工作先进工作者。经复查审核确认，中央文明委决定继续保留潭柘寺镇、妙峰山镇、斋堂镇马栏村、军庄镇香峪村全国文明村镇荣誉称号，国网北京市电力公司门头沟供电公司、区人民检察院、区教育委员会、区市场监督管理局、大峪街道德露苑社区全国文明单位荣誉称号，王静家庭全国文明家庭称号。在2018-2020年度首都精神文明创建活动中，首都文明委决定，授予门头沟区等5个区首都文明示范区称号，龙泉镇等5个镇首都文明镇称号，潭柘寺镇桑峪村等44个村首都文明村称号，区融媒体中心等15个单位首都文明单位标兵称号，区城市管理委员会等84个单位首都文明单位称号，刘宇航家庭等10户家庭首都文明家庭称号，北京市大峪中学等15个学校首都文明校园称号。授予曲绍东等6名同志2019-2020年度“首都精神文明建设奖”。2月26日，门头沟区精神文明建设委员会向全区印发《关于2018-2020年度全国和首都级精神文明创建工作先进单位及2019-2020年度“首都精神文明建设奖”的通报》(门精建〔2021〕1号)，将创建结果予以通报。

（陈佳琳）

社区建设与管理

【社区党建】　年内，门头沟区制定《2021年社区党建工作要点》，明确3大项13小项工作任务；建成增产路东区社区和德露苑社区2个社区书记工作室示范点；开展北京市社区党组织纪念建党100周年“两优一先”评选表彰活动，评选产生4名北京市优秀社区党务工作者、4名北京市优秀社区党员和4个北京市先进社区党组织。

（彭艳飞）

【社工人才建设】　年内，区民政局开展社区党组织书记培训班、社区工作者职业能力提升培训班等系列培训；投入10万元，在龙泉镇实施社区社会工作专业人才“优才计划”；推介1名社工参加并被评为第七届首都“优秀社工”。

（曹斌斌）

【协管员队伍整合】　年内，区民政局推进协管员队伍管理体制改革，协管员岗位精简率达46.9%；完善全区城市协管员队伍信息库，进一步实现对全区城市协管员的动态实名管理；完成协管员规范标识工作，统一名称为“XXX街道（镇）城市协管员”；商定城市协管员招录方案，完成协管员队伍中公益性岗位招聘工作；调查摸底各镇街改革进度及困难问题，研究决定有关追加经费、空缺补录及招录流程等方面的问题，推进全区协管员队伍的规范管理。

（张宇洁）

【社区建设项目】　年内，门头沟区完成7个街镇社会心理服务中心建设，建设完成6个城乡社区协商议事厅示范点及17个楼门院治理示范点，确定4个“三无”小区服务管理示范点、2个社区服务空间开放式建设示范点、1个“社区之家”示范点等社区建设重点项目。

（马晓峻）

【志愿服务】　年内，门头沟区社会建设服务中心指导各街（镇）发布社区志愿服务项目230个，累计服务时长969040小时，参与社区志愿服务志愿者14278人；完成2021年社区志愿服务时间兑换工作，千余名社区志愿者参与兑换，兑换金额共16万元；完成对全区13个街镇的社区志愿服务网巡检指导工作2次；开展“李兆娴”爱国拥军志愿服务活动，组织服务商华朗博科技有限公司为58个社区捐赠防雾眼镜布2000块。

（曹斌斌）

【垃圾分类社区动员】　年内，门头沟区常态化开展垃圾分类宣传，专题讲座、入户宣传、环境整治、桶前值守、发放宣传材料等多种活动，全区90001人参与桶前值守，102个小区对19463名次居民进行第一次精准宣传，其中603名次居民进行第二次精准宣传；利用摄像头回放、值守人员发现等方式，建立居民分类情况台账；开展家庭轮值工作，8个镇街累计动员23298个家庭参与轮值。

（曹　宇）

【社区综合治理】　年内，门头沟区创城社区综合治理攻坚行动专班制定《关于开展“冲刺五十天 天天有行动”活动方案》，对接11个镇街71个社区。年内，区民政局组建7个对接组，协助社区开展“精准攻坚”，共下沉236次，对接社区306次，发现问题663处；召开协商议事会1132次，组织党员活动2610次，开展志愿服务3709次，联合执法545次，解决难题2812个；开展“互评互学共提升”活动499次，开展志愿微行动活动4992次、清理楼道乱堆乱放36597处、治理侵占公共空间17860处、治理乱停乱放14232处、制止不文明养犬4607起、完善宠物设施933个、治理空中飞线3782处、治理飞线充电1656处、治理毁绿种菜390处、清理小广告92511块；修复道路破损6.05万平方米、修复墙面破损24.61万平方米、修建车棚43个。

（曹　宇）

社会生活

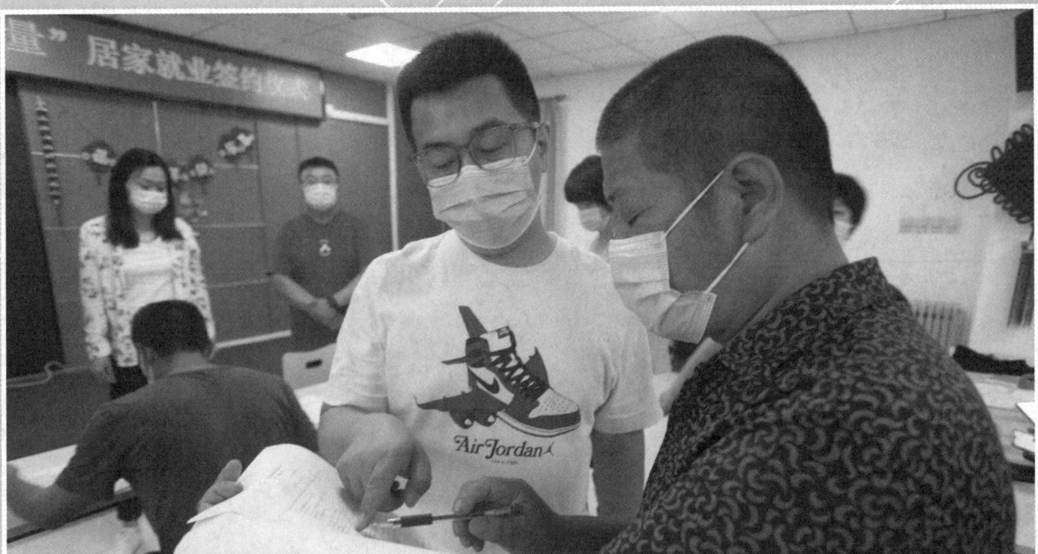

6月16日，“巩固残疾人脱贫成果 提高残疾人生活质量”居家就业签约仪式举行（区残疾人联合会　供图）

1 月 4 日，区医疗保障局在区中医医院检查督导医保电子凭证结算工作（区医疗保障局　供图）

4 月 12 日，红十字会联合京煤集团总医院在龙泉镇开展白内障眼科筛查（区红十字会　供图）

6月4日，门头沟区慈善事业“十三五”成果（图片）巡回展暨第八届“慈善北京”成果（图片）展走进永定镇丽景长安社区（区民政局　供图）

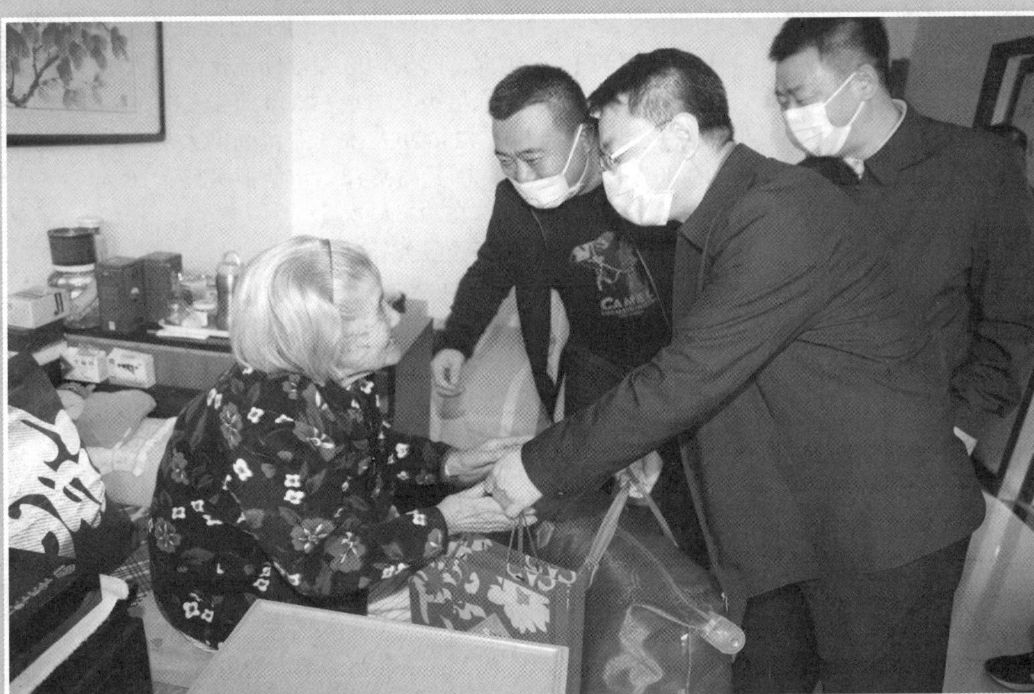

10月13日，门头沟区入户慰问百岁老人（区卫生健康综合服务中心　供图）

民 政

【概况】 2021年，区委社会工委、区民政局做优《门头沟区“十四五”民政事业发展规划》，坚持社会建设与民生保障“双轮驱动”，构建党建引领、民生保障、养老服务、基层治理、社会服务、基础支撑、综合协调“七大工作体系”，紧扣群众“七有”“五性”需求，解决好群众的操心事、烦心事、揪心事，提升精细化治理能力，不断增强百姓获得感。

（方　雯)）

【春节慰问】 春节期间，门头沟区对全区56类人员实施送温暖、保和谐、促稳定走访慰问活动，慰问资金总额1217.576万元，其中中央资金17.35万元，市级资金372.741万元，区级资金827.485万元。

（赵　霞）

【清明祭扫接待】 截至4月9日，门头沟区天山陵园、殡仪馆累计接待祭扫群众67066人、代为祭扫573次，其中区殡仪馆29460人、代为祭扫27次，天山陵园37606人、代为祭扫546次。

（张晓明）

【见义勇为】 年内，区委社会工委、区民政局走访慰问见义勇为人员60人，发放慰问金8.85万元；发放见义勇为人员伤残补助金约1.692万元；组织见义勇为人员疗养2批次，累计参加35人次。

（孙海凤）

【婚姻服务】 年内，门头沟区婚姻登记服务中心办理婚姻登记业务3822件，同比下降15.67%，其中结婚登记1722对（涉外2对），同比下降9.65%，离婚登记759对（涉外1对），同比下降41.07%；补领婚姻登记证895对（涉外2对），同比上升9.82%；查档445人；出具证明1对；小客车核验2097人次；接待咨询电话及人员43839人次。

（翟　颖）

【丧葬服务】 年内，门头沟区开展“零百千万”工程，销售骨灰盒总量500个，其中百元以下骨灰盒99个，占销售总量的20%；殡仪服务量6186次，其中千元以下服务量2659次，占服务总量的43%；落实城乡无丧葬补贴政策，对符合条件的243份丧葬补贴给予审批，下拨补贴资金121.5万元。

（张晓明）

【社会福利】 年内，门头沟区养老机构星级均在二星级及二星级以上；全区累计123699人次的80岁以上老年人享受高龄津贴共1825.74万元，18222人次的困难家庭老年人享受服务补贴共420.64万元，106361人次的重度失能老年人享受护理补贴共6084.27万元；为入住福利机构的困境家庭人员发放年度补贴296.84万元；发放残疾人“两补”32720769.23元，其中生活补贴26876469.23元，护理补贴5844300元。

（张芳莹）

【慈善劝募】 年内，门头沟区慈善协会共接收善款1146.56万元，开展慈善项目40个，发放救助金1003.97万元，救助困难群众7639人；全区现有捐赠站点42个，全年接收27717件衣物；在全市率先启动区慈善事业“十三五”成果（图片）巡回展暨第八届“慈善北京”成果（图片）展，先后走入7个村居进行巡回展出；开展校园公益实践成果展示活动，引导广大学生从“了解慈善”向“参与慈善”转变。

（刘军勇）

【城乡低保】 年内，区民政局审批城乡低保5113户次、9419人次，撤销5024户次、9187人次；全年支出低保金99303485.98元，同比增加13075889.1元。截至年底，全区城乡低保对象3760户、7100人，其中城市低保对象2712户5237人，农村低保对象1048户1863人。

（李文博）

【流浪乞讨人员救助】 年内，门头沟区开展救助巡视326天，救助流浪乞讨人员105人次，街头救助3人次。截至12月31日，滞留受助人员0人，托养至衡水市精神病医院26人。

（李　震）

【地退人员权益保障】 年内，区民政局发放地退人员工资354.17万元，过节费21.5万元，慰问金2.58万元，防暑费0.48万元，采暖补贴费8.77万元，遗属生活补助1.15万元。

（孙海凤）

【征地超转人员服务】 年内，区民政局接收超转人员6人，上缴区财政接收资金431.15万元；全年累计下拨市、区两级超转人员生活补助费1.18亿元，其中市管947.8万元、区管1.09亿元；上缴市财政局社保专户医疗待遇资金7306.2万元。截至年底，全区共有超转人员3552人，其中市管254人，区管3298人。

（胡　苏）

【临时救助工作】　年内，门头沟区委社会工委区民政局安排临时救助资金405.34万元，帮助626户、1153人名因病、因灾及子女就学等原因造成生活暂时困难的家庭渡过难关。32.5万元作为各街镇救急难资金进行下拨。落实“四免一关怀”政策，一次性拨付给区疾控中心20.448万元艾滋病患者临时救助款。

（李文博）

老龄事业

【安全生产责任保险推广】　年内，门头沟区在全市率先推广养老机构投保安全生产责任保险，全区10家养老机构投保平安保险公司安责险，保费4.4065万元，投保床位1116张。

（刘　迪）

【养老护理员培训】　年内，门头沟区组织开展2021年养老护理员培训，职业技能培训133人，能力提升培训74人。

（刘　迪）

【养老驿站建设】　年内，门头沟区完成7家养老服务驿站建设和备案，其中3家农村幸福晚年驿站、4家社区养老服务驿站，可以为辖区村居民提供呼叫、助餐、日间照料、健康指导、文化娱乐、心理慰藉等服务。

（刘　迪）

【老年餐桌建设】　年内，门头沟区制定《养老餐桌建设工作方案》；建成21个老年餐桌并完成统一备案、标识悬挂；对依托养老驿站建设的老年餐桌，社区驿站按照服务收费金额的50%、农村驿站按照75%给予流量补贴。

（刘　迪）

人力资源和社会保障

【概况】　2021年，区人力资源和社会保障局推动1200余名劳动力实现转移就业，城镇登记失业人员就业率65.34%，城镇登记失业率2.45%，充分就业社区（村）比例76%，充分就业街道（镇）成功创建8个；组织5.3万余人次参加人事类考试；推出“十办”便民服务措施，设立“办不成事反映窗口”，建设“一号咨询”平台，推出社保政策、职业指导微课堂。

年内，全区基本医疗保险参保（含生育保险）参保人员32.08万人，医保基金收入18.21亿元，同比增长24.27%，医保基金支出21.73亿元，同比增长5.37%；开展城乡社会救助对象医疗救助7166人次，救助资金支出1448.87万元；全区城镇职工及城乡居民医疗保险大病医疗费用“二次报销”1660人次，累计补贴1097.01万元；各定点医疗机构“阳光采购”药品3463.34万元，实行人工关节、人工晶体、心脏球囊和支架等医药耗材带量采购1452.54万元。

（程　菲）

【养老保险新系统上线】　1月1日，实施基金全市统筹，老年无保障并入城乡居民养老保险，新版城乡居民基本养老保险信息系统于2021年1月7日正式内部上线运行。

（王　彤）

【医疗保障检查巡视】　1月，区医疗保障局巡视及指导北京京煤集团总医院、门头沟区医院、门头沟区中医医院，保障医保信息系统在各定点医疗机构的平稳运行，开展打击欺诈骗保部分定点医疗机构中药饮片专项检查。3月，启动2021年度辖区内定点医药机构全覆盖监督检查，重点检查医保基金管理责任制落实情况，聚焦“假病人”“假病情”“假票据”等“三假”欺诈骗保问题，核查是否按要求使用国家组织药品、医用耗材集中采购中选产品等问题。

（孙华丽　黄凌月）

【“互联网+”医保服务信息系统改造验收】　3月1日，门头沟区中医医院“互联网+”医保服务信息系统改造工作通过验收，成为门头沟区首家通过此项工作验收的定点医疗机构。

（孙华丽）

【区医疗保障工作会议召开】　3月10日，门头沟区召开医疗保障工作会议，总结2020年度门头沟区医疗保障工作，分析提出不足和改进方向，并对2021年22项医保重点工作进行部署，150余人参加会议。

（张慧娟）

【“办不成事反映窗口”设立】 3月，区人力资源和社会保障局在民生大厅设立“办不成事反映窗口”，受理办事群众线上或线下提交申请材料后，未能实现成功办理、成功审批的问题，群众多次来到大厅未能解决的问题，或者是遇到工作人员怕担责、不作为、相互推诿、吃拿卡要的情况等。

（程　菲）

【特殊病种备案外审】 7月，区医疗保障局对全区开展特殊病种备案工作的定点医疗机构进行外审，共完成特殊病种备案查看314人次，外审病历218份。

（高　嫄）

【跨省异地就医直接结算系统改造验收】 8月，区医疗保障局完成跨省异地就医普通门诊医疗费用直接结算系统改造验收，异地参保人员在门头沟区任一家定点医疗机构均可享受门诊费用跨省直接结算待遇。

（王　莹）

【打击“三假”专项检查】 9月13日，区人力资源和社会保障局启动打击“三假”专项检查工作，覆盖辖区8家工伤定点医疗机构，共抽查病历66份，检查住院患者在院情况946人次，并对代开药制度落实情况、治疗单项目填写、康复治疗情况进行检查，未发现“三假”问题。

（王　彤）

【电子医保凭证推广】 9月，区医疗保障局召开医保电子凭证推广工作部署会，调研试点医院医保电子凭证推广工作及医保信息业务编码切换工作，深入社区开展医保政策宣传与咨询答疑活动。

（孙华丽）

【外籍及港澳台居民参保】 自10月1日起，持《外国人永久居留身份证》及《港澳台居民居住证》人员可参加北京市城乡居民基本养老保险。

（王　彤）

【困难人员参保】 10月28日，市局发布联合文件，自2022年起，对全市困难人员参加城乡居民基本养老保险给予代缴部分或全部保费。

（王　彤）

【城乡居民参保缴费】 11月，区医疗保障局开展2022年度在校学生城乡居民基本医疗保险参保缴费工作，组织39所学校开展业务培训，安排专人对新成立学校在校生参保工作进行一对一政策指导和业务培训，发放宣传海报及《2022年北京市城乡居民基本医疗保险服务指南》2.24万余册。

（郑银霞）

【分类划转单位参保】 12月，门头沟区共涉及分类划转单位4家，涉及47人。截至12月底，完成业务单位2家，共33人，其中在职12人，退休21人，累计补缴职业年金260.38万元，退养老保险差额45.19万元。

（王　彤）

【因病劳动能力鉴定全城通办】 年内，根据北京市劳动能力鉴定中心提出的《关于进一步加强劳动能力鉴定工作的通知》规定的，原在区劳动能力鉴定机构鉴定的中央在京企业（不含原行业统筹企业），区属企业、外商投资企业、私营企业，机关、事业单位的职工，可根据实际情况，不受区域限制，在全市任意一家区级劳动能力鉴定机构由用人单位申请因病鉴定（即“全城通办”）。

（王　彤）

【农村劳动力转移就业】 年内，区人力资源和社会保障局推出“八个一批”新举措和“五种就业”新模式，推动1200余名劳动力实现转移就业。“八个一批”新举措指涉农实体招用一批、转移就业安置一批、灵活就业促进一批、自主创业带动一批、公益性岗位托底一批、延缴保险推动一批、技能培训提升一批、援企稳岗保障一批；“五种就业”新模式指新型集体林场吸纳、农民合作社带动、精品民宿推动、灵活就业补贴促进和延期缴费参保等新模式。

（程　菲）

【直播带岗】 年内，区人力资源和社会保障局依托微信视频号直播平台，推动招聘服务网络化直播化，围绕精品民宿、新就业形态、东西部协作等，推出“企业展示＋岗位介绍＋在线答疑”三位一体的“直播带岗”，促进企业揽才和劳动力就业精准对接。

（程　菲）

【创业带动就业】 年内，区人力资源和社会保障局印发《关于印发〈门头沟区关于进一步做好创业带动就业工作的若干措施〉的通知》（门就发〔2021〕3号），围绕“政策扶持助力创业”“提升活力助推创业”和“优化服务保障创业”等3个方面做好创业带动就业工作。年内，全区新增参保单位2181家，带动就业岗位数量7628个，发放创业担保贷款15笔共1310万元。

（程　菲）

【新就业形态促进】　年内，区人力资源和社会保障局印发《门头沟区贯彻落实〈关于促进新就业形态健康发展的若干措施〉的实施方案》，提出“三项工程，三个一批”工作举措，即实施安心保障工程，规范一批劳动权益；实施温心关爱工程，完善一批社会保障；实施贴心帮扶工程，促进一批稳定就业。

（程　菲）

【就业促进政策落实】　年内，门头沟区落实促进就业政策12项，补贴个人10949人次，补贴企业11343家次，补贴资金2.07亿元，拨付创业担保贷款1140万元，切实维护就业形势稳定。

（程　菲）

【务工人员之家建设】　年内，区人力资源和社会保障局建设完成区级务工人员之家和务工人员之家城子分站试点，务工人员之家城子分站优化升级为立足人力社保主要职能，具备宣传推介、互动咨询、办事指南、歇脚休憩四项服务的多功能服务平台，为新业态从业者提供免费饮水、热餐、冷藏、雨伞外借、临时储物、手机充电、医疗急救包、休闲阅读等8项生活便利服务。

（程　菲）

【创业孵化示范基地建设】　年内，洪源智能工坊、利得衡绿创空间被认定为门头沟区创业孵化示范基地。

（程　菲）

【退休人员社会化管理】　年内，区人力资源和社会保障局累计接收社会化管理退休人员5.3万人，其中国有企业2.6万人，非国有企业2.7万人；1.3万册退休人员人事档案纳入集中库房管理；慰问孤老或患有各类癌症、肾透析、肾移植病种的社会化管理退休人员940人；开展第二届“京颐杯”社会化管理退休人员书法绘画摄影展，征集作品74幅；审核通过685名社会化管理退休人员享受清洁能源分户自采暖补贴。

（程　菲）

【失业补助】　年内，区人力资源和社会保障局延续失业补助金申领期限，扩大失业保险覆盖范围，确保失业人员待遇应发尽发，共1150人申请失业补助金和临时生活补助，4430人期满停发，372人非期满停发。

（程　菲）

【事业单位公开招聘】　年内，门头沟区升级改造门头沟区事业单位人事考试招聘系统，招聘事业单位工作人员454人，其中接收符合政府安置条件的退役士兵10人，接收退役大学生士兵27人。

（武军秀）

【博士后创新实践基地申报】　年内，门头沟区开展2021年博士后科研工作站、创新实践基地申报工作，推荐中关村科技园区门头沟园服务中心申报园区类总站，遨博（北京）智能科技有限公司、北京利德衡环保工程有限公司、北京东西分析仪器有限公司三家企业申报分站。

（武军秀）

【养老保险缴费补贴】　年内，门头沟区符合享受城乡居民养老保险补贴的残疾人2204人，享受补贴179.9万元，其中重度残疾人1394人，享受补贴139.4万元；符合享受养老保险缴费补贴的参保人员共7540人，享受补贴46.76万元，其中符合60元、90元、120元、150元缴费补贴的参保人数分别为7202人、234人、40人、64人。

（王　彤）

【养老保险暂停专项清理】　年内，门头沟区开展城乡居民养老保险暂停领取待遇人员专项清理，处理773人。

（王　彤）

【社保专项监督】　年内，门头沟区开展待遇支付高风险业务专项监督检查，其中工伤保险待遇实时支付检查12505笔、工伤保险非实时支付业务检查589笔、支工伤保险待遇补支与回收业务检查324笔、机关事业单位养老保险待遇支付检查346笔、养老死亡与中断减员业务检查148笔；开展补缴类高风险业务检查共487笔、社保基金财务涉及6个险种9个账户检查共计4791笔、社保补换领卡业务3920笔；梳理业务印章备案，共检查印章34个；开展社会保险基金风险排查，完成“疑似违规一次性缴纳养老保险费退休人员”筛查，对城乡居民一人多次领取大额待遇及一次性补发大额待遇且待遇状态多次变更和养老保险身份、生存状态异常的221人疑似数据开展核查，核实服刑人员违规领取养老保险待遇34人。

（王　彤）

【社保基金运行情况】　年内，门头沟区社保基金（包括企业养老、失业、工伤、机关事业养老、职业年金、城乡居民养老）累计收入34.98亿元，社保基金累计支出52.45亿元。养老保险参保单位19863家（其中缴费单位19007家），同比增长17%，参保人数25.59万人（其中缴费人数14.18万人），同比增长3.3%；失业保险参保单位19537家（其中缴费单位18734家），同比增长15%，参保人数18.3万人（其中缴费人数14.68万人），同比增长5.8%；工伤保险参保单位20068家（其中缴费单位19075家），同比增长17%，参保人数16.16万人（其中缴费人数13.99万人），同比增长5.7%；机关事业养老参保单位265家，参保人数1.93万人（其中缴费人数1.2万人）。

（王　彤）

【养老保险待遇上调】　年内，领取城乡居民基本养老保险基础养老金及享受老年保障福利养老金人员，每人每月增加30元。年内符合按月领取城乡居民基本养老保险基础养老金待遇的人员，基础养老金标准为每人每月850元；申请老年保障的人员福利养老金标准为每人每月765元。

（王　彤）

【养老保险退休审批】　年内，区人力资源和社会保障局审批企业职工退休2344人，补缴基本养老保险费审批146人，本市及外埠人员延期缴费资格确认159人；审核机关事业单位退休人员档案201份，审批机关事业单位职工退休242人；机关事业单位养老保险支付227家单位，累计支付9.6万人次6.87亿元；调整机关事业养老保险224家单位7244人157.77万元；完成机关事业单位因参数调整重新核算退休金和补发157人共45.43万元。

（王　彤）

【遗属待遇审核】　年内，门头沟区向符合申请条件企业职工开展基本养老保险遗属待遇申领服务，发放参保人员3279人次（约占存量参保人员总量的24.5%），发放丧抚金额1.89亿元。

（王　彤）

【公务员工资管理系统入轨市级系统】　年内，全区73家执行公务员工资制度单位入轨北京市机关工资管理系统，同步开展按月工资发放数据审核工作。

（武军秀）

【消防员首次套改工资入轨工作】　年内，完成门头沟区84名消防员首次套改数据审核和工资情况的批复工作。

（武军秀）

【劳动监察保障】　年内，区人力资源和社会保障局累计检查用人单位1598户（次），涉及劳动者4.72万人（次）；累计查处办结案件221件，其中欠薪案件168件，为356名劳动者追欠工资485.55万元；作出行政处罚8件，处罚金额24万元。

（程　菲）

民族宗教事务

【概况】　2021年，门头沟区民族宗教工作，紧扣“铸牢中华民族共同体意识”主线，加强顶层设计，开展以“高举中华民族大团结旗帜 铸牢中华民族共同体意识”为主题的民族团结进步宣传活动，全面深入持久开展民族团结进步创建工作；坚持宗教中国化方向，全面贯彻党的宗教工作方针，积极引导宗教与社会主义社会相适应；牢固树立安全发展理念，举办村（居）书记和统战委员统战民族宗教政策法规培训会，统筹推进安全和发展工作，确保首都民族宗教领域始终保持和谐稳定良好局面。

（赵　磊　钱　畅）

【走访慰问】　1月，区委统战部（区民宗侨办）开展春节走访慰问民族宗教侨界人士活动，先后对门头沟区少数民族困难家庭、民族宗教界代表人士、流动少数民族人口和归侨家庭进行走访慰问，送去慰问金和新春的祝福。12月24日，圣诞节来临之际，区领导金晖到永定天主教堂、基督教堂看望慰问2处场所教职人员和信教群众，现场查看安全设施、新冠肺炎疫情防控等措施落实情况。

（赵　磊　钱　畅）

【民族宗教政策法规培训会举办】　5月，区委统战部联合龙泉镇举办村（居）书记和统战委员统战民族宗教政策法规培训会，让培训人员对统战民族宗教工作的重要性有了更新更深的认识了解。

（赵　磊　钱　畅）

【清真寺开斋节活动】 5月，门头沟区采取“三到位三有力”措施，全力做好清真寺安全服务保障工作，确保开斋节活动安全有序。

（赵　磊　钱　畅）

【宗教界“四史”学习教育活动】 6月，门头沟区组织开展宗教界“四史”学习教育活动，全区各宗教活动场所教职人员及信徒骨干50余人参加活动。

（赵　磊　钱　畅）

【清真寺古尔邦节举办】 7月，门头沟区召开古尔邦节安全保障工作协调会，部署安全保障工作，深入清真寺检查指导安全工作，严格落实治安、反恐、消防、新冠肺炎疫情防控等各项安全措施。

（赵　磊　钱　畅）

【组织镇街民族工作干部参观】 9月8日，区委统战部组织镇街民族工作干部及民族界代表人士30余人，到中央民族干部学院参观学习中国共产党民族工作历史陈列展。

（赵　磊　钱　畅）

【清真食品联合执法检查】 9月，区委统战部联合门头沟区市场监管局、区城管执法局等相关部门及相关镇街，到清真餐饮经营重点区域大峪镇街道、永定镇开展清真食品联合执法检查。

（赵　磊　钱　畅）

【为患白血病新疆学生筹集资金】 10月，区委统战部积极协调市民宗委和区相关宗教团体为大峪中学新疆班某患白血病学生筹集资金11万元善款，用于保障该生住院治疗。

（赵　磊　钱　畅）

退役军人事务

【概况】 2021年，区退役军人事务局以创建“双拥模范城”五连冠为抓手，以“法律政策落实年”活动为依托，持续推进双拥共建、优抚褒扬、接收安置、就业创业和权益维护等重点工作，确保退役军人服务保障工作向高站位、深层次和精准化推进，退役军人事务工作不断展现新作为、取得新成效，实现全区退役军人事务工作奠基启新、稳步发展。年内，大峪街道绿岛家园社区党委被评为全国退役军人服务保障先进单位，大峪街道绿岛家园社区党委书记、居委会主任、退役军人服务站站长李平被评为全国退役军人服务保障先进个人，斋堂镇退役军人服务站站长李文凯被评为全国退役军人服务中心（站）“百名优秀主任（站长）”。

（梁晓冬）

【新春走访慰问】 元旦、春节期间，区退役军人事务局为驻区部队送去慰问信、春联福字、防疫香囊等慰问品4000份；慰问优抚对象和享受政治待遇烈属1041人，发放慰问金、慰问品等110余万元；多种形式普遍慰问困难退役军人74人，发放慰问金、物品等2.3万元；走访慰问军队离退休干部和无军籍职工165人，发放慰问金、慰问品等10.3万元。

（高　洁　安胜梅）

【“红色之声”系列活动开播】 1月，区退役军人事务局开展“京西老兵红色之声——学党史 讲奉献 续写军旅荣光”系列活动，面向驻区部队现役军人和全区退役军人广泛征集红色主题的诗歌、散文，定期编辑并于网络平台进行发布的方式开展红色宣传。截至12月底，累计发布14期。

（王　兵）

【双拥工作部署会召开】 3月22日，门头沟区召开2021年双拥工作部署会，总结2020年全区双拥工作情况并部署2021年双拥工作任务。会议要求，各相关单位切实为部队做好事、办实事、解难事，为争创全国双拥模范城“五连冠”开好局、起好步。

（高　洁）

【建党百年庆祝活动】 3月，区退役军人事务局成立红色宣讲团，以门头沟区经典红色故事和退役军人典型事迹为题材，开展“传承红色基因 永葆军人本色”系列宣讲活动30余期。5月，开展“老兵永远跟党走·党旗飘扬在心中”知识竞赛活动，动员引导全区退役军人、军属及关心退役军人工作的社会人士，学党史、强信念、跟党走。7月，慰问走访慰问烈属、烈士子女156人，送去慰问金15.6万元。

（王　兵　安胜梅）

【“守护·2021清明祭英烈”系列活动】 3月，区退役军人事务局开展“守护·2021清明祭英烈”主题宣传教育活动，在宛平抗日烈士纪念园开展“学党史坚定信念明方向，祭英烈不忘初心跟党走”——“守护·2021 清明祭英烈”主题祭扫活动；举办“一百年开天辟地跟党走，十四五蓝图绘就立志坚”庆祝建党 100 周年清明节诗歌朗诵会；刊登《中华英烈网网上祭扫倡议书》，中华英烈网等平台点击量达 2 万余人次。

（高　洁　安胜梅）

【优抚对象供暖补贴】　3 月，区退役军人事务局审核全区优抚对象取暖资格，为 186 名优抚对象发放供暖补助 34 余万元。

（安胜梅）

【烈士纪念设施管理保护】　4 月，区退役军人事务局开展丰沙线烈士纪念碑整改工作，开展零散烈士墓修建工作，完成零散烈士幕修建 6 处。9 月，完成大台椴地天桥浮战役革命烈士纪念碑、雁翅田庄烈士纪念碑、雁翅镇田庄村崔显芳墓的修缮工作。

（安胜梅）

【伤残证件换发】　6 月，门头沟区作为全市伤残证件换发试点区，按照工作部署，在八一建军节前全部完成全区 178 名伤残人员证件换发工作。

（安胜梅）

【光荣院装修改造】　6 月至 10 月，门头沟区光荣院完成消防烟感喷淋系统及水暖管网装修改造工程项目，太阳能集热系统购置安装项目，光荣院南侧围墙坍塌抢修工程，以及天然气管道铺设及路面回填、恢复。投入资金共 650 万元。

（高海英）

【“军”字马克思主义读书会成立】　7 月、8 月，区退役军人事务局军休干部马克思主义读书会和自主择业军转干部马克思主义读书会在党史学习教育中成立。年内，组织开展读书交流研讨活动 5 期。

（梁晓冬）

【示范型退役军人服务站创建】　7 月至 9 月，王平镇、军庄镇、雁翅镇、清水镇退役军人服务站通过“全国示范型退役军人服务站”市级创建验收。

（王　兵）

【建军节慰问】　“八一”前夕，区领导带队走访慰问驻区部队，购置慰问品价值 230 余万元，依托退役军人服务保障体系慰问困难退役军人及其他退役军人 421 人，1.04 万元，走访慰问军休干部和无军籍职工 160 人，发放慰问金、慰问品共 7.22 万元。

（高　洁）

【军民共建双拥宣传活动】　8 月 27 日，门头沟区军民共建双拥宣传活动在双拥主题公园举办，共发放宣传册 200 余份。李兆娴爱国拥军志愿服务队为部队官兵送上亲手制作的中国结和拥军鞋垫。

（高　洁）

【“京西讲武堂”开设】　9 月 29 日，门头沟区创新开设“京西讲武堂”，建成全民国防教育主阵地，将国防教育纳入处（科）级干部轮训教学和培训计划，聘任 4 名驻区部队军官担任 4 所中学国防教育副校长。

（高　洁）

【烈士纪念日公祭活动】　9 月 30 日，门头沟区领导和驻区部队官兵、优抚对象等各界代表 200 余人参加“9.30”烈士纪念日活动。

（安胜梅）

【烈士英名录信息管理】　9 月，区退役军人事务局校核完善全区 1287 余名烈士信息，并完成烈士英名录系统的录入工作。

（安胜梅）

【退役军人就业帮扶】　年内，区退役军人事务局组织开展 2021 年度门头沟区退役军人专场网络招聘会 2 场，各类活动共为退役军人推荐工作岗位 1600 余个。

（王　兵）

【“首都老兵”京西志愿服务队】　年内，区退役军人事务局开展退役军人志愿服务活动，以实际行动擦亮“首都老兵”京西志愿服务队品牌，共开展活动 950 余场，6500 余人次参与服务。

（王　兵）

【立功受奖现役军人奖励金发放】　年内，区退役军人事务局为 24 名立功受奖现役军人发放奖励金 1.95 万元，其中三等功获得者 5 人，优秀士兵获得者 19 人。

（高　洁）

【关爱基金救助】　年内，区退役军人事务局慈善救助现役军人 2 人，发放救助金 3.92 万元。

（高　洁）

【各项优抚对象资金发放】　年内，门头沟区新增 60 岁农村籍退役士兵 18 名，残疾军人 10 人、伤残人民警察 9 名、三属 2 人、持证烈属 1 人；区退役军人事务局为伤残军人（人民警察、国家机关工作人员）发放伤残抚恤金共2054人次，418.77万元；发放伤残护理费共168人次，58.87万元；发放在乡残疾军人定期补助共180人次，38.17万元；为三属、复员军人、参战参试人员、带病回乡退伍军人等重点优抚对象发放定期抚恤补助共643人次，150.85万元；为烈士子女发放生活补助金共821人次，152.21万元；为60周岁以上农村籍退役士兵发放生活补助金共6128人次，141.09万元；为符合条件的优抚对象进行医疗减免，共报销药费135人次，70.02万元；为7名一至六级在乡伤残军人办理补充医疗保险、生育险、工伤险，支出12万余元。年内，死亡优抚对象27人、病故军人3人，经审核及时发放死亡一次性抚恤金134余万元，用于优抚对象和病故军人的丧葬补助；为全区2019年和2020年140名服现役义务兵家庭和7名农村烈属发放优待金654.58万元。

（安胜梅）

【军队离退休干部休养】 年内，军队离退休干部休养所接收安置军队退休干部10人，累计接收军队离退休干部158人，现有105人；累计接收军队无军籍职工90人，现有64人；发放军休干部离退休费1802.19万元，发无军籍职工退休费557.24万元。

（梁晓冬）

残疾人事业

【概况】 2021年，门头沟区残疾人工作委员会印发《门头沟区"十四五"时期残疾人事业发展规划》，被国务院残疾人工作委员会授予全国残疾人工作先进单位荣誉称号。年内，区残疾人联合会打造"红色头雁筑堡垒，红心向党建家园"党建实践品牌，助推残疾人温馨家园建设高质量发展；投入资金690万元，与门头沟区无障碍环境建设专项行动各成员单位完成年度任务目标，改造点位1176个，在全市率先建立无障碍环境建设问题长效机制；通过建立帮扶性就业基地和居家就业的形式帮助279人就业，为5690人次发放自主创业就业社会保险补贴589.86万元，为29人提供一次性趸交保险149.79万元，完成315人职业技能培训任务；全区残疾人康复服务覆盖率达到96%以上，为959人补贴成人康复训练费用340万元，为96名残疾儿童少年补贴康复训练费用149.5万元，为1000人开展家庭康复培训，为2051名残疾人申请辅助器具30940件，补贴资金277万元，开展线上线下辅具适配评估8次，服务1300余人。

（李朗月）

【就业援助月帮扶】 1月，区残疾人联合会开展残疾人就业援助月帮扶活动，推动就业服务精细化，落实一对一职业能力评估、求职定向指导、就业跟踪回访，为残疾人自主创业就业提供必要助。

（李朗月）

【温馨家园建设】 2月3日，区残疾人联合会举办2021年残疾人温馨家园网络春节联欢会，50名残疾人及助残志愿者表演快板、小品、模特走秀、太极、三句半、京剧、旗袍团扇等节目，200人线上观看。3月8日至16日，残疾人温馨家园举办"手语唱国歌，无声传经典"主题活动，80名残疾人学习手语《国歌》。3月22日至4月22日，残疾人温馨家园开展"喜迎建党一百年，残友献礼贺新篇"党建系列主题活动，包含成立残疾人合唱团、党建主题手工作品征集、制作党旗国旗钻石画等。9月27日至29日，215名职康站残疾人参加免费体检。

（李朗月）

【全国爱耳日活动】 3月2日，区残疾人联合会采取线上线下相结合的方式开展"人人享有，听力健康"主题科普讲座，共250人参加。

（李朗月）

【无障碍环境建设】 3月18日，门头沟区召开无障碍环境建设工作动员部署会，总结2020年工作情况，对2021年无障碍环境建设项目安排提出工作要求、明确具体任务。4月6日，《门头沟小院（民宿）无障碍环境建设指导意见》《门头沟小院（民宿）无障碍环境建设设计规范》（试行）配套文件印发，门头沟小院+无障碍特色品牌建立。5月12日，《北京市门头沟区无障碍环境建设工作机制》印发。11月，门头沟区开展无障碍环境建设宣传推广月活动，发放无障碍、冬残奥会等宣传材料5000份，开展无障碍出行执法检查，检查大街11条次，区级媒体广泛营造无障碍环境，开展"有爱无碍，与爱同行"无障碍主题作品征集活动，征集展出作品20余幅。

（李朗月）

【孤独症儿童家庭干预主题论坛召开】 3月31日，区残疾人联合会举办孤独症儿童家庭干预主题论坛，采取线上抖音直播和线下论坛讲座的方式进行。

（李朗月）

【专门协会工作】 4月20日，区盲人协会在斋堂镇马栏村红色教育基地举办“追忆百年党史，弘扬红色精神”党史学习教育活动，50名视力残疾人参加。4月22日，区聋人协会组织50名听力言语残疾人开展“绿色生活，环保理念‘袋’回家”帆布包彩绘活动。

（李朗月）

【全国助残日活动】 5月12日，门头沟区在永定楼广场举办庆祝第三十一次“全国助残日”活动启动仪式，活动现场，有关部门解答惠残政策，提供无障碍公益诉讼服务咨询，开展按比例安排残疾人就业等税务政策宣传，为残疾人和过往市民开展法律咨询和法律援助服务，医疗机构设立康复咨询台提供心肺复苏、脑卒中、慢性疼痛知识解答及演示服务。

（李朗月）

【残疾人庆祝建党百年文艺演出】 6月29日，区残疾人联合会举办“永远跟党走”残疾人庆祝建党百年文艺演出，160名残疾人及志愿者用手语舞蹈、歌曲、诗朗诵、情景剧等表演为建党百年献礼。

（李朗月）

【基层残协换届】 7月27日，区残疾人联合会召开社区（村）残协换届工作部署会。解读《关于开展社区（村）残协换届工作的方案》。104个社区，142个村如期完成换届工作。

（李朗月）

【全国残疾预防日活动】 8月25日，区残疾人联合会开展“加强残疾预防，促进全民健康”主题宣传活动，联合区中医院在门头沟区爱之旅康复训练中心为残疾儿童进行康复义诊，联合区妇幼保健院通过抖音直播平台开展线上残疾预防知识讲座。

（李朗月）

红十字事业

【概况】 2021年，区红十字会以“红十字救在身边”党建实践品牌为引领，聚焦“三救三献”主责主业，深入开展募捐救助、救护培训、应急救援、对口帮扶、志愿服务等各项工作，开展各类红十字青少年活动8次，打造群众身边的红十字会。

（赵建军）

【世界献血日宣传活动】 6月，区红十字会分别组织志愿者分别在葡东公园、新桥大街及滨河世纪广场开展以“献血，让世界继续跳动”为主题的宣传活动3场，发放宣传资料2000余份，500余名群众参加。

（赵建军）

【世界急救日宣传活动】 9月9日，区红十字会会同红十字蓝天救援队、心田救护培训基地在中昂时代广场开展世界急救日宣传活动，为过往群众发放日常急救手册等材料，讲解心肺复苏技术、自动体外除颤器（AED）使用方法和外伤包扎技能。

（赵建军）

【主题募捐】 年内，区红十字会开展“博爱在京城”主题募捐、乡村振兴对口帮扶、河南水灾等定向捐助活动，累计募捐款物总额348.7万元，其中“博爱在京城”募捐102.7万元，河南水灾捐赠款物156.8万元，内蒙古、西藏对口产业帮扶定向捐赠50万元和其他定向捐赠39.2万元。年内，区红十字会开展“红十字博爱送万家”主题送温暖活动，对全区532户因病致贫、因病返贫的困难家庭进行走访和慰问；对辖区内66户因大病或事故、火灾等自然灾害和突发事件，导致基本生活出现困难的家庭进行救助；对患白血病等重大疾病儿童、贫困艾滋病患者进行救助和慰问，解决群众临时性生活困难。

（赵建军）

【精雕博爱校园行活动】 年内，精雕集团有限责任公司向区红十字会捐赠4万元，用于为北京大峪一小、北京大峪中学、北京第二实验小学永定分校和北京市门头沟区育园小学等4所学校采购教师集体活动用品或教学用品，捐赠人民币2.9万元设立“教师节精雕科技杯”专项奖金，用于奖励北京第二实验小学永定分校、北京市门头沟区育园小学的优秀老师。

（赵建军）

【“红十字村”建设】 年内，清水镇下清水村、斋堂镇新兴村和石门营新区四区3个新建“红十字村”通过北京市红十字会审批成立；为5个“红十字村”发放慰问款、配送急救箱、衣物等日用品价值人民币20万元。

（赵建军）

【应急救援能力建设】 年内，区红十字会对门头沟区窗口单位、公共服务大厅、公交场站、公安系统等重点行业一线岗位进行培训，举办初级急救员培训班60期，2800人取得初级急救员培训证书；完成急救知识普及1180人次；为区政务服务大厅和潭柘寺景区捐赠2台自动体外除颤器（AED）；新组建红十字应急救援队；在斋堂镇成立红十字应急救援服务站；协助区消防救援队开展10余次山地救援工作。

（赵建军）

【应急志愿服务队伍建设】 年内，区红十字会百灵应急志愿服务队开展志愿服务10次，完成“红气球”定向越野赛、西单大悦城应急救护演练、琨樱谷山野搜救等应急演练9次，完成区“两会”防疫保障和会场消杀、区教师招聘会场消杀、新冠病毒疫苗接种地点等环境消杀工作，参加庆祝建党百年、文明城区创建、新冠肺炎疫情防控和宣传等活动19次。

（赵建军）

【送医公益行活动】 年内，区红十字会开展“红十字救在身边”送医公益行活动，全年举办白内障义诊45场、筛查1255人次、完成手术175例；为龙泉镇228名村民完成“早癌筛查”；组织20余名医疗专家为王平镇、雁翅镇200余名群众开展糖尿病、心血管、骨科、眼科、康复护理等方面的义诊；为淤白和东马各庄村300余名村民上门义诊服务；深入村居开展健康知识讲座11期、艾滋病防治讲座2期，受益群众700余人次。

（赵建军）

人物　荣誉

先进人物

全国劳动模范
（2021 年）

邢卫兵

全国先进工作者
（2021 年）

苗保河

全国五一劳动奖章
（2021 年）

谢耀宗　郭　燕

全国最美家庭
（2021 年）

刘宇航家庭

全国文明家庭
（2021 年）

曹　原家庭

中国好人榜
（2021 年 6 月）

谢耀宗

全国脱贫攻坚先进个人

管浩明

第五届全国未成年人思想道德建设工作先进工作者

刘亚丽

北京市劳动模范
（2021 年，4 人）

刘　晶　周德来　王进生　魏洪兴

北京市先进工作者
（2021 年，8 人）

孙树才　谢耀宗　张文敏　张慧萍　任正新
曹殿起　孙京浙　宋茂盛

首都劳动奖章
（2021 年度）

王玉松

首都精神文明建设奖
（2019 年—2020 年，6 人）

曲绍东　杜海霞　曹振刚　肖清海　闫　强
刘焕敏

首都巾帼最美奋斗者
（2021 年）

尚显兰

北京市扶贫协作奖爱心奉献奖
（2021 年）

王惠芳

“北京榜样”
（2021 年 5 月第一周）

安美丽

首都最美家庭
（2021 年，10 个家庭）

刘宇航家庭　曹　原家庭　刘美丽家庭
李　菲家庭　邸秀梅家庭　王　静家庭
张广林家庭　李志民家庭　王文萍家庭
任全霞家庭

北京市优秀共青团员
（2021 年度，8 人）

纪皓然　陈宏日　聂　婷　杜雅倩　王冰冰
孙凤钊　张　冉　尹淑君

北京市优秀共青团干部
（2021 年度，10 人）

曲竞一　陈　立　任　萍　王海波　孟　竹
张小洁　艾博轩　李　琰　唐　雪　高盛兰

首都绿化美化先进个人
（2021 年，17 人）

赵腾飞　高文章　赵　静　姜　山　王秀玲
刘　杰　刘建华　李志鹤　周宝杰　付民成
孙　贺　林　琳　何维彬　杨　杰　刘　芬
聂淑芳　师　磊

“门头沟榜样”
（2021 年）

邢　涛　李静波　尚立志

门头沟“最美两山理论”守护人
（2021 年，2 人）

尚显兰　于广云

门头沟区最美家庭
（2021 年，251 户）

大峪街道

孙云鹏　秦淑敏　李雪敬　崔　平　吉　浒
张振生　吕淑敏　李　勇　吕　娜　王晓静
张　敏　赵振彪　陈文勇　宋姮妍　王德印
雷玉君　于喜山　李金生　张福贞　王广军
李　民　朱桂安　杨淑芹　田玉清　马　兰
贾宝华　王艳茹　周　宁　宋晓霞　高玉兰
葛　嫚　刘桂虎　姜莲芳　李献华　李树建
孟玉霞　高秀娥　张忠民　赵芝跃

城子街道

于学明　郭学燕　骆世兰　卢桂香　杨海珍

东辛房街道

林晓峰　张树和　任全琴　梁淑贤　李金玲
张玉平　史红颖　于清泉　陈建友　赵芝兰
杜春霞　高志敏　陈淑慧　丁玉兰　郑国庆
郑国庆　崔秀梅　岳春玉　李春凤　牛福柱
黄开云　朱继春　李良彬　耿玉珍　贾红敏
杨淑珍　王德来　刘天清　李福庆　周维文
罗　立　佟建革　刘景山　邓春容　杨会凤
张淑菊　谢爱玲　尤磊锋　白崇敏　苏维香
刘雪念　刘淑芹　赵明叶　李德珍　李金芳
李永燕　刘书平　王明珍

大台街道

张　恒　张金玲　李美珠　曹桂香　成　强
马爱兰　李景芝　刘万琴　赵永红　李欣荣
谢小莲　景海涛　邢妙霞　安凤林　刘永春

潭柘寺镇

张　丽　王海萍　梁国云　周小凤　赵旭玲
贾德民　王继丽　高守德　安　娜　贾德攀
王　文　赵子健　王建丽　李红芳　王　志
任燕秋　郭连红　王振英　刘　唱　王欣慧
龙泉镇　殷瑞红　王金海　李玉玲　黄穆宇
杨　茉　王春艳　范秋凤　宋长生　张春影
孙建平　邓德杰　范新江　李秀芬　张凤英
刘颖竹　李国政　索世英　程焕芝　于彦霞
孙玉芝　宋玉情　王春英　杜　鹃　李莉红
张学敏　屈广辉　张红红　屈广华　王学林
刘世茹　张晓华　田淑敏　李长生　陈元亮

妙峰山镇

张廷兰　赵连明　王文艳

军庄镇

高　尚　顾华奇　张桂云　万玉花　马秀芬

邓桂红　王凤兰　孙红林　杨会英

雁翅镇

张继英　付艳华　张德雨　岳　明　王德刚
刘德江

斋堂镇

贾立英　韩增英　罗国燕　贾全荣　田小溪
杨红英　吕维霞　刘晓青　王有在　刘正清
魏元明

卫健委

赵　芳　管素霞　卢　丽　韩　倩　王　伟
吕海楠　吕　曼　李　洋　彭　琛　左守岩
王　浩　韩　洁

教　委

张　蕾　邓祎雪　李　硕　韩　冬　王　颖
宋　欣　曹征超　安　静　高　强　曹殿琦
赵晓婉　李　粲　李学军　石　霞　赵彦玲
刘佳捷　郑德鑫　安海霞　安付玉

区检察院

何红艳　高　歌

区法院

任亚杰　周璐璐　蒋　蕊　杨　畅

区司法局

张　洪　杜兆萌　王思佳　于志明

区市场监管局

郭潇天　尚　然　王　菁

区税务局

杨慧媛

区住建委

柳　刚

区国资委

杜鑫鑫

区生态环境局

赵　晖

区老干部局

王金贺

区经管站

张澜鑫

区重大项目中心

王英军　李嘉榕

区百花山管理处

王克山　王卫革　陈晓林　李建华　于永涛
贾立爽　李　莹　王春阳

消防支队

李建华

先进集体

全国五四红旗团支部
（2020-2021 年度）

区永定镇丽景长安社区团支部

第六届全国文明村镇名单
（2021 年，2 个）

门头沟区妙峰山镇炭厂村
门头沟区潭柘寺镇赵家台村

第六届全国文明单位名单
（2021 年，4 个）

区疾病预防控制中心
区人力资源和社会保障局
区气象局
大台街道黄土台社区

全国维护妇女儿童权益先进集体
（2021 年）

区法律援助中心

全国巾帼文明岗
（2021 年）

北京华夏公证处

北京市模范集体
（2021 年，2 家单位）

北京市公安局门头沟分局——杜家庄站派出所
北京精雕科技集团有限公司——产品设计中心

北京市五四红旗团委
（2021 年度，5 家）

区医院团委
区永定镇团委
区龙泉镇团委
区大峪街道团工委
北京市第八中学永定实验学校团委

北京市五四红旗团支部
（2021 年度，5 家）

区生态环境局团支部
区交通局团支部
区审计局团支部
区国资委机关团支部
区军庄镇东山村团支部

北京市青年文明号
（2020-2021 年度，6 家）

区税务局第一税务所
区人力资源公共服务中心
区发展和改革委员会业务大厅
区法院斋堂人民法庭
区医院急诊科
区中医院针灸科

首都全民义务植树先进单位
（2021 年，4 家）

共青团门头沟区委员会
区委编办
区融媒体中心
区医疗保障局

首都绿化美化先进单位
（2021 年，3 家）

区园林绿化局
区水务局
区百花山管理处

首都绿化美化花园式社区
（2021 年，2 家）

龙泉镇中门寺南坡社区二区
王平镇河北社区

首都绿化美化花园式单位
（2021 年，2 家）

门头沟区智慧摇篮紫荆幼儿园
中国人民解放军 93658 部队 62 分队

首都森林村庄名单
（2021 年，4 家）

雁翅镇房良村
雁翅镇河南台村
妙峰山镇岭角村
妙峰山镇桃园村

街道　镇

9月18日，中国共产党永定镇第九次党员代表大会召开（永定镇政府　供图）

◆| 1月9日，中国共产党城子街道蓝龙家园社区委员会换届选举大会召开（城子街道办事处 供图）

◆| 5月，大峪街道龙山一区社区生活垃圾分类驿站投入使用（《京西时报》供图）

◆| 5月19日，大台街道6月考核期“接诉即办”调度会召开（大台街道办事处 供图）

5月，游客在斋堂镇东胡林村文投·胡林书院度假（斋堂镇政府 供图）

6月22日，清水镇党委在下清水村举办“永远跟党走”建党100周年庆祝活动（《京西时报》供图）

9月25日，王平镇第二届农民“丰收节”举办，图为王平韭园生鲜铺子揭牌（王平镇政府 供图）

10月，游客在潭柘寺景区拍照（《京西时报》 供图）

11月16日，龙泉镇第十届人民代表大会第一次会议召开（龙泉镇政府　供图）

11月，雁翅镇田庄村被确定为2021年中国美丽休闲乡村，图为村落一隅（《京西时报》 供图）

◆| 2021年，军庄镇东山村组织村民学习《北京市文明行为促进条例》（《京西时报》 供图）

◆| 2021年，妙峰山镇东方小区引进物业管理公司，图为物业公司入驻后解决居民楼外立面保温层脱落问题（区融媒体中心　供图）

◆| 2021年，东辛房街道为A5小区、B2小区更换供水设备（东辛房街道办事处　供图）

大峪街道

【概况】　大峪街道办事处位于门头沟区中心地带，辖区面积4.4平方千米，东以永定河为界，西至增产路南街与东辛房街道办事处为邻，北以河滩排洪沟为界与城子办事处相连，南至葡萄嘴山梁与永定镇相临。辖区共33个社区居委会，居民常住总人口38226户、95124人。辖区内有机关、事业单位280余家、生产经营单位823家。年内，财政完成地方级收入23038.57万元，同比增长22.5%；完成区级收入11770.82万元，同比增长17.2%；完成预算支出17074.49万元，同比增长4.5%。新招引企业共549家，其中新注册442家。2021年，围绕“红色门头沟”党建品牌和“绿水青山门头沟”城市品牌建设，大峪街道始终践行“讲奉献、争第一”精神，坚持把党的建设贯穿于基层社会治理的全领域和全过程，严格落实全面从严治党主体责任，压紧压实管党治党责任。成立了社会治理综合执法站，充分发挥党建统领作用，建立“双向服务机制”，全面升级整体创建运行体系。采用“133”工作模式，坚持“1+1+X”工作法，常态化推动创城工作。采取敲门行动、党员“一对一”组织动员等方式，慎终如始抓好新冠肺炎疫情防控和新冠病毒疫苗接种工作。采取四级办案机制，建立“双三”、“双五”机制，紧盯诉求办理。实行流动性收集＋驿站模式，推动垃圾减量分类精准。年内，大峪街道被国管局等部门评为“节约型机关”，获得“门头沟区安全生产先进单位”荣誉称号。

（张　微）

【社区规模调整】　1月1日，大峪街道增产路社区接管原属增产路东区的惠民一区小区、增产路7号楼，调整后增产路东区社区居住规模由2006户降至1217户，增产路社区居住规模由310户增至1099户。7月，棚改定向安置房小区怡馨雅苑纳入龙坡社区，龙坡社区居住规模由372户增加至1494户。

（云　天）

【社区党组织换届】　1月底前，大峪街道工委在“红色门头沟”党建引领和区换届专班的坚强领导下街道工委从上到下高度统一思想和行动，把“两委”换届选举工作放到突出位置、头等大事来抓；经过自身科学完善换届工作体系的高效运转，在前期稳扎稳打的各项筹备工作基础上，在注重对后备干部的培养作用的显现上，在街道工委有力统筹、积极融合，实现“四个3”的特点，即“3持平、3个百、3上升、3下降”。3持平，即一肩挑”、“两委”交叉任职、居委会成员中党员比例基本持平。3个百，即“两委”班子中有35岁以下成员、党组织书记和居委会主任一次选举成功率、每个居委会中都有党员比例为100%。3上升，即“两委”成员中大专及以上学历、党组织成员连选连任、居委会成员连选连任比例均有上升。3下降，即社区党组织成员平均年龄、居委会成员平均年龄、“两委”班子中60岁以上人员比例均有下降，本次换届实现60岁以上人员“清零”。完成33个社区新一届党组织换届。

（杨　洁）

【两节慰问活动】　1月，大峪街道办事处开展“两节”慰问活动，慰问领取失业金人员277人，发放慰问金13.4万元；慰问退休人员218人，发放慰问金10.9万元；慰问低保人员423户，发放慰问金33.5万元；慰问特困人员18人，发放慰问金9000元。

（孙　波）

【新冠肺炎疫情防控工作】　2月，《大峪街道政务服务中心疫情防控工作预案》印发。年内，大峪街道办事处检查“三类场所”单位8599家次，张贴防疫公示101家，全力确保密集场所安全。截至2021年12月31日，大峪街道新冠病毒疫苗全人群接种第一针剂65829人，接种率91.17%（其中60岁以上接种人数14506人，接种率63.38%）。加强免疫接种37655人，完成78.54%。

（孙　波　贾晓芳）

【创建全国文明城区工作】　3月10日，2021年大峪街道材料申报工作部署会召开。5月15日，召开“我为群众办实事”创城重点项目推进会暨施工方与社区对接会。7月6日，召开“六爬”工作及空中缆线和飞线整治工作调度会。8月4日，召开社区破损硬件整改工作统筹推进会。8月10日，召开“冲刺大干五十天 创城为民争首善”部署会。8月19日，召开大峪街道创城全国文明城区“冲刺大干五十天 创城为民争首善”誓师大会。9月1日，召开创城冲刺工作部署会。11月2日，召开关于规范熙旺大厦周边外卖快递等非机动车辆停放秩序工作的吹哨会。11月30日，召开2021年门头沟区创城测评迎检动员部署会。12月1日，召开全国文明城区迎检动员部署会。12月16日与17日，接受全国文明城区创建实地检查。年内，大峪街道工委、办事处领导多次组织开展全要素拉练检查、创城实地检查、创城点位调度会以及全要素模拟实战测评。

（李思思）

【第十一届社区居民委员会换届】 3月14日，大峪街道33个社区全部完成第十一届社区居委会换届选举，其中29个社区采取户代表选举方式，4个社区采取居民代表选举方式。此次换届共选举产生209名居委会成员，其中主任33人，副主任33人，成员143人；13名社工当选居委会成员，30个社区实现书记主任"一人兼"，"一人兼"比率达到90.91%，"两委"交叉任职率达到40.49%；居委会成员中党员86人，比例为41.15%；采取户代表选举的社区为29个，占比87.88%；户代表选举的29个社区共有19627名选民参加投票，参选率达92.25%；采取居民代表选举方式的4个社区共有878名选民参加投票，参选率达97.99%，街道平均参选率为92.48%。

（云　天）

【防范非法集资宣传】 6月15日，大峪街道办事处开展"以人民安全为宗旨"防范非法集资宣传活动，发放《防范和处置非法集资条例》速览读懂、"常见非法集资典型案件"宣传折页。

（许　辉）

【社区服务站副站长选拔】 6月，大峪街道办事处启动社区服务站副站长选拔，通过推荐报名、面试、考察等程序，经街道工委会议研究决定，任命16名同志分别担任社区服务站副站长，同时调整5名社区服务站副站长的岗位。

（云　天）

【建党百年庆祝活动期间安全保障】 6月至7月，大峪街道办事处印发《中国共产党成立100周年庆祝活动安保实战阶段大峪街道社会面防控工作方案》，召开大峪街道召开中国共产党成立100周年庆祝活动安保维稳工作部署会、社会面防控工作部署会、大峪街道建党100周年庆祝活动群防群治力量部署会，开展安全隐患检查，出动志愿者70293人次。

（许　辉　贾子阳）

【物业服务】 7月，大峪街道德露苑小区采用书面征集意见形式召开业主大会，因业主大会业主反馈意见低于法定比例，未能选聘新物业企业，康奇物业被确定为德露苑小区应急物业。11月，西山阅小区采用书面征求意见方式召开业主大会，决定选聘北京金地格林物业管理有限公司为西山阅家园小区物业服务企业。

（云　天）

【电动自行车安全治理】 9月20日，大峪街道召开节日安全工作再部署会，提出加快集中充电场所建设、加大消防宣传教育力度，对辖区两处电动自行车销售点，以及平房区、出租大院、拆迁滞留区等重点场所开展安全隐患大排查。

（贾子阳）

【无违法群租房小区创建】 9月30日，大峪街道开展无违法群租房小区创建工作，制定无违法群租房工作方案，绿岛社区被确定为无违法群租房试点小区。

（王翠华）

【财税完成情况】 年内，大峪街道招商引资完成区级财税收入11771万元，完成全年招引企业财税收入任务104.7%，同比增长17.2%；地方级财税收入完成地方级财税收入23039万元，完成全年招引企业财税收入任务的108.8%。

（吴　迪）

【"门前三包"环境秩序管控】 年内，大峪街道综合行政执法队加大对主要大街、商业街区及背街小巷商户的"门前三包"的执法检查力度，全年共查处店外经营、堆物堆料、门前三包不洁等违法行为44起，罚款1.26万元。

（贾晓芳）

【管控占道经营行为】 年内，大峪街道综合行政执法队严格管控占道经营行为，共出动执法人员5000余人次，执法车辆1000余车次，查处无照经营、擅自摆摊设点等违法行为132起，罚款2.092万元。

（贾晓芳）

【违法群租房整治】 年内，大峪街道共挂账违法群租房24处，核实确认15处，整改完毕13处，正在整改中1处（中介出租）；违法群租房挂账涉及房屋73间，面积1874平方米，隔断墙16个，已拆除隔断墙15个，疏解13人。

（杨清禹）

【就业和社会保障工作】　年内，大峪街道城镇登记失业人员就业人数1195人，登记失业人员就业率63.56%。年底实有登记失业人员控制人数538人；安置公益性岗位246人，走访跟踪服务用人单位74户；采集空岗信息1939个；求职登记人数1325人；技能提升行动培训654人次，完成三年900人次的计划。

（孙　波）

【暖心服务驿站建设】　年内，“遇见·峪见”大峪街道暖心服务驿站建成，为大峪街道13个站点近300名快递员、外卖员提供服务。

（杨　洁）

【社区社会治理综合服务站建立】　年内，大峪街道在滨河西区社区建立全市第一个社区社会治理综合服务站，以社区党组织为总协调，推动行业管理与属地治理在基层一线“最后一米”实现交汇。

（杨　洁）

【生活垃圾分类专项检查】　年内，大峪街道综合行政执法队推进生活垃圾分类专项执法检查，建立日常执法检查机制及执法检查入社区机制，引导社会单位及居民正确分类投放，对违法行为从严查处，共查处生活垃圾类违法行为426起，罚款9.85万元。

（贾晓芳）

【大气污染防治百日专项行动】　年内，大峪街道综合行政执法队开展大气污染防治百日专项执法行动及秋冬季空气污染防治工作，加大施工工地、建筑垃圾和渣土运输车的执法检查及查处力度，共查处工地管理与车辆泄漏遗撒等违法行为67起，罚款33.60万元。

（贾晓芳）

城子街道

【概况】　城子街道位于门头沟区政府北侧2公里处，背倚九龙山，面朝永定河，南北以河滩桥和水闸桥为界，西至东龙门，东与石景山区五里坨接壤。辖区总面积3.5平方千米。辖区内有城子大街、石担路2条主干道；有20个社区，常住人口4.4万人；有4家市属单位，22家区属单位，学校等教育机构11所。2021年，完成地方级收入12279万元，同比增长22.5%；完成区级收入6083万元，同比增长21.8%；完成预算支出8858.71万元，同比增长6%。年内，城子街道党工委、办事处在全面从严治党、建党百年服务保障、推进新冠肺炎疫情防控等7个方面取得实质进展，实现“十四五”良好开局；落实区委“515工作法”和街道五字工作法、“双见面”制度，做好“接诉即办”工作；制定街道突发确诊病例应急处置方案，开展沙盘推演和实景演练，推进新冠病毒疫苗接种工作；全力冲刺创城攻坚；多措并举做好城子CD地块、水煤浆厂地块、西山天璟地块回迁入住工作。

（谷心长）

【“两节”工作】　1月6日，城子街道在平房社区检查冬春季社区安全工作，在社区召开现场会并到居民家中实地开展检查。2月，发动200余人次开展环境卫生大扫除；检查辖区商户30余家、工地14家，出动执法力量60余人次；慰问中华人民共和国成立前老党员、困难党员，慰问困难家庭、特殊群体和退役军人。

（谷心长）

【街道党建工作会召开】　3月20日，召开2021年党建工作大会暨党史学习教育动员会，街道领导班子成员、包社区干部、各社区党组织书记、副书记、组织委员参加。部署街道2021年党建工作要点，传达全区党史学习教育动员大会精神；部署2021年街道党风廉政工作；签订主体责任清单。

（谷心长）

【社区“两委”换届选举】　3月，城子街道20个社区“两委”换届选举完成，6个社区调整了“一把手”。社区新一届“两委”班子成员100人，大专及以上学历占比80%，比上届提升13.91%；平均年龄44岁，连选连任比例88%，每个社区中至少有一名35岁以下年轻干部；纪检委员兼任居务监督委员会主任比率达100%；直选比例较上届提升45%。

（谷心长）

【创建全国文明城区工作】　4月30日，城子街道开展“巩固创城成果，假日环境我维护”主题活动，组织400余人对辖区楼道内公共空间及周边绿化带、人行步道等区域开展环境卫生清扫，清理堆物堆料10车，垃圾废物60余袋，粉刷小广告500余条。年内，开展三家店地区及老旧小区建设改造8项，累计投资365余万元；西宁路社区、华新建社区4个建设改造项目共投资305余万元，对路面、车棚、楼道进行升级改造及维修；广场社区、矿桥社区、向阳社区及市场街社区3处车棚1项楼道粉饰改造及建设项目共投资60余万元。

（谷心长）

【无照经营季节性监管】 5月，城子街道执法队针对无照摊贩流动时间地点的规律特点，采取人盯车巡、集中整治等方式，对辖区主干道、公园、学校、广场周边等进行重点布控，对游商出现频次较高的点位加强执法频次和处罚力度。

（谷心长）

【第三届见义勇为宣传月活动】 6月，城子街道开展第三届见义勇为宣传月活动，通过社区张贴宣传海报、发放宣传折页、滚动播放“十大见义勇为人物”宣传视频等多种形式营造见义勇为社会氛围。

（谷心长）

【防汛演练】 7月9日，城子街道开展防汛演练活动，组织学习抽水泵使用方法，使用设备进行现场模拟排水，并对演练进行总结点评。

（谷心长）

【双拥工作】 “八一”前夕，城子街道办事处党工委领导走访北京卫戍区民兵预备役仓库，与部队负责同志座谈，并送去1.2万元慰问品；向13户现役军人家属和34名优抚对象发放慰问金共2.35万元；向6名无军籍军退人员发放慰问品；看望辖区1名困难退役军人家庭；对辖区21名符合条件的伤残警察和残疾军人更换新版《伤残警察证》和《残疾军人证》。

（谷心长）

【中西部帮扶协作】 8月，城子街道与内蒙古武川哈拉合少乡签订对口帮扶协议，捐赠资金5万元用于哈拉合少乡公忽洞村养殖及种植产业。龙门三区社区与内蒙武川哈拉合少乡公忽洞签订帮扶协议，捐赠爱心物资80份用于慰问困难群众。年内，完成街道食堂购买双创扶贫产品采购事项，共购买241550.2元，消费扶贫产品完成307379.8元。

（谷心长）

【“空中飞线”治理】 9月，城子街道对辖区主次干道、商业大街、交通枢纽、景区景点、公共广场、公园等重点点位空中线缆开展全方位立体整治，组织管线责任单位召开现场会8次，整治飞线点位73处，清除废旧飞线8000余米，拆除废旧线杆13根。

（谷心长）

【公厕改造】 10月25日，城子街道三家店地区6座公厕提升改造工程竣工并投入使用，该旱厕位于抽运车辆不能到达的胡同内，采取真空负压式公厕改造方式，从而解决抽运难题，实现辖区公厕全部标准化，彻底解决该地区百姓如厕问题。

（谷心长）

【新冠肺炎疫情防控】 10月26日，城子街道对辖区内“三类场所”新冠肺炎防疫措施落实情况开展联合检查指导，执法人员针对现场检查中发现的问题进行科学指导，并出具《复产复工疫情防控监督检查公示》。

（谷心长）

【街道党代表会议召开】 10月30日，城子街道党工委召开党代表会议，选举产生出席中国共产党北京市门头沟区第十三次代表大会代表14名，街道机关、社区、“两新”党组织党员代表91人参加会议。

（谷心长）

【禁毒宣传】 11月1日，城子街道开展禁毒宣传进商户活动，向20余家商户宣传禁毒法律法规和《北京市禁毒条例》，并发放禁毒宣传材料50余份。

（谷心长）

【人民调解员等级评定】 11月，城子街道开展人民调解员等级评定。评定后，有二级人民调解员2名，三级人民调解员9名，四级人民调解员60名。

（谷心长）

【国家宪法日宣传】 12月3日，城子街道开展12·4国家宪法日宣传活动暨“宪法宣传周”启动仪式，发放宪法宣传等折页百余份，提供相关法律咨询服务9人次。

（谷心长）

【液化气替代工作】 12月，城子街道18户非居民用户完成天然气、电力替代使用液化气改装工作。

（谷心长）

【新冠病毒疫苗接种宣传服务工作】 年内，城了街道积极推进新冠病毒疫苗接种工作，制发疫苗接种方案，利用“线上＋线下”相结合的方式广泛宣传发动。各社区组织人员和车辆提供免费接送服务，确保应接尽接。

（谷心长）

【接诉即办】 年内，城子街道办事处受理“接诉即办”各类求助事项7576件，同比增长1230件；响应率98.52%，解决率91.08%，满意率92.94%，综合成绩93.28分；全市排名最高为1月考核季59名，全年全市平均成绩210名，全年全区平均成绩第6名。

（谷心长）

【“我为群众办实事”实践活动】 年内，城子街道结合党史学习教育及“我为群众办实事”实践活动，修缮社区破损路面5500平方米，修缮破损墙面9000平方米，新改建车棚300平方米，安排资金370余万元；开展以“我为群众办实事”为主题的政务开放日活动，邀请辖区内人大代表和社区居民走进便民服务大厅，了解便民服务大厅内部工作流程。

（谷心长）

【年度人口抽样调查】 年内，城子街道开展年度人口抽样调查，抽取15个社区作为调查样本，聘请23名调查员，调查884户1874人。

（谷心长）

【社区建设】 年内，城子街道城子东街建成街道级心理服务中心建设，开展心理建设培训等活动11场；燕保家园社区完成市级“参与式协商”示范点创建。

（谷心长）

【劳动就业】 年内，城子街道城镇登记失业人员300人，城镇登记失业人员就业率65.06%；城乡劳动力就业人数635人，城乡就业困难人员就业人数393人，求职登记人数661人。

（谷心长）

【回迁入住】 年内，城子街道开展城子CD地块、水煤浆厂、西山天璟等3处回迁安置房入住保障工作，涉及47栋楼5219户，办理入住4690户。

（谷心长）

【生育服务和健康教育】 年内，城子街道办理户籍生育登记88件，办理独生子女父母光荣证13件；开展2021年度团体无偿献血工作，86人参加采血；开展“博爱在京城”捐款，1188人次募捐善款29493元；开展健康知识讲座4场。

（谷心长）

【垃圾分类硬件建设】 年内，城子街道垃圾桶站由231处优化为67处；建设垃圾分类驿站45座，投入资金5307934.45元；完成20处大件垃圾暂存点、52处装修垃圾暂存点建设工作；完成可回收物中转站选址并开展试运行。

（谷心长）

东辛房街道

【概况】 东辛房街道辖区分为石门营新区和东辛房老区两部分，共9个社区。新区包括石门营新区一区社区、石门营新区二区社区、石门营新区四区社区、石门营新区五区社区、石门营新区六区社区，石门营新区七区社区等6个社区，石门营地区面积0.915802平方千米，共129座拆迁安置房，居住可容纳1.5万户4.2万余人；老区包括圈门、西山、北涧沟3个社区，位于门城地区西部，东与大峪街道为邻，南至南山坡，西至拉拉湖，北至九龙山，老区现有管理面积9.866441平方千米。2021年，有70座老旧小楼，2600余户8600余人。东辛房街道共有225家社会单位，其中中小学幼儿园等事业单位16家，商户109家，商业综合体2家（融悦汇65家，景阳融鑫9家），建筑工地4家，养老院3家、银行2家、物业10家、文物7家。年内，东辛房街道完成区级收入3542万元，地方级收入7152万元；石门营7条道路659个路侧停车位实行电子收费；启动148部已到大修年限的电梯维修工程；环境建设管理考核在门城7个镇街组中名列第一；成功创建“市级垃圾分类示范小区”5个，“区级垃圾分类小区”9个；垃圾分类工作在门城地区7个镇街的综合评比排名中6次取得第一名，2次取得第二名；东辛房街道办事处被北京市门头沟区防火安全委员会评为“2021年度消防工作先进单位”，获“北京市生活垃圾分类推进工作先进集体”称号，东辛房街道综合行政执法队获得2021年年度综合考评第一，西山背街小巷获得2021年北京最美街巷入围奖。

（郝晨阳）

【第十一届居民委员会换届选举】 1月，东辛房街道换届启动后，加强宣传动员，共入户发放一封信16528份，制作宣传条幅9块、电子屏宣传13块。2月，推选出居民代表647名，其中党员251名，占比38.79%。3月中旬街道9个社区，全部采用直接选举的方式选举出第十一届居委会组成人员，共选举居委会干部71人，9个社区均实现书记、主任“一肩挑”，应交叉任职34人，全部实现交叉任职。班子中党员39人，占比55%；大专及以上学历63人，占比89%。现任人员52人、新提名人员19人。其中男17人、女54人，平均年龄42岁。并于3月底前完成居委会工作交接及居务监督委员会和6个下属委员会主任、副主任及委员的推选工作。

（刘　华）

【执法工作】　7月，东辛房街道综合执法队拆除5处139.12平方米违法建设，其中北涧沟社区3处78.89平方米，西山社区2处60.23平方米。8月，清理盲道车辆。9月，拆除石门营六区1处4.21平方米违法建设；启动“双节双清一规范”占道经营联合整治。

（师欣冉）

【社区建设】　年内，东辛房街道在石门营新区七区社区建设“东辛房街道社会心理服务中心”，开展线下和线上心理服务活动；以石门营新区一区社区5号楼的4个单元门的美化治理为契机，完成“楼门院治理示范点”建设工作；石门营新区四区社区，按照推进社区协商常态化建设、推动解决社区突出问题、改造提升协商物理空间、完善社区协商联动机制的建设内容，完成“社区协商议事厅示范点”建设工作；北涧沟社区滨河楼小区，按照党建引领强、组织体系全、共治共建好、自治活力足、服务项目实的目标要求，完成“三无”小区服务管理示范点建设工作；北涧沟社区滨河楼小区，通过开展“生活垃圾分类社会动员示范小区”建设工作，探索出一套生活垃圾分类社区宣传引导、动员发动、奖励激励、提醒处罚、社会组织参与等制度机制；石门营新区七区，按照坚持办公空间最小化、服务空间最大化、落实社区全响应服务制、综合窗口、全能社工模式，完成“社区服务空间开放式建设示范点”建设工作。

（刘　华）

【新冠肺炎疫情防控】　年内，东辛房街道积极做好各类人群新冠病毒疫苗接种工作，强化接种人群宣传动员和组织，设置东辛房街道新冠病毒疫苗接种点，方便辖区居民接种疫苗，全年完成83262剂接种；做好辖区居民核酸检测工作。配合区疾控部门对837户居家观察人员上门进行新冠肺炎核酸检测，并有序组织大数据派单人员到集中核酸检测点进行核酸检测，将新冠肺炎疫情防控落到实处。年内，配合区有关部门做好密接、次密接人员的集中隔离转运工作。2021年，累计转运56人。

（马炳超）

【社区党委换届】　年内，东辛房街道老区7个社区中的5个合并为1个社区，保留原有社区2个，并安排老区3个社区、新区6个社区参与党组织换届工作，当选结果与预测人选实现准确度100%。

（王　茹）

【代表选举】　年内，东辛房街道选举产生中共东辛房街道出席中共北京市门头沟区第十三次代表大会代表10名；选举产生出席区人民代表大会代表名额为17名。

（王　茹）

【防汛工作】　年内，东辛房街道召开防汛专项会议10余次，处理王村山体滑坡导致泥沙堵塞石门营路问题2次，修复圈门平洞地块道路塌陷1次。

（陈志强）

【乱停车执法工作管理】　年内，东辛房街道开展乱停车执法；增划道路停车位659个，开放6个地下车库2243个车位，新增3个停车场400个停车位；拖离、劝离僵尸车15辆。

（陈志强）

【文化活动】　年内，东辛房街道开展“礼赞百年”系列活动，举办“舞赞百年”广场舞比赛、“诗赞百年”诗歌朗诵比赛，组织“乐赞百年”合唱比赛暨门头沟区永远跟党走歌曲传唱活动。

（王　茹）

【环境卫生整治】　年内，东辛房街道开展环境类活动和整治行动130余次，整改市区两级问题台账575个，整治飞线5385米，在区环境排名综合第一。

（陈志强）

【垃圾分类】　年内，东辛房街道9个社区新建成41座固定生活垃圾分类驿站；为新区6个社区配备12辆电动垃圾流动收集车进行上门收集，购买垃圾桶清洗设备1台；成功创建市级垃圾分类示范小区5个，区级垃圾分类示范小区9个。

（陈志强）

【接诉即办】 年内，东辛房街道共受理群众诉求6218件（直派诉求5069件，转派诉求1149件），环比下降27.81%，占全区总量的5.45%。在各镇街中受理量位列第5。月均万人诉求比为153.48件/万人/月，在镇街中位居第5位，低于镇街平均值（176.86件/万人/月）23.38件/万人/月。纳入市中心考核诉求3787件，占全区总量的5.48%。响应率99.04%，解决率89.39%，满意率91.17%，综合成绩92.05分。全年综合成绩在区内各镇街中排名第9位，全市排名第258位。随着《北京市接诉即办工作条例》的实施，街道上下对接诉即办、未诉先办、主动治理工作进行认真总结、深入思考，让制度力量充分化作治理效能。2021年度通过"吹哨报到"等工作机制解决停车难、增设充电桩、房屋修缮、频繁跳闸、融悦汇经营管理等集中诉求。

（陈 昕）

2021年东辛房街道完成工程一览表

工程名称	工程投资	开工时间	竣工时间	承担单位
石门营紫金新园二区室内体育活动室装修工程	208952元	5月27日	6月6日	北京华运装饰工程有限公司
东辛房街道紫金路南口消防管道抢修工程	38768元	2月2日	2月7日	北京恒溢源建设工程有限公司
东辛房街道石门营紫金一区自行车棚改造工程	122317元	5月27日	6月6日	北京华运装饰工程有限公司
东辛房街道供水设备采购项目	950000元	8月3日	10月12日	青岛三利中德美水设备有限公司
东辛房街道紫金新园二期车库入口卷帘门改造项目	17386元	9月5日	9月7日	北京鑫越顺达建筑工程有限公司
东辛房新冠病毒疫苗点线路改造（应急抢修）	15448元	8月2日	8月5日	北京鑫越顺达建筑工程有限公司
小园路紫金新园步道抢修工程（应急抢修）	9417元	6月18日	7月10日	北京恒溢源建设工程有限公司
石门营四区部分外墙渗漏维	17562元	10月13日	10月19日	北京怡和佳业建筑工程有限公司
东辛房街道创城应急地面修补工程	104425元	10月6日	10月12日	北京鑫越顺达建筑工程有限公司
东辛房街道创城应急墙面修补工程	67483元	10月6日	10月12日	北京睿初万建建筑工程有限公司
石门营一区紫金新园小区外公园围墙修复工程	9045元	9月30日	9月30日	北京睿初万建建筑工程有限公司

大台街道

【概况】 大台街道辖9个社区，户籍人口6784人，常住人口3728人，面积80.9平方千米，是全市面积最大的街道，也是唯一的山区街道、矿区街道、林区街道；下辖基层党委2个，党总支3个，党支部21个，党员661人。2021年，大台街道落实区域功能定位，持续推动党的建设、社会治理、为民服务、环境治理、平安建设形成生动实践，推深做实"我为群众办实事"实践活动，完成实事项目361项，建成铁路护路工作站落坡岭新站，被评为北京市生活垃圾分类推进工作先进集体；在全年市级343个镇街综合排名全市并列第二名，其中月度考核5次进入全市前十名，3次位列全市第一名，街道文明社区创建考核成绩始终居于全区前列，黄土台社区获评全国文明单位。

（杨晋子）

【跨区交流"接诉即办"】 1月

13日，朝阳区亚运村街道、东湖街道“接诉即办”工作专班到大台街道就“接诉即办”工作进行交流座谈。双方从党建引领、社会治理等多个维度分享认识体会，互鉴工作经验。

（杨晋子）

【新冠肺炎疫情防控】 1月22日，大台街道在大台煤矿停车场开展新冠肺炎疫情防控应急响应暨核酸检测实战演练，演练实行真人、真采、真检，全程实景模拟全员核酸筛查现场及发现病例后启动应急响应工作机制流程。9月15日，大台街道在大台社区开展“抗疫常态化 全民讲科学”主题科普日活动，中科院微生物研究所专家向居民提供了图文并茂、科学严谨、通俗实用的科普讲解。同时，坚持加快推进“一老一小”新冠病毒疫苗接种，通过召开部署会、专题会定期调度推进疫苗接种工作，广泛开展疫苗接种科普宣传活动，以既有力度又有温度的举措，提高“一老一小”新冠病毒疫苗接种率。年内，大台街道全人群疫苗接种第一剂接种3274人，接种率为99.03%；第二剂接种3274人，接种率为97.31%；第三剂接种2383人，接种率为72.08%。

（杨晋子）

【“再敲千户门”活动】 1月、2月，大台街道深化新冠肺炎疫情防控“敲门行动”工作机制，开展“再敲千户门，送暖送福送平安送健康”主题活动，以“敲门拜年”的形式，向辖区广大居民群众和社会单位工作人员送去2800份包含福字对联春节礼包、医用口罩及《致大台地区人民的一封信》在内的“送暖送福送平安送健康”红色大礼包。

（杨晋子）

【社区“两委”换届选举】 2月27日，大台街道下辖9个社区全部完成“两委”换届选举工作，实现了年龄、学历“一降一升”及其他各项重要指标。选举产生社区党组织成员37名，居民委员会成员45名，其中8个社区均实现书记主任“一肩挑”，“两委”交叉比例为59.46%，班子平均年龄48.7岁，大专以上学历38人。

（杨晋子）

【防汛工作】 5月26日，大台街道在京西林场训练场举行民兵训练暨防汛抢险综合演练，100余人参加。年内，大台街道联合有关单位开展无人机勘察、沙袋堆垒、帐篷搭建、医疗救护、群众转移等全要素防汛应急演练2次，处置滑坡、桥梁道路损毁、基础设施损毁等应急工程30余处，支出80余万元；设立17处避险点，全面配足避险场所用水、食品、救生衣、防疫物品等物资；储备2000条麻袋、200套救生衣、4台汽油抽水泵、6辆抢险车辆、50个手摇报警器等防汛物资。汛期期间，启动应急响应16次，累计转移692人次。

（杨晋子）

【就业促进】 5月，大台街道联合王平镇举办招聘会。9月，联合西城区天桥街道开展线上带岗直播，并举办技能培训活动3场。年内，大台街道新增城镇登记失业人员207人，为85名失业人员办理灵活就业手续；完成城镇登记失业人员就业175人，其中就业困难人员就业89人。

（杨晋子）

【庆祝建党百年系列活动】 6月24日，大台街道举办“百年奋斗成芳华 转型崛起谱新篇”主题党日暨庆祝中国共产党成立100周年文艺演出，300余人参加活动。7月1日，大台街道制作发布庆祝中国共产党成立100周年宣传片，各级干部同辖区居民、驻地社会单位工作人员共同参与拍摄。

（杨晋子）

【代表选举】 10月19日，大台街道完成区党代会代表选举工作，选举产生5名区党代表。11月5日，大台街道完成区人大换届选举，选举产生5名区人大代表。

（杨晋子）

【对口支援帮扶】 年内，大台街道与武川县西乌兰不浪镇政府签订帮扶协议，拨付扶贫资金6万元；大台街道大台社区与大以克村委会签订帮扶协议，慰问当地困难群众6000元。

（杨晋子）

【创建全国文明城区】 年内，大台街道开展创城高潮日活动6轮，2000余人次参与；在9个社区统一规划建立电动自行车充电棚；与京西林场合作，开展社区脏乱小空间整治，建设口袋公园5处。

（杨晋子）

【招商引资】 年内，大台街道新注册企业390家，完成地方级税收收入6940万元，完成区级财税收入3363万元，全年各属地收入预期目标完成情况排名第二，各项指标任务提前完成。

（杨晋子）

【信访接待】 年内，大台街道

处理市区信访办公系统交办件7件7批7人次，受理群众来信1件。

（杨晋子）

【群团工作】 年内，大台街道总工会困难职工脱困2名，温暖基金资助1人2998元，为14名职工办理住院理赔及津贴理赔共23475.24元，为1人申报在职意外保险理赔1200元，为173名职工投保住院医疗保险及综合B1保险45790元；街道团委完善各社区团支部人员，对44名困境青少年人开展帮扶需求调查，组织6名团员到各自社区完成报到，18个团支部开展团日活动90次，9个青年志愿服务队开展志愿服务活动12次。

（杨晋子）

【行政执法】 年内，大台街道综合行政执法队实施行政处罚53起，罚款金额10.211万元；街道综合行政执法队实施行政处罚83起，罚款7.23万元，其中大气污染防治类罚款6.71万元，占比92.8%，生活垃圾分类违法行为处罚4起，均为个人违法，予以书面警告；街道行政执法检查1014起，违法行为实施检查率100%。

（杨晋子）

【治违工作】 年内，大台街道综合行政执法队完成3处已拆除地块的销账工作，占地面积16384.67平方米，建筑面积11809.87平方米；拆除新生违建1处80平方米，存量违建3处143.64平方米。

（杨晋子）

【食品药品监管】 年内，大台街道开展生产经营单位专项检查共计575户次，出动1150人次575车次，完成食品流通环节快速检测50批次，餐饮服务环节快速检测42批次，保健品经营环节快速检测2批次，合格率100%；完成药品使用环节风险监测3件，按时送至监测中心。

（杨晋子）

【人民调解】 年内，大台街道受理调解案件135件，其中涉及邻里纠纷74件，婚姻家庭18件，物业纠纷5件，环境污染类3件，损害赔偿纠纷1件，房屋宅基地纠纷1件，其他纠纷33件；接待法律援助咨询3人次，协助办理资格审查1人。

（杨晋子）

【消防工作】 年内，大台街道安装烟感报警器1216台，完成186户消防重点人的独立式烟感火灾探测报警器安装工作；实施消防行政处罚3家5起，罚款5.5万元，查封1处；举办119消防宣传月并组织京西林场扑火队和街道消防站开展联合消防演练。

（杨晋子）

【烟花爆竹禁燃禁放】 年内，大台街道开展禁止燃放烟花爆竹集中宣传3次，组织社区、辖区企业及地区党员签订《禁止燃放烟花爆竹责任状》20份、《严守禁放新规承诺书》470份；开展2轮可燃物清理专项行动，清理可燃物10车。

（杨晋子）

【安全生产】 年内，大台街道完成安全生产检查400家次，检查覆盖率、完成率及隐患核销率100%；在液化石油气非居民用户专项检查行动中，累计出动224人次，检查112家次，上账隐患21项，完成整改21项，整改率为100%；在安全生产专项整治三年行动信息系统中，上账隐患21项，销账21项，销账率100%。

（杨晋子）

【救助保障】 年内，大台街道325名残疾人享受“两项”补贴政策，76名残疾人享受助残券，408名高龄老年人、343名失能老年人、36名困难老年人享受老年人津贴补贴；为104名残疾人办理购买辅助器具，为89名就业年龄段失业残疾人办理养老保险补贴，为15名残疾人办理自主创业保险补贴；“两节”期间发放慰问金5.7万元，慰问品60份，惠及127户困难家庭；为13户困难家庭和1名“两劳”释放人员发放救急难项目资金2.5万元；走访慰问24名患有癌症以及肾透析、肾移植病症的社区管理退休人员。

（杨晋子）

【河长巡查】 年内，大台街道出动7200余人次、300车次，清理垃圾、渣土约3200方，水面漂浮物约500方，劝阻上冰、钓鱼人员约1150人次，“北京河长”APP累计巡河2350余公里，巡河1290人次，发现并完成整改70余处问题。

（杨晋子）

【垃圾分类】 年内，大台街道采取垃圾分类“上门收集＋驿站延时投放＋电话预约”三合一模式，家庭厨余垃圾分出率达到18%以上，生活垃圾回收利用率达到35%，居民参与率实现90%，投放准确率达85%；通过街道公众平台、LED电子屏、社区广播等方式广泛科普垃圾分类知识。

（杨晋子）

潭柘寺镇

【概况】　潭柘寺镇位于门头沟区东南部，全镇总面积81平方千米；2021年，潭柘寺镇共12个行政村，3个社区，户籍人口1.4万人，常住人口1.19万人；有34个党组织（含非公党组织4个），其中农村基层党组织22个，党员1094名（含预备党员53人），农村党员928人，入党积极分子146人。自然生态资源丰富，林木覆盖率79.5%，潭柘寺、戒台寺坐落于镇域南北两端，天门山、定都峰、广慧寺、孔雀庵等众多自然景点和文化古迹遍布镇内。年内，潭柘寺镇实现农户所得总额27259.5万元，同比增长6.7%，人均劳动所得23816元，同比增长6.2%；完成固定资产投资94866万元，地方级收入8921万元；获市级称号6个，包括北京市民兵专业轮训“先进单位”“北京市青年突击队”荣誉称号、北京市节水型单位、2021年应急值守工作先进基层单位、市平安建设先进单位、市交通先进单位，获区级称号2个，包括区消防先进单位、区级无邪示范镇，贾沟村、平原村被评定为2021年“北京市生活垃圾分类示范村”，平原村、草甸水村被评为区级反邪教净土工程创建示范（社区）村。

（徐瑞欣）

【村和社区“两委”换届】　1月5日，潭柘寺镇开展村和社区党组织换届选举工作。1月16日，全部完成村和社区党组织换届。1月24日，各村完成选委会推选工作。1月29日至2月2日，完成选民登记工作。2月7日至9日，完成村民代表推选工作。3月1日至5日，完成村委会换届选举候选人提名工作。3月20日，完成村委换届选举工作。3月22日至26日，开展新一届村（社区）“两委”干部培训。4月3日前完成村务监督委员会推选工作。

（徐瑞欣）

【联合检查】　1月13日，潭柘寺镇检查42家营业“三类场所”新冠肺炎疫情防控落实、生活垃圾分类、燃气安全、市容环境整治情况。5月6日，到安置房二期工地检查空气重污染天气工地停产措施落实情况以及高空作业、用电、用火等安全工作。6月8日，开展水务安全检查。8月11日，对企业、沿街商铺、民宿农家乐、工地食堂等进行防疫相关安全检查。9月6日，到潭柘寺景区、潭柘寺综合治理中心开展统战、安全生产、旅游景区、防汛、防疫等方面安全督导检查。9月30日，到檀香嘉园社区、鑫维康超市、潭柘寺中学等排查安全生产、创城攻坚、食品安全、旅游安全等方面隐患。11月23日，检查施工工地安全生产和新冠肺炎疫情防控工作。12月30日，到加油站、中国新兴建筑工程有限责任公司二期安置房项目、北京首钢鲁家山石灰石矿有限公司开展节前安全生产检查。

（徐瑞欣）

【创建全国文明城区】　1月22日，潭柘寺镇召开创建全国文明城区工作推进会，总结2020年创城工作，部署2021年创城工作。5月27日，召开“我为群众办实事，创城争先我奉献”实践活动动员部署会，布置实践活动实施方案及“六爬”专项工作方案，并于同日摸查整治10余处问题。8月13日，召开创建全国文明城区擂台赛。10月6日，开展创城拉练检查，发现并及时整改问题。12月17日，开展创城志愿服务。

（徐瑞欣）

【镇党代会召开】　2月4日，潭柘寺镇第七届党员代表大会第五次会议召开，大会听取并审议通过镇党委工作报告、纪委工作报告，党领导班子成员述职述德述廉报告，党费收缴、使用情况报告，对镇领导班子及成员进行了民主评议。9月23日，潭柘寺镇第八届党员代表大会召开，党代表、列席代表共119人参加会议，大会审议党委工作报告、纪委工作报告及党费收缴、使用和管理情况的报告，选举产生中共潭柘寺镇第八届委员会委员、中共潭柘寺镇第八届纪律检查委员会委员及出席区十三次党代会代表。

（徐瑞欣）

【廉政建设】　2月9月，潭柘寺镇召开2021年全镇领导干部大会，进行廉政风险警示教育。7月30日，组织召开全面从严治党工作专题会，结合自身实际，进行述责述廉，切实抓好坚守廉洁自律的底线，进一步提高政治站位、强化政治自觉。10月25日，召开“以案为鉴、以案促改”警示教育大会，集中观看警示教育片《全面崩塌》，切实引导广大党员干部以案为鉴，进一步强化政治意识、法纪意识，落实政治责任，深入推进全面从严治党工作向纵深发展，营造良好的政治生态。

（徐瑞欣）

【主题党日活动】 3月8日，潭柘寺镇与中信银行门头沟支行党支部开展“党建共建促发展，政银融合谱新篇”党日活动，签订《党建共建联盟框架协议书》，双方资源共享，聚焦民生服务重点项目，搭建共同进步的交流平台，打造共同示范的党建样板。

（徐瑞欣）

【新一届村（社区）“两委”班子培训】 3月22日至26日，潭柘寺镇结合党史学习教育，围绕区委“红色门头沟”党建品牌和“绿水青山门头沟”城市品牌建设，以“践初心、强使命、履新职、谱新篇”为主题，组织召开为期5天的新一届村（社区）“两委”干部培训班。

（徐瑞欣）

【接诉即办】 4月12日，潭柘寺镇召开“接诉即办”工作专题培训会，围绕“515工作法”对新形势新要求进行讲解。6月10日，召开“我为群众办实事 接诉即办解民忧”专题培训暨月度分析会，分析工作中存在的不足和问题。10月20日，召开接诉即办专题分析会暨经验交流分享会，通报办诉成绩，提出“四个一批”工作思路。年内，潭柘寺镇共收到各类群众诉求3116件，办结率100%，响应率97.16%，解决率90.94%，满意率91.50%。

（徐瑞欣）

【垃圾分类】 4月，潭柘寺镇开展“垃圾减量—分类”宣传活动，引导家庭参与并养成垃圾分类好习惯。9月22日，开展垃圾分类宣传动员活动，通过宣传进门、宣传到人、宣传入心的方式，促进居民参与率和自主投放准确率。

（徐瑞欣）

【“两优一先”表彰大会召开】 6月28日，潭柘寺镇召开纪念建党100周年暨“两优一先”表彰大会，表彰优秀共产党员、优秀基层党组织，为在党50年老党员颁发纪念章等，号召全镇党员干部学习先进典型，传承红色革命基因、发扬红色奉献传统、迸发红色时代动力，向着全面开启潭柘寺镇绿色高质量发展新征程奋勇前行。

（徐瑞欣）

【防汛工作】 6月，潭柘寺镇组建“1+5+3”防洪抗旱指挥部，确定11处地质灾害值守人员名单，摸排提前转移人员及险户，完成王坡、平原等村坡体修筑工程，开展“清管行动”，修补路面破损、污水井周边下沉问题，开展河道清淤疏浚工作，打捞废弃物、清除沿线杂草。7月16日，开展防汛应急抢险演练，演练涵盖险情发现、险情速报、临灾报警、疏散命令发布、领导决策、启动防灾应急预案、部门协作、疏散撤离避险行动、伤病救护等多个环节。

（徐瑞欣）

【镇总工会第三次会员代表大会召开】 11月9日，潭柘寺镇总工会第三次会员代表大会召开，59名代表参会。听取第二届总工会工作情况，经审委员会和财务工作汇报，并选举产生镇总工会第三届工会主席、委员会委员、经费审查委员会委员及女职工委员会委员。

（徐瑞欣）

【第八届人民代表大会第一次会议召开】 11月18日，潭柘寺镇第八届人民代表大会第一次会议召开，52名人大代表及16名列席人员出席大会，审议并通过《潭柘寺镇人民政府工作报告》《潭柘寺镇近五年财政预算执行情况和2022年财政预算草案的报告》和《潭柘寺镇人大工作报告》，选举产生潭柘寺镇人民政府镇长1名、镇第八届人民代表大会主席1名、潭柘寺镇人民政府副镇长5名。

（徐瑞欣）

【共青团潭柘寺镇第十四次代表大会召开】 11月19日，共青团潭柘寺镇第十四次代表大会召开，28名团员青年代表及21名列席代表参加会议，大会审议并通过团委工作报告，选举并产生新一届团委委员9名。

（徐瑞欣）

【宪法宣传】 11月30日，潭柘寺镇在潭柘寺中学举办“宪法，你好！”主题宪法诵读活动。12月2日，开展“与宪法同行，办为民实事”宣传活动，同时以“律师送法”形式进入工地，解答群众咨询、收集调解申请、进行普法宣传、发放宣传资料。

（徐瑞欣）

【镇商会成立暨第一次会员大会召开】 12月31日，潭柘寺镇商会成立暨第一次会员大会召开，听取商会成立筹备工作报告，审议通过《北京市门头沟区潭柘寺镇商会章程（草案）》《北京市门头沟区潭柘寺镇商会选举办法（草案）》并选举产生商会会长1

名，副会长1名，秘书长1名，监事1名。镇商会旨在推动镇域内企业发展，集聚企业资源，搭建互助发展平台。

（徐瑞欣）

【新冠肺炎疫情防控】 年内，潭柘寺镇各村居、社区坚持卡口值守，保障在岗在位，对进入人员逐一进行信息登记；快推进新冠病毒疫苗接种工作，劝导群众减少聚集，主动摸排涉外人员信息，积极宣传防护知识。

（徐瑞欣）

【低收入帮扶】 年内，潭柘寺镇加强18户40名低收入帮扶对象动态监测，通过产业帮扶、就业帮扶、社保兜底、基金帮扶，细化落实“一户一策”帮扶措施，建立“两类”重点人群帮扶台账，定期开展收入预估，加强管理脱低产业项目资产运行。

（徐瑞欣）

【镇七路和东四路道路工程建设竣工】 年内，潭柘寺镇七路和东四路道路工程建设竣工，其中潭柘寺镇七路道路工程北起一街、南至一街，全长783米。潭柘寺东四路道路北起东四街，南至十路，全长746米。随道路同步施工交通、桥涵、绿化、照明、给水、雨水、污水、再生水工程以及电力、热力、燃气通信等道路管线工程。

（徐瑞欣）

【安置房二期选房工作】 年内，潭柘寺镇推进安置房二期“回迁提速”，多次召开专题会议进行研究，从人员配置、新冠肺炎疫情防控、方案编制、防寒保暖和预案处理等细节入手，反复论证演练，不断优化选房规则、时间、顺序等细节。12月18日，启动安置房二期选房工作，共完成941户1448套选房工作。

（徐瑞欣）

永定镇

【概况】 永定镇位于门头沟区东南部，北至峪中路，东至永定河，南至大灰厂路，西至定都阁。2021年永定镇辖村24个、社区19个、筹备组12个，总面积65.48平方千米；户籍人口39946人，农业人口5893人，非农人口数34053人，常住人口106112人，少数民族3542人。镇域共有文物点48处，其中国家级1处（戒台寺）。绿化面积从2017年394公顷提高至2021年600公顷。年内，永定镇区级一般公共预算收入累计完成21921万元，同比减少29794万元，增幅-57.6%，地方级一般公共预算收入累计完成33655万元，同比减少42327万元，增幅-55.7%，可支配财力28999.35万元，预算支出完成25587.85万元，支出占全年可支配财力的88.24%；新招引企业共181家，其中新注册148家，迁入33家。年内，建设完成24座垃圾分类驿站。共清理电动车自行车违规充电405处，清理楼道堆物堆料1905处。全镇共发放高龄津贴补贴123.74万元，残疾人生活补助2357450.49元，失能护理补贴435.37万元。全年分两批次，发展党员60名（含机关9名），组织预备党员宣誓2次。年内，永定镇获2021年度消防工作先进单位、北京市民兵专业轮训先进单位、2021年度安全生产先进检查队、2018-2020年度森林防火先进集体、反邪教“净土工程”创建示范（街道）镇。

（王佩玉）

【村委会换届工作】 1月18日，永定镇启动村委会换届选举工作。3月16日，24个村完成村委会换届选举，实际参加投票选民共16017人，参选率为97.68%，76位当选村委会成员与预测人选一致。

（王佩玉）

【农村经管工作】 1月20日，永定镇完成农村集体经济组织收益的分配、农户收益分配等相关数据的统计分析工作，2020年人均劳动所36615元，同比增长2.9%。1月至3月，完成村“两委”报酬年度审计，26个村居清产核资平台录入，全镇2020年无盘盈盘亏，核实资产与账面资产一致。年内，完成“三资”检查、农民负担执法检查，以及11个村居经济组织负责人换届。

（王佩玉）

【综合行政执法】 1月，永定镇综合行政执法队检查社会单位71家次，居住小区62家次，行政处罚3起，检查施工工地89家次，开展渣土运输车辆专项执法检查8次，整治焚烧树叶垃圾行为1起。2月，拆除岢罗坨村多处违规大型户外广告设施。7月，开展环境综合整治联合执法3次，整治油烟扰民13家次、取缔占道经营15起、清理堆物堆料8处、清理违规广告牌匾17处。8月，立案处罚施工工地3起、运输车辆6起，取缔占道经营6起、露天烧烤1起，清理堆物堆料3处，违规广告牌匾8处。9月，利用“街乡吹哨、部门报到”机制推动解决四季怡园配套商业餐饮单位油烟噪声和经营性扰民行为。11月，督导督促215家商户和社会单位扫雪铲冰。

（王佩玉）

【工会工作】 1月，永定镇开展元旦春节温暖基金“一元捐、十元捐”活动，收到542人捐款7113元。4月24日，开展“五一劳动节”免费领取清洁礼包活动，300名职工参与。9月15日，到北京碧水源环境科技有限公司、永定镇白庄子村委会、美团买菜葡山店和美团天街站点进行普法宣传。9月28日，开展“十一送文化”免费观影,230名职工参与。10月30日，组织50名女职工体检。12月1日，召开永定镇总工会第三次会员代表大会。12月，开展“两节”送温暖活动，为新就业形态劳动者、一线劳动者发放150份慰问品，200名职工参加“喜迎元旦，爱心助农”免费领取大米活动。年内，开展职工沟通会10余次，推进网约送餐员、快递员、保安员等群体职工入会；建完职工之家1家、暖心驿站3家，91家企业签订工资集体协商协议，覆盖职工286人。

（王佩玉）

【第八届代表大会第六次会议召开】 2月23日，永定镇第八届代表大会第六次会议召开，正式代表109人、列席代表33人参加会议，会议明确全镇2021年工作思路。4月18日，永定镇第九届人民代表大会第七次会议召开，审议3个报告，选举产生1名副镇长。11月18日，永定镇第十届人民代表大会第一次会议召开，71名镇人大代表和32名列席人员参会。

（王佩玉）

【污染防治工作】 3月10日，永定镇召开应对空气重污染天气工作专题会，部署空气重污染黄色预警应急应对工作。4月16日，召开永定镇大气污染防治工作专题培训会。9月26日，排查整治石厂“散乱污”企业。12月，在上岸足球场、卧龙岗村密闭式压装清洁站项目试点开展补办公共公益类占地手续工作。

（王佩玉）

【创城工作】 4月28日，永定镇召开创建全国文明城区攻坚冲刺动员誓师大会，印发《永定镇誓夺全国文明城区三年冲刺行动实施方案》。5月14日，召开“我为群众办实事”实践活动暨创城攻坚冲刺推进会，印发《创城攻坚冲刺“双清双促”专项行动实施方案》，全面清理电动自行车违规充电、清理楼道堆物堆料。8月26日，召开创建“十星级文明家庭和十星级文明商户”工作部署会，印发《永定镇在创建全国文明城区中开展十星级文明家庭和十星级文明商户考评实施办法》。年内，开展“红色永定”党建四级擂台赛5次，开展创城周例会10次，整改区级台账问题29824个，完成对信园社区、冯村嘉园、冯村、永安社区、侯庄子、贝斯特、永兴商城、永兴社区等地区飞线整治。

（王佩玉）

【环境整治工作】 5月16日，永定镇成立垃圾分类宣讲队伍，采取不定期进13个村居开展垃圾分类巡回宣讲。年内，永升嘉园、翡翠长安、润西山、小园一区获“北京市生活垃圾示范小区”荣誉称号，创建区级示范小区8个；与882家单位签订“门前三包”责任书并更换公示牌；安排巡视保洁员分3个片区开展环境整治清洁工作，完成98处市级台账、206处区级台账、769处自查台账整治工作。

（王佩玉）

【镇域经济发展】 5月，永定镇栗元庄南山果园参赛品种在市农业农村局举办的樱桃评比擂台赛中获铜奖。7月，《永定镇关于全面推行“田长制”的实施方案》印发，组建“田长制”办公室并制定《永定镇“田长制”办公室组建及工作方案》。9月，启动2021-2022年度惠民清洁型煤供应工作，销售网点设在卧龙岗村。年内，卧龙岗村在文明农村人居环境综合考评中被评为优秀等级2次，良好等级5次，编制完成《永定镇卧龙岗村住房质量提升试点实施方案》；为93名村民成功办理送气下乡；为59.8公顷（果实、树体）购买农业保险；建立“无人村”基本情况台账并制定《永定镇“无人村”常态化巡护工作制度》；清退养殖2起。

（王佩玉）

【就业促进】 6月22日，《永定镇促进就业创业工作实施方案》《永定镇社区（村）社会救助工作指导规程》《永定镇社区（村）住房保障工作指导规程》印发。8月6日，永定镇“定惠通”暖心帮办服务项目落地实施，推出“预约上门办”“定期驻村居办”“常态流动办”等帮办新模式。年内，永定镇城镇登记失业人员实现就业1219人，农村劳动力转移就业127人，城镇登记失业人员525人，城镇登记失业人员就业率63.39%，公益性岗位安置213人，空岗信息采集1061个，失业人员技能提升培训128人次；永定镇“定惠通”暖心帮办服务入选全市基层政务服务候选优秀案例。

（王佩玉）

【第九届党员代表大会第一次会议召开】 9月18日，中国共产党永定镇第九届党员代表大会第一次会议召开，大会正式代表和列席代表共计170余人参加会议。

（王佩玉）

【群众文化活动】 年内，永定镇开展线上线下各类文体活动624场覆盖2904次，其中线上20场覆盖1237人次，线下604场覆盖27803人次；组织村居开展“护苗2021行动”宣传工作；完成固定和流动电影放映点放映270场。

（王佩玉）

【新冠肺炎疫情防控】 年内，永定镇累计接种第一剂新冠病毒疫苗83505人，接种率95.94%，累计接种加强免疫50221人，商务楼宇、三类场所、七小门店第三针累计完成接种4259人，应接尽接率98.77%；完成51个村居10万余人核酸检测筛查；开展突发新冠肺炎确诊病例疫情快速响应处置实战演练、疫情快速响应处置桌面推演；处理12345新冠肺炎疫情防控投诉件68件；落实市场领域、商务楼宇领域重点涉疫地区返京人员管控125人；检查店铺防疫工作7000余次，整改关停新冠肺炎疫情防控落实不到位企业103家。

（王佩玉）

【接诉即办】 年内，永定镇印发《永定镇“接诉即办”减量提质四十一项对策》《永定镇接诉即办群众疑难诉求处置办法》《永定镇网格化城市管理工作制度》《永定镇网格化联络员工作制度》，设立“最美接诉人”评比，强化和扩大正向激励作用。

（王佩玉）

【林业工作】 年内，永定镇设总林长2名、副总林长2名，镇级林长14名、村级林长39人，有林管员39人、护林员150人，集体生态林面积3196.6公顷；办结林木伐移申报22件，工程性采伐移植10件；对“2019年绿卫”森林执法专项行动督查图斑和2020年永定镇卫星疑似违法违规占用林地图斑进行整改销账8处；启动2021年林业有害生物防治工作；开展创建森林城市主题活动9次；处理石门营地区及周边柿子树、海棠树、紫叶李美国白蛾危害，清理美国白蛾成虫7208只，清理美国白蛾虫卵1310只。

（王佩玉）

【招商引资】 年内，永定镇走访企业共走访65家，新招引企业共199家，其中新注册161家，形成区级收入100.19万元；北京国投汇成创业投资管理有限公司成功注册永定属地；接待反映产权制度改革历史遗留问题群众2人次。

（王佩玉）

【统计工作】 年内，永定镇完成56家规模以上企业、11个统计专业的年定报工作；在梧桐苑社区和京西嘉园社区开展劳动力月度调查工作，累计入户调查384户；在25个村居抽样开展北京市就业失业状况专项调查，共调查375户；在24个村居（含2个国家调查点）开展门头沟区年度人口抽样调查，共入户调查2332户。

（王佩玉）

【居民委员会换届选举工作】 年内，永定镇共有22个社区，其中曹各庄新二区、翡翠长安及西山燕庐因3个社区入住率不足50%，不参加此次社区居民委员会换届选举。镇19个社区参加第十一届社区居民委员会选举工作，共推举社区居民选举委员会成员171人，与预测人员完全吻合，社区居民选举委员会主任均由党组织书记担任。平均年龄51岁；党员123名，占总数的71.93%，比上届有所提高（上届党员84人，占总数的71.79%）。19个社区均有非本市人员参选，共登记选民7265户，12606人，登记选民人数占常住人口数（41942人）的30.06%，非本社区居住的社区工作人员57人。在推选居民小组长、选举居民代表阶段，共选举居民代表757人。其中，党员407人，占总数的53.76%；女性482人，占总数的63.67%，男性275人，占总数的36.33%，19个社区分别采取居民代表、户代表和直选三种方式，完成新一届社区居民委员会班子选举工作。全部实现一次选举成功，选举产生新一届居委会班子成员133人。社区书记主任“一肩挑”14人，比上届提高了4.45%；党员86名，占总数的64.66%；连选连任54人；女性82名，高于三分之一的比例要求；平均年龄41.88岁，比上届年轻0.28岁，选举指标均高于上届。全镇19个社区选举平均参选率96.07%，永兴嘉园、小园一区、永安和小园二区社区参选率100%，尤其永兴嘉园社区参选率和社区居民委员会班子全体成员得票率均实现100%；3月18日，所辖19个社区全部完成新一届社区居务监督委员会推选工作，共产生居务监督委员会成员59名，其中主任19名，委员40名。除西悦嘉园社区1名居务监督委员会委员由群众担任外，其他社区居务监督委员会成员均为党员。13个社区由纪检委员兼任社区居务监督委员会主任（信园、永兴嘉园、永安、永兴、润西山、小园一、南区、小园三、丽景长安、京西嘉苑、曹各庄新一区和西悦嘉园社区）；6个社区由一般党员兼任社区居务监督委员会主任（嘉园、曹各庄新三区、梧桐苑、北区、四季怡园和上悦嘉园社区），与预测人选全部吻合。

（王佩玉）

龙泉镇

【概况】　龙泉镇位于门城中心区，东与石景山区接壤，南接永定镇、潭柘寺镇，西临王平镇，北与军庄镇、妙峰山镇相连，辖区内与大峪街道、城子街道交错。龙泉镇（龙泉地区办事处）镇域面积49平方千米；辖17个行政村、16个社区居委会。2021年，常住人口54661，其中农业人口4340人、非农业人口50321人。税收总收入70509万元；人均劳动所得33555元，同比增长4.5%；农村集体经济总收入63438万元，同比增加4.2%；地方一般公共预算收入24602万元，地方一般公共预算支出23295万元。年内，龙泉镇深化“吹哨报到”机制，构建“一核心三平台二抓手六联创”的“1326”区域治理体系，实现村居资源互通，基层多方联动，区域协商治理的工作格局。严格落实“四方责任”，坚定疫情常态化防控不动摇，加快推动疫苗接种工作，筑牢全镇新冠肺炎疫情防控的铜墙铁壁。制定实施产业转型升级措施，积极打造龙泉科技文创产业聚集区，招商引资工作持续深化，农村集体经济健康发展，生态环境治理深入有效，文明城区创建持续推进，社会保障体系日益健全。

（刘　培）

【新冠肺炎疫情防控】　1月24日，龙泉镇开展新冠肺炎疫情防控实战演练，演练现场封控、敲门摸排、宣传引导、物资调配、环境消杀、舆情应对、后援调动、带班值守等8方面工作。10月27日，三家店新冠病毒疫苗接种点开设，组建集中隔离工作专班。10月30日，为龙门商业楼进行的集中新冠肺炎核酸检测提供保障服务。年内，召开疫苗接种动员推进会35次，全镇3岁以上人员共接种新冠病毒疫苗124532剂次，其中第一剂接种50054人，接种率107.46%，第二剂接种45994人，接种率98.75%，第三剂接种28484人。

（刘　培）

【第二届窑神文化节举办】　1月29日，龙泉镇圈门地区第二届窑神文化节举办。此次活动由北京史地民俗学会副会长主持，北京永定河文化研究会专家组组长宣读祭文。祭文采用骈文形式写作，内容包括京西煤业发展史，窑神文化产生和发展的过程，窑神文化在北京京味文化中的地位以及今后的发展方向。“煤业”文化、“地质”文化、“民俗”文化、“永定河”文化等领域的20余位专家和文化爱好者参加活动。

（刘　培）

【中门寺村卡口防控整改】　2月9日，北京市新冠肺炎疫情防控工作第225场新闻发布会通报，门头沟区龙泉镇中门寺村进村卡口管理不严，存在漏查现象。2月10日，龙泉镇中门寺村整改进村卡口管理不严、存在漏查问题，全镇举一反三，召开新冠肺炎疫情防控调度部署会，严格卡口进入环节流程，紧盯卡口值守，安排镇包村居干部、村居两委、志愿者、物业等人员，确保24小时值守到位。

（刘　培）

【第十五次团代会召开】　4月1日，中国共产主义青年团北京市门头沟区龙泉镇第十五次代表大会召开，审议通过共青团过去五年工作报告；选举产生共青团门头沟区龙泉镇第十五次委员会委员9名，选举产生出席共青团门头沟区第十五次代表大会代表12名。召开支部委员会第一次会议，选举团委书记1名，副书记1名，委员7名。

（刘　培）

【第九届人民代表大会第五次会议召开】　4月2日，龙泉镇第九届人民代表大会第五次会议召开，审议通过《政府工作报告》《2020年财政预算执行情况和2021年财政预算报告》，补选1名副镇长。

（刘　培）

【纪念建党百年活动】　4月10日，大峪地区开展庆建党100周年徒步活动，300余人参加。5月12日，龙门新区二社区与东龙门村、西龙门村村居共建联合开展“重走长征路 学史固思想”庆祝中国共产党成立100周年徒步活动，400余人参加。6月18日，三家店地区3个分社、4个社区共同举办“村居展风采 歌舞颂党恩”三家店地区庆建党100周年文艺汇演。6月23日，大峪地区一村五社区联合举办“不忘初心跟党走，村居共建新家园”文艺汇演。

（刘　培）

【党史学习教育】　4月20日，龙泉镇召开党史学习教育动员部署大会暨2021年度基层党员干部培训班开班式。镇领导班子全体成员及全镇各界600余名党员干部、入党发展对象和积极分子参加大会。成立“红色龙泉讲师团”，并为讲师团成员颁发聘书。11月1日，区委党史学习教育第三巡回指导组到镇开展干部访谈工作。镇党委书记、镇长、中门家园社区党支部书记等代表，重点围绕龙泉镇党史学习教育开展情况、个人通过学习的收获和感受、“我为群众办实事”实践活动开展情况进行谈话。11月12日，市委党史学习教育第二指导组到内镇开展延伸指导。区委常委、统战部部长及区委宣传部、区委党史教育第三巡回指导组、区党史办、区水务局、区城指中心相关领导参加指导和座谈。

（刘　培）

【镇人大工作】　5月17日至31日，龙泉镇各代表接待站负责人采取集中座谈的接待方式征求选民和群众意见和建议，参加活动代表23名，联系选民及群众356人。6月3日至8日，通过人大代表之家和人大代表联络站，征求市、区、镇人大代表和人民群众关于《北京市接诉即办条例（草案）》的意见建议24条。

（刘　培）

【“两优一先”表彰大会召开】　6月24日，龙泉镇召开建党100周年文艺演出暨“两优一先”表彰大会，此次大会上对优秀共产党员、优秀党务工作者、先进基层党组织、光荣在党“50年”老党员进行表彰，表彰优秀共产党员100名，优秀党务工作者84名，先进基层党组织15个。

（刘　培）

【镇第九次党代会召开】　9月23日，中国共产党龙泉镇第九次党员代表大会召开，全镇各级党组织136名代表、49名列席代表出席大会，选举产生新一届党委委员11名、纪委委员7名，选举出席区党代会代表15名。

（刘　培）

【第十届人民代表大会第一次会议召开】　11月16日，龙泉镇第十届人民代表大会第一次会议召开，审议通过《政府工作报告》《人大工作报告》，选举产生新一届龙泉镇人大主席1人、镇长1人、副镇长5人。58位镇人大代表和29名列席人员参会。

（刘　培）

【招商引资】　年内，龙泉镇引进38家企业落地；完成西山琉璃瓦厂合作项目，金隅琉璃文创园项目加快实施，东旭创智谷项目稳步推进。

（刘　培）

【安保维稳】　年内，龙泉镇完成春节、全国“两会”，建党百年大庆安全维稳任务；35个村居开展“净土工程”创建工作，水闸西路、三分社等4个村居获“净土工程”创建示范社区（村）；开展重点地区整治工作，强化重点人员管控；开展反恐防暴隐患排查、禁毒、反邪教宣传教育、铁路护路巡防安全等活动。

（刘　培）

【第十一届社区居委会换届选举】　年内，龙泉镇16个社区居委会完成换届选举工作，采取直接选举、户代表选举、居民代表选举方式，共设置116个职数，其中主任16个，副主任16个，委员84个；全镇选民登记总数13748人，选出居民代表726人，其中党员325人，比上届提升2.88%。

（刘　培）

【第十二届村委会换届选举】　年内，龙泉镇完成7个行政村村委会换届选举工作，产生新一届村委会成员共计产生29人，其中村主任7人，副主任4人，委员18人（其中女性10人）；全镇登记选民5903人，参加选举投票选民5770人，参选率为97.75%。

（刘　培）

【民主公开日活动】　年内，龙泉镇9个村经过民主测评，52名

“两委”成员中优秀50人、称职2人，33名监督委员会成员中优秀32人、称职1人；完成16个社区民主日活动，社区“两委”班子成员、居务监督委员会开展民主评议工作。

（刘　培）

【接诉即办】　年内，龙泉镇受理案件11710件，完善“接诉即办”机制，依托12345市民热线诉求，实施“515”工作法，努力推动镇、村（居）、物业三方履职尽责、担当作为，形成“一诉多接、直插一线、多级关联”的诉求快速办理模式，努力为群众提供更加方便、快捷、多元的服务。

（刘　培）

【全国文明城区创建】　年内，龙泉镇制定印发《龙泉镇创建全国文明城区三年行动实施方案》《龙泉镇2021年创城材料申报计划》《龙泉镇村居2021年创城档案标准》《龙泉镇“冲刺大干五十天 创城为民争首善”创城冲刺工作方案》；组建创城冲刺专班，坚持“一日三查”（即镇主要领导抽查、片区领导检查、村居书记自查）的工作机制；健全问题点位清单和跟踪整改销账制度，每日对村居进行问题整改督查；发动4000余名“龙泉热心人”开展“文明星期五”、文明创建“五大行动”“文明幸福积分”等品牌文明实践活动。

（刘　培）

【“我为群众办实事”行动】　年内，龙泉镇开展“我为群众办实事”行动，争取区级资金333万元，对倚山嘉园社区约1000平方米墙砖脱落进行修补，新建非机动车棚3个，对梨园社区2000平方米破损墙面进行修补和粉刷；各社区施划自行车临时停放点20处，建设车棚6个、充电桩30组，修缮破损路面2000平方米。

（刘　培）

【社区创建工作】　年内，龙泉镇心理服务中心建立，帮助辖区村、居民树立心理健康意识；三家店水闸西路社区邮局楼完成创建“三无小区”治理服务示范点；倚山嘉园社区2号楼完成4个楼门院治理示范点建设；东南街社区完成市级协商议事厅示范点创建，通过居民平等参与、集体决策等方式解决社区管理过程中存在的问题。

（刘　培）

【住房保障】　年内，龙泉镇办理保障性住房业务266户，受理市场租补贴申请175户、保障申请房121户、市场租复核58户、公租房补贴复核79户。

（刘　培）

【全民健身环境建设】　年内，龙泉镇完成峪新社区、中门家园社区等村、居破旧器械更新；为天桥浮村、龙门新区二区、中门家园社区等16个村、居，申请安装室外健身器材、休闲凳216件；在坡头新村修建完成多功能健身场所一处，建设面积5685.27平方米；完成琉璃渠村腾退场地工作；完成辖区内70块场地1000余件器械安全核查。

（刘　培）

【双拥工作】　年内，龙泉镇加强辖区35个退役军人服务站服务能力建设；组建“首都老兵京西志愿服务队”；镇政府和东南街居委会与驻地部队协商签订《军地党建共建协议》；开展一系列双拥共建活动，促进军民融合发展，营造“军爱民、民拥军”军民共建良好氛围。

（刘　培）

【人口服务】　年内，龙泉镇户籍人口一孩生育申请审核通过67例，二孩生育申请审核通过37例，三孩2例；受理户籍人口《独生子女父母光荣证》申请20例；受理流动人口流入信息采集、生育服务登记审核78例；完成2人申请一次性经济帮助；完善特殊家庭扶助档案59户；完成83名特扶人员家庭医生签约，签约率100%，双联联系人关联率100%。

（刘　培）

【防汛工作】　年内，龙泉镇修订《2021年防汛应急预案》，定期培训镇、村两级抢险队伍，完成防汛物资储备及物资检修，清理雨篦子558处，专用雨水管涵12080米，排水沟300米，雨水管井226处，化粪池4处，截流井19处，拦污坎21处，入河口4处。

（刘　培）

【平原生态林管护】　年内，龙泉镇实施“留白增绿”“战略留白”1.33公顷，完成疑似地块侵占林地整改并销账10个地块，清理龙泉务地区林下可燃物20公顷，清理山边道路33334延米。

（刘　培）

【环境整治】　年内，龙泉镇成立环境集中整治工作领导小组，制发《龙泉镇2021年改善农村人居环境开展私搭乱建和乱堆乱放集中整治工作方案》；完成农村自管公厕71座，其中龙泉务村24座，琉璃渠村23座，三家店村18

座，中门寺村3座，赵家洼村2座，大峪村1座；完成空中飞线专项整治工作，对镇域23条背街小巷进行更新梳理，完成四条背街小巷整治提升任务；落实“门前三包”管理，建立巡查机制；完成“街巷长”巡访6121余小时，处理各类事件2442件，其中随手解决事项2442件；“小巷管家”巡访6041小时，共处理各类事件2962件，其中随手解决事项2962件。

（刘　培）

【垃圾分类】　年内，龙泉镇设立建筑垃圾存放点20个、大件垃圾存放点20个，实现镇域建筑垃圾及大件垃圾点位设置100%覆盖；完成辖区80个桶站设置；加装厨余垃圾桶破袋器150个，桶站拉手400个；发放《明白卡》《感谢信》及垃圾分类冰箱贴，签订生活垃圾分类承诺书47562份，张贴宣传海报200余张，橱窗15张、横幅22条；组织垃圾分类知识讲座、家长学校垃圾分类互动活动30余场；完成20个小区配套的驿站项目，完成建设20处再生资源交投点；开展生活垃圾分类执法检查2961家次，检查中发现不合格155家次，发现问题215起，责令改正155家次，改正问题215起，约谈生活垃圾分类问题责任单位或个人205起，立案调查166起，罚款19.59万元。

（刘　培）

军庄镇

【概况】　军庄镇位于门头沟区政府驻地东北部10公里处，北与海淀区接壤，南与石景山毗邻，西与龙泉镇相连。2021年，镇域总面积34.47平方千米，辖8个行政村、3个社区，常住总人口14873人，总户数6494户，其中农业人口为2686人1752户。军庄镇结合生态涵养区功能定位，围绕加快推进重点镇建设和城镇化进程的战略目标，完成各项指标，农村集体经济总收入3529.5万元，农村经济第三产业仍是主导产业，全镇农民人均所得实现21842元，同比增加1250元，增长6.1%。

（王亚男）

【新冠肺炎疫情防控】　1月6日，军庄镇部署核酸检测、新冠病毒疫苗接种及防控措施，1月26日，开展突发新冠肺炎确诊病例疫情快速响应处置实战演练。10月30日、31日，军庄镇机关干部、村居“两委”230余人全员停休，全力做好新冠病毒疫苗接种工作，镇11个村居入户率达到100%，张贴宣传海报20余套，发放接种倡议书6000余份，微信转发个人防护提示1.5万余人次。

（王亚男）

【民主测评工作会召开】　1月29日，军庄镇开展2020年度处级领导班子和领导干部年终民主测评干部选拔任用工作会。镇领导班子成员、中层干部、两委班子成员、各村居的党代表、一般群众干部等参加。镇领导总结军庄镇上一年度工作情况，向参加评议人员做述职述德述廉报告。

（王亚男）

【村（居）“两委”换届】　2月27日，军庄镇8个村依法依规，产生第十二届村委会正式候选人。全镇登记参加选举的村民共5943人，参加提名投票人数4991人，参选率83.98%。预测人选提名当选率98.1%。军庄、灰峪、孟悟3个村分别有35岁以下年轻干部进入村委会候选人。3月6日，军庄镇完成军庄镇第十二届村委会和第十一届居委会换届选举。8个村共登记参加选举村民5948人，参加投票5618人，投票率94.45%。3个社区登记选民3288人，户代表1775户，户代表投票1583人，投票率89.18%。杨坨社区、惠通新苑、北四社区三个社区全部等额选举。书记主任一肩挑完成100%，交叉任职10人，交叉任职比例59%；居委会班子成员中党员10人，比例59%。预测吻合度主任和委员岗位100%。连选连任15人，新增2人。

（王亚男）

【村（居）“两委”任前集体廉政提醒谈话】　3月17日，军庄镇纪委开展任前集体廉政提醒谈话，对68名村（居）干部履职情况提前“把脉”，打好廉洁“预防针”，切实引导新任两委干部清醒任职、清正履职、廉洁从政。对各村（居）新任两委成员进行任前廉政提醒谈话，并提出要求

（王亚男）

【全民健身趣味运动会举办】　6月8日，军庄镇开展“传承红色精神 运动点亮激情”——2021年军庄镇全民健身趣味运动会，11个村居165名运动员参加，项目包括拔河、企鹅漫步、指压板跳绳、轨道传球、摸石过河、同舟共济、同心圆等。

（王亚男）

【“八一”慰问】 7月28日，军庄镇领导带队慰问5支部队，送去节日慰问品510余份，与各部队召开军地座谈会，了解军人在辖区的工作生活情况，并表示将继续促进军地协同发展，巩固军政军民团结加强双拥共建。

（王亚男）

【创建全国文明城区】 8月13日，军庄镇召开2021年“冲刺大干五十天 创城为民争首善”创城工作部署大会，部署新冠肺炎疫情防控和新冠病毒疫苗接种、落实创城三年冲刺行动及全要素实地考察指标分解、人居环境建设、综合执法月、接诉即办、“全民反诈”APP安装等工作。

（王亚男）

【供水干线项目推进会召开】 8月23日，军庄镇供水干线项目推进会召开，市规划院汇报项目建设方案，区水务局、规自分局提出相应意见。会后，参会人员到西杨坨村、东杨坨村、香峪村、孟悟村泵站位置进行现场校核。

（王亚男）

【走访驻镇纳税企业】 8月24日，镇领导带领财源建设专班到北京恒州建设工程有限公司走访，对企业入驻以来的生产经营情况以及受疫情的影响程度进行调研。同时财源建设专班及时解决企业税务发票问题、为企业面对面逐条解读《新门十条》政策，进一步为企业提供全方位优质服务。

（王亚男）

【第九届人民代表大会第十一次会议召开】 8月27日，军庄镇召开第九届人民代表大会第十一次会议，大会选举产生镇长1名，副镇长2名。

（王亚男）

【第九次党员代表大会召开】 9月24日，中国共产党军庄镇第九次党员代表大会召开，听取镇党委书记高建光所作的《抢抓时代机遇 传承红色基因 用实干书写军庄镇高质量发展新篇章》党委工作报告；书面审查中国共产党军庄镇第八届纪律检查委员会工作报告、中国共产党军庄镇第八次党员代表大会以来党费收缴、使用和党员活动经费使用情况报告。选举产生中国共产党军庄镇第九届委员会、中国共产党军庄镇第九届纪律检查委员会和军庄镇党委出席北京市门头沟区第十三次代表大会的代表。完成各项会议议程。

（王亚男）

【结对协作工作】 9月24日，军庄镇领导同西城区月坛街道就区域经济发展和绿色可持续发展等内容进行交流座谈。双方就打造新型文创科技产业园区、精品民宿休闲度假区、养老康养区以及优质生态涵养林区等内容进行逐一讨论，相关合作内容达成初步共识。

（王亚男）

【国家自然资源督查整改工作会召开】 9月，军庄镇国家自然资源督查整改工作会召开，国土所对西杨坨大集图斑土地性质、整改范围及要求进行说明。会后，参会人员到西杨坨村大集进行现场校核建设用地、乔木林地、园地和旱地图斑范围。

（王亚男）

【老年人健康休闲徒步大会举办】 10月9日，军庄镇在京浪岛文化体育公园举办重阳节“迎冬奥、庆重阳”老年人健康休闲徒步大会，全程步行时间大约60分钟，80余位老年人、残疾人、退役军人志愿服务队员参与。

（王亚男）

【第十届人民代表大会第一次会议召开】 11月17日，军庄镇召开第十届人民代表大会第一次会议，听取和审议《军庄镇政府工作报告》及有关议程草案，依法选举产生镇长1名、镇人大主席1名、副镇长2名。

（王亚男）

【109国道工程服务】 年内，军庄镇实地检查109国道沿线环境秩序，加大日常清扫保洁力度，加大对沿街商户“门前三包”落实情况的检查力度，调研解决路面积水、淤泥横灌等问题，推动国道109新线高速项目部落实属地企业责任。

（王亚男）

【大气污染防治百日专项行动】 年内，军庄镇开展大气污染防治百日专项行动，对施工工地开展扬尘系统巡查，对各施工工地责任人就强化施工扬尘管控进行约谈并下发督办单，推动重要点位修复苫盖面积1.5万余平方米。

（王亚男）

【垃圾分类】 年内，军庄镇西杨坨村召开垃圾分类工作部署会，确保垃圾分类“投、收、运”全流程规范处置；东杨坨村积极为评选市级垃圾分类示范村做准备，发放分类回执、分类手册、垃圾分类标识贴纸等300份；东山村召开物业工作和垃圾分类工作总结推进会，评价总结村内街坊路清扫、公厕保洁、垃圾清运分拣等工作；孟悟村组织志愿者开展如何处理废电池宣传活动；杨坨社区开展垃圾分类主题宣传活动，邀请300余户居民参与“门头沟垃圾分类工作回访问卷”。

（王亚男）

雁翅镇

【概况】　雁翅镇下辖23个行政村，1个社区居委会，镇域面积263.22平方千米。2021年，雁翅镇围绕“滨河水岸休闲小镇”的发展定位，坚持红色党建引领绿色发展，传承红色基因、践行生态富民，全力推动“绿水青山就是金山银山”发展理念在雁翅形成生动实践，实现全镇农村经济总收入38140.3万元，同比增长6.3%；农民人均可支配收入19565元，同比增长5.8%；招商145家企业，通过企业纳税形成地方级收入9835万元，同比增长25.8%；完成区级财政收入4871万元，同比增长27.6%。

（郝学赛）

【基层党组织书记述职承诺报告会召开】　1月，雁翅镇召开2020年基层党组织书记述职承诺报告会，镇党委全面了解掌握各基层党组织书记2020年履职情况和2021年工作思路，进一步提高基层党组织书记“第一责任人”的意识。

（邓天宇）

【新冠肺炎疫情防控】　1月，雁翅镇印发《雁翅镇农村地区关于突发新冠肺炎确诊病例快速响应处置工作预案》并组织村居进行模拟演练。8月13日，组织各新冠肺炎核酸检测工作组及雁翅镇卫生院联合开展核酸检测实战演练。年内，雁翅镇严格落实“54321”工作法和“2+2+N”重点人管控机制，累计排查5万人次；成立大数据处理专班，累计处理大数据派单300余人；压实居家隔离及健康监测人员管控责任，建立《雁翅镇管控人员“2+2+N”管控台账》，落实2名镇级看护、2名村级看护、N名志愿者管控，如有新增人员及时更新上报各包村领导及包村组长，共更新台账49次，上账人员207人次；印发《雁翅镇大规模疫苗接种工作方案》，新冠病毒疫苗接种1.6万余剂。

（安秀霞）

【森林防火】　3月，雁翅镇召开森林防火工作会议全面部署清明节期间的森林防火工作。4月，组织700余人对主要路段沟口、重点祭扫区、坟头等易发生火情的重点区域严防死守。11月，开展2021年雁翅镇秋冬季森林防火大会，各村（居）通过大喇叭广播、管护员宣传加强防火宣传，在青白口村发放防火宣传册200余份。年内，不定期开展森林防火联合检查，督促护林员在岗在位，严禁一切野外用火。

（彭　良）

【防汛工作】　6月，雁翅镇组织各村居进行防汛应急实战演练，坚持汛期24小时值守制度，做好防汛电台应急响应；组建镇、村两级共380人的抢险队伍，在全镇19处野山野沟、6条泥石流沟、11座小塘坝设立点位并安排人员值守。

（崔春宁）

【第九次党员代表大会召开】　9月23日，中共雁翅镇第九次党员代表大会召开，会议主题是“传承跟党走红色基因，以高质量发展为统领，奋力铸就‘绿水青山红色雁翅’新辉煌”，会议选举产生中共雁翅镇第九届委员会委员9人，纪律检查委员会委员5人和出席门头沟区第十三次党代会代表11人，同时选举产生镇党委书记、纪委书记等。

（种立莉）

【第十届人民代表大会第一次会议召开】　11月18日，雁翅镇召开第十届人民代表大会第一次会议，51名代表出席会议，会议审议通过镇政府工作报告，选举产生人大主席1人、镇长1人、副镇长4人。

（种立莉）

【创建全国文明城区】　年内，雁翅镇召开“冲刺大干五十天 红雁先锋在行动”誓师大会，举办创城指标体系和材料申报专题培训会2次；建立“日巡、周查、督查、会商研判”等工作机制，累计拉练检查6次，召开现场办公会3次，下沉机关干部300余人次；开展门前三包、乱停车治理等专项治理行动，为商户更换垃圾桶52个，施划停车位110个，整治空中飞线81处，设置灭烟筒50个；清理各类垃圾15余吨，制作村规民约、创城公益广告等200余块，更新文化墙90平方米，铺设路面1000余平方米。

（陶祥生）

【吹哨报到】 年内，雁翅镇累计吹哨报到9次，“吹哨”解决雁翅镇马套、大村造林工程拖欠工资，清水河青白口村段堵塞河道，京西工务段存在违法图斑问题等难题。

（郝学赛）

【接诉即办】 年内，雁翅镇畅通服务群众“最后一米”，制定“四项长效机制”，落实“五个亲自”和“五个主动”具体要求，切实做好接诉即办相关工作，共收到各类群众诉求3780件，办结3755件，响应率100%，解决率82.9%，满意率82.9%。

（郝学赛）

【乡村振兴战略规划】 年内，雁翅镇完成镇域国土空间规划编制，针对268公顷城乡建设用地指标，逐一实地踏勘、落点落图，实现点状供地与产业发展的紧密联结，确定“一核一带，一廊两轴，三区多点”的镇域发展格局；完成全镇23个村的美丽乡村规划与实施方案编制，完成13个村美丽乡村验收工作；成功创建淤白、田庄、泗家水3个市级“乡村振兴示范村”，田庄村成功申报“两山理论”实践创新基地。

（王建魁）

【山区农民搬迁改造】 年内，雁翅镇启动大村村庄改造工作，参加改造496户785人，主体完工170个院落，竣工20户，同时完成170户煤改电；完成马套村改造110户188人，竣工28栋楼房，其他在建10栋主体完成工，新拆除房屋10处。

（王　维）

【民宿旅游】 年内，雁翅镇8个村庄发展民宿产业，利用农民闲置院落90余处，投资6200余万元；建成精品民宿10家，在建民宿3处，有意向签约民宿3处，实现民宿经营收入647万元；推进南石洋景区开业相关工作；举办雁翅镇2021年旅游文化节，推出镇域公共品牌“雁翅优选”；承办市级“十百千万”畅游行动现场推介会，田庄村被评选为中国美丽休闲乡村；组织精品民宿、民俗旅游户及景区开展2021年京郊旅游百千万工程线上培训，开展“与你”杯趣味摄影大赛。

（刘圣然）

【走访慰问】 年内，雁翅镇慰问残疾人117人121000元；慰问社会救助对象401户27.75万元，其中农村低保211户16.25万元，城市低保慰问68户5.35万元；慰问农村特困117户5.9万元，城市特困5户2500元；慰问优抚对象83人8.6万元；元旦、春节“两节”期间慰问18户1.8万元。

（岳田民）

【执法工作】 年内，雁翅镇联合相关部门开展联合执法行动50余次，立案处罚各类违法行为112起罚款223245元，其中市容环境类10起罚款1650元，大气污染防治类43起罚款220850元，燃气安全类4起罚款400元，园林绿化类19起罚款155元，垃圾分类36起罚款190元；行政告诫违法相对人50余家、送达行政法律文书近80份，规范“门前三包”行为80余起，责令改正环境卫生脏乱90余处，责令相关单位清理乱堆渣土、堆物堆料60余处，制止和处理露天烧烤和焚烧行为近20起，拆除广告牌匾、条幅50余块。

（高增俭）

【安全生产】 年内，雁翅镇印发《雁翅镇2021年安全生产工作要点》《雁翅镇电动车专项整治工作方案》《雁翅镇2021年春节烟花爆竹安全管理工作方案》，深入开展液化石油气、电动自行车、禁放烟花爆竹、防灾减灾等专项行动，共签订各类安全责任书600余份；与1208户煤火取暖用户逐户签订“预防煤气中毒安全责任书、预防煤气中毒安全承诺书”，逐个炉具张贴安全贴；开展打击非法盗采、安全生产、消防安全、交通安全等安全隐患排查检查200余次，填写检查记录638余份，发现安全隐患369处，要求现场立即整改190处，限期整改179处；推动15家企业安全责任保险上险；组建设立白瀑寺微型消防站；“安全生产月”活动期间发放宣传品2000余份。

（彭国亮）

【“我为群众办实事”】 年内，雁翅镇推动“我为群众办实事”走深走实。累计完成民生项目清单25项、推进措施完成44项、履职践承诺开门办实事项目清单48件。

（邓天宇）

【党风廉政建设】 年内，雁翅镇制定《2021年度雁翅镇深化落实全面从严治党主体责任清单》，召开党风廉政建设专题会议4次，强化对重要时间节点的监督检查，持续纠治“四风”，开展车辆管理、工会、财政、后勤、餐厅、党建等重点岗位监督检查12次，开展新冠肺炎疫情防控、接诉即办、文明城区创建等专项监督检查100余次，纪委书记约谈科室及村负责人2人次，集体约谈3次。

（黄丽华）

【双拥工作】　年内，雁翅镇完成全国退役军人服务站建设，完善25个退役军人服务站标牌和主要工作职责标牌，为334人退役军人悬挂光荣牌；安置1名退役士官，招录2名退役军人；与雁翅卫生院携手为60岁以上退役军人28人免费体检，为3名符合条件的退役军人申请60岁农籍老兵待遇。

（岳田民）

【妇联工作】　年内，雁翅镇完成村（居）、镇两级妇联换届工作，24个村居选举产生共184名执委，并由执行委员会会议选举产生主席、兼职副主席；雁翅镇妇女联合会选举产生21名执委，并由雁翅镇妇女联合会第十二届执行委员会第一次全体会议选举产生主席、专职副主席、兼职副主席；完成2021年农村妇女创新创业项目申报的大村蔬菜基地提升改造项目，建成总面积40平方米的冷库，购置金属货架及泡沫包装箱用来运储产品，缓解了蔬菜基地果蔬采摘后不能及时送往城区销售的问题。

（种立莉）

【群众文化】　年内，雁翅镇举办“永远跟党走 唱响100周年”红五月歌曲传唱活动、淤白村第十三届民俗文化节、青茶山庙会等各类公共文化活动87项1205场，覆盖1.3万人次，其中线上活动36项80场，覆盖0.56万人次，线下活动51项1125场，覆盖0.74万人次；镇级文化活动中心组织活动113场，培训37项，区级“星火工程”演出任务完成81场，公益电影放映任务完成977场。

（彭德东）

【生态保护】　年内，雁翅镇印发《雁翅镇污染防治攻坚战2021年行动计划》《〈京津冀及周边地区2020年——2021年秋冬季大气污染综合治理攻坚行动方案〉雁翅镇细化落实方案与任务分解实施方案》《关于进一步强化提升道路扬尘治理工作实施细则》《关于进一步强化提升裸地扬尘治理工作实施细则》，更新《雁翅镇餐饮业大气污染防治工作台账》《雁翅镇扬尘管控工作台账》，建立《雁翅镇国道109新线高速公路工程扬尘精细化管控方案》；房良村、河南台村、青白口村、泗家水村、雁翅村、淤白村申报“绿水青山就是金山银山”实践创新基地；加强扬尘监管力度，建立裸地台账、减排清单，有效应对7次重污染天气；在国道109新线高速公路工程工区附近及镇主干道上开展清扫作业，全程50余公里，累计清除道路灰尘3吨；全面监测森林病虫害发生情况，组建36名全科技术员队伍，设立23个监测点每日监察；完成风沙源项目26.67公顷，森林健康经营项目260.33公顷。

（郝学赛）

【环境整治】　年内，雁翅镇印发《雁翅镇2021年开展农村环境综合整治行动实施方案》，成立以镇主要领导为组长的环境整治领导小组，研究全年重点村、国道及沿线、政府驻地和景区周边环境整治项目；对109国道沿线两侧环境问题采取绿化、铺装、粉刷等措施彻底整治；建立道路保洁、公厕保洁、垃圾分类收集等专业队伍300余名，确保垃圾有人清、厕所有人管、污水不乱排；强化部门联动，累计开展联合检查70余次；开展节日环境清扫行动40余次，累计出动人员2000余人次、动用车辆500余次，日常清理各类垃圾1600余吨；通过常规检查发现问题60余处，处理环境台账410处、垃圾分类台账196处、创城环境台账965余处。

（刘正培）

【生活垃圾分类】　年内，雁翅镇成立以镇党委书记、镇长为组长的专项行动工作领导小组，签订“垃圾分类——我先行”承诺书940余份；通过入户和志愿者活动发放一封信、垃圾分类宣传手册6000余份，利用微信公众号等线上平台推出垃圾分类典型案例，开展“21天垃圾分类打卡”活动；实行“垃圾不落地”上门收集模式，在田庄村、淤白村建成3座标准化的垃圾分类驿站，组织21个村撤桶并站，依托集中暂存区升级改造成简易垃圾分类驿站；在青白口村、田庄村、大村集中设置大件垃圾、装修垃圾及建筑垃圾暂存区，在其他20个村分别设置装修及大件垃圾投放点；在23个村建成可回收物交投点；利用原田庄修配厂闲置厂房设置可回收物中转站；在大村地区建成可腐化生活垃圾处理站一座，年处理量360吨。

（刘正培）

斋堂镇

【概况】　斋堂镇位于门头沟区西部深山区，距北京市城区81公里，距区政府65公里，109国道贯穿全镇。镇域面积约392.4平方千米，下辖30个村（居），有基层党组织42个，其中农村党支部29个，党总支2个，机关、社区单位党支部7个，非公企业党支部1个，公益性社会组织党支部3个，党员1896人。2021年，全镇实现集体经济总收入4695.8万元；农民所得总额为27433.5万元，同比增长6.9%；人均所得实现21163元，同比增长6.8%；实现农村家庭经营性收入5265.5万元，主要收入来自第三产业，其中交通运输净收入1370.2万元，批发零售净收入601.5万元，住宿餐饮净收入969.7万元，服务业等净收入2038.5万元，报酬性收入14057万元，财产性收入2752万元，转移性收入5259万元；有劳动力6566人，就业劳动力人数6125人，其中常年外出务工劳动力2665人，第一产业共有328人、第二产业58人、第三产业363人，从事本地务工劳动力、第一产业452人、第二产业35人、第三产业1653人，从事外出务工劳动力第一产业40人、第二产业24人、第三产业3172人，待业441人。

（刘盼盼）

【危化品液化气专项整治行动】 1月26日，斋堂镇依托“吹哨报到”机制开展危化品液化气专项整治行动，制定“三个是否”检查方案（是否使用超期未检钢瓶、达到报废使用年限钢瓶、不合格钢瓶；是否使用无熄火保护装置的燃气燃烧器具、不符合国家标准的减压阀和软管，超期使用燃气燃烧器具和软管等事故隐患；是否存在液化石油气钢瓶减压阀及接口处、软管与燃气燃烧器具连接处等易漏气部位等隐患），出动执法人员12人次，检查单位22家次，发现液化石油气软管穿墙、气瓶间无出风口等隐患3处，下达执法文书3份。

（刘　浩）

【新冠肺炎疫情应急处置全景演练】 1月28日，斋堂镇在109高速七工区举行突发新冠肺炎疫情应急处置演练活动。镇领导出席，镇防疫专班、各包村负责人、109高速3个工区和搅拌站主要负责人参加。

（刘盼盼）

【春节服务保障】 1月，斋堂镇成立春节7天服务保障组，启动24小时应急响应机制，及时处理烟花爆竹燃放等消防安全方面问题；成立109工区疫情突发情况应对小组，开展节前宣传慰问，劝导13名未完成居家健康监测的工作人员“就地过年”。

（刘盼盼）

【第八届人民代表大会第五次会议召开】 2月24日，中共斋堂镇第八届代表大会第五次会议召开，会议总结2020年各项工作，部署2021年重点任务，动员全镇各级党组织和广大党员干部传承红色革命精神，高举绿色发展旗帜，奋力谱写斋堂古村落文旅休闲名镇建设新篇章。

（刘盼盼）

【第九届人民代表大会第八次会议召开】 2月25日，斋堂镇第九届人民代表大会第八次会议召开，会议审议通过镇政府工作报告，明确2021年全镇经济社会发展主要预期目标。

（刘盼盼）

【提升村容村貌志愿服务活动】 3月8日，斋堂镇组织各村女性“两委”班子成员、党员、志愿者约120人，开展提升村容村貌志愿服务活动，整理花箱80余座，清理绿化带2公里、公示栏6块、垃圾桶150余处，到残疾人温馨家园和独居老人家中清扫庭院和室内约30户次。

（张瑞华）

【重点工作专题部署会召开】 4月3日，斋堂镇政府召开第一次重点工作专题部署会，部署二季度重点工作。4月6日，召开第二次政府专题会，重点针对，内公益岗位人员的管理工作存在问题进行讨论，针对管理工作中存在的漏洞进行梳理，摸排公益岗位人员工作安排的具体分工，提出管理方法。斋堂镇市政管理中心有公益岗位人员共60人，年龄均为50岁以上，主要负责国道两侧公路带上肉眼可见的白色垃圾。除煤窝村未安排人员，其他沟域村居均有人进行环境保洁。每人工资每月2200元。管理工作由市政管理中心负责，工资发放由便民服务中心负责发放，与镇政府统一签署劳务合同。7月6日，召开第三次政府专题会，重点针对斋堂镇扶持壮大村集体经济工作专题会，对相关工作进行部署。8月18日，第四次政府专题会召开，重点针对斋堂镇防汛工作，对相关工作进行部署。8月18日，第五次政府专题会召开，重点针对建筑垃圾处置工作专题会，对相关工作进行部署，研究斋堂镇建筑垃圾、装修垃圾处置事宜，听取北京莲亿实业有限公司关于斋堂镇建筑垃圾处置的工作汇报。9月2号，第六次政府专题会召开，重点针对斋堂镇消防工作例会，对相关工作进行部署。9月7日，斋堂镇政府第七次政府专题会召开，重点针对斋堂镇项目资金使用情况汇报调度会，对相关工作进行部署。9月16日，斋堂镇召开第八次政府专题会议，研究斋堂镇安置房腾退工作；汇报安置房腾退工作进展；部署和推进安置房腾退工作。9月16日，召开第九次政府专题会议，门头沟区城管委、北京热力集团门头沟分公司、斋堂镇政府、北京斋城置业有限公司就供暖问题进行协商。11月22日，斋堂镇整治109高速工程乱占耕地专题会，就109高速工程乱占耕地、洞渣渣土乱堆乱放问题进行处理、部署。11月26日下，农民搬迁工作专题会召开，区农业农村局、区规自分局、斋堂镇等相关单位领导同志参加会议，会议研究关于张家村、东斋堂、向阳口三村搬迁工作事宜。

（刘盼盼）

【第九次党员代表大会召开】 9月23日，斋堂镇召开第九次党员代表大会，113名代表出席大会，23人列席大会，选举产生中共斋堂镇第九届委员会委员9名，第九届纪律检查委员会委员5名，选举产生代表斋堂镇出席中国共产党北京市门头沟区第十三次代表大会的代表14名。

（齐治岩）

【《煤窝志》出版发行】 9月29日，斋堂镇《煤窝志》出版发行仪式活动在杨家村举行。由团结出版社出版。《煤窝志》共分概述、自然环境、历史沿革、传统文化、文物古迹、革命斗争、古今人物、附录等23章、71节、40余万字。全书内容从自然到社会、从经济到政治、从文化到人物，全面系统地记载煤窝地区发历史沿革、地理风貌、风土民情以及经济社会发展变迁和改革开放以来取得的阶段性成果，反映煤窝地区的基本特点和时代特征。《煤窝志》2016年正式启动编纂工作，聘请多位老同志负责修志工作。

（刘盼盼）

【重阳节活动】 10月14日，斋堂镇分别同国务院港澳办机关党委、政研司开展党支部结对共建活动，联系30余名国家机关党员向12名困难老人、老党员捐款3000元，并建立结对联系关系；组织20余名团员到镇敬老院开展“青年当先 ”主题志愿服务活动，组织7家在镇企业向40余名困难老人共捐助1.7万元和米面油40份；完善20余处老年公厕、无障碍通道、楼体破损修复等服务设施建设，修缮400余个节能路灯和10处养老休闲庭院。

（刘盼盼）

【智慧化政务服务平台建成】 11月5日，斋堂镇正式启用政务协同办公软件，依托G6政务协同管理软件，推出以协同办公、业务应用、数据报表等四大板块为核心的OA政务系统，涵盖议题申报、资金审批、工程台账、考核督办等20余个日常业务项目，形成“一站式”政务平台。

（周　涛）

【第十届人民代表大会第一次会议召开】 11月16日，斋堂镇召开第十届人民代表大会第一次会议，54名镇人大代表出席会议，列席人员42名，会议选举产生镇第十届人大主席1名，镇长1名，副镇长5名。

（齐治岩）

【斋堂镇档案数字化工作启动】 11月30日，斋堂镇启动档案数字化工作，以推动档案管理规范管理、无纸存储、电子查阅为目标，同区档案局、保密局联系配合，通过梳理全镇20年以内实体文书档案，采取数字化扫描、精准化分类、加密型存储综合系统平台，全面推进档案“电子化”管理，推动档案查阅效率提升90%以上。截至年底，文书档案规范7余万页。

（刘盼盼）

【新冠肺炎疫情防控】 年内，斋堂镇召开新冠肺炎防疫工作部署会，成立农村疫情防控工作领导小组，制定《斋堂镇农村聚集性活动管控工作方案》以及《村级响应流程示意图》《演练工作任务分解书》等13件具体执行文件，召开6场专题筹备和方案推演会，组织160人开展“敲门行动”，摸排人员动态信息1300余条，组织1000余人次参与卡口值守。斋堂镇新冠病毒疫苗接种情况。60周岁以上人群第一剂疫苗接种情况：七人普60周岁以上人口底数2843人；截至2021年12月31日，已接种第一剂2231人，接种率78.47%。全人群新冠病毒疫苗接种情况：七人普全人群底数7350人；第一剂接种8732人，接种率118.80%；第二剂接种8273人，接种率112.56%；第三剂接种5731人，接种率77.97%。

（韩　萌）

【接诉即办】 年内，斋堂镇健全接诉即办专班机制，梳理重点、热点、难点群众诉求，采取入户走访、实地取证等形式开展接诉即办“大攻坚”；开展每日难点诉求处置情况专题汇报，先后处置解决历史遗留、难点诉求8个，接待走访群众300余人次；把普法宣传、人民调解、治安管理等法治建设内容引入接诉即办，同镇派出所、法庭、司法所等部门联合成立接诉即办法治工作小组，集中整治无理诉求、恶意占用资源等情况，妥善处置解决历史遗留、疑难纠纷等情况近百件；优化包村工作形式，简化接诉即办流程，量化未诉先办事项，推动包村制度同接诉即办工作有机结合。

（刘盼盼）

【集体林场建设】 年内，斋堂镇推进8个村集体林转接交付，提高深山地区林业用地利用率，推动全镇绿植覆盖率达47.25%；设立2个厂区，划片43处管护地块，管护面积达205.13公顷；整备37.27公顷观光林地，推进森林观光旅游产业建设；实现退耕还林48.87公顷，留白增绿5.53公顷；通过卫星航拍、现场测绘等形式，为集体林场精细化管护工作提供数据支撑；引入无人机巡查、夜间监控等管护设备，配齐100余套单人机械设备和防护用具，聘请林业专家顾问进行管护人员专业能力素质培训，提高林地管护效率；发挥集体林场本地就业优势，带动100余个乡村就业岗位，人均年创收达4万元。

（刘盼盼）

【精品民宿建设】 年内，斋堂镇组织召开精品民宿发展推进会，成立精品民宿发展工作领导小组，建立精品民宿发展专班，制定《斋堂镇促进精品民宿发展实施方案》，开展3轮摸排并建立详细台账，完成6个传统村落保护规划，召开柏峪村和白虎头村"一村一策"精品民宿设计规划专题研究会2次，明确水库、生态步道、剧场等配套文旅设施项目清单内容；建设营业精品民宿12家，年总营业额1300余万元，带动本地就业岗位130余个，为村民增收150余万元；打造"门头沟小院"斋堂篇，总下载量近2万余次，APP点击量近万次，小院或民宿点击量约6000次，完成民宿预订3单，接到投资意向洽谈咨询20余次。

（刘盼盼）

【国道109新线工程服务保障】 年内，斋堂镇召开"七个一"专题推进会，印发《斋堂镇关于国道109新线高速公路重大工程专项监督工作方案》，对照检查并签订13份"个人廉洁承诺书"；镇国道109新线高速公路专班、"接诉即办"专班、镇纪委等部门创建沿线工区月例会制度，通报上级要求，梳理工作风险点，明确业务规范，做好工程沿线日常服务保障。

（刘盼盼）

【防汛工作】 年内，斋堂镇在汛期暴雨多发期，全面封闭灵水、双龙峡、爨柏、沿河城、马栏等5个重点景区和黄草梁、珍珠湖等2个自然风景区，推动13家精品民宿商户和百余家旅游民宿户暂停营业，组织300余人参加值守。

（刘盼盼）

【纪念建党百年系列活动】 年内，斋堂镇开展各类铭记党史、纪念烈士、学习榜样等活动20余场，搭建"向建党100周年献礼"宣传阵地、完善烈士纪念碑等红色设施共10余处，共40余个基层党组织和2000余名党员干部参加；联合北京市广播电台、区融媒中心开展新中国成立前农村老党员走访活动，通过走访9名健在老党员和联系100余名老党员家属，整理党史资料，采集入党故事、抗战故事等20余篇；开发"马栏荣光""重走抗战路"等红色旅游精品徒步路线，完善红色主题精品民宿和"门头沟小院＋"红色版配套建设。

（刘盼盼）

【"红色马栏"品牌建设】 年内，斋堂镇依托马栏村旧址回收机制，改造提升冀热察挺进军司令部马栏旧址，打造"红色书屋""红色民宿"等多个红旅特色品牌；保护式修缮大食堂、山坡"红五星"等设施，新增抗战物件105件；成立"红色马栏"IP宣传工作组，利用"京西门头沟""红色马栏"等公众号发布原创文章20余篇，浏览量达3000余人次；与西城区退役军人事务局合作开展"退伍不褪色 红旗照我心"系列活动，共建退役军人党建学习重点单位；推动马栏村冀热察挺进军司令部旧址陈列馆入选"北京市市首批市级党员教育培训现场教学点名单"。

（刘盼盼　周　涛）

【山区"红色阵地"建设】 年内，斋堂镇打造以红色精神为内涵的"英勇斋堂川"地区特色党建；依托小品、歌曲、快板、戏曲等形式，打造10余个原创红色节目"斋堂红"，其中"红歌联唱"获得全区合唱比赛二等奖，马栏"小村号声"为北京市文化艺术基金建党百年献礼剧目；扩大3家市级红色教育基地红色影响力，获得媒体报道100余篇；成立斋堂地区红色历史文化挖掘保护工作小组，讲好“九朵红花”“我要上延安”等红色故事。

（周　涛）

清水镇

【概况】　清水镇总面积339平方千米，耕地面积207.54公顷，园地1457.74公顷，林地面积26756.73公顷，草地面积2706.71公顷；辖32个行政村，户籍户数7061户，其中常住户4089户，户籍人口11559人，其中常住人口6702人；基层党支部39个，党员1455人。2021年，清水镇经济总收入完成5.85亿元，同比增长6.67%；人均可支配收入21852元，同比增长7.82%；区级财政收入3665万元，同比增加98.7%；低收入对95户132人的线上边缘户进行重点监测，人均可支配收入为19157.2元，其中最低人均可支配收入为14066.7元；森林健康项目共涉及11个村总计2120公顷，公益林改造项目梁家铺村42.4公顷，退耕还林面积601.76公顷4760210元，镇森林覆盖率61.95%，林木绿化率87.05%，林地面积32603.15公顷，指导全镇32个村对819758.65平方米绿地进行日常管护；协助发现治理违法建设，核实拆除1起，调解纠纷8起；全镇32个人居环境验收村全部通过验收，32个村全部采取上门收集模式，其他垃圾日均产生量3.92吨，厨余垃圾日均产生量1.92吨，分出率32.8%；投资项目资金699.97万元的“门头沟小院＋清水花海”果香生态沟域项目完成80%；建成小龙门村朗诗乡居、梁家庄村创艺乡居、黄安坨村百花山社、西达么村隐北·野奢等7个精品民宿项目，建成精品民宿86套；实现旅游综合收入约1757.43万元，接待游客约26.72万人次，精品民宿营业收入1049.43万元，接待游客2.53万人。年内，清水镇在北京市独获“全国乡村治理示范乡镇”称号。

（刘浩洋）

【元宵节主题活动】　2月25日，清水镇开展“福满京城 春贺神州”元宵节主题活动，邀请未成年人参与活动，通过手工制作元宵的方式，感受传统文化熏陶。

（刘浩洋）

【国道109新线高速项目服务保障】　3月24日，清水镇召开国道109新线高速公路工作座谈会，落实门头沟区有关国道109新线高速工程清水段工作要求。6月17日，联合国道109新线高速工区，以“落实安全责任，推动安全发展”为主题，举行安全生产月暨防汛应急演练活动。

（刘浩洋）

【第七届人民代表大会第七次会议召开】　4月9日，清水镇第七届人民代表大会第七次会议召开，审议通过《政府工作报告》《2020年财政预算执行情况和2021年财政预算报告》。共有39位镇人大代表与6名列席人员参会。

（廖　敏）

【灵山路6KM+850处坍塌处置】　7月1日，受短时强降雨影响，清水镇灵山路6KM+850处发生坍塌，造成双向道路堵塞。事故发生后，清水镇制定疏通方案，调派镇应急抢险队、镇公路养护段等投入到疏通工作，当日18时恢复单向通行，当日20时恢复双向通行，共清理坍塌石块500余方。

（刘浩洋）

【第八次党员代表大会召开】　9月18日，中国共产党清水镇第八次党员代表大会召开，全镇各级党组织104名代表、35名列席代表出席大会，选举产生新一届党委委员9名、纪委委员5名，选举出席区党代会代表13名。

（周环宇）

【第八届人民代表大会第一次会议召开】　11月17日，清水镇第八届人民代表大会第一次会议召开，审议通过《政府工作报告》，选举产生新一届清水镇人大主席1人、清水镇镇长1人、副镇长4人。共有50位镇人大代表与6名列席人员参会。

（廖　敏）

【村两委换届选举】　年内，村“两委”换届选举32个村中有29个村实现书记、主任“一肩挑”，占90.6%，比上届提升3.1%；共选出村“两委”成员161人，其中女性68人，占42.2%；“两委”交叉任职40人，占比38.46%；村“两委”成员中大专以上人数54人，占总人数的33.75%；“两委”平均年龄48.6岁，比上届平均年龄降低3.4岁；32个村全部实现“两委”中配备1名35岁以下成员；“两委”中吸收大学生村官选调生1人、党建助理员14人，进一步优化“两委”班子结构，通过换届实现年龄、学历“一降一升”。

（周环宇）

【第十二届村委会换届选举】 年内，清水镇完成32个行政村村委会换届选举工作，产生新一届村委会成员共计96人，其中村主任32人，副主任8人，其他委员56人；专职妇女主任2名，专职妇女委员30名；全镇登记选民9194人，参加选举投票选民8160人，参选率为89%。

（沈开兴）

【新冠肺炎疫情防控】 年内，清水镇印发《清水镇农村地区关于突发新冠肺炎确诊病例快速响应处置工作预案》并组织村居进行模拟演练。清水镇严格落实卡口四件套管理村庄32个，应设置卡口54个，实设卡口54个。共有值守人员365人，人员主要由“两委”干部、党员、志愿者构成，实行24小时卡口值守制度。成立大数据处理专班，累计处理大数据派单4000余人；压实居家隔离及健康监测人员管控责任，建立《清水镇管控人员管控台账》，落实2名镇级看护、2名村级看护、N名志愿者管控，如有新增人员及时更新上报各包村领导及包村组长，共更新台账49次，上账人员207人次；印发《清水镇大规模疫苗接种工作方案》，新冠病毒疫苗接种共20680剂。

（杜胜杰）

【创建全国文明城区】 年内，清水镇开展“创城为民”“党员带头当先锋 创城攻坚党旗红”主题宣传活动6次、出动1000余人次，入户发放《致清水镇村民朋友的一封信》1.1万份，设立精神文明宣传栏33处；完善32个村级文化室学雷锋志愿服务站点，设立统一标识、工作制度、医药箱；在村口等显著位置新增社会主义核心价值观、创城宣传海报93处，并保持氛围营造类指标静态达标；依托40支“门头沟热心人”队伍，广泛开展“条例我践行 文明天天见”“创城我争先，文明天天见”“创城迎检全力以赴，疫情防控毫不松懈”等主题活动11次；整改区级创城台账1931处，整合执法力量，开展专项治理行动，现场解决“飞线”、道路坑洼等难点问题；召开镇级创城指标专题培训会、台账整改部署会等会议18次，确保压实压细责任。

（刘浩洋）

【接诉即办】 年内，清水镇完善“吹哨报到”工作机制，严格落实接诉即办“515”“四个三”工作法，创新“一二五”工作机制，推动全镇接诉即办工作降量提质，有效解决椴木沟新村回迁等群众身边的操心事、烦心事、揪心事；探索村级物业化试点管理，上清水等10个村实现农村物业化托管。

（刘浩洋）

【特色农业和林下经济】 年内，清水镇持续发展特色农业和林下经济，种植辽五味、高山芦笋、奇异莓、武夷山大红袍等精品农产品133.33余公顷，助力村集体经济壮大，实现村民可持续增收；梁家庄村带动集体发展模式入选《2021世界旅游联盟——旅游助力乡村振兴案例》。

（刘浩洋）

【农产品销售】 年内，清水镇申报2022年芦笋初加工项目和田寺、齐家庄、胜利等3个村100亩芦笋种植项目；进一步拓宽芦笋产品销售渠道，联系帮扶单位、机关食堂、社区超市、批发市场等平台，帮助梁家庄、李家庄、黄安坨等7个低收入村销售芦笋。全年，清水镇低收入农产品销售累计40.44万元，其中鲜笋销售3万余斤20.8万元，芦笋秧杆销售6.4万斤9.56万元，五味子销售1.2万斤8.08万元，黄安坨村奇异莓销售2万余元。

（刘浩洋）

【精品民宿】 年内，清水镇打造“门头沟小院＋百果山”品牌；建成精品民宿项目7个，打造民宿86套，新建创艺乡居二期、百花山社二期等28套精品民宿；民宿营业收入1049.43万元，接待游客2.53万人，是2020年的3倍；百花山社、创艺乡居等12家民宿参选2021年市级乡村民宿等级评定。

（刘浩洋）

【行政执法】 年内，清水镇围绕“重点地区、重点时间、重点问题”，有针对性地开展专项整治行动，打击黑导游、无照经营、非法散发旅游类小广告等违法行为，全年共立案69起，罚款金额40.81万元，其中一般程序36起，罚款40.74万元，简易程序33起，罚款660元。

（刘浩洋）

【文化活动】 年内，清水镇举办“永远跟党走”歌曲传唱活动暨第五届歌咏比赛、乡村大舞台等品牌活动，依托春节、元宵节、清明节、端午节等传统节日，联合有关单位开展主题活动11场；开展文体活动67场；全镇35个放映点，累计放映电影1090余场，受益人次万余人；在洪水口村开展“畅游绿水青山 乐享巅峰小院”2021年清水镇首届精品民宿旅游文化节，承办“华远杯第十二届北京国际山地徒步大会”；杜家庄山之花艺术团等5个星火工程团队通过区级星火工程资质评审，接待星火工程专业演出34场、业余演出70场

（刘浩洋）

【民生保障】 年内，清水镇完成2022年城乡居民基本医疗保险参保工作，共参保5392人，其中个人缴费3731人，享受财政补贴1661人；更换社会保障卡90人次，换卡42人次，照片更新9人次；为119人办理养老金领取手续，为96人办理死亡清算业务；每季度开展享受养老金人员生存状态核查；为享受工伤抚恤待遇人员办理住院伙食补助154人次，共2801天，发放补助8.40万元；办理异地就医药费手工报销3人次，基金支付金额23337元；启动生存状态核查工作，享受工伤保险待遇及其供养亲属68人。

（刘浩洋）

【美丽乡村建设】 年内，清水镇22个村美丽乡村创建通过市级考核验收，形成洪水口、李家庄等一批美丽乡村建设样板；探索“煤改电”取暖新模式，试点八亩堰等3个险村搬迁改造村享受电价优惠政策，在门头沟区起到示范作用。

（刘浩洋）

【人居环境整治】 年内，清水镇将全镇分成1个中心4个沟峪，由各包片领导和包村组长负责辖区环境卫生整治工作，组织保洁员力量600余人投入环境卫生整治工作；各村安排专人每日3次对村内所有垃圾桶、桶站、公厕、健身器材等公共区域及重点位置进行无死角全面消毒，累计消毒8000余处，消毒面积60余万平方米；各村出动保洁人员5000余人次，车辆700余辆次，共清理卫生死角1500余处、乱堆乱放700余处、乱贴乱画200余处，修复残墙60余处，村庄新增绿地2万余平方米，栽种美化花卉7万余株。

（刘浩洋）

【河长制工作】 年内，清水镇镇级河长每月至少巡查一次，村级河长每周至少巡查一次，“北京河长”APP巡河任务完成率100%，累计巡河2227人次4988.606公里；河长办累计巡查89次，出动人次267人次，车辆89车次；累计收到市、区第三方整改台账105处，其中市台账14处，区台账91处，全部整改完毕，共清理建筑垃圾、建筑材料约100余立方米，生活垃圾约24立方米。

（刘浩洋）

【污染防治攻坚战行动】 年内，清水镇印发《清水镇大气污染防治工作方案》，做好全国“两会”、建党100周年重大活动空气质量服务保障工作，PM2.5累计浓度24微克，TSP累计浓度72微克，两项指标均位列全区前三名；建立季度扬尘监管台账，督促建设单位严格按照“六个百分百”措施落实；持续开展环保百日执法专项行动，制定《清水镇大气污染防治百日专项执法方案》，以改善大气环境质量为核心，累计执法检查3419人次，罚款43.46万元；推荐有关单位或个人申报“绿水青山就是金山银山”实践创新基地、“首都生态文明建设先进个人”。

（刘浩洋）

妙峰山镇

【概况】 妙峰山镇地处门头沟区浅山区，是连接门头沟深浅山区的纽带，永定河、109国道穿镇而过；镇域面积110平方千米，占全区总面积的7.7%；辖17个行政村，人口6042户10372人，其中农业人口5860人，占全镇人口的56%；“三果一花”即大樱桃、大盖柿、京白梨、玫瑰花是妙峰山镇的特色农产品。2021年，妙峰山镇实现农村经济总收入33225.5万元，人均所得18474元；获2018-2020年度首都文明镇称号，2020年度首都城市环境建设管理突出贡献单位，2020年“北京市体育特色乡镇”称号；炭厂村、涧沟村、水峪嘴村、陈家庄村、禅房村、桃园村获2018-2020年度首都文明村称号，炭厂村获第六届全国文明村镇荣誉称号，下苇甸村、黄台村、桃园村入选北京市生活垃圾分类示范村，炭厂村入选2021年北京市美丽休闲乡村名录，炸咯吱入选“北京优农”品牌目录。

（王译霄）

【旅游接待】 元旦假期期间，妙峰山镇接待游客8956人，实现旅游收入39万元；春节期间，接待游客47476人，实现旅游收入262.83万元；“十一”假期期间，接待游客32593人次，实现旅游收入166.49万元。年内，妙峰山镇举办第二十八届“金顶祈福纳吉祥 弘扬妙峰福文化”传统民俗庙会，“樱您而来，醉美妙峰”妙峰山镇樱桃采摘文化节，镇企业

家徒步大会等多项特色活动，谷山村景区被评为国家AAAA级旅游景区。

（王译霄）

【新冠肺炎疫情防控】 1月，妙峰山镇执法人员对经营主体进行全覆盖新冠肺炎防疫巡查，检查40余家次，发现问题5处并全部整改完毕。2月，召开大规模新冠病毒疫苗接种工作部署会、关于新冠病毒疫苗全员接种工作部署会。7月26日，设立妙峰山供销社疫苗接种点，并为接种点配备藿香正气水、风油精等防暑物资。11月1日，召开妙峰山镇新冠肺炎疫情防控部署会。12月，召开妙峰山镇新冠病毒疫苗接种推进会、2022年元旦期间疫情防控和疫苗接种工作部署会。年内，妙峰山镇新冠病毒疫苗接种18268人。

（王译霄）

【安全生产】 1月，妙峰山镇对镇域内景区、加油站、国道109新线高速公路各工区等40余家单位进行全方位检查，严格落实“一周一查、全域覆盖、常态长效”工作机制。2月10日，召开妙峰山镇2021年春节期间安全工作强调部署会。4月，召开“五一”期间安全生产工作部署会、食品药品安全工作部署会，开展液化石油气专项检查。6月，检查施工工地、景区、加油站等单位26家次，发现安全隐患5处并责令整改，开展“防风险、除隐患、保平安”消防安全隐患集中排查专线行动。9月，开展“十一”国庆节前安全生产和新冠肺炎疫情防控检查工作，检查旅游景区、建筑施工、民宿、餐饮单位等20余家，现场整改22处，责令限期整改4处。10月19日，召开妙峰山镇区域内全年禁止燃放烟花爆竹工作部署会。11月，对109工区、工业企业、东方小区、加油站等10余家消防重点单位进行消防安全指导检查，发现问题6处，现场督促整改4处。12月，召开妙峰山镇2021年消防安全大培训，“两节”及冬奥期间安全、禁放、消防和煤气中毒工作部署会，“两节”及冬奥期间食品、药品安全工作部署会。

（王译霄）

【环境整治】 1月，妙峰山镇开展联合执法，引导收集、运输、处置单位按照垃圾分类规范作业，处罚各类违法行为10起，罚款5.29万元。3月，开展“三类场所”新冠肺炎疫情防控、大气污染、安全生产、街面环境秩序等执法检查行动，检查“三类场所”64家次，检查非居民燃气用户49家次，罚款1000元，检查规范施工工地防尘覆盖8处。4月25日，召开妙峰山镇2021年垃圾分类工作部署会暨《北京市生活垃圾管理条例》一周年总结大会。6月，清理陇驾庄大集、担礼港湾、各村沟道等卫生死角102余处，清运各类垃圾200余吨，清理小广告110余条。8月25日，开展“节能降碳、绿色发展”节能宣传活动。9月，开展“烟头不落地 乡村更美丽”工作，启动电动车专项治理行动，组织非居民生活垃圾收运合同现场签约。10月17日，完成对担陇路、陈家庄村、担礼村路段飞线整治，整治飞线长度1000余米。11月，推进村委会公共卫生委员会建设。12月30日，召开妙峰山镇“两节”及冬奥期间环境建设工作部署会。

（王译霄）

【第五届第六次党代会召开】 2月24日，中国共产党妙峰山镇第五届第六次党代会召开。89名党代表出席会议，通报年度内镇党代表变化情况，听取并审议妙峰山镇2020年各项工作报告，通报上一年度代表提案提议和意见建议办理情况，领导班子成员进行述职述廉，补选镇第五届党委委员1名。

（梁美琪）

【平安建设】 2月25日，妙峰山镇召开反恐怖督导检查工作部署会、反邪教工作会。3月，全镇440名治安志愿者全部到岗到位，对在册6名区级重点人员、121名“五类人”实行动态管控，对其中1名重点人员实施24小时安保监管。4月25日，召开反邪教“净土工程”动员部署会与禁种铲毒工作会。5月至6月，开展建党100周年庆祝活动安保维稳工作，全面加强反恐防暴、反邪教工作。12月13日，召开反邪教工作会。

（王译霄）

【群众文化】 2月，妙峰山镇各新时代文明实践站开展“我们的节日—春节、元宵节”主题活动。6月18日，举办“唱支红歌给党听”红歌会。8月10日，举办“爱在七夕 中华经典诵读”活动。9月，开展“月圆京城 情系中华”主题活动。10月14日，开展“我们的节日——幸福重阳情满心间”老年人棋牌赛活动，20余名老人参加。12月，开展“全民迎冬奥 一起向未来”文化宣传活动。12月，举办“峰火传承促振兴，山灵水秀谱诗篇”诗韵京西妙峰山诗会活动。

（王译霄）

【创建全国文明城区】 3月5日，妙峰山镇17支“红绿灯”文明引导队开展学雷锋纪念日志愿服务活动。3月，开展“福满京城 春贺神州”“青春伴夕阳”等文明实践活动50余次，发放垃圾分类等主题宣传折页2000余份、更新海报85张，各新时代文明实践站组织开展清洁志愿服务活动，清扫主要街道、河道2000余米。5月，开展“防范化解灾害风险，筑牢安全发展基础”防灾减灾日主题宣传活动、“落实安全责任，推动安全发展”主题宣教活动、“铁路连着你我他 爱路护路靠大家”爱路护路日主题宣传活动。6月25日，举办妙峰山镇志愿服务迎七一、优化环境争先锋活动。8月10日，举办创城攻坚冲刺大干50天动员会。9月13日，开展“民族团结促发展 携手共圆中国梦”宣传活动。12月10日，召开妙峰山镇创城迎检冲刺部署会。

（王译霄）

【群团建设】 3月8日，妙峰山镇开展“巾帼心向党，争做拓荒牛”和“新时代新女性做尊法守法明白人”三八妇女节主题文化活动，150名妇女参加。3月25日，共青团“建党百年正青春 跟党奋进新时代”纪念“五四运动”102周年主题团日活动在涧沟村举行。4月27日，共青团妙峰山镇第十五次代表大会召开。8月10日，开展“爱在七夕 中华经典诵读”活动。

（王译霄）

【大气治理】 3月11日，妙峰山镇成立联合检查督导组，出动执法人员12人次、执法车辆4辆次，检查规范施工工地防尘覆盖8处。3月15日，出动检查人员10余人次，车辆3台次，检查工业企业6家，施工工地2处，排查户外广告9处，规范“门前三包”6起，完善裸露土方苫盖约700平方米。6月7日，召开妙峰山镇大气治理工作专题研究会。成立联合执法检查组，出动执法人员10余人、执法车辆3台次，检查大气监测站点4个，工业企业3家，施工工地5处，完成裸露渣土绿网苫盖2000余平方米。11月12日，召开2021—2022年度秋冬季“迎冬奥”大气污染防治工作部署会。成立联合执法检查组，共出动执法人员426人次、执法车辆142台次，排查户外广告25处，规范“门前三包”18起，检查工业企业12家次，施工工地36家次，规范施工工地绿网防尘覆盖10余处，面积约1200平方米。12月30日，召开妙峰山镇“两节”及冬奥期间大气污染防治工作部署会。成立联合执法检查组，共出动执法人员297人次、执法车辆99台次，检查工业企业6家次，施工工地30家次，运输车辆30余辆，制止“三烧”行为20余次。

（王译霄）

【村委会换届选举】 3月22日，妙峰山镇完成第十二届村委会换届选举，参加选举的村民共7550人，参选率为91.27%；选出村委会成员65人，其中连选连任52人，党员54人，女性24人，平均年龄51.32岁，大专及以上学历占比56.92%。

（王译霄）

【森林防火】 3月25日，妙峰山镇召开清明期间护林防火工作会；领导带队检查17次，宣传2次发放护林防火宣传品500份，镇林业站每日出动巡查人员2人每日巡查2次，清明节假期及前1周每天各村护林员及包村干部7点前到达各村重点地段。4月30日，召开“五一”期间森林防火工作以及废弃矿山安全风险集中排查整理工作部署会；镇林业站每日出动巡查人员2人，每日巡查2次。11月12日，召开妙峰山镇2021—2022年度森林防火工作部署会；领导带队检查20余次，定做二号灭火工具（胶皮打）500个，野山进山路口拦截护网150米，宣传警示牌27块，防火袖标500个。镇林业站每日出动巡查人员2人，每日巡查2次。全镇出动护林员430人。12月30日，召开妙峰山镇“两节”及冬奥期间森林防火工作部署会。领导带队检查20次，镇林业站每日出动巡查人员2人，每日巡查2次。全镇出动护林员430人。各村临时增加护林防火30人。

（王译霄）

【第五届人民代表大会第七次会议召开】 3月30日，妙峰山镇第五届人民代表大会第七次会议召开。38名代表出席会议，听取并审议妙峰山镇2020年政府工作报告和财政工作报告，选举副镇长1名。

（梁美琪）

【吹哨报到】 4月，妙峰山镇“吹哨”区城管委，保障506厂家属楼的12户居民享受“送气下乡”惠民政策。5月，妙峰山镇吹哨区规自、区园林绿化局协助镇完善农村道路审批手续工作。7月，吹哨区109指挥部，解决下苇甸村爆破振损工作；吹哨区城管委、区城管执法局、区生态环境局、区公安局食药中队、妙峰山派出所解决妙峰山镇环境问题。10月，吹哨区住房建设委员会、区纪委，解决水峪嘴村村民住房问题；吹哨区人保局、区医保局、区税务局解决郝德均享受职工保险的医疗待遇问题。11月，吹哨区109指挥部、区城管委、区生态环境局、区交通局、中铁京西，开展规范109运渣运输车队工作。

（王译霄）

【就业保障】 4月，妙峰山镇依托“民营企业招聘月”等活动，推荐岗位信息500余次，灵活就业参保人数303人，技能培训61人。11月与12月，开展根治欠薪冬季专项行动、“两节”及冬奥期间根治欠薪冬季专项行动，推进流浪乞讨人员冬季救助工作。

（王译霄）

【普法宣传】 4月，妙峰山镇开展“国家安全日”活动，发放宣传品60余份，在陇驾庄大集开展“送法下乡活动”，受教育群众100余人；5月11日，在水峪嘴村开展反诈骗法制宣传活动；7月21日，开展“共建民主法治示范村 共享美好生活”妙峰山镇法治文艺演出活动，宣传未成年人保护法、民法典，增强青少年法治意识。12月4日，为弘扬宪法精神，树立宪法权威，培养广大人民群众的公民意识和国家公职人员的法治意识，妙峰山镇精心谋划宪法宣传周系列活动，通过机关“人人学宪法”“联合宣传”“线上普法”等法治宣传形式相结合，掀起学法热潮，提升辖区居民尊法学法守法用法意识，进一步扩大宪法法律知识的普及率，让宪法家喻户晓、深入人心。

（王译霄）

【防汛工作】 5月29日，妙峰山镇开展防汛演练。6月，先后召开2021年防汛工作动员部署会，召开防汛工作专题研究会，防汛会等会议，部署推进防汛工作。7月29日，召开应对强降雨工作部署会。严格落实镇村24小时值班制度，做到汛期内有雨专人值班、无雨正常值班。降雨天气61名镇村人员加强值班值守，密切关注雨情雨势，加大暴雨应对宣传，雨前雨后及时查看塘坝沟道、地灾险户、野山野沟、国道109新线高速公路工地、民宿等隐患点位，190余名镇村备勤人员待命备勤，随时应对突发险情。汛期内出现主要道路交通受阻险情8次，镇政府联合区公路局以及镇村力量积极抢修，快速排除险情保障交通出行安全。加大巡视检查力度。镇村降雨期间始终坚持从严落实防汛工作，一是对3条野沟安排专人值守并封路；二是对1座水库17座塘坝安排专人值守并主动提前降低水位；三是对景区景点和农家乐、民宿按要求停止营业，劝返并安置滞留旅客；四是对镇域内在施的国道109新线高速公路、大禅路、险村改造等工地停工并转移机械设备；五是实时关注雨情雨势对8个村地灾隐患点住户，做到应转尽转的同时保证符合疫情期间的人员安置条件；六是结合2021生态补水、永定河综合整治、清河行动等，持续清理整顿镇域内河道沿线，严肃整治围垦河道、私搭乱建等阻碍行洪行为，实时关注永定河沿岸水位，降雨期间严禁一切下河行为。

（王译霄）

【双拥慰问】 7月，妙峰山镇走访慰问驻镇部队、现役军人家属12户，发放慰问品200余份价值4.2万元；慰问82名优抚对象，发放慰问金4.1万元。

（王译霄）

【第六次党员代表大会召开】 9月17日，中国共产党妙峰山镇第六次党员代表大会召开。103名党代表出席会议，会议听取并审议镇第五届委员会和纪律检查委员会工作报告，选举镇第六届委员会和纪律检查委员会，选举妙峰山镇出席区第十三次代表大会的代表。

（梁美琪）

【第六届人民代表大会第一次会议召开】 11月18日，妙峰山镇第六届人民代表大会第一次会议召开。51名代表出席会议，听取并审议妙峰山镇五年政府工作报告，选举妙峰山镇第六届人民代表大会主席1名、妙峰山镇人民政府镇长1名、妙峰山镇人民政府副镇长4名。

（梁美琪）

【接诉即办】 年内，妙峰山镇接诉即办受理总量为4607件，“三率”完成情况为：响应率：100%解决率：74.4%满意率77.22%。特色做法：一是坚持党建引领。着力夯实“一把手”工程，镇党委书记、村支部书记为“接诉即办”工作第一责任人。二是强化“见人见事”机制。严格落实办单必须见面的规定，切实在接办过程中拉近干群关系、展现作风形象。所有诉求能解决的见面解决，无法解决的或无理诉求，见面对来电人做好政策解答和解释安抚工作。

（王译霄）

【“我为群众办实事”实践活

动】 年内，妙峰山镇斜河涧村党支部购买秸秆粉碎机，为村民发放10余吨肥料；陇驾庄、斜河涧村党支部针对停车位供给不足、停车管理效率低下等问题，新建3个停车场，建设面积900余平方米，新增200余个停车位。年内，妙峰山镇14项重点民生项目全部完成，五类解民忧清单73件民生问题全部解决。

（王译霄）

王平镇

【概况】 王平镇东侧和北侧紧邻妙峰山镇，东南与龙泉镇相接，南与永定镇北岭地区相连，西与大台街道办事处、雁翅镇毗连；辖16个行政村、4个社区居民委员会；地域总面积46.6平方千米，人口8704人，全部为非农业人口。2021年，王平镇开展国土空间规划编制工作，提出“三线三区”空间发展格局；新打西马各庄村1000米深水井1眼；16个村美丽乡村建设全部完成，其中6个村被评为市级美丽乡村示范村；实施“绿网换绿植”专项行动，完成村居环境整治小微工程22项、绿化美化6000余平方米，降尘量稳步下降；永定河山峡综合治理总面积59.83公顷，大幅提升河道生态环境；始终在市级农村人居环境检查中名列前茅，率先成为北京市生活垃圾分类示范片区创建乡镇，被评为2020年度首都环境建设管理突出贡献单位，获北京市卫生镇称号，3个村被评为北京市垃圾分类示范村；修建22公里山区健身步道；完成河北村、南涧村旅游配套服务设施建设；推出诗雨丽舍、观山雅舍、柒小筑等精品民宿；举办“叼鲜”樱桃文化节、“赶秋”京白梨文化节，打造“北京·安家庄·红色党性教育基地”；率先完成门头沟区综合减灾社区创建；智能监控、电动车充电桩建设实现村居全覆盖；南涧村被评为全国“民主法治示范村”；完成吕家坡村、西王平村等5个村老年驿站建设；建成镇级政务服务中心和村居级服务站，完成镇级心理辅导站、温馨家园及9个村级卫生室建设。

（邵雯雯）

【第四届党代会第六次会议召开】 2月8日，中国共产党王平镇第四届代表大会第六次会议召开，79名党代表出席会议，会议听取并审议王平镇2020年各项工作报告，补选镇第四届党委委员2名。

（邵雯雯）

【村委会换届选举】 3月14日，王平镇村委会换届选举工作开始。3月19日至21日，16个村相继完成村委会换届选举，预测人选与选举结果高度一致。

（邵雯雯）

【党史学习教育】 3月25日，王平镇召开党史学习教育动员大会，镇领导班子成员、各科室负责人、各村居负责人参加会议，先后传达习近平总书记在党史学习教育动员大会上的重要讲话精神；蔡奇书记在全市党史学习教育动员大会上的讲话精神和张力兵书记在全区党史学习教育动员大会上的讲话精神。6月23日，王平镇举办党史学习教育专题宣讲报告会暨党委理论中心组（扩大）学习会。镇领导班子成员、各村居书记（主任）、各包村居组长参加报告会。邀请门头沟区理论宣讲团成员、区委党校教师作专题报告。

（邵雯雯）

【垃圾分类】 4月14日至15日，色树坟社区、西苑社区开展垃圾上门收集宣传活动，通过发放宣传折页及宣传品，引导社区居民按规定分时分类投放。5月19日，王平镇开展以“条例实施一周年，垃圾分类再出发”为主题的垃圾分类宣传活动，发放垃圾分类指导手册200本，并深入河北社区开展垃圾分类知识宣讲。

（邵雯雯）

【新任村居两委干部党史教育培训】 4月26日，王平镇举办为期5天的党史学习教育暨新一届社村和居“两委”班子成员培训班，培训以“理论+参观+交流”相结合的方式展开。培训班特别邀请区委党校讲师进行授课，课后到军事博物馆学习《中国共产党领导的革命战争》，接受红色教育。

（邵雯雯）

【浩天社区联动站成立】 5月12日，浩天社区联动站在王平镇成立，旨在辅助王平镇组建社区志愿者救援队，组织社区进行防灾应急疏散演练活动，增强群众防灾减灾和自救互救意识。北京人防浩天志愿者救援队有60余人参加综合演练。

（邵雯雯）

【垃圾分类宣传活动】 5月19日，王平镇城乡建设办在王平商业街开展以“条例实施一周年，垃圾分类再出发”为主题的垃圾分类宣传活动。向过往群众发放垃圾分类指导手册200本，并深入河北社区开展垃圾分类知识宣讲。

（邵雯雯）

【“叨鲜儿”节暨徒步大会举办】 5月29日，王平镇举办“叨鲜儿”节暨徒步大会，活动主题是“摘樱桃、走古道、住民宿、享健康、品文化”，徒步路线贯穿韭园4村，设有4个打卡点，终点处设有歌舞表演，并提供美早、红宝石、拉宾斯、砂蜜豆等20余个品种的樱桃供游客品尝。

（邵雯雯）

【文明礼仪线上教育引导】 6月10日，王平镇市民活动中心开展青少年文明礼仪线上教育引导活动，工作人员通过线上推送小视频的方式让孩子及家长了解文明礼仪。

（邵雯雯）

【安家庄红色党性教育基地开放】 6月29日，北京·安家庄红色党性教育基地正式对外开放，迎来城子街道办事处和北京人防浩天救援队等首批学员。

（邵雯雯）

【民兵集中点验】 7月6日，王平镇开展2021基干民兵集合点验，全面检验基干民兵队伍建设情况，进一步提高基干民兵政治素质和战备意识。

（邵雯雯）

【第五次党代会第一次会议召开】 9月18日，中国共产党王平镇第五次党员代表大会第一次会议召开，101名党代表出席会议，大会选举产生9名中国共产党王平镇第五届委员会委员，5名纪检委员，审议通过党委工作报告的决议、关于纪委《忠实履行党章和宪法赋予的职责 推动新时代纪检监察工作高质量发展》工作报告的决议、代表资格审查报告和关于王平镇党费收缴、使用和管理情况的报告。

（邵雯雯）

【第二届农民“丰收节”举办】 9月25日，第二届王平镇农民“丰收节”举办，此届“丰收节”主题为“京畿王平、静谧小院，幽韵古道、馨香京梨”，活动现场为王平韭园生鲜铺子揭牌。

（邵雯雯）

【第五届人民代表大会第一次会议召开】 11月18日，王平镇第五届人民代表大会第一次会议召开，51名镇人大代表和25名列席人员参会，大会选举产生王平镇第五届人民代表大会主席、王平镇人民政府镇长和副镇长，并审议通过了政府工作报告决议（草案）和王平镇国土空间规划。

（邵雯雯）

【创建全国文明城区】 年内，王平镇在创城“大干五十天”中，持续开展一把手行动，全年针对文明城区创建开展全域覆盖拉练检查逾20余次，自查50余次。在16个村新时代文明实践站建立了学雷锋志愿服务站点，组织开展了“免疫连万家文明天天见”“条例我践行 文明天天见”系列活动20，参与人数达4000余人次。开展“送演出进农村、进社区”星火团队演出50余场，放映公益电影700余场，以传统节日为主题各村居开展文化服务活动100余场，服务1.2万人次。新建精神文明宣传栏128块，景观小品5处、文明提示牌120余块，完成全民科学素质活动80场，超额完成考评指标要求的33场。王平镇心飞扬艺术团获“永远跟党走—庆祝建党100周年歌唱门头沟大型群众合唱比赛”优秀奖。

（邵雯雯）

【新冠肺炎疫情防控】 年内，王平镇新冠病毒疫苗第一剂累计接种6690针，接种率107.85%；第二剂累计接种6015针，接种率96.97%；第三剂累计接种4449针，接种率75.24%。全镇全年大规模核酸检测4次，累计2000余人；行业部门核酸检测1次，共120余人。全面落实“敲门行动”10次，入户宣传排查4.5万余人次，重点人员管控275人，其中大数据派单80余人，自摸排190余人。集中医学管控6人，管控居家医学观察30人，健康监测234人，处理疫情防控纠纷20余次，各级网格员上报问题100余件。

（邵雯雯）

【接诉即办】 年内，王平镇接到各类诉求1320件，各类案件响应率100%、解决率92.5%、满意率92.9%，平均成绩位列全市182名、全区第6名，其中5月、10月、11月考核期因成绩优异共获区级“接诉即办”工作专项奖励48万元。共开展“零诉求村居”“双百村居”评比活动5次，通过完善考核机制，激励各级干部积极解决问题。依托“每月一题”“每月一村”“破冰计划”“暖冬计划”等专项行动，提高疑难诉求化解率。深化落实“四减一创”工作法，推进主动治理，减少原始诉求发生率。

（邵雯雯）

统计资料

1-1 自然概况（2018–2021年）

项　目	单　位	2018	2019	2020	2021
土地面积					
辖区面积	平方公里	1447.85	1447.85	1447.85	1447.85
新城规划区面积	平方公里	87	87	87	87
户籍人口					
户籍户数	户	121146	122536	123080	124557
户籍人口	人	250864	254102	254737	257440
农业人口	人	43218	42478	41423	40754
非农业人口	人	207646	211624	213314	216686
户籍人口自然增长率	‰	0.95	6.41	−6.8	−4.3
降水量及气温					
全年降水量	毫米	403.1	405.7	522.2	1184.8
全年平均气温	℃	13.3	13.8	13.5	13.4

资料来源：北京市规划和自然资源委员会门头沟分局、门头沟区公安分局、门头沟区气象局。

注：2021年国土变更调查数据暂未公布，2021年国土面积相关指标为2020年数据。

1-2 行政区划（2021年）

项　目	辖区面积（平方公里）	村民委员会（个）	社区居委会（个）
合　计	1447.85	178	117
大峪办事处	5.16		33
城子办事处	2.31		20
东辛房办事处	10.88		9
大台办事处	80.87		9
潭柘寺镇	79.83	12	3
永定镇	65.48	24	18
龙泉镇	30.80	17	16
军庄镇	33.47	8	3
妙峰山镇	112.61	17	
王平镇	45.92	16	4
雁翅镇	263.20	23	1
斋堂镇	382.17	29	1
清水镇	335.14	32	

资料来源：北京市规划和自然资源委员会门头沟分局、门头沟区民政局。

注：2021年国土变更调查数据暂未公布，2021年国土面积相关指标为2020年数据。

1-3 常住人口（2006-2021年）

单位：万人

年 份	常住人口	
		常住外来人口
2006	27.9	4.2
2007	28.2	4.4
2008	28.7	4.8
2009	28.8	4.6
2010	29.0	4.7
2011	29.6	5.2
2012	30.4	5.7
2013	31.1	6.3
2014	31.8	6.3
2015	32.2	6.2
2016	32.8	7.5
2017	34.2	7.9
2018	35.7	8.8
2019	37.3	10.2
2020	39.3	11.5
2021	39.6	11.6

注：2020年数据为第七次全国人口普查数据；2011—2019年常住人口、常住外来人口数据已根据普查结果进行了修订。

1-4 户籍人口（2000-2021年）

单位：万人

年　份	户籍人口
2000	23.4
2001	23.4
2002	23.5
2003	23.6
2004	23.7
2005	23.8
2006	23.9
2007	24.0
2008	24.1
2009	24.4
2010	24.6
2011	24.7
2012	24.8
2013	24.9
2014	24.9
2015	24.9
2016	25.1
2017	24.9
2018	25.1
2019	25.4
2020	25.5
2021	25.7

资料来源：门头沟区公安分局。

1-5 国民经济主要指标

项　目	单　位	2021	2020	增长速度（%）
人口与就业				
人口				
年末全区常住人口	万人	39.6	39.3	0.8
就业				
全部法人单位从业人员	人	88585	94524	−6.3
城镇登记失业率	%	2.5	3.2	−24.1
宏观经济				
国民经济核算				
地区生产总值	万元	2687841	2490829	7.9
第一产业	万元	17311	22026	−21.4
第二产业	万元	723951	672460	7.7
第三产业	万元	1946579	1796343	8.4
固定资产投资				
全社会固定资产投资	万元	——	——	7.0
#房地产开发投资	万元	——	——	−16.6
财政				
公共财政预算收入	万元	310158	320588	−3.3
公共财政预算支出	万元	1006983	1068936	−5.8

注：1.资料来源：门头沟区人力社保局、门头沟区财政局。

2.地区生产总值为初步核算数，增长速度为现价增速。

1–5 国民经济主要指标续表1

项　目	单　位	2021	2020	增长速度（%）
产业				
农村经济				
农林牧渔业总产值	万元	37326.0	47729.2	−21.8
农村经济总收入	万元	113910.8	108101.4	5.4
工业				
规模以上工业企业总产值	万元	548365	546111	0.4
商业				
社会消费品零售额	万元	1130043	1012320	11.6
对外经济贸易				
新批“三资”企业	个	23	12	91.7
实际利用外资	万美元	7613	4220	80.4
金融保险				
金融机构存款余额	万元	8729511	8296060	5.2
#个人存款	万元	5296615	4715293	12.3
金融机构贷款余额	万元	2789365	2784985	0.2
保险业务收入	万元	33978	33216	2.3

资料来源：：门头沟区农村合作经济经营管理站、门头沟区商务局、中国人民保险公司门头沟支公司、中国人寿保险公司门头沟支公司。

1-5 国民经济主要指标续表2

项　目	单　位	2021	2020	增长速度（%）
教育、文化、科技、卫生				
教育				
中、小学在校生	人	21885	21215	3.2
中、小学专任教师	人	2029	1987	2.1
文化				
公共图书馆总藏书	万册	131.5	129.5	1.5
科技				
科技经费支出	万元	4611.7	4641.6	−0.6
卫生				
卫生机构病床数	张	3082	2989	3.1
卫生机构技术人员数	人	4022	3835	4.9
生活与环境				
生活				
城镇居民人均可支配收入	元	63940	59360	7.7
全部法人单位从业人员平均工资	元	112893	112829	0.1
能源消费				
全社会用电量	万千瓦时	142348	126388	12.6
环境				
城市绿化覆盖率	%	50.7	50.7	0.0
城市污水实际处理量	万立方米	1569.4	1577.4	−0.5

资料来源：门头沟区科信局、门头沟区财政局、门头沟区教委、门头沟区文化和旅游局、门头沟区卫生健康委、门头沟区园林绿化局、门头沟区供电公司、门头沟区水务局。

1-6 地区生产总值

单位：万元

项　目	2021 年	2020 年	增长%（现价）	增长%（不变价）
地区生产总值	**2687841**	**2490829**	**7.9**	**7.0**
按产业分：				
第一产业	17311	22026	−21.4	−17.0
第二产业	723951	672460	7.7	6.1
第三产业	1946579	1796343	8.4	7.7
按行业分：				
农、林、牧、渔业	17532	22398	−21.7	−17.4
工业	406343	389650	4.3	1.5
建筑业	321728	286637	12.2	12.5
批发和零售业	191071	160557	19.0	17.6
交通运输、仓储和邮政业	18447	17210	7.2	14.3
住宿和餐饮业	84415	68291	23.6	20.9
信息传输、软件和信息技术服务业	88112	67531	30.5	22.5
金融业	236050	228083	3.5	4.5
房地产业	348259	335186	3.9	3.0
租赁与商务服务业	47388	41897	13.1	14.0
科学研究和技术服务业	124746	118737	5.1	2.0
水利、环境和公共设施管理业	38437	39039	−1.5	−0.4
居民服务、修理和其他服务业	39037	35837	8.9	10.6
教育	170511	168688	1.1	3.2
卫生和社会工作	148400	132510	12.0	14.9
文化、体育和娱乐业	50232	40358	24.5	25.5
公共管理、社会保障和社会组织	357133	338220	5.6	3.0

注：1.产业划分依据国家统计局2018年制定的《三次产业划分规定》（国统字〔2012〕108号），行业划分执行《国民经济行业分类》（GB/T4754—2017）。

2.2020年地区生产总值为初步核算数。

附 录

中共北京市门头沟区委部分文件目录

中共北京市门头沟区委文件

京门发〔2021〕1号　中共北京市门头沟区委关于印发《区委常委会2021年工作要点》的通知
京门发〔2021〕2号　中共北京市门头沟区委北京市门头沟区人民政府关于印发《2022年冬奥会和冬残奥会门头沟区服务保障领导小组的工作方案》的通知
京门发〔2021〕5号　中共北京市门头沟区委北京市门头沟区人民政府印发《门头沟区关于深化综合考评推动全区高质量发展的实施意见》的通知
京门发〔2021〕7号　中共北京市门头沟区委关于印发《门头沟区暂夺全国文明城区三年冲刺行动计划（2021—2023年）》的通知
京门发〔2021〕9号　中共北京市门头沟区委印发《关于进一步加强政法队伍建设的实施意见》的通知
京门发〔2021〕10号　中共北京市门头沟区委关于做好2021年区党代会选举工作的实施意见
京门发〔2021〕12号　中共北京市门头沟区委北京市门头沟区人民政府印发《门头沟区关于开展法治宣传教育的第八个五年规划（2021—2025年）》的通知

中共北京市门头沟区委办公室文件

京门办发〔2021〕1号　中共北京市门头沟区委办公室关于印发《政协门头沟区第十届委员会2021年协商工作计划》的通知
京门办发〔2021〕2号　中共北京市门头沟区委办公室关于进一步调整《中共北京市门头沟区第十二届委员会常委分工》的通知
京门办发〔2021〕3号　中共北京市门头沟区委办公室关于印发《北京市门头沟区处级事业单位领导人员选拔任用管理办法（试行）》的通知
京门办发〔2021〕4号　中共北京市门头沟区委办公室印发《中共门头沟区委关于落实中央第十一巡视组对北京市开展巡视反馈意见的整改方案》的通知
京门办发〔2021〕5号　中共北京市门头沟区委办公室印发《关于进一步加强区委常委会会议议题管理的办法（试行）》的通知
京门办发〔2021〕6号　中共北京市门头沟区委办公室北京市门头沟区人民政府办公室关于印发《门头沟区2021年双拥工作要点》的通知
京门办发〔2021〕7号　中共北京市门头沟区委办公室关于印发《区委常委会2021年议题计划》的通知
京门办发〔2021〕8号　中共北京市门头沟区委办公室北京市门头沟区人民政府办公室关于印发《门头沟区2021年度综合考评实施方案》的通知
京门办发〔2021〕9号　中共北京市门头沟区委办公室关于印发2021年区级领导重点调研课题和重点关注调研课题的通知
京门办发〔2021〕10号　中共北京市门头沟区委办公室关于进一步调整《中共北京市门头沟区第十二届委员会常委分工》的通知
京门办发〔2021〕13号　中共北京市门头沟区委办公室北京市门头沟区人民政府办公室关于印发《门头沟区国企改革三年行动实施方案（2020—2022年）》的通知
京门办发〔2021〕14号　中共北京市门头沟区委办公室关于印发《门头沟区关于进一步加强防止领导干部干预司法活动、插手具体案件处理的工作措施》的通知
京门办发〔2021〕15号　中共北京市门头沟区委办公室北京市门头沟区人民政府办公室关于印发《门头

沟区全面加强和改进新时代学校体育工作行动方案》的通知

京门办发〔2021〕17 号　中共北京市门头沟区委办公室关于印发《中共北京市门头沟区委关于加强和规范重大事项请示报告工作的若干措施》的通知

京门办发〔2021〕18 号　中共北京市门头沟区委办公室北京市门头沟区人民政府办公室印发《门头沟区关于进一步减轻义务教育阶段学生作业负担和校外培训负担的实施方案》的通知

京门办发〔2021〕19 号　中共北京市门头沟区委办公室北京市门头沟区人民政府办公室关于印发《门头沟区加快推进北京国际消费中心城市培育建设实施方案》的通知

京门办发〔2021〕20 号　中共北京市门头沟区委办公室转发《区委统战部关于区工商联（商会）换届工作意见》的通知

京门办发〔2021〕21 号　中共北京市门头沟区委办公室印发《关于深化"接诉即办"改革 健全体制机制建设高质量做好全区接诉即办工作的实施方案》的通知

北京市门头沟区人民政府主要文件目录

北京市门头沟区人民政府文件

门政发〔2021〕1 号　北京市门头沟区人民政府关于加强送气下乡液化石油气供应管理工作的通告

门政发〔2021〕8 号　关于调整部分区级文物保护单位的通知

门政发〔2021〕9 号　关于印发门头沟区农村宅基地及建房管理办法（试行）的通知

门政发〔2021〕11 号　关于印发《北京市门头沟区国民经济和社会发展第十四个五年规划和二〇三五年远景目标纲要》的通知门政发〔2021〕13 号关于废止部分行政规范性文件的通知

门政发〔2021〕23 号　关于公布门头沟区征收农用地区片综合地价比例的通知

门政发〔2021〕24 号　关于印发门头沟区文物建筑保护与开放利用实施细则的通知

门政发〔2021〕29 号　关于门头沟区行政区域内禁止燃放烟花爆竹的通告

门政发〔2021〕36 号　关于印发《门头沟区"十四五"时期妇女儿童发展规划（2021-2025 年）》的通知

北京市门头沟区人民政府办公室文件

门政办发〔2021〕1 号　北京市门头沟区人民政府办公室关于印发门头沟区开展第一次全国自然灾害综合风险普查的通知

门政办发〔2021〕2 号　北京市门头沟区人民政府办公室关于印发门头沟区深入打好污染防治攻坚战 2021 年行动计划的通知

门政办发〔2021〕3 号　门头沟区进一步优化营商环境更好服务市场主体实施方案的通知

门政办发〔2021〕5 号　关于印发门头沟区 2021 年义务教育阶段入学工作实施细则的通知

门政办发〔2021〕6 号　关于印发门头沟区 2021 年非本市户籍适龄儿童少年接受义务教育证明证件材料审核实施细则的通知

门政办发〔2021〕8 号　关于印发 2021 年门头沟区低收入线上边缘户、返低风险户及特殊群体帮扶基金管理办法（试行）的通知

门政办发〔2021〕11 号　关于印发门头沟区区长副区长工作分工的通知

组织机构负责人名单
（截至 2021 年底）

中共北京市门头沟区委员会

区委书记　张力兵（9 月免）
金　晖（9 月任）

区委副书记　付兆庚（2 月免）
喻华锋（2 月任）
刘贵明（12 月免）
陆晓光（12 月任）

区委常委　张力兵（9 月免）
金晖（9 月任）
付兆庚（2 月免）
喻华锋（2 月任）
刘贵明（12 月免）
张维刚（2 月免）
范永红（10 月免）
王建华、金秀斌（10 月免）
庆兆珅、张翠萍、李森林
王　涛（4 月任）
杨建海（9 月任）
曾铁军（10 月任）
曹子扬（12 月任）

区委办公室主任　金秀斌（4 月免）
王　涛（4 月任）
王　涛（12 月免）
曹子扬（12 月任）

区委保密委员会办公室主任、区国家保密局局长
金秀斌（4 月免）
孙　强（4 月任）

区委组织部部长　王建华

区委组织部分管日常工作的副部长（正处级）
王培兰

区委宣传部部长　张金玲（2 月免）
金秀斌（2 月任）
金秀斌（10 月免）
张翠萍（12 月任）

区委宣传部分管日常工作的副部长（正处级）
宋爱民

区委网信办主任　笪　艳

区委统战部部长、区社会主义学院院长
张翠萍（12 月免）
王　涛（12 月任）

区委统战部分管日常工作的副部长（正处级）
马占军

区委政法委书记、区委党校（区行政学院、区社会主义学院）校长（院长）
刘贵明（12 月免）
陆晓光（12 月任）

区委研究室主任　夏名君

区委编办主任　周博华

区直机关工委书记　金秀斌（4 月免）
王　涛（4 月任）
王　涛（12 月免）
曹子扬（12 月任）

区直机关工委分管日常工作的副书记（正处级）
刘素芬

区委老干部局局长　张慧琦

区委综合考评办主任　聂淑芳

区委巡察办主任　张书军

区委党校（区行政学院、区社会主义学院）常务副校长（常务副院长）　耿新民

北京市门头沟区人民代表大会常务委员会

区人大常委会主任　陈国才（1 月免）
张维刚（1 月任）

区人大常委会副主任 许 彪（12月免）
何 渊（12月免）
李 伟
陈 波（12月免）
韩兴无（12月任）
王培兰（12月任）
杜春涛（12月任）
张 焱（不驻会）
区人大常委会办公室主任 孙隆盛
区人大常委会研究室主任 尹晓君
区人大常委会代表联络室主任 李国庆
区人大常委会法制办公室主任 史雅琳
区人大常委会教科文卫办公室主任
李秋芳（10月免）
陈 英（10月任）
区人大常委会财政经济办公室主任
刘握龙（10月任）
区人大常委会城建环保办公室主任
曹志远（5月免）
张学明（11月任）
区人大常委会农村办公室主任 孙砚章

北京市门头沟区人民政府

区长 付兆庚（2月免）
喻华锋（12月任）
副区长 陆晓光（12月免）
庆兆珅、孙鸿博（9月免）
赵北亭（9月免）
王 涛（4月免）
李晓峰（5月免）
曹子扬（12月免）
杨建海（9月任）
朱 峰（11月任）
马 强（9月任）
陈军胜（9月任）
颉换成（9月任）
朱 凯（12月任）
区政府办主任 朱 凯
区发展改革委主任 曹子扬（12月免）
韩瑞昌（12月任）
区教委主任 陈江锋
区科技和信息化局局长 李世春
区民政局局长 韩兴无（6月免）
亓建军（6月任）
区司法局局长 李 健
区财政局局长 苗建军（12月免）
王培训（12月任）
区人力社保局局长 贾莉莉
市规划和自然资源委员会门头沟分局局长
贾 骥
区生态环境局局长 冷 飞
区住房城乡建设委主任 杨武平（8月免）
张 冉（8月任）
区城市管理委主任 占永谦
区交通局局长 张旋里（7月免）
李红忠（7月任）
区农业农村局局长 贾卫东（12月免）
李文凯（12月任）
区水务局局长 韩瑞昌
区商务局局长 杨少培
区卫生健康委主任 陈立栋
区审计局局长 王培训
区国资委主任 舒伯文
区应急管理局局长 刘振林
区体育局局长 刘树军
区统计局局长 刘握龙（10月免）
谢晓东（10月任）
区园林绿化局局长 周玉勤
市场监督管理局局长 张立新
区人防办主任 张雅利
区退役军人事务局局长 张进香
区信访办主任 夏淑强
区政务服务管理局局长 阎丽春
区医疗保障局局长 薛凤敏
中关村科技园门头沟园管委会主任
曹子扬（7月免）
辛永全（7月任）
区档案史志馆馆长 张慧军
区经管站站长 赵明文
区地震局局长 乔 韬

中国人民政治协商会议北京市门头沟区委员会

区政协主席　张　永（12月免）
刘贵明（12月任）
区政协副主席　张满仓（12月免）
高连发（12月免）
杜斌英、贾卫东（12月任）
苗建军（12月任）
顾慈阳（不驻会）
郑华军（不驻会）
孙建新（不驻会）
区政协秘书长　付军利
区政协办公室主任　杜　军
区政协研究室主任　连玉华（7月免）
李玉国（7月任）
区政协专委会工作一室主任　刘建文（6月免）
陈晓红（10月任）
区政协专委会工作二室主任　陈事毅（10月免）
伏建伟（10月任）
区政协专委会工作三室主任　安久亮
区政协专委会工作四室主任　刘贵清（11月免）
彭天和（11月任）
区政协专委会工作五室主任　郑华军
区政协专委会工作六室主任　王亚君（7月免）
连玉华（7月任）

中共北京市门头沟区纪律检查委员会

区纪委书记　范永红（10月免）
曾铁军（10月任）
区纪委副书记　贾志国（12月免）
孙东宇（12月任）
廖慧兰、李海龙

北京市门头沟区监察委员会

区监委主任　范永红（12月免）
曾铁军（12月任）
区监委副主任　贾志国、廖慧兰、李海龙

政法、军事

区人民法院院长　亓　纪
区人民检察院检察长　杨淑雅（9月免）
闫俊瑛（12月任）
区公安分局局长　孙鸿博（9月免）
朱　峰（11月任）
区人民武装部部长　王道岷

群众团体

区总工会主席　陈　波（12月免）
李　伟（12月任）
团区委书记　王　杨
区妇联主席　梁增霞
区科协主席　顾慈阳
区残联理事长　高增龙（6月免）
刘甫通（6月任）
区工商联主席　孙建新
区红十字会常务副会长　段铁军
区文联常务副主席　彭天和

镇、街道

潭柘寺镇党委书记　娄相峰（8月免）
杨武平（8月任）
潭柘寺镇镇长　李岿然
永定镇党委（永定地区工委）书记　周　杨

永定镇（永定地区办事处）镇长（主任）
黄　景（10月免）
宗文利（10月任）
龙泉镇党委（龙泉地区工委）书记
亓建军（6月免）
杜春涛（6月任）
龙泉镇（龙泉地区办事处）镇长（主任）
刘　学
军庄镇党委书记　高建光
军庄镇镇长　王　垚（6月免）
林克江（7月任）
妙峰山镇党委书记　姜春山
妙峰山镇镇长　陈连军
王平镇党委（王平地区工委）书记
刘甫通（6月免）
王　垚（6月任）
王平镇（王平地区办事处）镇长（主任）
冯　涛（12月免）
雁翅镇党委书记　孙东宇
雁翅镇镇长　白晓芳
斋堂镇党委书记　李文凯（12月免）
晋卫华（12月任）
斋堂镇镇长　晋卫华（12月免）
清水镇党委书记　崔兴珠
清水镇镇长　杨雪飞
东辛房街道党工委书记　张学明
东辛房街道办事处主任　苑芳洁
大峪街道党工委书记　李红忠（7月免）
李宗荣（7月任）
李宗荣（9月免）
闫　强（9月任）
大峪街道办事处主任　李　静（11月免）
史伟崇（11月任）
城子街道党工委书记　金　涛
城子街道办事处主任　于　彤
大台街道党工委书记　李宗荣（7月免）
冯　涛（12月任）
大台街道办事处主任　赵金亮

事业单位

区机关事务管理服务中心主任　张晓明（4月免）
区环卫中心主任　闫　强（12月免）
李　超（12月任）
北京百花山国家级自然保护区管理处主任
刘　东
区融媒体中心主任　苏燕平
中关村科技园区门头沟园服务中心（区投资促进服务中心）主任　王元真
区房屋征收事务中心主任　李　超（12月免）
区重大建设项目协调服务中心主任
张　冉（4月任）
区文明促进中心主任　晏　强（6月任）
区城市管理指挥中心主任　黄　景（10月任）

区管重要企业

北京京西鑫融投资管理有限公司党支部书记、董事长　刘　春
北京石龙经济开发区投资开发有限公司党总支书记、董事长　刘　春
北京京门国有资产经营有限公司党委书记、董事长　衣丰飞（12月任）
北京京门国有资产经营中心党委副书记、总经理
陶鹏典
北京京门商业投资发展有限公司党委书记、董事长　宋建筑
北京市门头沟区供销社党委书记、主任
张卫东
北京京西山水文化旅游投资控股有限公司党总支书记、董事长　王　冰
北京京西山水文化旅游投资控股有限公司党总支副书记、总经理　徐　帅
北京京西门城基础设施投资建设有限公司党总支书记、董事长　张中亭

索引

说明

1. 本索引采取主题索引，也称内容分析索引法编制。主题词以《北京门头沟年鉴(2022)》正文中出现的专业名词或名词词组、机构名等为主。

2. 索引的文字部分称为标目，标目之后的数字为其在正文中出现的页码，数字后的英文字母(a、b，c)表示正文中的栏别(从左至右)。部分标目后面有若干个页码，则表示该标目均在这些页码出现。

3. 本索引按汉语拼音音序排列，汉字打头的标目按首字母的音序音调依次排列，首字相同时，则以第二字排序，依此类推；以阿拉伯数字打头的主题词，排在最前面；以英文字母打头的主题词，列于其次。

4. 类目中的《特载》《专文》《附录》栏目内容不在索引范围内。

5. 表格索引、图片索引按正文出现的先后顺序进行顺序。

数字索引

汉语拼音索引

A

B

C

D

E

F

G

H

J

K

L

M

N

P

R

S

T

W

X

Y

Z

表格索引

图片索引